Das Buch

Für den Elfjährigen endet die Kindheit nach einem trügerisch glänzenden Weihnachtsfest 1944 mit der Flucht aus der österreichischen Tuchstadt Bielitz an der Grenze zu Galizien. Zusammen mit der hochschwangeren Mutter und drei kleinen Geschwistern ist er unterwegs nach Schlesien, nach Sachsen und schließlich nach Sachsen-Anhalt, wo nach Kriegsende eine neue Zeit der Ängste, Lügen und Behauptungen beginnt. Mit dem DDR-Abitur in der Tasche studiert er in Tübingen – Frontwechsel im Kalten Krieg. Die Ziele des Heranwachsenden sind klar: Er möchte satt werden und einer Welt der wechselnden Lügen entrinnen. Er übt Widerstand und Anpassung. Dabei wird er von der Phantasie, auch der der Bücher und des Kinos, getröstet und von der Realität angetrieben. Am Theater in Stuttgart erlebt er die Lust an Veränderungen, bei der *Zeit* beschreibt und betreibt er sie als Kritiker. Als Fernsehmacher wird er Zeuge der Kulturrevolution. 22 Jahre leitet er das Kulturressort des *Spiegel* und wird in dieser Zeit Mitstreiter Marcel Reich-Ranickis im »Literarischen Quartett«. Kollaborateur Billy Wilders und Übersetzer Woody Allens. Mit Rudolf Augstein weiß er sich einig im publizistischen Streit gegen Günter Grass und für die Wiedervereinigung. Mehr und mehr wird aus dem Kritiker ein erzählender Zeitzeuge, der vor allem in der Sprache zu Hause sein will und die Gegenliebe seiner Leser, seines Publikums sucht.

Der Autor

Hellmuth Karasek, Journalist und Schriftsteller, leitete über 20 Jahre lang das Kulturressort des Nachrichtenmagazins *Der Spiegel,* war Mitherausgeber des Berliner *Tagesspiegel* und ist jetzt Autor von *Welt* und *Welt am Sonntag.* Er veröffentlichte 1992 *Billy Wilder – Eine Nahaufnahme,* 1996 *Go West,* eine Biographie der 50er Jahre, 1996 *Mein Kino,* ein Buch über seine 100 schönsten Filme, 1997 *Hand in Handy,* einen Essay, 1998 den Roman *Das Magazin,* 2000 *Mit Kanonen auf Spatzen,* satirische Glossen, 2001 den Roman *Betrug* und 2002 *Karambolagen, Begegnungen mit Zeitgenossen.*

Hellmuth Karasek

Auf der Flucht

Erinnerungen

Ullstein

Besuchen Sie uns im Internet:
www.ullstein-taschenbuch.de

Ungekürzte Ausgabe im Ullstein Taschenbuch
1. Auflage März 2006
3. Auflage 2011
© Ullstein Buchverlage GmbH, Berlin 2004
Umschlaggestaltung: Büro Hamburg
Titelabbildungen: © Klaus Kallabis (Hintergrund);
© Isolde Ohlbaum (Vordergrund)
Satz: LVD GmbH, Berlin
Papier: Pamo Super von Arctic Paper Mochenwangen GmbH
Druck und Bindearbeiten: CPI – Ebner & Spiegel, Ulm
Printed in Germany
ISBN 978-3-548-36817-7

Inhalt

Erinnern 9

Eine Kindheit für Hitler
Letzte Eisenbahn

Weihnachten 1944 *15*
Januar 1940 *20*
August 1940 *24*
Ein Großvater mit einem Bein *27*
Frühe Turnübungen *43*
Geschichten aus dem Wienerwald *53*
Meine Ehre heißt Treue *62*
»Der kleine Soldat« *93*
In Leutmannsdorf *117*

Eine Jugend unter Stalin
An der Pforte zu Big Brother

Stollberg im Erzgebirge *143*
Bernburg an der Saale *176*
»Lullaby of Broadway« *189*
Alles Schwafelei *200*
Grenzgänger *225*

Der Westen und der Osten, vom Westen gesehen 228
Vor der fünften Flucht 257

Im Westen nichts Neues?
Frontwechsel im Kalten Krieg

Hamburg 2003 275
Frauen 321
Fotos 328

In der Kulturrevolution
Das Jahr '68 und die vorauseilenden Folgen

Zufälle 337
Psycho 365
Ehen in Philippsburg 368
Es gibt viel zu tun ... 382
Die Apo rührt sich 399
»Eins, zwei, drei« 429
Christie's 439
Dialoge 447
Bei Woody Allen in New York 450

Vor der Wiedervereinigung
Daniel Doppler in »Zeit« und »Spiegel«

Daniel Doppler 457
Helmut Dietls »Kir Royal« 464
Im Quartett 480
»Einig Vaterland« 495
Gullivers Reisen 510
Lebenserwartung 521

»Eigentlich bin ich ganz anders,
nur komme ich so selten dazu«

Ödön von Horváth

Erinnern

Wer sich erinnert, erfindet sich noch einmal. Er macht sein Leben zur Erzählung. Er sagt wie im Märchen »Es war einmal« und glaubt, dass es einmal wirklich so war. Aber mein Erinnern fälscht in die Vergangenheit eine Zukunft. Denn während ich erzähle, wie es war, weiß ich ja schon, wie es weiterging. Ich hätte sonst den Weg nicht genommen, den Umweg nicht gemacht, hätte ich gewusst, dass ich ausgerechnet da kurz darauf böse stürzen würde.

Wenn ich mich erinnere, höre ich scheinbar auf, weiterzuleben. Das heißt, ich lebe meine Erinnerung. Erlebe sie wie einen Roman. Wer erzählt, lässt weg. Hat vergessen. Erfindet. Glaubt das Erfundene. Glaubt es so lange, bis es wahr wird. Meine frühesten Erinnerungen sind wie in der Ferne aufzuckende Blitze in pechschwarzer Nacht, bei denen sich für Augenblicke Bilder aus dem Dunklen formen mit Umrissen, Farben, Bewegungen.

Da mein Leben zum größten Teil im Jahrhundert des Kinos abgelaufen ist, kennt mein Gedächtnis die Techniken des Films: den Flashback, das Voice-over des allwissenden Erzählers, die Slow-motion, den Zeitraffer, die Nahaufnahme, den Zoom, die Überblendung, den Weichzeichner. Vor allem aber auch den Ton, die Musik.

Die Erinnerung verbindet sich mit Stimmen, mit Liedern, mit Musik. Wir alle haben uns längst daran gewöhnt, dass der

Zeitgeist seinen bestimmten Ton hat, seine Schlager, seine Evergreens. Unsere Nostalgie lebt davon. Selbst wenn ich es nicht mehr wüsste, hätte ich ihn noch im Ohr, den quäkenden, eigentümlich gepressten Ton des Grammophons. Ich bin ein kleines Kind, vielleicht drei oder vier Jahre und ich höre den Schlager »Regentropfen, die an dein Fenster klopfen …«. Heute weiß die Erinnerung, dass das Lied ein Tango ist. Sie setzt mich an ein Fenster, an dem ich Regentropfen herabrinnen sehe. Zum ersten Mal?

Und während das Lied in meinem Kopf noch einmal abläuft – »Sonnenstrahlen, die an dein Fenster fallen …«, sehe ich meine Mutter, klein, jung, schön, mit dunklen Kirschaugen, eine lebenslustige Frau, ihr dunkles kurzes Haar zum »Bubikopf« onduliert. Oder reden mir das die Filme von damals heute nur ein?

Heute weiß ich, dass sie ihre Lebenskraft noch brauchen würde, weil ich heute weiß, was wir damals alles noch vor uns hatten. Damals in Brünn, in der Tschechoslowakei. Damals wusste ich noch nicht, dass meine Mutter als Vierjährige den Ausbruch des Ersten Weltkrieges erlebt hatte, ich hätte es auch noch nicht verstanden. Und natürlich wusste ich nicht, dass ich als Vierjähriger vor dem Ausbruch des Zweiten Weltkrieges stand, dessen Ende auf der Seite der Verlierer ich als »Zusammenbruch« empfinden sollte.

Welche Augenblicke habe ich erlebt, wie ich sie erinnere? Welche sind mir erzählt worden, bis ich glaubte, sie erlebt zu haben? Welche Erlebnisse habe ich so oft erzählt, dass das Erzählte das Erlebte überlagert?

In dem Jahr, als die Regentropfen an das Fenster klopften, also muss es 1937 gewesen sein, feierten wir Weihnachten in einer hochmodernen winzigen Wohnung in Brünn in den Schwarzen Feldern. Meine Eltern hatten sich endlich einen Teppich geleistet, einen Perserteppich, auf dem der Weihnachtsbaum stand. Mein Onkel Kurt, der jüngste Bruder meines Vaters, war zu Besuch und hielt eine Wunderkerze in der

Hand, die ihre Sterne verspritzte. Da wurde ihm der Draht zu heiß, er ließ sie fallen, sie brannte schwarz ihre Umrisse in den nagelneuen teuren Teppich. Habe ich das wirklich gesehen? Oder hat sich die Erzählung meiner Mutter nachträglich bebildert? Wenn ich die Augen schließe oder sie beim Erinnern ins Leere richte, könnte ich schwören, dass ich den schwarzen länglichen Brandfleck im Teppich sehe …

Meine Erinnerung ist die Wiederbeatmung einer toten, abgelebten Zeit. Ich weiß nicht, wie sich meine Urgroßeltern erinnert haben. Ich denke zurück und kann in meiner Erinnerung ein Radio anstellen. Ich höre den Tenor Jan Kiepura, ich höre Benjamino Gigli. Ich lasse Filme durch meinen Kopf laufen, ich kann versuchen, sie anzuhalten, sie frieren ein zu Standfotos, zu Momentaufnahmen. Manchmal weigert sich der Film, stehen zu bleiben. Ich bleibe zurück mit dem altmodischen Rattern der Filmperforation. Im Dunkeln.

Eine Kindheit für Hitler

Letzte Eisenbahn

»Fort geht nun die Mutter und
Wupp! den Daumen in den Mund«

Der Daumenlutscher
Dr. Heinrich Hoffmann

Weihnachten 1944

Weihnachten 1944 waren die letzten Weihnachten, die ich dort verbrachte, wo ich glaubte zu Hause zu sein. Bielitz gehörte damals zu Großdeutschland und ich hatte seit 1940 dort Weihnachten erlebt. 1937 in Brünn, 1938 und 1939 in Wien. Bielitz gehört jetzt, seit 2004, zu dem gleichen Europa wie wir. Zu diesem Europa gehörte es zum letzten Mal zu Zeiten, als mein Großvater in den Krieg zog und 1918 mit nur einem Bein wiederkehrte.

Ich war zehn Jahre alt und einige Tage zuvor von der Napola, die ich seit dem Herbst besuchte, für die Weihnachtsferien nach Hause gekommen. Es war schön, aus dem kalten Drill und Schliff der Nationalpolitischen Erziehungsanstalt in das luxuriöse weiche Zuhause zurückfallen zu können. Dass ich im Januar wieder zurück müsste, verdrängte ich.

Unsere Wohnung in Bielitz lag in der Dr.-Joseph-Goebbels-Straße, Hausnummer 42, direkt neben der Kreisleitung der NSDAP. Wir wohnten im zweiten Stock, hatten einen Balkon mit steinerner Brüstung, von dem man auf eine Parkallee blickte. Wir hatten viereinhalb Zimmer, neben dem Herrenzimmer und Esszimmer ein Kinderzimmer mit grünen Schleiflackmöbeln, ein Eltern-Schlafzimmer mit einer Psyche, auf der meine Mutter vor dem Spiegel Flacons mit Parfüm hatte, die man mit Gummibällen zum Sprühen brachte; der rote Gummiballon war mit Seide umhüllt, unten hing eine Quaste dran.

Ich habe meine Mutter nicht einmal auf dem gepolsterten Hocker vor ihrer Psyche sitzen sehen.

Die Wohnung hatte Etagenheizung, der Koksofen stand im Flur, nahe dem Eingang, das Haus hatte kleine Aufzüge, mit denen die Dienstboten den Koks in Schütten aus dem Keller hochziehen konnten. Im Flur stand auch ein Eiskasten. Einmal die Woche kam der Eismann und legte Eisstücke in das bleierne Fach über dem Kühlraum. Im Flur stand ein Einbauschrank, in den man oben die schmutzige Wäsche werfen konnte. Neben der Küche lagen die Speisekammer und das Dienstmädchenzimmer, das, soweit ich mich erinnere, kein Fenster hatte. An der Küche gab es einen kleinen Balkon, den ich immer mit schmutzigem Schnee vor Augen habe. Unser Dienstmädchen Soscha, eine siebzehnjährige Polin mit dickem schwarzem Zopf, klopfte hier mit dem Pracker die kleinen Teppiche aus. Die großen wurden in den Hof getragen und im Winter im Schnee neben der Teppichstange geklopft. Das gibt ihnen eine schöne Farbe, sagte meine Mutter, während sie mit Soscha auf die Teppiche im Schnee einschlug.

Neben dem Schlafzimmer lag das Bad. Es war grün gekachelt, hatte eine eingelassene Badewanne, ein Bidet, das mich faszinierte, weil es nicht für mich bestimmt war, und einen Gasboiler, in dem ein Flämmchen brannte. Drehte man warmes Wasser auf, sprang die Heizung mit einem Fauchen an.

Vor Weihnachten war die Wanne voll kalten Wassers und sechs oder sieben Karpfen schwammen darin herum. Mein Vater, der keiner Fliege etwas zuleide tun konnte, übernahm die Pflicht, die Fische mit einem Hammer zu erschlagen. Ich sah ihm mit erschrockener Lust zu; eine weitere Mutprobe war es, am Abend die Augen der Karpfen zu essen. Eine Delikatesse, sagte mein Vater, wie das Fleisch hinter den Kiemen.

Wir hatten im Ess- und Wohnzimmer sehr schöne furnierte Möbel, offenbar aus zweiter Hand. Im Herrenzimmer, das modern und nicht ganz im Geschmack meiner Eltern war, blätterten am seltsam runden Schreibtisch die Furniere ab. Auch das Radio war furniert, elegant gebogen und hatte ein magisches Auge, das mich giftig grün aus dem Dunklen ansprang. Auf der Skala standen so seltsame Namen wie Hilversum oder Königswusterhausen. Wir hatten luxuriöses Geschirr, kostbare Porzellanfiguren, Rokoko-Figuren, noch die Spitzenrüschen waren filigranfein und hauchzart gestaltet. Es war schön, aber es passte nicht zu uns.

1939 hatten viele überhastet die Stadt verlassen, als die Deutschen einmarschierten. Zwar war Bielitz schon früher eine deutsche Tuchstadt gewesen, die Mehrheit der Bevölkerung war deutsch, aber nach 1918 war Österreichisch-Schlesien an Polen gefallen. 1939, nach Hitlers Blitzkrieg und Blitzsieg, gehörte es zum Gau Oberschlesien. Bielitz wurde Kreisstadt, nichts Besonderes. Nur dass im Kreis Bielitz Auschwitz lag.

Blickte man von unserem Balkon nach links, Richtung Osten, dann sah man Kastanienbäume, die das Ufer eines Flusses säumten, der Bialka. Die Bialka hatte früher nicht nur Bielitz von der Stadt Biala getrennt, sondern auch Österreichisch-Schlesien von Galizien. Biala lag in Galizien, Bielitz in Schlesien. Die Bialka war ein kleines Flüsschen; an einer sandigen Bucht, von unserem Haus vielleicht hundert Meter entfernt, machte sie eine leichte Biegung und rauschte dann über ein kleines Wehr. Hier führte eine Brücke nach Biala.

Ich habe unter der Brücke und in der Flussbiegung oft gespielt, Kaulquappen gefangen und grüne Blutegel, die wie kleine gekrümmte Trompeten aussahen. Man konnte sie zu Ärzten bringen, die sie ihren Patienten ansetzten.

Auf der Biala-Seite stand das Haus, das mein Großvater einst gebaut und bewohnt hatte. 1928 hatten ihn die Polen, da er aus Brünn stammte, ausgewiesen und enteignet. Nach einer anderen Version verließ er die Stadt, weil sein Kompagnon ihn betrogen und geschäftlich ruiniert hatte. So kommt es, dass meine Eltern in Bielitz, ich aber in Brünn geboren bin und dass sie mit der deutschen Armee wieder zurück nach Bielitz kamen. Im Herrenzimmer hing über einer Couch ein Bild. Es zeigte schwarz-weiß in schlichtem Rahmen den Reichsführer-SS Heinrich Himmler, mit Unterschrift.

Ein paar Tage vor dem Heiligen Abend 1944 war ich alleine zu Hause, meine drei kleinen Geschwister schliefen schon, Soscha war in der Küche oder in ihrer Kammer. In der Stille knackten nur die Heizkörper. Ich ging ins Schlafzimmer meiner Eltern, zog die Schubladen der Kommode auf und fand, was ich suchte: meine Weihnachtsgeschenke. Vor Freude und Vorfreude konnte ich mich kaum halten, denn ich hatte etwas entdeckt, worauf ich gehofft, womit ich aber nie gerechnet hatte: eine Märklin-Eisenbahn, Schienen mit auf Blech gemaltem Schotter, einen Transformator, eine Lokomotive, Personenwaggons, Güterwaggons. Beseligt schob ich die Schublade wieder zu, ich glaube nicht, dass ich ein schlechtes Gewissen hatte. Ich freute mich wie noch nie auf Weihnachten, darauf, wie ich die Schienen zusammenstecken, den Zug über die Gleise rollen lassen würde. Ich würde die Weichen stellen, die Lokomotive würde mit ihren Scheinwerfern leuchten, ihre kleinen Kolben würden wie verrückt rattern. Und Jahr für Jahr würde die Bahn umfangreicher werden, Häuser würden dazu kommen, Brücken, Tunnels, Bahnhöfe. Was für eine Zukunft.

Weihnachten 1944 war besonders kalt, weiß war es in den Beskiden ohnehin. Die Wohnung war warm, ich hatte zur Eisenbahn noch einen Metallbaukasten bekommen und Bausteine. Aber leider war mir sterbenselend, ich war das üppig fette Essen, die Weihnachtsgans, nicht gewohnt und habe mich über dem glatten, glänzenden Parkettboden übergeben. Meine Mutter steckte mich ins Bett und gab mir Tee.

Ein paar Tage später hieß es, die Mutter müsse mit uns Kindern Bielitz verlassen. Vorübergehend. Die Russen hätten in einer Offensive die deutsche Front gebrochen und seien im Vorstoß auf das Kohle- und Industrierevier um Kattowitz. Mein Vater müsse an der Heimatfront bleiben.

Wir packten ein paar Koffer, so viel, wie ich und meine Mutter gerade tragen konnten, und mein Vater fuhr uns zum Bahnhof, der von Schneestürmen umtobt war. Meine kleinen Geschwister, mein fünfjähriger Bruder Horst, meine vierjährige Schwester Ingrid und meine zweijährige Schwester Heidrun hielten wir an der Hand. Nach stundenlangem Warten auf dem Bahnsteig, der immer wieder von Schneeverwehungen freigeschaufelt werden musste, drängten wir uns in einen überfüllten Zug, der uns, »vorübergehend«, so beschwichtigte mein Vater meine Mutter, auf ein Gut in Niederschlesien bringen sollte.

Ich erinnere mich an das erleichtert freudige Gefühl, das ich empfand, weil ich nach den Ferien nun doch nicht mehr in meine gehasste Schule mit ihrem Drill zurückkehren musste. Ich wusste noch nichts von den Wochen, in denen wir uns immer wieder in eisige Züge kämpfen und drängen, auf vereisten Straßen auf Lastwagen warten, in überfüllten Wartesälen oder Schulen auf dem Boden schlafen, in Gestank, Geschrei, unter Verzweifelten und dumpf Verstummten, im Dreck, in Angst und Panik, die Tage in Hunger und Kälte verbringen mussten. Es war der totale Zusammenbruch. Dass es eine Befreiung war, lernte ich erst Jahre später. Nur manchmal hätte ich gerne gewusst, wer später an Weihnachten von den Tellern gegessen hat, die wir zurückließen. Welche Bilder an den Wänden hingen. Und was aus der Märklin-Eisenbahn geworden ist, mit der ich nur zwei Tage gespielt hatte.

In den ersten Nachkriegsjahren haben meine Eltern Bielitz in ihrer Erinnerung eingepanzert. So luxuriös wie Weihnachten 1944, wo wir zum letzten Mal von Tellern mit Goldrand aßen, haben meine Eltern nie wieder gelebt. Die nächste Märklin-Eisenbahn – es war exakt die gleiche Modellgröße – habe ich 1967 meinem Sohn Daniel zu Weihnachten geschenkt, der sie später seinem Bruder Manuel Mitte der siebziger Jahre schenkte. Von dem wiederum bekam sie 1993 mein Sohn Nikolas. Sie alle haben eigentlich nie mehr als ein paar Tage zwischen Heilig Abend und Silvester mit der Bahn gespielt. Jetzt verstaubt sie im Keller.

Januar 1940

Einmal, im Januar oder Februar 1940, ich war gerade sechs Jahre alt, haben mich meine Eltern am Abend alleine zu Hause gelassen. Wir waren kurz vorher von Wien nach Bielitz umgezogen. Das heißt, mein Vater war vorausgeeilt, Hitlers siegreichen Polenfeldzug-Truppen hinterher, zurück zu seinem Geburtsort, zurück in seine Heimatstadt, die er 1928 mit seinen Eltern nach Brünn verlassen hatte. Er traf dort seine Jugendfreunde wieder, allesamt ehemalige »Wandervögel« und von volksdeutschen Ideen so beseelt und angetrieben, dass sie sich mit patriotischer Begeisterung, aber auch von Karriere-Gedanken beflügelt, der NSDAP in die Arme warfen. Sie wollten dabei sein; wer, wenn nicht sie, sollte Oberschlesien »national« und »völkisch« erneuern. Bielitz war eine deutsche Sprachinsel; Österreichisch-Schlesien, nun, da Österreich als »Ostmark« heim ins Reich gekehrt war, wurde zu einem deutschen Gau. Und im Kreis Bielitz half mein Vater bei der »Gleichschaltung«.

Meine Mutter, mein Bruder, der ein Baby war, und ich waren meinem Vater, sobald er eine Wohnung gefunden hatte, aus Wien nach Bielitz gefolgt. Nachträglich denke ich, dass es auch eine Flucht aus den Verhältnissen in Wien war, wo wir auf engem Raum mit dem Bruder meines Vaters seit 1938 nach der Flucht aus Brünn gelebt hatten. Mein Vater war auch beruflich aus der Bahn geworfen worden, nachdem er während der so genannten »Sudetenkrise« aus Brünn geflohen und vor der Einberufung zum tschechischen Militär desertiert war. Allerdings aus einer beruflichen Bahn, die ihm keine großen Aussichten eröffnet hatte. Er war Verkäufer in dem Brünner Sportgeschäft Balony Baumann gewesen. Und in Wien hatte er wieder in einem, wenn auch kleineren, Sportgeschäft gearbeitet – allerdings hatte sich dessen Besitzerin in den Kopf gesetzt, ihn auch als Lebenspartner zu gewinnen. Was ihn zumindest schwanken ließ. Natürlich hätte er im Ernst seine Frau, die mich hatte und wieder schwanger war, nie verlassen, wir wären, »im Stich gelassen«, zu Grunde gegangen. Und mein Vater war zwar ein weicher, aber sehr verantwortungsbewusster Familienmensch, der es allerdings in der Familie nicht aushalten konnte. Da er weder rauchte noch trank, floh er auch nicht in Kneipen, sondern flüchtete in Liebschaften und liebte Eisdielen.

Aber nun war der Krieg da, der Krieg und der Sieg. Zumindest über Polen. Mein Vater hatte eine Perspektive; er war Kreisorganisationsleiter der NSDAP in Bielitz, der zweite Mann nach dem Kreisleiter. Und der Kreisleiter war sein Jugendfreund »Joschi« Lanz. Beide waren sie im Beskiden-Verein gewesen, beide waren sie hervorragende Skifahrer und Bergwanderer und mein Vater besaß einen Zeitungsausschnitt, den er gerne zeigte: Er hatte nach einem Gewitter in den Bergen Touristen aus der Lebensgefahr befreit.

Jetzt also war ich in Bielitz, wo ich niemanden kannte, wir wohnten noch in einer kleinen Wohnung im dritten Stock des Hauses in der Dr.-Joseph-Goebbels-Straße 42, und es gab noch so gut wie keine Möbel, mein kleines Kinderzimmer, eher eine Kammer, war bis auf das Bett leer, es roch nach frischer Farbe. Die Birne an der Decke war nackt, hell, kalt, auf dem Holzboden lagen verstreut einige Spielsachen, zwischen die ich mich kauerte und ein Buch in die Hand nahm, um es mir anzuschauen – als Schutz und Trost gegen ein sich nicht artikulierendes Gefühl des Alleinseins, des Alleingelassenseins in der Stille.

Ehe ich das Bilderbuch aufschlug, betrachtete ich – zum ersten Mal? Oder zum ersten Mal genau? – den Buchdeckel. Da saß ein Junge allein vor einem Haus, vor ihm ein Himmel, blau, weiße Wolken, drei, vier pechschwarze Silhouetten von Vögeln, vor ihm eine grüne Wiese, wohl auch ein Teich, von ähnlichem Blau wie der Himmel.

Aber das war nicht das Entscheidende. Denn der Junge hielt ein Buch in den Händen, das auf seinem Schoß lag. Und das Buch war zugeschlagen und auf seinem Deckel saß der gleiche Junge vor einem Haus, vor ihm ein Himmel, blau, zwischen weißen Wolken sah man die pechschwarzen Silhouetten von Vögeln, vor ihm eine Wiese, ein Teich. Und auch dieser Junge hielt ein Buch in den Händen, auf dem man gerade noch erkennen konnte, dass auf dem Buch wiederum ein Junge zwischen dem Blau von Himmel und Teich und dem Grün der Wiese saß, der ein winziges Buch in den Händen hielt, von dem man vielleicht noch ahnte, dass auf ihm wieder ein Junge mit Buch saß ... und so weiter und so fort bis ins Unendliche.

Ich habe das Bilderbuch, das ich in der Hand hielt, selber ein Kind in einem weißen leeren Raum, dann gar nicht mehr aufgeschlagen. Ich habe vielmehr beim Betrachten des Deckblatts das Gefühl für die Zeit verloren, die Angst, nein, nicht die Angst, eher die Angst vor der Angst; es war wie ein Sog, der mich in eine räumlich endlose Welt zog, eigentlich so unheimlich wie ein gurgelnder Abfluss in einer Badewanne, deren Wasser sich in das Nichts eines schwarzen Lochs entleert, aber in Wahrheit auch heimelig, und ich war mir nicht sicher, ob ich, hätte ich meinen Blick nicht in Richtung Buch und Unendlichkeit verloren, hätte ich also über mich hinausschauen können, hätte mich über-schauen können, ob ich dann nicht mich selbst als Kind mit einem Buch in der Hand hätte sehen können, vor einem Haus, unter einem blauen Himmel, an einer Wiese und an einem Teich ...

Viele Jahre später, als ich Freuds »Unbehagen in der Kultur« las und dort auf das seltsame Wort vom »ozeanischen Gefühl« stieß, habe ich mich erstmals schlagartig an die Szene erinnert: »Ozeanisches Gefühl«, das war es, was ich als Kind mit dem Buch in der Hand erfahren hatte. Und, dass es zwischen den scharfen, schneidenden Kanten der Welt und der Angst etwas gibt, was Schutz und Rettung gewährt. Natürlich habe ich das nicht gedacht, weder in Worten noch in fassbaren Begriffen. Und ein ähnlich ozeanisches Gefühl spürte ich, wenn ich die Oberschenkel fest zusammenpresste. Dieses Pressen im Dunkeln steigerte zuerst die Angst und ließ sie dann verschwinden. Sie löste sich auf, verschwebte. Dass es dabei um das Zusammenpressen des Glieds ging, das wusste der vorpubertäre Sechsjährige gewiss noch nicht.

Die Angstträume, die dem vorausgingen und aus denen ich aufwachte, bestanden aus farbigen Schlieren und Blasen, amorphen Gebilden, die bedrohlich ihre Form verwandelten. In einer Kriegswelt, die auch einem Kind alle konkreten Schreckensbilder in den Traum hätte drücken können, träumte ich »abstrakt«, auch wenn ich das Wort noch nicht kannte. Weder von Hexen und Teufeln träumte ich, noch von Soldaten, Toten, Bomben und Granaten; nein, von Schlieren und stumm blubbernden Blasen, die mich schweißgebadet aus dem Schlaf hochfahren ließen.

An das Erlebnis mit dem Buch, meine erste Flucht in die Welt der Phantasie, jedenfalls die erste erinnerte, ließen sich auch zwei praktische Fragen knüpfen. Die erste: Wo war mein kleiner Bruder, der damals, fast ständig krank, mit einem Leistenbruch auf die Welt gekommen, monatelang von einer beidseitigen Mittelohrentzündung gequält wurde? Er schrie Tag und Nacht und meine Mutter musste sich ganz von mir weg, ganz zu ihm hinwenden. Meine Antwort: Ich weiß nicht, wo er war. Was ich aber weiß, ist, dass überall dort, wo mein Bett stand, Löcher und Gänge in die Wand gebohrt waren. Ich hatte sie mit dem Finger gebohrt und den Mörtel gegessen. Kalkmangel, sagte meine Mutter achselzuckend. Das mochte sein, denn ich erinnere mich, wie ich den kalkigen, mörteligen, zementigen Kellergeruch geliebt habe, tief zog ich ihn durch die Nase in meine Lungen.

Und die zweite praktische Frage: Gab es damals noch nicht die Angst vor Fliegerangriffen, so dass meine Eltern unbesorgt ins Theater oder zu Freunden gehen und mich dabei zu Hause lassen konnten? Offenbar damals noch nicht. Am Tag sah ich Flieger am Himmel, Kondensstreifen. Nachts in dem Zimmer sah ich die drei, vier schwarzen Vogelsilhouetten auf dem Bilderbuch, die sich bis ins Unendliche wiederholten und verflüchtigten.

August 1940

Es gibt Tage, die heben sich aus dem wattigen Vergessen hell, ja blendend hell hervor, sie stehen mit allen Einzelheiten vor dem Auge, Einzelheiten, die allerdings oft bizarr ineinander geschoben sind wie Traumsequenzen, deren Bilder mit leichtem Zittern stehen bleiben, um dann wieder in unsinnig galoppierende Hast zu verfallen.

Der 8., oder der 7. oder der 6. August 1940 war so ein Tag. Wir, meine Mutter und ich und mein kleiner einjähriger Bruder, der einmal nicht vor Krankheit und Schmerzen schrie, waren zur Sommerfrische in einem schönen Landhaus in den Beskiden, die Wärme flirrte betörend durch den Garten, mein Vater hatte uns hierhin abgeschoben, er selbst wollte am 8. August, dem dreißigsten Geburtstag meiner Mutter, kommen, mit Onkeln und Tanten und der Großmutter, aber die war vielleicht schon bei uns, genau weiß ich das nicht mehr.

Aber an das Mittagessen erinnere ich mich noch. Wir saßen im Grünen oder blickten zumindest ins Grüne und es gab ein Essen, das mir unendlich gut schmeckte, es war Büchsenfleisch, das sich salzig, fett und schwer um den Reis gelegt hatte. Das war in Kriegszeiten etwas Außergewöhnliches, etwas wie Schlemmerei und Sattwerden, wobei das Fett aus den Mundwinkeln floss und man sich nach jedem Bissen wohlig zurücklehnte in der ringsherum summenden, flirrenden Hitze des Hochsommers. Die Liebe zum Büchsenfleisch, zum Corned Beef, ist mir geblieben, auch wenn sich meine Kinder über mich lustig machten und sich schüttelten, wenn ich das »Hundefutter« vor ihnen aß.

Es war das erste und einzige Mal, dass ich im Krieg Büchsenfleisch aß, das als Block aus einer Büchse gehoben und in eine Pfanne geworfen wurde, wo es unter der Hitze faserig weich wurde und säuerlich nach Fleisch roch. Wahrscheinlich hatte es mein Vater zum Geburtstag meiner Mutter »organisiert«. Es war wohl als Wehrmachtsration für die Truppen an der Front gedacht oder als Luftwaffenration. Die Flieger hatten sogar Schokolade in runden Dosen, damit sie ihre schweren Einsätze fliegen konnten. Als Truppen Görings waren sie privilegiert vor allen anderen; der »dicke« Reichsmarschall sorgte, wie man sich erzählt, für das leibliche Wohl seiner Männer, die elitär, aber auch besonders gefährlich lebten. Wir sammelten Ritterkreuzträger-Zigarettenbilder von Jagdflieger-Assen: Mölders, Galland, Udet, wie spätere Generationen Fußballer oder Leichtathleten oder Filmstars.

Jedenfalls sehe ich meine Mutter, die trotz des Kriegs (der Russland-Feldzug stand noch bevor) eine lebenslustige, lebhafte Frau war, wie sie an einem großen Tisch fast übermütig den Reis verteilt und das Fleisch aus der Pfanne dazu auftut. Und auf einmal denke ich, dass das vielleicht eine imaginäre Runde war und dass ich nur, wie so oft, allein mit meiner Mutter saß und ich mir das Scherzen, das Lachen, das Klappern vieler Bestecke nur einbildete, weil ich an diesem Sommertag so glücklich und so glücklich satt war. Nicht, dass ich sonst gehungert hätte, aber ein solches Festessen, das war schon eine Seltenheit, ob mit vielen oder zu zweit.

Am Abend, es war immer noch warm, bin ich zu einem Volksliedersingen gegangen, das ein Dirigent leitete, der seine ganze freudige Kraft darein setzte, aus uns eine singende Gemeinschaft zu machen. Er machte übertriebene Dirigierbewegungen, er umwarb uns, und es gelang ihm, uns alle seinem Willen und seiner Begeisterung zu unterwerfen. Vielleicht war er ein Freund meiner Eltern, vielleicht erinnerte er mich nur an deren Freunde, die sich immer an ihre Wandervogel-Zeit erinnerten und Lieder aus dem »Zupfgeigenhansl« sangen. Sie alle waren, als sie jung waren, auf der Walz gewesen, meine Mutter einmal sogar im »Reich«, bis nach Hamburg war sie gekommen, ja sie war in Hamburg und in Heidelberg auch: »Aus grauer Städte Mauern ziehn wir durch Wald und Feld/ Wer bleibt, der mag versauern, wir fahren in die Welt! Halli Hallo wir fahren, wir fahren in die Welt (als Echo: ohne Geld!), halli hallo wir fahren, wir fahren in die Welt.«

Ich weiß noch genau, wie ich über manche Wanderschafts- und Frühlingslieder erschrocken war, erschrocken und mit ihnen auch wieder auf geheime Weise schaudernd einverstanden, wenn zum Beispiel die jungen Burschen, die sich auf die Wanderschaft machten, ihrer Liebsten übermütig und frech und ohne mit der Wimper zu zucken den Laufpass gaben: »Jetzt kommen die lustigen Tage/Schätzel ade./Und dass ich es dir gleich sage/Es tut mir gar nicht weh/Und im Sommer da blüht der rote, rote Mohn/Und ein lustiges Blut/Kommt überall davon/Schätzel ade, ade!/Schätzel ade!«

So darf man nicht mit seiner Liebsten umgehen, dachte ich als Sechsjähriger. Der Schmerz, das Mitleid mit dem Schätzel war leicht sadistisch: Nur Sieger dürfen so mit dem Schatz umgehen, weil sie sich das trauen können. Aber furchtbar ist es eigentlich schon, dass man das so ungeniert aussingen darf – »Schätzel ade« und »lustige Tage!«.

War ich mit meiner Mutter beim Volksliedersingen? Oder blieb sie bei meinem kleinen Bruder? Und wurde ich am Abend von einer Bande von Dorfjungen gejagt, so dass ich erst einen schotterigen Hügelweg hinunterrannte, dann fiel und mir im Rutschen die Knie blutig stieß? Oder war das in der Mittagssonne? Und lauerten sie mir auf, als ich vom Kirchturm herunterkam, den ich bestiegen hatte bis zum Glockenturm, allein? Die Kirche stand auf einem Hügel über dem Ort, neben dem Schulsaal, in dem wir gesungen hatten. Und sie lauerten mir auf und schlugen mich nieder. Jedenfalls war ich allein, ein verlassenes Muttersöhnchen. Und als sie mich prügelten, rannte ich davon, hügelabwärts und fiel und schlidderte mit kurzen Hosen und nackten Knien durch den Schotter, die spitzen, scharfen Schottersteine. Die Hände und Knie bluteten. Wann immer es war, die Narben am Knie habe ich bis heute.

In der Sommerfrische hatte niemand Sinn für meine Schmerzen, meine Angst, mein Weinen. Mein Vater war inzwischen gekommen, ich hatte sein Auto schon vor dem Gartenzaun stehen sehen.

Meine Eltern, meine Großmutter saßen bedrückt da. Mein Großvater war gestorben. In Breslau, wo er alleine geblieben war, weil er arbeiten musste, während meine Großmutter bei uns zur Sommerfrische war. Bei uns und bei ihrer Tochter Lotte in Bielitz.

Mein Großvater war, als er starb, einundsechzig. Er starb nicht allein. Eine Frau, eine Freundin war bei ihm. Er starb »dabei«, wie mein Vater später immer wieder sagte, wobei es ihm nicht gelang, entrüstet auszusehen, vielmehr schien mir durch seine Bedrückung so etwas wie Bewunderung, ja Neid zu schimmern: ein schöner Tod. »Kein schöner Tod«, sagte meine Mutter, aber nur wenn meine Großmutter nicht dabei war. »Die Frau«, sagte meine Mutter, »schrecklich. Wie sie das der Polizei erklären musste. Und die Nachbarn. Nein, kein schöner Tod!«

Ein Großvater mit einem Bein

Ich hatte nur einen Großvater, den Vater meines Vaters. Den anderen, den Großvater »mütterlicherseits«, kannte ich nur aus den Erzählungen meiner Mutter, ebenso düsteren wie vagen Erinnerungen. Er sei Eisenbahner gewesen, verbittert, schwermütig, jahrelang habe er nicht mit seiner Frau Hedwig, der Mutter meiner Mutter, gesprochen. Weil Österreichisch-Schlesien, »unsre Heimat«, wie meine Mutter sagte, an Polen gefallen und er auf einmal bei der polnischen Bahn gewesen sei. Fühlte er sich zurückgesetzt? No ja, sagte meine Mutter, stell dir vor, er fuhr auf einmal durch Polen. Meine Großmutter habe er schlecht behandelt. Meine Großmutter habe ihn schlecht behandelt. Sie hätten getrennt voneinander in Zimmern gesessen und nicht miteinander gesprochen. Jahrelang. Dann sei er früh gestorben.

Die Großmutter sei krank gewesen, apathisch, verschlossen, das, was man heute depressiv nennt, schwermütig. Das habe ich nur flüchtig gehört, wie heimlich beiseite gesprochen, von meinem Vater und seinen Brüdern. Meine Mutter hat immer gedacht, die »Karasek-Familie« verachte ihre Familie, die Familie der Buttingers. Wenn sie böse war, hat sie das auch mir vorgeworfen, obwohl es da schon längst absurd war: Alle waren sie Flüchtlinge, Habenichtse, alle hatten sie in der falschen Zeit den »Kopf nach oben« getragen.

Nur ihre drei Brüder nicht. Norbert, der älteste, war nach 1918, als er zum polnischen Militär sollte, verschwunden, in Danzig untergetaucht. Meine Mutter hat versucht, nach 1939 mit ihm Kontakt in Danzig aufzunehmen. Vergeblich, er blieb verschollen. Roman, der zweite, »Rommie« genannt, war in Skawina, einem Kaff in Galizien, gewesen, Leiter einer Filiale von Franks Kaffee-Geschäft, wo man »Zichorie«, ein Kaffeegewürz für Malzkaffee, herstellte. Dort, in der trostlosen Einöde, hatte er Kinder in die Welt gesetzt, Hertha, meine Lieblingscousine Helga, Helmut, den Vetter, und dort hatte er angefangen, mit den anderen Angestellten der Kaffee-Firma zu trinken. Er war klein, leise, sehr kurzsichtig mit einer sehr dicken Brille und erzählte mit verzweifeltem Schmunzeln lustige Geschichten ohne Pointen, wobei er die Lippen asynchron heftig bewegte, vor jedem Wort, das er suchte, schien er aufgeregt zuzuschnappen. Er hatte sich erkennbar tapfer und verzweifelt lustig in einem verpfuschten Leben eingerichtet.

Meine Cousine Helga hatte wunderbar helle Augen, blondes Haar und strahlte eine unwiderstehliche Freundlichkeit aus. Ein zartes Mädchen, zwei Jahre älter als ich, hat sie mich, eh ich ab 1942 in die Oberschule ging, nach dem Unterricht abgefangen, wir gingen dann zusammen in den »Schießhaus-Park«, setzten uns auf eine Bank und erzählten uns was. Was? Keine Ahnung. Ich weiß nur, dass es tröstlich war.

Nach 1950 habe ich sie wiedergesehen, in einem Barackenlager bei Ludwigsburg für »displaced persons«. Es wohnten da, unter der Obhut der amerikanischen Besatzungstruppen, Esten, Litauer, Letten. Meine Cousine, immer noch lieb und herzlich wie früher, immer noch ein herzensgutes Mädchen, hatte zwei Kinder und war schwer übergewichtig. Ihrem Lachen fehlten zwei Schneidezähne. Von den Fenstern der Holzbaracken hingen Leinen mit frisch gewaschener, grau gebliebener Wäsche.

Während ihr Baby durch den Staub vor der Holzbaracke kroch, trank ich mit ihrem Mann, einem verbraucht aussehenden Letten mit dünnem angeklebten Haar um elf Uhr lauwarmes Bier aus der Flasche. Ich war damals sechzehn, aus der Ostzone auf Besuch im »goldenen Westen«, und saß da, herzlich vereinnahmt, im Schmutz und Chaos und hatte ein schlechtes Gewissen, weil ich mich davor ekelte, bei ihnen, auf das Wärmste eingeladen, mitzuessen.

Der jüngste Bruder meiner Mutter hieß Artur. Er wohnte kinderlos mit seiner Frau, Tante Gerta, in Biala, in einer großen, ebenerdigen Einzimmerwohnung, in der mir, wenn ich auf Besuch war, immer der dampfig modrige Geruch von Kochen und Essen entgegenschlug, so dass ich mich kaum traute, tief einzuatmen. Ich habe diese Wohnung in wunderbarster Erinnerung, denn es gab dort ein Wilhelm-Busch-Album, und mich faszinierte vor allem Hans Huckebein, der Unglücksrabe: »Ach«, ruft sie, »er ist doch nicht gut!/Weil er mir was zuleide tut«. Wie er mit den Füßen, die er in Kompott getaucht hat, über ihre weiße Wäsche stapft. Wie er sich in ihrem Strickzeug verheddert und sich schließlich, zwischen Wollknäuel und Stricknadeln, erhängt. Wie die Tante mit verbundener, aber tapfer erhobener Nase verkündet: »›Die Bosheit war sein Hauptpläsier, drum‹, spricht die Tante, ›hängt er hier.‹«

Onkel Arthur war dann bei der Luftwaffe, als Funker in Rumänien. Er kam im Weihnachtsurlaub zu uns, redete in seiner schlichten Gefreiten-Uniform auf meine Mutter, meinen Vater und seine in ihren Uniformen wie aufgeputzt wirkenden Brüder Fredie und Kurt ein, meist aber zog er meine Mutter beiseite, sprach leise und eindringlich, wie unter Zwang; wenn ich dabei war, sah er mich traurig und liebevoll an, strich mir wohl auch über den Kopf, als wäre ich oder als wäre er Hans Huckebein, der Unglückrabe.

Er erzählte, wie schrecklich es in Rumänien sei und wie furchtbar der Krieg. Und dass der Krieg verloren wäre. Niemand wollte ihn hören und meine Mutter, die ihn liebte, bat ihn, ruhig zu sein. Und dann saß er im Kinderzimmer in einer Ecke und senkte den Kopf mit der dicken Brille und faltete die Hände in seinem Schoß, während die andern, die Karaseks, im Wohnzimmer vor Siegeszuversicht und guter Laune dröhnten. Artur ist später in Rumänien verschollen. Meine Mutter, Sylvia, die er liebte und zärtlich »Sliwi« nannte, hat nie wieder etwas von ihm gehört. Ich glaube, Arthur war der einzige Nicht-Nazi in meiner Verwandtschaft und Familie. Seine Frau fanden wir später verkümmert in engsten Verhältnissen in Leipzig.

Nachträglich kommt es mir so vor, als habe er wie ein düsterer Spielverderber bei unserer weihnachtlichen Hochstimmung gesessen. Meine Mutter wollte ihn wohl schützen, weil er so sensibel, so empfindlich war. Und sie wollte sich vor ihm schützen, weil er düstere Ahnungen in ihr weckte, die sie ganz, ganz weit von sich weg geschoben hatte. Waren sie nicht alle wieder zu Hause, ihre Brüder, ihre Schwäger, ihre Jugendfreunde, und hatten sich nicht ihre Wünsche, ihre Jugendsehnsüchte erfüllt, von denen sie beim Wandervogel, in der bündischen Jugendbewegung, geträumt hatten? Und stand das Deutschland, das ihnen ihre Heimat wiedergegeben hatte, nicht im Zenit seiner Macht? Großdeutschland, das sich anschickte, zum Herrn Europas zu werden?

Als mein Großvater im August 1940 starb, hatte Hitler in gerade neun Monaten sechs Länder besiegt, die Tschechoslowakei nicht mitgerechnet: Polen, Dänemark, Norwegen, Holland, Belgien und Frankreich. Der Krieg bestand damals aus Sondermeldungen, auf die ich als Kind süchtig war – wie später auf Fußballsiege bei EM- und WM-Spielen. Mehrmals am Tag wurde das übliche Radioprogramm durch eine Siegesfanfare unterbrochen, dann folgte eine Meldung, die besagte, dass unsere unschlagbare U-Boot-Flotte wieder so und so viel Bruttoregistertonnen aus einem britischen Geleitzug versenkt habe.

Deutschland wirkte seltsam friedlich mitten im Krieg, jedenfalls 1941. Und über Luftangriffe machte man sich auch (noch) keine wirklich ernsthaften Gedanken, obwohl die Sirenen des Nachts und auch bei Tag immer häufiger heulten.

Natürlich waren meine Spiele, wenn ich allein spielte, Kriegsspiele, Militärspiele. Da es kaum noch Zinnsoldaten oder Bleisoldaten gab, mussten Halma-Figuren herhalten. Ich ließ sie aufmarschieren, stellte sie in Reih und Glied. Es gab ein hierarchisches Problem. Von den gelben Halma-Männchen, den Generälen, gab es genau so viel wie von den roten, den Offizieren und den Soldaten, den grünen. Es mussten also viele Obere sterben, fallen, zurück in die Schachtel gepackt werden. Vom Winterhilfswerk, den Geldsammlungen mit klappernden Büchsen, bekam man Figuren, ich hatte einen Soldaten auf einem weißen Pferd. Er war mein oberster Befehlshaber und da der Führer nicht ritt, nannte ich ihn den Tenno, also den japanischen Kaiser. Mit den Soldaten aus Halma- und Mensch-ärgere-dich-nicht-Männchen und Winterhilfswerk-Figuren konnte man eigentlich nicht viel spielen. Man konnte sie aufstellen, Befehle schreien, man konnte stunden-

lang auf sie starren und warten. Und sie konnten »fallen«.
Das taten sie – bis zur nächsten Aufstellung und Wiederauferstehung.

In der Wohnung über uns wohnte ein Apotheker, ein älte-
rer feingliedriger Herr mit schütterem Haar, der eine viel jüngere vitale Frau mit bronzeroter Mähne hatte. Gelegentlich
besuchten wir die Wladarzs, wobei sich mein Vater mehr für
Frau Wladarz und ich mich mehr für den beleuchteten Globus, der neben der Couch glimmte, interessierte und meine
Mutter sich mit Frau Wladarz über ihre gleichaltrigen kleinen
Kinder unterhielt; jede von beiden hatte damals zwei. Herr
Wladarz beobachtete mich am Globus und erklärte mir die
Welt, indem er sie um ihre Achse drehte. An einem Abend fiel
mir auf, wie unendlich groß und erschreckend dunkel Russland wirkte, dunkel, weil es im Unterschied zum gelben China
und zum rosafarbenen Deutschland dunkelgrün war. Polen lag
hellblau dazwischen, es war ein Vorkriegsglobus. Auch Russland war damals nichts anderes als ein großes, erschreckend
dunkles Wort für mich. Mein Großvater war im Ersten Weltkrieg in Russland gewesen. Als österreichischer Offizier, als
Leutnant. Es gibt ein Foto von ihm, darauf ist er jung, schlank,
hat lockiges Haar, einen verwegenen Schnurrbart und dunkle
Augen, feurig, fast wie ein Ungar (seine Augen waren grün,
sagte mein Vater). Er war das, was man in Österreich »fesch«
nennt, hatte einen Säbel mit Quaste an der Seite, den österreichischen hohen Tschako und einen weißen Handschuh in der
Hand, heller Kragenspiegel mit je einem Stern, blitzende Uni-
formknöpfe, eine schlanke Taille, eben ein »Feschak«.

Mein Großvater hat in Russland im Krieg 1914–1918 ein
Bein verloren, eine Kugel hat es ihm 1915 bei Przemysl abgerissen, und er wurde in russischer Gefangenschaft neunmal
operiert, da war er noch keine fünfunddreißig Jahre alt und
als Baumeister und Bauingenieur Vater von einer Tochter und
drei Söhnen. Er blieb bis 1917 in russischer Gefangenschaft,
von den russischen Offizieren erzählte er später voll Hoch-

achtung. Ich kenne Postkarten aus der Gefangenschaft von ihm, auf denen er mit seiner wunderbar gestochenen Schrift sogar kyrillisch geschrieben hat – die Adresse und den Absender. Auf den wenigen Fotos von damals, sie klebten bräunlich auf festem Karton, hat er einen dichten Vollbart und einen Beinstumpf. Später, nach dem Ersten Weltkrieg, trug er eine Prothese, die man auf Fotografien nicht erkennt. Auf den Bildern als fescher k. u. k. Leutnant der Reserve vor dem Krieg sieht er aus, als käme er aus einem Film, der »Radetzky-Marsch« heißt. Er sieht großartig aus. Etwas enttäuscht war ich, als mir mein Vater, der 1906 geboren wurde, erzählte, mein Großvater habe schon damals, 1914, eine Prothese getragen, eine Zahnprothese.

Als mein Großvater in Gefangenschaft war, drohte der österreichischen Armee eine Niederlage an der russischen Front – bis Kaiser Wilhelm II die 11. deutsche Armee schickte, die die russischen Truppen zurückschlug und weit nach Osten vorstieß. Ich weiß nicht, ob mein Großvater Karl Kraus' »Die letzten Tage der Menschheit« kannte (ich halte das eher für unwahrscheinlich), aber gedacht hat er bestimmt so, wie Kraus einen »österreichischen General« vor seinen Offizieren zu einer erschrocken-blasierten Bewunderung für den deutschen Bundesgenossen sagen lässt: »Wir ham Siege an unsere Fahnen geheftet, schöne Siege, das muß uns der Neid lassen, aber es ist unerläßlich, dass wir fürn nächsten Krieg die Organisation bei uns einführn. Gewiß, wir ham Talente in Hülle und Fülle, aber uns fehlt die Organisation. Es müßte der Ehrgeiz von einem jeden von Ihnen sein, die Organisation bei uns einzuführn. Schauns' meine Herren, da könnens' sagen was Sie wollen gegen die Deutschen – eines muß ihnen der Neid lassen, sie ham halt doch die Organisation – ich sag immer und darauf halt ich: wenn nur a bisserl a Organisation bei uns wäre, nacher gingets schon – aber so, was uns fehlt, is halt doch die Organisation. Das ham die Deutschen uns voraus, das muß ihnen der Neid lassen. Gewiß, auch wir ham vor ihnen manches voraus, zum Beispiel das gewisse Etwas, den Scham (Charme), das Schenesequa, die Gemütlichkeit, das muß uns der Neid lassen – aber wenn wir in einer Schlamastik (einem Schlamassel) sind, da kommen halt die Deutschen mit ihnerer Organisation und –«

Jetzt, nach 1939, war sie da, die Organisation, wegen der wir die »Piefkes« beneideten. Aber was war vom »Charme«, von »Schenesequa«, von der »Gemütlichkeit« übrig geblieben? Wenn ich zurückdenke, dann hatten sich diese Tugenden der Österreicher zu einer schlampig-fadenscheinigen Operetten-Unwirklichkeit verflüchtigt. Als mein Vater 1942 in Russland war, hat mich meine Mutter, die ein Abonnement im Bielitzer Stadttheater hatte, das ich rot plüschig im Gedächtnis habe, in ein oder zwei Vorstellungen vom »Vetter aus Dingsda« mitgenommen, wo ein fröhlich auf die Bühne springender Lulatsch sang: »Onkel und Tante, ja das sind Verwandte / Die man am liebsten nur von hinten sieht.« Ich durfte auch in die (mich damals schon beseligende) »Lustige Witwe«: »Lippen schweigen, 'sflüstern Geigen: Hab mich lieb! All die Schritte sagen bitte hab mich lieb!«

Ich habe die Tragödie meines Großvaters – gewiss nur eine von vielen Millionen Tragödien – als Kind nie auch nur im Entferntesten verstanden. Und mein Großvater hat über seine Invalidität immer nur gewitzelt.

In Brünn, wo ich oft bei den Großeltern war, die in einer Eineinhalb-Zimmer-Wohnung lebten, Wohnküche und daneben liegendes Schlafzimmer, hat er mir erklärt, was für einen einmaligen Opa ich habe, er könne sich sein Bein abschnallen, seine Zähne herausnehmen und seine Haare könne er auskämmen. Und dann kämmte er sich ein paar seiner wenigen Haare aus. Wenn ich bei den Großeltern schlafen durfte, dann bewunderte ich ein rotes Sofa, an dessen runden Lehnen je ein Löwenkopf aus Messing war, der einen Ring durch die Nase hatte. Mein Großvater schnarchte beim Nachmittagsschlaf in dem abgedunkelten Raum neben mir, während ich ohne Schlaf mit den Messingringen an den Löwenköpfen spielte und ihn sehr liebte.

Ich sehe ihn auch in der Küche sitzen, wo er Zigarettenkippen aufschneidet, den Tabak in einer großen Blechbüchse sammelt, um sich dann mit einem Stopfer und Papierhülsen Zigaretten zu stopfen.

Einmal, als meine Oma weg war und er für mich und sich einen Linseneintopf aufwärmte, schwammen ein, zwei Kippen in der Suppe, so dass wir sie wegschütten mussten.

Jedesmal ist mein Großvater mit mir spazieren gegangen, an seinen zwei Krücken, die er ohne Ellbogenstützen, wie ich fand, kraftvoll elegant mit seinen Fäusten stemmte, ohne abzugleiten und ohne auszugleiten. Wir stiegen bis zum »Jägerhaus« hinauf, den Weg habe ich ziemlich steil in Erinnerung. Oben angekommen, trank ich ein »Kracherl« (Himbeerlimonade mit Kohlensäure).

Meine Großmutter, mit dem Großvater gleich alt und auf dem Hochzeitsfoto von 1901 (beide sind einundzwanzig) eine wirklich schöne junge Frau, das, was man (vom Aussehen, nicht von Beruf) als Schnitzlersches »süßes Mädel« vor Augen hat, war 1937 und 1938 eine füllige Matrone, die ihren schweren Körper unter großzügig weiten, wallenden Gewändern verbarg. Sie machte mit mir kindliche Spiele und Scherze, »alles was Flügel hat fliegt«, »zauberte«, indem sie sich kleine Papierfetzen an die Zeigefinger klebte und dann das Papier wegzauberte, weil sie beim Hochstrecken statt der Zeigefinger die Ringfinger mit den Fäusten in die Luft hielt.

Meine Mutter hat bei den Großeltern sauber gemacht, dafür gab es wohl freies Essen für sie und mich, wie sie mir später mit leichter Verbitterung erzählte. Mein Vater arbeitete in einem Sportgeschäft bei Balony-Baumann, nachts spannte er Tennisschläger, um sich etwas zusätzlich zu verdienen. Sein jüngster Bruder, Kurt, damals zweiundzwanzig Jahre alt, lebte noch von den Eltern und spielte am Nachmittag, während meine Mutter bei seiner Mutter sauber machte, Tennis. Einmal schaute ich ihm zu, es sah schön aus, nach Luxus, Luft, Licht, moderner Zeit. Er spielte mit einem Mädchen, vielleicht einer Freundin, vielleicht einer Verlobten, die sich nach dem Spiel in ihrem weißen Rock und der weißen Bluse erhitzt zu mir herabbeugte und mir einen Kuss gab.

Das war wunderschön. Und wenn ich es recht erkenne, hat dieses Bild mich als Wunsch vom Leben und Anspruch an das Leben ebenso wenig verlassen wie die Bilder der Operettenbesuche mit meiner schönen Mutter oder die Sonntagvormittage, wo ich manchmal einem jungen Sänger sehnsuchtsvoll zuhörte, während er sang: »Dein Kuss war ein Traum von Sekunden/Denn plötzlich warst du verschwunden/Wo magst du nur geblieben sein?«

Mit einem Fotoalbum, das mir meine Eltern 1979 zu Weihnachten schenkten, erinnerten sie sich und ihre Kinder voll Stolz und Wehmut an Großvater und Großmutter, an Alfred Karasek und Marie Karasek, geborene Langer, die von allen nur »Mitzie« genannt wurde und von ihrem Mann später mit derbliebenswürdigem Spott »Bierwurst-Mitzie«, weil sie sich jeden Abend Bier und Wurst für eine kräftige Jause bringen ließ.

Eines der ersten Bilder zeigt den Großvater als schlanken jungen Mann auf einem Rodelschlitten, und mein Vater hat in der Unterschrift stolz vermerkt: »Vater war begeisterter Wintersportler und einer der allerersten Skifahrer in den Beskiden.« Ein Bild vom 14. 7. 1915 zeigt die Kinder »Fredi, Lotte und Walter«, die zu »Mamas Geburtstag um 6 Uhr fotografiert« wurden, »als Geschenk«.

Nach dem Krieg 1919, der Großvater ist inzwischen Kriegsinvalide, macht er sich als Baumeister und Bauunternehmer selbständig. Er baut sich ein jugendstil-bestimmtes zweistöckiges Familienhaus (allerdings ohne Ornamente) mit einem schönen holzüberdachten Balkon. In einem zweiten Haus ist seine Baufirma untergebracht. In der Bildunterschrift vermerkt mein Vater stolz, dass im zweiten Stock jedes der vier Kinder

(Bruder Kurt wurde Anfang 1914 geboren) »sein eigenes Zimmer hatte«.

Von seinen drei Söhnen und seiner Tochter wurde der Vater bewundert, ja verklärend verehrt, wohl aus dem Gefühl, dass sie ihm nicht gleichkamen, ja nicht einmal nacheifern konnten. Erklärt das zum Teil, dass sie bei den Nazis nach dem pompösen Flitter und Lametta der Uniformen und Ämter strebten? Vielleicht zum Teil.

Die Söhne erzählten seltsame Geschichten von ihm, wie er beispielsweise im Sommer als Freiluft-Enthusiast die Familie auf dem Balkon habe schlafen lassen und alle eingeregnet seien. Wie er Kindern auf der Straße, wenn sie zu lange Haare hatten, Geld gab und sie zum Friseur schickte.

Mein Vater verübelte ihm, dass er ihn als einzigen nicht hatte studieren lassen. Mein Vater wurde Tischler; er sollte wohl das Baugeschäft in der Wenzelisgasse in Biala übernehmen. Als Skifahrer übertraf er die Erwartungen und Hoffnungen seines Vaters, er nahm an großen Skirennen erfolgreich als Langläufer teil. Der älteste Bruder meines Vaters, Fredi, studierte in Wien Volkskunde, sein Professor war der bekannte rechtslastige Kunsthistoriker Hofrat Strzygowski, mit dessen junger Frau (einer Bielitzer Cousine des greisen Gelehrten) mein Onkel ein Verhältnis hatte und die er nach dem Tod des Hofrats heiratete (»Muss ich sie jetzt heiraten?«, soll er angeblich meine Mutter gefragt haben). Während der folgenden Zeit malte sie Donauschwaben, Siebenbürger Sachsen, Deutsche aus dem Banat und den Beskiden in ihren alten Heimattrachten vor dem Hintergrund blaustichiger, schneebedeckter Berge und war eine anerkannte Künstlerin mit ihren Bildern bunt gewandeter »Volksdeutscher«.

Der Onkel reiste als Volkskundler in Waffen-SS-Uniform durch die besetzten Gebiete. Zu seinem Glück war er nicht damit beschäftigt, »Untermenschen« wie Juden und Slawen zu registrieren, sondern er kümmerte sich um die Volksdeutschen, die er zählte und umsiedeln half.

Nach dem Krieg legte er unter der Schirmherrschaft des wegen seiner Nazi-Vergangenheit übel beleumdeten Vertriebenenministers Oberländer nach Befragungen von Heimatvertriebenen ein Archiv über ihre Sitten und Bräuche in der »verlorenen Heimat« an, die »Sammlung Karasek«. Er und seine Frau lebten unter kärglichen Umständen in Berchtesgaden. Sie sagten, weil es nahe der österreichischen Grenze sei und meine Tante in Österreich noch Besitzansprüche habe. Ich hatte damals, also in den fünfziger Jahren, ohnehin das sicher nicht unberechtigte Gefühl, dass im Berchtesgadener Land und im Salzkammergut besonders viele ehemalige Nazis lebten, vor allem auch viele »Sudetendeutsche«. Es war eben eine nostalgische Gegend, und mein Onkel hatte auch noch einen Schäferhund, was zumindest eine grobe Geschmacklosigkeit war. Später, nach dem Tod des Onkels, hat mir irgendwer auch noch erzählt, der Hund sei mit Hitlers »Blondie« verwandt.

Dieser Onkel war ein Mann von lebhaftem Geist und Witz, ein großartiger Erzähler, und er hat sich voller Begeisterung den neuen amerikanischen Idealen der Demokratie in die Arme geworfen. Ich glaube, er hoffte mitten im Kalten Krieg auch darauf, dass die Amerikaner eines Tages mit der Sowjetunion abrechnen würden. Es war die Zeit, in der plumpere Naturen, als mein Onkel eine war, sagten, die Amerikaner hätten in Bezug auf die Sowjetunion längst eingesehen, »dass sie das falsche Schwein geschlachtet hätten«.

1928, die Geschäfte meines Großvaters in Bielitz florierten, sein Sohn Walter, mein Vater, ging in die »Bude«, die Tischlerei im Baugeschäft des Großvaters, hobeln, hämmern, sägen und wurde im Winter mit einer Staffel Beskiden-Meister im Langlauf. Er hatte schon meine Mutter kennen gelernt, die, zur Handelskorrespondentin ausgebildet, als kaufmännische Korrespondentin arbeitete. Die beiden hatten sich beim Eislaufen im Winter ineinander verliebt. Meine Mutter trug schwere dunkelbraune Zöpfe.

1941 dann lag ihr abgeschnittener Jungmädchenzopf in einer Schublade der Psyche im Schlafzimmer. Offenbar war das Zopfabschneiden ein Ritual, mit dem sich junge Frauen von ihrem Mädchenleben verabschiedeten, ich weiß, mit welcher Wehmut meine Mutter sich den Zopf ansah, ihn mir oder anderen zeigte, so als wäre mit dem Abschneiden des langen Haares alle Sorglosigkeit und Unbekümmertheit dahin, die Jugend vorbei gewesen.

Danach trug sie, wie Ende der Zwanziger, Anfang der Dreißiger üblich, einen Bubikopf, sie hatte eine Lockenschere zu Hause, ging zum Ondulieren zum Friseur und ich durfte mit und sog den Geruch nach frisch gewaschenem und verbranntem Frauenhaar begierig ein. Als ich selbst zum ersten Mal mit etwa vier Jahren in Brünn zum Haareschneiden auf dem Friseurstuhl saß, schrie ich wie am Spieß. Nicht wegen des Verlusts der Haare, nein, weil mich der Friseur, um mich vor dem Haareschneiden in gute Laune zu versetzen, mit dem Drehstuhl wild in kreisende Bewegung versetzt hatte. Ich geriet in Panik, ich war eben ein Feigling.

In der gleichen Zeit nahm mich mein Vater in seinen Sportclub mit, wo er mich wohl stolz seinen Sportkameraden präsentieren wollte. Er setzte mich zum Knieaufschwung hoch aufs Reck, ließ mich los und ich fing wie wild zu schreien an. Alle starrten mich an, lachten, mein Vater hob mich vom Reck und hat mich von da an nie wieder zum Sport mitgenommen. Den Zopf meiner Mutter haben wir auf der überhasteten Flucht natürlich nicht mitgenommen. Er war so etwas wie ein Beweis dafür, dass wir, wie wir als Flüchtlinge nach 1945 nicht müde wurden zu versichern, »alles verloren« hatten.

1928 heiratete meine Tante Lotte, die ältere Schwester meines Vaters. Sie heiratete einen Ingenieur, Joseph Hartmann, einen Bielitzer Jugendfreund und inzwischen Vertreter einer Maschinenfabrik in Bukarest. Und sie brauchte Papiere für die Hochzeit und für Bukarest. Mein Großvater musste also zu den polnischen Behörden und die entdeckten etwas: dass nämlich mein Großvater aus Brünn stammte und nicht aus Bielitz und also jetzt eigentlich Tscheche und nicht Pole war. Und so wiesen sie ihn aus, und wenn ich meinen Eltern glauben darf, haben sie ihn dabei auch enteignet.

So ist er mit Frau und Kindern nach Brünn gezogen, wo er hergekommen war. Und meine Mutter ist meinem Vater nach Brünn gefolgt. Die beiden haben 1930 dort geheiratet.

Die Ausweisung meiner Großeltern (die meisten der Freunde blieben als Tuchfabrikenbesitzer, Kaufleute, Lehrer in Bielitz) war natürlich eine Folge der Minderheiten-, Volksgruppen-, und Nationalitäten-Probleme, die die Auflösung Österreichs nach dem verlorenen Weltkrieg, der Versailler Vertrag und der Vertrag von Trianon mit sich gebracht hatten.

Dabei schadete meinem Großvater die Tatsache, dass er Deutscher war, bei seiner Ausweisung paradoxerweise überhaupt nicht. Damit arrangierten sich Polen und Deutsche in Schlesien kurzzeitig mehr oder weniger. Nein, gravierender war es, dass Polen und die Tschechoslowakei nach dem Krieg diplomatische bis kriegerische Auseinandersetzungen wegen Grenzgebieten hatten – so dass sie die Bürger des anderen Landes als feindliche Ausländer betrachteten.

Schlage ich in alten Lexika, die vor dem Ersten Weltkrieg erschienen sind, nach, wer damals in Brünn, meiner Geburtsstadt, gelebt hat, dann tragen die Volkszählungsangaben den Sprach-, Geschlechts- und Religionszugehörigkeiten Rechnung. Brünn also, so entnehme ich dem Brockhaus von 1908, hatte 94 462 Einwohner (darunter 45 349 männliche und 49 113 weibliche), davon waren 61 834 Deutsche und 26 836 Tschechen. Evangelisch innerhalb einer überwiegend katholischen Bevölkerung (einer Folge der Gegenreformation) waren 1765. Mosaischer Religion waren 6993.

In Hitlers biologistischer Volkszählung kamen keine Religionen mehr vor, sondern nur noch Rassen. In meiner Kindheit wurde von Juden, Israeliten, Angehörigen des mosaischen Glaubens nicht mehr gesprochen. Sie fanden, jedenfalls vor meinen kindlichen Ohren, keine Erwähnung, auch nicht geflüstert oder beiseite gesprochen. Und was die Religion betraf, so traten meine Eltern im Krieg aus der katholischen Kirche aus und nannten sich fortan »gottgläubig«, denn das war eine so gut wie offizielle Konfession »Großdeutschlands« – ein Name für ein neues Heidentum.

In den Straßen gab es noch Gebäude, die früher Judenschulen gewesen waren und auch noch so hießen, und leere, verwaiste, teils zerstörte Synagogen, und es gab noch eine »Judengasse«. In der Schule sagten die Lehrer noch, wenn wir laut waren, es gehe zu »wie in der Judenschule«.

Ich habe erst Jahre später davon erfahren, dass 1940 sowohl Veit Harlans Film »Jud Süß« als auch Fritz Hipplers Propaganda-Machwerk »Der ewige Jude!« in die deutschen Kinos kamen, für mich als Kind waren sie verschlossen, ich habe auch nie Erwachsene sich darüber unterhalten hören. Nachträglich erscheint mir das gespenstisch; Bielitz war die Kreisstadt des Kreises, in dem Auschwitz lag, ein Ort, der zum Symbol des Genozids an den Juden werden sollte, und ich habe weder den Rauch der Krematorien gerochen noch etwas davon geahnt, was an Sklavenarbeit keine zwanzig Kilometer entfernt von mir vorging.

Und ich habe keine Minute gebraucht, um zu Fuß als Kind an die Bialka zu kommen, hinter der Galizien begann, das Galizien, von dem ich später erfuhr, dass es das Herzstück, die Landschaft des chassidischen Judentums, gewesen ist. Ich ahnte nichts davon, dass ich, wenn ich Kaulquappen aus dem Ufer grub, nach Osten über einen Fluss blickte, hinter dem sich zur gleichen Zeit die schrecklichsten Untaten der »Endlösung« abspielten. Nichts drang zu mir, kein einziger Laut, kein Seufzer, kein Schrei, kein Schuss. Nichts.

Während Billy Wilder und ich nach 1986 an seiner Biographie arbeiteten, habe ich mich besonders für seinen Geburtsort in Galizien interessiert. Wilder, 1906 in Sucha in Galizien geboren, war der Sohn eines Gastwirts, der ein Café in Krakau betrieb und Restaurants entlang der Eisenbahnen durch Galizien hatte (eine Bahn, in der Leutnant Trotta in Joseph Roths »Radetzkymarsch« siebzehn Stunden braucht, um von Wien in die letzte östliche Garnisonstadt der Monarchie zu kommen). 1914, als der Weltkrieg ausbrach, war Wilder im heißen Sommer in den Schulferien bei seiner Großmutter in Sucha und schaukelte im abgedunkelten Zimmer in ihrem Thonet-Schaukelstuhl. Dann musste er vor den Russen flüchten.

Als mein Großvater 1928 nach Brünn umziehen musste, war das wohl nach der schweren Invalidität der zweite Schlag, der seine Lebensspannkraft traf, jedenfalls spricht die Tatsache, dass er in einer Einzimmerwohnung lebte, dafür. Er hat allerdings noch einen spektakulären Umbau des Cafés Opera vorgenommen: Indem er die Deckenlast auf vier Stützen bei einem Treppenaufgang verlagerte, schuf er aus mehreren kleineren Räumen einen durchgehenden großen Raum im Stil der neuen Sachlichkeit – großzügig, hell, unverschnörkelt, die Lampen in die Decke versenkt.

Dann, zum Kriegsausbruch, kam er als Brückenbauer zur Reichsautobahn nach Breslau, also ins preußische Schlesien. Ich kann nur ahnen, wie er sich dort gefühlt hat. Einmal, zu Besuch in Bielitz, fanden wir ihn am Morgen auf seine Krücken gestützt im Hauseingang, wo er nach einer langen Tarock-Nacht mit seinen Freunden keinen Einlass bei uns gefunden hatte; entweder hatte er nicht geklingelt, oder wir hatten ihn nicht gehört.

Viel später, als ich eine Fotografie von ihm, dem heißgeliebten Opa, zu Gesicht bekam, durchfuhr es mich wie ein Stich, als ich an seinem Jackenrevers das Parteiabzeichen der NSDAP sah.

Frühe Turnübungen

1938, ich war viereinhalb Jahre und lebte, das Hätschelkind meiner Mutter, die mich mit Biskuits (»Bischgoteln« sagte sie) und Bananen verwöhnte, in den »Schwarzen Feldern«, also im Stadtteil Tschernowitz in Brünn. An einem schönen Sommertag, es war Sonntag, ging ich mit meinen Eltern in einem Stadtpark spazieren. Ich war wie alle Leute, ob groß oder klein, sonntäglich fein angezogen, und die Sorge der Eltern bestand darin, dass das wilde Kind sich beim Spaziergang eindrecken oder gar seine Kleidung zerreißen könnte. Hatte ich einen Matrosenanzug an? Ich glaube und hoffe nicht.

Aber ich habe unterwegs einen ziemlich großen Stein aus dem Weg oder einem Graben neben dem Weg gelöst, ihn aufgehoben und mitgeschleppt. Der Stein war schwer und schmutzig und mein Vater und meine Mutter sagten: »Wirf den Stein weg!« Und als ich ihnen nicht »folgte«, haben sie mir den Stein aus den Händen genommen, natürlich mit der Gewalt Erwachsener, ihn weggeworfen und mich an den Händen weitergezerrt. Ich ließ meine Füße über den Weg schleifen und heulte, während ich mich an den Händen meiner Eltern und dem beidseitigen Zugriff mit zurückgehängtem Oberkörper nur widerstrebend weiterzerren ließ. Schließlich ging ich wieder, meine Eltern ließen mich los und schon war ich ihnen entwischt und rannte zurück, dorthin, wo der Stein lag, hob ihn auf und schleppte ihn weiter.

Natürlich waren mir meine Mutter und mein Vater auf dem Weg zurück nachgerannt. Sie fingen mich mit dem Stein ein und wanden ihn mir wieder aus den Händen. Nachdem sie ihn wieder weggeworfen hatten, schleppten sie mich wieder zwischen ihren Armen weiter, bis ich nachgab.

Doch da drehte ich mich wieder um, rannte abermals davon, zurück zu dem Stein. Ich hob ihn auf, meine Eltern, die mich wieder verfolgt hatten, nahmen ihn mir wieder weg, wieder wurde ich abgeschleppt, wieder trotzte ich aus Leibeskräften, machte mich wieder los und rannte wieder zu dem Stein zurück.

Ich weiß nicht, wie oft sich das Ganze – Stein aufheben, Stein weggenommen bekommen, weggezerrt werden, losreißen, zurücklaufen, Stein aufheben – wiederholte. Jedenfalls endete es mit ein paar Klapsen und meinem Geschrei. Beides war meinen Eltern sichtlich unangenehm, denn es waren viele feiertäglich gekleidete und gestimmte Spaziergänger im Park, die meisten mit viel artigeren Kindern, als ich eins war. Der Sonntag war verdorben, der Spaziergang allemal. Die leichten Schläge, die ich bekommen hatte, taten nicht weh, sie waren eher eine symbolische Strafe, aber für mich in der Öffentlichkeit umso beschämender. »Schau mal! Der ungezogene Junge!«, konnten dann andere Eltern zu ihren Kindern sagen und mit dem Finger auf mich zeigen, während ihre Kinder schadenfroh zu mir schauten.

Vielleicht erinnere ich mich an diesen Ausflug auch nur deshalb, weil meine Eltern ihn mir auch vor anderen Leuten (Freunden und Verwandten) erzählt haben, immer mit dem leicht bewundernden Unterton für die Eigenwilligkeit ihres kleinen Sohnes – »ein richtiger Dickschädel«, sagte meine Mutter und lächelte mich stolz an, ein »Kluiben-Schädel«.

Mir gefiel anfangs eine andere Geschichte besser, an die ich mich nur noch dunkel und schemenhaft erinnere: Der Umriss eines winzigen Mädchens und wieder meine Eltern, die mich wegzerren. War es am gleichen sonnigen Nachmittag (manchmal fängt es in meiner Erinnerung dabei auch leicht zu regnen an) oder bei einem anderen Spaziergang. Ich glaube, es war derselbe Nachmittag, weil sich der Trotz mit dem Stein logischer und psychologisch erklärbarer Weise nur aus der gewaltsamen Trennung von einem Menschen, von einem Mädchen ergeben hatte – als Kettenreaktion.

Jedenfalls hatte ich mich bei dem Spaziergang von meinen Eltern losgerissen, war ihnen zumindest enteilt und auf ein kleines gleichaltriges Mädchen zugestürzt. Die *hätte i*ch umarmt und angefasst – und meine Erinnerung, so vage sie ist, sagt: die *habe* ich umarmt oder angefasst und bin so mit ihr verharrt und war zum Weiterspazieren nicht zu bewegen gewesen – bis mich meine Eltern an der Hand genommen und weggezerrt hätten.

Eine schöne Geschichte, nicht über einen kindlich kindischen »Dickschädel«, sondern über das frühe Erwachen der Liebe, die »Anziehungskraft des anderen Geschlechts«, ja, so wäre es, hätte die Geschichte nicht einen Haken. Denn meine Eltern, die sie kurz darauf meinen Großeltern, natürlich wieder in meiner Anwesenheit, erzählten, berichteten nicht von »einem kleinen Mädchen«, auf das ich zugerannt sei und von dem ich nicht habe lassen wollen, sondern von einem »kleinen Judenmädchen«. »Stell dir vor, der Hellmuth stürzt sich da auf ein kleines Judenmädchen …« Und das sei ihnen, fügten meine Eltern hinzu, peinlich gewesen. Sie sagten entweder »peinlich« oder »unangenehm«.

Ich maß dem keine besondere Bedeutung zu, eher war es so, dass mich das Wort »Judenmädchen« damals reizte, neugierig machte, das war etwas Exotisches, Fremdes, von dem ich nichts wusste. Vielleicht war es auch so, dass ich dachte, meine Eltern hätten etwas erkannt und ausgemacht, was ich noch nicht zu erkennen in der Lage war. Vielleicht, dachte ich später, ein wenig später, war es meinen Eltern auch deshalb peinlich, dass ich ein Judenmädchen umarmt hatte, weil es auch deren Eltern peinlich war, weil es sich um orthodoxe Juden gehandelt hatte, die es nicht gerne sahen, dass ein katholischer Junge mit ihrer mosaischen Tochter Kontakt aufnahm.

Aber auch dem gab ich nicht viel Bedeutung, und erst viele Jahre später ist mir eingefallen und aufgefallen, dass meine Eltern, die doch gerne viele Geschichten aus meiner Brünner Kindheit erzählten (vielleicht, weil es, wie sich erst nachträglich herausstellte, ihre unbeschwerteste Zeit war, die »glücklichsten Jahre«, wie meine Mutter sagte, nicht ohne hinzuzufügen: »Obwohl – es waren schwere Jahre!«), diese Geschichte von dem »Judenmädchen« nicht mehr erzählten. Sie war weg, sie war vergessen. Vielleicht sollte sie weg sein, weil sie andere, weniger schöne und harmlose Geschichten wachgerufen hätte?

Ich war im Sommer meistens barfuß und genoss es, wenn in Ententeichen oder am Flussufer der schwarze, moddrige Schlamm durch meine Zehen schmatzte. In Einweckgläsern hatte ich Froschlaich, Blutegel, kleine Fische. Regenwürmer, die im scheußlichen Blassrot eiterähnlich aus der feuchten Erde krochen, zerhackte ich und sah mit gruseligem Staunen, wie sich die einzelnen Teile selbständig ringelten, obszön weiterlebten, obwohl ich sie doch vernichtet und zerteilt hatte.

Damals ging ich in die ersten Schulklassen der Volksschule am Zennerberg, in die schon mein Vater gegangen war. Von dem Gebäude weiß ich nichts mehr, nur dass es gegenüber dem Platz lag, an dem die katholische Kirche stand und ein Nonnenhospital, in dem später, 1942, mein Vater lag, nachdem man ihm die Zehenknochen »abgeknipst« hatte, weil er sich in Russland die Füße erfroren hatte, schon schwarz seien die großen Zehen gewesen.

Ich weiß von der Schule und den Lehrern so gut wie nichts mehr, außer dass ein Lehrer ein Bambusstöckchen hatte, das er »Rasierseife« nannte. Wir mussten zu Beginn der Stunde die Hände auf die Tischbänke legen, die Fingerkuppen nach oben, und wenn er dreckige Fingernägel entdeckte, ließ er die »Rasierseife« herabsausen. Eigentlich denke ich ohne Schrecken daran.

Ich erinnere mich auch daran, dass ich von meiner Mutter ein Lied gelernt hatte und es gerne sang:

> Einst war ich klein,
> Jetzt bin ich groß
> Lern lesen, rechnen, schreiben.
> Sitz nicht mehr auf der Mutter Schoß
> Und mag zu Haus nicht bleiben.

Und in der Schule merk ich auf
Damit ich recht was lerne
Drum hat mich auch,
Ich wette drauf
Der Lehrer schon recht gerne.

Ich sehe das kurze glückliche Einverständnis in den Augen meiner Mutter und wie sie lächelte, wenn ich ihr das Lied vorsang. Und nachträglich möchte ich mir wünschen, dass in dem gehorsam masochistischen Einverständnis mit der Schule auch Ironie im Spiel war. Ironie, obwohl ich damals noch nicht wusste, dass es so etwas gab. Und meine Mutter wahrscheinlich mit dem Begriff »Ironie« damals auch nicht viel hätte anfangen können oder wollen. Sie freute sich einfach, wenn ich sang, dass ich gern in der Schule war, und spürte wohl gleichzeitig, dass ich das Stück als »Nummer« vortrug, den Gehorsam des braven Schulknaben aus Kaiser Franz Josephs seligen Zeiten mehr spielte, als wirklich lebte.

Ich weiß nicht mehr, was ich in diesen ersten Schuljahren am Zennerberg gelernt habe, es wird wohl »Lesen, Schreiben, Rechnen« gewesen sein – obwohl ich mir das Schreiben und Lesen von Druckbuchstaben noch in Wien 1939 selbst beigebracht habe, wie meine Mutter mir immer wieder stolz erzählte. Ich saß in der Nikolsdorfer Straße in unserer Gemeinde-Wohnung (wie sie die Wiener SPÖ nach den Straßenkämpfen der 20er zur sozialen Befriedung in ganz Wien gebaut hatte – sie stehen bis heute) im dritten Stock am Fenster, und gegenüber war eine Druckerei. Deren Name war mit roten Buchstaben DRUCKEREI an der Mauer gegenüber zu lesen, über den Fenstern im zweiten Stock. Ich schrieb ihn ab, wahrscheinlich mit Buntstiften. Es war jene unverwechselbare Wiener Druckschrift, die sich aus den Wiener Werkstätten herleitete und aus Alfred Loos' Kampf gegen das Ornament. Die Buchstaben sind schlank und doch etwas kompakt – man sieht sie so heute noch in ganz Österreich, an Schlachtereien, Ämtern, Krankenhäusern. Und wenn ich sie sehe, ist mir, als käme ich nach Hause – in die Welt, deren (meist rote) Versalien ich als erste Schriftzeichen buchstabiert, abgemalt und gelesen habe. Ein Fetzen von Heimat, die aus dem Gedächtnis wieder aufsteigt, wenn ich ein ähnliches Schriftbild an einem Kaffeehaus sehe.

Und dann fällt mir gleich auch noch Alfred Polgar ein, der, vertrieben und umhergetrieben (er ist in Zürich begraben), einmal gestanden hat: »Ich lebe überall ein bisschen ungern.« Und über das Wiener Kaffeehaus den schlagenden Satz aller Unbehausten, die ein Zuhause suchen, zitierte: »Was ist das Schöne am Café? Man ist nicht zu Hause und doch nicht an der frischen Luft.«

So haben auch Buchstaben ihr Zuhause und man nimmt sie mit auf die Reise wie ein inneres Fotoalbum. Ich war mit vier Jahren von Brünn nach Wien gezogen – oder vertrieben worden. Und mit fünfeinhalb von Wien nach Bielitz. Aber eigentlich blieb ich dabei die ganze Zeit in der k. u. k.-Buchstaben- und Gebäudewelt. Überall gab es Laubengänge und überall Cafés, in denen die Bedienungen die gleichen weißen Schürz- chen und Häubchen und die gleichen schwarzen Gewänder trugen und die gleichen durchbrochenen hohen Schuhe, aus denen die Zehen und Fersen herausblickten, viel mehr braucht die Phantasie eines kleinen Jungen nicht. Und es gab die Ober in den ein wenig abgewetzten Anzügen, die im Unterschied zu den Kellnerinnen kassieren durften und das immer schwung- voll mit einem Bleistift auf einem Block taten. Und es gab überall das Kaisergelb auf den Amtsgebäuden und Schlössern und die wenigen Bäume auf den trostlos leeren Straßen in der Mittagshitze. Kopfstein, Fiaker, Kutscher und die Fenster der Häuser waren geschnitten wie in Wien am Ring, nur dass sie viele Stockwerke niedriger waren.

Die Cafés und Restaurants sind heute noch so: in Graz oder Klagenfurt oder Prag oder Brünn. Und als ich im Krieg einmal in Bielitz am Abend in einem Restaurant essen war (ich ein Gulasch, meine Eltern ein Beuschel, dazu ich ein Kracherl und meine Eltern ein Seidel Bier), war es schon genauso: ein bisschen plüschig und ein bisschen verstaubt, und der Ober, der um meinen Vater scharwenzelte, den er als lokale Nazi-Größe sicher kannte, war von einer leicht heruntergekommenen Eleganz, seine dünnen Haare klebten am Kopf, seine Haut war ein wenig grau. Er nahm die Bestellungen mit einem gewissermaßen schmierigen Schwung entgegen; so sollte er später auch schwungvoll die Rechnung mit dem Bleistift auf den Block kritzeln. Er zückte zwischendurch aber, nachdem mein Vater bestellt hatte, mit Schwung und Eleganz eine kleine Nagelschere, zog sie aus der Westentasche. Und schnitt mit ihr mit unnachahmlicher Grandezza die Fleischmarken für das Gulasch und das Beuschel von den Lebensmittelkarten – der Schwung eines Lebensmittelmarken-Figaros.

Es war Krieg und es herrschte Rationierung. Und vielleicht wollte mein Vater meiner Mutter und mir auch zeigen, dass er, als Verantwortung tragender Nationalsozialist (er war zwar nicht in Uniform, aber trug natürlich das Parteiabzeichen), keine Beziehungen spielen ließ beim Beuschel-Bestellen. Aber so elegant, wie der Ober die 50-Gramm-Märkchen abschnippelte, so elegant habe ich später nie wieder jemanden servieren und bedienen sehen.

Damals musste jeden Morgen, eine Woche lang, ein Schüler zu Beginn des Unterrichts aufstehen, sobald der Lehrer eintrat, und nach dem »Heil Hitler!« einen Wochenspruch aufsagen. Einmal war einer dran, der musste den Gorch-Fock-Spruch aufsagen. »Man muss nur wollen, daran glauben, dann wird es gelingen.« Ich erinnere mich nicht mehr an das Gesicht, wohl aber an den Tonfall des Jungen, der diesen Spruch eine Woche lang jeden Morgen aufsagte. Und an den Tonfall erinnere ich mich, weil der Junge Pole war, zu Hause sprach er das, was wir Wasserpolackisch nannten, ein Deutsch mit vielen polnischen Wörtern und polnischer Aussprache. Seine Eltern hatten sich über die Volksliste das Deutschsein erworben, sicher nicht, weil der Vater in den Krieg wollte, sicher wegen besserer Lebensmittelkarten und damit der Sohn auf die Schule durfte. Und so höre ich ihn bis heute das Wort »gelingen« sagen, auf der Vorsilbe betont, dass es sich fast wie Göttingen oder Gerlingen anhört. Aber eigentlich erinnere ich mich an diesen Jungen und sein »Gelingen« wegen der Aufklärung. Aufklärung, hat Kant gesagt, sei die Herausführung des Menschen aus seiner selbst verschuldeten Unmündigkeit. Ich war unmündig, aber ich war es durch Alter und nicht durch Selbstverschuldung. Nach der Schulstunde ging ich mit einem Mitschüler auf die Toilette. Die Zennerberg-Schule hatte ein primitives Pissoir im Schulhof mit einer geteerten Pappe als Rückwand, es hatte keine Wasserspülung und daher einen beißenden Geruch. Wir unterhielten uns über das »Gelingen«, aber unvermittelt wechselte mein Klassenkamerad das Thema. »Kennst du schon den neuesten Wochenspruch?«, fragte er, während er seinen Hosenschlitz (»Hosenkaffer« hieß das in Bielitz) schloss: »Fünf Minuten, drei Tropfen, neun Monate, ein Kind.«

Ich blickte ihn fassungslos an. Hätte mir schon mein späterer Jargon zur Verfügung gestanden, hätte ich gesagt: »Ich verstehe nur Bahnhof.« Aber er hat mich dann auch so aufgeklärt, an diesem scharf ätzend riechenden Ort, mit diesem dummen Spruch, mit dieser Milchmädchenrechnung. Man kann sich Stunde, Art und Ort der Aufklärung nicht aussuchen.

Ich war von dem neuen Wissen so bewegt, dass ich auf dem Heimweg meinen besten Freund, er hieß Erik Hlawa, sofort auch aufklärte. In Sonne und frischer Luft. Erik lebte allein bei der Großmutter, die Mutter arbeitete, einen Vater gab es nicht.

Dann trennten sich unsere Wege, und ich sah keinen Anlass, zu Hause von dem großen Wissensschub zu berichten, den ich erfahren und gleich weitervermittelt hatte. Am Nachmittag, es schien wie gesagt eine warme schöne Sonne, setzte ich mich auf eine Parkbank vis-à-vis von unserem Haus in der Dr.-Joseph-Goebbels-Straße. Ich hatte ein Buch bei mir, deutsche

Heldensagen mit bräunlichen Bildern von Siegfried, Krimhild, Hagen, Roland und Gudrun.

Plötzlich, die Sonne schien, ich las, stürzte Erik Hlawas Großmutter mit wütenden Armbewegungen auf mich zu: »Liest du wieder ein Doktorbuch?«, schrie sie und war sichtlich enttäuscht, dass ihre Entrüstung in den deutschen Heldensagen keine nackten, noch dazu eventuell aufklappbaren Menschen zweierlei Geschlechts vorfand.

Doktorbuch – hier war das Stichwort gefallen. Ich kannte damals noch keine »Doktorbücher«, aber von nun an wusste ich, dass Bücher, dass das Lesen einen geheimen Zweck hat. Denn das Buch appelliert nicht nur an die Phantasie, sondern an die sexuelle Phantasie, die mangels Erfahrung und Gelegenheit lange Phantasie bleibt, notgedrungen, aber nicht unbedingt zum Nachteil. Karl Kraus hat diesen Vorsprung der Phantasie auf die Formel gebracht: »Der Beischlaf hält nicht, was die Onanie verspricht.« Dem möchte man weder zustimmen noch widersprechen – es ist nur eben ein Satz aus der Welt der Kopfgeburten und Bücher.

Was die Onanie anlangt, so habe ich viel später, in meinem Meyer-Lexikon von 1905, nur noch eine relativ abgeschwächte Rückenmarksschwindsucht-Drohung gefunden – es war ein liberales Lexikon.

Aber von jenen Tagen an war die Beschäftigung mit Büchern auch eine Reise in das Land verbotener, zumindest unterdrückter Phantasien, die sich nur um so flammender von Papier nährten, je weniger ihnen die Wirklichkeit Nahrung bot.

Es waren die Borgias, jene liebliche Papstfamilie, in der jeder jeden liebte, der Vater die Tochter, der Bruder die Schwester, die damals in Romanform für Aufregung sorgten. Das Buch hieß bezeichnenderweise »Die Stiere von Rom« und stand in dem väterlichen Bücherregal hinten, versteckt.

Es ist erstaunlich, wie pamphletartige Aufklärungsliteratur gegen die Übermacht der katholischen Kirche, wie sie in Bismarcks Kampf gegen die Ultramontanen entstand, als jugendliche Sexualaufklärung fungierte. Die Zugriffe raffiniert geiler Beichtväter, wie sie im »Pfaffenspiegel« geschildert werden, stimulierten die hitzige jugendliche Phantasie – obwohl sie doch zur Abschreckung gedacht waren. Ich las von Beichtvätern, Mönchen und Äbten, die ihre vom Beichten schön erhitzten Frauen noch im Beichtstuhl ins Gebet nahmen, sie sanft züchtigten, glühend küssten und heftig liebten. Und ich dachte einen Augenblick lang: Abt! Das möchte ich werden.

Obwohl mir mein Vater, der »gottgläubig« war (und an Gott nur in der Natur, in der Vorsehung und im Führerwirken glaubte), einen »gesunden« Abscheu vor den »Dunkelmännern« der katholischen Kirche beigebracht, eher vorgelebt hatte. Kirche, das war altmodisch, heuchlerisch, verlogen, ungelüftet. Das glaubte ich damals auch.

In Wahrheit las ich Anfang der Vierziger Märchen. Märchenbücher, die ich mir mit meiner Mutter aus der Volksbücherei auslieh. Richard Leanders »Träumereien an französischen Kaminen«, die der Chirurg Richard von Volkmann unter dem Pseudonym Leander 1871 während des Deutsch-Französischen Kriegs veröffentlicht hatte. Ich weiß nichts mehr von diesen Märchen, außer dass sie mir angenehm waren, nicht so wohlig schaurig wie Andersens Märchen, die einen Helden hatten wie den Standhaften Zinnsoldaten, der in Feuersglut für seine Liebe schmolz, oder einen Tannenbaum, der gleich nach Weihnachten »geplündert« wurde und dann erst auf dem Speicher und dann auf dem Plunder landete, ein Gleichnis undankbarer Vergesslichkeit – Ex und hopp sollte diese Gesinnung später heißen und mir von Herzen fremd sein – wie ich glaubte.

Ich war am Abend in Bielitz oft allein, nur Soscha war bei mir, unser polnisches Dienstmädchen. Sie war siebzehn oder achtzehn, vom Lande. Und es ist keine rührselige Erfindung oder Täuschung der Erinnerung, dass sie, als wir wegmussten, geweint hat. Es ging ihr ja »gut bei uns«, wie meine Eltern sagten, und in der Tat bin ich sicher, dass sie nie herablassend, nie beleidigend, nie kränkend zu ihr waren. Mir machte sie am Abend Kartoffelpuffer (»Platzeks«), und ich versuchte, Rekorde im Verschlingen aufzustellen. Auch holte sie mir Malzbier im Krug. Und manchmal lagen wir am Abend auf meinem Bett, hatten die Strümpfe ausgezogen und kitzelten unsere Füße. Ich lachte ausgelassen, bis ich es nicht mehr aushielt, Soscha lachte auch und ich war ein wenig erschrocken, als meine Finger beim Kitzeln auf eine gelbe, weiche, feuchte, käsige Fußhaut trafen. Ich glaube, Soscha war schön mit ihren braunen Augen und ihren dunkelbraunen Haaren, aber ich weiß nicht mehr, wie sie ausgesehen hat. Wenn ich Bilder von meiner Mutter als jungem Mädchen sehe, denke ich manchmal, Soscha zu sehen. Ich hätte später gerne gewusst, was aus ihr geworden ist, aber das durfte ich nicht. Zwischen Soscha und mir gab es nie Gezänk und obwohl ich mich an nichts erinnern kann, was sie mir erzählt haben könnte, glaube ich, dass wir uns gut verstanden haben.

Geschichten aus dem Wienerwald

Obwohl meine Mutter in den vier Bielitzer Jahren »oft« schwanger war und zweimal zu Hause eine kleine Schwester von mir »auf die Welt brachte«, habe ich mich offenbar nie dafür interessiert, wie Kinder in die Bäuche der Mütter kommen, so wenig, wie ich mir darüber Gedanken machte, warum im Herbst die Blätter abfielen. Dass die Kinder aus dem Bauch auf die Welt kommen, hatte damals den Zweck, dem Führer Kinder zu schenken. Und dafür bekamen die Frauen das Mutterkreuz. Meine Mutter hat das Soll mit meiner jüngsten Schwester erfüllt und als mein jüngster Bruder zur Welt kam, war der Krieg verloren, wenn auch gerade mal ein paar Tage.

Auf Mutterkreuze kam es nicht mehr an. Kinder waren eine Last. In unserem Kinderzimmer hing ein mit gemalten Girlanden aus Blüten und Herzen umkränzter Spruch: »Die Arbeit ehrt die Frau wie den Mann. Das Kind aber adelt die Mutter.«

Als es im Februar 1941 oder im November 1943 »so weit« war, kam eine Hebamme in unsere Wohnung. Dann war alles voller weißer sauberer Tücher, heißes Wasser dampfte in Schüsseln und Krügen, meine Mutter lag im Ehebett wie aufgebahrt, allerdings mit einem schmerzhaft stolzen, glücklichen Gesichtsausdruck. Die Hebamme regierte energisch im Haus, die anderen gingen auf Zehenspitzen und gehorchten ihren Winken. Die entscheidenden Momente erlebte ich, wenn überhaupt, dann durch die geschlossene Tür. Irgendwann hörte ich ein Baby quäken, ich wurde zu meiner glücklich erschöpften Mutter geführt – »Schau, da ein Geschwisterchen! Eine Schwester!«

War ich glücklich? Traurig? Erleichtert? Bereichert? Verarmt? Um etwas gebracht? Nachträglich denke ich, dass ich mich ein wenig weiter zur Seite geschoben gefühlt habe, aber da ist keine schmerzende oder gar nagende Erinnerung daran, dass mich jemand, ein Eindringling, aus der Nähe meiner Mutter gebracht hätte.

Ob ich damals etwas vom Storch erzählt bekam und daran glaubte, wenn auch nur wie an ein begütigendes Märchen, das weiß ich nicht. Aber ich weiß, dass ich Hunde beim Kopulieren beobachtet habe, Hähne, die Hühner bestiegen, Pferde, die ihr Glied ausfuhren, und dass mir auffiel, dass sie sich dabei um nichts scherten. Jahrzehnte später, als ich Büchners »Woyzeck« sah und hörte, wie der Doktor sagt, dass Woyzeck keine Scham habe, ist mir das wieder eingefallen. Aber deutlicher ist mir in Erinnerung, dass, nur drei Häuser neben unserem hochmondänen Haus mit Balkon, Zentralheizung, Kohlenaufzug, in einem Hof eine Hufschmiede war, mit gammeligen Eisenteilen und einer fauchenden Esse, die mit einem Lederblasebalg angefacht wurde. Pferde standen da, an ihren Hufen wurde geraspelt und gefeilt, auf einem Amboss das glühende Hufeisen mit Hammerschlägen zurechtgebogen, der Lehrling hielt das hochgeknickte Bein des Pferdes, der Schmied passte das Eisen an, der Huf qualmte, es roch, stank nach verbranntem Horn, das Eisen wurde in einem Eimer mit brackigem Wasser versenkt, wo es zischend seine Glut aufgab, schwarzgrau wurde; dann schlug es der Schmied mit kegelförmigen, kantigen Nägeln in den Huf, was das Pferd klaglos erduldete. Die meisten Pferde waren verschnitten, wo ihr Geschlecht war, hing ein schrumpeliger faltiger schwarzer Hautsack. Mir taten sie leid, wenn sie mit ihren Schweifen versuchten, die Fliegen zu vertreiben. Sie zuckten mit ihren sehnigen Beinmuskeln, der Schwarm flog auf; nur in den Augenwinkeln blieben die Schmeißfliegen ohne Erbarmen sitzen.

Unserem Haus gegenüber begann eine Allee, daneben war eine Art Depotplatz der Straßenkehrer. Wenn ich sie von unserem Balkon herab beobachtete, waren sie meist damit beschäftigt, Pferdekot aus dem Kopfstein der Straße zu kratzen, mit einem Reisigbesen zusammenzufegen und mit einer Schaufel in ihre Mülleimer auf Rädern zu kippen. Es war wie in einer anderen Zeit, mitten im modernen Massenvernichtungskrieg. In der Wochenschau sah man Stukas, die mit sirenenhaft heulendem Geräusch auf Städte (zum Beispiel Warschau) herabstürzten. Und immer wieder Geschütze, die, von Soldaten geladen und gezündet, losdonnerten, die Landser hielten sich die Ohren zu. Und in unserer Straße zündeten Gaslaternenanzünder, solange es noch keine Verdunklung gab, am Abend die Lichter an. Pferdewagen klapperten und rumpelten über die Straße, Pferdehufe mit ihren Stollen schlugen Funken auf dem Kopfstein.

Aus der Kneipe an der Ecke der Straße, dort, wo sie noch alt, grau, voll blätterndem Putz war, floss in einem offenen Rinnsal das Abwasser in den Gulli, Erbrochenes von Kneipenbesuchern, das säuerlich stank. Wir Kinder liefen im Sommer barfuß und an schönen Apriltagen fragten wir unsere Mutter, ob wir schon barfuß hinausdürften. An Steinen köpften

55

wir uns die großen Zehen blutig, es tat höllisch weh, wir hatten Holzsplitter in den Füßen, schnitten uns die Sohlen an Scherben auf, traten in Hufnägel. Es gab keine Hemden, die man durchknöpfen konnte, alle Männer fuhren in ihre Hemden wie Wilhelm-Busch-Figuren, in Nachthemden wie Onkel Fritz bei »Max und Moritz«. Pyjamas waren etwas luxuriös Verworfenes, Kinohelden trugen sie im Schlafwagen, Victor de Kowa, Hans Holt, Johannes Heesters. So etwas trugen Lebemänner, Schürzenjäger, »Steiger«, wie meine Mutter sie nannte.

Mein Vater war ein Steiger. Ich wusste nichts von der Sexualität, aber ich wusste, dass mein Vater ein Steiger war. Dass er sich 4711 aus Flacons auf seine Taschentücher spritzte, bevor er wegging. Dass das Wort »fesch« sein Lieblingswort war. Dass er einerseits ein Sportler war, der an Langlaufrennen teilnahm, die Natur liebte, nie rauchte und nie trank, und dass er andererseits Sehnsucht nach einer Welt hatte, in der es schlüpfrig zuging, in der geraucht und getrunken wurde. Er war einerseits ein Familienvater mit einer schier sentimentalen Aufopferungsbereitschaft, aber andererseits war er ein »fescher Kerl«, ich verstand das nicht, weil ich ihm erst viel später als Alfred in Horváths »Geschichten aus dem Wienerwald« begegnet bin.

Mit einer Mischung aus Freude und Entsetzen erinnere ich mich daran, wie er eines Nachts in Wien, 1939, angetrunken nach Hause kam. Meine Mutter war hochschwanger und erbost, aber auch gleich versöhnt, weil er sich mit mir, den er geweckt hatte, so lustig aufgekratzt gegen sie verbrüdern konnte. Er war mit Kameraden zum Amüsieren in Baden bei Wien gewesen (die weiße Straßenbahn fuhr an der Wiedner Hauptstraße, bei uns um die Ecke, vorbei). Er trug eine schwarze SS-Uniform, als er so lustig war.

Und einmal, im Hochsommer 1939, saß ich mit Vater und Mutter (sie war wieder schwanger) bei einem Baum im Wiener Stadionbad, sie suchte mit ihrem schweren Bauch den Schatten. Mein Vater ging mit mir durch die Menge – das Bad war an dem heißen Sonntag über und über voll – zum Kinderbecken, wo er mich allein zurückließ. Er wolle kurz schwimmen gehen, sagte er. Ich wartete sehr lange, fing an, ihn zu suchen, begann Angst zu bekommen, zu weinen; ich fühlte mich mit meinen fünf Jahren verloren. Schließlich erbarmte sich ein Bademeister meiner und rief meinen Vater über Lautsprecher aus: »Der fünfjährige Hellmuth Karasek sucht seinen Vater.« Da kam er dann, bei ihm seine Chefin, eine allein stehende Frau, die es, wie meine Mutter sagte, auf ihn abgesehen habe. Sie bot mir eine Semmel mit Faschiertem an. »Du bist aber ein liabs Kind!« Ich nahm die Semmel, warf sie auf den Boden. »Ich bin kein liabs Kind!« Meine Mutter hatte gehört, wie ich ihn hatte ausrufen lassen. Ich weiß noch, dass sie und ich, in dieser Sache verschworene Komplizen, von da an seine Chefin »Liabs Kind« nannten. Horváths Alfred als lieber Vater.

Er hat dann nicht uns verlassen, sondern sie. Ist mit uns nach Bielitz gegangen, zurück in die Stadt seiner und meiner Mutter Kindheit, wo er die Chance ergriff, die ihm die Nazis boten. Anstatt sich in das gemachte Nest eines kleinen Wiener Sportgeschäfts zu legen. Als er alt war, schon fast achtzig, hat er mich mit meiner Mutter in Hamburg besucht. Beim Spaziergang hat sie mit meiner Schwester einen anderen Weg gewählt, hat den Verabredungspunkt mit uns, meiner Frau, meinem Vater und mir, missverstanden. Wir haben uns verloren, für zwei Stunden. Und mein Vater sagte todernst, dass er sich, wäre meiner Mutter was zugestoßen, umgebracht hätte. Das war über fünfzig Jahre nach der Zeit, als ich ihn im Stadionbad gesucht hatte.

In den sechziger Jahren – ich war etwa so alt, wie mein Vater damals gewesen war – ging ich an einem heißen Sonntagnachmittag zum ersten Mal nach dreißig Jahren wieder ins Stadionbad in Wien. Allein lag ich auf der Wiese, in meiner Nähe eine Frau, älter als ich, mit der ich das Gespräch suchte. Sie hatte, wie sie mir erzählte, ein Lebensmittelgeschäft, und ich erzählte ihr, dass ich abends ins Theater müsse, ich war wegen der Festspiele hier. Fast hätte ich sie, bevor ich mich nach etwa einer Stunde von ihr verabschiedete, gefragt, ob sie mit ins Theater wolle, aber eine merkwürdige Scheu besiegte meine Neugier, und ich verließ sie, obwohl wir uns im Gespräch näher gekommen waren, als unsere Sätze erkennen ließen, und ich verabschiedete mich, ohne auch nur nach ihrem Namen und ihrer Adresse gefragt zu haben. Ich weiß noch heute, wie sie aussah, und obwohl ich nicht weiß, wie das »Liabs Kind« aussah, könnte ich schwören, dass sich die beiden ähnelten wie Mutter und Tochter. Oder wie Geschwister, die dreißig Jahre auseinander sind. Ich wollte herausfinden, was mein Vater an ihr gefunden hatte und was sie an ihm. Ich sah, wie an ihren Oberschenkeln sich Haare aus dem Badeanzug herausgeschoben hatten. Ich malte mir den Betrug meines Vater aus und wollte ihn und wollte ihn doch nicht wiederholen. Im Bad roch es wie damals nach Schweiß, Sonnenöl, gechlortem Wasser, nach gemähtem Gras. Ich möchte auch schwören, dass ich am Abend »Geschichten aus dem Wienerwald« im Theater gesehen habe, und meine Erinnerung sagt mir, dass Helmut Lohner den Alfred mit seinem Schlawiner-Charme gespielt hat. Die Aufführung hat mir das kleinbürgerliche Wien nachgeliefert, dessen modrigen Charme und dessen kulissenhafte Kleinbürgerschmierigkeit, die ich als Fünfjähriger für einen Augenblick erschnuppert hatte, als ich meinen Vater mit meiner Lautsprecher-Suche in Verlegenheit brachte. Horváth beschreibt Nazis, die noch keine Nazis sind und die noch nicht einmal wissen, dass sie es werden sollen.

Wenn ich mir eines der »stehenden Bilder« (also die gleichsam im Bewusstsein festgefrorene Erinnerung meiner Bielitzer Jahre) vor meine Augen zu holen suche, dann ist es meist das Bild meiner Mutter, die mit Kinderwagen und gewölbtem Bauch am Rand der »Allee« schräg vor unserem Haus steht. In der Parkwiese schachten Wehrmachtssoldaten einen Luftschutzgraben in Zickzackform aus, die ein Hauptmann, breitbeinig – er ist Invalide und hat einen schlaff herunterhängenden linken Uniformärmel – beaufsichtigt. Später wird der Graben bunkerartig überdacht sein, Erde über einem Holzverschlag; aber er wird nicht mehr zum Einsatz kommen, wir Kinder haben ihn nur tagsüber einmal neugierig besichtigt, als er fast fertiggestellt war.

Meine Mutter steht da und unterhält sich mit ihrer Freundin Ria König, die etwas robuster als meine Mutter ist und ebenfalls schwanger. Und um die beiden Frauen herum spielen kleine Kinder, meine Schwester, die Tochter König. Die beiden Mütter unterhalten sich entspannt, ein Bild tiefsten Friedens mitten im Krieg. Manchmal steht noch eine dritte Mutter dabei, sie wohnt im Haus mit den Königs. Sie stammt »aus dem Reich«. Ihre Kinder sind in meiner Erinnerung zu blassen Schemen gebleicht, Statisten auf der Mutter-und-Kind-Bühne. Ich gehöre zu dieser Szene, bin aber gleichzeitig von ihr abgekoppelt, weil ein paar Jahre zu alt, um noch um den Kinderwagen herum zu spielen.

Einige hundert Meter weiter, tiefer in die Allee hinein, an einem Denkmalsockel vorbei, auf dem kein Denkmal mehr steht (war da früher ein polnisches Denkmal?), gibt es eine Milchküche, in der Schwestern Babynahrung in Flaschen füllen, die ich manchmal mit einem Korb für meine kleinen Geschwister abholen darf. Die Flaschen haben verschiedenartige Gummiverschlüsse. Manchmal schaue ich zu, wie Milch und Haferschleim sterilisiert werden. Der Weg hin und zurück, die fürsorgliche Freundlichkeit der jungen Schwestern, die in der Milchküche hantieren, meine Mutter, die sich ruhig und lächelnd mit ihrer Freundin Ria unterhält, die Kinder, die im Wagen krähen oder auf dem Weg »Himmel und Hölle« hüpfen, das alles wirkt hell, friedlich, unbeschwert.

Ich stehe mit meinen größeren Freunden, wir sind vielleicht sieben oder acht Jahre, beim ausgehobenen Luftschutzgraben. Wir sehen und hören den Soldaten zu, die mit ihren Spaten und Hacken arbeiten. In der Allee stehen zwei, drei Parkbänke. Neben den Bänken finden wir ab und zu volle Präservative.

Von den Soldaten, wie wir uns erzählen, die da im Dunkeln mit den Dienstmädchen auf der Bank sitzen und schmusen. Wir Kinder singen zur Melodie eines damals beliebten Polka-potpourris: »Oh Hedwig, oh Hedwig/Die Nähmaschine geht nicht/Ich habs die ganze Nacht probiert/Und hab das ganze Öl verschmiert.« Ich weiß, dass dieses Lied unanständig ist, aber ich weiß nicht genau, warum. Ist es die Nähmaschine? Das Öl? Das Öl in der Nacht?

Unsere Mütter denken, dass wir das »von den Soldaten« haben. An ihre Männer, die auch Soldaten sind, denken sie dabei nicht. Etwas später kenne ich auch das Lied von Lili Marleen. Vom Soldatensender Belgrad, von den Partisanen auf dem Balkan. In Bielitz kann man diesen Sender Belgrad hören. Den Zapfenstreich, der auf Lili Marleen folgt, habe ich noch heute im Ohr. Ebenso das Trompetensignal des Senders Krakau. Man hört die Trompete und dann die Stiefelschritte eines Soldaten auf der Burg.

Am Abend sagt mir meine Mutter, dass ich nicht zu den Soldaten gehen soll, die den Luftschutzgraben ausheben. Da würde ich nichts Anständiges hören. Außerdem seien das keine anständigen Soldaten. Alle anständigen Soldaten seien jetzt in Russland. An der Front.

Mein Vater ist in Russland. An der Front. In der Ukraine, er ist Feldwebel bei der Infanterie. Freiwillig. Das heißt, eigentlich wollte er zur Waffen-SS, aber die Wehrmacht ist der Waffen-SS zuvorgekommen. Was mein Vater als Pech empfindet, sollte sich später als sein Glück erweisen. Er hat »nur« gekämpft, obwohl er »mehr« wollte. Und wahrscheinlich nicht wusste, was das »mehr« bedeutete. Bevor er nach Russland fuhr – er war von der Ausbildung noch für einen Tag nach Hause gekommen – haben meine Mutter und mein Vater die ganze Nacht geweint. Ich habe das aus dem Kinderzimmer gehört und, nachdem ich mich dazugeschlichen hatte, um mitzuweinen, auch gesehen. Mir war angst und weh, ohne dass ich wusste warum. Vielleicht weil ich meine Eltern so im Schmerz sah. Dabei hatte mir mein Vater erzählt, wie froh und stolz er sei, dass er nach Russland ziehen dürfe.

Am nächsten Tag sah ich meine Freunde am Nachmittag bei den mit Spaten und Hacke arbeitenden Soldaten. Sie riefen mich zu sich. Ich rief ihnen zu, dass ich nicht zu ihnen wolle. »Das sind keine anständigen Soldaten«, rief ich. »Die anständigen sind in Russland. An der Front.«

Der einarmige Hauptmann kam zu mir und fragte mich barsch, wer das sage. Und ich sagte ihm, dass meine Mutter das gesagt habe. Er ließ sich meinen Namen und unsere Adresse geben. Als ich Tags darauf aus der Schule kam, war meine Mutter in Todesangst. Wie ich denn so etwas weitererzählen könne, das von den unanständigen Soldaten. Obwohl sie eine kinderreiche Mutter war und die Frau eines hohen NSDAP-Funktionärs, der sich noch dazu freiwillig an die Front gemeldet hatte, bekam sie Angst, in Schwierigkeiten zu kommen. Sie hatte die deutsche Wehrmacht beleidigt. Passiert ist uns dennoch nichts.

Ria König, jene beste Freundin meiner Mutter, wohnte nur fünf Häuser von uns entfernt, direkt gegenüber der Bialka-Brücke. Ihr ältester Sohn Friedbert war etwa so alt wie ich, er hatte eine eingefallene Brust und atmete asthmatisch. Einmal, an einem Nachmittag und einem Abend, waren meine Eltern und die Königs weg, meine Geschwister waren zu Hause bei dem Dienstmädchen, ich war bei den Königs. Wir waren fünf, sechs Kinder, auch welche von einer anderen Familie, die im selben Haus wie die Königs wohnten. Stundenlang haben wir gespielt, schließlich ein Pfänderspiel. Ich musste irgendein Pfand bei Inge König, der vierjährigen Schwester Friedberts, auslösen. Sie zog sich dazu ihr Höschen aus, sie war die Ziege und ich musste ihren Schoß und ihren Po ablecken. Ich weiß nicht, wer auf die Idee mit der Ziege gekommen war, ich weiß nur noch, dass mir das Pfandauslösen gefallen hat. Ich glaube, auch andere Jungs mussten mit Inge König Ziege spielen, wir waren alle seltsam erhitzt.

Am nächsten Tag gefiel mir die Erinnerung an das Ziegenspiel nicht mehr. Und obwohl nicht davon gesprochen wurde, weder bei meinen Eltern noch bei den Königs, glaube ich, dass ich nie mehr bei ihnen zum Spielen war.

Jahre später trafen wir die Familie in Sachsen-Anhalt wieder. Sie wohnten in Magdeburg und wir in Bernburg, und wir besuchten uns ein, zwei Mal. Ich war inzwischen sechzehn. Und jedes Mal, wenn mich Ria König ansah, meinte ich, dass mich ihr Blick durchbohrend durchschaute, als wäre ich der Verderber ihrer Kinder. Das lag aber auch daran, dass Friedbert, obwohl ein Koloss, inzwischen noch weiter »zurückgeblieben« war. Er ging bei der Post in die Lehre, während ich die Oberschule besuchte. Inge König, ein hübsches Mädchen, wie ich denke, habe ich dabei nicht wahrgenommen.

Die Polka, die wir damals in Bielitz mit einem Text sexueller Anspielungen verballhornt haben, ging so weiter:

> Lass doch das sein, Otto! Lass doch das sein!
> Denn die Liebe, Otto, die bringt nichts ein!
> Ich hab es auch schon mal probiert
> Und hab mein ganzes Öl verschmiert.

Meine Ehre heißt Treue

Ich war kein kleiner Held. Aber zugunsten meiner Eltern, besonders meiner Mutter, muss ich sagen, dass sie es mich nicht entgelten ließ – in Zeiten, in denen Heldentum als höchste Tugend gefragt und gefeiert wurde –, kein kleiner Held zu sein. Ich kann mich jedenfalls an keine spürbare Benachteiligung wegen des Umstandes, dass ich eher ein Feigling, Weichling und Schwächling war, erinnern.

Mein Vater, der gute Sportler und exzellente Skifahrer, trug uns Kindern ein Gedicht immer wieder vor, es war sein eigenes und galt dem Skifahren. In dem Vierzeiler zu der Melodie »Unrasiert und fern der Heimat« hatte er seine Erfahrungen festgehalten und rezitierte ihn seinen Kindern, nicht ohne Stolz (und fast ohne Ironie): »Wer das Skifahren hat erfunden/Hat ans Wachsen nie gedacht/Der hat keine einz'ge Stunde/Auf den Brettern zugebracht.« Ich verbrachte nur wenige Stunden auf Skiern, nur im flachen Gelände der Allee, und fuhr Böschungen hinunter, die höchstens einen Meter hoch waren. Es war dann auch bald mit dem Skifahren vorbei, mein Vater war im grimmigen russischen Winter, und fast alle Skier waren als Winterhilfsspende mitgenommen worden nach Russland oder wurden in den Monaten, als das Thermometer dort auf minus zwanzig, ja minus vierzig Grad sank, gesammelt und hastig an die Ostfront geschickt – zusammen mit Socken, Pullovern, Winterjacken, Wollhandschuhen und Wollmützen.

Schlittschuhlaufen ging ich ohne Anleitung von 1943 an und setzte mich häufig und schmerzhaft auf der Eisfläche auf den Hintern. Von 1944 an hatte ich dann lange Jahre keine passenden Schuhe mehr, an die ich die Schlittschuhe hätte ankurbeln können. Dabei haben mein Vater und meine Mutter mir oft stolz und glücklich erzählt, wie sie sich beim Eislaufen auf der Schlittschuhbahn näher gekommen seien, beide Wandervögel, die das Wandern, die Berge, die Skier, die Eisbahnen liebten – Schlittschuhlaufen muss für sie so etwas gewesen sein wie für meine späteren Kinder der Disco-Besuch, den ich mit ihnen, wenn auch meist getrennt von ihnen, nachholte – nicht ohne einen Anflug von Lächerlichkeit. Aufs Eis, wo sich meine Frau und meine Tochter bewegten, bin ich ihnen nicht mehr gefolgt: Das Sprichwort vom Esel, der aufs Eis geht, wenn's ihm zu wohl wird, gehörte schon früh zu meiner Grundausrüstung an Welteinsicht.

Im Sommer nahm mein Vater mich mit ins Freibad, entweder in das hochmoderne Bielitzer Schwimmbad mit Zehnmeterturm und Sprungbrettern oder mit der Straßenbahn raus nach Zigeunerwald, wo alles Zubehör aus morschem Holz war und jeder Badebesuch damit verbunden, dass man sich Holzsplitter (»Schieber«) eintrat, die meine Mutter, die meist schwanger am Rande des Geschehens saß, mir mit einer Nadel aus dem Fuß pulte. Schwimmen war ein lustiger Sport, Schwimmen lernte ich schnell und ganz allein (deshalb auch nie ganz richtig); mein Vater war mit einer Horde von Freunden und vor allem Freundinnen hauptsächlich damit beschäftigt, die prustenden und kreischenden Frauen »unterzutauchen«, das heißt sie unter Wasser zu drücken. Es kam auf die Berührungen an, auf die Angstlust, die dieses endlos betriebene Spiel bewirkte, auf die Herrschaft des siegreichen Hahns über sein Hühnervolk, und in der Tat rief bei mir das fortgesetzte vergnügte Bemühen meines Vaters, kreischende junge Frauen unter die Wasseroberfläche zu drücken, wobei er sich von hinten mit zwei Händen auf ihre Schultern stützte, um sich über sie aufzubäumen, Assoziationen der Kopulationen auf einem Hühnerhof wach, ein Hahn, der die Hennen beim Besteigen kurz nach unten duckt. Meine Mutter sah dem aus dem Schatten mit gelassenem Vergnügen zu: Es war ja nur ein harmloses Spiel.

Auf der Straße bin ich Schlägereien und Raufereien immer aus dem Weg gegangen, ja auch weggelaufen – in der Absicht, meinen Vater zu holen, der es den Angreifern schon zeigen würde. Einmal, viele Jahre später, wir lebten in Stollberg im Erzgebirge, habe ich mich in eine etwas verwahrloste Gegend der Stadt verlaufen, wo ein paar Halbwüchsige, Sechzehn- bis Achtzehnjährige, Ball spielten, mich kommen sahen, hänselten, schlugen und nach mir traten und mir ein höhnisches Gelächter nachschickten, als ich stolpernd weglief. Da bin ich, es war Sonntag, gleich nach Hause gelaufen und habe meinem Vater weinend und stockend erzählt, was mir Demütigendes widerfahren sei.

Wo war das?, fragte mein Vater, zog sich entschlossen Schuhe und Jacke an, nahm mich bei der Hand, und ich führte ihn zu der Stelle meiner Schmach. Ich fühlte mich stark neben meinem Vater, Rache ist süß, dachte ich und zog den blutig süßlichen Schnodder in der Nase hoch.

Da! Ich zeigte von weitem auf die Jungs, die immer noch Ball spielten.

Mein Vater blieb stehen, das heißt, er verzögerte erst seine entschlossenen Schritte, nahm mich dann bei der Hand und ging rasch mit mir in die entgegengesetzte Richtung fort.

Das war 1947, zwei Jahre nach dem, was man in Deutschland »den Zusammenbruch« nannte. Für mich war das der Tag, wo die Autorität meines Vaters, mein Vertrauen in seine Stärke zusammenbrach. Was ich eigentlich schon lange hätte wissen und sehen müssen, stand mir auf einmal vor Augen: Mein Vater war niemand mehr, jedenfalls nicht gegen die Welt, in der wir als Flüchtlinge herumgeschubst wurden. Seine eigentliche Kraft, seine Familie mit seinen geringen Möglichkeiten mit Zähigkeit und unverzagtem Mut »durchzubringen« – die habe ich damals noch nicht gesehen.

Bis tief in das Jahr 1942 hinein lebten wir in einem »Großdeutschland«, das keine Grenzen mehr zu kennen schien. Wo die Freunde und Verwandten meiner Eltern verstreut über die k. u. k.-»Sprachinseln« der deutschen Siedler im Osten lebten, als Nachkommen der »Siebenbürger Sachsen« oder der »Donauschwaben«, auf einmal in einem Land ohne Grenzen. Das »Protektorat Böhmen und Mähren« (also die Tschechei) gehörte ebenso dazu wie das »Generalgouvernement« (also Polen), die Schwester meines Vaters zog mit ihrem Mann aus Bukarest in Rumänien (einem verbündeten Satelliten-Staat) zurück nach Bielitz.

Und Weihnachten 1942, als auch alle Brüder meines Vaters, mein Großvater und meine Großmutter bei uns waren, ebenso wie beide Brüder meiner Mutter, da war das wie aus einem Kriegsspiel ohne Grenzen: Mein Onkel Kurt, jüngster

Bruder meines Vaters, gehörte als deutscher Leutnant zu den Belagerern Leningrads. Onkel Fredie, ein studierter Volkskundler, der die Siedlungsideologie des deutschen Drangs nach Osten (»Volk ohne Raum«) vertrat, war in Waffen-SS-Uniform unter den Tannenbaum getreten, er war der Einzige, der ganz im Sinne der Ideologie vom Julfest und der Wintersonnenwende faselte, wenn auch nicht allzu insistent und ernsthaft.

Was merken Kinder, wenn sie einem siegreichen Herrenvolk angehören, was ein Sohn, dessen Vater zur siegesgewissen Elite zählt? Im Grunde wenig. Zwar war ich an die Siegesfanfaren der deutschen »Sondermeldungen« gewöhnt, die immer wieder ertönten, bevor die Versenkung von »Bruttoregistertonnen« durch U-Boote im Atlantik gemeldet wurde, die Eroberung von Kreta, der stürmische Vormarsch in Russland, die Kesselschlachten von Charkow oder Woronesch. Im Grunde erinnere ich mich, mitten im Massensterben und Massenschlachten, als der Krieg auf seinem Gipfel und vor seinem Wendepunkt stand, nur an einen Tod: an den des Hausmeistersohns Hansi Jauernik, der 1941, achtjährig, im Nachbarhaus starb.

Hansi Jauernik wohnte im Haus links neben uns, das nicht annähernd so schön, komfortabel, elegant und luxuriös wie unseres war – und ganz gewiss gab es keine Bidets und in Kacheln eingelassene Badewannen in einem grünen Badezimmer.

Das Nebenhaus war viel einfacher gebaut, die kleinen Wohnküchen der Wohnungen direkt neben uns verströmten ständig einen üppigen Geruch nach altem Fett und zerlassenem Speck und es roch säuerlich nach Kraut und Rüben. Hansi Jauernik wohnte im Parterre, in der Hausmeisterwohnung, und sein Vater, der Hausmeister, hatte einen ähnlich kurz geschorenen Kopf wie sein Sohn. Er war ein untersetzter Mann und sah aus, wie man Hausmeister in österreichischen Volksstücken besetzt. Da Hansis Vater auch Blockwart der NSDAP war, kam er von Zeit zu Zeit zu uns hinaufgestiegen und sammelte Kleiderspenden, Winterhilfsspenden; meine Mutter musste natürlich gerne und reichlich und vorbildlich »geben« und »spenden«, aber sie tat das auch wirklich gern, und Papa Jauernik, der natürlich einen bürstenähnlichen Schnurrbart hatte und einen gedrungenen Körper, verbeugte sich kriecherisch, bevor er sich zum Abschied zu einem zackigen »Heil Hitler!« hochreckte.

Meine Mutter empfand weder Angst vor ihm noch Herablassung oder gar Verachtung für ihn (so etwas habe ich mir für österreichische Hausmeister erst später zusammenphantasiert und zusammengelesen), und es störte sie auch nicht, wenn ich Nachmittag für Nachmittag ins Nebenhaus ging, um im Sommer an der Teppichklopfstange im Hinterhof mit Hansi Jauernik zu spielen. Dabei ging Hansi Jauernik nicht auf meine Schule und wohnte ebenerdig, aber gedacht habe ich das eigentlich nie, obwohl ich noch weiß, wie mir der Brodem aus der Wohnküche feucht und mit einem durchdringenden Essiggeruch (so wurden die »Spirken«, der ausgelassene Speck für den Häuptlsalat, abgelöscht) ins Gesicht schlug.

Dann spielten wir ausdauernd mit fünf, sechs anderen Kindern im Hinterhof, kletterten auf der Teppichstange herum, hatten ab und zu deswegen Zecken in den Schenkeln und Hodensäcken, hoben lockere Steine auf, unter denen es weiß und eklig wuselte, sammelten abgekratzte Streichholzköpfe in hohlen Schlüsselköpfen als Knallplättchen-Ersatz oder zersäbelten Regenwürmer und sahen, wie sie geteilt das Weite suchten, mit Mitleid verfolgten und verachteten wir sie: Jederzeit hätten wir den Regenwurmteil zerquetschen, zerdrücken können, aber wir ließen ihn laufen. Ließen wir ihn laufen? Oder überlegten wir es uns noch? Wir waren Herren über Leben und Tod, auch wenn wir Käfer zertraten – es krachte und knirschte, ein leichter Schauer, ein leichtes Frösteln lief uns über den Rücken.

Vielleicht habe ich, vielleicht haben wir Kinder, deren Väter nicht Hausmeister waren, sondern im Krieg oder sonst im Kriegsdienst und in Uniform, Hansi Jauernik manchmal auch etwas herablassend gehänselt und seinen Namen Jauernik in Eiernik verballhornt. Wir Kinder nannten uns meist mit Familiennamen, also nicht »Hellmuth« oder »Hansi«, sondern »Jauernik« und »König« und »Karasek«.

Eines Tages, als ich aus der Schule kam, hörte ich, dass Hansi Jauernik tot sei. Ganz plötzlich gestorben. Er habe morgens tot im Bett gelegen. Keine Krankheit, kein Unfall. Nur tot. Und ich habe ihn dann gesehen, aufgebahrt im Schlafzimmer, dessen Fenster zur Straße hinausging. Es war ein sehr heißer Sommertag, Hansi lag da, auf dem Rücken, der kleine Kopf riesengroß, und als ich ihn sah, war ich so fassungslos erschrocken, nein, nicht erschrocken, sondern verstört, weil etwas Unfassbares geschehen war, das ich weder begreifen noch einordnen konnte. Hansis Gesicht war talgig, leicht gelblich, und darüber war ein feiner Gazestreifen gelegt, der an einigen Stellen seine Wangen berührte. Und als ich ihn ansah, den gleichaltrigen Freund, der mich im Stich gelassen hatte, da sah ich, wie eine Fliege über sein Gesicht kroch, über den Gaze-Schleier, und wie sie an die Stelle kam, wo der weiße, durchsichtige dünne Stoff seine dicken runden Wangen berührte. Und ich dachte: Das muss ihn doch kitzeln, aber ich habe die Fliege nicht mehr verscheucht. Mir fielen die gequälten Augen von Kühen und Pferden ein, wenn sich die hochsommerlichen Fliegen, das Geschmeiß, in ihnen festsetzen und festsaugen wollen. Ich habe später Fliegenscharen gesehen, die sich auf Pferdekadaver in Gräben stürzten, aufgehängte Soldaten anfielen, die ein Schild um den Hals hatten »Ich bin ein Verräter!«. Noch später habe ich gelesen, wie sich die Fruchtfliegen im April über die Fäkalien und die Vegetarier-Küchenabfälle des Reichskanzleibunkers in Berlin hergemacht haben.

Als Hansi Jauernik starb, wusste ich noch nichts vom tausendfachen, vom millionenfachen Tod, obwohl ich doch Tag für Tag vom Tod gesungen habe.

Im Sommer 1943 kam ich ins »Deutsche Jungvolk«, das heißt: Ich wurde als Pimpf in die Kinderabteilung der »Hitler-Jugend« zu den Zehn- bis Vierzehnjährigen »eingezogen«, denn für das Jungvolk bestand für Jungen ebenso Dienstpflicht wie für die Mädchen im »Jungmädelbund«. Da ich noch keine zehn war, nehme ich an, dass mich meine Eltern als vorbildliche Parteigenossen der NSDAP freiwillig vorzeitig zum DJ geschickt haben, aber vielleicht hing das auch damit zusammen, dass ich vorzeitig auf die Oberschule gekommen war.

Der »Dienst« war mittwochs und samstags am Nachmittag. Ich ging dazu über die Bialka nach Biala, wo sich das Jungvolk auf einem Schulhof traf. Wir wurden in Horden, Jungenschaften, Jungzüge und Fähnleins sortiert, ein Spiegelbild militärischer Formationen. Wir sollten schwarze kurze Hosen, ein Braunhemd, ein durch einen braunen Lederknoten zusammengehaltenes schwarzes Halstuch und weiße Kniestrümpfe als Uniform tragen. Unsere Vorgesetzten, Jungzugführer wie Fähnleinführer, trugen geflochtene Schnüre, die von den Achselklappen zur Brust gingen und »Affenschaukel« genannt wurden. Die Uniformen waren 1943, also im vierten Kriegsjahr, nicht mehr ganz perfekt. Statt der braunen Hemden, die nicht mehr alle bekamen, durften auch weiße getragen werden, viele Strümpfe waren eher grau als weiß. Die Affenschaukeln, die das System von Befehl und Gehorsam stützten, gab es immer: Ich erinnere mich noch an die grünweißen Fähnleinführer-Schnüre, an grüne und weiße, und dass ich keinerlei Ehrgeiz empfand, eine Schnur zu tragen, aber vielleicht war ich einfach nur zu jung und wusste, dass meine Stunde noch nicht geschlagen hatte.

Wir standen auf dem staubigen Schulhof mit dem totgetretenen Rasen herum, mussten in Reih und Glied antreten, stillstehen, die Augen auf Befehl nach rechts oder links drehen, wobei wir den Hals ruckartig bewegten, nach rechts und nach links. Ich habe dieses Exerzieren weder angenehm noch unangenehm in Erinnerung, es war eher ein langes Zeittotschlagen, bei dem wir Kinder durcheinanderwuselten, um dann in Formationen nach Größe Aufstellung zu nehmen und uns durchzuzählen. Diese Nachmittage gehörten zu jener nicht enden wollenden toten Kinderzeit, aus der man nicht einmal in träge Wachträume flüchten konnte.

Endlos war auch das Spalierstehen am Straßenrand an Feiertagen, wenn irgendein prominenter Naziführer angekündigt war (»Bonzen« nannten wir sie). Da war erst diese hochgestimmte Vorfreude und Erwartung, die in grenzenloser stumpfer Ernüchterung endete, wenn wir stundenlang in heißer Sonne am Straßenrand auf die Wagenkolonne oder den Durchzug der NSDAP-Formationen warteten: SS, SA, NSKK, die Hitler-Jugend, der Bund Deutscher Mädel, eine Hochstimmung, die in öde Leere umschlug.

Mit klappernden Blechbüchsen sammelten wir für das Winterhilfswerk, aber vor allen Dingen sind wir als Jungzug oder Fähnlein stundenlang marschierend die Landstraßen in Dreierreihen oder Viererreihen entlanggezogen und haben gesungen, was das Zeug hielt. Obwohl ich mich an den Durst, an die metallisch schmeckende Flüssigkeit in der Feldflasche und vor allem an die Blasen an den Füßen bei den langen Märschen erinnere, sind mir diese von der Hitze geprägten Tage nicht in unangenehmer Erinnerung, weil wir ständig – »Ein Lied, drei, vier!« – sangen, pausenlos Soldaten-, Landsknechts-, Kriegs- und Nazi-Lieder, aus voller Kehle und voller Inbrunst, den Refrain zweistimmig. Im Lied waren wir eins, im Gesang aufgehoben. Die Welt war ein einziger trotziger Todesgesang.

Wir sangen »Ja, die Fahne ist mehr als der Tod«, nachdem wir gesungen hatten »Wir marschieren für Hitler durch Nacht und durch Not«. Und: »Fall ich in fremder Erde / Ade, so soll es sein!« Und: »Und über uns die Heldenahnen. Deutschland, Vaterland, wir kommen schon!« Und, ausgerechnet: »Nur der Freiheit gehört unser Leben.« Und: »Es zittern die morschen Knochen.« Und: »Vorwärts, vorwärts, schmettern die hellen Fanfaren.« Und: »Leb wohl mein Schatz, leb wohl / Denn wir fahren gegen Engelland«. Und: »Es braust ein Ruf wie Donnerhall!« Und: »Fridericus Rex, unser König und Herr/Der rief seine Soldaten allesamt ins Gewehr.« Und: »Prinz Eugenius, der edle Ritter/Wollt' dem Kaiser wied'rum kriegen/Stadt und Festung Belgarad!« Und: »Ein Heller und ein Batzen.« Und: »Unsre Fahne flattert uns voran/In die Zukunft ziehn wir Mann für Mann.« Und: »Oh, du schöner Westerwald.« Und: »Als die goldne Abendsonne sandte ihren letzten Schein/Zog ein Regiment von Hitler in ein kleines Städtchen ein«. Und: »In einem Polenstädtchen!« Und wir sangen: »Wir folgen der schwarzen Fahne mit dem heiligen Zeichen darin/Wir wollen nicht ruhen noch rasten, das ist ja der Siegrune Sinn.«

Manchmal denke ich, dass die ganze Nazizeit vor allem eins war: Ein Singen, in dem eine Gemeinschaft auf Mord- und Totschlag, auf Sterben und Heldentod eingestimmt werden sollte. Und dann erschrecke ich, weil ich all diese Lieder noch Zeile für Zeile, Ton für Ton, den trotzigen Jubel eingeschlossen, im Kopf habe. Diesen ganzen Todes-Schrott und Fahnenkitsch, die Führer-Ergebenheit und den stiefelnden Gleichschritt, all das noch Wort für Wort im Kopf, jederzeit abrufbar, ja auch präsent, wenn man es nicht abruft.

Ich erinnere mich, wie im Nachkriegsdeutschland auch durchaus vernünftige Männer (und nicht nur unbelehrbare Nazis auf ihren Traditions- und Kameradschaftstreffen) in die alten Gesänge ausgebrochen sind, so als sei ihr Kopf ein Überdruckkessel, bei dem ein Ventil geöffnet werden müsste von Zeit zu Zeit, um die angesammelte Heißluft dieser Lieder abzulassen, weil das Hirn sonst an ihnen Schaden nehmen müsste. Sie sangen dann mit einer durch vorgebliche Ironie gebrochenen Begeisterung, so als würde sie der alte Korpsgeist überwältigen. Singend war man auf diese Lieder eingestimmt worden, singend wollte man sie wieder loswerden, immer wieder loswerden. Ich habe meiner Frau einzelne Zeilen vorgesungen, vorgeblich, um ihr den dumpfen Unsinn klarzumachen, der uns singend eingetrichtert worden war. Aber war es wirklich nur das? Kafka fällt mir ein: »Die Hälse werden im Gebirge frei. Es ist ein Wunder, dass wir nicht singen.«

1982 fuhr ich mit Rudolf Augstein nach Wilflingen, um Ernst Jünger zu interviewen, der gerade den Goethe-Preis der Stadt Frankfurt bekommen hatte. Stundenlang unterhielten wir uns mit dem Siebenundachtzigjährigen, dann tranken wir mit ihm ein Glas Sekt, der Abend senkte sich über das schwäbische Städtchen. Zum Schluss, bevor wir uns verabschiedeten, trat Augstein auf die Terrasse ins nächtliche Freie und sang aus voller Kehle und mit vollgepumpter Brust (wobei er seine Begeisterung parodistisch übertrieb) das Lied vom »Polenmädchen«: »Sie war das allerschönste Kind, das man in Polen findt/ Aber nein, aber nein, sprach sie, ich küsse nie!«

War das Müll, der raus musste? Oder nicht auch: Aber es war eine schöne Zeit? War das die gruselig pervertierte Utopie der Hölderlin-Zeile: »Bald aber sind wir Gesang!« Eigentlich waren die Refrains das Bedrohlichste, weil sie drohten und warben, ohne einen Sinn vorzutäuschen, außer ihrer Militanz: »Heidi, heidu, heida, Heidi, heidu, heida! Heidi, heidu, hei hahahahaha! Heidi, heidu, heida! Heidi, heidu, heida. Heidi! Heidu! Heida!«

Meine kleinste Schwester kam damals zur Welt. Sie hieß Heidrun und wurde Heidi gerufen.

Wir sangen auch – es gab Füllstrophen zwischen den einzelnen Liedern – den Vierzeiler

> Die Juden ziehn dahin, daher
> Sie ziehn wohl übers Meer
> Die Wellen schlagen zu
> Die Welt hat Ruh!

Und erst viele, viele Jahre später kapierte ich, was ich da gesungen hatte und wo ich es gesungen hatte, nämlich in Galizien, wo die Nazis zur gleichen Zeit die Endlösung praktizierten,

Juden in Ghettos pferchten, zusammentrieben, mit Autoabgasen umbrachten, zu Massenerschießungen zusammentrieben, sie schließlich in Auschwitz-Birkenau vergasten.

Erst später, durch Bruno Schulz' »Zimtläden«, durch Joseph Roths Romane vom galizischen Rand der k. u. k.-Welt, durch Louis Begley, Tisma und Kertész habe ich erfahren, welche Welt hier vernichtet worden ist, unwiederbringlich zerstört, und dass die Mutter und Großmutter Billy Wilders, mit dem ich in den achtziger Jahren seine Biografie schrieb, in Auschwitz ausgelöscht wurden. Und das während der Zeit, als ich sang:

> Die Juden ziehn dahin, daher
> Sie ziehn wohl übers Meer
> Die Wellen schlagen zu
> Die Welt hat Ruh!

»Hellmuth, du hast eine Obsession mit Galizien«, schrieb mir Billy Wilder an den Rand des ersten Kapitels seiner Biografie. Ich habe ihm meine Obsession erklärt.

Wenn ich an den Dreck denke, der damals dem Zehnjährigen unverlöschlich in sein Gedächtnis gedrückt wurde, dann fällt es mir schwer, der entschuldigenden Behauptung »Ich habe von all dem nichts gewusst!« Glauben zu schenken. Auch das Bild von der reinen, unschuldigen Kindheit mitten im mörderischen Nazi-Krieg hält nicht Stand, wenn ich mir vergegenwärtige, dass mein Kopf nicht nur das antisemitische Triumphgeheul aufbewahrt hat, sondern auch eine Lied-Parodie, die ich von meinen Mitpimpfen außerhalb des offiziellen Marschgesangs lernte:

> Am Hamburger Hafen
> ein Mägdelein stand
> die Hose zerrissen
> das Hemd in der Hand
> Die Votze war blutig

Der Bauch war so dick
Da sagten die Leute
Die Sau hat gefickt.

Es hilft mir nichts, zu behaupten, dass ich diesen widerlichen Text, als ich ihn singend meinem Gedächtnis einverleibte, nicht verstanden habe – ebenso wenig, wie ich mir die mörderische Freude darüber klarmachte, dass die Wellen über die dahin-daherziehenden Juden zuschlagen – es war ja »nur« ein Lied, nicht mal mit einer konkreten Vorstellung oder Wahrnehmung gekoppelt. Beide Lieder sind da, beide zeigen, wie die Bestialität jener Zeit mich beeinflusst hat. Ob ich sie aufgehoben habe, damit mir klar ist, in welcher Zeit ich lebte, welcher Welt ich zugehörig war? Ist das eine Ausrede? Und hilft es mir, dass ich neben die eklige Vergewaltigungsphantasie später auswendig Goethes »Nähe des Geliebten« stellte – ein Rollengedicht von weiblicher Sehnsucht.

Ich denke dein, wenn mir der Sonne Schimmer
Vom Meere strahlt;
Ich denke dein, wenn sich des Mondes Flimmer
In Quellen malt.

Ich sehe dich, wenn auf dem fernen Wege
Der Staub sich hebt;
In tiefer Nacht, wenn auf dem schmalen Stege
Der Wandrer bebt.

Ich höre dich, wenn dort mit dumpfem Rauschen
Die Welle steigt.
Im stillen Haine geh' ich oft zu lauschen,
Wenn alles schweigt.

Ich bin bei dir, du seist auch noch so ferne
Du bist mir nah!

Die Sonne sinkt, bald leuchten mir die Sterne.
O wärst du da!

Ich weiß nicht, wann bei einem Neun- bis Elfjährigen in den Jahren 1943 bis 1945 die Einsicht nach und nach wuchs, dass der Krieg verloren sei. So sehr ich auch versuche, meine verschwundenen Erinnerungen wieder wachzurufen – mehr als merkwürdige, dumpfe und dunkel neblige Stimmungseindrücke werden da nicht lebendig.

Ich weiß oder ich glaube zu wissen, wie die Stimmung für einen atemberaubenden Augenblick in blankem Entsetzen erstarrte, als der Krieg gegen Russland begann. Da wurden die Erwachsenen leiser, hatten ängstliche Gesichter, sprachen hinter vorgehaltener Hand. Auch als Kind spürte ich, dass die meisten dachten: »Ob das gut geht!« Oder sogar: »Das kann nicht gut gehen.« Die Älteren erinnerten daran, dass Hitler doch als »Soldat des Ersten Weltkriegs« das Unglück und Elend des Zweifrontenkriegs erlitten habe – einen Fehler, den er nicht wiederholen wolle. Und jetzt das! Natürlich sagten sie auch, wobei ihre bedrückten Mienen sie Lügen straften: »Der Führer wird schon wissen, was richtig ist.« Und mein Großvater, der in Russland im Ersten Weltkrieg ein Bein verloren hatte, vermittelte meinen Eltern – wobei er mit Blick auf mich flüsterte – den Eindruck, dass Russland nicht zu besiegen sei – die Weiten, die Tiefen, die Masse an Menschen. Aber noch ehe der Schrecken die Erwachsenen erstarren ließ, setzten die Siegesfanfaren der Sondermeldungen wieder ein – »wir« brachen siegreich nach Russland ein.

Jahrzehnte später habe ich im Tagebuch des Generals Heinrici – er sollte es sein, der meinem Vater in einer Kriegslage-Besprechung Ende 1944 riet, seine Familie aus Oberschlesien zu evakuieren – gelesen, zu welch unvorstellbarer Bestialität und Brutalität der Feldzug die beiden feindlichen Heere beim Überfall auf die Sowjetunion befähigte – ein barbarischer Rückfall in die mordenden und brandschatzenden Kämpfe des Dreißig-

jährigen Kriegs, nur mit den technischen Mitteln der Massen-
vernichtung des 20. Jahrhunderts. Für mich als Kind aber waren die Juni- und Juli-Tage 1941 nur schön, voller Hitze und
Sonne, voller Badetage im fröhlich lärmenden Schwimmbad.
Und aus der Zeit, in der mein Vater in Russland war, erinnere
ich mich vor allem an eine Vorstellung im Bielitzer Stadttheater, in die mich meine Mutter an seiner Statt mitnahm. Dort
gab es roten Samt und Plüsch und Gold und Glanz, und als der
Vorhang aufging, tanzte ein grell eleganter Mensch mit zu langen Gliedmaßen, wobei er Arme und Beine mit vorsichtig lasziven rhythmischen Bewegungen von sich streckte und »Onkel und Tante, ja das sind Verwandte, die man am liebsten nur
von hinten sieht« sang. Und immer wieder wiederholte »von
hinten sieht, von hinten sieht«. Er war absolut unheldisch, un-
kriegerisch, parfümiert, geschminkt, einer luxuriösen Fried-
fertigkeit, ja Nichtigkeit anheim gegeben: Man spielte den
»Vetter aus Dingsda«.

Ende Januar 1943 kapitulierte General Paulus, den Hitler
ausgerechnet einen Tag zuvor zum Generalfeldmarschall befördert hatte, in Stalingrad, und vorübergehend bemächtigte
sich der Erwachsenen um mich herum die Erkenntnis: Der
Krieg ist verloren! Ich erinnere mich, dass die Theater und Kinos eine Woche geschlossen waren in diesem ohnehin trüben,
lichtlosen Januar. Die Welt war dunkel, die Fenster verdunkelt, die wenigen Autos hatten schwarz zugemalte Schein-
werfer, nur ein schmaler, viereckiger Sehschlitz war frei. Auf
einmal schienen die Uniformen der Soldaten ihren Glanz verloren zu haben.

Ich weiß noch, wie meine Mutter sehnsüchtig auf Reden
des Führers wartete, der aber nicht zu seinem Volk sprach. In
der Nacht gehörte die Welt um uns herum längst den Partisanen – und nicht mehr dem »Vetter aus Dingsda«. Aber wahrhaben wollte man das alles nicht.

Im Herbst 1943 besuchte ich in Bielitz im ersten Jahr die Oberschule und die war schöner, freundlicher, heller als der »Zennerberg«, die Volksschule, auf die schon mein Vater gegangen war im Ersten Weltkrieg und die nach Pisse und Teerpappe roch. Und auch dass die Oberschule eine große Turnhalle hatte mit Pferd und Barren und Reck und Klettertau und Sprossenwand, das schreckte mich nur während der Turnstunden.

In diese Schule kamen dann bald zwei, drei Lehrer von der Napola in Loben, die als Werber für die Nazi-Eliteschulen unterwegs waren und mich, nachdem sie am Unterricht teilgenommen und mich beobachtet hatten, ausguckten. Ob sie mich auch gequält vor dem Bocksprung zögern sahen, weiß ich nicht mehr. Aber in ihren Augen war ich genau der Richtige. Arisch bis auf die Knochen, richtig deutsch, obwohl nicht richtig aus Deutschland, »aufgeweckt«, wie das meine Lehrer nannten, und mit den richtigen Eltern: der tote Opa, die lebendige Oma, Vater, Mutter und zwei Brüder des Vaters – alle in der Partei.

Ein paar Tage später erhielten meine Eltern einen Brief, in dem stand, dass ich von der Napola Loben ausgewählt und zu einer Probewoche an die Nationalpolitische Erziehungsanstalt eingeladen worden sei. Nicht meine Mutter, meine Eltern erhielten den Brief, denn mein Vater war inzwischen aus Russland wieder heimgekehrt. Er hatte sich beide Füße erfroren. Als ich ihn bei den katholischen Schwestern, die ihn behandelten, neben der Kirche besuchte, sah ich die schwärzlich verfärbten Wunden. Auch am Genick hatte er einen Verband, der später eine nackte, drei Zentimeter lange Narbe zwischen den kurz geschnittenen Haaren zurückließ. Seither wanderte ein Granatsplitter durch seinen Körper – bis an sein Lebensende mit 80. Und er hatte das »EK zwei« sowie den »Gefrierfleischorden«, die Ostmedaille, die an den mörderischen Winter 1941/42 erinnerte.

Er erzählte viel von Woronesch und Charkow, vom »Iwan«, der »Hurräh« vor dem Angriff gebrüllt hätte, mit Schnaps mutig gemacht und der in die MG-Garben der Deutschen hineingelaufen, ja hineingetorkelt sei. Aber er war glimpflich davongekommen, war als NS-Funktionär auf einmal wieder, nach Frontbewährung, »u. k.«-gestellt, das heißt: in der Heimat unabkömmlich. Das war zweifach Glück: einmal, dass er bei seinem Einzug zum Militär nicht in die Waffen-SS gekommen war, obwohl er sich das doch so sehr gewünscht hatte. Und dass er jetzt, 1943 (als das KZ Auschwitz in »seinem« Kreis war) nicht mehr als Kreisorganisationsleiter nach Bielitz zurückkam. Er war zum Kreisleiter für den Nachbarkreis Teschen befördert worden. So konnte ich ihm später auch mit Mühe und Not glauben, dass er »von Auschwitz nichts gewusst« habe. »Dass da ein Arbeitslager war, ja. Dass da Juden vergast wurden, nein. Nein! Wirklich keine Ahnung! Das musst du mir glauben!«

Ich fuhr aber jetzt nach Loben an der Ostgrenze von Oberschlesien, nahe am Warthegau, um in einer Probewoche von der Waffen-SS für die Napola geprüft zu werden. Es gab in Großdeutschland damals etwa sechsunddreißig Nationalpolitische Erziehungsanstalten, die eine Mischung aus Oberschule, Kadettenanstalt und politischer Ordensburg (erst von der SA, dann von der SS beaufsichtigt) waren. Die ersten – in Plön, Potsdam und Köslin – waren »dem Führer« am 20. April 1933 zum Geburtstag geschenkt worden. Es waren ehemalige preußische Kadettenanstalten, die, nach ihrem Verbot durch den Versailler Vertrag, bis 1933 mehr schlecht als recht zu demokratischen Eliteschulen der Weimarer Republik umgeformt und nach 1933 alsbald rasch wieder in Kadettenanstalten zurückverwandelt worden waren – zu braunen Kadettenanstalten, die das »Nebenheer«, erst die SA, später die SS, mit Offizieren und die Partei mit Führungskräften versorgen sollten. Zwei der berühmtesten Schulen waren Naumburg und Schulpforta. Loben, 1941 ins Leben gerufen, sollte die künftige Elite für die Ostkolonisation ausbilden, Gauleiter für die Wehrburgen in Russland oder der Ukraine: Die Schüler kamen aus Schlesien, Oberschlesien, dem Sudetenland, dem Generalgouvernement.

Die Napolas, auch »NPEA« genannt und abgekürzt, waren in den von Hitler absichtlich und unabsichtlich chaotischen Hierarchiesträngen und Machtrangeleien der einzelnen Organisationen ins Kompetenz-Gerangel zwischen SA, SS, Erziehungsministerium und Wehrmacht geraten. 1944, als ich die braungraue Uniform mit dem feschen Schiffermützchen, den Schnürschuhen und den Überfallhosen anzog, hatte die Waffen-SS gesiegt. Aber auf meinem Koppelschloss stand: »Meine Ehre heißt Treue«. Das war das Motto der SS, mit dem sie ihre bedingungslose Ergebenheit für »Führer und Volk« demonstrierte.

Im Oktober oder November 1944 feierten wir zusammen mit den alten Veteranen der Nazi-Herrschaft auf dem Platz vor dem Rathaus die Gründung des Volkssturms. Der Musiklehrer der städtischen Oberschule hatte dazu ein Lied komponiert, eine Hymne, die mit Fanfarenklängen eröffnet wurde, zwei Töne, tatü, tata, tatü, tata, in getragener Langsamkeit. Auch den Text hatte ein Lehrer verfasst, ein pensionierter Studienrat. Er lautete:

>   Legt Pflug nun und Hacke
>   legt Zirkel und Feder nun aus der Hand.
>   Es loht an unserer Grenze
>   Ein blutigroter Brand
>   Nehmt Waffen und Wehre!
>   Es geht um unsre Ehre!
>   Nehmt Waffen und Wehre!
>   Es geht um unsre Ehre!

Und dann wieder die Fanfaren! Tatü-tata! Tatü-tata!

Wir Napola-Schüler der niederen »Züge« (die Klassen Prima bis Obersekunda waren in Annaberg) bildeten eine Seite eines

Karrees mit den Luftwaffenhelfern, dem Jungvolk und den Veteranen des Volkssturms, der Spaten geschultert hatte und einige Panzerfäuste mitführte. Wir von der Napola haben – wenn ich mich recht erinnere, ziemlich hochmütig – nicht so richtig mitgesungen. Was da vor sich ging, wirkte auf uns (das ahnten wir eher, als wir es gewusst hätten) zu spießig, zu zivil, zu bieder, zu wenig fanatisch. Unser Kernspruch, den wir uns immer wieder elitär vorsagten, lautete:

> Wenn einer von uns müde wird,
> der andre für ihn wacht.
> Wenn einer von uns zweifeln sollt,
> der andre gläubig lacht.

Das Städtchen Loben lag in einer flachen Heidegegend mit riesigen Lärchen- oder Kiefernwäldern, einer Landschaft, die auf mich kalt und feindselig wirkte. Die Napola war vier Kilometer außerhalb der Stadt, und wir durften nur in Gruppen dorthin gehen. Ich habe so gut wie keine Erinnerung an den Ort, an die Menschen, die doch wahrscheinlich mehrheitlich Polen waren.

Von der Probewoche weiß ich nur noch, dass wir vor allem sportlich geprüft wurden. Und obwohl die meisten Jungen vor Fremdheit fröstelnd zusammengezogen und geduckt in der fremden Umgebung herumstanden, die vor allem aus einem Sportplatz und einer Turnhalle zu bestehen schien, und eigentlich hofften, unbehelligt wieder nach Hause fahren zu dürfen, war die »Mutprobe«, der Sprung von der Gitterleiter, der Höhepunkt der Selbstaufgabe von uns Napola-Aspiranten.

Wir stiegen fast alle bis zur obersten Sprosse hinauf, um uns dann wie Säcke mutig, also willenlos in die Tiefe fallen zu lassen. Von den vielleicht dreißig Jungen, mit denen ich die Mutprobe teilte – erst sahen wir zu, wie die andern hochkletterten, um dann mit ausgebreiteten Armen herunterzustürzen, dann kletterten wir selber dem Sturz entgegen, höher, als wir es uns zutrauen wollten –, haben sich mindestens vier ein Bein gebrochen und fast alle die Beine verstaucht. Die Matten, die uns nach dem Fall auffingen, waren hart, das braune Leder, mit Werg gefüttert, federte kaum.

Auch ich humpelte nach meinem Mutsprung für einige Zeit, auch ich wurde für diesen Mutbeweis mit der Aufnahme in die Schule belohnt – ich hatte etwas erreicht, was ich gar nicht erreichen wollte, ich hatte mich selber aus meiner behüteten Kindheit, aus meiner Familie vertrieben. Ich war tiefer gesprungen, als ich es gewagt hatte, ich war höher gestiegen, als ich gewollt hatte. Ich war von dem Gruppenwahn der Mutprobanden befallen, die sich von den anderen nicht beschämen lassen wollten. Ich sollte auf der Schule etwas lernen, das man »den inneren Schweinehund besiegen« nannte.

Deutschland war ein dunkles, ein verdunkeltes Land, als ich im Schuljahr 1944/45 von der Bielitzer Oberschule an die Napola Loben kam, die Zeit der Siege war vorbei. So standen wir abends vor dem Abendessen gegen halb sieben zum Appell, und ein Lehrer (Zugführer) oder ein Schüler einer höheren Klasse verlas den »Wehrmachtbericht«, in dem das Oberkommando der Wehrmacht bekannt gab, wie sich der Verlauf der Fronten vom Westen wie vom Osten und in Italien mehr und mehr den alten Reichsgrenzen näherte, wie die Flak anglo-amerikanische Flugzeuge bei ihren »Terrorangriffen« auf deutsche Städte bekämpfte. Die Meldungen handelten von Frontbegradigungen, von Rückzügen nach heldenhaften Abwehrkämpfen, bei denen dem Gegner empfindliche Verluste zugefügt worden waren, von der erfolgreichen Partisanenbekämpfung auf dem Balkan oder in Norditalien, und selbst wir Zehnjährigen verstanden, während wir die Nachrichten hörten, dass der Krieg von Tag zu Tag näher kroch.

An vielen Nachmittagen durchkämmten wir die umliegenden Nadelwälder und sammelten von den Büschen, den Zweigen und vom Waldboden das Lametta, die silbrigen Streifen, die wie Christbaumschmuck aussahen und die die alliierten Nachtflieger vor ihren Angriffen auf die Industriegebiete um Beuthen, Oppeln, Kattowitz abgeworfen hatten, um die Radarortungsgeräte der Flak außer Gefecht zu setzen. In der Nacht gehörte Deutschland schon den künftigen Siegern und den Partisanen, die in der Dunkelheit Sabotageakte gegen deutsche Militäranlagen ausübten – das wussten wir aus den hinter vorgehaltener Hand erzählten Geschichten. Im offiziellen Wehrmachtbericht kam das nicht vor. Solche Geschichten waren als »Latrinenparolen« verpönt, und es war wohl nicht ungefährlich, sie zu erzählen, aber ich glaube nicht, dass unter uns Schülern (wir gebrauchten das offizielle Wort »Jungmannen« nicht, vielleicht war es uns damals schon ein wenig lächerlich vorgekommen) jemand dafür bestraft worden wäre.

Einer der Filme, die der Reichspropaganda-Minister Goebbels drehen ließ, war der Karl-Ritter-Film »Kadetten« von 1941. Wir haben den Film aus dem Siebenjährigen Krieg damals vorgeführt bekommen. Napola-Schüler aus Potsdam, Plön und Köslin spielten die Kadetten, die sich den Russen in den Weg werfen und verschanzen, während die plündernden und mordenden Kosaken nach Berlin ziehen, eine Spur soldatesker Verwüstungen und Schandtaten hinterlassend. Ich erinnere mich noch, wie Zehn- bis Vierzehnjährige, auf Fässern stehend, von Russen an Bäume gehängt und die Fässer dann unter ihren Füßen weggeschlagen werden. Die meisten Kadetten aber werden von den Kosaken gefangen genommen, ein ehemaliger preußischer Offizier ermöglicht ihnen die Flucht, preußische Truppen entsetzen die sich in einer Redoute tapfer verteidigenden Jungen. Da stirbt die russische Zarin – das von den Nazis immer wieder erhoffte Wunder des Hauses Brandenburg – der Zar, ein Bewunderer Friedrichs II., beendet den Krieg.

Der Film war zwar zur Einstimmung auf den Krieg und den deutschen »Drang nach Osten« gedreht worden, aber inzwischen bewahrheitete sich die verzweifelte Situation, von der er ausgegangen war: Auch die Nazis konnten schließlich nur noch auf ein solches Wunder hoffen und sahen seine Vorzeichen im Tod des amerikanischen Präsidenten Roosevelt. Einige Napola-»Jungmannen«, die als Statisten bei den »Kadetten« mitspielten, sind – eine makabre Pointe des blutigen Nazi-Finales – im Kampf um Berlin gefallen. Kein Wunder hat sie gerettet.

Es war eine freudlose Zeit, mit zu viel Schliff und zu wenig Schlaf, einer unausgesprochenen Angst und Anflügen von dauernd geschürter Siegeshoffnung, dann war von »Wunderwaffen« die Rede oder davon, dass der Führer das Geschick des Krieges wieder energisch in die Hand nehmen würde, um eine Wende zum Guten herbeizuführen. In einer Unterrichtsstunde im November 1944 erklärte uns ein Zugführer (Lehrer), dass sich jetzt die russischen Armeen der deutschen Reichsgrenze näherten und wie gut das für uns Deutsche sei. »Denn«, so führte er aus, »niemals kämpft ein Soldat besser und entschlossener, als wenn es gilt, Haus und Hof, Weib und Kind zu verteidigen! Kurz: die Heimat.« Für Augenblicke habe ich ihm geglaubt, habe ihm glauben wollen – bis wir wieder auf dem Appellplatz standen, in nebliger Novemberkälte, und hörten, welche Front die deutschen Heere wieder nach heldenhaftem Kampf begradigt, welche Gebiete sie wieder geräumt und in geordnetem Rückzug aufgegeben hätten, nicht ohne dem Feind schwere, schmerzhafte, ja entscheidende Verluste an Menschen und Material zuzufügen.

Einmal, ein einziges Mal im Kriege – und das war schon 1943, als ich noch zu Hause bei meiner Mutter und meinen Geschwistern in Bielitz war – hatte ich etwas von bestialischen Kriegsverbrechen gehört und erfahren. Das war, als die deutsche Armee bei Smolensk im Wald von Katyn in einem Massengrab mehrere tausend ermordete polnische Offiziere entdeckt hatte, die 1939 beim Einmarsch der sowjetischen Armee in Ostpolen in Gefangenschaft geraten und von den NKWD-Truppen »liquidiert«, das heißt brutal erschossen und ermordet worden waren. Die Wochenschau berichtete von den Ermordeten – Beamte, Gutsbesitzer, vor allem Offiziere –, die Nazi-Regierung holte eine Kommission des neutralen schwedischen Roten Kreuzes zu den Funden in Katyn, um die Sowjetunion wegen eines fürchterlichen Verbrechens gegen die Menschlichkeit anzuklagen. Für mich war das ein albtraumhaft nachhaltiges Kindheitserlebnis – auf zwiefache Weise. Denn zum einen hatte ich durch das, was ich über Katyn hörte, sah und las (es unterstützte Meldungen über sowjetische Gräuel und die Bilder, die sich mir durch den Propaganda-Film »Kadetten« in meine Angstvorstellungen gegraben hatten), auf der Flucht eine geradezu panische Angst, den sowjetischen vormarschierenden Soldaten in die Hände zu fallen. Aber zum anderen hat es mein Entsetzen über die Morde der deutschen Armee und Waffen-SS, als ich Jahre später von ihnen hörte, Dokumente las und sah, auf grauenhafte Weise potenziert. Dass nämlich diejenigen, die die gleichen unvorstellbaren Verbrechen an Juden, Zivilisten, Kriegsgefangenen, Kommissaren begangen hatten (und das in einer unfassbaren Größenordnung), den Zynismus aufbrachten, im Krieg Empörung und moralische Entrüstung über ähnliche Verbrechen zu heucheln.

Was in Katyn geschah, hat mir als Kind einen panischen Horror vor den Gräueln der Roten Armee eingeflößt. Später habe ich begriffen, dass die deutsche Wehrmacht Verbrechen wie die von Katyn beim Vormarsch in Russland mit gleicher Bestialität begangen hatte, durch den »Kommissar-Befehl«, durch Massenerschießungen sogar ins Unfassliche potenziert. Im Rückblick erwies sich die Empörung über Katyn als Eingeständnis der eigenen Untaten. So als hätte die deutsche Regierung mit ihrer Anklage der sowjetischen Morde an polnischen Offizieren ihre eigenen an russischen Kommissaren und jüdischen Zivilisten mit angeklagt. Katyn war das unfreiwillige Eingeständnis ihres verdrängten Unrechtsbewusstseins.

Ich hätte damals auch lernen können, dass jeder Krieg Mord, Folter, Unrecht, Willkür, Massenmorde mit sich bringt. Habe ich es gelernt? Oder bei jedem Krieg wieder mit ungläubigem Entsetzen erfahren, welches Entsetzen, welche Bestialitäten jeder Krieg freisetzt.

Als mich 1938 mein Vater vor seinen sportlichen Freunden zum ersten Mal überfallartig an eine Eisenstange hängte, blamierte ich mich vor ihm und ihn vor seinen Sportskameraden, indem ich so lange panisch schrie, bis ich von dem Gerät gelöst und erlöst wurde. Als ich 1952 in Bernburg an der Saale an der Karl-Marx-Oberschule Abitur machte, galt der Turn- und Sportunterricht wie in allen Diktaturen schon wieder als höchste Disziplin – ein gesunder sozialistischer Geist in einem gesunden sozialistischen Körper. Meine Russischlehrerin, die mein Versagen ahnte, versprach mir deshalb: »Hellmuth, wenn Sie ans Reck gehen, halte ich mir die Augen zu!« »Versprochen?«, flüsterte ich ihr zu. »Versprochen«, flüsterte sie, die neben mir saß, zurück. Es geschah wohl auch aus Dankbarkeit, dass ich ihr oft tröstend beigestanden und zugehört hatte, wenn sie mir von ihrer unglücklichen Liebe zu dem verheirateten Schulrat erzählte, der eine Glatze hatte, eine Brille, in der SED war und tatsächlich einen Spitzbart trug, ähnlich wie Walter Ulbricht. Ich schritt also im Turnsaal tapfer auf das Reck zu, hängte mich wie ein Sack dran, machte einen Knieaufschwung, eine Kniewelle, nachdem ich vorher meine Hände mit Magnesium eingestäubt hatte – es tat wie immer ziemlich weh. In der Kniekehle. Und beim Welledrehen auch in den Handflächen. Die Lehrerin hielt sich die sommersprossigen Hände vor das stark sommersprossige Gesicht. Ich bekam eine Vier.

In unseren Zeugnissen bei der Napola gab es zwei Spalten: neun Fächer standen auf der linken Seite: Deutsch, Geschichte, Erdkunde, Biologie, Englisch, Latein, Mathematik, Physik,

Chemie. Und dem gegenüber acht Sportfächer auf der rechten Seite, nämlich: Geräteturnen, Leichtathletik, Kampfspiele, Schwimmen, Geländedienst, Fechten, Faustkampf, Reiten. Wenn ich mir das vergegenwärtige, erfasst mich noch heute ein mulmiger Stolz und eine übermütige Scham. Ausgerechnet ich, der ich wegen meines sportlichen Versagens in der Turnhalle oft als »Flasche«, »Nappsülze«, »Pfeife«, »Feigling«, »Angsthase«, »Schwächling« beschimpft und verlacht wurde, ausgerechnet ich habe das Probehalbjahr an der Elite-Zuchtanstalt und Hochleistungssportschule ohne Mühen bestanden, und ohne dass ich mich erinnere, unter dem exzessiven Sportunterricht mehr als die anderen, mehr als meine Kameraden gelitten zu haben.

Hitler wollte eine Jugend, »zäh wie Leder, hart wie Kruppstahl und flink wie Windhunde«, und die Napola-Lehrer bemühten sich durch pausenloses Schleifen, Drillen, Exerzieren und Üben, ihm das mit uns zu liefern. Wir sollten die besten Werkstücke sein. Leder, Stahl, Windhund – das war als trauriger Rest von der Vorstellung »mens sana in corpore sano« übrig geblieben.

Im Winter, vor den Weihnachtsferien, hatte ich das Probehalbjahr geschafft, bestanden. Ich durfte bleiben, wo ich nicht sein wollte. Das heißt, ich hätte bleiben dürfen, hätte die Rote Armee dies nicht durch ihre Offensive Ende Dezember 1944 zunichte gemacht. Manchmal – und nicht zu selten – habe ich mich danach gefragt, was denn wohl aus mir geworden wäre, wenn die Nazis gesiegt, wenn Hitler den Krieg gewonnen hätte. Ja was wohl?

Die Geschichte gestattet glücklicherweise keine »Was wäre wenn«-Experimente, höchstens als Heimsuchungen im Traum oder im Wachtraum. »Der Schlaf der Vernunft gebiert Ungeheuer«, heißt Goyas berühmte Graphik. Aber ein Gedanke bleibt. Dass ich mir gegen Ende des schrecklichen Kriegs gewünscht habe, er möge noch dauern, er solle nicht verloren gehen, wir Deutschen sollten ihn, wenn das Unmögliche möglich wäre, doch noch gewinnen! Mit meinem nachträglichen Wissen schäme ich mich dafür. Ich hatte mir, ohne es zu wissen, gewünscht, die Todesmaschinerie von Auschwitz bliebe weiter in Takt, die Todesmühlen würden weiter mahlen. Städte weiter in Schutt versinken, Soldaten weiter unter Durchhalteparolen sterben.

Abgesehen vom abendlichen Singsang (»Wenn alle untreu werden, so bleiben wir doch treu«) erinnere ich mich nicht an eine stramme ideologische Erziehung. Einmal, ja, da hat uns unser Klassenlehrer, ein kleiner dicklicher Mann mit einem fast randlosen Himmlerzwicker vor den Augen, die Vertreibung aus dem Paradies nach Adams und Evas Sündenfall erklärt. »Im Schweiße deines Angesichts sollst du dein Brot essen.« Und er hat uns dann zu erklären versucht, dass wir Deutschen, wir Germanen, im Unterschied zu den Juden die Arbeit nicht als Schimpf und Schande und nicht als Fluch empfänden, sondern als ehrende Pflicht. Ich weiß noch genau, dass ich das Wort Pflicht aus seinem Munde nicht ausstehen konnte, schon weil es ein Zungenbrecher für den Mann mit dem blitzenden Zwickel und der schweißig-rosigen Haut war: »Pflicht«, stieß er hervor und spuckte dabei einen Strahl in meine Richtung, so dass ich unwillkürlich mit dem Kopf zur Seite fuhr. Ich glaube, das war das einzige Mal, dass ich etwas über Juden im Unterricht hörte, wir waren auch noch sehr klein als Quintaner.

Aber groß genug, um fast rund um die Uhr geschunden und geschliffen zu werden, biegsames Material für die Abrichtung. Um 6.30 Uhr wurden wir geweckt und in dünnen Leibchen mit bläulich fröstelnder Gänsehaut auf den Sportplatz zum Frühsport gescheucht. Anschließend wurden wir zum Waschen und zum Bettenbauen getrieben. Die Schlafstuben lagen im Obergeschoss der zweistöckigen barackenartigen Gebäude. Unten waren die Tagesräume für sechs bis acht Schüler. Die gleichen sechs bis acht schliefen in einem Schlafsaal, neben dem ein Waschraum war, der mit seinen primitiven Rohren und Duschen eher einer Waschküche glich. Bettenbauen hieß vor allem, das Laken über die Matratze faltenlos spannen, bevor man die grauen Wolldecken und dünnen Kissen, zu akkuraten Rechtecken gefaltet, drauflegte. Der Morgen war für viele Schüler ein furchtbares Schrecknis, wenn sie entdeckten, dass sie nachts das Bett genässt hatten. Erschrocken sahen sie den gelben Flecken, die farblich verschwimmenden Ränder. Panisch versuchten sie, mit der Faust den Flecken wegzureiben, sie wetzten und wetzten, bis ihnen die Finger heiß und wund wurden. Umsonst. Der Fleck blieb. Und als kurz darauf die Betten inspiziert wurden, fand der aufsichtsführende Zugführer schnell die drei, vier Bettnässer heraus. Ihre Betten wurden zerstört, das heißt, sie mussten von neuem mit dem Bettenbau beginnen, die Heimmutter, eine Hamburgerin mit einem scharfen, hageren Gesicht, schlecht gefärbten wasserstoffblonden Strähnen und einer schrecklich verrauchten Stimme – sie war die einzige Frau, die mir von der ganzen Schule erinnerlich ist –, brachte schimpfend und die Delinquenten verhöhnend neue Laken. Wir andern, die wir trocken durch die Nacht gekommen waren, mussten, in Habachtstellung angetreten, in der Schlafstube stehen bleiben, bis die Bettnässer ihr Bett neu gebaut hatten. Die Zeit ging für uns vom Morgenappell und vom Frühstück verloren. Da wir immer hungrig waren, dachten wir sehnsüchtig an den schleimigen, Fäden ziehenden Haferbrei, an den dünnen graubraunen Milchkaffee und die zwei Scheiben Kommissbrot, die uns zu entgehen drohten. Am Abend, beim Appell, wurden die Bettnässer des Morgens bestraft. Vor versammelter Mannschaft bekamen sie einige Stockhiebe über das Gesäß. Sie mussten sich vorbeugen, ein Kamerad die Strafe ausführen. Wir anderen sahen schweigend zu. Ich war weder gerührt noch erschreckt. Bettnässer, das war ich nicht. Und also empfand ich die allabendlichen Bestrafungen als gerecht. Aber eher war ich wohl gleichgültig, abgestumpft. Andere wurden mit einer höheren Anzahl von Stockhieben bestraft. Die hatten sich den Aufenthalt in der Krankenbaracke erschleichen wollen, indem sie Übelkeit vorspielten, vor Schüttelfrost zu zittern anfingen, und dann versucht, das Fieberthermometer heimlich in den Kaffee zu stecken, und waren dabei erwischt worden. Wir waren Häftlinge einer Zuchtanstalt, aber im Bewusstsein, etwas Besseres zu sein. Die Devise war: Wer nicht gehorchen gelernt hat, kann auch nicht befehlen.

Ich geriet wegen der »Spindordnung« in Konflikt mit den Kontrolleuren. Kurz vor dem Zubettgehen um 21.30 Uhr wurden unsere Stuben im Erdgeschoss noch einmal kontrolliert. Ein Zugführer ging durch die Räume, wir sechs bis acht Jungen standen nach dem Befehl »Stillgestanden!« reglos da und während der Lehrer die Tische, die Spinde, die Ecken der Stube inspizierte, erlaubte er uns wohl mit dem Befehl »Rührt euch« etwas lässiger (das Wort gab es damals nicht), etwas entspannter dazustehen, während er die Winkel daraufhin beäugte, ob da vielleicht Schmutz und Staub angesammelt wären, die wir übersehen hatten.

Mein Problem war mein Spind, mein Schrank. Der Zugführer öffnete ihn, um zu sehen, ob die Wäsche, akkurat rechtwinklig gefaltet, auf Kante lag, Hemden, Unterhosen, Leibchen – alles auf Kante. Ob die Hefte, die Schulbücher so lagen und standen, wie sie zu stehen und zu liegen hatten. Jeden Abend warf er einen schrägen Blick in meinen Schrank und ich sah, wie sich seine Schildmütze mit dem runden Teller neigte. Dann hob er ein Bein, ließ den Stiefel gegen das untere Regalbrett knallen und dadurch sämtliche Fächer mit Wäsche und Schulsachen, mit Sportanzügen und Turnhosen ineinander purzeln. Die Sachen rutschten erst zur Seite und fielen dann nach unten, wo sie einen wirren Haufen bildeten. Das Gleiche veranstaltete er mit der Stange in der anderen Schrankhälfte, in der die Uniformen aufgehängt waren. Zwei chaotische Haufen in zwei Schrankhälften waren das Ergebnis seiner mit größter Verachtung ausgeführten Stiefeltritte in den Spind.

Ich wusste: Jetzt würde es dauern. Der Zugführer würde uns verlassen, ich würde zum Schrank gehen, um dort aus dem Durcheinander die gewünschte und geforderte Ordnung wieder herzustellen. Meine Stubenkameraden würden in Rührt-euch-Stellung warten müssen, bis ich mit dem Schrank fertig wäre, bis wieder die gewünschte Ordnung herrschte. Das würde dauern! Der Zugführer würde den Schrank abermals inspizieren und, wenn er schlechte Laune hätte oder ich der gewünschten Akkuratesse nicht mit der nötigen Sorgfalt nachgekommen wäre, abermals seinen Stiefel in den Schrank stoßen, um mein Aufräumwerk ein zweites Mal zu vernichten.

Ich kenne meine damaligen Gefühle heute längst nicht mehr, aber sie müssen so etwas wie abgrundtiefer, weil ohnmächtiger Hass gegen den allmächtigen Erzieher gewesen sein, dessen Stiefel brutal und willkürlich meine Nachtruhe verkürzte, der mich vor meinen Stubengenossen demütigte und mich ihrer Wut, ja ihrem Hass aussetzte.

Es war – und das habe ich schon damals verstanden – ein diabolisches System, bei dem die Strafe die Aggressionen der Kameraden weckte, sie zur Vollstreckung durch »nächtliche Stubenkeile« an mir aufstachelte. Nachträglich wundere ich mich, dass mir so wenig, eigentlich so gut wie nichts passiert ist. Ich war eben, in all dem schlampigen Unglück, ein Glückskind.

Wenn ich an uns Schüler zurückdenke, dann denke ich nicht an Freunde, das System schweißte uns auch nicht einmal zu Kameraden zusammen. Vielmehr verbanden uns ungeheure Kraftanstrengungen, bei denen wir weder zurückbleiben noch unangenehm auffallen wollten. Wir machten mit, aber wir versuchten uns im Mitmachen wegzuducken, zu verstecken, nicht aufzufallen. Wir haben nicht zusammen gespielt, dazu hatten wir gar keine Zeit. Wir haben zusammen exerziert, zusammen geturnt. Wir haben aufgepasst, dass wir nicht aus der Reihe fielen. Wir haben uns aber auch nicht gequält, dazu hatten wir gar keine Zeit.

Zwischen den Appellen am Morgen, am Mittag, am Abend war immer Unterricht und meistens Sport.

Stundenlang streiften, krochen, spähten wir am Nachmittag durch die Felder und Wälder, Gräben und Wiesen in der leeren Landschaft der Umgebung und spielten Krieg im richtigen Krieg. Wir wurden in zwei Heere aufgeteilt, bekamen verschiedenfarbige Wollfäden um den Arm gebunden, rot und weiß. Dann schlichen wir aufeinander zu, belauerten uns, überfielen uns aus dem Hinterhalt. »Geländespiel« hieß diese Übung. Wenn wir aufeinander stießen, überfielen wir uns wild und brutal. Wir versuchten, dem Feind sein andersfarbiges Band abzureißen. Gelang uns das, war er »tot«. Wie meine Halma-Männchen, die »gefallen« waren, wenn ich sie beim Spielen umkippte. Die Gruppe, die am Schluss noch mehr Soldaten mit Band hatte, war Sieger. Gefangene wurden nicht gemacht, es galt »tot oder lebendig«. Dass es dabei zu brutalen Raufereien kam, ist klar. War die Schlacht, war der Krieg vorbei, kam es wegen der Übergriffe beim Raufen um das Lebensband zu Streitereien. Die galten als Ehrenhändel und mussten anschließend im Boxkampf, als Duelle ausgefochten werden. Ich weiß noch heute, wie schwer mir die Hände in den Boxhandschuhen von Runde zu Runde wurden, unglaublich schwer, während wir von den Mitschülern, die im Kreis um uns herumstanden, angefeuert wurden.

Nachmittags, von 17.00 bis 18.45 Uhr, saßen wir in unseren Arbeitsstuben, jeder an seinem Tisch, und machten Hausaufgaben. Die Zeit habe ich auch genutzt, um meinen Eltern Briefe zu schreiben, die nur eine Botschaft hatten. »Holt mich hier raus!« und »Ich will nach Hause!« und »Bitte! Bitte!« Und weil wir als gute Deutsche keine verdrückten Geheimnisse voreinander haben sollten, keine Heimlichkeiten, bei denen man sich nicht ins Auge sehen konnte, schrieb ich die Briefe »offen«. Das heißt, mein Zugführer, also mein Klassenlehrer, las sie, bevor er sie an meine Eltern losschickte. Das Wort Zensur kannte ich damals nicht, obwohl ich, wenn ich mich recht erinnere, beim Briefschreiben schon ahnte, manches nicht schreiben zu können und manches anders ausdrücken zu müssen, als ich es eigentlich wollte.

Ich weiß nicht mehr, ob es mir gelungen ist, meine Wünsche gleichzeitig in all ihrer Heftigkeit auszudrücken und sie doch zu verschweigen. Aber einmal kam mein Sportlehrer, ein imponierend vierschrötiger Mann mit klirrenden Stiefelsporen und einer schwarzen SS-Uniform, gab mir meinen Brief zurück, sagte, er sei sehr enttäuscht, weil ich gegenüber meinen Eltern meine Kameraden angeschwärzt hätte, und ob ich den Brief so abschicken und nicht doch lieber neu schreiben wolle. Natürlich habe ich den Brief neu geschrieben. Und obwohl ich nicht wusste, was eine moralische Nötigung ist, habe ich sie sofort verstanden und befolgt. Wahrscheinlich habe ich mich sogar geschämt.

In einem der Antwortbriefe meiner Eltern, die auf Zeit setzten und mich deshalb baten, noch ein Weilchen auszuhalten, war ein Zeitungsausschnitt beigefügt, durch den mich mein Vater wissen ließ, dass er für seine Arbeiten am deutschen Ostwall – er baute Panzersperren in der benachbarten Slowakei, einmal, in den Ferien, bin ich mitgefahren – mit dem »deutschen Kreuz in Silber« ausgezeichnet worden war. Der Zugführer, der auch diesen Brief schon vor mir gelesen hatte, fragte mich, ob ich stolz sei. Und ich war natürlich stolz auf meinen Vater. Ja, ich war stolz, aber mir war auch klar, dass dies eine ablehnende Antwort auf meinen Wunsch war, heimgeholt zu werden. Die Nachmittage, als ich beim Schreiben und beim Lesen lernte, das zu umschreiben, was ich dachte und was ich wollte, sind mir seltsam traurig und seltsam heimelig im Gedächtnis geblieben.

Irgendwann in der Adventszeit fasste ich einen Entschluss. Ich schlich meinem Sportlehrer nach, der sporenklirrend ins nur halb erleuchtete Nachbarhaus ging, vorbei am Musikzimmer, wo eine Gruppe Streicher musizierte. Ich folgte dem großen schweren Mann, der trotzdem elegant wirkte, vorsichtig.

Noch heute sehe ich die Lederstellen, die bei seinen schwarzen Breeches das Gesäß und die Schenkel grau abbildeten. Noch heute rieche ich das schwere süßliche Parfüm, das er wie eine Schleife hinter sich herzog. Ich überholte ihn, stellte ihn und bat, ihn sprechen zu dürfen. Er blieb stehen, breitbeinig, und hörte mir zu. Und ich hörte mich sagen, dass ich mich entschieden hätte, die Schule nicht mehr verlassen zu wollen. Er schlug mir auf die Schulter, drückte mir die Hand und sagte, wie sehr ihn das freue. Mir war entsetzlich elend und wohlig zugleich und ich dachte, dass ich das, was ich gesagt hatte, nicht eigentlich hatte sagen wollen, aber doch froh war, es herausgebracht zu haben, weil er, der Lehrer, mich dafür lieben und anerkennen müsste.

Glücklicherweise warf der Krieg meine Unterwerfungserklärung über den Haufen. Die Napola, der ich mich hingeben wollte für immer, zumindest bis zum Ende meiner Schulzeit, gab es wenige Monate später nicht mehr. »Meine Ehre heißt Treue« war wie ins Nichts zerfallen.

»Der kleine Soldat«

An einem der letzten Dezembertage 1944, es war der 29. oder 30., standen meine Mutter und ich mit meinem Bruder Horst, meiner Schwester Ingrid und meiner Schwester Heidrun an einem frühen dunklen Morgen auf dem Bahnhof von Teschen, wohin uns mein Vater mit seinem Dienstwagen, einem Mercedes-Benz, von Bielitz aus gebracht hatte. Der Bahnsteig war von einem eisigen Schneesturm halb mit Schneewehen verschüttet, halb blank gefegt worden. Mit uns warteten einige hundert andere Menschen. Die Nacht vorher hatten wir kaum geschlafen, saßen, bevor uns mein Vater wegfuhr, neben gepackten Koffern. Wir konnten nur wenig Gepäck mitnehmen,

Wäsche und Kleidung in der Hauptsache, meine Geschwister waren noch klein – mein Bruder Horst fünf, meine Schwestern Ingrid drei und Heidi zwei Jahre alt –, und meine Mutter war im 5. Monat schwanger. Eine Offensive der Sowjetarmeen stand bevor, und mein Vater, als Teschener Kreisleiter mit den Ostwallarbeiten beschäftigt und für die Bevölkerung seines Kreises eher zuständig als verantwortlich, dachte, es wäre besser, uns für alle Fälle in Sicherheit zu bringen – für kurze Zeit, vorübergehend, wie er sich und uns einredete.

Wir ließen unsere Wohnung in Bielitz also zurück, als ginge es nur kurz in die Winterferien, obwohl wir alle dumpf und wie benommen ahnten, dass wir wohl nie wieder zurückkehren würden. Wir – das waren mein Vater, meine Mutter und ich, denn ich war auf einmal und über Nacht mit meinen knapp elf Jahren zum Erwachsenen befördert: Mein Vater war nahe der Front unabkömmlich, also musste ich auf der Reise seine Rolle einnehmen. Und ich habe sie energisch eingenommen. Geschützt und getragen durch meine braungraue Napola-Uniform, Überfallhose, Jackenbluse mit Achselstücken, ein Koppel mit Koppelschloss und ein schräg sitzendes Käppi, verhandelte ich mit den Soldaten, den Bahnbeamten und Schaffnern, den »Kettenhunden« und schaffte es immer wieder, meiner Mutter und meinen kleinen Geschwistern mitten im panischen Gedränge Zugang zu überfüllten Zügen zu verschaffen. Obwohl meine Uniform eine Nazi-Uniform war und ich ein Kind, hat sie mir, soweit ich mich erinnere, nie Feindseligkeit eingetragen, sondern immer einen mit Spott gemischten Respekt; man sagte »der kleine Soldat« zu mir, wohl auch, weil ich, ohne meine »Kameraden« an der Schule, eine Rarität war, ein Unikum, ein militärisches Unikat, weder Kämpfer noch Urlauber, weder Volkssturm noch Flak. Für ein paar Wochen und Monate konnte ich tapfer und erfolgreich im allgemeinen Chaos des Misserfolgs und der Niederlagen sein, wenigstens im »Organisieren« von Eisenbahnplätzen, Lebensmitteln, Transportmöglichkeiten. Und so trat ich, vom Erfolg

beflügelt, mitten im Elend aus Flucht, Kälte, Angst und Ungewissheit mit naseweiser Umsicht und frecher Besserwisserei
auf; die Verzweiflung trieb mich an und ich wollte mich nicht
von ihr überwältigen lassen.

Das sagt sich heute leicht, aber es war schon eine Zeit voller Verzweiflung, in der wir tagelang auf Züge warteten, über
total verschneite Landstraßen krochen, im Bus saßen und sahen, wie der Bus vor uns über die Böschung kippte, von Militärfahrzeugen auf offenen Ladeflächen mitgenommen wurden, Züge von Verzweifelten wie in einer Stampede gestürmt
wurden, meine Geschwister weder Milch noch Brot bekamen – und immer die Kälte des Januar und Februar 1945, die
überfüllten Wege, die chaotischen Nachtlager in Schulen,
Scheunen oder Fabrikhallen. Die Welt war buchstäblich aus den
Fugen geraten, die Vernichtungsorgien des Krieges schwapp-
ten ins immer schmaler werdende, längst zerstörte Hinterland,
Tote in Gräben säumten den Weg, auf Plünderer wurde geschossen, Deserteure wurden abgeführt, gehängt, erschossen.

Dabei war die erste Phase der Flucht noch verhältnismäßig
leicht zu bewältigen: Mein Vater hatte für uns ein Quartier in
Niederschlesien aufgetan, in einem Dorf auf einem Gut der Familie von Prittwitz und Gaffron. Dort wurden wir in einem
großen Gesinderaum untergebracht, schliefen auf Säcken und
hatten sogar zu essen. Mein Vater hatte uns einen 5-Liter-Blech-
eimer gesüßte Dickmilch besorgt und dieser Eimer war mein
Schatz, mein Trost, meine Hoffnung, meine Stütze und meine
Belohnung für alle Fährnisse, Leiden und Unbilligkeiten. Er
stand auf der dunklen Diele, wo ich ihn abgestellt hatte, und
durch ein fingergroßes Loch, dem ein anderes zur Luftzufuhr
gegenüber lag, goss ich mir zwei-, dreimal hintereinander einen großen Löffel mit der süßen, klebrig gelblichen Masse voll,
und während ich sie schluckte und die dicke fette Süße genoss,
wusste ich: Die Welt ist noch nicht verloren. Den Eimer habe
ich auf der weiteren Flucht mitgeschleppt und, bis er leer war,

wie einen kostbaren Schatz gehütet. Er und nicht meine Familie war mein wahrer Lebensmittelpunkt.

Hier auf dem Schloss der von Prittwitz und Gaffron gab es aber noch etwas, das mir gefiel. In einem düsteren ungeheizten Saal stand ein Bücherschrank, ein kostbares schönes altes Möbel, nicht sehr groß, aber bis zum Bersten gefüllt mit Büchern, die fast alle goldschnitt- und goldschriftverzierte Lederrücken hatten. Neben Technik-Sammelbänden mit Eisenbahnen und Dampfmaschinen und seltsam altmodischen Glühlampen waren da Romane und Erzählungen von Theodor Storm, Theodor Fontane, von Gustav Freytag, Josef Viktor von Scheffel, Willibald Alexis, Wilhelm Raabe und Hans Heinz Ewers, von dem ich den Roman »Alraune« las, mit schaudernder Furcht vor der zerstörerischen Kraft der hexerischen, betörend schönen Frau – dabei gab es doch wirklich mehr zu fürchten in jenen kalten Januarnächten. Und ich las Gustav Freytags »Ahnen«, Band für Band, diese Verherrlichung aufstrebender deutscher Bürger im deutschen Osten – dort also, wo ich mich befand und noch nicht wusste, dass dies bereits Vergangenheit war. Ich las von Veitel Itzig und wusste natürlich nicht, dass ich das verzerrte Porträt eines Juden las, dass der Autor ein Antisemit war, »in aller Unschuld«, ein Antisemit vor Hitler und dem Völkermord. Ich las, um den Schrecken, die Flucht zu vergessen, nüchterner gesagt: Ich habe gelesen, was es gab, und man bildet sich an dem, was man findet.

Unsere Ausweichflucht von Bielitz auf das Gut in Niederschlesien war insofern eine traurige Farce, als die Rote Armee, anders als erwartet, zuerst in Niederschlesien einen Durchbruch erzielte – die Russen erreichten den Ort, in den wir geflohen waren, eher als den, von dem wir geflüchtet waren. Diesmal stürzten wir uns ohne väterliche Hilfe Hals über Kopf in die Flucht: Der Winter wütete noch kälter mit noch heftigeren Schneestürmen und bis wir auch nur die Bahn erreichten, waren wir schon halb erfroren – aber eben nur halb, wir tauten in jedem geheizten und überheizten Raum rotbackig wieder auf, wir glühten und lebten, immer im dichten, dampfigen Kontakt mit anderen Flüchtlingen, die mit uns im stickigen Dunst der Wärme zusammengepfercht waren.

Ich halte hier einen Augenblick inne: Auf meiner Geburtsurkunde steht Brünn als Geburtsort. Brno. Die ersten vier Lebensjahre habe ich dort verbracht, meine Eltern waren tschechische Staatsbürger, mein Vater hatte seine Dienstpflicht beim tschechischen Militär in Südmähren abgeleistet. Mit deutschen Freunden, die Kellner hießen oder Langer, aber auch Zatlokal und Powischil. Viele, viele Jahre später, der Germanenspuk und Rassenwahn war längst vorbei, habe ich meinen Vater gefragt, warum er uns allen so schrecklich germanische Namen gegeben habe: Hellmuth und Horst (ausgerechnet Horst für einen in Wien Geborenen) und Ingrid (dank Ingrid Bergman ist das einer der wenigen internationalen germanischen Namen geworden) und Heidrun (besonders schrecklich). Mein jüngster Bruder, kurz nach Kriegsende im Mai 1945 geboren, hat übrigens wieder einen christlichen Namen, nämlich Peter. Gernot und Rüdiger und, um Gottes Willen, Adolf kamen nicht mehr in Frage.

Mein Vater hat mich angesehen und eine Geschichte erzählt, wie ich sie nicht erwartet hätte. Er habe nämlich, als er zum tschechischen Militär eingezogen wurde, an seinem Spind lesen müssen, dass er Valtr Karasek heiße, nicht Walter, sondern Valtr. Und damit das seinen Kindern nicht widerfahren könnte, habe er ihnen Namen gegeben, die so deutsch seien, dass sie sich nicht tschechisieren ließen. Einen Augenblick habe ich meinem Vater geglaubt. Gut, bei Hellmuth mag er sich sogar selbst geglaubt haben. Aber als Horst und Ingrid und Heidrun auf die Welt gekommen sind, da hat er doch geglaubt, dass das Tausendjährige Reich ausgebrochen wäre und dass es wohl nie, nie, niemals künftig nötig sein könnte, seine Kinder durch besonders nordische Namen vor der Slawisierung schützen zu müssen.

Ich habe diesen Gedanken nicht laut geäußert. Ich wollte meinen Vater nicht in Verlegenheit bringen. Nicht so.

Aber ich dachte: Also sind wir Nazis geworden, weil mein Vater »Walter« und nicht »Valtr« heißen wollte. Das war ein Kurzschluss, aber eine Erklärung. Die erste Zeile der tschechischen Nationalhymne heißt, übersetzt: »Wo ist meine Heimat?« Die erste der polnischen Nationalhymne: »Noch ist Polen nicht verloren.« Das »Deutschlandlied« begann damals mit der ersten Zeile der ersten Strophe: »Deutschland, Deutschland über alles!« Vielleicht lag das ganze Dilemma in diesen drei ersten Zeilen.

Ich blicke für einen Augenblick beim Zurückblicken weiter nach vorne: Brünn, Wien, Bielitz, Leutmannsdorf, Stollberg, Neuoelnitz, Bernburg an der Saale, Tübingen – für achtzehn Lebensjahre ein ganz schön geografisch bewegtes Leben, bei dem sich eine sprachliche Verwurzelung und kulturelle Verankerung kaum ausmachen lässt: Ich habe geböhmakelt, gewienert, habe Wasserpolakisch verstanden und Sächsisch gehört, bevor ich in dem Land anlegte, von dem es heute zu Recht im Werbeslogan stolz heißt: »Wir können alles – außer Hochdeutsch!« Wer so oft wie ich umgezogen, umgetrieben worden ist, kann nichts außer Hochdeutsch. Oder das, was er sich als Hochdeutsch angeeignet hat. Und jeder fragt: Wo haben Sie ihren Akzent her? Ich meine, ist das Ostpreußisch oder Österreichisch oder Polnisch?« Und man schaut mich ungläubig erstaunt an, wenn ich achselzuckend sage, inzwischen auch mit einer gewissen Ungeduld: »Das weiß ich auch nicht.« Oder vorsichtiger: »Das weiß ich auch nicht genau!«

Wenn ich meinen Akzent im Radio höre, fühle ich mich unkomfortabel, ich rutsche unruhig hin und her: Wie spricht denn der, frage ich und meine mich. Vielleicht wegen meiner Sprache ist einer meiner Lieblingswitze ein Emigrantenwitz aus dem New York der späten Dreißiger:

»What are you doing here?«, fragt der eine Emigrant.

»I'm polishing up my English!«, antwortet der andere.

»Why?«, fragt der erste zurück. »Your English is Polish enough.«

Danach drängten wir uns wieder in überfüllte Züge, wurden zusammengepfercht, hockten übereinander, in einem Gestank, der aggressiv war, als würde er einem wie mit feuchten Tüchern ins Gesicht geschlagen. Auf dem Bahnsteig Schwestern mit Hauben, mit einer fahrbaren Suppenküche, »Kettenhunde«, das heißt Soldaten mit umgehängten Schildern, die nach Deserteuren suchten, die Bahnhöfe brüchig, notdürftig geflickt, die Glasdächer zerstört oder verrußt, die Lücken mit Pappe verklebt, Ziegel- und Dreckhaufen am Rand. Plakate mit Dunkelmännern: »Psst! Feind hört mit!«, und die Parole: »Räder müssen rollen für den Sieg.« Die Lichter im Zug: verdunkelt, die Fenster schwarz gestrichen, auf Nebenstrecken Pulks von Soldaten, die auf ihre Verladung warteten. Und immer wieder: Verwundete, Verwundete, das Zeichen des Roten Kreuzes auf Güterwaggons, Verwundete, die humpelten, Verwundete mit großen Kopfverbänden, Verwundete, von zwei Schwestern gestützt, Verwundete, auf Krankenbahren vorbeigetragen, Geruch von Desinfektionsmitteln, stumpfe, leere Gesichter, aus denen aller Ausdruck geflossen war, nur eine fahle Maske war übrig.

Oder: die Viehwagen, mit denen wir aus Schlesien ausgesiedelt wurden, tagelang unterwegs, ohne dass uns ein Ziel angegeben worden war. Kamen wir »nach Westen«? Oder in die Ostzone? Wir wurden in Waggons ohne Fenster gepfercht, die Türen von außen verschlossen, so wie ich es viel später in den Filmen über die Judentransporte gesehen habe. Trotzdem fehlte uns jegliche Angst, keiner der Ausgesiedelten bangte um sein Leben.

An eines erinnere ich mich wie an ein unverrückbar scharfes Bild. Dresden, wo wir nach der Aussiedlung 1946 einen Tag mit leicht geöffneter Schiebetür auf einem Nebengleis an einem

Bahnhof hielten; die Stadt bot uns ihre zu Tode verletzte Silhouette, sie war wie wegrasiert. Nur Schornsteine und Häuserecken standen als Zahnstümpfe in einem leer und hohl grinsenden Horizont. Hier habe ich, zwölf Jahre alt, zum ersten Mal begriffen, dass wir den Krieg verloren hatten und wie wir ihn verloren hatten.

Erst viel später sollten sich die Brecht-Zeilen »Von den Städten wird bleiben, der durch sie hindurchging, der Wind« über diese Bilder legen – es waren die ersten einer total zerstörten Stadt, eines Ruinenfelds. Bilder, die mich später bis weit in die sechziger Jahre verfolgen sollten und in Berlin, in der Nähe der Mauer, bis über das Jahr 1989 hinaus: Schießlöcher in Mauerresten, vermauerte Fenster, Ruß- und Brandspuren, die das Gemäuer seit 1945 schwärzten; leere Fensterhöhlen, aus denen der Krieg grimmig düster in den Frieden starrte. Kein Zufall, dass wir die Barockgedichte wieder lasen, Andreas Gryphius, sein Pathos der Vergänglichkeit, das sich auch unseren Todesahnungen näherte. Auch wir krochen aus den Trümmern eines Dreißigjährigen Krieges mit niedergebrannten Städten und Gehöften, mit geplünderten und gebrandschatzten Dörfern. »Memento mori« war auch nach dem Zweiten Weltkrieg eine ständig sichtbare Losung, als Mahnmal in die deutsche Nachkriegslandschaft geschrieben:

Ich seh' wohin ich seh/nur Eitelkeit auff Erden
Was dieser heute bawt/reist jener morgen ein
Wo jtzt die Städte stehn so herrlich/hoch und fein
Da wird in kurtzem gehen, ein Hirt mit seinen Herden
Was jtzt so prächtig blüht/wird bald zutretten werden
Der jtzt so pocht vnd trotzt/läßt vbrig Asch und Bein
Nichts ist/daß auff der Welt könt vnvergänglich seyn
Itzt scheint des Glückes Sonn/bald donnerts mit
    beschwerden
Der Thaten Herrligkeit, muß wie ein Traum vergehn
Solt denn die Wasserblaß/der leichte Mensch bestehn

Ach! was ist alles diß/was wir vor köstlich achten!
Alß schlechte Nichtigkeit? alß hew/staub/asch vnd wind?
Alß eine Wiesenblum/die man nicht widerfind.
Noch wil/was ewig ist/kein einig Mensch betrachten!

Der Zufall will es, daß, als ich diese Szene wieder las und neu abschrieb, die Kuppel der Frauenkirche wieder aufgesetzt wurde. Dresden hatte, im Sommer 2004, sechzig Jahre nach der Verwüstung, seine alte prangende und prunkvolle Silhouette wieder. Gäbe es nur diese neu erstandene barocke Pracht, wäre es für mich, symbolsüchtiger – also auch sentimentaler – Mensch, der ich bin, Grund genug zu sagen: Die Wiedervereinigung hat sich gelohnt! Gelohnt. Wenn auch nicht bezahlt gemacht.

Durch diese Ruinenkulissen bin ich während meiner ersten Studienjahre durch die Nachkriegszeit gefahren, etwa bei Besuchen in Chemnitz und Leipzig oder, als ich, 1948, zum ersten Mal nach Berlin kam, eine nur schwach mit glimmendem Licht beleuchtete Stadt, deren S-Bahn-Züge an Wüsteneien und verwaisten Ruinen vorbeiratterten. Aber während auf den verwüsteten Grundstücken Gras und Unkraut zwischen den Steinen und Steinhalden wucherten, waren die Ziegelhaufen schnell geordnet – ich habe die Trümmerfrauen außer in der Wochenschau nie bei der Arbeit gesehen, aber ich habe gesehen, wie sich in Deutschland das Chaos ordnete. Wer davon heute einen Eindruck gewinnen will – sowohl von der Verwüstung und Zertrümmerung wie vom ordnenden Überlebenswillen –, sollte sich die ersten Szenen von Billy Wilders leider selten gezeigtem Nachkriegsberlinfilm »A Foreign Affair« anschauen – da gibt es Luftaufnahmen, wie sie die Air Force 1945 gedreht hat, eine schier endlose Landschaft der Zerstörung, und da gibt es das wiedererwachte Leben in notdürftig hergerichteten Unterkünften, in denen Balken die vom Einsturz bedrohten und geflickten Wände stützen, Wasser in Eimern geholt wird, der Schwarzmarkt zwischen den Ruinen blüht, Menschen wie Gebäude verkrüppelt, Armstümpfe, Mauerreste.

Oder der Carol-Reed-Film »Der dritte Mann«, der in den rauchschwarzen Trümmern Wiens spielt, wo das Leben aus Schlupflöchern, Höhlen, Trümmerstätten düster hervorgrinst, sardonisch aus zahnlosen Mäulern, aus hungrigen Augen, blinden Augenhöhlen, zurückgezogen in den Untergrund der Kanalisation – dieser wahrhaft barocke Film (barock im Geiste seines Endlichkeits- und Vergänglichkeitsbewusstseins) ruft für mich jederzeit die damalige Stimmung wach – vor allem die keifende Wirtin, die in ohnmächtiger Wut auf die eindringenden russischen, französischen, englischen und amerikanischen Militärpolizisten einredet, die sie nicht einmal verstehen, in der zerbrochenen Pracht eines Stadtpalastes, der notdürftig zum Leben hergerichtet ist, eher düstere Höhle als Prachtbau, beschreibt für mich die Stimmung und Atmosphäre der Nachkriegsjahre so eindringlich, dass sie als lebendige Erinnerung in mir aufsteigen.

Wieder waren wir unterwegs, wieder herrschte Geplärr und Gestank, die Welt schien hier nur mehr aus Frauen, Kindern, Greisinnen und Greisen und Krankenschwestern zu bestehen, zwischen denen sich einige Halbsoldaten der Organisation Todt oder Nazis in kanariengelben Uniformen – die »braunen« Uniformen wirkten neben dem Feldgrau und Feldbraun eher lächerlich gelb, seltsam unpassend zu der abgerissenen Tristesse der stets zu dick angezogenen Zivilisten, die mehrere Kleiderlagen über den Leib gezogen hatten: was man anhatte, das hatte man schon mal.

Zuerst strandeten wir auf dem Weg nach Westen in Groß-Ullersdorf, einem Schwefelbad am Fuße des Altvater-Gebirges in Nordost-Mähren. Dort hatte mein Vater, der immer noch im Kreis Teschen die Stellung hielt und in der Slowakei Panzersperren bauen ließ, aus der Ferne für uns Plätze in einem noch intakten Heim für werdende Mütter mit vielen Kindern besorgt.

Scheinbar war das eine Idylle, Heime in ehemaligen Kurhotels und Kurheimen, die verstreut in bergiger Landschaft lagen, hinzu kam der Vorfrühling, der den Schnee für Flecken jungen Grüns schmelzen und die Birkenzweige zaghaft ergrünen ließ. Gelb blühten die ersten Sträucher, es war Vorosterzeit und ich kam in ein Heim für meine Altersgruppe, für Zehn- bis Vierzehnjährige. Ich erinnere mich, dass ich sogar ein Fahrrad benutzen durfte, mit dem ich einmal von dem steilen Hügel nach unkontrollierter Schussfahrt böse gestürzt bin. Und dass wir bei der ersten Helle des Morgens der Sonne entgegenzogen. Ich meine mich zu hören, wie ich alleine auf einem sonnigen Flecken zwischen den Bäumen eines Wäldchens gesungen habe: »Der Morgen, das ist meine Freude / Da steig ich in stiller Stund / Auf den höchsten Berg in die Weite / Grüß dich Deutschland aus Herzensgrund.« Und wie ich dann den Refrain wiederholte: »Auf den höchsten Berg in die Wei-ei-te / Grüß dich Deutschland (und hier ging die Stimme hinunter) aus He-er-zensgrund.«

Wir hatten zu essen, geregelte Mahlzeiten. Ich durfte bei Tisch neben der schönen, großen, blonden Schwester Dagmar sitzen, die mich, wie mir schien, mit Wohlgefallen ansah, weil sie wohl merkte, mit welcher Lust ich ihren Blick und mit welcher Erwartung ich ihre Nähe suchte. Einmal aber las sie bei Tisch einen Feldpostbrief und entzog mir ihre Aufmerksamkeit. Eifersüchtig habe ich heimlich den Brief mitgelesen, in den sie beim Essen so vertieft war, dass sie den Löffel mit dem Haferbrei nur zerstreut in den Mund schob. Und voller gekränkter Liebe habe ich am gleichen Nachmittag meinen gleichaltrigen Heimgefährten voll hohnvollem Schmerz Zärtlichkeiten und Diminutive (Herzlein, Häschen, Küsschen) aus dem Brief zitiert.

Die Folgen waren fürchterlich. Schwester Dagmar sah mich am Abend vorwurfsvoll wie einen Verräter an und gab mir einen anderen Platz am Tisch – weit von sich weg. Ihre Nähe habe ich nie mehr gefunden, obwohl ich meinte, dass mir ihre

Blicke sagten, sie hätte mir nicht nur verziehen, sondern sie verstünde im Grunde auch, warum ich zum Verräter hätte werden müssen. Vielleicht, so meinte ich, hatte sie meinetwegen und wegen ihrer Zuneigung zu mir auch nur ein schlechtes Gewissen gegenüber ihrem tapfer an der Front gegen die Russen kämpfenden »Verlobten«, und meine Bestrafung durch das Wegsetzen wäre in Wirklichkeit nur eine Selbstbestrafung.

Während meine Mutter sich den schon verlorenen Krieg noch schön zu lügen suchte, indem sie in den Meldungen nach irgendeiner Hoffnung stocherte, log ich mir meine Strafversetzung von Dagmar schön.

In Wahrheit aber war alles ganz und gar fürchterlich. Als wir in Bad Ullersdorf ankamen, wurden wir, wie gesagt, nach Altersgruppen getrennt und in Heime verlegt. Mein fünfjähriger Bruder Horst und meine vierjährige Schwester Ingrid sollten zusammenbleiben. Ich war dabei, als sie von meiner Mutter weggeholt wurden. Mein Bruder schrie wie in Todesverzweiflung, riss sich immer wieder von den Schwestern los, warf sich auf die Wege, versuchte, zwischen die Bäume zu fliehen. Es war eine herzzerreißende Szene. Und Ingrid, die darüber tapfer ihren eigenen Schmerz vergaß, versuchte ihn zu trösten, ihn zu umarmen, während er wie wild um sich schlug. Meine Mutter wusste nicht ein noch aus, sie dachte wohl an das Kind in ihrem Bauch, das sie auch schützen musste, an ihre kleine einjährige Tochter Heidi, die bei ihr bleiben durfte, hoffte auf meine Hilfe, drückte mich an sich. Horst war inzwischen außer sich vor Wut und Verzweiflung. Ich werde den Park, in dem er sich immer wieder losriss, um schreiend wegzurennen, so als gelte es, das Leben zu retten, nie vergessen.

Ingrid hat mir viel später von den gemeinsamen Tagen mit Bruder Horst erzählt, wie er sich einnässte, wie er immer wieder wie von Sinnen schrien und um sich geschlagen habe. Da war mein Bruder schon tot. Er war ein herzgewinnender Anarchist geworden, übermütig, herzensgut, in keine Ordnung zu fügen. Seine schwere Krankheit, er hatte beide Nieren verloren und blieb nur durch die Dialyse am Leben, was er in seinem Buch »Blutwäsche«, einem großen, von Wehleidigkeit freien Buch beschreibt, hat ihn schließlich besiegt. Er war Dorfschreiber, als die Startbahn-West-Besetzer in Frankfurt in Waldhütten lebten, Freund und Gefährte Peter Härtlings. Er war von einer temperamentvoll aufbrausenden, aber mir gegenüber toleranten Rechthaberei. Meine Schwester und er waren ein Leben lang auf das Engste verbündet. Manchmal habe ich den Eindruck, sie wäre nur beruflich erfolgreich, ja reich geworden, um ihm sein schweres Leben zu erleichtern. Diese enge Beziehung wurde in dem Heim in Ullersdorf begründet, als sie ihren Trennungsschmerz meisterte, indem sie sich seiner annahm.

Ich durfte als »Großer« meine Mutter jeden Tag besuchen. In ihrem Heim steckte sie mir etwas von dem Essen zu, das sie als werdende Mutter zusätzlich bekam. Wir gingen im Park spazieren und unterhielten uns wie Erwachsene. Auch darüber, dass es kein gutes Zeichen sei, dass »der Führer« nicht selbst zu seinem Geburtstag am 20. April gesprochen habe.

Ein paar Tage später war der Führer »gefallen«. Im heldenhaften Kampf um Berlin, wie es im Rundfunk hieß. Nun wusste auch meine Mutter, dass der Krieg verloren war.

In den Ullersdorfer Wochen hatte ich in der Schule ein bisschen Tschechisch gelernt und war erstaunt, wie leicht mir diese Sprache zu fallen schien. Dann schrieben wir eine Klassenarbeit. Es ging um eine Speisekarte, Fragen waren zu stellen und zu beantworten. Ich schrieb schnell und konzentriert, wie immer. Als ich die Arbeit zurückbekam, hatte ich eine Sechs. So gut wie alles falsch, rot angestrichen. Ich hatte die erste schlechte Note meines Lebens. Und verstanden, dass sich nicht alles in drei Wochen lernen lässt.

Doch dann sammelte uns mein Vater in Ullersdorf ein und holte uns mit seinem Auto ab.

Obwohl der Krieg verloren war – oder weil er es war –, kam jetzt so etwas wie Optimismus auf. Wir waren wieder alle zusammen und machten uns auf die Flucht nach Westen, nach Karlsbad! Wir hatten wieder ein Ziel. Ein erreichbares Ziel. Ein Ziel, das innerhalb unserer Möglichkeiten lag. Wir hatten unser Schicksal wieder selbst in der Hand, es hing nicht als dunkle unabwendbare Wolke über uns wie die unabwendbare Niederlage, die wir, wie ein unabänderliches Schicksal, nicht aus eigener Kraft verhindern, sondern nur fatalistisch erdulden konnten. Ein Weg durch das »Protektorat« von Osten nach Westen, von Ullersdorf am Ostrand der Tschechei nach Karlsbad, wo schon, im Westen, die Amerikaner waren, das schien eine lösbare Aufgabe. Vom Zugriff der mörderisch anrückenden entmenschten sowjetischen Soldateska – die nach den Gerüchten und Parolen die Männer erschlugen und die Frauen vergewaltigten – in die rettenden Arme der Amerikaner und Engländer.

Es kam, der Krieg war noch nicht zu Ende, eine seltsame absurde Stimmung auf, die Hoffnung, Amerikaner, Engländer und Franzosen würden sich mit uns verbünden, um die Sowjetunion bei ihrem Eindringen nach Mitteleuropa zum Halt zu bringen. Wir wollten uns, fünf Minuten nach zwölf, auf die richtige Seite schlagen, indem wir das Gefühl in uns kultivierten, immer auf der richtigen Seite gestanden zu haben, verkannt zwar und auch durch des Führers fanatische Übertreibungen getrieben, aber der Führer war schließlich tot, unser Pakt mit ihm erloschen.

Diese Stimmung, die mich als Elfjährigen erfasste und mittrug, hätte ich damals natürlich nicht artikulieren können, weil ich sie nur aus Gesprächsfetzen von Erwachsenen aufschnappte, aber ich weiß sicher, dass ich begriff: Wir wollten uns auf die Seite der Sieger in der Niederlage schlagen. Wir gehörten zu ihnen.

Noch in den letzten Kriegstagen entstand eine neue Lebenslüge und sehr bald gab es dafür auch eine bestialisch deutliche Redensart: Die Westmächte würden sehr rasch bemerken und einsehen, dass sie »das falsche Schwein geschlachtet« hätten.

Natürlich herrschte in Wahrheit eine »Rette sich wer kann«-Stimmung. Mein Vater, den für mich noch ein Hauch von Allmacht umwehte, die er aus seinen Parteifunktionen mit in die Niederlage gerettet hatte, war mit seinem Mercedes-Benz gekommen, jetzt musste nur noch die Flucht von Ullersdorf nach Karlsbad bewerkstelligt werden. Man musste sie »organisieren«. »Organisieren«, das war das Wort der Stunde. Und so war, zusammen mit meinem Vater, sein Freund Bert Schramm aus Teschen gekommen, der eine Baufirma geführt und bis zuletzt am Krieg verdient hatte: an den lächerlichen Panzersperren, die die T-34-Panzer der Roten Armee aufhalten sollten.

Mit ihren voll gepackten Autos hatten sie die Stadt und den Kreis Teschen wirklich in buchstäblich letzter Minute verlassen. Bert Schramm hatte noch einen Sattelschlepper nebst Anhänger aus seiner Firma organisiert und mit wichtigem Gut beladen, wertvollen Teppichen, Würsten, wohl auch einem Schwein oder einer eingepökelten Schweinehälfte, alles, was man zum Überleben brauchte. Oder meinte zu brauchen. Schramm übernahm das Kommando. Treff- und Fixpunkte für unterwegs wurden markiert – wo man auf den Sattelschlepper warten und bei wem man übernachten wollte. Es ging auf zu neuen Ufern, Schramm wollte sich auf Grundlage seines mitgeschleppten Hab und Guts eine neue Existenz im Westen Deutschlands aufbauen.

Wir fuhren also fast unbeschwert los. Bei uns im Auto, das sich meine schwangere Mutter mit ihren Kindern teilte, saß auch noch Frau Strempel, während mein Vater lenkte und gegen die Müdigkeit anrauchte – es war das einzige Mal, dass ich ihn in seinem Leben rauchen gesehen habe. Frau Strempel war seine Teschener Sekretärin, hatte lange schöne Beine, eine dicke Nase und dünnes, braunes Haar, das sie hinten zu einem losen Knoten gebunden hatte. Sie trug helle Blusen, ihre Figur war ein wenig knochig, leicht altjüngferlich, aber irgendwie lässig und elegant. Ich glaube mich zu erinnern, dass wir einmal an einem Wiesenrand lagerten ohne meine Mutter und mein Vater hatte seine Hand an dem schönen, glatten, relativ schlanken Oberschenkel von Frau Strempel. Ich erschrak, als hätte ich irgendwo hingeschaut, wo ich nicht hinschauen sollte und dachte später, ich hätte mich vielleicht getäuscht, aber nein, die Hand und der Oberschenkel, an dem der Rock hochgerutscht oder hochgeschoben war, stehen mir lebhaft vor Augen. Ich habe es mir so erklärt, dass mein Vater Trost suchte.

Ich weiß nicht, wie wir zu siebt in dem Auto saßen, erinnere mich aber nicht, dass es unbequem gewesen wäre. Wir fuhren anfangs in einen schönen Frühling hinein, einsame verschlungene Nebenstraßen durch ein leichtes Gebirge, später dann zwischen Wehrmachtsfahrzeugen und Pferdewagen, in einer endlosen Fluchtlawine, die sich nach dem Westen wälzte und schob. Und aus der wir ausscherten, ausscheren mussten, weil bei meiner Mutter schon die Wehen einsetzten.

Heute denke ich, dass mein Vater seine Hand auf den Oberschenkel von Frau Strempel, Gertrude Strempel, legte, als meine Mutter, geschwächt von Peters Geburt, in der Scheune lag. Es war ein herrlicher Maientag, das Dorf lag in einer sanft gewellten Landschaft, die Wiesen waren grün, gelb gesprenkelt von Dotterblumen und Löwenzahn, den Horizont säumten Bäume. Wieder schien die Zeit für einen Augenblick still zu stehen.

Letzte Kriegsspiele

Ich saß mit meinem Bruder Horst auf der Wiese. Wir hatten am Wegrand Spitzwegerich abgerissen und Bündel neben uns gelegt, abgezählt, jeder zwanzig Spitzwegerichstängel mit länglich runden Köpfen, die braun und stopplig waren und von denen flüchtige zarte weiße Blüten wie Haare zu Berge standen. Wir spielten Krieg, eine Art ritterliches Turnier. Jeder nahm einen Spitzwegerichstängel mit Kopf in die Hand, hielt ihn am unteren Ende. Abwechselnd streckte der eine seinen Stängel waagrecht zum Schlag hin, während der andere mit seinem Spitzwegerich auf den entgegengestreckten einschlug. Die kantigen dünnen, manchmal saftigen, manchmal zähen Stängel boten ritterlich Widerstand, selten fiel ihr Kopf beim ersten Schlag ab, manchmal verlor auch der Schlagende sein Haupt und damit sein Leben. In unserer Vorstellung zogen da Ritter zum Zweikampf, zum Duell in eine Turnier-Arena, die abwechselnd Schwerthiebe austauschten und empfingen. Mancher Kämpfer besiegte und tötete mehrere Feinde, bevor er selber fiel. Gewonnen hatte derjenige, bei dem mindestens ein Stängel mit Kopf überlebt hatte, während des anderen Ritter alle geköpft waren.

Mein Bruder hat mich Jahre später gefragt, ob ich noch wisse, wie das Spiel geheißen habe, das auch er noch lebhaft in Erinnerung hatte. Und ehe ich noch eine Antwort fand, antwortete er selbst. »Judenköpfen!« Und er lachte laut, gleichzeitig höhnisch darüber, was wir damals für Kinder waren. »Judenköpfen!« Mir fiel es sofort ein, aber gleichzeitig dachte ich, dass ich damals nur an Ritterspiele, nicht an das Abschlachten von Opfern gedacht hätte. Und so sagte ich schnell zu meinem Bruder: »Aber doch nur, weil der Spitzwegerich wegen der komischen, spitzrunden Hutform seines Kopfes im Volksmund ›Jude‹ genannt wurde, so wie –« ich stotterte, »so wie ›Stiefmütterchen‹ oder ›Löwenzahn‹.« Aber mein Bruder lachte nur wieder das gleiche höhnische Lachen. Und dann war auch ich erschrocken und habe es nie mehr erwähnt, auch nicht in Gedanken, bis es sich jetzt beim Schreiben wieder in das Gedächtnis drängte.

An einem dieser herrlichen Maientage sahen wir plötzlich auf der von Bäumen gesäumten Straße »die Russen« auftauchen. Lehmgelbe Gestalten, die da in einer Kolonne entlangzogen, langsam und auf die Entfernung unhörbar. »Die Russen«, sagte mein Vater. »Das ist der Iwan!« Er sagte es tonlos. Und ich war erschrocken und fasziniert, dass da etwas Wirklichkeit wurde, das in meinem Kopf bisher nur als Schreckensvorstellung, als schrecklichste aller Vorstellungen Platz gehabt hatte.

Die Russen hatten uns überrollt. Sie hatten uns eingeholt, weil meine Mutter auf der Flucht ins Wochenbett gezwungen worden war. Ich hatte nur zwei Hosen, die graubraune »Überfallhose« der Napola und eine kurze dunkle Uniformhose. Ich hielt sie durch ein Koppel zusammen, das aus Kunstleder war, auf der einen Seite schwarz glänzend lackiert und vier Finger breit. Aus der Scheune gab mir mein Vater eine Feile, auch sie rostig wie die Schere, mit der er angeblich die Nabelschnur durchschnitten hatte. Ich setzte mich an den Wiesenrand und feilte und raspelte an dem Koppelschloss, auf dem »Meine Ehre heißt Treue« stand. Ich raspelte am Hakenkreuz unter dem Adler, bis es unkenntlich war, verschwunden. Im Blech des Koppelschlosses entstand dabei ein Loch.

Stampede

Aus den großen klassischen »Western« (die, als ich sie in den fünfziger und sechziger Jahren sah, noch Cowboy-Filme genannt wurden) habe ich erfahren, was eine »Stampede« ist: Wenn eine friedlich grasende Rinderherde plötzlich zum Abtransport in die Schlachthöfe getrieben wird, befällt sie ein Bazillus der Panik und Todesangst, wie ein unhörbares elektrisches Signal, das durch die Herde fährt. Plötzlich stürmen alle Tiere scheinbar ziellos und wahllos vorwärts, wie von einem Todestrieb angefeuert, blind vor Wildheit und Wahnsinn, und stampfen alles in wilder Bewegung nieder, was sich ihnen in den Weg stellt, die Augen gerötet, vor Angst verdreht, der Körper ein einziges blindes zerstörerisches Stampfen; eine gefährliche Masse, die durch nichts aufzuhalten ist, eine außer Rand und Band geratene Maschinerie aus Teilen, die Tierleiber,

Tierhufe, Hörner sind, die alles aufspießen, tottrampeln, aus dem Weg stoßen, über Leichen hinweg, auch in den eigenen Tod.

Ich habe als Kuhhirte in Niederschlesien als Zwölfjähriger jeden Morgen etwa zwanzig friedfertige, gutmütige, schwarzweiß gefleckte Kühe vom Hof auf die Weide getrieben, über einen Feldweg mit Grasnarben, in denen die Leiterwagen und Mähmaschinen tiefe, schienenartige Wegspuren gefräst hatten, vorbei an Kartoffeläckern, Rübenfeldern, wogendem Weizen, Roggen und Hafer, deren Felder sich im Laufe des Sommerhalbjahres von zartem Grün zum satten Gelb verfärbten und in denen rote Mohnblumen und blaue Kornblumen mit stachligen Disteln und deren schwachem Grün unwillkommene Farbtupfer setzten: lästiges Unkraut. Mägde und Knechte auf den Feldern, an denen ich meine kleine Herde, mit einem Stock bewaffnet, vorbeitrieb, hatten Schwereres zu tun, sie häufelten auf dem Kartoffelacker, jäteten Unkraut, den ganzen Tag waren sie gebückt und ächzten, wenn sie sich aufrichteten, um sich für einen Augenblick zu erholen. Sie waren sehnig und braun gebrannt. Ich hatte es leicht. Ich trieb die ergeben vor sich hin trottenden Rindviecher zu einer leicht verwilderten Wiese am Ende der Felder, die dann in ein Wäldchen überging, das auch noch dem Bauern gehörte. Sein Besitz war an beiden Seiten des Feldwegs geometrisch in die Landschaft gezeichnet, daneben lagen die Felder anderer Bauern; je tiefer man ins Tal des Straßendorfes kam, umso breiter und üppiger wurden sie.

Die Kühe waren, um das falsche Bild zu gebrauchen, lammfromm und gottergeben, ich war ihr Herr und Hirte; wollte eine von ihnen von dem schmalen Weg abweichen, um sich von einem Rübenfeld das saftige Kraut mit gieriger Schnauze zu ergattern, genügte ein leichter Hieb mit dem Stock gegen die Hinterflanken, um sie wieder auf den Pfad zu bringen. Auf der Unkraut-Wiese grasten sie dann den ganzen Tag friedlich. Ich hatte ein schönes großes Butterbrot dabei und Wasser in einer Feldflasche und langweilte mich. Aber es war schön, es roch nach Gras und Sonne, Milch und Kuhfladen; während die Tiere vorne fraßen, hoben sie hinten den Schwanz und pladderten ihren dünnen Kot auf die Wiesen, der in der Hitze erstarrte und eine rissig brüchige Kruste bildete. Dann legten sie sich nieder, breit, stumpf, behäbig, mit eckig in das grobe Fell stechenden Knochen, und mahlten mit wiederkäuenden Kieferbewegungen das gefressene Gras, wobei sie säuerlich rülpsten oder, noch stehend, breitbeinig pissten. Es war wie eine ewige Ruhe, und noch heute ruft der Anblick grasender Kühe mir diese zeitlose, friedlich stumpfe Beschäftigung das Bild einer aus der Zeit gefallenen Kindheit ins Gedächtnis zurück.

Doch manchmal, wie von Insekten gestochen, sprangen die Tiere auf, stürzten wild durcheinander und auf die Rübenfelder los, die ich vor ihnen schützen sollte. Sie waren nicht zu halten, auch durch Stockhiebe nicht, erreichte ich mit wildem Laufen einzelne, stoben die anderen nur um so kopfloser davon, von nichts anderem angetrieben als der wildesten Fressgier und einem wilden Urtrieb, sich der Herrschaft zu entledigen. Dann eilte mir ein Knecht von einem Feld, auf dem er arbeitete, entgegen und half mir mit einer Mistgabel und lauten Hoh! Hoh!-Rufen, die Tiere wieder zur Ordnung zu bringen. Das passierte mir mindestens einmal am Tag, immer zu unvorhergesehenen Zeiten.

Unvergesslich ist mir die menschliche Stampede, in die wir auf der tagelangen stockenden Fahrt nach Westen, meine Mutter noch schwanger, geraten waren. Da bewegte sich der schleppende Treck, die langsam fahrende Kolonne, wir mit unserem Auto, dick eingedreckt, mittendrin. Wir fuhren über eine Straße, die auf beiden Seiten vom Wald begrenzt war, und plötzlich zuckte, wie ein Signal, ein Gerücht durch den träge dahinfließenden Strom aus Menschen, Wagen, Sack und Pack, versprengten Soldaten und Menschen mit Hand- und Leiterwagen. Wie ein Lauffeuer verbreitete sich die Parole »Die Russen kommen!«. Nun sprengte alles wild durcheinander, Pferde richteten sich wiehernd vor ihren Fuhrwerken auf, brachen aus dem Geschirr, nachdem sie von ihren Lenkern vergeblich zur Eile angepeitscht worden waren, Männer rannten von ihren Wagen, von ihren Familien weg in die Wälder. Wagenräder brachen, Kühe, an Leiterwagen gebunden, rissen sich los, Kinder schrien, Frauen kreischten, Menschen purzelten von ihren Fahrzeugen, wurden überrollt, niedergefahren. Auf das Trittbrett unseres Autos sprangen verängstigte junge Soldaten, klammerten sich fest. Es herrschte, vielleicht eine halbe Stunde lang, ein wilder Aufruhr.

Dann setzte Erschöpfung ein, der Zug, der sich aufgelöst hatte, kam ebenso plötzlich, wie er in wilde Bewegung geraten war, zum Stehen, man sah zerbrochene Fahrzeuge, herumliegende Teile, Menschen suchten ihre Familienangehörigen, in das Chaos kehrte Ruhe ein, eine dumpfe Ruhe, die sich der rücksichtslos panischen und zerstörerischen Bewegung zu schämen schien.

Was war geschehen? Nichts war geschehen. Keine Russen weit und breit. Die Herde suchte wieder Tritt zu fassen, man bündelte sein Gepäck, soweit man es noch fand. Ich war zu Tode erschrocken.

Hat es Tote gegeben bei dieser Flucht in instinktiver Todesangst? Ich weiß es nicht und denke, dass man sich damals wenig darum kümmerte. Man war sich selbst der Nächste und ein Menschenleben zählte damals nicht viel – solange man von dem Verlust nicht selbst betroffen war.

Der Revolver meines Vaters

Nach der Kapitulation am 8. Mai, die wir bei der Fahrt des großen Trecks durch Trautenau erlebt hatten, brachte mein Vater sich in Lebensgefahr, indem er seinen Revolver behielt und im Auto versteckte, um, wie er sagte, »für alle Fälle« die Möglichkeit des Selbstmordes zu haben, damit der Familie »nichts Schlimmeres« widerfahren könne. Am Ortseingang staute sich die Kolonne. Ein paar tschechische Milizionäre entwaffneten ganze Regimenter. In der Stadt wurden tschechische Fahnen hochgezogen, das blau-weiß-rote Dreieck im Viereck. Als wir aus der Stadt herausfuhren, hatte sich die Kolonne gelöst. Mein Vater hatte also ein Stück des Weges freie Fahrt und meine ängstliche Mutter forderte ihn ständig auf: »Walter, wirf die Waffe weg, du bringst dich in Lebensgefahr.« Sie bat ihn so lange, bis er wirklich den Revolver aus dem fahrenden Auto warf. Aber er tat das offenbar so ungeschickt, dass er dabei beobachtet wurde, denn sofort nahm ein tschechisches Milizfahrzeug die Verfolgung unseres Autos auf, stoppte uns, befahl uns, aus dem Wagen zu steigen, zeigte meinem Vater die von ihm weggeworfene Waffe und forderte ihn auf, sich an die Wand zu stellen. Er tat dies, meine kleine Schwester auf dem Arm und bat die auf ihn ihre Maschinenpistolen anlegenden Milizionäre auf Tschechisch, dann doch bitte, aus Erbarmen, auch seine Familie zu erschießen.

Ein kurzer Wortwechsel. Die lebhaft gestikulierenden Tschechen führten ihn und uns zum Auto zurück, einige waren in das Haus gegangen und kamen jetzt mit Lebensmitteln heraus, mit denen sie uns beschenkten. Dann durften wir, von ihrem freundlichen Winken begleitet, weiterfahren.

Tätowierungen

Am gleichen Nachmittag wurden wir Zeuge, wie der Waffenstillstand in die Phase trat, wo es um Abrechnung ging. Unser Auto war mit kaputter Kupplung an einer Waldschneise endgültig stehen geblieben. Tschechische Nationalgardisten hatten dort einen Trupp Gefangener zusammengetrieben, die sie aussortierten nach Gut und Böse. Die deutschen Soldaten, die sich notdürftig als Zivilisten, offenbar auf der Flucht, getarnt und umgezogen hatten, waren festgenommen worden, und saßen ängstlich ergeben auf dem Boden. Der Weg gabelte sich hier, eine steile Straße führte in die Berge, in die Wälder. Ein Lastwagen kam von oben, die Bewacher scheuchten ein kleines, von den anderen getrenntes Häuflein Gefangener auf und trieben die auf einmal panisch Verängstigten auf die Ladefläche. Dann fuhr das Auto zurück in die Berge. Kurz darauf hörte man Schüsse.

Wie meine Eltern mir, nachdem sie sich mit den tschechischen Bewachern unterhalten hatten, berichteten, waren die Gefangenen nach und nach in die Berge zur Exekution gefahren worden. Sie hatten auf den Oberarmen Tätowierungen. Was dazu dienen sollte, die Soldaten der Waffen-SS im Falle einer Verwundung schnell mit den nötigen Blutkonserven zu versorgen, war jetzt zum Brandmal des Verbrechens geworden. Auch mein Vater hatte seinen Arm entblößen müssen. Dass die Wehrmacht ihn im Krieg der Waffen-SS weggeschnappt hatte, rettete ihm jetzt das Leben. Und auch, dass er vor 1938 zum tschechischen Militär eingezogen worden war, war jetzt günstig: Er konnte mit den tschechischen Siegern in ihrer Sprache kommunizieren, er hatte in der Überlebenslotterie, solange er nicht durchschaut wurde, auf einmal ein besseres Los.

Ich weiß nicht, ob die Gruppen von zwölf bis vierzehn Gefangenen, die da abtransportiert wurden, nach und nach wirklich erschossen wurden, ich weiß nur, dass die Lastwagen leer zurückkamen. Ich hatte nicht zum ersten Mal von Tätowierungen gehört, ich hatte sie am Bizeps oder den Unterarmen meist athletischer Männer schon im Freibad gesehen. Ich hatte Scherze meines Vaters darüber gehört, der von Männern erzählte, die sich »Anna, ich liebe dich« mit Herz und Anker hatten eintätowieren lassen und die das später bereuten, weil sie, längst von Anna getrennt, mit einer Marie oder Olga zusammenlebten. Jetzt hörte ich von den Tätowierungen, die ein

Reich angeordnet hatte, das auf tausend Jahre angelegt war und dessen blau eingestochene Male sich nach zwei, drei Jahren in Kainsmale verwandelt hatten. Ich habe von Männern gehört, die sich ihr Blutgruppenzeichen verzweifelt auszuätzen, auszuschneiden versuchten, so wie ich versucht hatte, mein Hakenkreuz aus dem Koppel zu feilen.

Später hat mich jedes Mal ein fürchterlicher Schrecken durchzuckt, wenn mir Überlebende der Konzentrationslager ihre eingebrannte KZ-Nummer zeigten. Es war dies eine Mischung aus Unbehagen, Scham und Entsetzen. Entsetzen darüber, dass man Menschen wie Vieh gebrannt hatte, um sie zum ewigen Eigentum, zur Sache zu machen, wie Viehzüchter ihre Herde. Aber in die Scham mischte sich auch ein dumpfes Unbehagen; das Mitgefühl mit den Gebrandmarkten war davon begleitet, dass ich auf diese brutale Weise mit den Augen auf den KZ-Staat gestoßen wurde, in dem ich als potentieller Täter und nicht als mögliches Opfer gelebt hatte. Ich habe, wenn ich daran denke, wie ich jedes Mal beim Anblick einer dieser Nummern an einem lebenden, einem überlebenden Menschen zusammengefahren bin, auf einmal verstanden, wie richtig der von Henryk M. Broder oft zitierte Satz ist, dass wir Deutschen den Juden Auschwitz nie verzeihen können.

Wir aber wurstelten uns damals durch. Der Bauer, der uns aufgenommen hatte, würde das Auto für seine Hilfe behalten dürfen. Er gab uns auch noch Protektoratsgeld, das zwar so gut wie nichts mehr wert war, aber zum Kauf einer Fahrkarte ausreichte. Wir wanderten einen kilometerlangen Weg zu einem Ort mit einem Bahnhof. Dort warteten wir tagelang auf einen Zug nach Schlesien. Wir wurden von einem mildtätigen älteren Ehepaar aufgenommen; der Mann schimpfte mit erregter Wut auf die Nazis, die Parteibonzen, auf ihre Eitelkeit, ihre Korruption, ihre Feigheit, auf ihre lächerlichen kanariengelben Uniformen. Kanarienvögel nannte er sie, Bonzen und Kanarienvögel. Ich hörte stumm zu, weil mein Vater stumm blieb, obwohl doch eigentlich von ihm die Rede war. Es hatte eine Zeit begonnen, in der er nichts mehr zu sagen hatte. Und wenn er etwas sagte, dann musste er lügen. Wie ich schnell merkte, um sein Leben lügen, und damit um unser aller Leben.

Nach Tagen ist dann ein Zug mit Eisenbahnern nach Waldenburg in Niederschlesien gefahren, heraus aus dem Sudetenland, das jetzt wieder zur Tschechoslowakei gehörte – sieben Jahre nur nach dem Münchner Abkommen, mit dem Chamberlain den europäischen Frieden hatte retten wollen und mit dem Hitler in Wahrheit seinen Krieg begann. Als wir zum Bahnhof zogen, in einem Bündel meinen fünf Tage alten Bruder Peter, standen an einer romantischen kleinen Brücke, die über einen kleinen Bach führte, bei strahlendem Sonnenschein junge tschechische Milizsoldaten mit einer Kiste Eierhandgranaten, sie nahmen die Granaten aus der Kiste, rissen sie an und warfen sie ins Wasser, wo sie explodierten. Das alles sah eher wie ein Spiel aus, und für die Halbwüchsigen, die jetzt zu den Siegern gehörten – vorübergehend, wie sich herausstellen sollte –, war es ja wohl auch ein Spiel, ein befreiendes Spiel, ein Feuerwerk der Freiheit. Den Zug haben wir mit ordentlichen Fahrkarten bestiegen, wir saßen in einem Wagen für Reisende mit Traglasten. Der Zug fuhr unbehindert über die Grenze, die noch keine war.

In Leutmannsdorf

Leutmannsdorf war ein lang gestrecktes Straßendorf im Kreis Schweidnitz in Niederschlesien. In sanft hügeliger Landschaft lagen die Bauernhöfe an der Hauptstraße. Im hoch gelegenen oberen Teil waren sie klein und die Felder steinig, immer wieder mussten beim Pflügen Steine entfernt werden. Zum Tal hin wurden die Höfe größer und prächtiger. Am Ende des Dorfes lag ein großes Gut, aber so weit hinunter ins Dorf – dorthin, wo auch die Kirche stand – bin ich in dem Jahr, als wir dort lebten, so gut wie nie gekommen. Der Aktionsradius, den ich von unserem Wohnhaus aus hatte, war gering; schon bald vor der Tür begann die feindliche, bedrohliche Umwelt: Man konnte auf Unvorhergesehenes stoßen, auf russische Soldaten zum Beispiel, die zu Fuß oder in ihren Panje-Wagen, die von struppigen kleinen Pferden gezogen wurden, unterwegs waren, oder auf andere Unbekannte, die durch die Gegend lungerten und von denen man nicht ahnte, was sie im Schilde führten.

Wir wussten, dass Gerhart Hauptmann ganz in der Nähe – in Agnetendorf – den Krieg überdauert hatte. Die russischen Truppen hätten den in der Sowjetunion wegen seiner »Weber« hoch geschätzten Autor mit einem hohen Generalsbesuch beehrt, hieß es. Dass der greise Dichter seinen Kotau vor den Nazis gemacht hatte, wurde ausgeblendet.

Auf welche Weise uns die Geschichten über Gerhart Hauptmann und die ihn besuchenden Russen, die den greisen Dichter mit allem Lebensnotwendigen versorgten, erreicht hatten, weiß ich nicht. Alle Deutschen hatten ihre Radios abliefern müssen, der Besitz eines Rundfunkempfängers war bei Todesstrafe verboten. Nach einigen Wochen hörten wir, dass ein Arzt im Ort, der sein Gerät heimlich behalten hatte, beim Radiohören ertappt worden und danach gleich im Garten von russischen Soldaten exekutiert worden wäre. Nur ein Mann im Ort, den ich natürlich auch nur von Gerüchten kannte, soll ein Radio besessen haben und durfte es hören; er war nämlich Schweizer Staatsbürger, hatte einen Schweizer Pass. Durch ihn drangen in Abständen seltsame Gerüchte in das Dorf. Zum Beispiel, dass der britische Premier Winston Churchill »gegen die Russen« gesprochen habe und es würde bald eine Wende in der westlichen Politik einsetzen. Später habe ich erschlossen, dass es sich bei diesem Gerücht um die verballhornte Wiedergabe von Churchills berühmter »Iron Curtain«-Rede gehandelt hat, die er in den USA gehalten hatte – ein erstes, frühes

Signal für den Beginn des Kalten Krieges unmittelbar nach Kriegsende.

Es gab natürlich auch keine Zeitungen. Es gab keine Busverbindungen, keine Autos, keine Reisemöglichkeiten. Wer sich zu Fuß auf den Weg machte, ging hinaus in eine ungewisse weite Welt voller drohender Abenteuer, in der Anarchie und Chaos zu herrschen schienen. Es gab keine Schulen und nach anfänglichen Versuchen, so etwas wie eine Ordnung zu etablieren, auch keine Behörden. Irgendwo, in der Kreisstadt Schweidnitz, war eine russische Kommandantur, aber diese Behörde lag weit entfernt wie der Zar im alten Russland und ihre Machtausstrahlung war rätselhaft und daher dumpf bedrohlich wie die Herrschaft, von der Kafkas »Schloss« erzählt.

Es gab auch keine Geschäfte, die Kolonialwarenhandlung war geschlossen. Der Kaufmann allerdings versuchte ein paar Tage lang, uns Kindern Schulunterricht in seinem Geschäft zu geben. So konnten wir die sinnlos blitzenden Geräte anstaunen, in denen in längst abgelebten Zeiten, so schien es, Kaffee geröstet worden war. Die Regale und Schubladen waren leer, die Registrierkasse war ohne Funktion. Glänzende Blechschilder warben mit weißer Schrift auf grünem Grund für Persil und ein anderes, mit der braunen Flasche, machte Reklame für Maggiwürze, beides Botschaften aus einer anderen Zeit, einer anderen Welt. Der Kaufmann, ein gutmütiger glatzköpfiger Herr, gab die Versuche, uns zu unterrichten, alsbald auf, so dass ich ein ganzes Jahr nichts mehr von einer anderen Schule wusste als der verwildernden Schule des Lebens.

Wir wohnten bei Gertrude Strempel, der Sekretärin aus Teschen, die hier ihre Wohnung hatte, im ersten Stock, im Hause eines Fleischers, dessen Schlachthaus unmittelbar unter unserem Küchenfenster war. Fast täglich wurden hier Schweine und Kälber geschlachtet, die Schweine quiekten in panischer Todesangst und bekoteten sich wild zappelnd und schleuderten ihren Angstkot mit ihrem Ringelschwanz wie mit einem Propeller um sich, bevor ihnen die auf die Stirn gesetzte Bolzenpistole das Leben nahm. Es stank bestialisch und die Fliegenschwärme, die sich um das Blut, den Kot und die unter heißem Wasser abrasierten Borsten drängten, bevor das alles mit einem Wasserschlauch weggespritzt wurde, drangen mittags zu unserem Küchentisch vor und fielen in die heiße Suppe, in der sie ertranken.

Ich schaute beim Schlachten zu, sah fasziniert, wie die Därme gedreht und gesäubert wurden, bevor sie aus einer Hackmaschine mit Wurstmasse wieder gefüllt wurden. Neben der Fleischerei lag auch der Holzschuppen und ich hackte davor auf einem Hackklotz runde Baumscheiben zu Scheiten. Einmal fuhr mir das Beil in das Schienbein, die Haut platzte auf, das Blut spritzte wie beim Schlachten und ich sah mit Ekel und Faszination, wie eine dünne gelbe Fettschicht über meinem Fleisch und unter meiner Haut hervorquoll. Es sah aus wie beim Schlachten der Kälber, Rinder und Schweine, nein, es sah eher aus wie das gelbliche Fett unter der Haut des geschlachteten Geflügels, dem die Bauern selbst den Garaus mit dem Beil auf dem Holzhackklotz machten.

Heute denke ich erschrocken, wie frei von Mitleid ich dem Töten zusah, obwohl ich doch die Todesangst der Kreatur ohrenbetäubend hörte oder bei den dumpf muhenden Kälbern in den blutig aufgerissenen Augen sah.

Nur einmal durchfuhr mich der Schreck des Unerwarteten: Da hatte mich ein Bauer zu einem anderen ins Oberdorf geschickt, wo ich zwei Tauben holen sollte. Der alte Bauer, der Großvater am Hof, stieg in den Taubenschlag und brachte dann zwei Tauben mit herunter, denen er vor meinen Augen ganz plötzlich und blitzschnell mit der Hand die Köpfe vom Körper riss, um mir die toten kopflosen Tiere wortlos zu übergeben. Ein Griff mit Daumen und Zeigefinger der Rechten um den Taubenhals, während die Linke den Körper festhält, ein kurzer, fester Ruck, als zöge man einen Korken aus der Flasche, und schon ist der Kopf vom Leib getrennt, in einer Schrecksekunde. Doch aus dem Taubenleib hängen blutig zer-

fetzte Adern und krumm die rot ihr Blut in den Staub trop-
fende Gurgel. Und der Alte war beim Töten völlig ungerührt,
gleichgültig. Er zeigte nicht einmal so viel Gemütsbewegung
wie beim Totschlagen einer Fliege, wo es doch wenigstens eine
kleine Wut auf das lästige Insekt gibt.

Nein, nicht einmal zum Vegetarier haben mich diese Erlebnisse gemacht. Man konnte damals nicht wählerisch sein, was
die Nahrung betraf; ich aß, was ich bekam.

Über ein Jahr lang lebte ich in einem scheinbar isolierten
Mikrokosmos – einem deutschen Kleinstaat von der Größe
eines Dorfs mit spärlichen Außenbeziehungen und sporadi-
schen, nie einzuschätzenden Übergriffen einer fremden, übermächtigen, rätselhaften Außenwelt, deren Sprache wir nicht
einmal verstanden.

Über ein Jahr lang gab es keine Polizei und kein Geld, keine
Banken, keine Postämter, keine Fahrräder, keinen Arzt, keine
Handwerker, kein Kino, kein Restaurant, kein Café, keine Bibliothek oder Buchhandlung, kein Theater, keine Musik – ja
wirklich keine Musik, weder aus dem Radio noch von der
Tanzdiele, nicht aus dem Konzertsaal und nicht in der Kneipe.
Im Haus des Fleischers stand ein Klavier, das ich einmal gehört
habe, mit einem kurzen dröhnenden Misston. Das war ein gutes halbes Jahr nach unserer Ankunft, die Polen waren schon
da.

Unser Haus unterstand einem polnischen Oberfleischer, der
über den deutschen Fleischer gesetzt worden war, ein hüb-
scher, romantisch aussehender Mann mit melancholischem
Blick, einem schönen schwarzen Schnurrbart, dichten schwarzen Locken, glühenden Augen und apfelroten Wangen, der
eine entzückende zarte junge Frau hatte; beide schienen sie
seltsam fragil und zu zierlich für das grobe Fleischerhandwerk.
Dieser junge Mann hatte aber die Angewohnheit, sich von
Zeit zu Zeit bis zur Bewusstlosigkeit zu betrinken, dann rannte
er, Flüche wie »pschakrew« (Hundeblut) oder »kurva matj«
(Hurenmutter) ausstoßend, eifersüchtig hinter seiner Frau her

(eifersüchtig worauf? Ich konnte es nicht einmal ahnen), die vor ihm flüchtete, sich vor ihm einschloss oder bei den deutschen Mitbewohnern Schutz suchte, was uns in Bedrängnis brachte, denn seine volltrunkene Wut hätte sich ja auch an uns austoben können, ohne dass wir Mittel und Rechte gehabt hätten, uns zur Wehr zu setzen. Er tat uns aber nichts, seine Wut war ganz auf seine schöne junge Frau konzentriert. Nur einmal eben, als er sie mit der Axt in der Hand verfolgt hatte und sie ihm entwischt war, schlug er auf die Tasten des Klaviers ein, das vor Schreck ein dissonantes Summen von sich gab.

In den ersten Tagen nach unserer Ankunft in Leutmannsdorf, keine vierzehn Tage nach der bedingungslosen Kapitulation, hatten einige Männer und Frauen versucht, eine Dorfverwaltung aufzubauen, unbescholtene Menschen, die im Nazireich in stummer Opposition beiseite gestanden hatten und sich jetzt erinnerten, dass sie einmal Sozialdemokraten oder Kommunisten, Zentrums-Wähler oder Liberale gewesen waren – so denke und rekonstruierte ich mir das wenigstens. Ob sie dazu den Segen der Kommandatur in Schweidnitz hatten oder sogar deren Weisung befolgten, weiß ich nicht. Da ich aber weiß, dass Deutsche so gut wie nichts ohne Weisung tun, nehme ich das an.

Mein Vater meldete sich bei dieser Behörde ordentlich an, hier hat er, glaube ich, zum ersten Mal seinen Lebenslauf verändert und gereinigt, einige Stationen ausgelöscht: Bielitz kam in dieser Biographie nicht mehr vor, meine Schwester Ingrid und meine Schwester Heidrun waren auf einmal in Wien geboren, und ich, der ich Wien nach einem eher kurzen Aufenthalt mit fünf Jahren verlassen hatte, musste jetzt so tun, als hätte ich bis zum elften Jahr ununterbrochen in Wien gelebt. Ich durfte, so dachte und spürte ich, wenn ich nach Wien gefragt wurde, nur flache, verschwommene, ungenaue Schilderungen geben, so als hätte meine Erinnerung in den Wiener

Jahren versagt, und so flunkerte ich also Falsches dazu: Es war ein Wien eher der Operetten oder auch nur der Operetten-melodien, das ich auf Verlangen reproduzierte. Ich weiß nicht, wie meine Schwestern damit fertig geworden sind, dass ihnen jahrelang ihr Geburtsort und ihre frühe Kindheit weggenom-men und ein anderer Ort, mit dem sie keine konkrete Lebens-erfahrung verband, untergeschoben worden war. Ich jeden-falls reagiere bis heute mit Unbehagen, wenn mich jemand fragt, wo ich denn eigentlich herkomme, und meist hoffe ich, der Be-antwortung entkommen zu können, wenn ich sage: »Das ist eine lange Geschichte.« Und dann schweige.

Ich glaube, viele Deutsche meiner Generation und der Gene-ration meiner Eltern haben ihr Leben nachträglich korrigiert, verbessert, umgeschminkt, anders drapiert und arrangiert. Und ich kann mir nicht vorstellen, dass die Tatsache, dass ein neues Leben über das verschwiegene, verdrängte, weggelogene gelegt wird, sich nicht im allgemeinen Bewusstsein niederge-schlagen hätte.

Die »Stunde Null«, die man ausrief – von der ich während meines Literaturstudiums erfuhr –, heißt doch auch, dass man alles Frühere wegstreichen wollte, auslöschen und ungesche-hen machen. Um es gleichzeitig durch ein rosig wattiertes Bild von einem unwirklichen Wolkenkuckucksheim zu ersetzen. »Durchstreichen und weitergehen«, sagt der Major in Strind-bergs »Totentanz«. Er bezieht es auf seine Ehe. Viele Deut-sche bezogen es auf ihre Ehe mit Hitler.

Als ich wirklich in Wien war, hatte ich Hitler wirklich gese-hen. Einmal. Meine Mutter hatte mich eines Abends zum Ho-tel »Imperial« geschleppt, wo ich mitten in einer Menge von Leuten wartete, dass sich »der Führer« zeige. Das war Ende 1938, glaube ich. Als der Führer hoch oben angestrahlt er-schien und die Menge in Heil!-Rufe ausbrach und jubelte, soll ich zu meiner Mutter gesagt haben: »ER hat so wunderschöne blaue Augen!« Jedenfalls hat das später meine Mutter von mir erzählt. Im Zuge des unseligen Kriegsverlaufs wurden die

Augen immer weniger blau, immer blasser, meine Schwärmerei immer schwächer. Dann war davon überhaupt nicht mehr die Rede.

Als mein Vater im Mai 1945 von dem Gang zu dem provisorischen Dorfältesten zurückkam, war er guten Mutes. Er brachte Gutscheine für Lebensmittel mit, für grob geschrotetes Getreide zum Backen und Breikochen (eine erreichbare Mühle gab es nicht), für Milch und für Kartoffeln, für Butter und für Fleisch. Mein Vater war sogar angestellt worden. Von der Gemeinde Leutmannsdorf. Als Bademeister. Ja, als Bademeister! Leutmannsdorf hatte nämlich ein für damalige Verhältnisse hochmodernes Schwimmbad mit Sprungturm, Schwimmbecken, Planschbecken, Umkleidekabinen, Duschen, einem Eingang mit einem Kassenhäuschen. Ein schönes Bad, das etwas außerhalb des Ortes lag. Das sollte mein Vater betreuen, pflegen, warten, sauber halten, den Kindern das Schwimmen beibringen. Mein Vater war glücklich.

Ich war bis dahin ein bis zwei Mal, es war ein heißer Sommer, in dem Bad gewesen und tatsächlich geschwommen. Ich kann mich nicht einmal erinnern, dass das Wasser brackig, abgestanden, faulig gewesen wäre. Jedenfalls habe ich es eiskalt und frisch in Erinnerung, von jener wellenbekräuselten durchsichtigen Bläue, von der ich später träumte, wenn ich mich in die Kindheit zurückträumte.

An diesem Nachmittag ging ich wieder ins Bad, in dem ich bisher ganz allein gewesen war. Sonst kein Mensch. Und die Tür an der Kasse war natürlich offen gewesen und die Kasse unbesetzt. Diesmal hörte ich schon von weitem Lärm. Ich schlich mich vorsichtig heran, wie ich mir das schnell angewöhnt hatte, um nicht in Gefahr zu geraten, gar in Todesgefahr.

Da sah ich russische Soldaten, die einen Militärlastwagen geparkt hatten, ihre Uniformen auszogen und in langen Unterhosen fröhlich lärmend ins Wasser sprangen. Ich sehe noch ihre kahl rasierten Köpfe, die am Körper klebende Unterwäsche, die bleichen Oberkörper. Einige von ihnen konnten nicht schwimmen und paddelten wie die Hunde, andere halfen lachend denen, die unterzugehen drohten. Ich sah das wie einen Film, hinterm Busch verborgen, aus gebührendem Abstand und wartete. Als sie schließlich wieder wegfuhren, bin ich ins Bad gegangen. Da schwammen im Becken die herausgerissenen Türen der Kabinen, das Sprungbrett war abgebrochen, das Bad verwüstet, das Becken durch Fäkalien verunreinigt.

Mein Vater hat seinen Dienst als Bademeister nicht angetreten. Er wurde Knecht bei einem Bauern, keine fünfzig Meter von unserer Wohnung entfernt. Das Schwimmbad verkam schnell und wurde nie wieder benutzt. Nun konnte man in Leutmannsdorf auch nicht mehr baden gehen. Den Gemeinderat, der so getan hatte, als könnte man schon wieder ein bisschen Frieden und Normalität spielen, gab es auch bald nicht mehr.

Eines Morgens jedoch waren überall Verlautbarungen angeschlagen, die in deutscher und polnischer Sprache ankündigten, dass das urpolnische Gebiet der Wojewodschaft Wroclaw nun nach Kriegsende und dem Sieg über den Faschismus zu Polen zurückkehre. Die Menschen nahmen das zur Kenntnis und waren spürbar beunruhigt. Es war die Ungewissheit, die sie quälte. Sie wussten nicht, wie das, was kommen sollte, aussehen und was es für Folgen für die betroffenen Schlesier zeitigen würde. Würden sie Polen werden? Würden sie ihren Besitz, also im Dorf vor allem ihre Bauernhöfe, ihren Grund und Boden, ihre Häuser an Polen verlieren? Aber es gab ja keine Polen in Leutmannsdorf. Von der Aussiedlung, die geplant war, von der Vertreibung der Deutschen aus Schlesien, Pommern, Danzig und Ostpreußen war noch nicht die Rede, auch nicht als Gerücht.

Erst Monate später begannen die Kompensations- und Tauschgeschäfte, bei denen die Amerikaner Thüringen und Teile von Sachsen-Anhalt und Sachsen räumten, um ihrerseits mit drei Sektoren in Berlin und Wien bedacht zu werden. Die

Errichtung der Nachkriegsordnung war noch in der Planungsphase, aber wo Stalin die Faust drauf hatte und durch die Präsenz der Roten Armee das Sagen, da versuchte er, meist erfolgreich, vollendete Tatsachen zu schaffen. Und die Bekanntgabe der Errichtung der polnischen Wojewodschaft Wroclaw war so eine vollendete Tatsache.

Wer 1945 in den Herrschaftsbereich der Sowjetunion geraten war, merkte, auch wenn er noch ein Kind war, was das in Wahrheit bedeutete, und ich habe diese Wahrheit, das heißt die Realität des Sozialismus, in George Orwells »1984« später genau wieder gefunden: den Terror von Gehirnwäsche und totaler Kontrolle, die Angst vor der Rechtlosigkeit, die Phrase als Totschlagmittel, die Verkehrung der Lüge zur Wahrheit. Nie hat ein Buch eine von mir selbst erfahrene Wirklichkeit so präzise beschrieben, und meine Verzweiflung, dass das die wenigsten so sehen wollten, vielmehr als fellow travellers und »nützliche Idioten« Stalins Sowjetunion in die Hände arbeiteten, diese Verzweiflung hat mich, solange ich im Einflussbereich des Stalinismus und Nachstalinismus lebte, nie verlassen.

Zunächst aber geschah nach der Deklaration, dass Schlesien an Polen fallen sollte, gar nichts. Wir waren in Polen, aber wir merkten wochenlang nichts davon. Nichts änderte sich, so gut wie nichts. Einmal erfolgte, wie ein wilder Fieberstoß, eine seltsame Aktion. Vom Oberdorf über das Mitteldorf trieben russische Soldaten Rindvieh durch den Ort und auf und davon. Nachdem sie es zuerst aus den Ställen gezerrt hatten, brüllend und die Gärten niedertrampelnd, verließ die Herde, von Soldaten angetrieben, den Ort.

Da geht unsere Nahrung, da geht unsere Existenz, sagten die verstörten Menschen, die sich in die Häuser flüchteten, ja versteckten, aus Furcht, dass vielleicht auch sie weggetrieben werden sollten. Aber nichts dergleichen geschah. Und was mir in der Rückschau merkwürdig erscheint, ist die Tatsache, dass die Bauern nach dieser brutalen Beraubung noch Vieh im Stall hatten. War die Aktion abgebrochen worden, gar rückgängig gemacht? Hatte man nur einen Teil des Viehs geraubt? Ich weiß es nicht.

Als die Kühe und Ochsen durch den Ort getrieben wurden, die Hauptstraße entlang, verirrten und verliefen sich auch ein paar Tiere in die Nebenstraße, in der die Fleischerei lag, und preschten durch den Obstgarten, russische Soldaten hinterher. In dem Haus wohnte auch ein Postlerehepaar, ältere Leute mit einer Tochter, die die anderen Hausbewohner damals etwas despektierlich als eine alte Jungfer bezeichneten, obwohl sie gewiss nicht alt war, sie wirkte nur durch ihre dicken Brillengläser und dünnen Haare, durch ihre schmalen Lippen und ihre verdrossene Miene gedrückt, wie in ihre dünne Figur gepresst. Die soll nun, als sie der Kühe und Russen ansichtig wurde, den Soldaten aus dem Fenster zugewinkt oder sich auch nur gezeigt haben – in der späteren Deutung des Vorfalls, weil sie »es nötig hatte«, »einen Mann brauchte«, »endlich«. Die Russen jedenfalls, ihrer ansichtig, stürmten ins Haus. Das Mädchen, vom Mut verlassen oder von Angst ergriffen oder von ihren Eltern in Gewahrsam genommen, wurde rasch durch einen Hintereingang aus dem Haus geschafft und die angelockten und düpierten Russen tobten durch das Haus und waren in ihrer Enttäuschung kaum zu beruhigen.

Schließlich setzten sich zwei, drei von ihnen schwer schnaufend in unsere Wohnung, fixierten meinen Vater und fragten ihn in der Zwei-Worte-Sprache, in der man sich damals verständigte: »Du – Krieg?« Mein Vater verstand, dass sie wissen wollten, ob er als Soldat in Russland gewesen sei. Er krümmte sich und hütete sich, beim Russlandfeldzug erlernte russische Vokabeln in seine Antwort fließen zu lassen. »Nein«, sagte er und schüttelte bekümmert und zugleich energisch den Kopf. Er drückte auf seinen Bauch und krümmte sich noch stärker. »Krank!« Er drückte auf seinen Bauch. »Kaputt.« Und ächzend: »Nix Soldat! Krank!« Damals kam er mir zwar feige, aber schlau und listig vor.

Kurz darauf habe ich dann zum ersten Mal überlegt, warum er so panisch auf die Frage reagiert hatte. Was hatte er in Russland erlebt, das so schrecklich war, dass er lieber ableugnete, überhaupt dort gewesen zu sein?

Uns ist jedenfalls an diesem Tag nichts passiert. Die Russen zogen weiter, den Kühen hinterher, und vergaßen sich auch dafür zu rächen, dass ihnen das Mädchen, das sie doch durch Zeichen und Gesten angelockt hatte, entgangen war.

»Das Bildnis des Dorian Gray«

In der Nähe des Bades entdeckte ich eine einstöckige Villa. Das Haus sah verlassen aus, zerbrochene Fenster, es war totenstill im verwilderten Garten, in dem Gartengeräte herumlagen. Ich stieg durch den Keller in das Haus, das verwüstet war, die Türen aus den Angeln gerissen, die Holzdielen aufgebrochen. Alles war geplündert worden, es gab nichts mehr außer ein paar kaputten Gerätschaften, Besen, eine verbogene Gabel, eine rostige Metallkanne. Und Bücher. Viele Bücher, die verstreut auf dem Boden herumlagen, teils zerfleddert, teils zerrissen, teils vom Regen aufgeweicht, der durch die zerschlagenen Fenster hereingedrungen war. Es war unheimlich still, nur die Dielen und Treppen knarzten, wenn man sie betrat, in dem leeren Haus klang selbst das Knarzen seltsam hohl und hallend. Und das Gespenstische war: Ich konnte aus der Unordnung zerborstener Möbelreste und zerstreuter Bücher nicht mehr darauf schließen, wer hier wohl gewohnt haben mochte. War der Besitzer geflohen, tot oder erschlagen? War er vielleicht ein, zwei Monate fort? Schon fühlte ich mich als Eindringling in der Lage eines Forschers, der aus den Trümmern und Brandflecken – an manchen Stellen war das Haus, waren seine Wände angekohlt, und helle Vierecke verrieten noch, wo Bilder gehangen hatten – Schlüsse zu ziehen versucht.

Plötzlich drangen in die Stille Stimmen, Männer, die eine fremde Sprache sprachen und offenbar das Haus betreten hatten. Panisch suchte ich nach einer Fluchtmöglichkeit, einem Schlupfwinkel. Ich entdeckte eine aufgerissene Stelle im Dielenboden, unter die ich kroch, in die ich mich verkroch, wobei ich kaum zu atmen wagte. Es ist vorbei mit mir, dachte ich, vorbei, wenn sie dich entdecken. Ich konnte hören, wie sie das Haus abschritten, sich unterhielten. Verstehen konnte ich die Männer ja nicht. Und auch nicht sehen, vielleicht habe ich sogar in meiner Angst die Augen zugemacht. Dann gingen sie wieder hinunter, dann wurden ihre Stimmen leiser, dann verließen sie das Haus und dann hörte ich, wie ein Auto gestartet wurde und abfuhr, ein Auto, das ich nicht hatte kommen hören.

Ich wartete, bis es wieder ganz still geworden war, und verließ fluchtartig das Haus. Aber ich habe dennoch drei heil gebliebene Bücher mitgenommen, wahrscheinlich hatte ich sie schon in der Hand, als ich in mein Versteck gekrochen war, aber in Wahrheit erinnere ich mich nicht daran, offenbar hat der Schrecken diesen Teil der Erinnerung gelöscht.

Zu Hause angekommen, habe ich die Bücher durchgeblättert. Zwei erwiesen sich als ungeeignet, es waren irgendwelche Fachbücher, aber eines habe ich mit staunendem Befremden und wachsendem Interesse gelesen. Es war das Buch von einem Autor, dessen Namen ich noch nie gehört hatte, eine Übersetzung von Oscar Wildes »Das Bildnis des Dorian Gray«.

Oscar Wildes Roman war für mich vollkommen fremd und doch vertraut wie ein schöner Traum, der böse endet. »Gray«, den Namen kannte ich, denn in Bielitz hatte ich bei meinen Nachbarn in den Westernromanen von Max Brand und Zane Grey geschmökert, die da, als Serienprodukte, eine ganze Regalreihe füllten. Aber das hier, die Geschichte des schönen, hoffnungsvollen jungen Mannes, der dem Laster verfällt und die Hässlichkeit seiner Seele nur im Spiegel eines Gemäldes erblickt, während er selbst strahlend jung und unwiderstehlich schön bleibt, bis er wütend auf das hässliche Spiegelbild seiner Seele einsticht, um dann entseelt neben das Bild zu fallen, das jetzt seine jugendliche Schönheit und Unschuld festhält, während der Tote hässlich und alt daneben liegt, diese Geschichte war etwas völlig anderes als alles, was ich bisher gelesen hatte, vielleicht abgesehen von den Märchen Hans Christian Andersens, die mich in eine ähnlich fremd glitzernde, von einem schweren Parfüm und einer seltsamen Melancholie und Verdorbenheit durchschwängerte Welt entführten.

Das ist nicht wahr, dachte ich über die Geschichte Dorian Grays, das ist ausgedacht wie ein Traum, aber dann spürte ich, dass mich die Geschichte festhielt, dass in der Unwahrheit ihre eigene Wahrheit steckte. Ich hatte zum ersten Mal die einzige zweite Welt in der wirklichen betreten: die Welt der Phantasie, die Welt der Kunst, die Welt der Literatur.

Natürlich war es auch so, dass das Buch mich beeindruckte, weil ich es sozusagen unter Todesgefahr erworben hatte. Und natürlich entführte mich das Buch in eine Welt, die meiner momentanen nicht fremder hätte sein können: Es war die Welt der englischen Salons, eine so raffinierte Welt wie die des Fin de Siècle. Es gab Theater, Tee in hauchzarten Tassen und vor seidenen Tapeten und teuren Nippes, es gab schön gekleidete Mädchen und Frauen, die elegante Hüte und zarte Handschuhe trugen. Besucher brachten Blumensträuße mit, man aß Konfekt, Schnittchen. Aber eigentlich war es auch das nicht, was mich, der ich diesen hoch raffinierten, großstädtischen Roman in meiner primitiv bäuerlichen Welt las, so faszinierte. Ich war ein Kind, das in eine komplizierte Erwachsenenwelt geraten war, an Geschichten von raffinierten Menschen, die ihre Kämpfe um Seelenregungen und Gefühlswallungen austragen. Kurz, in eine Seelenlandschaft, in eine Welt, in der Träume wahr sind. Eine Welt, die ich später immer wieder voll Angst und Hoffnung betreten sollte. Vor allem aus einem sehr egoistischen Motiv, dem Bedürfnis nach Solidarität: Ich wusste, ich bin nicht allein mit meinen Schwächen, Geheimnissen, bösen und guten Gedanken, bin aufgenommen in eine Gemeinschaft der Einsamen: der Lesenden.

Aus Angst traute ich mich nie mehr in dieses verlassene Haus, und als ich, fast ein Jahr später – die Polen waren schon da –, wieder dorthin kam, da saß der junge polnische Pfarrer wie eine Vogelscheuche in einem der Kirschbäume und winkte mir mit einer Hand wild fuchtelnd zu, während er sich mit der anderen festhielt. Seine schwarze Soutane flatterte. Er lud mich zum Kirschenklauen ein und ich folgte ihm. Er war wohl ziemlich betrunken.

In der folgenden Zeit habe ich mich bei einer älteren Häuslerin mit Büchern versorgt. Ich hatte von ihr gehört, dass sie zahllose Romanheftchen hatte, die sie auslieh. Es waren einfach geschriebene Liebesromane, siebzig, achtzig Seiten dick, sie haben mir gefallen, aber meine Träume haben sie nicht einmal gestreift.

Manche davon waren »humorig«, was ich eigentlich nicht leiden konnte, denn der Liebe angemessen war das nicht.

Autark

Ich weiß nicht, ob ich damals schon je das Wort »autark« gehört hatte (es war ein Lieblingswort im Wortschatz der Nazis), aber ich weiß, dass mich damals eine Sehnsucht nach einer kleinen Welt, in der jeder, der in ihr lebt, alles findet, alles erschafft, selbst erschafft, was er braucht und was ihn zufrieden macht, erfüllte. Jedenfalls habe ich mir in Leutmannsdorf die Notwendigkeiten und Vorteile eines abgekapselten Eilands ausgemalt, das sich selbst genug ist. Und »sich selbst genug« bedeutete für mich in den Monaten nach dem Mai 1945 vor allem: von außen abgeschnitten und zur Selbstversorgung gezwungen.

Ich zeichnete und malte mir auf Papieren und in Heften

meine Welt, einen kleinen Staat, der sich selbst versorgt. Der eine Hauptstadt hat und einen Hafen. Der eine Mühle hat, Getreidefelder, Obstgärten, Geschäfte, in denen es »alles« gibt, soweit ich weiß, sogar Süßigkeiten. Ob es Schokolade geben sollte, weiß ich nicht mehr, weil ich auch nicht mehr weiß, ob ich damals nicht schon vergessen hatte, dass Schokolade überhaupt existiert. Sie ist mir, in dem Jahr in Leutmannsdorf, nicht einmal als Mangel in Erinnerung.

Und wie sich meine kindliche Phantasie in Form eines Staatsentwurfs ein winziges Reich entwarf, in dem alles vorhanden war und das durch Warentausch florierte – man tauschte Getreide gegen Fleisch –, so war ich wohl auch, was meine Beziehungen anlangte, »autark«. Oder sogar ein wenig »autistisch«? Auch dieses Wort kannte ich natürlich nicht.

Denke ich an meine Mutter, so sehe ich sie vorwiegend mit meinen vier kleineren Geschwistern beschäftigt; denke ich an meine Geschwister, dann sehe ich sie allesamt zu klein für mich, Fremde. Ich sehe mich schon mal in dem schönen grünen Vorgarten sitzen (er war erhöht gegen die Straße und durch eine weiße Steinmauer abgegrenzt), neben der Wiege meines kleinsten Bruders, der, kein Jahr alt, da in weißen Tüchern und Kissen liegt, im Schatten eines breiten Baumes, wahrscheinlich einer Linde. Aber wie oft habe ich diese Idylle in dem einen Jahr wohl erlebt? Einen Tag? Zwei Tage? Oder drei?

Schlüpfrige Lieder

Ich erinnere mich an nicht einen Freund aus diesem Jahr. Aber ich erinnere mich, dass ich auf dem Hof, auf dem mein Vater Knecht war, dem Jungknecht Hans und der Magd, deren Namen ich nicht mehr weiß, zu deren Gaudi schlüpfrige Lieder vorgesungen habe, wobei ich mich stolz produzierte. Und dass ich nichts von dem kapiert habe, was ich da sang:

Eine Nummer wurde gemacht
Dann hab ich sie nach Haus gebracht
Den Mund zum Küssen bereit
Eine Hand unterm Kleid
Caramba

Ich weiß auch nicht mehr, woher ich solche Lieder hatte. Ich konnte sie jedenfalls stundenlang vorsingen und die Magd und der Knecht freuten sich. Meinem Vater war das, wenn er dazukam, unangenehm. Wirklich? Schämte er sich wirklich? Ich weiß es nicht mehr. Vom Knecht und der Magd weiß ich, dass der Knecht Hans »verrückt nach ihr« war, weil sie ihn »wild« gemacht hatte. Das habe ich gehört, als mein Vater es wahrscheinlich meiner Mutter erzählte. »Wild gemacht« deshalb, weil sie, die weizenblonde Zöpfe hatte und struppiges Haar, unter ihrem Rock »nichts anhatte«, keine Unterhose, keinen Schlüpfer, nichts. Und das habe Hans gesehen, sehen müssen, wenn sie Heu abluden und sie hoch in der Scheune stand, wenn er ihr das Heu mit der Gabel vom Leiterwagen hoch schaufelte, damit sie es weiter in der Scheune stapelte. Dabei sei er verrückt geworden. Nach ihr.

Auch ich habe ihr unter den Rock gesehen. Ich wollte wissen, ob sie dort unten auch weißblond ist. Und war erschrocken, wie dunkel sie dort war. Ich weiß noch, dass sie ein rotes Gesicht hatte, das sie alt machte. Und dass sie später, wie es verächtlich hieß, mit den Polen »fraternisierte«. Und Hans noch unglücklicher wurde.

Mit wem habe ich gespielt? Mit den beiden Mädchen, den Töchtern von Frau Martin, die neben dem Bauernhaus in einem kleinen Haus wohnte. Sie war eine Verwandte des Bauern und ihr Mann war bei der Waffen-SS gewesen und tot oder vermisst. Auch sie arbeitete auf dem Hof, eine hübsche, ja eine schöne dunkle Frau. Ich habe mit den Mädchen im Vorgarten gespielt und getollt und gerauft und wir haben uns ausgezogen, als es heiß war, und mit Wasser bespritzt. Mein Vater hat uns gesehen und mir gesagt, dass das so nicht gehe, so könne ich mit den Mädchen nicht spielen, dazu sei ich zu groß. Mein Vater hatte ein Verhältnis mit Frau Martin, wahrscheinlich auch, weil er mit ihr über seine Zeit vor 1945 offen reden konnte, weil ihr Mann ja bei der Waffen-SS gewesen war. Vor ihr konnte er sich großtun, wo er sich doch sonst klein machen, bücken und ducken musste.

Die Polen kommen

Eines Tages waren die Polen da. Monate waren vergangen seit der Ankündigung, dass mit Schlesien »urpolnisches Gebiet« zu Polen zurückkehre. Jetzt waren sie da, die neuen Besitzer, um die alten Eigentümer abzulösen und zu vertreiben. Erlebt habe ich das als Kind, in einem Mikrokosmos lebend, aus einer verqueren, aber wenig abstrakten Perspektive. »Als Kind« heißt auch, dass ich die Erwachsenen ständig darüber reden hörte, sie waren die Nachrichtenquellen, die ich zu verarbeiten hatte.

Aus dem Rückblick ergibt sich für mich das folgende Bild: Als die Polen kamen, wurden in Leutmannsdorf alle Rollen doppelt besetzt. Die Polen fungierten fortan als Herren und Eigentümer, die Deutschen spielten nach wie vor ihre alten Rollen als Bauer, Bäuerin, Knecht und Magd, Fleischer und Fleischersgattin, denn nur sie verfügten über die Erfahrung und das Wissen, die waren traditionell seit Jahrhunderten weitergegeben worden, vom Großvater auf den Vater, vom Vater auf den Sohn. Sie wussten mit jeder Faser ihres Lebens, was hier gespielt wurde, sie waren in ihren Aufgaben zu Hause wie Fische im Wasser, wie Vögel in der Luft, ihre Sprache, ihr Dialekt drückten ihr Dasein aus. Die neuen polnischen Herren kamen aus anderen Zusammenhängen, anderen Verhältnissen, also merkten sie schnell, dass sie zunächst einmal froh sein konnten, wenn in ihrem Namen und an ihrer Stelle das Alte weiterlief. Auch sie waren ja nicht freiwillig gekommen, sondern vertrieben worden.

Wir, meine Eltern, meine Familie, gehörten nicht zum alten Spiel. Wir versuchten es erst mühsam zu erlernen. Ich merkte das schon daran, wie mein Vater mit Befremden, leisem Spott und großem Unverständnis auf die Sprache reagierte, die hier galt. »Kascha«, sagte er eines Tages, »Kascha, das soll Kirschen heißen.« »Kascha! Dabei heißt das doch Brei.« Dabei war »Kascha« für »Brei« ein slawisches Wort, das er aus seiner Kindheit kannte, oder aus dem Russlandkrieg. Und »Kascha« für »Kirschen« war nur eine andere Aussprache des gleichen deutschen Worts, was mein Vater aber so nicht wissen wollte. Wir, das heißt wieder meine Familie, waren schon vertrieben worden aus unserer Sprache. Das stand den Schlesiern noch bevor.

Wäre mein Vater nicht Deutscher gewesen und hätte er sich nicht als Deutscher gefühlt, mit dem schier glühenden, aber unterdrückten Patriotismus des Kriegsverlierers, er hätte sich achselzuckend sagen können, ihm sei es egal, ob er zum Knecht unter Polen oder unter Schlesiern herabgestuft werde, ja selbst sprachlich sei es für ihn nicht so entscheidend wie für die enteigneten Eigentümer.

Vielleicht ist das der Grund, warum ich den Wechsel als so friedlich, ja harmonisch in Erinnerung habe. Jedenfalls entstand zwischen Polen und Deutschen auf engstem Raum aus gemeinsamem Interesse eine Art Symbiose, die eigentlich frei von Furcht und Schrecken war (wenn auch nicht frei von Willkür). Die Deutschen arbeiteten und die Polen ließen sie; teilweise versuchten sie mitzuarbeiten. Aber es galt: Wo früher einer satt geworden war, hatten jetzt zwei satt zu werden.

Für einige Monate ging das in dieser landwirtschaftlich reichen Gegend mühelos: Noch lebte man ja in einer Tauschgesellschaft, in die der Staat (die russische Besatzungsmacht) gelegentliche Raubzüge unternahm, die aber sonst in sich ruhte.

Man lebte von der Hand in den Mund und das, wie ich später schmerzlich erfahren sollte, gar nicht schlecht.

Allerdings hatten nur die einen die Waffen und das Sagen. Und das waren die Polen, die neuen Herren. Der Hof war von dem »Kommandanten« des Orts übernommen worden, einem hageren zurückhaltenden Mann, dessen Frau gutmütig, dick, freundlich gluckenhaft war.

Eines Tages, bei einer fröhlichen Feier auf der Tenne, einem gründlichen Besäufnis, hatte dieser Kommandant vor Freude und Alkoholgenuss mit seiner Pistole in den Boden geschossen und der Großmutter war ein Querschläger in den Bauch gefahren und hatte sie getötet. Darauf musste mein Vater mit dem Kommandanten und einem Schwein in die Kreisstadt fahren, um das Gericht zu bestechen.

Aber hatten die Polen neben den Waffen auch das Sagen? Wohl nicht, weil die Russen größere und mehr Waffen hatten. Und weil die Russen die Polen nicht leiden konnten, eher schon die Deutschen. Es kursierten unzählige Geschichten darüber, wie man sich bei Übergriffen der Polen, die dabei meist stark betrunken waren, zur russischen Kommandatur durchgeschlagen habe und dann die Russen gekommen seien und die Polen verprügelt hätten. Die Polen wiederum konnten die Juden nicht leiden, wurde erzählt, und so habe ich gehört (oder hat es mir mein Vater erzählt?), dass ein Pole sagte, das einzig Gute, was Hitler gemacht habe, sei, dass er die Juden »ausgeschaltet«, Polen von den Juden »befreit« habe. Befreit? Ausgeschaltet? Vertrieben? Ermordet? Merkwürdig war das schon, dass hier, im Zitieren eines polnischen Kompliments, der Völkermord für einen Augenblick zur Sprache kam. Wie bei der Traumarbeit suchte er dabei einen Umweg. Noch merkwürdiger, dass es das einzige Mal war, dass der Völkermord überhaupt auftauchte.

Dann kam der Tag der Aussiedlung. Datum und Sammelstelle waren den Deutschen durch Anschläge von ihren polnischen

Nachfolgern und Landnehmern mitgeteilt worden. Die Sammelstelle bei der nächstgelegenen Bahnstation war nach meiner Erinnerung rund zwanzig Kilometer von unserem Dorf entfernt. Es wurde auch mitgeteilt, wie viel Gepäck man mitnehmen und was man keineswegs mitnehmen durfte; ich glaube, die Grundbucheintragungen gehörten dazu, die Enteignung war vollkommen. Natürlich durften keine Tiere mitgenommen werden, niemand konnte mit Pferd und Kutsche, Ochs und Karren seine Heimat verlassen. Auch mit dem Traktor und Anhängern hätte sich keiner nach Westen begeben dürfen.

Dieser Ausweisung fehlte die Panik der Flucht, aber es gab auch keine Möglichkeit, die wichtigsten Sachen mit verzweifelt klammerndem Griff wegzuschleppen. Und unsere Situation war sowieso eine andere; wir hatten die Trennung, die den anderen bevorstand, schon vollzogen. Mein Vater hatte uns geschildert (und in meinem Kopf steht das Bild, das ich nie wirklich gesehen habe, fest wie eine scharf gestochene Fotografie), wie er unsere Wohnung vorgefunden hatte im März 1945, als er sie zum letzten Mal besucht hatte: Sie war verwaist, die Heizkörper und Rohre der Etagenheizung waren in der eisigen Januar- und Februarkälte zerborsten, der »schöne Parkettfußboden« stand unter Wasser und auch von den Wänden liefen rostige Spuren der Wasserschäden herunter – dazwischen die Möbel, seltsam unberührt und unbeschädigt – so als hätten wir sie gerade für eine kurze Reise verlassen.

Hier in Leutmannsdorf erlebte ich eine merkwürdige Abschiedsstimmung. In all ihrer dumpfen Wehmut wirkten die Leute erleichtert, dass endlich geschah, was sie lange befürchtet hatten. Auch in den Gerüchten und Parolen war keine Hoffnung mehr geschürt worden, weder eine Hoffnung auf Churchill noch eine auf den Zerfall der Waffenbrüderschaft zwischen Stalin und dem Roosevelt-Nachfolger Harry S. Truman.

Zwischen Polen und Deutschen spielten sich tränenreiche

Abschiedsszenen ab: Die einen weinten natürlich, weil sie gehen mussten und ihre polnischen Zwangserben nicht für die Schuldigen daran hielten, dass sie gehen mussten – damals kam alles »von oben«. Und »oben«, das war sehr weit weg. Das »Oben«, das musste man gar nicht artikulieren, das war durch nichts von unten zu beeinflussen und zu bewegen: Es gab keine Wahlen, keine Meinungsbefragungen, keine öffentliche Meinung, die sich auch nur halblaut artikuliert hätte; es gab keine Revolten, keine Aufstände. Es gab nur die Lethargie und Apathie der Besiegten. Es gab die Angst, die aus der Rechtlosigkeit erwächst. Für den Tod eines Deutschen hätte man nicht einmal ein Schwein zu einem polnischen Richter nach Schweidnitz karren müssen. Die anderen, die Polen, weinten – zynisch gesagt –, weil sie wussten, dass sie jetzt allein mit Haus und Hof, mit Vieh und Stall fertig werden mussten – ohne das ihnen zugeteilte Dienstpersonal und dessen herrschaftliche Sach- und Fachkunde. Sie weinten aber auch, weil sie Leuten etwas wegnahmen, wie ihnen etwas weggenommen worden war. So waren sie zwar ohne ihr Zutun reicher als vorher, aber dafür mit der Fremde gestraft.

Der Kommandant ließ es sich nicht nehmen, den Bauern, die Bäuerin, Frau Martin, ihre Kinder selbst mit der Kutsche zum Sammelplatz zu fahren. Die polnische Bäuerin (übrigens kinderlos) drängte den Abreisenden noch Einweckgläser mit Marmelade auf, Hühner- und Schweinefleisch – so als wäre sie die Eigentümerin (was sie ja war) und beschenkte großzügig arme Schlucker für eine weite Reise.

Mein Vater kutschierte einen anderen Wagen. Hans, der Knecht, kam mit und sollte ihn wieder zurückbringen. Auch die weizenblonde Magd mit dem strohigen Haar winkte uns zum Abschied mit vielen Tränen in den Augen zu. Sie stand neben dem jungen Bruder der polnischen Bäuerin, aber Hans hätte an diesem Tag ohnehin eine bittere Miene gemacht.

Auf dem Sammelplatz lagerten wir in Scheunen und Lagerhallen rund um den Bahnhof, in sommerlicher Glut, meine Familie in einer Baracke, in der es zweistöckige Betten gab. Es war heiß und die Baracke erfüllt von Kindergeschrei und dem Geruch von Baby-Durchfall. Auf einem Bett saß eine auffallend schöne junge Frau mit dunklem Haar und stillte ihr Baby. Ich sah ihr neugierig zu, obwohl ich Bilder vom Stillen gewohnt war. Ihre Brüste waren schneeweiß, von feinen blauen Adern gezeichnet. Sie lächelte mich, den Zwölfjährigen, freundlich an. Dabei sah ich ihre strahlend weißen Zähne. Und dann sah ich, dass diese Zähne Rillen, Gänge und Löcher hatten, wie sie Maden im reifen Obst, in Pflaumen und Birnen hinterlassen. Wenn ich an die Tage in Flüchtlingslagern denke, ist es das Bild, das ich am schärfsten vor Augen habe. Dabei weiß ich, dass es gar keine Würmer gibt, die sich durch Zähne fressen können.

Wir haben wohl einige Tage auf die Abreise gewartet. Auf einem Abfallhaufen habe ich viele, viele Briefmarken aus der Nazizeit gesehen: alle bunt, braun, rot und blau, alle mit dem Profil Hitlers von links, oder mit Hitlerjungen, oder Soldaten, oder auch nur mit großen Hakenkreuzen in Eichenkränzen. Ich traute mich nicht, sie aufzuheben. Und als ich mich am nächsten Tag trauen wollte, hatte sie längst ein anderer Junge eingesammelt. Er tauschte sie mir am nächsten Tag gegen die Sammlung ein, die ich von Frau Strempel mitgenommen hatte, Marken des Deutschen Kaiserreichs, der Kolonie Kamerun, des Königreichs Sachsen. In Bielitz hatte ich meine erste Sammlung liegen lassen: Österreich und alle Länder, in denen nach 1918 die Geschwister meiner Eltern verstreut lebten: Rumänien, Tschechoslowakei, Polen, Deutschland, Österreich. Als ich meine eingetauschten bunten Nazi-Marken später genauer inspizierte, sah ich, dass die meisten schmutzig und lädiert waren, mit abgerissenen Zacken und mit Wasserflecken. Mein erster und einziger Versuch, mit Nazidevotionalien zu spekulieren, schlug fehl. Ich habe eigentlich nie wieder etwas gesammelt.

Unsere Bauern verloren wir schon, als wir noch auf den Güterzug warteten, aus den Augen. Frau Strempel bei der Ankunft in Sachsen. Sie ging schnurstracks in den Westen, nach Niedersachsen, wo sie später ihren Mann wiederfand, nachdem er aus amerikanischer Kriegsgefangenschaft heimgekehrt war. Davon haben wir nur gehört oder in Briefen gelesen. Meine Eltern haben es bei Flüchtlingstreffen aufgeschnappt. Sie selbst haben wir nie wieder gesprochen oder gesehen.

Eine Jugend unter Stalin

An der Pforte zu Big Brother

»Ich lebe überall ein bisschen ungern«
Alfred Polgar

Stollberg im Erzgebirge

Wir waren die kinderreichste Familie, die in dem Gasthaus in Stollberg im Erzgebirge abgesetzt worden war. Nach tagelanger Fahrt aus Schlesien mit unzähligen Aufenthalten auf Nebengeleisen und Rangierbahnhöfen waren wir endlich hier in Sachsen angekommen. Stollberg im Erzgebirge hatte rund 10 000 Einwohner, war eine Amtsstadt der Amtshauptmannschaft Stollberg (so der Brockhaus von 1934), gehörte zur Kreishauptmannschaft Chemnitz und besaß eine Strafanstalt in Schloss Hoheneck, ein Amtsgericht, ein Finanz-, ein Forst-, ein Bergamt, ein Bezirkskrankenhaus, ein Bezirksaltersheim, eine Deutsche Oberschule sowie Strumpf-, Eisen- und Holzindustrie. Das Gebiet um Stollberg ist das Obererzgebirge.

In »Meyers Neuem Lexikon«, 1976 herausgegeben vom VEB Bibliographisches Institut Leipzig (Band 13) ist es eine »Kreisstadt im Bezirk Karl-Marx-Stadt«, hat 12 568 Einwohner und »Maschinenbau, Fahrzeugausrüstung und elektrotechnische Industrie«. Der Marktplatz, in einem Farbdruck abgebildet, mit schönen Blumenbeeten und einer hohen mehrarmigen Bogenlampe vor falschen historischen Gebäuden, die, durch eine Straße abgegrenzt, von gebückten alten Häusern kontrastiert werden, sieht nicht so aus, wie ich ihn in Erinnerung habe. Hier fuhr 1947 auf einem gespannten Seil ein Motorradfahrer hoch zum Kirchturm, inmitten einer gebannten Menge, in der auch ich stand. Ich glaube, allein.

Zunächst aber lagen wir, oder besser: lagerten wir mit anderen Ausgesiedelten in einem Gasthof am Boden. An den Namen des Gasthofs kann ich mich nicht erinnern, aber daran, wie folkloristisch er aufgeputzt war.

»Vergiß die Haamit nit«, stand als Spruch an einer Wand. Und an einer anderen: »Es grüne die Tanne, es wachse das Erz/ Gott schenke uns allen ein fröhliches Herz.« Und noch an einer weiteren Wand das Erzgebirgslied:

> De Sunn steicht hinnern Wold
> drim nei,
> besaamt de Wolkn rut,
> a jeder lecht sei Warkzeich hie
> un schwenkt zen Gruß san Hut.
> S'is Feieromd.
> s'is Feieromd, es Tochwarch is
> vullbracht
> s'gieht alles seiner Haamit zu
> ganz sachte schleicht de Nacht.

Hier war, so viel stand fest, Deutschland. Aber hier waren wir, so viel stand leider auch fest, nicht sehr willkommen. Während die anderen dreißig Menschen, alles kleinere Familien, nach und nach ihr Nacht- und Taglager auf dem Fußboden und zwischen den Tischen und Stühlen der Kneipen räumten, weil sie auf neue Heimstätten verteilt, von Erzgebirglern aufgenommen wurden, blieben wir übrig. Wir waren zu viele und zudem zu viele kleine Kinder.

Ich habe damals, wie schon vorher auf der Flucht, verstanden, dass nichts hinderlicher ist in schlechten und labilen Zeiten als eine große Familie. Lehren habe ich daraus so richtig nicht gezogen.

Als wir nach Tagen, ja nach einer Woche immer noch zu siebt auf dem Fußboden der Kneipe unter der Mahnung »Vergiß die Haamit nicht!« kampierten, beratschlagten Stadtverantwortliche, was mit uns zu geschehen habe. »So kann es doch nicht weitergehen«, befand ein reizender älterer Herr, der CDU-Stadtrat oder Kreisrat war und Hotelbesitzer, und nahm uns mit in sein Hotel, wo er uns auf zwei karge Zimmer verteilte. Das Hotel hatte einen Festsaal mit flacher Bühne und als wir, auf dem Weg zu unseren Zimmern, am Rand dieses Saals entlanggeführt wurden, sah ich, dass auf der Bühne – es war Vormittag – geprobt wurde. Im Kunstlicht, also mit Scheinwerfern, und in Kostümen aus dem vorigen Jahrhundert. Ich war wie vor den Kopf geschlagen, dass es so etwas gab, und habe mich, kaum hatten wir die Zimmer bezogen, schnell nach unten zurückgeschlichen. Geprobt wurde Friedrich Hebbels »Maria Magdalena«, das Stück, in dem das verführte Mädchen den gehassten Mann anfleht: »Heirate mich!« Und ihr wahrer Liebster sie mit dem Satz verstößt: »Darüber kommt kein Mann hinweg.«

Es war, soweit ich mich erinnern kann, der erste »Klassiker«, den ich sah, und natürlich fiel mir als Zwölfjährigem nicht auf, dass die Welt, die hier gezeigt wurde, längst von zwei Kriegen umgepflügt worden war. Und auch das fiel mir nicht auf: Wie beharrlich ein Selbstverständnis auf dem besteht, was nicht mehr existiert. Zwar mochte alles drunter und drüber gehen, die Gesellschaft wie mit einem großen Kochlöffel in einem großen Kessel durcheinander gerührt worden sein – hier galten die von Friedrich Hebbel angeklagten ehernen Moralgesetze noch. Es war schön, in einem Land zu sein, in dem Theater gespielt wurde. Ich stelle mir vor, dass vor einem Publikum, das gerade aus den Gefangenenlagern des Krieges gekrochen war, sich der Satz »Darüber kommt kein Mann hinweg!« geradezu abstrus unsinnig anhören musste – in dem von sowjetischen Truppen eroberten Teil, die über eine Million Frauen nach dem Einmarsch vergewaltigt hatten. Die deutschen Männer sind über ganz andere Sachen hinweggekommen – auch darüber, was sie im Krieg nicht nur erlitten, sondern was sie anderen an Leid zugefügt hatten. Die von Jan

Philip Reemtsma initiierte und gesponserte Wehrmachtsaus-
stellung und die Empörung, die sie auslöste, machte deutlich,
wie gründlich man mit seinen psychischen Schutzmechanis-
men »darüber hinwegkam«.

Die Schauspielerinnen und Schauspieler trugen Kostüme, die
an das Biedermeier erinnerten: die Männer Lederwämse über
den weißen Hemden, Kniebundhosen, Schnallenschuhe; die
Frauen einfarbige Röcke in kräftigen Farben, Mieder, Blusen,
auch sie weiße Strümpfe. Während wir, heruntergekommen,
kaum noch etwas anzuziehen hatten, umgab sie der Zauber
eines »Fundus«. Die Schauspieler, die Hebbel probten, sahen
aus wie kolorierte Volkslieder.

Die Wirklichkeit bestand darin, dass meine Mutter auf
einem unserer zwei kleinen Zimmer eine Kochplatte hatte und
einen Topf. Die Kochplatte bestand aus einer Spirale, die sich
zwischen einer geborstenen grauen Keramikplatte in Haar-
nadelkurven wand und die sofort glühte, wenn man den Ste-
cker in die Steckdose steckte. Die vier, fünf Tage, die wir im
Hotel lebten, in dem »Maria Magdalena« geprobt wurde, litt
ich keinen Hunger. Ich kann mich jedenfalls nicht daran erinnern.

Aber wir konnten nicht »ewig« in dem Hotel bleiben, obwohl es etwas wohnungsähnlicher war als die Gaststube, in der
es nicht einmal Betten gab. Und so ist der freundliche ältere
Herr von der CDU in seinem grauen Anzug – er trug immer
auch eine Krawatte – zu einer Gesinnungsfreundin, Frau Oelsner, gestiefelt, die in einer Villa in einem Park am Hügel wohnte,
und die hat uns dann aufgenommen. Im Souterrain ihres hoch-
herrschaftlichen Hauses hat sie die Waschküche und den Wä-
scheraum für uns zum Wohnen freigeräumt. Dort schliefen
wir zu siebt in einem feuchten Kellerraum und hatten davor
eine Behelfsküche, in der man sich auch waschen konnte.

Ich erinnere mich, wie ich an einem frühen Herbst- oder
späten Sommertag durch den Park mit den Obstbäumen ge-

gangen bin, vorbei an Spalierobst-Wänden am ehemaligen Kutscherhaus. Rechts neben der Villa aus gelben Ziegelsteinen und mit schönen Erkertürmchen, auf der anderen Seite der Auffahrt, die zu einer imposanten Treppe führte, hatte Frau Oelsner einen Gemüsegarten angelegt. Und da stand sie, die Schürze umgebunden, nach vorn in den Berg gebückt, mit festem Schnürschuhwerk in den Beeten, neben sich ihre etwas ältere Haushälterin. Frau Oelsner hatte aschblondes Haar, das alterslos war, und trug Handschuhe für die Gartenarbeit.

Von da an wusste ich, wie ich mir eine deutsche Frau der Oberschicht in den Kriegs- und Nachkriegsjahren vorzustellen hatte: zierlich und robust zugleich, von zupackender, unsentimentaler Tatkraft und im Gesicht einen leicht überlegenen Zug, der eine anwachsende Verbitterung dämpfte; sie hatte bessere Zeiten gesehen, aber sie würde sich durchschlagen, so lange es ging. Ihrer Familie hatte eine der Strumpfwirkereien oder Textilfabriken gehört, ihr Mann war wahrscheinlich gefallen oder verschollen oder in den Westen geflohen oder in Gefangenschaft. Sie war vielleicht Mitte fünfzig und ich habe nie gehört, ob sie Kinder hatte, ob ihr Sohn etwa auch gefallen, geflohen oder in Gefangenschaft geraten war. Sie blickte mich mit ihren klaren grauen Augen wohlwollend an – so robust sie die Gemüsegärtnerin spielte aus Überlebensnotwendigkeit, so elegant wirkte sie und gab ihrer Haushälterin Anweisung, mir etwas zu essen zu geben: Ich gefiel ihr.

Während wir bei ihr ein feuchtes Kellerdasein führten, habe ich mir nun immer ihre Bücher ausleihen und lesen dürfen und manchmal hat sie sich sogar mit mir bei einer Tasse Tee darüber unterhalten. Im folgenden Juli durfte ich für sie die Kirschen pflücken, von den zwei, drei Kirschbäumen, die vor dem Haus standen; ich stieg mit der Leiter in die Äste und aß, gierig wie ich war, so viel Kirschen wie nur möglich. Und damit man das nicht merkte, schluckte ich die Kerne mit, wohl auch, weil die Kirschen so klein für meinen Hunger waren. Jedenfalls fand man unter dem Baum kaum ausgespuckte Kerne und in späteren Jahren hatte ich Mühe, diese Angewohnheit wieder abzulegen.

Frau Oelsner bewohnte das Obergeschoss ihrer Villa mit den Erkern, Winkeln und kleinen Treppchen. In der Beletage mit der imposanten Freitreppe wohnte jemand, dem es überschäumend gut ging: ein Schwarzhändler, der mit den Bedürfnissen der Besatzungsmacht, also den russischen Offizieren, paktierte, der von der Gunst der Stunde lebte und Abend für Abend die Korken knallen ließ. Am Tag standen die leeren Kartons und die geleerten Sektflaschen auf der Treppe, warteten darauf, abgeholt zu werden, am Nachmittag wurde nachgeliefert, am Abend ging der Saus und Braus los, während wir uns im Keller verkrochen und Frau Oelsner einen Stock höher höchstwahrscheinlich ein bitter-höhnisches Gesicht aufsetzte: Das Leben war schon eine bizarre Geisterbahn damals, aber irgendwann hat der Sozialismus dem Treiben in der Beletage ein Ende gesetzt.

Der Beletagebewohner, der sogar ein Auto fuhr – welche Marke, weiß ich nicht mehr –, war, obwohl etwas zu füllig, ein Mann voller Energie, blond, aber das Haar war weitgehend einer Glatze gewichen, ohne dass es seinem virilen Charme Abbruch tat. Er schwitzte eigentlich immer, hatte Schweißperlen auf der hohen Stirn und auf der Oberlippe. So habe ich mir später die Spekulantentypen der jeweiligen Zeit vorgestellt – vom Schwarzmarkt bis zur New Economy, von den Kriegs- und Nachkriegsgewinnlern bis zu den Brüdern Haffa. Er war der Typ, der die Feste feierte, bis er fiel.

Wenn man die Bühne besetzt, auf der man sein Leben zum Theater verdeutlicht, greift man gern auf frühe Rollenerfahrungen zurück, ob es um die komische Alte, den Hagestolz, den jugendlichen Liebhaber, den Confidenten, den Intriganten oder den wendigen Kaufmann und Konjunkturgewinner geht. Ich habe mich später, natürlich abgesehen von Shakespeare, bei dem das neuzeitlich bürgerliche Theater sowie sein königliches Vorspiel so grandios bis in die letzte Rolle ausgeleuchtet wurde, mit Vorliebe auf Nestroy bezogen – auch er hat ja eine Zeit gewaltigen Umbruchs und bürgerlicher Umwälzungen, ein verstörtes Personal, das nicht verstört sein wollte, porträtiert. Natürlich auch auf Tschechow und Wedekind, auf Schnitzler und Horváth.

Ich weiß nicht, was aus dem Schieber geworden ist, der traumtänzerisch über die elende Zeit balancierte wie über ein zum Kirchturm herauf gespanntes Seil, höher und höher im Scheinwerferlicht und zu schnell am Ziel. Wie ist er abgestürzt? Und wo? Und ist er überhaupt abgestürzt? Wegen Wirtschaftsverbrechens ins Gefängnis geworfen, gar wegen Buntmetallschiebereien auf Jahre in Bautzen eingelocht? Oder zum Tode verurteilt und hingerichtet? Dergleichen war ja durchaus drin, damals. Oder in den Westen abgehauen, dort ein neues Leben angefangen? Oder geblieben, mit den neuen Herren paktiert, ein kleiner Schalck-Golodkowski geworden? Für mich seiltanzte er nur einen Sommer und eine Wintersaison. Die besonders.

Es war die Zeit, in der meine Geschwister allesamt Läuse bekamen, ich seltsamer Weise nicht, jedenfalls zuerst nicht. Als meine Mutter das merkte – sie selbst war auch verlaust –, fing sie vor Scham und Demütigung zu weinen an. In unserer kleinen Wohnung stank es bestialisch nach Petroleum, mit dem die lebenden Läuse aus den Haaren meiner Geschwister gewaschen wurden. Danach musste man sie lausen. Mit einem Läusekamm. An den Haaren saßen noch kleine, weiße Punkte. Die Nissen, die Eier der Läuse. Sah man sie, hat man sie zwischen Daumennagel der Rechten und Daumennagel der Linken geknackt, zerdrückt. Das machte ein leises, knisterndes Geräusch, das einem signalisierte, die Kopflaus-Nisse ist vom Leben in den Tod befördert worden. Ich half meiner Mutter, die Nissen an den Köpfen meiner Geschwister und an ihrem Kopf zu knacken. Noch heute sehe ich die eng stehenden dünnen Zähne beidseitig am weißen Läusekamm. Es dauerte Wochen, bis wir die Läuse besiegt hatten.

Später, als Student in München, nach einer feuchtfröhlichen Nacht in einem Lokal am Münchener Viktualienmarkt, merkte ich (ich hatte mit einer dicken blonden Frau so lange geschunkelt, bis wir irgendwo im Bett landeten), dass es in meinen Leisten juckte. Als ich die Läuse entdeckte, habe ich vor Panik und Erinnerung an die Läuse in Stollberg geweint. Es war, als hätten mich der Dreck und das Elend wieder eingeholt.

Die Fledermaus in der Stromsperre

In Stollberg bin ich oft ins Kino gegangen, vor allem im Herbst und Winter, an dunklen, feuchtkalten Nachmittagen. Das winzige Kino lag in einer kleinen ansteigenden Straße, der Kinosaal war über eine Treppe im ersten Stock zu erreichen. Geheizt war er nicht, aber die Kälte war mit Decke, Schal und Mantel einigermaßen erträglich. Und wenn die Nachmittagsvorstellung anfing, saß ich manchmal fast alleine in dem kleinen Kinosaal und wartete, dass es dunkel wurde. Manchmal wurde es zu sehr und zu lange dunkel, dann war Stromsperre und wir mussten oft stundenlang darauf warten, dass der Film endlich anfing. Manchmal fing er auch pünktlich, zur vorgesehen Zeit um 16 Uhr oder 17 Uhr, an, aber kurz darauf starb der Ton jaulend ab und das Bild wurde dunkel. Dann trat der Filmvorführer mit einer Taschenlampe ins Kino und sagte, es sei Stromsperre und die Filmvorführung werde fortgesetzt, sobald der Strom wieder da wäre. Das konnte zehn Minuten dauern, eine halbe Stunde, aber es konnte auch Stunden dauern und manchmal wurden wir, oder ich allein, aus dem Kino nach Hause geschickt und auf den nächsten Tag vertröstet. Warum die für mich allein am Nachmittag ihre Filme spielten, ist mir ein Rätsel, vielleicht, weil Geld damals so gut wie keine Rolle spielte. Sogar die Einmann-Shows, Kabarett-Programme, Gesangsdarbietungen, Musikstücke und Zaubereien, die damals regelmäßig vor dem Filmprogramm stattfanden, wurden dargeboten, wenn ich und zwei, drei andere allein im Kino saßen.

Ich erinnere mich eigentlich nur an einen Film, den aber habe ich, trotz der Stromsperren, immer und immer wieder gesehen, ich weiß gar nicht, wie oft. Das war die »Fledermaus«.

»Die Fledermaus« war ein Film, bei dem Geza von Bolvary Regie geführt und Ernst Marischka das Buch, natürlich nach der Operette der Operetten, nach Johann Strauß' »Fledermaus«, geschrieben hatte. Geza Maria von Bolvary-Zahn, 1897 in Budapest geboren, hat vor der Nazizeit mit dem Wiener Drehbuchautor Walter Reisch zusammengearbeitet. Reisch emigrierte vor 1938, dem »Anschluss« Österreichs, über England nach Hollywood, er schrieb 1934 den hinreißenden Wien-Film »Maskerade«, über den Reich-Ranicki – sonst, im Unterschied zu seiner Frau, nicht gerade ein Kinofreund, sondern eher ein Opernfan und Theaternarr – bis heute ins Schwärmen gerät. Und er war mit Lubitsch und Wilder an dem Drehbuch des unsterblichen Garbo-Films »Ninotschka«, 1939, beteiligt. Von Bolvary-Zahn hat im »Dritten Reich« sozusagen mit gebremstem Schaum erotische Wien-Filme zu drehen versucht. In den fünfziger Jahren machte er dann unsägliche Schnulzen wie »Ja, ja, die Liebe in Tirol« (1955), die »Schwarzwaldmelodie« (1956), »Was die Schwalbe sang« (1956) oder »Zwei Herzen im Mai« (1957). Allein die Titel jagen einem heute alle Schrecken des damaligen Heimatfilms über den Rücken. Der Weg dorthin war schon in der »Fledermaus« vorgezeichnet.

Dieser Film ist, wie ich später herausgefunden habe, ein so genannter Überläufer-Film, das heißt, unter den Nazis war der Film noch gedreht und von der russischen Besatzungsmacht und ihren Kulturoffizieren in Babelsberg fertig geschnitten und bearbeitet worden. Und, er war von den sowjetischen Verantwortlichen gar nicht darauf getrimmt und abgerichtet, den Deutschen etwas anderes zu bieten als eine vorübergehende Reise in einen Filmtraum, abseits jeglicher gelebter und durchlittener Realität. Aus dem gleichen Grund hatten auch die Nazis ihn noch kurz vor Toresschluss und mitten im totalen Krieg drehen lassen. Ich jedenfalls konnte mich mit der »Fledermaus«, solange sie nicht von Stromsperren unterbrochen war, aus der Hunger-Wirklichkeit, aus der perspektivlosen Kälte der deutschen Realität flüchten: »Glücklich ist, wer vergisst, was doch nicht zu ändern ist«, dieses unwiderstehliche Motto der Wiener Operette ist mir seit damals geblieben, als Grundausstattung eines achselzuckenden geistigen Schlendrians. Das Wienerische »eh!« ist mir geblieben, das da raunzt und schmeichelt: »Es ist eh nichts zu ändern!« »Es passiert eh alles, wie es passieren muss.« »Eh« heißt »sowieso«, heißt »ohnehin«, aber in dem lang gezogenen »eh!« liegt die ganze Wurschtigkeit, zu der der Wiener Charakter fähig ist, ein selig-unseliger Nihilismus.

Soviel ich weiß, kommt dieses »eh« aber in der »Fledermaus« gar nicht vor. Aber die auf der Strauß'schen Melodie wiegenden Zeilen »Glücklich ist, wer vergisst, was doch nicht zu ändern ist/Glücklich ist, wer vergisst, was nicht zu ändern ist«, kommen, so viel ich mich erinnere, schon vor. Ansonsten ist der Film erbärmlich arm an Musik, das aber hat meiner Liebe zu ihm keinen Abbruch getan. Es war »eh« wurscht! Ich atmete den Geist dieser Operette durch die Haltung, den Charakter, die Attitüde des Helden ein. Durch Johannes Heesters.

Johannes Heesters, der seine Operetten- und Filmtriumphe in Wien und Berlin in einer Zeit gefeiert hatte, die voll der martialischsten Gedanken und voll gepumpt mit der widerlichsten Ideologie war, stammte nicht aus Wien, sondern sprach Deutsch mit einem unverkennbar holländischen Akzent. Seltsamerweise hatten in der deutschesten aller Filmzeiten, den Jahren zwischen 33 und 45, die Stars alle ein ausländisches Flair und einen fremden, im Nazideutschland seltsam exotisch, ja obszön, zumindest erotisch wirkenden Akzent, der weit entfernt war von der Haken schlagenden, stiefelknallenden »Jawoll, mein Führer! Zu Befehl!«-Attitüde. Da gab es Zarah Leander mit ihrem geheimnisvoll dunklen Timbre, den weich-sinnlichen Ls (nicht umsonst viel später die Lieblings-Queen aller Homosexuellen), Lida Baarova mit ihrer tschechisch rollenden Stimme, Kristina Söderbaum, zwar die »Reichswasserleiche«, wie es spöttisch hieß, aber mit schwedischem Akzent, die paprikaselige Marika Rökk und die »chilenische Nachtigall« Rosita Serrano, die mir als Kind die erste kitschige Ahnung von tropischen Glutnächten vermittelte, in denen die Liebe schnell welkt wie in Deutschland der rote Mohn.

Jedenfalls war Johannes Heesters in der »Fledermaus« jemand, der mit seinem zivilen Frack- und Lackschuh-Charme weder in die militante Kriegswelt noch in die ärmliche Nachkriegswelt passte. Ein Filou; jemand, der seine Frau betrügt und belügt; jemand, der wegen seiner erotischen Eskapaden in die Bredouille kommt. Für mich aber vor allem jemand, der Champagner trinkt und der das Leben offenkundig nicht ernst nimmt.

Im Kino gab es im Vorprogramm manchmal auch einen Komiker, der traurige Hängebacken hatte, verschlissen, aber gut bürgerlich gekleidet war und der uns, oder mich allein, durch Grimassen, Wortspiele, Lebensanekdoten zum Lachen bringen wollte. Irgendwann in seinem Solo sagte er – er sprach natürlich Sächsisch –, das Wort »Butterbemme«. Er sagte nur das Wort »Butterbemme«, schüttelte sich dann traurig-kläglich, wackelte mit allen Gliedmaßen, strich sich mit seiner Hand über den Bauch, so als wollte er den armen Magen für seine Entbehrungen streicheln, und sagte dann noch einmal mit kläglicher Stimme: »Butterbemme.«

Ich lachte. Aus Mitgefühl mit mir. Und aus Solidarität mit den anderen, die auch aus Hunger lachten. Und ich lachte mit dem Clown, dem es so elend ging wie mir und dem die Gedanken an ein Butterbrot schier die Tränen in die Augen trieben.

Gefühle wie Schmerz, Hunger, Durst lassen sich in Wahrheit nicht erinnern. Wer in der Hitze sitzt und nicht friert, wird sich mit größter Vorstellungskraft und Phantasie nicht die

Kälte, das klamme Gefühl, das Absterben der Gliedmaßen vorstellen können. Wir hungerten damals fürchterlich, aber auch vom Hunger lassen sich in Zeiten, in denen man sich mit einem missmutigen Blick auf seinen Bauchumfang sagt, »ich sollte weniger essen«, »ich sollte Diät machen«, nur Sekundärsymptome ins Gedächtnis zurückrufen.

Ich erinnere mich an so abstruse Vorgänge wie den, dass wir in der kalten Dämmerung stundenlang, mit Kannen und Töpfen bewehrt, vor einer Fleischerei standen, weil da Wurst gekocht wurde, und daher angeschrieben stand, es würde die Brühe anschließend verkauft, die Wurst gab es ohnehin nicht. Und nach Stunden in der Dunkelheit erhielt man ein paar Kellen voll von einer vollkommen wässrigen, eigentlich bis auf ein paar Fettaugen kalorienlosen Brühe, die leicht geräuchert roch und mit viel Salz auch ganz leicht geräuchert schmeckte. Manchmal, dann hauptsächlich wegen der Stromsperre, wartete man auch vergeblich. »Leute, heute gibt es leider nichts«, wurde man vom Fleischer beschieden. Und ohne Murren ging man dann, nein, schlurfte man nach Hause.

Ich erinnere mich an Brennnessel-Suppen, deren Blätter pelzig am Gaumen klebten, an dünne Suppen von Kartoffelschalen und daran, dass bei uns nach Plan immer ein Kind »dran« war, das den Topf auslecken durfte. Die Teller wurden ohnehin abgeleckt, hochgehoben und mit der Zunge blank geschleckt. Das alles machte mehr Hunger, als es satt machte.

Als Symptom der wahnsinnig machenden Hungerleiderei wurde damals registriert, dass in Chemnitz ein Mann seine Schwester geschlachtet, eingepökelt und nach und nach aufgegessen habe.

Ich will aber die Geschichten vom Hunger, so furchtbar er war, nicht nachträglich übertreiben. Wir, meine Geschwister, meine Familie und ich, haben von den Hungerzeiten keine bleibenden Schäden (jedenfalls keine erkennbaren, später diagnostizierbaren) davongetragen.

Ich war, nach dem Jahr ohne Schule, ohne Schwierigkeiten in die meinem Alter gemäße Klasse der Oberschule aufgenommen worden. Auch das eine Rückkehr zu einer deutschen Normalität. Ich denke noch mit wohligem Gefühl daran, wie ich durch den mir gepflegt vorkommenden Park, der in meiner Erinnerung groß ist, mit prächtigen herbstlich gefärbten Bäumen, durch die golden die Sonne bricht, auf die schöne Schule zuging, um von ihrer Ordnung aufgefangen zu werden, eingewiesen, auf Vordermann und in Reih und Glied gebracht. Ich habe keine schlechten Erinnerungen an diese Zeit, obwohl ich einmal von einem greisen Lehrer, der einen weißen Haarkranz um seine rote Glatze hatte – er hieß Schumann und spielte am Klavier bei Schulfeiern Schumann-Musik (meist die »Träumerei« aus den »Kinderszenen«) –, schon in der Pause, er war nach der Stunde eigens dazu noch einmal zurück in die Klasse gekommen, vorgerufen und geohrfeigt worden bin, weil ich mich in albern parodistischer Art über ein Gedicht, das wir auswendig lernen mussten, hergemacht hatte, als Clown der Mitschüler. Ich spüre die Scham, mit der mir die Wange brannte. Und wie die anderen in ihrem Gelächter erschrocken verstummten.

Aber das war nicht wichtig. Ich denke an einen Mitschüler – der Vater hatte eine Mühle –, der mit einer richtigen Scheibe Brot in die Schule kam, trockenes Brot zwar, aber frisch geschnitten und die Scheibe groß und nicht zu dünn. Und wie ich, damit mir die Augen vor Gier (oder soll ich sagen: Sehnsucht!) nicht aus dem Kopf fielen, in der Pause beiseite ging, um ihm nicht beim Essen zusehen zu müssen.

Natürlich hatte ich damals eine Vision, eine Zukunftsvision. Ich wollte später in einem Büro arbeiten, mit einem eigenen Zimmer, einem eigenen Schreibtisch. Und in einer Schreibtischschublade würde ich einen Brotlaib haben, ein Messer und ein Glas mit Erdbeermarmelade. Das war das Ziel, es kam mir wie der Endpunkt einer Schwindel erregenden Karriere vor. Außer dem Brot und der Marmelade und der Kommandogewalt über eine Gruppe von Angestellten (die ich mir nicht mit einem eigenen Schreibtisch und einer eigenen Schublade für ein eigenes Brot und eine eigene Marmelade vorstellte, Privilegien müssen schließlich sein!) gab es kein anderes Berufsziel.

Zwei Jahre später, schneller, als ich gewachträumt hatte, hatte ich, wenn auch nicht reichlich, täglich Marmelade auf dem Brot, wenn auch noch keine Butter. Und noch später, als ich an einem Schreibtisch saß, wollte ich alles lieber essen als Marmeladebrote.

In der Schule hinterließ neben dem Deutschunterricht der Biologieunterricht auf mich einen bleibenden Eindruck. Tag für Tag, Woche für Woche malte der Lehrer säuberlich mit Lineal und bunter Kreide Säulen an die Tafel, und mit Akkuratesse und Engelsgeduld Kalorienwerte von allen Lebensmitteln (die wir nicht hatten) darunter: Schweinefleisch, Rindfleisch, Kalbfleisch, Huhn, Kartoffeln, Reis, Butter, Milch, Erbsen, Bohnen, Linsen, Nudeln, Schwarzbrot, Weißbrot, Klöße, Speck, Wurst. Und so weiter und so fort. Die Säulen waren verschieden hoch, weil sie die Kalorienwerte pro 100 Gramm festhielten, 100 Gramm Speck war da eine deutlich höhere Säule als 100 Gramm Kartoffeln. Wir Schüler malten, mit Lineal und Buntstift, all die Kolonnen getreulich in unsere Schulhefte. Wir hatten alles, Käse, Salami, Schinken, Schlagsahne – auf dem Papier. Wochenlang haben wir mit Kalorientabellen geschlemmt. Man sagt, dass sich die Phantasie am liebsten – oder am zwanghaftesten – mit dem beschäftigt, was sie am meisten entbehrt. Unser Biologielehrer, ein freundlicher hagerer junger Mann in einem weißen Kittel, wie ihn Naturwissenschaftler an Schulen tragen, lenkte die Stillung des Hungers, an dem er sicher nicht weniger litt als wir, in messbare Säulen um, die sich aus den freundlichen Farben Gelb, Rot, Blau zusammensetzten. Gelb waren die Fettwerte, Rot die Eiweiße und Blau die Kohlehydrate. Und mit welcher Hingabe wir es registrierten, wenn ein Produkt reich an gelbem Fett war

– bis heute muss ich mich zusammennehmen, um nicht über Speck und fette Fleischstücke herzufallen –, so als hätten die Säulen eine unstillbare Sehnsucht nach Gelb in mich eingepflanzt.

Günter Grass hat mir einmal erzählt, dass er, nachdem er in Marienbad gefangen genommen worden war, mit seinen Mitgefangenen dauernd virtuelle Kochkurse veranstaltet habe, Essen sozusagen als Trockenschwimmen.

Ich weiß vom Hunger nur noch eines ganz sicher: dass er einen voll beim Kragen packt, den ganzen Tag und die ganze Nacht, unabweislich wie ein großer Liebeskummer oder wie die Trauer über einen großen Verlust.

Und dass er nicht verebbt, bevor er gestillt wird. Der Hunger bestimmte unsere Bewegungen und unsere Handlungen, er war die einzig wirkliche Antriebskraft, an die ich mich erinnere – obwohl ich damals in der Schule »Das Lied von der Glocke« oder den »Taucher« oder die »Kraniche des Ibykus« oder die »Bürgschaft« auswendig lernen musste und gerne auswendig lernte, so dass ich bis heute randvoll mit geflügelten Worten der Klassiker herumlaufe, ein lebender Büchmann. Die Schule führte uns, ohne dass sie es merkte und ohne dass wir es wussten, zurück in eine bürgerliche Lebensweise, der alle Normen, so als wäre nichts geschehen, erhalten geblieben waren – bis auf das Essen und bis auf die Lebensumstände. Aber davon abgesehen hätte unsere Oberschule auch zu Zeiten des Kaiserreichs oder der Weimarer Republik oder der »Feuerzangenbowle« angesiedelt sein können.

Ein Gespenst aus der Vergangenheit

Mit meinem späteren Deutschlehrer Cibulka verbindet sich eines der verstörendsten Erlebnisse jener Jahre, als er mich nämlich eines Tages – er brachte uns seit einem halben Jahr den »Wilhelm Tell« nahe – fragte, ob ich und meine Eltern nicht aus Bielitz seien, er habe da gewohnt. Das war noch mitten in den Jahren, die man später als Stalinismus bezeichnet hat, wahrscheinlich 1948. Ich weiß noch, wie ich mit ihm allein nach dem Ende der Stunde in der Klasse stand, als er mir diese Frage stellte. Ich war von Angst wie betäubt. Würden wir jetzt auffliegen? Würde alles zu Ende sein? Würde mein Vater verhaftet werden, als Nazi entlarvt, nach Russland, nach Sibirien deportiert werden? Würden wir in Schmach und Schande enden? Ein Schwindel erfasste mich und ich schüttelte heftig den Kopf. Nein, nein, niemals – nie wären wir in Bielitz gewesen. Er sah mich mit schrägem Kopf an und sagte: Ich solle doch meine Eltern fragen, ob ich mich nicht täusche. Ich stürzte nach der Schule nach Hause. Meine Erzählung von Cibulka, der uns aus Bielitz zu kennen vorgab, stürzte nun meine Mutter in Angst und Schrecken. Und am Abend, als mein Vater nach Hause kam, wurde auch der vor Unruhe blass, setzte sich und starrte minutenlang vor sich hin. Wir beratschlagten stundenlang und kamen zu dem verzweifelten Schluss, ich sollte bei meinem Leugnen bleiben, sollte ihm sagen, da müsse eine Verwechslung vorliegen. Nicht dass meine Eltern und ich annahmen, er würde mir glauben. Sie hofften eher, dass er unsere Version, unser Versteckspiel schweigend akzeptieren werde.

Das hat er dann auch getan. Mir war sterbenselend, als ich ihn anlog. Und er, der die Angewohnheit hatte, während des Unterrichts bei einer falschen Antwort mehrmals missbilligend den Kopf zu schütteln und dabei – »t, t, t« – mit der Zunge zu schnalzen, während er ein angeekeltes Gesicht machte, reagierte auch auf meine stammelnden Ausflüchte mit einem Kopfschütteln und einem mehrmaligen »t, t, t«. Er hat mich danach nie wieder privat angesprochen, bis er mir in den Westen meine Aufsatz-Hefte schickte (er hatte sie über Jahre aufbewahrt) und ausrichten ließ – ich glaube über meine Mutter –, ich hätte mich ihm gegenüber damals ruhig offenbaren können, von ihm hätte uns keine Denunziation gedroht. Trotzdem bin ich noch heute ganz benommen, wenn ich an die Angst denke, die seine Frage in mir freigesetzt hatte – eine Angst, die mich oft stundenlang schlaflos im Bett liegen ließ, wie einen Verbrecher, der fürchten muss, dass morgen seine Taten auffliegen.

Wenn ich heute daran zurückdenke, fällt mir ein, dass ich viele Jahre von einem variierenden, aber im Grunde gleich bleibenden Traum heimgesucht wurde, in dem ich jemanden umgebracht hatte und wusste: das würde nie verjähren und ich müsste ein Leben lang davor zittern, dass es aufkäme, es war meine Traumvariante von der Leiche im Keller. Ich wachte auf und brauchte einige Zeit, das Nachtgespenst abzuschütteln, zu begreifen, dass ich in einer hellen Wirklichkeit lebte, in der ich zumindest niemanden umgebracht hatte. Aber die Erleichterung darüber war seltsam unfroh.

Auch wird mir beim Zurückdenken klar, wie wenig ich damals in der Ostzone an einem Gymnasium hätte Angst haben müssen, der alte Lehrer würde mich, uns, bei den neuen Machthabern denunzieren. Es galt: Wir Deutschen, wir Besiegten müssen zusammenhalten. Aber auch dieser Gedanke macht mich nicht glücklicher.

Und schließlich weiß ich auch, dass ich damals dachte, ohne es zu Ende zu artikulieren, dass ich nur »vor den Russen« Angst haben müsste und dass ich, lebte ich in einer westlichen Besatzungszone, ehrlicher mit der Biografie meiner Eltern hätte umgehen können, weil, so schien es mir, nur hier die Verschleppung nach Sibirien, ja die Hinrichtung meines Vaters drohe, während die Familie in ein Arbeitslager in Sibirien verbracht würde – und was dergleichen reale oder in Angst herbeiphantasierte Schreckensvorstellungen mehr waren. Während uns »im Westen« nichts drohte. Das lag daran, dass mir damals noch nicht bewusst war, dass die Nazizeit aus Verbrechen bestand, die in allen zivilisierten Gesellschaften als Verbrechen galten. Nur manchmal, wenn es opportun war, wie im Kalten

Krieg, tat man so, als könne man sie vergessen. Meine Angst war nur die, dass wir, die Besiegten, der Willkür der Sieger und noch dazu der Willkür so brutaler Sieger wie der Russen ausgesetzt waren.

Später, im Westen, kam ich mir zunächst »befreit« vor. Als ich aber dann erlebte, wie ehemalige Nazis mit ihrer Vergangenheit zu prahlen begannen, erst heimlich, nach dem dritten Glas Wein am Stammtisch später immer ungehemmter, da hat mich verspätet die Scham eingeholt, weil ich inzwischen las und studierte, welcher unvorstellbarer Verbrechen sich Deutsche zwischen 1933 und 1945 schuldig gemacht hatten. Mein Vater gehörte nie zu diesen Prahlern. Jetzt hatte ich keine Angst mehr vor der Vergangenheit, aber ich verschwieg sie, weil ich mich ihrer schämte. Ich wollte, auch als es längst »ungefährlich« war, keine Eltern haben, die Nazis gewesen waren. Ich verstand einige ihrer fehlgeleiteten Gründe, aber mir kam nie in den Sinn, mich mit ihrer Vergangenheit brüsten zu wollen. Ich wollte, da ich allen Grund hatte, meine Eltern zu lieben, sie nicht einmal in der Erinnerung beschmutzen. Was im Stalinismus blanke Angst war, wandelte sich in Scham.

Meine Erinnerung kann so direkte Erfahrungen wie Hunger, Kälte, Durst, Schmerz nur als Worte beschwören, denen keine wirkliche Wiederkehr des Gefühls von Hunger, Kälte, Durst, Schmerz folgt. Anders ist es mit dem Gefühl des Schämens. Während ich mich daran erinnere, schäme ich mich wieder.

Ein Kommunist

In Stollberg hatte ich kurze Zeit einen Freund, er hieß Hans, war ein angenehm ernsthafter Junge, Flüchtling wie ich, und ich erinnere mich, wie wir einmal im Frühjahr 1946 zusammen aus der Stadt gegangen sind, vorbei an den noch kahlen Feldern, die Stadt hinter uns. Worüber wir uns unterhalten haben? Über uns, und über unsere Väter, aber als er mich nach meinem Vater fragte, begnügte ich mich mit der vagen, halb falschen Antwort, dass mein Vater Soldat gewesen sei. Darauf sah er mich an und überraschte mich damit, dass er mir erklärte, sein Vater sei Kommunist. Ich sah ihn an und gab mir Mühe, nicht erschrocken zu wirken: ein leibhaftiger Sohn eines leibhaftigen Kommunisten! Und: Deutscher. Waren nicht alle Kommunisten Russen? Ich hatte noch nie einen Kommunisten, auch nicht den Sohn eines Kommunisten zu Gesicht bekommen und war erschrocken. Erschrocken nicht darüber, von einem Freund etwas Gutes über seinen Vater zu hören, der Kommunist war. Obwohl wir in der Ostzone lebten, hatte das Bekenntnis zur politischen Zugehörigkeit seines Vaters nichts Karrierehaftes, Ranschmeißerisches an die herrschende Besatzungsmacht – das noch nicht.

Von den Russen sah man wenig, hörte mehr über sie, zum Beispiel über die Demontagen, die sie befahlen, aber die Zone war in ihrer politischen Verwaltung damals noch nicht gleichgeschaltet, es gab noch keine Einheitspartei und auch von der Unterwanderung ihres Besatzungsgebietes, in dem Parteien wie die CDU oder die SPD mehr Mitglieder hatten als die KPD, war – jedenfalls für einen Zwölfjährigen – noch nicht die Rede. Eher hat die Tatsache, dass sein Vater Kommunist war, Hans für mich interessanter gemacht. Kommunisten, das waren Menschen, die von den Nazis bekämpft worden waren – ich stellte sie mir heroisch vor, wie in Stein gehauen oder in Erz gegossen. Aber das auch nur sehr vage, denn es spukten auch die Vorstellungen durch meinen Kopf, die die HJ-Lieder in mir hinterlassen hatten: Kommunisten, das waren diejenigen, die in der »System-Zeit« (also vor 1933) SA-Leute wie Horst Wessel erschlagen hatten. (»Als die goldne Abendsonne sandte ihren letzten Schein / Zog ein Regiment von Hitler in ein kleines Städtchen ein / Traurig klangen ihre Lieder ...«, denn sie trugen einen Kameraden zu Grab, den »Rotfront« erschlagen hatte.) Meine kindliche Phantasie verband mit Kommunisten

grobe Proletarier mit Ernst-Thälmann-Schädeln, die in Leder-
jacken herumliefen, die Faust geballt, die rote Fahne in der
Hand. Und sie kamen aus finsteren Kneipen, in denen Proleten Schnaps und Bier tranken und es eventuell mit groben Wei-
bern trieben. Freie Liebe, keine Bindung! Das alles stellte sich
nicht artikuliert dar, sondern neblig verschwommen, mehr
atmosphärisch. Hatte ich darüber von meinem Vater gehört?
Ich weiß es nicht. Jedenfalls fürchtete ich die Kommunisten,
weil sie für den Zwölfjährigen eine Bedrohung darstellten: Sie
wollten eine Welt, die ich nicht wollte. Ich hatte jene kleinbürgerlichen Ängste, die neben den realen Gründen – also dem
stalinistischen Terror – den Antikommunismus päppelten.

Aber das wirklich Schlimme war etwas ganz anderes. Das
Schlimme war, dass mir ein Junge, der mein Freund werden
sollte, auf der hehren Grundlage »Vertrauen gegen Vertrauen«
auf einmal stolz oder zumindest trotzig erklärte, »mein Vater
ist Kommunist«, was auch hieß: er steht auf Seiten der russischen Besatzer. Und ich, ich konnte ihm nichts entgegensetzen,
jedenfalls keine Wahrheit über meinen Vater und also auch
keine Wahrheit über mich. Ich spielte mit ihm kein ehrliches
Spiel, konnte mit ihm – schon aus Selbsterhaltung – nicht ehrlich sein. Und einen traurigen Augenblick lang wusste ich: Wir
können keine wirklichen Freunde sein, ja ich muss vor ihm auf
der Hut sein, muss aufpassen, dass mich mein Gefühl nicht
hinreißt, ihm mehr zu sagen und zu gestehen, als ich ihm sagen und gestehen darf. Dieses Gefühl, schweigen zu müssen,
allen gegenüber etwas zu verschweigen, hat mich nie mehr losgelassen – jedenfalls die nächsten Jahre nicht. Noch ehe ich
meine verdrucksten Geheimnisse der Pubertät hatte, gab es
schon eine dunkel verschwiegene Ecke, deren Geheimnisse ich
für mich behalten musste, aus purer Angst.

Der Spaziergang mit Hans hatte dann noch ein (aus der
Rückschau) groteskes Ende. Wir mussten urinieren (brunzen
hätte ich in Bielitz gesagt, sagte ich jetzt schon: pissen oder pin-
keln oder schiffen? Ich weiß es nicht) und stellten uns an den

Wegrand. Es war windig und Hans sagte, sein Vater habe ihm gesagt, man dürfe nie gegen den Wind … vielleicht sagte er: pissen. Denn sonst bekäme man den Tripper, man würde geschlechtskrank. Wie die Windpocken bekäme man den Windtripper. In den vierziger Jahren und den Wirren des Nachkriegs ging die Angst vor Syphilis und Tripper um, in Deutschland war Penicillin noch ungeheuer schwer zu beschaffen. Plakate in den Straßen, die einen Mann und eine Frau als Lilli-Marleen-Silhouette zeigten (»unser beider Schatten sah'n wie einer aus«) fragten drohend: »Kennt ihr euch überhaupt« und übten eine schauerliche Faszination aus.

Ich hätte ohnehin nicht gegen den Wind gebrunzt, schon aus praktischen Erwägungen. Aber während ich mit dem Wind pinkelte, dachte ich: Also so sind sie doch, die Proleten, die Kommunisten, mit ihren Kneipen, ihrer freien Liebe, ihren Mannweibern, den ledigen Kindern, der Promiskuität (für die ich natürlich noch keinen artikulierten Begriff, sondern nur eine lockende Vorstellung voll drohender Verheißung hatte). Sie müssen immer Angst vor Tripper haben! Und brauchen die Ausrede mit dem Wind!

Von »den Russen«, wie die Besatzungssoldaten hießen und nicht Sowjet-Armee oder Rote Armee, während ihre Eigenarten »dem Russen« in der Einzahl zugeschrieben wurden, von den Russen also war in der sowjetischen Besatzungszone weniger zu sehen als in Schlesien – jedenfalls wenn man nicht in der Nähe einer ihrer Garnisonen wohnte oder in der Nähe von Grenz- und Sperrgebieten. Im Erzgebirge lag so ein Tabu-Gebiet, östlich von Stollberg und Oelsnitz, bei Aue, wo – wie mehr gemunkelt als berichtet wurde – deutsche Bergleute, zwangsverpflichtet und vom Rest der Bevölkerung ziemlich gründlich abgeschottet, uranhaltiges Erz abbauten. Das brauchte »der Russe« für die Atombombe, die »der Amerikaner« schon hatte und die »der Russe« deshalb bauen wollte. Wir verstanden damals noch nichts vom Gleichgewicht des Schreckens und dessen segnender Eigenschaft, zwar Furcht und Terror zu verbreiten, aber die Welt im Frieden zu halten.

»Die Russen« in ihren lehmfarbenen Uniformen mit pludrigen Hosen über kurzen Stiefeln, schiefen Käppies auf den meist kahl geschorenen Köpfen waren meist klein und drahtig, eher untersetzt und hatten dunkle Mandelaugen in gelblichen Gesichtern. Ihre europäischen Kameraden dagegen waren eher ungeschlacht groß, hatten rote, eckige, vierkantige Gesichter und wirkten mit ihren weißblonden Haarstoppeln wie geschnitzte Märchenriesen: fremd, freundlich, aber unberechenbar, apathisch oft, mit ihrer seltsam gutturalen Sprechweise.

Sie saßen mit schier unendlicher Geduld am Ackerrand, griffen in ihre Hosentaschen, zogen eine Hand voll schwarzer Sonnenblumenkerne hervor, hielten sie in der offenen Linken, während sie mit der Rechten die Kerne pausenlos in den Mund schoben, pausenlos kauten und die aufgebissenen Schalen durch die Mundwinkel seitlich ausspuckten. Sie grinsten uns über die Straße hinweg an, mal freundlich, mal feindselig, und scheuchten uns (Dawai! Dawai!) weg oder lockten uns (Idi suda!) heran. Sie wirkten eher geduckt, nicht wie Sieger, und wir wussten und hörten, dass sie mit den Deutschen wenig Kontakt haben sollten – die deutsch-sowjetische Freundschaft gab es noch nicht.

Wir lernten damals in der Schule noch keineswegs Russisch, und wenn die Soldaten singend vorbeimarschierten, will jeder Ohrenzeuge gehört haben, dass ihr Lied wie »Leberwurscht! Leberwurscht!« klang. Und natürlich habe auch ich das gehört und mich später gefreut, wenn ich es in Berichten und Erzählungen aus dieser Zeit wieder fand.

Die Zeiten des Plünderns und Vergewaltigens waren vorbei, die Russen streng kaserniert und von der deutschen Bevölkerung isoliert, und die unmittelbaren Nachkriegsgeschichten von den Russen verloren sich allmählich in den Bereich von Legenden. Dazu gehörten das »Zapzarap« und »Uri, Uri«, wenn sie Deutsche plünderten, ihnen ihre Fahrräder und Uhren wegnahmen. Gutmütige, unbeholfene, manchmal unberechenbare Barbaren waren sie für uns, der Trunksucht zuneigend, die sie dann auch gefährlich machte – aber eigentlich waren die scheußlichen Majorka-Tabak, mit beizendem Gestank in Zeitungspapier gewickelt, Rauchenden harmlos – hätten sie nicht mit wahlloser Wut, Gier und Brutalität so viele Frauen und Mädchen vergewaltigt. Aber auch das vorbei, die Erwachsenen erzählten einander, dass darauf inzwischen längst die Todesstrafe stünde, und als ich nach Bernburg kam, also 1947, hörte ich, dass auf einem öffentlichen Platz Russen exekutiert worden seien, die sich einer Vergewaltigung schuldig gemacht hatten.

Anders als bei den »Amis«, die ja was zu bieten hatten (Nylons für die »Frauleins« und »Veronicas«, Schokolade, Coca-Cola, Nescafé, Zigaretten, Kaugummi), gab es das übliche Fraternisieren nicht und ich weiß auch nichts von Lokalen, in denen sowjetische Soldaten sich mit deutschen Mädchen zum Trinken und Tanzen getroffen hätten (wie ich das später in Wiesbaden oder Stuttgart von den »Amis« gehört und mit ihnen erlebt habe). Es war nicht erwünscht und die Russen galten in der deutschen Bevölkerung mit ihren Papirossy, ihrem fuseligen Wodka und ihren Sonnenblumenkernen als arme Schlucker.

Es gab also keine Gespräche, Diskussionen oder Auseinandersetzungen über den Krieg zwischen Besatzern und Besetzten, jedenfalls in den ersten Jahren nicht und jedenfalls nicht in der Schule. Und was die »öde Gleichmacherei« des Kommunismus anlangte, die viele Deutsche befürchteten, so hörten wir mit Spott erzählte Geschichten über die Rote Armee: dass es da bis zu zwölf verschiedene, hierarchisch abgestufte Essensrationen gebe. Und jeder, der russische Militärs beobachtet hatte, wusste zu berichten, er hätte gesehen, wie Offiziere einfache Soldaten schlicht zusammenprügelten – wie Leibeigene. War das der Kommunismus? War das der Sozialismus, der doch bald darauf siegen würde? War das die Botschaft aus dem fortgeschrittensten Teil der Menschheit, der über »ein Sechstel der Erde« bestimmte? War das die Zukunft, in der »ein Sechstel der Erde« bereits angekommen war?

Natürlich wurde uns auf diese nicht ohne Häme vorgebrachten Fragen von Verfechtern des Sozialismus (das waren anfangs nur wenige) gerne erwidert, wir müssten sehen und dürften nicht übersehen, welche barbarischen Verwüstungen die mordenden und brandschatzenden deutschen Armeen in der Sowjetunion hinterlassen hätten – Millionen Tote, verbrannte Erde. Diese Tatsache mochten wir nicht leugnen. Aber die zivilisatorische Gesinnung, die das Erscheinungsbild der Roten Armee bot, schien trotzdem wenig geeignet, uns das angekündigte und versprochene Bild vom neuen Menschen zu zeigen.

Mit Ernst Bloch im Theater

1961 war ich Dramaturg an den Württembergischen Staatstheatern und es war mir gelungen, Rudolf Noelte für eine Inszenierung von Carl Sternheims »Snob« zu gewinnen: Er machte aus dem Stück eine böse Satire und eine menschliche Katastrophe des Aufsteigers im wilhelminischen Deutschland. Die Aufführung war unser Stolz und so luden wir Ernst Bloch in eine Vorstellung ein. Nachher hatte ich das Glück, mit dem erst kürzlich von Leipzig nach Tübingen umgezogenen Philosophen und seiner Frau zusammenzusitzen, zu dritt. Wir kamen auch auf die Utopie des Sozialismus zu sprechen. Und Bloch erzählte, woran ich mich noch gestochen scharf erinnere, dass Karl Marx im »18. Brumaire« prophezeit habe, die neue Epoche einer sozialistischen, einer kommunistischen Menschheit werde dann beginnen, wenn der gallische Hahn (also Frankreich) sie mit seinen Flügelschlägen einleiten und einläuten würde.

Nach der Oktoberrevolution hätten viele über die falsche Prophezeiung von Marx gelächelt – nicht Frankreich, sondern Russland habe die neue Epoche der Weltgeschichte in Bewegung gesetzt. Heute, so Bloch damals, 1961, heute lächele niemand mehr. Denn was sei in Russland 1917 wirklich geschehen? In einem rückschrittlichen, nicht industrialisierten Feudalstaat mit fast noch leibeigenen Bauern, einer noch nicht zu den bürgerlichen Freiheiten emanzipierten Autokratie habe eine entschlossene Gruppe Revoluzzer den Zaren gestürzt und ihr diktatorisches Regime etabliert. Der Beginn des neuen Zeitalters stehe also immer noch aus, warte immer noch auf den Ausbruch der Revolution in Frankreich. Es ist dies eine Variante des Satzes von Leo Trotzki: »Wir haben den Kapitalismus überall da besiegt, wo es ihn noch gar nicht gab.«

Es war anrührend zu sehen, wie Bloch seine Utopie zu retten versuchte. Aber es war klar, wie er das einschätzte, was sich in einem »Sechstel der Erde« abgespielt hatte. Wir haben inzwischen weitere Stationen dieser Utopie begraben. Maos Revolution, die von den Roten Khmer ganz zu schweigen. Und Fidel Castros angebliches Fanal für einen Aufbruch. Wir sind um einige Utopien ärmer. Aber haben wir neue gefunden? Und leben wir nicht ohne Utopien ärmer, flacher? Und weniger blutrünstig?

Ameisenstaat

Wenn ich an das Nachkriegsdeutschland der ersten Jahre denke, dann drängt sich mir das Bild von einem Ameisenstaat auf, in dem übermächtige Willkür schreckliche Verwüstungen angerichtet hat, so als habe der Krieg mit einem wuchtigen Stiefel blindwütig in eine organisierte Welt getreten. Viele der Gänge, Verbindungen, sozialen Verknüpfungen sind zerstört, der Gesamtbau zerbrochen, in Bruchstücken zerbröselt. Doch nach einem kurzen Augenblick panischen Innehaltens und wüsten Durcheinanders unter den Überlebenden stellt sich, noch mitten im Chaos, ein hektisches Bemühen ein, die schlimmsten Schäden zu beseitigen. Es wuselt – scheinbar zweck- und ziellos, aber in Wahrheit dem Prinzip verpflichtet, die alte Ordnung auf verwüstetem Raum wieder herzustellen. Leichenbestatter tragen die Toten weg, Ordnungskräfte räumen Hindernisse aus dem Weg, Kolonnen von Arbeitern beginnen, aus den Trümmern neues Leben zu konstruieren. Es ist keine Zeit für Trauer, nicht einmal für Umkehr, vielmehr wird dort begonnen etwas aufzubauen, kleiner zunächst, wo vorher groß und trutzig etwas gestanden hat.

Es war erstaunlich, wie schnell in den zerschlagenen Kommunen der Verkehr wieder funktionierte, wie Straßenbahnen, S-Bahnen, Eisenbahnen und Busse an Wüsteneien ebenso selbstverständlich vorbeifuhren wie früher an intakten Siedlungsgebieten und dicht gedrängten Häusern. Post- und Telefonverbindungen waren nie vollständig unterbrochen. Die den Preußen abgeschaute Ordnung in Landkreise, Kreise, Städte, in Provinzen und Verwaltungsbezirke blieb – seltsamerweise? notgedrungen? – in Takt. Die Behörden registrierten und verwalteten alle: mit Bezugsscheinen, Lebensmittelkarten, Einwohnermeldeformularen, Wohnungsverteilungsgutscheinen – der entpolitisierte Apparat arbeitete perfekt, auf ihn konnten sich die Besatzungsmächte verlassen, auf ihn konnten sie bauen. Sie mussten, was die Gedanken und Überzeugungen betraf, nichts mit den Menschen darin zu tun haben. Die Beziehungen waren seltsam »leer« – ideologiefrei würde man später sagen, sie funktionierten aber auf der verwaltungstechnischen Ebene, der Mangel wurde verwaltet, die Not geordnet, es gab alles – nur kein Chaos.

Und das in einem Land, dessen Bevölkerung wirklich zernichtet, verstreut, um ihre Behausung gebracht und durcheinander gewirbelt worden war! Das Land glich wirklich einem aufgestörten Ameisenvolk, dessen verschreckte Völkerzüge hierhin und dahin strebten, Unterschlupf in den Trümmern suchten, sich in Verhauen, Kellern und Behelfsheimen, in Bunkern und Baracken einrichteten und auf engstem Raum miteinander kampierten.

Bis heute wundert mich, der ich mit meiner Familie mittendrin scheinbar ziellos im Zickzack lief, wie die willkürlich Verstreuten sich wiederfanden, wie sie wieder Verbindungen knüpften, Kontakte aufnahmen und einen Zusammenhalt suchten, der doch so gründlich zerschlagen worden war.

Deutschland bietet selbst hartnäckigen Patrioten durch seine Geschichte und die daraus resultierende Kleingeisterei und Engstirnigkeit nicht allzu viel Grund zur Liebe – aber aus dem Rückblick ist das, was wir aus dem zertretenen Ameisenhaufen formten, größer und komplizierter noch als zuvor, wenn schon nicht liebens-, dann doch bewundernswert. Dass wir uns, als wir später, Mitte der sechziger Jahre, im Bau des Ameisenhügels innehielten, selber auf die Schulter klopften: sympathisch mag das nicht gewirkt haben auf andere. Aber verständlich war es schon.

Der Grubenhund

Wir waren allein, auf uns gestellt, uns selbst überlassen – während mein Vater seinem für ihn gewiss schrecklichen Beruf als Bergarbeiter nachging, der ihn täglich von Stollberg nach Neu-Oelsnitz pendeln ließ. Und dann kam er oft nächtelang nicht nach Hause, wir fürchteten, ihm sei etwas passiert, wir verfügten ja über keinerlei Kommunikationssysteme, hatten kein Telefon in unserem Kellerloch. Es war eine finstere Zeit, aber mein Vater war trotzdem ein aufopfernd sorgender Familienvater.

Von Ende Mai 1945 bis zum Sommer 1946 habe ich so gut wie keine Eisenbahnen und Autos gesehen. Erst als wir ins Erzgebirge ausgesiedelt worden waren, tauchten wieder welche in meiner Erinnerung auf: Wir fuhren zusammen in überfüll-

169

ten Zügen, auf Trittbrettern hängend, aufs Land, um dort »stoppeln« zu gehen, das heißt nach der Ernte auf Ährenlese, nach der Kartoffelernte auf Kartoffellese. Die Ausbeute war fast immer verheerend gering. Vielleicht auch mangels Begabung habe ich, wenn das Feld vom Bauern freigegeben wurde und sich die am Rain wartende Menge auf die abgeernteten Äcker stürzte, nach vielen Stunden wie zum Hohn auf unseren Hunger eine zerschlagene halbe Kartoffel mitgebracht. Andere kamen mit ihren Habseligkeiten, um sie den Bauern zum Tausch anzubieten. Mein Vater, der ja schon vor der Aussiedlung als Knecht auf einem Bauernhof gearbeitet hatte, fuhr mit mir und bot den Bauern seine »Armut« an: Er durfte sich als Bergarbeiter gewohnheitsrechtlich jedes Schichtende ein Stück Kohle zurechtschlagen, so dass es als große, grobe, dicke, schiefrige, schwarz glänzende Platte in seine Aktentasche passte. Wir hatten zu heizen, aber nichts zu kochen. Nun bot er einige solcher Brocken den Bauern zum Tausch an. Er wollte das Tauschgeschäftsklima durch Gespräche »von Bauer zu Bauer« auflockern, um die kleinlich armen, geizigen Landwirte in eine solidarische Stimmung zu versetzen – ihre durch den Lebenskampf und den Nachkrieg erworbene Hartherzigkeit erweichen. Also beförderte er sich in seinen Gesprächen zum vertriebenen Bauern – und flunkerte, während er das schwarz aufblitzende Kohlestück im Zeitungspapier auf den Tisch legte, etwas von Haus und Hof, zwölf Kühen, drei Pferden, unzähligen Hühnern, Enten und Gänsen. Die ständige Flüchtlingsredensart hieß: »Wir haben alles verloren!« Und ich, altklug und naseweis wie ich war, wollte ihn unterstützen und mischte mich ungefragt in das Gespräch ein, indem ich Details aus dem Leben eines Bauernsohnes beitrug.

Ich weiß nicht, wie geschickt mein Vater war – ich jedenfalls muss einen derart hahnebüchenen Unsinn von mir gegeben haben, dass mein Vater, wenn er seine »Armut« wieder eingepackt hatte und wir unverrichteter Dinge vom Hofe schlichen, ein bisschen wie geprügelte Hunde, seine Enttäuschung und vielleicht auch berechtigte Wut an mir ausließ, indem er mich schimpfend bat, doch künftig den Mund zu halten und nicht über Sachen zu reden, von denen ich nichts verstünde. Ich wurde schamrot, auch weil ich mich mit meinen zwölf Jahren als so schlechter Helfer und Kumpel erwiesen hatte. Seit der Zeit habe ich das Gefühl für Blamagen nicht vergessen und verloren – wenn man spürt, wie einem die Röte mit schweißtreibender Wärme von Innen ins Gesicht zieht, das einem auf einmal schwammig und aufgedunsen vorkommt.

Später habe ich bei Mark Twain gelesen, wie der von Landwirtschaft Ahnungslose Redakteur einer Landwirtschaftszeitschrift wird und in einem Artikel warnend schreibt, man solle bei der Kürbisernte vorsichtig sein, dass einem die schweren prallen Früchte nicht von den Bäumen auf den Kopf fielen. So toll und dumm werde ich es bei meinen altklugen Bemerkungen bei den erzgebirgischen Bauern nicht getrieben haben. Noch weit von meiner journalistischen Profession entfernt, bin ich jedenfalls damals erstmals dem Phänomen des »Grubenhundes« von Karl Kraus begegnet, der Gefahr, sich durch hochstaplerisch überspielte Ahnungslosigkeit zu verraten. (Viel später sollte das Borderline-Journalismus heißen.)

Von Rudolf Augstein habe ich dann die Erkenntnis gehört: »Die Hand des Fälschers darf bei der Scheckunterschrift nicht zittern!« Das ist die eine Seite. Die andere: Der Hochstapler muss wissen, wovon er flunkert. Dass ein Grubenhund kein Tier ist, Kürbisse nicht in den Himmel wachsen und ein Ochse keine Milch gibt. Aber ich weiß auch, dass mein Vater nicht über mein gut gemeintes Aufschneiden böse war, sondern dass er an mir nur seine Enttäuschung ablud, weil er nichts zu Essen nach Hause bringen konnte.

Im Radio hörte ich damals Bully Buhlan, meinen deutschen Frank Sinatra, wie er, zusammen mit Rita Paul, als Parodie auf den amerikanischen Eisenbahn-Schlager »Chattanooga Choo Choo«, im »Kötzschenbroda«-Express den Reisealltag im Zwiegesang schilderte:

»Verzeihn Sie mein Herr
Fährt dieser Zug nach Kötzschenbroda?«
»Ja, ja, er schafft es vielleicht
wenn's mit der Kohle noch reicht!«
»Ist hier noch Platz
in diesem Zug nach Kötzschenbroda?«
»Ja, ja, das ist nicht schwer
Wer nicht mehr stehn kann liegt quer.«

Und dann ging es im Duett weiter:

»Ja für Geübte ist das Reisen heute gar kein Problem
Auf dem Trittbrett oder Puffer fährt man bequem
Und dich trifft kein Fußtritt
Fährst du auf dem Dach mit
Obendrein bekommst du dort noch frische Luft mit.«

»Mittags fährt der Zug an deinem Hause vorbei
Nachmittags ist die Strecke von Berlin noch nicht frei
Nachts in Wusterhausen
Lässt de dir entlausen
Und verlierst die Koffer nebenbei noch dabei.«

Deutschland war am Boden, aber noch nicht wirklich geteilt.
Und so krähte man sich die Verzweiflung und den Hunger vom
Leibe – Frust hörte damals noch auf den Namen »Galgenhu-
mor«.

Galgenhumor zeigt auch keinen Frust an, sondern den Willen zum Überlebenskampf. Viel, viel später, als Udo Lindenberg in einigermaßen missverstandener Koexistenz (Wandel
durch Annäherung hieß die Parole) mit dem Staatsratsvorsit-
zenden der maroden DDR, Erich Honecker, flirtete, sang er
ihm etwas, das eine Parodie auf die Parodie des Chattanooga
Choo Choo war – »Der Sonderzug nach Pankow«. Aber auch
der steht inzwischen auf dem Abstellgleis.

In Stollberg auf der Schule mit der schönen Jugendstilaula und den rustikal grobschönen Wandbildern von Bauern und Erziehern blickte ich, während wir die krächzenden Streicher des Schulorchesters umringten, bald verliebt auf Rosie Stiehler, die eine blonde Lockenfrisur hatte, eine mausgraue Kaninchenfelljacke, im Winter Stiefelchen, und in meiner Klasse schräg vor mir saß, von wo aus sie mir ab und zu einen halb verschämten, halb unverschämten Blick zusandte. Einmal planten wir eine Weihnachtsfeier in einem Dorf höher in den verschneiten Bergen bei einem Mitschüler, und als bei der Vorbesprechung in der Klasse einer maulte, weil er nicht bei einem anderen am Abendbrottisch sitzen wollte, habe ich ihn angeherrscht, er solle sich nicht so haben, ich würde auch am liebsten neben Rosie Stiehler sitzen, würde mich aber in mein Los fügen. Und Rosie sandte mir, als ich das mutig laut sagte, ein Liebespartisan, der sein Versteck für einen jähen Ausfall verlässt, einen innigen, dankbar glücklichen Blick zu.

Von dieser Weihnachtsfeier weiß ich so gut wie nichts mehr, von der Heimfahrt umso mehr. Rosie Stiehler, ich und einige andere Schüler mussten am Abend in Stollberg nach Oelsnitz umsteigen, und dann saßen wir stundenlang wartend, eingeschneit in einem dunklen kalten Zug, während die dicken Flocken vor dem Fenster wirbelten, ich und Rosie Stiehler in eine Ecke gedrückt, niemand konnte uns sehen. Und auf einmal küssten wir uns, wir waren keine Dreizehn, und da der Zug lange stand, haben wir uns auch lange geküsst, immer und immer wieder. Und irgendwann hat mir Rosie zugeflüstert: »Wirst du mich auch nicht verraten?« Es war ein heiseres, erregtes Flüstern und ich habe es als sehr sächsisch im Ohr. Und ich schüttelte tapfer den Kopf, »Mm, mm«, was eindeutig »Nein!« heißen sollte.

In Neu-Oelsnitz bin ich dann ausgestiegen, und Rosie fuhr noch weiter. Ich habe meiner Mutter, die schon seit Stunden auf mich wartete, von meinem Glück erzählt, und meine Mutter hat mich ermuntert, das nicht zu vergessen, so etwas Schönes würde ich nie wieder erfahren. Ich war ihr dankbar, vor allem dafür, dass sie nicht sagte, ich hätte etwas Falsches, Unrechtes getan. Geholfen hat es mir nichts, jedenfalls nicht bei Rosie, denn vom nächsten Morgen an waren Weihnachtsferien. Mir blieb nichts, als die Strecke bergab vom nächsten Morgen an in Rosies Ort Oelsnitz täglich zu laufen, aber ich habe mich nicht getraut, in die Nähe der Bäckerei ihres Vaters zu kommen, auf den fast menschenleeren, winterlichen Straßen wäre ich mir auffällig vorgekommen – wie ein bunt gefärbter geiler Hund, der vor Gier hechelt, während ihm der Geifer aus dem Mund läuft. Ich lief kilometerweit bergab und dann wieder bergauf, niemand kam mir auf der Landstraße entgegen außer einem eisig kalten Wind, der mir ins Gesicht fuhr. Ich hatte mir ein Landsknechtslied ausgedacht, das nur aus einer Zeile bestand und das ich im Laufrhythmus vor mich hinsang:

Weiß nicht, warum ich fröhlich bin
Weiß nicht, warum ich fröhlich bin
Weiß nicht, warum ich fröhlich bi-i-in
Weiß nicht, warum ich fröhlich bin.

Allein zu Hause rezitierte und sang ich leise und fast ununterbrochen das Hermann-Löns-Lied:

Rosemarie, Rosemarie
Sieben Jahre mein Herz nach dir schrie
Rosemarie, Rosemarie
Aber du hörtest es nie

Besonders die dritte Strophe hatte es mir angetan:

Jetzt bin ich alt, jetzt bin ich alt
Aber mein Herz ist noch immer nicht kalt
Schläft wohl schon bald, schläft wohl schon bald
Doch bis zuletzt es noch schallt.

Ich liebte diese Reime, und als der Schnee dem Winter wich und ich Rosie immer noch nur verschüchtert stumm anschwärmte und ihren Blick suchte, sie wich meinem aus, und mir meine Eltern eröffneten, dass wir nach Bernburg an der Saale umzögen – mein Vater müsse dann nicht mehr ins Bergwerk und wir hätten auch mehr zu essen, weil um Bernburg viele Tomaten wüchsen und auch sonst mehr als hier –, da war ich traurig, schloss mich ein und sang Hermann Löns. Später habe ich mich geschämt, weil ich bloß wegen meiner egoistischen Liebe meinen Vater länger in den Kohlenschacht gewünscht hätte.

Rosie habe ich nie wieder gesehen. Ich habe noch oft und lange in kalten und verdunkelten Zügen auf kalten Bahnsteigen und auf freier Strecke aufgrund der Eingleisigkeit herumgestanden. Aber zu Hermann-Löns-Gefühlen ist es dabei so schnell nicht mehr gekommen. Und nie wieder hat mein Herz, auch nicht um des Reimes willen, sieben Jahre geschrien.

Vor einigen Jahren – die Wiedervereinigung machte es möglich – war ich wieder in Stollberg. Die Schule und eine Buchhandlung hatten mich zu einer Lesung eingeladen und so war ich wieder in der wunderschönen Aula, deren Glanz der Erinnerung durchaus standhielt. Nach der Lesung sprach ich mit zwei, drei freundlichen Frauen, die sich mir als Mitschülerinnen vorstellten. Von Rosie Stiehler wusste keine etwas. Ihre Klassenkameradinnen hatten seit vielen Jahren nichts mehr von ihr gehört. Der Zufall wollte es, dass Stollberg wieder eingeschneit war und dass ich in der Nacht weit außerhalb der Stadt auf einen stillgelegten Kohlenförderturm blickte, der, Teil eines Industriedenkmals, hell erleuchtet war. Ich blickte in die weiße, gelb angestrahlte Landschaft, konnte nicht schlafen. Nach der Lesung hatte man mir eine Flasche Rotwein als Präsent gegeben. Im Zimmer war kein Korkenzieher und so habe ich Schlafloser die Flasche mühsam mit einer Nagelfeile und einem Messer entkorkt. Am nächsten Morgen sah das Bad aus, als wäre ein Korkenregen darüber niedergegangen.

Das Flaschenöffnen dauerte fast eine halbe Stunde, das erste Glas Wein war voll mit Korkenteilchen. Ich mochte kein zweites. Und da ich meine Korkenspuren nicht verwischen konnte, habe ich wenigstens den offenen Wein in den Ausguss gekippt – um die Schenker nicht zu kränken.

Es war eine seltsam dunkle Zeit – auch wegen der realen, viele Stunden langen Stromsperren –, wir lebten wie viele Deutsche in dunklen Höhlengängen, durch die wir uns blind tasteten. Aber, um im Bild zu bleiben, mehr und mehr hörten wir Klopfgeräusche, Signale von anderen in die Höhlen Verschlagenen. Weniger metaphorisch: Es war erstaunlich, wie die sich scheinbar wahllos durch den Krieg und Nachkrieg über ganz Deutschland Verstreuten nach und nach wieder fanden.

Bernburg an der Saale

Irgendwann waren meine Eltern bei ihrer Suche nach alten Bindungen, nach Freunden und Verwandten, auch auf Martel K. gestoßen, die mein Vater aus den späten Kriegstagen in Teschen kannte.

Sie war als glühende Deutsche (vielleicht als Lehrerin oder durch die deutsche Frauenschaft) aus Bernburg an der Saale nach Teschen gekommen und hatte dort meinen Vater kennen gelernt, eine Verbindung, bei der private und politische Sympathie Hand in Hand gingen. Ihr Vater und ihr Bruder hatten in Bernburg eine kleine Papierfabrik, die Verpackungsmaterial herstellte, Tüten, Butterbrotpapier und Beutel. Und sie verfügten jetzt noch über gehortete Vorräte, gut für Tauschgeschäfte mit Bauern und Molkereien. Martels Bruder Otto wickelte die Geschäfte mit dem Fahrrad ab oder fädelte sie zumindest mit Fahrradreisen ein. Wie transportiert wurde, weiß ich nicht mehr. Jedenfalls hatte Familie K. Lebensmittel, und der anhaltinische Boden um Bernburg und Köthen war viel fruchtbarer und ergiebiger als das Erzgebirge. Ich erinnere mich an die vielen Tomaten, die mein Vater und ich für die K.s abholten – wir bekamen unseren Anteil. Und wie ich einmal mit dem Fahrrad auf einer holprigen Köthener Straße unter ein Auto gekommen bin. Es war das einzige Auto, das wahrscheinlich seit Tagen durch diese Köthener Straße gefahren war, ein kleiner Holzvergaser-Lastwagen, dementsprechend stank und fuhr er. Wahrscheinlich war es mein Ungeschick, das zu dem Unglück führte. Der Boden war jedenfalls nachher blutrot, mein Vater kreideweiß. Aber bei dem roten Saft handelte es sich nur um die zerquetschten Tomaten. Mir und vor allem dem wichtigen Fahrrad war so gut wie nichts passiert. Ich lernte damals: ein zu geringes Verkehrsaufkommen ist ebenso gefährlich wie ein großes, weil es zu Unachtsamkeit verführt.

Wegen der Tomaten und wegen »Tante Martel« (wie ich sie nannte) sind wir vom Erzgebirge nach Sachsen-Anhalt, nach Bernburg an der Saale gezogen.

Mein Vater hatte also Martel K. aufgestöbert, besucht, einen Arbeitsplatz in einer Tischlerei einige Kilometer außerhalb von Bernburg gefunden, die K.s halfen ihm, eine Wohnung zu suchen, und sie fanden zufälligerweise sogar eine im großbürgerlichen Nachbarhaus ihres Anwesens. Die kurze Straße führte direkt aufs Saale-Wehr zu, wo sie eine scharfe Biegung nach rechts zum Kurhaus machte; stand man in der Biege, konnte man am anderen Saale-Ufer – der Fluss schäumte giftig und kräftig über das Wehr – hoch über dem Fluss die Burg mit ihren geschnörkelten Erkern und gebuckelten Renaissance-Türmchen sehen und unweigerlich fiel einem das Lied ein, dass »an der Saale hellem Strande, Burgen stolz und kühn« stehen. Die Brücken über die Saale waren damals noch allesamt gesprengt, eine Fähre setzte von der Straße direkt hinter unserem Haus über, dann musste ich den Berg hinauflaufen und schon war ich in der Schule, deren Silhouette, ein wuchtiger rotziegliger Bau, ebenfalls vom Strom aus neben der Burg zu sehen war. Die Schule hieß Karls-Gymnasium, wenig später wurde dem feudalen Karl ein proletarischer Familienname angehängt, von da an hieß sie bis zur Wende Karl-Marx-Oberschule und ich eilte jeden Morgen erst zur Fähre, später zur Behelfsbrücke, ans andere Ufer der Saale. Der Weg zur Schule führte vorbei an geduckten ebenerdigen Häusern über den Schulhof, wo kurz vor acht mein Klassenlehrer »Mope« Kersten stand, im weißen Physiker-Mantel, mit dicker schwarzer Hornbrille, nass zurückgekämmtem schwarzem Haar, ostentativ auf seine Armbanduhr blickend, wozu er den Arm zackig anwinkelte und sagte: »Karasek, einmal erwische ich dich beim Zuspätkommen!« Und ich stürzte atemlos und grinsend an ihm vorbei. Er hat mich nie erwischt.

Von einem der kleinen Häuser, an denen ich täglich, ohne gefrühstückt zu haben, aus Eile und weil es kaum etwas gab, vorbeitrabte, hatte mir ein Mitschüler leise, hinter vorgehaltener Hand erzählt, dass es früher mal – vor dem Krieg?, vor Hitler?, zu Kaisers Zeiten? – ein Bordell gewesen sei. Ich starrte das halb verfallene Haus mit den staubblinden Fenstern und der bröckelnden Fassade an, obwohl es nicht anders aussah als die Nachbarhäuschen, die da in Unkraut, Müll, zwischen zerbrochenen Zäunen herumstanden: Das also war einmal ein Bordell! Ich hätte ein Gebäude, in dem früher ein General oder großer Dichter gelebt haben sollte, nicht neugieriger betrachten können, so als ließe sich die große Vergangenheit allein durch das Zurückstarren erschließen.

Ich erwähne das alles nur, weil mir zwanghaft einfällt, was mir damals zwanghaft einfiel, und weil mir klar ist, was für ein Dörfler, Provinzler, Kleinstädter ich bis dato gewesen war. Jetzt war ich zum ersten Mal in einer Stadt, in der es nicht nur eine Burg mit einem Bärenzwinger und richtigen Bären gab, die nicht nur Residenz eines Duodez-Fürstentums gewesen war, nämlich von Anhalt-Bernburg, in der es nicht nur ein

Theaterchen gab, in dem ich später sogar auftreten sollte, nicht nur ein Symphonie-Orchester, nicht nur eine berühmte, auch noch intakte Blumen-Uhr, sondern auch ein winziges Bordell mit vielleicht zwei, drei Zimmern. Natürlich merkte man fünfzig, sechzig, siebzig Jahre später nichts mehr davon, keinen süßlich dicken Parfümhauch, man sah keinen Flitter mehr, kein Strumpfband, keine gesprungene Feder in einem einst mit rotem Samt überzogenen Sofa. Bei den kleinen uralten Häusern hatte die fünfzigjährige Erosion begonnen, am Ende der DDR waren auch sie so weit, zusammenzubrechen, von schrägen Balken ächzend gestützt. Und ich suchte in ihrem Verfall noch die perversesten Reste spätbürgerlicher Kultur.

Mit meinem kleinen Bruder auf großer Reise

Bevor wir nach Bernburg zogen, in den Sommerferien, schickten mich meine Eltern mit meinem Bruder Horst alleine auf die Reise vom Erzgebirge nach Bernburg, damit wir uns ein paar Wochen bei der wieder gefundenen Freundin meines Vaters und deren Familie an Tomaten satt essen könnten. Es blieb dann aber nicht bei Tomaten, bei den K.s gab es am Sonntag Nachmittag sogar Kaffee (natürlich keinen echten, sondern »Muckefuck«, wie der Gerstenkaffee hieß) und (echten) Streuselkuchen. Für uns waren es die ersten Schritte der Rückkehr in ein bürgerliches Leben, wo eine Familie rituell bei Kaffee und Kuchen saß. Der alte Herr K., ein brummiger, aber herzlicher Patriarch, dem das Alter schon die Knochen und Glieder verschoben hatte, seltsam bucklig und eckig in seinem Hemd und der Hose mit den Hosenträgern, seine Schwiegertochter von mütterlicher Fülle, weich fließend in ihrem Kleid und stets lächelnd, ihr Mann, der steif und fröhlich mit uns Kindern scherzte, ein blondes blasses Fräulein, dass Gerti hieß, glatte Haare streng gescheitelt trug und mit ihrer Mutter unter dem Dach in schrägen Zimmern wohnte, wo sie Geige spielte (später sollte sie einen viel älteren Leipziger Dirigenten heiraten), die Kinder, die lustig und artig zugleich waren – es waren drei, ein viertes sollte folgen –, und eben Tante Martel, die den Kuchen auftat, den Nachmittag dirigierte und mit lebhaften Gesprächen dominierend glänzte. Ich erinnere mich daran so lebhaft, weil diese Kaffee-Nachmittage für mich ein leuchtendes Beispiel für die scheinbare Unzerstörbarkeit des deutschen Bürgertums waren: Die äußeren Umstände blieben draußen, das Klavier stand an der Wand, die Kaffeekanne hatte einen Tropfenfänger aus rotem Schaumgummi, die Kuchengabeln und der Kuchenheber waren aus Silber und die Porzellantassen und -teller hatten Blümchen.

Die Hausfrau, deren füllige Liebenswürdigkeit und herzliche Freundlichkeit ich nie vergessen will, wir nannten sie später Tante Waltraut, stammte aus Goslar. Goslar, das auf einmal durch Welten getrennt von Bernburg lag. Später habe ich erlebt, wie diese unzerstörbar unerschütterliche Bürgerfamilie vom Sozialismus zerschlagen und zerstört wurde, zuerst mit Steuer-Schikanen, dann indem man den Mann wegen Wirtschaftsverbrechens einsperrte, die Kinder aus dem Haus trieb. Waltraut blieb zwar geduldig und liebevoll bei ihrer Familie, die mehr und mehr verelendete, während ihre Goslarer Verwandtschaft, auch Kaufleute, im Westen ins normale Leben zurückfand – die Kinder liefen bald in geflickten Kleidern herum, die Möbel wurden brüchig und der Firmenhof verkam. Die Ladenfenster an der Vorderfront waren mit Presspappe zugenagelt.

Es sagt sich leicht: Sie hätten, vom Regime zu Klassenfeinden erklärt, fliehen sollen. Aber sie wollten bei ihrem Eigentum bleiben, das ihnen der neue Staat nach und nach mit bösem Vorsatz zertrümmerte und sich auch noch einbildete, einen gerechten und historisch notwendigen Klassenkampf zu führen. Dabei hatten sie nichts anderes gemacht, als Papiertüten zu fabrizieren, Butterbrotpapier zurechtzuschneiden und zu verkaufen. Gewiss, sie hatten den Krieg verloren. Aber das hatten ihre Verwandten in Goslar auch.

Mein Bruder und ich fuhren also allein mit der Eisenbahn von Neu-Oelsnitz über Leipzig, Halle und Köthen nach Bernburg und das war damals kein kleines Abenteuer. Ich war vierzehn Jahre alt, mein Bruder acht. Wenn wir aus den zertrümmerten, notdürftig in Funktion gehaltenen Bahnhöfen herausfuhren, sah ich fasziniert und sehnsüchtig nach den Häusern an der Bahnstrecke: Balkone waren da, und weil es Sommer war, herrschte Leben, da wuchsen Pflanzen in grünen Kästen, Tabakblätter hingen zum Trocknen wie Wäsche auf der Leine, Tomaten leuchteten rot und die Kaninchenställe waren ordentlich aufgestellt. Die ganze Idylle wurde beschienen von der goldenen Abendsonne, während mein Bruder und ich vorbeifuhren und eigentlich noch nicht so recht wussten, wohin.

Als es Abend wurde, landeten wir in Halle, wir waren auf dem Riesenbahnhof von Leipzig umgestiegen, der in seiner zerborstenen Größe wie verwaist aussah, weil die meisten Gleise gesperrt waren. In Halle endete der Zug und an ein Weiterfahren vor dem nächsten Morgen war nicht zu denken. Auf dem nächtlichen Bahnhof kampierten Passagiere auf dem Boden, allerlei Gestalten, die mir bedrohlich vorkamen. Ich nahm meinen Bruder an der Hand, wir hatten kaum Gepäck und zogen durch die sommerwarme Stadt, die still und wie ausgestorben war. Bald kamen wir durch eine Gegend, die mich beruhigte, weil sie aus Schrebergärten bestand, viel Grün, Bohnenspaliere, Bäume, Sträucher, Zäune, Lauben, kleine Hütten. Und dann kam uns in der stillen Straße eine Gruppe junger Leute entgegen. Junge Frauen, junge Männer, die aufgekratzt und lachend offenbar von einem Laubenfest kamen. Als sie uns zwei Kinder mitten in der Nacht sahen, hielten sie uns an und fragten, wo wir denn hinwollten. Als ich ihnen erzählt hatte, dass unser Zug erst am nächsten Morgen weiterfahre, beratschlagten sie kurz und beschlossen, dass sie uns nicht allein den nächtlichen Straßen überlassen wollten. Zwei der jungen Frauen, offenbar Schwestern, nahmen uns in ihre enge Wohnung mit. Dort mussten wir leise sein, weil der Rest der Familie, wie uns flüsternd bedeutet wurde, schon schlief. Die ältere der Schwestern, sie mochte Mitte zwanzig sein, nahm uns in ihr Zimmer, in dem zwei Betten an zwei gegenüberliegenden Wänden standen, die mit dicken Kissen und Decken bedeckt waren. Ohne weitere Umstände bot sie meinem Bruder und mir das eine Bett an, machte das Licht aus und wir schliefen schnell ein.

Ich wachte am nächsten Morgen – nervös, weil ich den einzigen oder zumindest ersten Anschlusszug nach Köthen nicht verpassen wollte – beim frühen Licht auf, blickte auf das gegenüberliegende Bett, in dem meine Gastgeberin schlief, und war erschrocken. Während an der Wand tief und ruhig mein schlafender Bruder atmete und auch die Frau, die uns – zwei unbekannte Straßenjungen – vertrauensselig und fürsorglich in ihr Zimmer genommen hatte, tief schlief, blickte ich auf ihren im Schlaf frei gestrampelten nackten Hintern. Was mache ich jetzt, dachte ich, eigentlich müsste ich meinen Bruder wecken, aufstehen, den Zug erreichen. Aber kann ich die Frau, die uns so selbstverständlich aufgenommen hat, so blamieren? Ich blieb reglos liegen. Als sie aufwachte, schloss ich die Augen, blinzelte, bis ich sah, dass sie ihre Blößen bedeckt hatte.

Mein Bruder und ich haben den Zug verpasst. Aber schon sechs Stunden später fuhr der nächste. Deutschland war wieder auf dem Fahrplan.

Quäker-Speisung

In Bernburg gab es neben den Tomaten von Onkel Otto K. und dem sonntäglichen Streuselkuchen von Tante Waltraud auch von Zeit zu Zeit Schulspeisungen. So erinnere ich mich an eine Quäker-Speisung, bei der wir Eintopfsuppen bekamen, Drapix hieß eine davon und beide schmeckten nach Maisbrei und Erbswurst. Einmal, als ich mir den Bauch wirklich voll schlagen konnte, bis ich buchstäblich bis oben voll war, habe ich das gierig Verschlungene nicht bei mir behalten können und es eruptiv und unter Krämpfen wieder von mir gegeben. Danach ekelte es mich vor dieser Suppe, aber nicht lange, nur bis der Hunger und das Verlangen wieder die Oberhand gewannen – also am nächsten Tag.

Ich hatte, so erinnere ich mich, mittags als einer der Letzten an der »Gulaschkanone« gestanden, an der Rote-Kreuz-Helfer mit großen Kellen in Pappteller ausschenkten, und die gutmütigen Helfer hatten mir, der ich mich wieder und wieder mit schelmisch überspielter Unverschämtheit angestellt hatte, jedes Mal den Teller mit einem Nachschlag nach dem anderen aufgefüllt – buchstäblich bis zum Erbrechen.

Diese Quäker-Speisung prägte sich mir, prägte sich uns ein, weil sie – das muss 1948, vor der alles verändernden Währungsreform, gewesen sein – die letzte humanitäre Wohltat war, die die Amerikaner, also die westlichen Besatzungsmächte, uns angedeihen ließen, angedeihen lassen durften. Die längst von der »Sozialistischen Einheitspartei« beherrschten kommunalen Verwaltungen machten uns bald drastisch klar, dass wir diese westliche Hilfe nicht zu wollen hatten. Den Gipfel erreichte das in den Volksbefragungen zum Marshall-Plan, zu dem die Devise ausgegeben worden war: »Wir brauchen keinen Marshall-Plan! Wir kurbeln selbst die Wirtschaft an.« Aber in Wahrheit wurde nichts »angekurbelt«, es wurde weiter demontiert, das Land versank in staubgrauer Lethargie.

Ich weiß, dass da zum ersten Mal diese ohnmächtige Wut bei mir und meinen Freunden freigesetzt wurde, eine Wut, die sich mir später bei der Lektüre von Orwells »1984« erschloss: Der Kommunismus entlarvte sich mir erstmals als das Regime, das die »Volksdemokratie« erfunden hatte, eine Demokratie, bei der das Volk – als Arbeiter, Bauern und technische Intelligenz klassifiziert, der Rest waren Volksfeinde – lauthals und öffentlich zu über 90 Prozent einer Sache zustimmen musste, die es in Wahrheit, heimlich und zu Hause, zu über 90 Prozent ablehnte. Und es durfte dieser zynischen Farce nicht einmal fern bleiben. Es musste zur Wahl, natürlich höchst »freiwillig«, um die über 95 Prozent zu erfüllen. Dort musste es auf die geheime Wahl, auf die Wahlkabine verzichten, weil man da ja unbeobachtet gewesen wäre, und wer weiß, was das Volk gewählt hätte.

Ich war damals als Schüler zum »Wahlschlepper« verpflichtet, ich musste die Alten, die ihr Kreuz gegen sich selber machen mussten, zur Wahlurne bringen. Diese Abstimmungen haben mich zum verzweifelten Gegner der so genannten Volksdemokratien gemacht und ich fragte mich in den Folgejahren voller ohnmächtiger Bestürzung, wie denn um Himmels Willen meine Vorbilder wie Picasso, Pablo Neruda, Brecht, Jean-Paul Sartre, Chaplin oder Vittorio de Sica sich diesem System der Verdrehungen und der verlogenen Unmenschlichkeit zur Verfügung stellen konnten. Man ließ uns durch Wahlen und Abstimmungen laut verkünden, uns geschehe Recht, während uns Unrecht widerfuhr, und niemand, kein Picasso, Brecht, Neruda, Chaplin, war auf unserer Seite. Und wer auf unserer Seite war, der wurde wie Arthur Koestler oder wie George Orwell oder wie Albert Camus genau deswegen denunziert und verächtlich gemacht.

Nichts hatte sich die Mehrheit der Menschen in der Sowjetischen Besatzungszone damals mehr gewünscht als diese erste Abstimmung, in der sie frei hätten ihre Meinung sagen können. Und genau diese Chance wurde ihnen auf die perverseste Weise gleichzeitig gegeben und verweigert.

Von 1948 an wurden die Reisen in den Westen erschwert, die »grüne Grenze« nach und nach mit verbotenen Zonen, später Todeszonen abgeschirmt. Nichtberlinern in der Ostzone wurde es nur unter bürokratischen Schikanen möglich gemacht, nach Berlin und von dort nach Westberlin zu kommen, Bahnstrecken wurden um Berlin herumgeleitet, alte Verbindungen endeten stumpf und tot vor der Stadt, und an den Sektorengrenzen warnten Durchsagen in den immer noch unverdrossen und unermüdlich fahrenden S- und U-Bahnen, dass man nun »Achtung! Achtung!« den »demokratischen Sektor« verlasse.

Der Aufbau der DDR war bis zu ihrem Ende (man muss das so paradox sagen) auf die Zerstörung von zahllosen Hoffnungen und Existenzen gegründet – sie war eine Kette von Niederschlagungen der Aufbegehrenden: Der 17. Juni 1953 und der 13. August 1961 waren dabei nur spektakuläre Eckdaten.

»Eßt mehr Südfrüchte!«

Ich habe ein festgefrorenes Standfoto in meinem Gedächtnis. Es stammt aus dem Jahr 1950, zwei Jahre also waren seit der Währungsreform in West und Ost vergangen, seit einem Jahr gab es zwei deutsche Staaten. Über die Saale in Bernburg führte immer noch eine Behelfsbrücke, die Geschäfte, die auf der anderen Saale-Seite an der nach oben führenden Hauptstraße lagen, waren geschlossen, die Häuser verfielen, einige Läden hatten in ihren ehemaligen Schaufenstern kleine Scheiben, während der Rest mit Pappe oder Sperrholz zugenagelt war. Die einzigen Farben lieferten rote Transparente, auf denen verkündet wurde, dass der Sozialismus siegen würde. »Vorwärts!« befahlen die Losungen, während die Stadt zurückkroch in den hoffnungslosen Verfall.

Unten, auf einer breiten Straße, war ein Gemüseladen. Er war so gut wie leer, leere Regale, leere Holzkisten, eine leere Waage mit rostigen Gewichten. Und, da es keine Waren gab, auch leer von Kunden. In der Ecke ein halb leerer Zentnersack mit schrumpeligen Kartoffeln, die es auf Marken gab. Vorne eine Kiste, in der eine oder zwei unansehnliche rote Rüben lagen, eine schrumpelige Möhre. Hinten, an der Rückwand des Ladens, ein Schild, emailliert, die Emaille begann an rostigen Rändern abzublättern. Drauf stand: »Eßt mehr Südfrüchte!« Um dieser Aufforderung nachkommen zu können, hätte man nach Goslar, nach Helmstedt, nach Westberlin fahren müssen, man hätte sich strafbar machen müssen gegen die Grenz- und Devisengesetze der DDR, die sich demokratisch nannte, obwohl sie die gruslige Farce eines Staates war, der seine Legitimation nur aus der Präsenz der Panzer der russischen Besatzungsmacht bezog, von denen er sich auch eine drakonische Büttelgewalt gegen seine Untertanen geliehen hatte – ein Pump auf den Kalten Krieg.

»Eßt mehr Südfrüchte!« Heute denke ich, dass das damals eigentlich eine subversive Losung war, mit mehr Sprengkraft als die Losung »Heraus zum 1. Mai!«. Eigentlich die Forderung nach einem Palast, nach einem Konsumtempel in der planwirtschaftlichen Einöde. Später habe ich in Brechts gesammelten Werken gelesen, dass er 1953 die Materialversorgung bittet, ihm wegen der Stromsperren Petroleum zuzuteilen, damit er arbeiten könne, dass er für seine Frau (»die Nationalpreisträgerin«) Helene Weigel Briketts brauche und dass er »als Bayer«, der gern Bier trinke, bittet, die Erlaubnis erteilt zu bekommen, Radeberger Bier zu beziehen, das nur für den Export nach dem Westen bestimmt ist. Es mag ein wenig für sozialistische Gerechtigkeit sprechen, dass selbst der weltberühmte Brecht, der ja als österreichischer Staatsbürger in der DDR lebte, über ministerielle Beziehungen um genießbares Bier betteln musste.

1950 trennte sich meine Mutter schweren Herzens von dem letzten und einzigen Schmuck, den sie durch all die Jahre versteckt und gerettet hatte, von einem Ring mit einem kleinen Diamanten und Diamantenstaub auf vier kleinen rechteckigen Plättchen, die den runden Diamanten einfassten. Sie hat geweint, als sie dieses letzte Stück Hoffnung auf ein wieder besseres Leben gegen einen Zentner Kartoffeln für ihre gefräßigen Kinder eintauschte. Mein Vater arbeitete da längst als Schichtleiter und stellvertretender Betriebsleiter in dem Holzbetrieb, in dem er als Tischler angefangen hatte. Wir Schüler wurden damals zum Kartoffelkäfer-Sammeln in die Äcker geschickt. Die gefräßigen Schädlinge waren angeblich von den Amerikanern abgeworfen worden, um die stetige Aufbauarbeit im Sozialismus zu sabotieren. Es gibt von Brecht ein Propagandagedicht dazu, die »Ami-Flieger« von 1950. Das Gedicht bringt die Luftbrückenflüge zur Rettung Westberlins in einen Zusammenhang mit dem Hunger der DDR-Kinder: Die Ami-Flieger hätten eben Kartoffelkäfer über der DDR abgeworfen. Eigentlich dürfte man auch einem »parteilichen« Schriftsteller solche Zeilen nicht verzeihen – selbst dem größten deutschsprachigen Lyriker des 20. Jahrhunderts nicht.

Im gleichen Jahr starb mein Englisch- und Russischlehrer, der ständig einen lila Anzug getragen und stets nach verdorbenem Ei aus dem Mund gerochen hatte, ein Mann, der gerne ins Plaudern über seine Studienzeit in England oder den Grabenkrieg im Ersten Weltkrieg gekommen war, bei dem man aber kaum etwas lernte – auch nicht Russisch, wo uns der Arme nur drei Lektionen voraus war, was wir durch schnöde Fragen herausfanden, um ihn zu überführen. Er hatte Wochen im Krankenhaus gelegen, und bei der Totenfeier in der Kirche hob der Pfarrer gerührt die Anhänglichkeit und Liebe seiner Klasse (das waren damals nicht mehr wir) hervor: Seine Schüler hätten ihm von ihren Schulbrötchen täglich welche ins Krankenhaus gebracht.

Kein Wunder, dass, wer auf irgendwelchen Wegen nach dem Westen konnte, nach dem Westen »machte«, wie man das damals nannte.

Ich sang, zu der Zeit schon ein tiefer Bariton, im Schulchor, den ein schlanker, gut aussehender Lehrer mit langem zurückgekämmtem Haar und einem beeindruckenden Adamsapfel, der beim Dirigieren auf und ab sprang, leitete. Nebenbei sammelte er Wirtinnen-Verse und die schweinigelnde Variante von Wilhelm Buschs Alphabet (Die Ceder wächst im Libanon / Cadetten onanieren schon«, »Der Falke wohnt in steiler Kluft / Beim fünften Mal kommt heiße Luft«, »Darius war ein Perserkönig / Beim dritten Mal kommt oft recht wenig«, »Die Qualle durch das Weltmeer segelt / Es quietscht, wenn man im Wasser vögelt«), Klapphornverse, die in der Aufbauphase des Sozialismus an pickelige und pubertäre Pennälerzeiten aus besseren Zeiten erinnerten. Später ist dieser in unseren Augen liebenswerte Mann, der uns fürs Singen begeisterte und uns gemeinsame Fahrten zu erfolgreichen Gastspielen im Umkreis ermöglichte, von der Chorleitung suspendiert worden, und auch den Schuldienst durfte er nicht fortsetzen: Er hatte einer hübschen Schülerin der Abiturklasse eine Kaninchenpelzjacke geschenkt, und sie hatte sich damit gebrüstet, buchstäblich! Man schloss aus dem Geschenk auf die vorausgegangenen Tête-à-Têtes mit praktizierten Klapphornversen.

Auch ich, damals sechzehn, bin nicht nur oder nicht vorwiegend wegen der Musik in den Chor eingetreten, sondern weil es ein gemischter Chor war und wir bei unseren Tourneen den Sopran- und Altstimmen näher kamen.

Ich hatte mich mit Gisela befreundet, einem Mädchen mit einer neugierigen mageren Halbschwester, die uns kuppelnd bei unseren Schmusereien half, um uns dann umso gründlicher in unserer Zweisamkeit zu stören. Gisela war etwas untersetzt, aber warm, herzlich und zärtlich und ich mochte sie manchmal sehr, manchmal überhaupt nicht, wenn mich meine Freunde wegen ihr hänselten (dann schämte ich mich, dass ich mit ihr ging). Wir trennten und versöhnten uns, wir mieden und trafen uns, wir stahlen uns von der Schwester davon, so ging das eine lange Zeit.

Einmal, an einem verregneten Wochenende, überkam mich, nachdem ich mich wieder vor Wochen getrennt hatte, die Sehnsucht nach ihr. Ihr Stiefvater war Notar, er mochte mich. Ich rief an, fragte sie, ob wir uns sehen könnten. Sie sagte, das sei nicht möglich, das gehe nicht. Ich war traurig, dachte, dass es mir recht geschehe, ich hätte wohl das dauernde Trenn-Spiel überzogen. Dann sagte sie etwas Merkwürdiges, das ich aber in meiner Enttäuschung fast überhörte. Sie sagte, ich würde das später verstehen.

Am Montag erfuhr ich, dass die Familie nach »dem Westen gemacht« habe. Sie seien geflohen. Aus Düsseldorf schrieb sie mir dann einen Brief: »Bitte versteh, dass ich Dir am Telefon nicht sagen wollte, warum ich Dich nicht mehr treffen konnte.« Meine Mutter fand diesen Brief gefährlich. Wenn den »jemand« gelesen hätte. Die lesen doch alle Briefe aus dem Westen. Ich hielt das für übertrieben. Heute bin ich mir nicht mehr so sicher.

»Lullaby of Broadway«

Es muss im Frühjahr 1947 gewesen sein, es war Vormittag und ich hatte schulfrei oder war gerade aus der Schule gekommen, da hörte ich aus dem Radio in der Wohnküche, die mir besonders schön vorkam, weil sie von Sonnenlicht durchflutet war und weiße Wände hatte, zum ersten Mal ein Lied, das »Lullaby of Broadway« hieß. Ich hörte eine deutsche Version und eine Frau sang »Was ist denn in New York gescheh'n? Um Mitternacht am Broadway« mit dem Refrain »Good-bye, Baby, du siehst reizend heute aus. Good-bye, Baby, heute bring ich dich nach Haus«. So jedenfalls hat sich mir der Text bis heute eingeprägt. Und vielleicht hieß die Sängerin Rita Paul. Das Mädchen, das vorher erklärt hatte, warum sie fast unbekleidet um Mitternacht am Broadway zu sehen sei, nämlich weil sie für Seidenwäsche Reklame mache, war für mich wie ein Signal aus einer anderen Welt.

Weil die Sonne schien und wir bald nach Bernburg umziehen würden und weil das Radio auf einer Konsole stand, die mein Vater liebevoll selbst getischlert hatte, von goldenem Licht umflossen wie eine Monstranz, und weil das Lied irgendeinen leichtsinnigen Unsinn zum Inhalt hatte, und weil es von gleichzeitig stampfenden und tänzelnden Rhythmen vorangetrieben wurde, mit viel Trompeterblech, viel Saxophon-Sound, viel Schlagzeug (ich kannte damals weder das Wort »Swing« noch den Ausdruck »Bigband«), ergriff mich eine gleichzeitig übermütige und sentimentale Stimmung. Worte wie »New York«, »Broadway«, »Baby«, »Good-bye Baby« übten einen seltsamen Sog auf mich aus, der mich wegzog, aus der Wirklichkeit, in der ich mich befand, hinzog in eine andere Welt, von der ich nichts wusste – außer dass sie durch ihre Musik das Ziel meiner Wünsche war.

Einen Augenblick lang hatte ich das aberwitzige und übermütige Gefühl, dass die Zeit mit Krieg, Nachkrieg und Elend, dass die ewig graue Zeit der Entbehrung zu Ende wäre. Ich liebte meinen Vater dafür, dass er uns hierher gebracht hatte durch seine Bergwerks- und Tischlerarbeit und dass er uns auch bald von hier fortbringen würde, und ich liebte meine Mutter, die allein mit mir in der sonnendurchfluteten Küche stand (wo meine kleinen Geschwister waren, weiß ich nicht), weil sie mir so gut gelaunt und optimistisch schien. Und das musste an dem Lied liegen, obwohl sie dem gar nicht zuhörte und »diese Art von Musik« auch gar nicht mochte. Und ich dachte einen Augenblick, jetzt wird »alles gut«! Ohne dass ich es wusste, hatte meine Sehnsucht von da an ein Ziel: den von rhythmischer Swingmusik verkörperten Broadway in New York. Aber ich brauchte gar nicht wirklich nach New York zu kommen. Es würde genügen, in den Teil Deutschlands zu kommen, wo es diese Musik gab.

Das alles konnte ich damals überhaupt nicht artikulieren oder gar in konkreten Umrissen denken, ich erinnere mich nur, wie mir froh und leicht zumute war, als der Volksempfänger diesen Schlager spielte. Und dass ich eine Zukunft sah, die nichts mit dieser rückwärts gewandten Sehnsucht nach dem Plüsch und Glanz der k. u. k.-Operetten zu tun hatte. Jedenfalls habe ich diesen sonnendurchfluteten Vormittag mit dem Bigband-Sound nie vergessen, obwohl doch sonst an diesem Tag, nach diesem Augenblick nichts passiert ist.

Als ich nach Bernburg kam, habe ich mich jeden Morgen kurz vor sechs Uhr nach vorne in unser Ess- und Wohnzimmer geschlichen, in dem unser Radio stand. Wir wohnten damals in den hinteren drei Zimmern einer heruntergekommenen gutbürgerlichen Wohnung. Auf halber Treppe war das Klo. Das Bad war dem Krieg zum Opfer gefallen, übrig geblieben war eine Waschbecken-Installation am Ende unseres Wohnungsteils. Im Zimmer nebenan, in der Mitte der Wohnung, wohnte eine uralte Dame, Frau von Förster, die ich eigentlich nie zu Gesicht bekam; sie war von zwei Seiten belagert: hinten von unserer Familie, vorne von Frau Estermann mit ihren beiden Töchtern. Ich weiß bis heute nicht, wie die kränkelnde und leidende Frau dieses Leben überhaupt ertragen konnte.

Jedenfalls hörte ich jeden Morgen, Tür an Tür auf der einen Seite mit meiner schlafenden Familie und auf der anderen Seite mit der den ganzen Tag in ihrem dunklen Zimmer rumorenden Frau von Förster, um 6 Uhr BFN, British Forces Network, weil man in Bernburg »den AFN«, American Forces Network, nicht hören konnte. Auch »den BFN« konnte man kaum hören, eher beim Hören erahnen, weil der Sender oft verschwand (ich wusste, dass das Fading heißt) oder die Musik in irgendwelchem Rauschen unterging oder sich gar der Mitteldeutsche Rundfunk Leipzig darüberlegte, meist mit Walzern von Johann Strauß, die ich damals hasste und inzwischen liebe.

Der BFN begann seine Sendungen jeden Morgen mit einer gesungenen Jazz-Nummer, die »I'm Beginning to See the Light« hieß. Ich hörte das Lied, das bald verschwamm, bald verrauschte, bald kurzzeitig von einer Nachrichtensprecherstimme überlagert wurde, mit sehnsuchtsvoller Inbrunst. Das heißt, ich erriet es mehr, als ich es hörte. Und jedes Mal und jeden Morgen, wenn ich »I'm Beginning to See the Light« hörte, wurde meine Sehnsucht nach dem anderen Leben, fern von Kommunismus und Stalinismus, größer.

Und als würden die Herrschenden das ahnen oder gar befürchten, las ich eines Tages in der Zeitung (es muss die »Tägliche Rundschau« gewesen sein), dass sowjetische Wissenschaftler herausgefunden hätten, dass der Jazz nicht in New Orleans oder New York oder Saint Louis »erfunden« worden sei, sondern – in Odessa. Ich grinste, als ich das las, nur überheblich und in ohnmächtiger Genugtuung des Besserwissenden. Erfunden! Jazz und erfunden! Jazz ist entstanden, nicht erfunden worden. Damals wollten die Russen alles erfunden haben, um ihre offenkundige Rückständigkeit vergessen zu machen. Und der Rias, den wir damals schon hörten – auch er war über unseren Volksempfänger nur unvollkommen zu empfangen –, machte sich mit seinem Kabarett »Die Insulaner« (mit dem unvergesslichen Texter Günter Neumann) über die Sucht der Sowjetunion lustig, sich sämtliche Erfindungen unter den Nagel zu reißen, die bisher Engländer, Franzosen, Deutsche, Italiener oder gar Amerikaner (Franklin und Edison) gemacht haben sollten.

Der Jazz aus Odessa! Wir trauten den Russen bestenfalls zu, dass sie die Kochkiste erfunden hätten, jenes Wundermöbel der energiearmen Jahre, bei dem man den Topf mit dem angekochten Gericht schnell mit zwei Topflappen ergriff, in eine mit Werg und Tuchfetzen ausgestopfte Kiste steckte und einen mit Stoff isolierten Deckel darauf setzte. Wir hatten übrigens nicht einmal eine Kochkiste, meine Mutter benutzte das Federbett, in dem wir in der Nacht schliefen, dort garte am Tag die Bohnensuppe – wenn es sie gab.

Tagsüber war übrigens der BFN und mit ihm Swing und Jazz, die Boogie Woogies und der Blues, überhaupt nicht zu hören. Der Mitteldeutsche Rundfunk Leipzig hatte die Klanghoheit über das Radio gewonnen und er war besser zu hören als morgens der überlagerte BFN. Ich habe viel klassische Musik gehört, am Nachmittag und am Abend, vor allem Symphonien von Brahms, Beethoven und Tschaikowsky. Und obwohl der Sound, der aus dem kleinen knatternden Gehäuse kam (die Membrane des Lautsprechers schepperte oft hinter dem zermürbten Stoff, der gegen das Kunststoffgitter vibrierte – wie ein Raubtier, das aus dem Käfig auszubrechen suchte), besser war als der Empfang meiner geliebten Morgensendung, so war er doch nicht gut: flach, eindimensional, verzerrt. Und doch habe ich damals vieles aus dem klassischen Repertoire lieben gelernt, und obwohl ich sicher nicht jeden Ton hörte, hörte ich alles. Seither weiß ich, dass die eigene Phantasie das ergänzt, was sie nicht vollkommen hört. Auch dann, wenn sie es nie zuvor vollkommen gehört hat? Ich behaupte gegen alle Vernunft: Auch dann.

Und auch dem Jazz, dem ich über alle Störungen und über allen Schwund hinweg mit dem Ohr am Lautsprecher lauschte, tat das keinen Abbruch. Vielleicht sog ich aus der Unvollkommenheit der Wiedergabe die Sehnsucht nach einem Reich, in dem ich die Musik vollkommen hören konnte.

Als ich während meines Studiums in Tübingen Louis Armstrong hörte und als ich im Tübinger Freibad auf mondüberglänzter Terrasse zu Glenn Millers »Moonlight Serenade« tanzte mit dem wunderbar durch eine Klarinette aufgehellten Saxophonsatz, da war ich am Ziel meiner Wünsche. Damals glaubte ich zwar, in ein anderes Mädchen verliebt zu sein als in die, mit der ich tanzte. Aber in der Erinnerung haben nie wieder Instrumente über mir so silbrig geflimmert wie bei Glenn Millers »Moonlight Serenade«. Ich war am Ziel, obwohl ich es ganz und gar nicht wusste. Näher am Ziel als später je wieder.

Ich habe Glück gehabt, großes Glück, denn eigentlich habe ich den Stalinismus nur als Farce erlebt. Ich habe Glück gehabt, man hat mich weder gefoltert noch verhört, noch in die Jauche und Scheiße getaucht wie Walter Kempowski, den man quälte, bis er seine Mutter verriet. Ich hatte dieses Glück, weil mein Vater in Bernburg in einer Holzfirma arbeitete und sich stetig – er war fleißig und liebte sein Handwerk, die Tischlerei – nach oben arbeitete, bis er in seinem Betrieb zur »technischen Intelligenz« gehörte, der in der DDR »alle Türen offen« standen. Alle Türen offen – das schien zwar erbärmlich wenig, aber es war weit mehr als das, was den kleinen Kaufleuten zugestanden wurde, die man bis zum Ruin kujonierte. Oder den Ärzten, deren Kinder man am Studium hinderte. Nein, eine Kulturrevolution hat es in der DDR nicht gegeben, auch später nicht, als Mao und die Roten Khmer sie veranstalteten, man hat die Brillenträger nicht erschlagen, man musste es auch nicht, sie liefen freiwillig, solange sie konnten, in den Westen weg.

Meine Freunde, also meine Klassenkameraden und ich, haben von dem, was sich um uns herum entwickelte, nicht viel kapiert. Wenn wir konnten, saßen wir um »Hosbert« (wie wir ihn, seiner Mutter folgend, riefen, denn eigentlich hieß er Horst Hubert) Schroer zusammen, er, Sohn eines Musikers einer Tanzkapelle, am Klavier. Stundenlang, wirklich stundenlang spielte er Boogie Woogie oder improvisierte Blues-Harmonien, wozu wir anderen zum Steinerweichen und bis zur Stupidität sangen: »Blues, why did you go from me! Blues, why did you go from me? Parampa pada! Why did you go from me.« Wir improvisierten mit selbstvergessener Inbrunst.

Unsere Vorliebe für Rhythm 'n' Blues, für eine Musik in Synkopen, für Saxophon- oder Trompetensoli, für die voluminös krächzenden oder orgelnden Stimmen von Louis Armstrong oder Ella Fitzgerald, hatten wir ganz für uns – unsere Eltern hatten dafür kein Ohr, sie zuckten die Achseln über unsere jugendlichen Verrücktheiten.

In einer Stadt wie Bernburg gab es natürlich keinen Jazzkeller, nur in einem kleinen Lokal in einem kleinen Hotel einen Tanzraum, in dem jeden Freitag und Samstag eine Tanz-

Combo spielte, Bass, Gitarre, Akkordeon, dazu sang der Ak-
kordeon-Spieler oder es sangen alle drei, das ging nach dem
Schema von den Drei Travellers und ich saß da jeden Freitag
als Sechzehnjähriger allein vor einem Glas Brause oder Bier,
hörte die Musik, sah den Tanzenden zu und träumte mich in
eine Zukunft, die morgen, ja eigentlich noch heute beginnen
musste und die so ging:

> Hallo, kleines Fräulein.
> Haben Sie heut Zeit?
> Mit mir auszugehen
> Nur zum Zeitvertreib?
> Wir gehen über Felder
> Streifen durch den Wald
> Kein Mensch wird uns sehen
> Weder jung noch alt.
> Wenn es dann schon dunkelt
> Stern auf Stern uns lacht
> Werde ich dich küssen
> Halt im Arm dich sacht
> Dann sind wir so selig
> Wie im Paradies
> Gisela, ich lieb dich,
> Du bist süß.

Das war als Swing gespielt, das Akkordeon zog Improvisa-
tionsbögen, und nach dem Refrain jazzten alle: »Bab, bab, bab,
baberabebab, bab, bab, bab, baberabebabab.« Und wiederholten:

> Dann sind wir so selig
> Wie im Paradies
> Gisela, ich lieb dich
> Du bist süß.
> Ba, be, be, ba, be, du! Yeah!

Ich war mit keinem Freund, keiner Freundin in diesem kleinen Tanzlokal, ich habe nicht einmal getanzt, aber immer bis zum Schluss dagesessen, immer allein an der Ecke eines Tisches, bis die Band aufhörte zu spielen. In meiner Phantasie tanzte ich, während ich den Paaren zusah, wahrscheinlich am Broadway. Mindestens! Wahrscheinlich im siebten Himmel. Der nicht mehr voller Geigen hing. Sondern voller Synkopen. Und swingte! Ich konnte fast alle Schlager auswendig, hätte fast alle mitsingen können, ja ich hätte gern vor einer Band gestanden und die Lieder mitgesungen. Stattdessen machte ich nur leise »bab, bab, bab, babarebabab«. Und jedes »Bababababerababad« war ein unbewusster Aufstand gegen die Losungen, von denen wir den ganzen Tag und die ganze Schulzeit umgeben waren, die »Ami, go home!« lauteten, obwohl es doch bei uns zu meinem Leidwesen keine Amis gab, die »home« hätten gehen können. Wie gerne hätten wir ihre Kaugummis um die Wette lässig durch unsere Zähne bewegt. Kaugummis, die sie uns geschenkt hatten, vorher. Um uns aufzunehmen in die wunderbare freie Welt der Kaugummikauer. Stattdessen waren wir eingekreist von Losungen des Friedenskampfs, von der Solidarität, von der Deutsch-Sowjetischen Freundschaft, von Stalin, der als bester Freund des deutschen Volkes lang leben sollte, ebenso lang wie die Deutsch-Sowjetische Freundschaft. Und die Werktätigen, sie sollten heraustreten zum 1. Mai, auf dass die Deutsch-Sowjetische Freundschaft unverbrüchlich bestehen bleibe und der Sozialismus siege, weil er siegen müsse. Dagegen setzte ich – nicht einmal sonderlich bewusst – am Freitagabend mein »Bab, bab, bab, baberababababab!«. Und obwohl ich ärmlich angezogen war und das Lokal unvorstellbar schäbig und billig, gehörte es mit seiner swingenden Tanzmusik einfach zur Welt und nicht zu dem engstirnigen, offiziellen Sozialismus.

Später habe ich miterlebt, wie bei den Schwabinger Krawallen, den Beatles- und Stones-Konzerten im Münchner Circus Krone, in der Berliner Waldbühne die Fans das Gestühl zerlegten und in Brand steckten, weil die Stones zu wenig Zugaben spielten, und ich bekam beim Aussteigen aus der U-Bahn einen Gummiknüppel über die Schulter gezogen. Das war die Revolte von Bob Dylan und Crosby, Still, Nash and Young, für deren Konzert ich von New York ins Nassau Colosseum gefahren bin, das war die Musik von Jimi Hendrix, der Aufstand von Woodstock, eine Musikrevolte, langhaarig zotteliger, schlacksiger Jeans-Träger, die sich gegen Amerika richtete, obwohl sie aus Amerika kam, aus einem schwarzen Amerika, einem Amerika der Beatniks, der Leute on the Road, der Vietnamkriegsgegner, der Mao-Fans – »Are you ready folks!«

Der Siegeszug des Jazz, des Swing nach 1945 war anders, er zeigte ein siegreiches Amerika in Uniform. Glenn Miller, wenn er die American Patrol spielte, »In the mood«, den »Song of the Wolga Boatmen«, wurde als »Herr Major« angesprochen und sein wunderbar schmalzig singender Sergeant Johnny Desmond wurde für die deutschen Zuhörer als »Herr Feldwebel« vorgestellt, bevor er »Long Ago and Far Away« sang. Amerikas Musik, das war die Musik der Soldatensender – und nach 1989, nach der Wiedervereinigung, befiel mich ein Phantomschmerz wie von einem amputierten Glied, als der AFN weitgehend zu senden aufhörte. Wie hatte mich seine Musik, während ich studierte, begleitet. »Bouncing in Bavaria«, »There is music in the air«, »Lunchen in Munchen«, was sich wie »Lanschen in Manschen« anhörte. Es gab Hawaii-Programme und welche mit schrecklichen Polkas, mit Country Music für Lastwagenfahrer aus der Opry in Nashville und es gab die »Crooner« (Schmacht- und Schmalzsänger, mein perfektester »Crooner« ist Dean Martin – bis heute), bis sich aus ihnen Frank Sinatra erhob, dessen Herrschaft dann bis zu den Beatles dauerte und –- nach dem Ende der Beatles-Manie – darüber hinaus. Auch wenn ich zwischen all den Jahren von 1950 bis heute von Zeit zu Zeit Sinatra abschwor, indem ich ihn auf einmal als »spießig« abtun wollte – er ist bis heute »mein« Sänger (»The Voice«) geblieben: »One for My Baby« (and One

More for the Road) ist bis heute »mein« Song – den ich, wenn ich je hätte singen können, gern gesungen hätte. Wie Sinatra. Vielleicht auch, weil ich wusste, dass es für Mozarts Figaro, Graf Almaviva, Don Giovanni, Leporello ohnehin nicht gereicht hätte! Es hat auch – klar! – für Sinatra nicht gereicht, weder vorne noch hinten.

Eines Tages, es muss 1958 gewesen sein, da war ich schon in München, veranstaltete das Blatzheim-Nachtlokal »Tabu« einen Frank-Sinatra-Wettbewerb. Ich beteiligte mich, stieg auf das Podium und begann mit aller Inbrunst Cole Porters »Night and Day« zu singen, und als dann die Stelle kam:

Day and night / under the hide of me
There's oh such a yearning burning inside of me

mit den herrlichen Reimen »under the hide of me/burning inside of me«, merkte ich, dass ich den Song zu hoch intoniert hatte, so dass ich an dieser Stelle ins Krächzen kam und meine Stimme sich überschlug. Ich hörte auf und verließ verstört und mit hochrotem Kopf die Bühne. Meine Karriere als Sinatra-Epigone war beendet, noch ehe sie begonnen hatte.

Später im »Spiegel« habe ich Titelgeschichten über Sinatra mitgeschrieben, über seine Verbindung zur Mafia und zu John F. Kennedy, ich habe über Blatzheim recherchiert, weil er der Stiefvater von Romy Schneider wurde, später und bis heute lege ich mir, wenn ich mich an die PanAm-blauen Paradiese der Sechziger erinnern will, an deren Bubblegum-Illusionen, Sinatra auf: »Come fly with me!«

Nach und nach sickerte der Stalinismus (das ist die Form, in der ich den Sozialismus erlebte) durch alle Ritzen, ein schleichendes und bedrohliches Gift, das sich ausbreitete, alle ansteckte und diejenigen, die sich wehrten, vernichtete. Die anderen wurden anverwandelt. Es gibt über dieses Phänomen mehrere schriftstellerische Entwürfe, Visionen; sicher die gültigste ist George Orwells »1984«, das ich bis heute nicht ohne psychische Beklemmungen lesen kann – die Lektüre versetzt mich in Unruhe, die ich durch ein aufgeregtes Aufundabwandern in Motorik umsetzen muss, weil sie genau die Lebensperspektiven ausmalt, die mir damals in schrecklichster Aussicht standen. Es ist das Buch über eine Terrorherrschaft, die ihre Opfer zu einverständiger Zustimmung, ja Liebe und Begeisterung presst. Es ist der Terror, der in das Innere des Opfers transplantiert wird, das seiner Vernichtung gläubig und voller Überzeugung zustimmt.

Stalins Schauprozesse von 1936–1938, die sich in den Prozessen in den Satellitenstaaten wiederholten, also etwa dem Slanski-Prozess in der Tschechoslowakei, sind der Widerschein dieser Vorgänge, in dem der Terror einen Menschen mit dessen serviler Zustimmung auslöscht. Der stalinistische Terror nimmt dem Opfer noch die letzte Würde, er kann nicht einmal nicht einverstanden sein mit der eigenen Vernichtung.

Es gibt Franz Kafkas Schreckensvision des »Prozesses« – als Vorwegnahme der in grausige Logik verwandelten Willkür eines Apparats, der sich die Vernichtung vorgenommen hat, das Buch ist voll absurder Logik und lähmender Konsequenz. Es gibt Albert Camus' »Pest«, die die Zerstörung beschreibt. Nachträglich, als Opfer, hat Solschenizyn, im »Archipel Gulag« das Menschen millionenfach zermalmende System beschrieben. Wenn ich mich in die Träume der ersten Nachkriegsjahre zurückträume, dann war die Welt ein Nachtgespenst. Ein grässlicher Schwarzweißfilm, in dem des Nachts Männer mit Schlapphüten vor meiner Tür standen. Sie waren freundlich, bis sie mich im Klammergriff zwischen sich nahmen und zu meiner Vernichtung abschleppten, vorher lächelten sie noch um meine Zustimmung – bis ich sie ihnen winselnd gab. Von Kafka habe ich die Selbstachtung in der Selbstverachtung gelernt.

Alles Schwafelei

Der »Große Bruder« – damals noch keine Trashshow des Kommerzfernsehens, sondern der Übergott in einem irdischen Terrorhimmel – existiert schon lange nicht mehr. Inzwischen heißt Stalingrad nicht mehr Stalingrad und die Stalinallee nicht mehr Stalinallee und sogar Leningrad heißt wieder St. Petersburg. Man müsste das nicht aufschreiben, werkelten nicht noch immer unverdrossen Nachfolgeparteien an einem Kommunismus mit menschlichem Antlitz, an einem Sozialismus ohne Stalins (Lenins, Maos, Titos, Ho Chi Minhs, Fidel Castros, Pol Pots) Fehler.

Ich bewundere die Autoren, die als Satiriker oder Endzeitvisionäre die finsteren Kerker in ihrer Unendlichkeit und die geistigen Verliese in ihrer Unentrinnbarkeit aufgezeichnet haben: Stanislaw Lem mit seinen futurologischen Visionen, Eugène Ionesco mit seinem Stück von den »Nashörnern«, Mrozek mit seiner Satire von der »Polizei«. Es fällt mir schwer, Schriftsteller zu respektieren, die Stalin in Hymnen und Elogen besungen haben. Es waren mehr, als es uns heute in unserer Erinnerung lieb ist.

Wenn man mir heute begütigend und zur Beruhigung sagt: »Ja, Sie! Sie haben die DDR zu einem Zeitpunkt verlassen, als noch der Stalinismus wütete, nachher wurde ja alles besser, allmählich«, kann ich nur antworten: Wirklich? Und der 17. Juni? Sind danach nicht Menschen zu Zuchthaus und zum Tode verurteilt, Existenzen zerstört worden, die nur von ihrem natürlichen Streik- und Versammlungsrecht Gebrauch machten? Und war nicht Budapest, nach Stalins Tod, die blutigste und grausigste Niederschlagung einer berechtigten Revolution? Und Prag? Und Solidarność? Und der Platz des Himmlischen Friedens? Und Castro, der noch im Jahr 2003 Flüchtlinge hinrichten ließ? Und Schriftsteller wegen der Gedanken in ihren Werken zu zweiundzwanzig Jahren Haft verurteilen ließ?

Klar, dass, um den Stalinismus in Deutschland zu errichten, die Bemühungen, die Grenze dichtzumachen, immer intensiver wurden. Niemand lässt gerne seinen Staat inspizieren, wenn er den kommunistischen Staatsstreich vollzieht, niemand hat es gern, wenn Reisende erzählen, wie es in seinem Staate zugeht, wenn es so zugeht, wie es zugeht.

Der Stalinismus hatte zwar keine wahnhafte Rassenlehre entwickelt, für die Millionen in Todesfabriken sterben mussten. Aber wenn Stalins Kulakenmorde und Gulagmorde später in Zeiten der Koexistenz als »Fehler des Personenkults« abgetan wurden, erschien mir das als der pure Hohn. Seinen Untertanen vermittelte er ein geschlossenes Weltbild – zum Beispiel eine stalinistische Biologie. Natürlich hatte sie den westlichen Biologien überlegen zu sein – wie alles, was sich Stalin ausdachte oder anderen sich für ihn auszudenken befahl.

Iwan Wladimirowitsch Mitschurin und Trofim Denissowitsch Lyssenko hießen Stalins Vorzeige-Biologen, mit denen wir jahrelang vor dem Abitur in dem Kernfach Biologie gefüttert wurden, weil sie auf dem so entscheidenden Sektor der Biologie die Überlegenheit des sozialistischen Weltbildes theoretisch, und auch praktisch, im Kampf gegen den Hunger, beweisen sollten. Der eine, Mitschurin, der 1935 in einer Stadt starb, die zu seinen Ehren Mitschurinsk hieß, züchtete mehr als 300 neue Obstsorten (so wie Stalin den neuen Menschen züchten wollte). Seine Methode: vegetative Hybridisierung, womit die Ostbaumgrenze für die Sowjetunion erheblich nach dem Norden verschoben werden konnte. Er bekam dafür den Leninorden und den Rotbannerorden. Wir bekamen dennoch kein Obst, weder Süd- noch Nordfrüchte. Und dort, wo es Obst gab, so belehrte uns die Schule, Bananen und Ananas, da herrschte mit kolonialer Ausbeutung die American Fruit Company, ein besonders schlimmes Exempel des United-States-Imperialismus.

Lyssenko, Agronom und Agrarbiologe, Stalins Lieblingswissenschaftler und ein Scharlatan, entwickelte unter großem Tamtam eine eigene sowjetische Biologie und Genetik und erhielt gleich sechsmal unter Stalins Beifall den Leninorden. Wir mussten seine Methode der Jarowisation (die Sommergetreide durch Kältebehandlung von angekeimten Samen angeblich winterfest machte) wie einen Katechismus lernen. Es war ein für die Sowjetunion teurer Katechismus, der zu Hungersnöten führte, wo seine Methode zwangseingeführt wurde. Seine Lehre von der Entstehung der Arten war eine Säule von Stalins wissenschaftlich begründetem Überlegenheitsgefühl.

Wir hatten das 1951/52 wie ein kommunistisches Evangelium zu lernen. Auch die Natur beweise in einer riesigen einzigen Analogie die Richtigkeit der marxistisch-leninistisch-stalinistischen Entwicklungstheorie. Brecht schrieb über diesen Unfug, der die Mendelschen Gesetze außer Kraft setzen sollte, eine stalinistische Peinlichkeit unter dem Titel »Die Erziehung der Hirse«. Im DDR-Lexikon, das Lyssenko, dem »Kopernikus der Biologie« unter Stalin, nach der Entstalinisierung noch ganze sechzehn Zeilen einräumt, heißt es schon distanzierend: »Seine Schlussfolgerungen wurden von den sowjetischen Biologen nicht anerkannt.« 1974 kommt Lyssenko in Band neun des Großen DDR-Lexikons (»Meyers neues Lexikon«) nicht mehr vor.

Unser Lehrer, der uns diesen Unfug einzubläuen hatte, den er natürlich begeistert glaubte, war über den volksdemokratischen Bildungsweg in unsere Schule gekommen. Er hieß Kaempfe, war ein liebenswürdig-schusseliger Mensch, der uns gut behandelte und der eine schwere Zunge hatte, die über alles mit sächsischer Mühsal stolperte. Da er uns gefiel – er gab mir sofort eine Eins, wenn ich auch nur zwei Stunden aufhörte, seinen Unterricht durch Albernheiten zu stören –, beteten wir brav (ich weiß nicht mehr, ob mit oder ohne Überzeugung) seine Mitschurin- und Lyssenko-Sprüche nach und erzählten vom »jarowisierten Sommerweizen« – so müssen früher Scholastiker von der Dreieinigkeit rabulistisch gefaselt haben. Wahrscheinlich glaubten wir kein Wort, einfach weil es uns nicht interessierte. Schüler-Obstruktion nährt sich aus Desinteresse. Stattdessen notierte ich mir die im schönsten Sächsisch vorgetragenen Stilblüten des Lehrers in meine Hefte. Etwa über den in der Entwicklung (Darwin) so wichtigen Lanzettfisch: »Das Lanzettfischschen heißt Lanzettfischschen, weil es eine lanzettfischschenförmliche Form hat.« Feuerzangenbowlen-Penne im Stalinismus. Stellen wir uns eine Dampfmaschine vor! Das Dumme war nur: Einige Mitschüler, die nur auf blöde Scherze aus waren, haben im Stalinismus (der humorlos wie jede Diktatur war) kindische Schülerstreiche mit dem Ende ihrer Schulkarriere, mit Relegation, ja mit Gefängnis bezahlt. Ihnen widerfuhr, was dem Sommerweizen passierte. Pech für sie!

Dabei war es lächerlich, wenn man bei den Mai-Paraden die Repräsentanten der alles umwälzenden Revolution sah, lächerlich und erschreckend: Angehörige eines geriatrischensklerotischen Gruselkabinetts mit maskenhaft erstarrten Greisengesichtern in schlecht sitzenden, geschmacklosen Anzügen, mit geschmacklos überladenem Ordensklimbim auf der Brust – das sollte das Symbol der Zukunft der Menschheit sein? Nur – wer darüber lachte, riskierte seine Existenz.

Ich erinnere mich noch an die Angst, die meine Freunde und ich damals hatten. Wir wollten »durchkommen«, nur »durchkommen«. Bloß keinen Fehler machen! Wir wollten eine Zeit überleben. Bloß nicht zu viel trinken und dann zu randalieren anfangen! Sich bloß nicht provozieren lassen, damit einem in einer Versammlung nicht der Kragen platzt und man ruft: »Ich kann nicht mehr.«

Um sich seinen eigenen Lebensweg wie aus der Distanz vor Augen zu halten, bemüht man Bilder, Gleichnisse, Allegorien; sie sind grob, vereinfachend und deshalb darauf ausgerichtet, einleuchtend zu sein. Sie sind so, wie sich Sportler, um sich zu Leistungen anzuspornen, Nationalfarben, Flaggen und Hymnen vor Augen halten. Ihr Ziel ist eine gewisse Emblematik, an der man sich zu orientieren sucht, nachdem man sie selbst erfunden oder zumindest selbst gewählt hat. Je älter ich werde, desto unabweisbarer drängt sich das einfache Bild eines Sturzes auf: Ein Mann fällt vom Dach eines Wolkenkratzers und stürzt im freien, ständig beschleunigten Fall auf die Erde zu. Und während er stürzt und eigentlich wissen müsste, dass das Ende nur der katastrophale Aufprall sein kann, überkommt ihn während des Falls eine lebensrettende Euphorie; er passiert Stockwerk um Stockwerk und denkt: Bisher ist ja alles noch gut gegangen.

Als junger Mensch hat man ein anderes, ein weniger zynisches Bild vor Augen. Man stellt sich das Leben als eine Pfeilbahn vor, man wird mit einer Sehne vom Bogen abgeschossen und fliegt mit unwiderstehlicher Flugkraft dahin, die Lüfte erzittern, und man hofft, dass die Spannkraft noch lange anhalten möchte. Vielleicht sollte man eher einen Langstreckenläufer vor Augen haben, der am Ende der Strecke noch meint zulegen zu können, aus eigener letzter Kraft. Während das Bild vom losgeschossenen Pfeil ja in Wahrheit etwas ähnlich ohnmächtig Fatalistisches hat wie das des Mannes, der vom Hochhaus in die Tiefe stürzt.

Als ich 1952 Abitur machte, schien ich mich am schnellsten und am besten auf ein Ziel im Lebensflug zuzubewegen. Ich hatte meinen Klassenkameraden und besten Freund, Oswald F., kurz vor dem Abitur in geheimem Wetteifer in der Flugbahn überholt, ich war Klassenbester und, wie sich mit dem Abitur herausstellte, Schulbester geworden: Als Flüchtling, der sonst nichts hatte, und als Angehöriger einer total besiegten Nation konnte ich mir keine anderen Ziele vorstellen und setzen.

Aber der Sieg war sozusagen vergiftet und verwandelte sich durch die Zeitumstände in eine Niederlage. Denn noch bevor das Abitur geschafft war, wusste ich schon, welche Siegestrophäen mir in Aussicht gestellt waren. Man hatte mir auf meine Bewerbung hin in Halle einen Studienplatz in Aussicht gestellt: allerdings nicht für Germanistik, wie ich es mir gewünscht hatte, sondern für Geschichte. In meiner damaligen Beschränktheit kam mir das wie eine herbe Einschränkung vor: Geschichte erschien mir als politisches Fach, das mich im Sinne der herrschenden kommunistischen Heilsgewissheit (die Geschichte ist eine Geschichte von Klassenkämpfen, an deren eschatologischem Ende der Sieg der Arbeiterklasse stünde) nicht mit Fakten und historischen Daten, mit Zusammenhängen im Spiel von Macht und Zufall, von Siegen und Niederlagen der Vernunft versorgen würde, sondern mit propagandistischen Belegstücken und Klitterungen, die etwas beweisen sollten, was längst schon bewiesen war, von allem Anfang an.

Was mich nachträglich nur wunderte, war, dass ich bei der Bewerbung offenbar geglaubt hatte, dass ich mit Germanistik besser gefahren wäre. Das war naiv. Und später, als ich in Tübingen wirklich Geschichte und Germanistik studierte, da habe ich gelernt, dass die Germanistik sich von totalitären Regimen noch willfähriger in den Dienst der Ideologie schleifen lässt als die Historie, die sich wenigstens mit einigen unverrückbaren Daten wehrt. Aber vielleicht hatte ich mich ja in Halle nur noch spielerisch, nur noch pro forma beworben, für den Fall, dass alle Stricke reißen, das heißt, dass mir die Flucht in den Westen nicht gelingen sollte.

Aber mir hätte sich damals eine zweite, in den Augen der staatstragenden neuen Kräfte der DDR noch verlockendere Perspektive aufgetan – die mich allerdings in eine gewisse Panik versetzte. Der Schulrat ließ mich über den Klassenlehrer und den Schulleiter wissen, dass mir für den Fall eines gut bestandenen Abiturs ein Auslandsstipendium winke: Ich könnte dazu ausersehen sein, in Moskau, also im Herzen der Sowjetunion und im Zentrum des Sozialismus, zu studieren. Gewissermaßen zu Füßen von Väterchen Stalin, von dem ich durch speichelleckerische Gedichte wusste (»Im Kreml brennt noch Licht«), dass der Allwissende, Allmächtige sich keine Nachtruhe gönnte, damit er die Menschheit endgültig vom Joch des Kapitalismus befreien könnte. Mir erschien das wie der personifizierte Alb vom Großen Bruder, der mich bewachte und beobachtete, während ich unter seinem strengen Blick im roten Rom studierte. Wie auf der Napola bei den Nazis sollte ich mit etwas gesegnet werden, das ich partout nicht wollte, vor dem ich nur Widerwillen und Schrecken empfand: jetzt allerdings viel bewusster und nicht nur aus Bequemlichkeit und kindlichem Instinkt wie bei den Nazis.

Das Merkwürdige ist nur, dass ich mir diese Aussichten auf einen auserwählten Studienplatz in der Sowjetunion nicht etwa in der Schule (die schon nicht mehr Karlsgymnasium, sondern Karl-Marx-Oberschule hieß) durch sozialistischen Eifer und linientreue Meriten erworben habe, ja nicht einmal hätte erwerben können, wenn ich es denn je gewollt hätte. Denn die Schule war, mitten im Stalinismus, in weiten Teilen noch von gestern. In Deutsch schrieben wir Aufsätze über »Egmont« oder »Nathan den Weisen«, in Geschichte krähte der eine Geschichtslehrer, wenn von deutschen Kriegsverbrechen die Rede war, etwas von »Vae victis!« – »Wehe den Besiegten«, der andere erzählte stolz vom Ersten Weltkrieg, wie russische Kriegsgefangene an einen Eisenbahnwaggon geschrieben hätten: »Russische Eier – französischer Sekt – deutsche Hiebe, hei, wie das schmeckt!« Aus dem Rückblick erscheint mir das alles unfassbar: Es lag an der systemimmanenten Schlamperei, die mitten im totalitären System vorherrschte. Noch mehr aber daran, dass es noch keine neuen Lehrkräfte gab, die zu Kadern für das neue Bewusstsein geschult gewesen wären.

Dabei spielten wir in der Schule ein scheinbar zeitloses Spiel: Flegel in der Penne. Wir fläzten uns in unsere Bänke, schoben uns Zettel zu, schossen mit Papierkugeln, zerschnitzten die Bänke, füllten die Ritzen mit Tinte und wenn der Lehrer plötzlich seinen Rücken zur Tafel drehte, uns scharf und wie ein Dompteur anblickte und fragte »Wer war das?«, lehnten wir uns mit breitem Grinsen zurück oder setzten eine unschuldige Miene auf. Ich ging schon allein deshalb gerne in die Schule, weil man da so viel herumalbern konnte. Und noch lieber, weil es eine gemischte Schule war und ich mit Mädchen zusammenkam, die man hänseln und anhimmeln konnte. Ich war mehr fürs Anhimmeln und da ich dachte, man könnte meine Gedanken lesen und wüsste, mit welchen Wunschbildern ich gestern noch onaniert hätte, wurde ich oft rot dabei.

Abgesehen von diesen Jungengeschichten, lebten wir in den beginnenden fünfziger Jahren in einer unaufgeräumten, ungelüfteten Zeit. Auch in der DDR war eine Prüderie erzeugt worden, die die Libertinage der vierziger Jahre krass zu deckeln und einzufangen suchte – nur war sie hier nicht mit dem Christentum bemäntelt und nicht der Religion untergeordnet, sondern der proletarischen Enge, die all das scheinbar Ausschweifende für bourgeoise Verderbtheit erachtete, die nur vom Klassenkampf, der Arbeitswelt und der Normerfüllung ablenkte.

Ich hatte das Glück, dass in unserer Vorderwohnung die Dramaturgin des Bernburger Stadttheaters wohnte, die Witwe eines Redakteurs, der im Krieg gefallen war, eine »kesse Berlinerin« mit scharfer Zunge und scharfer Nase, die über ihren leider behaarten und leider nicht enthaarten Beinen schicke Nylons trug und auf hochhackigen eleganten Schuhen über den Parkettfußboden klapperte. Sie hatte eine jüngere Freundin, die ihre Assistentin war, flauschige Pullover in Bonbonfarben trug und schrecklich vorstehende Zähne hatte, aber die Zähne waren schneeweiß, sie war blutjung, so dass man sich daran nicht störte, sondern sich wünschte, die Lippen zu küssen – ich jedenfalls wünschte mir das. Und so werde ich mit Dankbarkeit nicht vergessen, dass mir die beiden beim Rauchen (ich durfte als Sechzehnjähriger mitrauchen) die Mund-zu-Mund-Beatmung mit Zigarettenrauch beibrachten. Ich kam mir für Augenblicke wie ein Lebemann vor. Dazu hörten wir natürlich amerikanische Musik. Sonst aber gingen sie mit mir burschikos freundschaftlich um, die Dramaturgin nahm mich mit ins Theater und ich durfte sogar »den Professor« in »Emil und die Detektive« spielen. Für die Rolle musste ich eine Jacke tragen, hatte aber nur eine, deren Ärmel mir nur bis zu den Ellbogen gingen. Es sah grotesk aus, so grotesk, dass man hätte denken können, es gehöre zur Charakteristik der Figur und sei das Werk einer Kostümbildnerin. Damals aber gab es keine Kostümbildnerinnen, höchstens einen Fundus.

Im Theater sah ich zum Beispiel den »Othello«, den der Intendant, ein stattlicher Mime, ein Provinz-Quadflieg, selbst spielte, während sein Oberspielleiter, hager, spindeldürr, käsige Haut, Brille, schütteres rotes Haar, den Jago gab. Es gab zwei Desdemonen, eine dunkelhaarig und die andere blond, die sich alternierend vom Intendanten abwürgen ließen – für mich waren beide wunderschön und mein Freund Oswald und ich murmelten uns auf dem Nachhauseweg zu, dass die eine, die Dunkelhaarige, die Ehefrau des Intendanten war und die andere, die blonde, seine Geliebte. Die wiederum sei die Ehefrau des Oberspielleiters, während die dunkelhaarige Intendantenfrau seine Geliebte war – so einfach legten wir uns die Welt zurecht. Und so sehen Theaterwelten aus, wenn man sich in sie hineinsehnt.

Während ich im Theater mit großer Verliebtheit auf die hoch gewachsenen Ballettschülerinnen schaute und zärtliche Blicke zu ihren in Ballettschuhe gebundenen Füßen warf, gewöhnte ich mir das Erröten ab. Bis dahin hatte ich in der Schule die Flucht nach vorne angetreten: Immer wenn in der Klasse oder auf dem Schulhof ein Mädchen in meinen Blickkreis trat, von dem ich fürchtete, sie würde mich erröten machen, sagte ich laut: »So, es ist komisch, aber jetzt werde ich gleich rot!« Dann lachte ich, etwas krampfhaft, und wurde rot. Jedenfalls die ersten Male. Später immer weniger. Man kann die Wahrheit nur mit einer Scheinwahrheit besiegen, dachte ich. Später habe ich oft dann die Wahrheit gesagt, das heißt, ich bin mit ihr vorgeprescht, wenn sie für mich besonders unangenehm und beschämend schien. Dieser Mut zur Wahrheit hat mir über die Peinlichkeit hinweggeholfen. Später, bei Max Frischs »Biedermann und die Brandstifter«, habe ich das theoretische Futterzeug dazu bekommen: dass nämlich die beste Lüge die Wahrheit sei. Die nackte Wahrheit, die so unverschämt klingt, dass sie niemand glaubt.

Im Theater spielte man »Romeo und Julia« und »Die Dubarry« und »Maske in Blau« und »Der Raub der Sabinerinnen«. Keinen Brecht, keinen Hauptmann, keinen Sternheim, geschweige denn Wischnewskis »Optimistische Tragödie«. Hier, in diesem Striese-Betrieb, waren die Ritzen noch dicht gegen die Diktatur des Proletariats. Aber komisch ist es schon, dass Schule und Theater in der Zeit, da Stalins Byzantinismus seinen Höhepunkt erlebte, absolut anachronistisch waren: Die Schule spielte die »Feuerzangenbowle«, das Theater den »Raub der Sabinerinnen«. Jedenfalls war Striese der Theaterdirektor.

Es war vor allem vor den Schulfeiern, wenn alle Klassen sich als eine schnatternde Schar zur Aula begaben und dort mit einem erheblichen Lärmpegel weiterschnatterten, und das Fass jederzeit zum Überlaufen kommen konnte, dass der wie geschnitzt wirkende, vom Alterspuder der Milde notdürftig überstaubte Kopf Stalins mit seinem (auf mich) sardonisch wirkenden Georgier-Grinsen die Feierstunden mehr und mehr bestimmen sollte.

Von irgendeinem Moment an, ich denke, es war 1949/1950, war er der einzige Zweck und das einzige Ziel der Aula-Feiern, ob es sich um Schuljahresbeginn, Weihnachten oder Schuljahresende handelte. War zu Beginn der Feierstunde Ruhe eingekehrt, so spielte ein Schulorchester oder es sang der Schulchor (zu dem ich gehörte), das Schulorchester klang jämmerlich, wie Streichinstrumente klingen, die in die Hände von zwangsverpflichteten Dilettanten geraten sind, der Schulchor hörte sich (für mich) schön an, weil ich als Bariton, von seiner Kraft getragen, in sein Volumen eingebettet war: »Bald prangt, den Morgen zu verkünden … bald muss die Nacht, die düstre schwinden …!«

Dann sprach der Schulleiter, den wir noch immer »Direx« nannten. Die Schüler flüsterten und zischelten, bis die Lehrer böse blickten; das Orchester fiedelte wieder, der Chor sang.

»Klatscht nicht so viel«, sagte unser Klassenlehrer »Mope« Kersten, »sonst fangen die womöglich noch mal von vorne an!« Er war entweder ein Banause oder ein Musikfreund, jedenfalls als Naturwissenschaftler, als Physik- und Mathematiklehrer einer großen Nüchternheit verpflichtet, er leistete es sich nie, laut oder unbeherrscht zu werden, war streng gekämmt und trug den weißen Mantel des Physiklehrers auch als Uniform eines Naturwissenschaftlers, der von Geisteswissenschaftlern nicht viel hielt – »alles Schwafelei!«, sagte er in diesem Zusammenhang und für ihn fiel auf jeden Fall jedes politische Gerede, ob es sich um »Gesellschaftskunde« oder Aula-Reden handelte, unter die Kategorie der »Schwafelei«, über die er verächtlich die Lippen schürzte.

Mope Kerstens Temperament brach los, wenn er Motorrad fuhr und an seinem Motorrad herumbastelte, dann ließ der stille, beherrschte Mann dröhnend und mit aufheulendem Motor die Sau raus, ein Brillenmensch auf wilder Fahrt. Und eigentlich sah er auf seiner röhrenden Maschine (aber das wusste ich damals noch nicht) wie Woody Allen aus: ein Woody Allen als »Easy Rider«.

Ich erinnere mich daran, wie er uns in der Abiturklasse eines Tages die Relativitätstheorie vermittelte. Wir saßen zu siebzehnt im Physiksaal, Kersten stand vor einer Art Theke mit blitzenden Geräten, klein, weiß und steif mit schwarzer Brille und schwarzen, nass gekämmten Haaren und sagte, sinngemäß, dass die Relativitätstheorie sehr kompliziert und sehr schwer zu verstehen sei. »Vielleicht ein Dutzend Menschen auf der Welt verstehen sie.« Pause. »Ich werde sie Ihnen jetzt erklären!«

Ich habe diese Geschichte oft und gern als Beispiel von Pauker-Hybris und Lehrer-Überheblichkeit, ja von Borniertheit erzählt, aber von meiner Klasse sind von siebzehn Schülern drei Physik-Professoren geworden, einer Ordinarius für theoretische Physik an der Berliner FU, einer unterrichtete eine Zeit lang an japanischen Universitäten, einer wurde ein bekannter Arzt, Herzspezialist, ein anderer Oberstadtdirektor in Heidelberg, wo er unter anderem Müllabfuhr und Straßenbahnen erfolgreich verwaltete und reformierte, und noch ein weiterer ein bekannter Architekt, ein anderer ein hingebungsvoller Meeresbiologe.

Nur ich, ich war aus Kerstens Klasse zu den »Schwaflern« übergelaufen und noch heute ertappe ich mich manchmal dabei, wenn ich literarischen Diskussionen lausche, unserem erschreckend nüchternen Klassenlehrer Recht zu geben und beim Zuhören zu denken, das ist doch Schwafelei. Ich weiß dann, dass ich Recht und Unrecht zugleich habe.

In der Parallelklasse, die schöngeistig ausgerichtet war, neusprachlich, was vor allem Deutsch, Englisch und Russisch hieß, unterrichtete als Klassenlehrer Herr Kühlhorn, von uns zu Herr Kahlhirn vorballhornt, ein älterer, etwas wackliger Herr mit schmalem, schönem Kopf, der es verstanden hat, in mir die Liebe und Neugier zur Literatur zu wecken (auch zu Thomas Mann und Anna Seghers). Aus dieser Klasse von Kühlhorn, der seine Schüler nie politisch indoktrinierte – nichts lag ihm ferner –, sind nach dem Abitur zwei Drittel der Schüler in die kasernierte Volkspolizei als Freiwillige eingetreten: Sie machten Karriere in der DDR-Volksarmee. Dagegen sind aus meiner Klasse (dem mathematisch-naturwissenschaftlichen Zweig) von siebzehn Schülerinnen und Schülern elf unmittelbar nach der Reifeprüfung nach Westdeutschland geflohen. Seltsam! Sind »Schwafler« für militantes Denken, für Propaganda anfälliger? Oder bestimmen so genannte Alpha-Tiere in der Klasse das Gruppenverhalten.

Ich bin zusammen mit drei anderen Schülern nach Westberlin gegangen. Der eine war Klassensprecher, ich sein bester

Freund und Konkurrent, der tonangebende Clown der Klasse, der Dritte war ein großartiger Mathematiker und guter Klavierspieler, mein Banknachbar. Und der Vierte ein Arztsohn, der sich eigenwillig eigenbrötlerisch jeglicher FDJ-Gruppierung verschloss und mit uns ging – obwohl er später auf jede Konstellation unserer Gruppe, die ihn nicht zur Hauptperson ausersehen hatte, bis zur Bockigkeit und Verstocktheit eifersüchtig war.

Doch zurück zur Feierstunde, zurück in die Aula! Das Orchester hatte gerade steinerweichend gestrichen, wir hatten frenetisch übertrieben geklatscht (unsere Form von Ironie), Mope Kersten hatte uns strafend angeblickt, da trat der Schulleiter, ein Zeichenlehrer (dessen Aufgabe aber nicht war, uns das Zeichnen beizubringen, sondern politische Zeichen zu setzen) von ausgemachter Hässlichkeit, auf das Podium. Der Mann, vielleicht Mitte dreißig, schielte, schwitzte, hatte angeklebtes Haar auf seiner schon ziemlich fortgeschrittenen Glatze und gelblich auseinander stehende Zähne. Hätte ich ihn rollengerecht in einem Film über die Schule der DDR besetzt, hätte man mir die Klischeehaftigkeit vorgeworfen, mit der ich meine Kalte-Krieger-Mentalität zu untermauern suche.

Dieser Schulleiter also trat vor uns Schüler, reckte ein Stalin-Plakat hoch und hielt es uns anklägerisch entgegen. Auf dem Plakat waren Stalins Augen ausgestochen. Das, so schmetterte er im empörten Diskant, wobei die Stimme dauernd überzukippen drohte, das habe ein Schüler von unserer Schule getan, dieses schreckliche, beispiellose Verbrechen ausgerechnet an Stalin, der doch … – er verfiel wieder in die übliche Litanei vom besten Freund des deutschen Volkes, vom Lehrmeister der Völker, als ein Schüler sich mit laut hörbarem Trompeten die Nase schnäuzte. Es klang wie das Röhren eines Hirsches, das Trompeten eines Elefanten im Urwald, auf jeden Fall unangemessen. Die kurze Zeit des eisigen Schreckens, unsere Angst vor den nicht auszumalenden Folgen der frevelhaften

Tat, löste sich beim Anhören dieses trötenden Schnaubens in einem den Saal überwältigenden, alle förmlich schüttelnden Gelächter auf.

Der Schulleiter mit seinem Plakat war um seine Angst verbreitende Autorität gebracht. Und während er wutschnaubend, auch vor Verunsicherung, schrie: »Wer war das!«, und das Plakat erst weiter sinnlos hochhielt, dann zur Seite legte und irgendetwas von »Das wird Konsequenzen haben!« rief, stürzten mehrere Lehrer auf die Bühne, um dem Verstörten zu helfen und die Situation wieder in den Griff zu bekommen.

Mope Kersten bestieg die Bühne der Aula und sagte, die Klassen sollten jetzt mit ihren Klassenlehrern zurück in ihre Klassenräume gehen und den Unterricht wieder aufnehmen.

Der Schuldige war schnell ausgemacht. Es war ein Schüler meiner Klasse (wir waren noch drei Jahre vom Abitur entfernt), und Kersten wusste dies natürlich von Anfang an. Von uns aus hatte sich die ausgelassene Heiterkeit fortgepflanzt, und der Schüler, der sich so laut schnaubend geschnäuzt hatte, gehörte auch zu uns. Er war ein Arztsohn, sein Vater Leiter eines Krankenhauses. Also wurde schnell herausgefunden oder (unter Kerstens Anleitung) die Idee entwickelt, dass der Nasentrompeter unter einem speziellen Nasen-Problem leide: Er habe durch eine schiefe Nasenscheidewand Atemprobleme, die sich von Zeit zu Zeit in einem überlauten Schnauben und Schnäuzen entlüden. Der Schüler wurde sofort vom Unterricht suspendiert, das heißt: Kersten schickte ihn nach Hause, zu seinem Vater, der sich des Problems annehmen sollte.

Der Vater bescheinigte, unter der Assistenz eines HNO-Spezialisten, seinem Sohn sein besonderes Leiden, so dass klar wurde: nicht aus Subversion habe der Schüler sich schnaubend die Nase gesäubert, sondern wegen einer medizinischen Abnormität. Der Schüler sei also weder ein Trotzkist noch Titoist, noch Abweichler, noch Söldner des Kapitals, noch Diversant oder Lakai des Klassenfeindes. Das ärztliche Attest tat seine gewünschte Wirkung. Und es war eine rettende Notlüge für einen an sich harmlosen Vorgang, der zu den schrecklichsten Konsequenzen hätte führen können.

Wirklich zu den schrecklichsten! Wir hatten gerade von der lebenslangen Haft für eine Siebzehnjährige erfahren, die Stalins Schnurrbart auf einem öffentlich aufgehängten Plakat verunziert hatte; und von zehn Jahren Haft für einen minderjährigen Denkmalbeschmutzer, der Ähnliches gemacht hatte. Das Leben dieser jungen Menschen war wegen eines Schülerstreichs zerstört worden.

Dem schnaubenden Arztsohn ist nichts geschehen. Auf der Schule aber war er ein Jahr später nicht mehr. Wahrscheinlich war die Familie in den Westen geflohen, vorsichtshalber. Ich weiß es nicht. Den Plakatschänder hat man, soviel ich weiß, nicht aufgespürt. Wir hatten Glück.

In meinen letzten Schuljahren wurde Russisch nach und nach erste Fremdsprache. Die Texte, die ich auf Russisch zu lesen, zu verstehen und grammatikalisch zu erklären hatte, waren meist kurze Jahreszeiten-Gedichte von Puschkin und Tierfabeln von Iwan Krylow. Zu mehr reichte es leider nicht und die gewaltigen Reichtümer der russischen Literatur, ihre schmerzlich weise bis fanatisch besessene Menschenerkundung, ihre grandiose epische Breite, ihre mystischen wie realistischen Dimensionen habe ich zu meinem Bedauern nie im Original kennen gelernt.

Wir hatten jedenfalls damals keine guten Russischlehrer; entweder konnten sie kaum mehr Russisch als wir, oder sie sprachen zwar Russisch, waren dafür aber keine Pädagogen.

Irgendwann – es muss in der 11. Klasse, also mehr als ein Jahr vor dem Abitur gewesen sein – kam eine junge, zarte, blonde Lehrerin zu uns, die im Unterschied zu allen, die es bisher mit uns versucht hatten, Russisch so aussprach, dass wir es nicht verstanden. Es war einfach die richtige, die native Aussprache. Dafür sprach sie deutsch mit einem unverkennbar russischen Akzent, verwandelte Os in As, machte aus E ein Je und aus H, je nachdem, ein G oder ein CH – »Gellmuth« hieß ich oder »Chellmut«, und die Bezirkshauptstadt hieß »Galle« statt »Halle«. Die Lehrerin war leise, launisch und roch meistens stark nach einem betäubend süßen Parfüm, was für uns ungehobelte Rabauken, die wir, Raubtiere in der Manege, die auf jede Schwäche eines Lehrers warteten, um über ihn herzufallen, ein gefundenes Fressen war.

Betrat sie also, klein und schüchtern lächelnd zu Beginn der Stunde unsere Klasse, sagte »Smatritje!« (Schaut mal her!) und vermittelte den Eindruck, mit ihrem Lächeln um Gnade und Wohlwollen zu betteln, dann lehnten wir uns fläzig in unseren Stühlen zurück, die wir zu diesem Behuf mit Händen und Beinen von den Tischen schoben, hoben die Nasen erst schnuppernd, dann wie angeekelt in die Luft und sogen die schwer süßliche Parfümwolke ein, während sie leicht nervös durch den Gang zwischen den Bankreihen trippelte. Sie war, wie gesagt, klein und wirkte hilflos, während sie ihr Lächeln in einen trotzigen Flunsch verwandelte.

»Hilfe«, rief ein Schüler, nachdem sie an ihm vorübergegangen war, und schnupperte in die Luft. »Hilfe! Ich ersticke! Hilfe! Fenster auf!« Andere schlossen sich ihm an; sackten theatralisch zusammen, hielten sich die Nasen zu oder drehten den Kopf ostentativ von ihr weg. Einer schrie gar: »Ich halt's nicht mehr aus! Ich muss raus!«, und sie ließ sich mit ihm auf eine an ihrer schwachen Autorität zehrende Debatte darüber ein, ob er ohne ihre Erlaubnis die Klasse verlassen dürfe oder ob sie ihm die Erlaubnis erteilen müsse, wie er forderte, weil er durch die Schwere des ihr heute anhaftenden Parfümdufts in Ohnmacht zu sinken drohe, wenn er nicht sofort hinaus, wenn er nicht allsogleich an die frische Luft dürfe.

So verging ein guter Teil der Stunde, während wir immer mehr übertrieben und sie hilflos auf und ab schwirrte und vergeblich versuchte, den Unterricht abzuhalten. Ich weiß nicht, ob sie dabei nicht Tränen in den Augen hatte, aber ich glaube schon. Irgendwann setzte sie sich hinter ihr Lehrerpult, schlug

das Klassenbuch auf, schrieb etwas hincin, wobei sie mit finster entschlossenem Blick vor sich hinstarrte und einen bösen
Mund machte. Dann schlug sie das Klassenbuch zu, sagte zu
uns, wir sollten einen bestimmten Abschnitt im Russisch-Buch
für uns lesen – sie werde das nächste Mal überprüfen, ob wir
es auch tatsächlich getan hätten – und verließ mit trotzig er-
hobenem Haupt die Klasse. Zurück blieb eine schwächer werdende Duftspur und das zugeschlagene Klassenbuch.

Wir gingen vor zum Pult und klappten das Buch auf. Da
stand als Eintrag: »Feilhauer, Beiersdorf, Trümper, Karasek
und Möbus sabotieren bewusst den Russischunterricht.« Erst
nach und nach wurde uns klar, was da stand: Ein Urteil, das
das Ende unserer Schulzeit bedeutete: Relegation. Wir würden, als Saboteure des Russischunterrichts, der Schule verwiesen werden. Mit weiteren, noch nicht absehbaren Konsequenzen.

Ich weiß nichts von den Motiven, die unseren Klassenlehrer
Kersten damals bewogen haben, sich unserer Sache anzunehmen – und damit auch den Konflikt mit der neuen Zeit zu riskieren. Konnte er den Parfümgeruch der neuen Russischlehrerin auch nicht ausstehen? Konnte er sie aus anderen Gründen
»nicht riechen«? War er als Studienrat und damit als Vertreter
eines alten, zum Aussterben, ja zur Ausrottung bestimmten
Schulsystems entschlossen, einen Kampf gegen die so genannten Neulehrer, die mit viel Ideologie und mit (seiner Meinung
nach) wenig Kenntnissen in das von ihm vertretene Schulsys-
tem implantiert wurden? Wollte er mit einem »Halt!« Widerstand bieten, da, wo er ihm nicht nur geboten schien, sondern
auch aussichtsreich möglich? Oder war er einfach, obwohl er
uns nie auch nur eine Spur von Sympathie zeigte, sondern uns
immer freundlich-ruppig »objektiv« gegenüberstand, auf unserer Seite?

Jetzt jedenfalls stand Kersten uns bei. Er las zu Beginn der
Stunde den Eintrag im Klassenbuch, unterrichtete uns dann,

als wäre nichts geschehen, in sphärischer Trigonometrie, um am Ende der Stunde die Betroffenen aufzufordern, in der Klasse zu bleiben. Während die anderen in die Pause gingen, machte er uns deutlich, dass unser Verbleib an der Schule und damit unsere Zukunft auf dem Spiel stünde.

Sie oder ihr? Darum gehe es jetzt. Wenn wir der Eintragung ins Klassenbuch nicht inhaltlich entgegentreten könnten, und zwar geschlossen, würden wir von der Schule fliegen. Er sei verpflichtet, wegen der Schwere des Vorwurfs eine Schulkonferenz einzuberufen. Schließlich gehe es um »Sabotage«. Ein schwerer Vorwurf. Um »Sabotage des Russischunterrichts«. Ein noch schwerer wiegender Vorwurf. Aber, so Kersten, es gebe eine Möglichkeit. Wir müssten der Russischlehrerin auf gleiche Weise antworten. Wir müssten ihr gegenüber das gleiche Geschütz auffahren. Sie habe aus einer jungenhaften Rüpelei etwas politisch Kriminelles gemacht, Hochverrat sozusagen, also müssten auch wir unser Handeln politisch zu rechtfertigen suchen – als bewusste oder unbewusste Widerstandsleistung gegen die Lehrerin, der wir, im Gegenzug, ein politisches Vergehen unterstellen müssten.

Und so entwickelte unser Klassenlehrer im weißen Mantel mit uns ein strategisches Konzept gegen die Lehrerin; er entwickelte es wie eine physikalische Versuchsanordnung: »Das könnt ihr nur gewinnen, wenn ihr alle eisern einer Meinung bleibt«, erklärte er uns. »Und wenn wir die übrige Klasse dazu bringen, dass sie euretwegen, und um euch zu retten, auch eurer Meinung bleibt.« Er machte uns dann mit kühler Offenheit klar, dass das Ganze »eigentlich« ziemlich unfair gegenüber der Russischlehrerin sei, denn wir hätten uns tatsächlich schlecht aufgeführt. »Aber«, fuhr er fort, und dabei grinste er einen Augenblick lang verstohlen, »sie hat schließlich damit angefangen.« »Und«, sagte er, »einen solchen Eintrag macht man einfach nicht! Also, meine Herren, ihr oder sie!«

Ein paar Tage später gab es dann eine Konferenz im Lehrerzimmer, bei der nicht nur alle Lehrer und der Direktor, sondern auch der Schulrat, ein SED-Kreisfunktionär, FDJ-Vertreter und der Sekretär der Gesellschaft für Deutsch-Sowjetische Freundschaft anwesend waren. Bis dahin waren wir vom Unterricht suspendiert gewesen und hatten stundenlang gemeinsam unsere Aussagen geübt.

Jetzt also standen oder saßen wir am Nachmittag auf den leeren Korridoren der Schule herum, es roch nach Kreide, Turnklamotten und Angstschweiß. Wir warteten auf unseren Auftritt, die stalinistische Reifeprüfung, die darin bestand, eine Beschuldigung abzuwehren, die ebenso falsch war, wie es die Gegenbeschuldigung sein sollte. Doublespeak (Doppelsprech).

Einer nach dem anderen wurde aufgerufen und ins Lehrerzimmer zitiert, wo die Lehrer und Vertreter des Staates über uns zu Gericht saßen – wegen eines Vorwurfs, der eigentlich nicht aus der Welt zu schaffen war.

Wir schafften es trotzdem. Nicht nur mit der Wahrheit, was immer die Wahrheit über einen tölpelhaften Streich pubertierender Flegel gegen eine schwache Lehrerin gewesen wäre. Sondern mit der höheren Wahrheit der Lüge.

»Warum haben Sie den Unterricht gestört? War das gegen die russische Sprache gerichtet?«

»Nein, nein, ganz im Gegenteil!«

»Wieso im Gegenteil?«

»Weil wir die russische Sprache über alles lieben und den Russischunterricht über alles schätzen – deshalb waren wir so enttäuscht, dass unsere Lehrerin diese Sprache nicht vermitteln konnte.« (Pause) »Oder nicht wollte!«

»Wie meinen Sie das?«

»Na ja, vielleicht wollte sie durch die Art, wie sie uns unterrichtete, unsere Liebe zum Russischen zerstören, also den Unterricht sabotieren!«

Genauso plump, wenn auch sicherlich nicht wörtlich so, sind wir aufgetreten, einer nach dem anderen. Die Russischlehrerin saß seitlich vom verhörenden Gremium und ich weiß nicht mehr, ob sie stark nach ihrem starken Parfüm roch. Der Duft kam nicht zur Sprache. Mit keinem Wort. Ich war, obwohl das nach dem Alphabet eigentlich nicht möglich war, als letzter dran. Ich sagte das Gleiche, was alle anderen gesagt hatten.

»Haben Sie etwas gegen die russische Sprache?«

»Nein, nein, ganz im Gegenteil! Ich liebe die russische Sprache!«

»Und warum haben Sie sich dann im Unterricht so schlecht benommen? Wollten Sie den Russischunterricht sabotieren?«

»Nein, nein, ganz im Gegenteil! Nein, ich wollte nur meiner Enttäuschung Ausdruck verleihen, wie schlecht wir in Russisch unterrichtet wurden.«

Ich glaube, in diesem Augenblick fing die Lehrerin ziemlich haltlos an zu weinen. Sie oder wir? Sie hatte das Spiel verloren. Mein Klassenlehrer saß mit ausdruckslosem Gesicht da. Mir war elend zumute, andererseits dachte ich, sie hätte ja nicht anfangen müssen. Die alte dumme, kindische Frage: Wer hat angefangen? Sie hat angefangen! Gar nicht wahr, du hast angefangen! Lüge! Lüge.

Wir haben sie nach dem Nachmittag im Konferenzzimmer nicht mehr wieder gesehen.

Dann bekamen wir eine neue Russischlehrerin. Rothaarig, ziemlich jung, sympathisch. Bald wussten wir, dass sie die Freundin des Schulrats war, der einen sauber gestutzten Lenin-Spitzbart hatte und eine Lenin-Glatze. Er sprach fünf oder sechs Sprachen fließend. Russisch, Ukrainisch, Georgisch … und so weiter und so fort. Er sah gepflegt aus und soigniert, ein Bildungsbürger, ein Salon-Bolschewist. Zum Pech für unsere Russischlehrerin, sie hieß Mehlhose (das weiß ich auch deshalb, weil wir aus ihrem Namen einen Schüttelreim gemacht haben, der entwaffnend vulgär war), war er verheiratet und hatte wohl auch Kinder, denen er eine Zukunft gestalten wollte.

Sie wohnte in einem der wenigen intakten Altbauhäuser an

der Saale, zu ebener Erde, kochte Tee, wenn man sie besuchte, und hatte Postkarten von Dürer-Bildern an der Wand. Auf ihrem Schreibtisch stand eine Foto des Schulrats. Im Wechselrahmen. Sie sprach nur gut von ihm, sozusagen in höchsten Tönen. Schließlich war er auch ein Machtfaktor. Und ein imponierender Mann zudem. Ich war neben meinen viel sportlicheren und sportlicher aussehenden Klassenkameraden nur die zweite Wahl als Tröster. Aber ich gehörte zu denen, die sie bevorzugte. Sie steckte uns Aufgaben der Russischarbeiten zu. Und wir gaben sie der Klasse weiter.

War das Freundlichkeit? Vielleicht sogar Zuneigung aus Einsamkeit? Ich weiß es nicht. Vielleicht wollte sie auch nur, dass unsere Klasse ihretwegen gute Russischzensuren hatte. Damit sie als eine gute Pädagogin gelte. Und niemand auf die Idee käme, sie würde irgendwelche Schüler ermuntern, den Russischunterricht zu sabotieren. Außerdem roch sie nicht nach Parfüm, sondern, ich kann es nicht anders sagen, nach Frau.

Bei Schmeicheleien, so hat es Tucholsky gesagt, empfiehlt es sich, immer drei Nummern gröber zu verfahren, als man es gerade noch für möglich hält. Die Speichelleckerei und Lobhudelei, die Diktatoren auf sich ziehen, liefert dafür glänzende Beispiele. Was haben sich Künstler in Hymnen, Kantaten, Gemälden, Büsten, Standbildern, Gedichten, Elogen, Erzählungen und Romanen, in Selbstverpflichtungen und Unterwürfigkeitsadressen nicht vor Hitler und Stalin erniedrigt, klein und schäbig gemacht.

Das heißt nicht, dass in anderen Abhängigkeitsverhältnissen (sei's privaten, beruflichen, gesellschaftlichen) ein derartiger Byzantinismus nicht vorhanden wäre – man braucht sich nur Festschriften zu Firmenjubiläen, Geburtstagen und Gedenkfeiern anzusehen – in fast allen wird das Fett der Schmeichelei abgesondert, als wäre es das einzige Schmiermittel, das eine gesellschaftliche Maschinerie am reibungslosen Laufen hält. Aber nur in der Diktatur herrscht das Trostlose, die Ausweglosigkeit: Vor jeder Firma, vor jeder Universität, vor jeder Partei kann man notfalls die Flucht ergreifen, falls einem das Lügen und Heucheln zu viel wird – auch wenn man dadurch manchmal vom Regen in die Traufe kommt. In der totalitären Konstellation führen alle Wege nach Rom, man ist ihr ausweglos ausgeliefert.

Der vom Totalitarismus Bedrückte flüchtet und rettet sich ins Private. In die Nischengesellschaft, ein Begriff, der für die DDR geprägt wurde. Im Stalinismus war es einerseits so, dass, anders etwa als im Wahn der Hitlerei, die meisten in Deutschland »dagegen« waren. Sie wussten sich also, anders als in der Nazizeit, mit den meisten anderen augenzwinkernd und achselzuckend darin einig, dass sie gegen das waren, wofür sie offiziell zu sein hatten. Auch das erzeugt den Doublespeak, aber auch die Wohltaten des Doublespeak: die Freuden an der Ironie, die Genüsse der Anspielung, das Vergnügen, das es bereitet, wenn man sich die Doppeldeutigkeiten der Sprache zu Nutze machen kann.

Daneben aber existierte die Angst vor Spitzeln: Der Nazi-Spruch »Pst! Feind hört mit!« war selbst doppeldeutig. War denn der Feind nicht derjenige, vor dem man sich als Freund (des Regimes) ausgeben musste, um die eigene Haut zu schützen? Ähnliches galt für den Stalinismus. Jeder musste um sein Leben aufpassen, nichts Falsches zu sagen! Es gab eine ganz real existierende Angst vor dem sowjetischen Geheimdienst und seinen deutschen Apparaten, von denen man wusste, dass sie vorhanden waren. Vorhanden und allgegenwärtig.

Vor dem Abitur schien ich den Druck stärker zu spüren. Aber das mag auch daran gelegen haben, dass ich Gründe und Begründungen für die »Republikflucht« suchte, weil ich immer deutlicher wusste: Ich würde nach dem Abitur in den Westen fliehen. Vielleicht ist mir deshalb ein fast läppischer Vorfall in Erinnerung, den ich zum sprichwörtlichen »Tropfen« hochstilisierte, der das Fass zum Überlaufen brachte.

Meine Eltern hatten, über das Buschtrommelsystem der Nachkriegsjahre, irgendeine Jugendfreundin ausfindig gemacht, die in Potsdam lebte, und sie auch dort besucht. Eines Tages kam dann diese Jugendfreundin zum Gegenbesuch nach Bernburg. Mit ihrem Mann, der es in Potsdam zu was gebracht hatte. Und zwar so sehr, dass die beiden 1952 mit dem eigenen Auto kamen und damit stolz vor unserem Haus parkten. Sie kamen herauf (wir wohnten schon im vorderen Teil der Wohnung), man umarmte und begrüßte sich, meine Mutter setzte Kaffee auf, zur Feier des Tages sogar »echten«, »richtigen«, den sie in einem Päckchen von ihrer Schwägerin aus Stuttgart bekommen hatte – inzwischen gab es allerdings auch welchen, wenn auch sehr teuer, in der »HO«. Der Mann verschwand gleich zu Beginn des Besuchs auf der Toilette, »die lange Autofahrt«, sagte er grinsend.

Kaum war er aus der Tür, da blickte sich seine Frau ängstlich um und sagte zu meinem Vater und zu meiner Mutter und zu mir, wir sollten doch »Bitte, bitte!« vorsichtig sein, was wir sagen würden, wenn ihr Mann vom Klo wiederkäme. Er sei ja »sonst« ein lieber Kerl, aber er sei doch nun einmal in der SED und auch an wichtiger Stelle und deshalb sollten wir, »bitte, bitte« um Himmels Willen nichts Politisches sagen. Weil er doch alles melden müsse.

Mir schnürte es, wie gesagt, die Kehle zu. Das Gefühl, nicht einmal in den »eigenen vier Wänden« noch offen sprechen zu können, war so bedrückend, dass ich unter einem Vorwand das Haus verließ. Und mir bei einem aufgeregten Spaziergang immer wieder leise wiederholte: Ich muss weg von hier. Nur weg!

Grüne Grenze hieß die damals noch unsichtbare Demarkationslinie, die Ost von West trennte, der deutsche Teil des »eisernen Vorhangs«, den Churchill auf seiner berühmten Rede in den USA bereits 1945 zwischen dem Einflussbereich der Sowjetunion und dem der ehemaligen Kriegsverbündeten (die es formal immer noch waren) Großbritannien, den USA und Frankreich niedergehen sah. Den Eisernen Vorhang, der den Kalten Krieg bestimmte, als Drohung gegen den heißen, den wirklichen Krieg niedergelassen und ihn in Wahrheit verhindernd, wenn auch auf schreckliche Weise, diese Grenztrennung, später bewacht, kontrolliert, mit mehr und mehr Todesstreifen, Minengürteln, Wachhunden, Grenzsoldaten auf östlicher Seite, gab es nicht nur in Deutschland, sondern auch ein wenig in Österreich (bis sie nach dem Staatsvertrag an die Grenze zwischen Ungarn und Österreich rückte), immer undurchlässiger und martialischer in der Tschechoslowakei, besonders abstrus und grotesk aber in Berlin, wo sie zunächst, nach 1948, nur in den Schildern bestand, die Ostberliner vor dem Verlassen ihres »demokratischen Sektors« warnten. Später, als die Schilder und Drohungen allein nichts mehr halfen, wurde die Mauer erbaut, »Friedensgrenze« oder »Antifaschistischer Schutzwall« genannt, was sie auf absurde Weise auch war; aber das war glücklicherweise nach meiner Zeit, mich und meine Familie sollte die Mauer nicht mehr persönlich betreffen.

Diese »Grüne Grenze« trennte in Deutschland Thüringen von Bayern und Hessen, Sachsen-Anhalt, Brandenburg und Mecklenburg von Niedersachsen und sie war offiziell so gut wie nicht vorhanden, obwohl es auf beiden Seiten Deutschlands einen Grenzschutz und eine gut ausgebildete Grenzpolizei gab.

Als Fünfzehn- und Sechzehnjährigem war die Grüne Grenze für mich eine abenteuerliche Herausforderung. Nachdem wir herausgefunden hatten, dass fast alle unsere Verwandten Krieg, Flucht und Vertreibung überlebt hatten und dass sie alle rund um Stuttgart oder in Bayern lebten, wollte ich und sollte ich sie besuchen – vielleicht auch als Vorhut meiner Familie, um zu erkunden, wie sie lebten und ob bei uns eine Chance bestünde, es ihnen nachzutun. Das war und wurde so nicht ausgesprochen, denn schließlich hatte mein Vater inzwischen eine ihn zufrieden stellende Arbeit, in der er einen gewissen Aufstieg und eine große Sicherheit fand (mit der schwächer werdenden Angst im Hinterkopf, man könnte ihm auf seine biografischen Schliche kommen). Und wir hatten eine Wohnung, eine schöne Wohnung, weil wir in den Vordertrakt ziehen konnten, nachdem Frau Forster gestorben und die Dramaturgin mit ihren beiden Töchtern nach Ost-Berlin gezogen war.

Ich machte meine Schularbeiten in einem wunderschönen Erker, der aus dem Zimmer hervorsprang, und hatte auf dem zum Wintergarten geschlossenen Balkon am Schlafzimmer der Eltern und Geschwister meinen absoluten Schatz: Meyers Konversationslexikon in der sechsten Auflage von 1905 mit den wunderschönen rotgoldenen Jugendstil-Lederrücken, das mit Supplementen dreiundzwanzig Bände dick war. Dieses Lexikon war mein Ein und Alles, mein wichtigster Besitz, mit ihm, so dachte ich, erschlösse ich mir alles, was mir in der DDR-Welt zunehmend verschlossen wurde. Als ich das gleiche Lexikon gut erhalten und ohne Supplemente Anfang der siebziger Jahre bei einem Antiquar entdeckte und mir auch leisten konnte, es zu kaufen, war dies einer der schönsten Momente wiedergewonnener Jugend, eine Art seltsamer Heimkehr.

Der Ost-West-Konflikt hatte sich verschärft und zugespitzt. Die USA hatten verlautbaren lassen, dass die Sowjetunion definitiv über Atomwaffen verfüge, Mao Tse-tungs Volksarmee hatte ganz China erobert (was ich in einem Triumph-Film im Kino bei einem Pflichtbesuch mit der Schule mit dumpfem Schrecken zur Kenntnis nahm). Die Bundesrepublik und die »Deutsche Demokratische Republik« konstituierten sich, so dass wir alle befürchteten, die Grenze zum Westen würde bald unpassierbar sein. Eigentlich interessierte mich die große Politik nur dann, wenn sie sich auf meine Schul- und Lebenserfahrungen fokussieren ließ, obwohl ich natürlich die Namen Adenauer und Kurt Schumacher im Westen und vor allem die

Allgegenwart der DDR-Oberen Wilhelm Pieck und Otto Grotewohl durch Parolen, Plakate, Bilder an Wänden und in Schaufenstern ständig vor Augen hatte, auch wenn ich die Augen am
liebsten davor verschlossen hätte. Und die Ohren auch.

Grenzgänger

Im Harz, an der Grenze, gab es schon Sperrgebiete, mit mehreren Sperrzonen, die man nur mit besonderen Ausweisen
(wenn man Anwohner der Grenzdörfer war oder dort arbeitete) betreten durfte. Alle Straßen wurden von der Volkspolizei kontrolliert, die Dörfer direkt an der Grenze waren allerdings noch nicht evakuiert. Wer »rüber« wollte, fuhr also so
nah wie möglich mit der Eisenbahn in Richtung Grenze und
machte sich dann auf Schleichpfaden auf den Fußmarsch. Ich
war leider denkbar schlecht auf das alles vorbereitet, ich
hatte weder Karte noch Kompass, noch Informationen – aber
immerhin wusste ich, wo der Westen lag. Als ich mich in einem Dorf, das in der äußersten Sperrzone lag und am frühen
Nachmittag in der heißen Juli-Sonne tot und verlassen wirkte,
bei dem einzigen Menschen, den ich traf, nach dem Weg er-
kundigte, fragte er mich, ob ich in den Westen wolle, und erklärte mir dann, noch ehe ich geantwortet hatte, er wisse
einen Führer, der Leute über die Grenze schleuse, es koste
zehn Mark. Als ich nickte, brachte er mich zu einer Scheune,
wo schon ein Grüppchen Leute zusammenstanden, die nur
halblaut sprachen. Ein Schlepper erläuterte uns, wie er uns
über die Grenze bringen wolle, doch dazu müsse es erst dunkel werden.

Einige Stunden später zogen wir los. Und wurden schon in
der Nähe der Grenze von Volkspolizisten gestellt und verhaftet. Die Art, wie die Polizei mit dem Schlepper sprach, ließ
mich vermuten, dass diese Art von Grenzgeschäft ein abgekar-

tetes Spiel war, jedenfalls wurden wir in ein behelfsmäßiges Gefängnis in einem kleinen verlassenen Haus gebracht, dort von Polizisten vernommen und registriert und einige von uns wurden über Nacht in einen kahlen Raum gesperrt, in dem keinerlei Möbel waren, nur eine offene Toilette in der Wand. Die Fenster waren zugenagelt.

An den Wänden hatten früher Inhaftierte Schriftzeichen hinterlassen, das Datum ihrer Inhaftierung und Verfluchungen. Aber auch ein pathetischer Spruch stand da, den ich nie mehr vergessen habe:

Hier saß ein Deutscher, von Deutschen gefangen
Weil er von Deutschland nach Deutschland gegangen.

Das hatte für mich die Kraft eines Volksliedes. Ich bin diesen beiden Zeilen vor wenigen Jahren, als die Brecht-Gesamtausgabe erschien, wieder begegnet, im »Herrnburger Bericht« von 1951, wo es in Versalien heißt:

DEUTSCHE
WURDEN VON DEUTSCHEN
GEFANGEN,
WEIL SIE VON DEUTSCHLAND
NACH DEUTSCHLAND
GEGANGEN.

Brecht erläutert dazu: »Im Mai 1950 wurden 10 000 junge Deutsche, zurückkehrend vom Berliner Pfingsttreffen, von der Bonner Polizei angehalten. Zwei Tage lang wurde ihnen die Heimkehr verwehrt.«

Das mag so gewesen sein. Trotzdem war dieses trotzige Kerker-Volkslied offenkundig auf eine andere Bewegung hin entstanden: die Fluchtbewegung von Ost nach West, nicht die Heimreise einer kommunistischen Jugendgruppe. Brecht hat den Spruch, der eine deutsche Flüchtlingserfahrung aus den fünfziger Jahren festhielt, offenbar umfunktioniert – »verfremdet«, könnte man sagen.

Ich bin am nächsten Morgen zurück zur Bahnstrecke Richtung Osten verbracht und dort ohne weiteres freigelassen worden. Meine Festnahme bei versuchter Grenzüberschreitung hatte keinerlei Konsequenzen, kein Nachspiel. Vielleicht, weil ich erst fünfzehn war und wahrheitsgemäß erzählt hatte, dass mein geplanter Grenzübertritt nur einem Ferienbesuch bei Verwandten gelte? Oder aus Schlamperei? Oder auch, weil das Grenzsystem noch lange nicht perfektioniert, der DDR-Staat noch lange nicht durchorganisiert war? Ich weiß es nicht. Jedenfalls war ich am nächsten Abend wieder zu Hause und die langen Ferien lagen in öder Leere vor mir. Ich habe mich mit Bekannten und Freunden über meine Erfahrungen unterhalten und aus all den Gesprächen eine praktische Lehre gezogen: Bei Hof, an der Grenze zwischen Thüringen und Bayern, sei es leichter, »rüber« zu kommen, viel leichter, weil da weniger Leute über die Grenze gingen.

Einen Tag später saß ich wieder im Zug, Richtung Südwesten. Ich war dieses Mal vorsichtiger und bin allein durch Felder und Wälder über die Grenze marschiert. Als ich an einem Dorfschild erkannte, dass ich in Bayern war, bin ich die leere, schöne Landstraße entlanggegangen, fröhlich, zuversichtlich, mit dem Gefühl, es geschafft zu haben. Es war ein herrlicher Tag, die Landschaft glänzte vor Unberührtheit in der sommerlichen Hitze – später hieß es, die Grenzgebiete wären zu wahren Biotopen mutiert, mit Froschgequake, wildem Gras, unverbrauchter Luft.

Ich marschierte auf das Dorf zu, offen, mitten auf der Straße, so als würde ich erwartet und gleich mit offenen Armen empfangen werden: Ein Ostler von den Westlern als einer der ihren. Ich lief direkt in die Arme zweier bayrischer Grenzbeamter, die am Ortseingang ihre Station hatten. Sie haben mich sofort festgenommen und in ihrer Grenzstation festgesetzt, freundlich, aber bestimmt. Der Abend brach an und ich verfluchte mich, weil ich den Westlern so gutgläubig in die Arme gelaufen war, anstatt einen Bogen um sie zu machen. Ob sie mich denn nicht laufen lassen könnten, ich wolle doch nur zu meinen Verwandten nach Stuttgart. Auf Ferienbesuch. Die beiden Grenzer sahen sich an und grinsten mir zu. Sie würden es sich überlegen. Unter einer Bedingung. Und dann zeigten sie mir ihre beiden total verdreckten, ja vor Dreck starrenden Fahrräder: Wenn ich ihnen ihre Räder säubere! Aber blitzblank! Ich machte mich unverzüglich ans Werk und putzte die halbe Nacht lang ihre Räder. Am Morgen brachten sie mich zu einem Treffpunkt, an dem Amerikaner mit mehreren Jeeps warteten. Andere Grenzer hatten andere Grenzgänger gefangen und führten sie den Amerikanern zu. Die Jeeps brachten uns zurück an die Grenze. Dort wurden wir freigelassen – in die DDR. Meine Wut auf die beiden Grenzer, die mich mit einem derart demütigenden Trick gelinkt hatten, lässt sich bis heute in der Erinnerung anheizen: Auch in allen eher harmlosen Dingen regierte die pure Willkür zwischen den beiden »souveränen« Staaten.

Der Westen und der Osten, vom Westen gesehen

1950 in den Sommerferien ist es mir dann doch geglückt, in den Westen zu kommen und dann wieder zurück in den Osten – so als hätte ich nur eine normale Reise in den Schulferien unternommen und nicht einen der krassesten Systemwechsel geprobt (hin und zurück), die damals auf der Erde möglich waren.

Es war so leicht, diesmal, dass ich mich nicht einmal mehr erinnere, wie es war. Wahrscheinlich haben mich ehrliche Schlepper durch das Niemandsland zur Grenze gebracht – bis ich nur noch ein paar Schritte über eine Waldlichtung marschieren musste – eine Stunde in der Mittagshitze auf einem Feldweg, dessen Rand von ungemähtem Gras und Unkraut gesäumt war, rote Mohnblumen, blaue Kornblumen, dichtes Kraut, Bienengesumm, Käfergebrumm.

Dann war ich in Helmstedt, auf Autohöfen, Tankstellen, Parkplätzen, wo die Fernfahrer Pause machten, die Autobahn röhrte, ein nie enden wollender Strom kam von Berlin, fuhr nach Berlin, es waren die Laster, die Westberlin mit den Gütern versorgten, die die Stadt nicht nur am Leben hielten, sondern zum bestaunten Schaufenster des Westens machten. Mein Ziel war – vor allen Verwandten – Bert Schramm in Würzburg, der Freund meines Vaters, den wir auf der Flucht 1945 mitsamt seinem wohl gefüllten Sattelschlepper verloren hatten.

Und dann war ich in Würzburg, ein Lastwagenfahrer, der mich von Fulda an mitgenommen hatte, setzte mich beim Bahnhof ab. Hier sah alles provisorisch aus, Ziegelhaufen, hässliche Ruinen, der Bahnhof eine Art großer Verschlag mit Behelfseingängen. Nur hinter den Schienen glänzten in Reih und Glied die Weinstöcke, zogen sich Hügel hinauf, und auf der anderen Seite, unter den disparaten Trümmern und zerstörten Kirchen, lag auf einem Berg die wuchtige Burg. Es waren die ersten Weinreben, die ich sah, und ich war enttäuscht, weil sich aus ihnen eine so seltsam kahle Landschaft am Ufer des Mains ergab. Sie wirkten wie der Sonne ausgesetzt. Klar, sie brauchten nichts als deren wärmende Strahlen.

Und ich sah auf den Straßen etwas, das ich seit meiner frühen Kindheit so nie wieder gesehen hatte: Mönche in braunen Kutten und Nonnen in schwarzen Gewändern, die Hauben mit weißen Rändern dicht an die eingezwängten Gesichter gedrückt, so dass kein Haar zu sehen war. Aha, dachte ich, als ich dann auch noch amerikanische Jeeps die holprigen Straßen entlangfahren sah, vorbei an geordneten und abgesperrten Trümmerfeldern: Es ist wohl tatsächlich so, wie es die DDR-Propaganda behauptet hat. Hier regieren die Amis und die »Pfaffen«.

Die Pfaffen, das war ein Schimpfwort meiner Eltern und Großeltern. Und ich weiß nicht, welchem unerklärlichen Zufall ich es verdanke, dass in meinem Bernburger Bücherschrank »Der Pfaffenspiegel« stand, jenes Werk, das die preußisch-protestantische Aufklärung im Bismarck-Reich gegen die damals so genannten Ultramontanen aufbot (Ultramontan, weil sie durch den Papst beherrscht und bestimmt sein sollten, der ja jenseits der Alpen, also »ultramontan« herrschte).

Ich hatte den »Pfaffenspiegel« weniger aus politischem Entsetzen als zur privaten Befriedigung verschlungen, weil mir die Übergriffe der Beichtväter auf schöne Sünderinnen im Beichtstuhl als Onanievorlage dienten. Jetzt aber, als ich die Mönche sah, die, für mich, hohläugig die Straßen entlanggingen, den Blick (für mich: heuchlerisch und verdrückt) gesenkt, da kamen mir alle Vorurteile gegen die Kirche (die meine Eltern, die Nazis und die Kommunisten in mir geweckt hatten) wieder in den Sinn.

Zumal ich in der DDR zwei Jahre zuvor versucht hatte, mich vor der FDJ in die katholische Jugend zu retten, und Vikar Schmitz, der mich retten sollte, sich als jemand herausstellte, der es mehr auf mich als Knaben abgesehen hatte. Schnell wandte ich mich vom rechten Glauben ab (nachdem ich meine ganze Familie katholisch bekehrt und zur Taufe bewegt hatte, was meine Geschwister mir nachher höllisch übel nahmen und lange mit gebührender Verachtung nachtrugen) und wurde – wegen der plumpen Zudringlichkeit des Vikars, die ich drastisch abwehrte – schnell wieder Atheist.

Ich weiß übrigens noch, wie enttäuscht ich feststellte, dass ich, nachdem mir in der Heiligen Messe die Oblate auf die Zunge gelegt worden war, obwohl ich mir alle erdenkliche Mühe gab, nichts empfand, nichts, nichts, nichts. Das heißt: Jesu Leib klebte mir am Gaumen und ich wusste mich seiner nicht mit Anstand und den nötigen Schluckbewegungen zu entledigen. Sonst aber war nix. Zum ersten Mal hatte ich gehofft, ein anderer, Besserer zu werden. Geklappt hat es aber leider nicht. Das hätte mir so passen können, einmal beichten, einmal knien, ein »Sakrament empfangen« – und schon ein anderer!

Und doch: Wie habe ich später die Pracht und die Herrlichkeit der katholischen Welt zu lieben gelernt, als Tourist in Venedig, in Rom, in Madrid, in Salzburg. Wie habe ich den Weihrauch geliebt, der mir in die Nase stieg, die prächtigen Messgewänder, den Orgelklang, vor allem aber die barocken Kuppeln, die, wenn es einen Himmel gäbe, ganz gewiss dessen Pforten sein müssten. Wie war ich froh erschrocken, als mein kleiner Sohn Niko auf Italienreisen eine geradezu wolllüstige Liebe voller ängstlicher Wonneschauer erlebte, wenn er Christi blutende Wunden oder die Pfeile im weißen Leib des heiligen Sebastian sah, Frauen, die am Kreuze weinten, die Dornenkrone, das Gesicht des Heilands blutig verschmiert. Und wie habe ich gelernt, dass das Verschwinden des Christentums nicht dessen fanatische Verbrechen (Ketzer- und Hexenverbrennungen, die Inquisition) auslöscht, sondern wie die Abwesenheit des Glaubens diese Untaten ins schier Unendliche steigert. Und das im Namen der Vernunft. Der Goya-Titel »Der Schlaf der Vernunft gebiert Ungeheuer« hat mich ein Leben lang begleitet.

Und je weniger es die Religion gibt, desto mehr fehlt sie mir, obwohl ich doch nie glaubte.

Es war sehr heiß an diesem ersten Abend, den ich bei dem Freund meines Vaters verbrachte, und in der Baracke, auf die er über den Büroräumen seine Wohnung draufgesattelt hatte, unter einem Dach mit Teerpappe, war es noch heißer. Das störte damals aber niemanden, denn von Klimaanlagen waren selbst Frühkapitalisten der Bundesrepublik, zu denen Bert Schramm sicher gehörte, unvorstellbar weit entfernt. Wenn ich es recht überlege, gab es nicht einmal einen Kühlschrank. Die Fenster waren zwecks Lüftung an zwei Seiten der Küche leicht geöffnet, die Kirschen aber, die wir im Laufe des Abends aßen, schwammen in einer Schüssel mit kaltem Wasser. Erst gegen Ende des Abends, als die Glasschüssel fast schon leer war, fiel einem von uns auf – wir waren zunächst drei, Erika Schramm, eine Freundin von ihr und ich, aber eigentlich waren wir vier, weil auch der Rauhaardackel des Ehepaares dabei war, der viel Aufmerksamkeit absorbierte –, dass in den knackigen, süßen Kirschen Maden waren. Sie schwammen auf einmal auf dem Wasser, eine der Frauen sah sie, schrie: »Eine Made!«, wir öffneten andere Kirschen und sahen überall in der Nähe ihrer Kerne Maden geringelt. Aber da hatten wir glücklicherweise die meisten Kirschen schon gegessen und die Maden-Entdeckung bedrückte uns auch nicht nachträglich.

Bert Schramm war noch auf einem Geschäftstermin für seine Baufirma Beku (was wohl eine Abkürzung für Beton und Kunststeine war), die in drei Baracken auf einem eingezäunten Industriehof lag, in einem Industriegebiet mit mehreren solcher Barackenfirmen. Es gab dort Ziegelhaufen, Betonmischmaschinen, Industrieschrott und mittendrin wohnten die Schramms, in Bahnhofsnähe und weg von der mit Trümmern übersäten Innenstadt. Die Wohnung bestand aus rustikalen Sitzbänken, Tischen und Stühlen, Bauernmöbeln, die mit groben, karierten Kissen belegt waren, es gab Tee aus dünnen Tassen und Wein aus grünen Bocksbeuteln (wahrscheinlich trank ich das erste Mal in meinem Leben mehr als ein Glas Wein, noch dazu einen, der gewissermaßen in Sichtweite gereift und gewachsen war).

Ich bin nicht sicher, ob in der Wohnung eine kleine wurmstichige Bauernbarockmadonna stand, aber ich bin fast sicher. Und gepasst hätte das beliebte Kulturschmuckstück der fünfziger Jahre sicher in diese Wohnung, die einen für mich neuen Luxus ausstrahlte. Frau Schramm, damals etwa Mitte vierzig, gesund braun oder gesundbraun geschminkt, inklusive des Kleidausschnitts, der ermattete Haut offenbarte, hellblond die kurzen Locken, steckte in einem Dirndl-Kostüm, das die Flüchtlingsfrau aus dem Sudetenland kurzerhand zur Bajuwarin

(Franken war da kein Unterschied) verwandelt hatte. Auch ihre Freundin, eine in meiner Erinnerung reizvolle dunkelhaarige Frau, deren wohlwollenden, ja, wie ich fand, einladenden Blicken ich oft und immer öfter im Laufe des Abends begegnete, trug ein Dirndl.

Die beiden freuten sich über mich – eine angenehme Abwechslung am Abend, ein Bote aus einer anderen Welt (Ostzone) und ein Zeuge einer anderen Zeit. Frau Schramm mochte mich allerdings nicht so gern wie ihr Mann (aber vielleicht bildete ich mir das auch nur ein). Das Ehepaar war kinderlos. Und Bert Schramm hatte mich, als mein Vater noch wichtig war und das Sagen hatte, als eine Art Ersatzsohn wahrgenommen – allerdings hatte er mich hartnäckig »Herbert« statt »Hellmuth« genannt. Er fand mich »aufgeweckt«, unterhielt sich drei Fragen und drei Antworten lang mit mir und sagte dann immer so etwas wie: »Na, prima!«

Ich saß also mit dem Hund und den beiden Frauen, bis Herr Schramm kam, gut gelaunt und missmutig zugleich, seine imponierend große und imponierend krumme Nase (die ihn trotzdem näseln ließ, er hatte wohl Polypen) war rot mit riesigen Poren und riesigen Borsten in den Nasenlöchern. Er kam von seiner Geschäftsbesprechung und hatte, so war zu merken, einiges getrunken. Er rülpste ab und zu ziemlich ungeniert, und mir fiel auf, dass auch er leicht folkloristisch gekleidet war: dunkelgrüner Janker mit Hirschhornknöpfen, Hosenträger und eine wildlederne Kniebundhose. Dazu trug er Haferlschuhe. Ich staunte und wusste auf einmal: Der Krieg war wirklich zu Ende. Hier gab es Leute, die sich nicht gegen Kälte oder aus Not oder Scham anzogen, sondern die mit ihrer Kleidung einer Art Mode gehorchten, die sie hier heimisch machte, die augenscheinlich nichts mit politischen oder militärischen Notwendigkeiten zu tun hatte. Außerdem hatte Frau Schramm rot geschminkte Lippen und lackierte Fingernägel. Und ihre schöne, mich immer wohlwollender anblickende Freundin ebenfalls.

Herr Schramm erzählte von seinen Tagesgeschäften und was der Bürgermeister gesagt habe, Frau Schramm erzählte vom Rauhaardackel, vorwurfsvoll gegenüber ihrem Mann, als habe der den armen Hund vernachlässigt, der den ganzen Tag auf ihn gewartet habe (»Schau, wie er dich anschaut und wedelt!«). Und Herr Schramm streichelte den Hund zärtlich und geistesabwesend, während er mich wohlwollend und geistesabwesend nach der »Zone« und meinen Eltern fragte und ab und zu sagte: »Das ist ja schrecklich!« Und dann: »Ihr müsst einfach rüberkommen!«

Der Dialog zwischen ihm und seiner Frau und der Austausch von Sympathiebezeugungen fand eigentlich nur über den Hund statt, er fragte, sie berichtete, wie das Tier den Tag verbracht, was es gefressen, wie es sich gefühlt habe.

Mir fiel auf, dass es keine bedrückenden Themen gab, bei denen irgendjemand ängstlich zur Seite blickte, als könnte er belauscht, abgehört werden. Selbst wenn Herr Schramm sagte, der Bürgermeister sei ein Idiot (es handelte sich um den Bürgermeister einer kleinen hessischen Gemeinde), aber er habe ihm ein paar Flaschen Wein zukommen lassen, senkte er die Stimme nicht. Und nachträglich weiß ich: Ich erlebte die erste unerschrockene Unterhaltung – egal ob wir über Hundebedürfnisse, Geschäftskontakte, die Zone (kurz) oder »die Amis« (noch kürzer) sprachen. Alles war auf einmal schrecklich privat, was auch daran lag, dass die schöne, gebräunte, üppige Freundin Erika Schramms hier »auf Besuch« war, weil sie sich gerade von ihrem Mann getrennt hatte, auch sie war kinderlos. Oder hatte er sie verlassen? Das schien mir undenkbar, wenn ich sie in ihrer ganzen Pracht vor mir sah, ihre tiefen Blicke auf mich einwirken ließ.

Ich trank weiter Wein, die beiden Frauen wurden immer lebhafter, Herr Schramm aber schnell müde, er habe einen anstrengenden Tag hinter sich und einen ebenso anstrengenden vor sich, er müsse ins Bett. Die beiden Frauen, besonders die Freundin von Frau Schramm, zogen einen Flunsch: Ach! Och!

Schon? Ich auch, denn der Wein schmeckte mir, obwohl ich ihn noch nicht zu schätzen wusste. Und ein Abend, bei dem es um nichts ging als um Gespräche, die nur die Blicke am Leben hielten, die unabhängig von den Themen zwischen mir und der von ihrem Ehemann getrennten Frau hin und her gingen, ein solcher Abend war so ungewohnt, dass er mir sehr gefiel.

Aber schon wurde ich in ein Zimmer gebracht, in dem ich schlafen sollte. Und die Freundin von Frau Schramm auch in eins, das noch dazu weit von meinem entfernt lag, durch das Schlafzimmer der Schramms getrennt und also bewacht. Sie lachte noch einen Augenblick durch die Tür in mein Zimmer, während sie mir zuwinkte, bis sie von den Schramms abgeschleppt wurde. Und ich glaube, ich habe ihr ebenfalls zugewinkt.

Am nächsten Morgen wollte und sollte ich zu meinen Verwandten nach Schwaben weiter und Herr Schramm lieh mir ein Fahrrad (er hatte, wie ich fassungslos registrierte, mehrere davon auf seinem Firmengelände stehen, er selbst fuhr ein Auto und seine Frau und sein Bruder hatten auch schon eigene) und drückte mir zwanzig Mark in die Hand – eine unvorstellbar große Summe.

Als ich vierzehn Tage später wieder kam, um das Fahrrad zurückzubringen, verbrachte ich noch einen Abend mit Hund und Ehepaar, die Freundin war nicht mehr da. Und die beiden erzählten mir, wie sie mich neulich vor ihrer Freundin bewahrt hätten. »Die war ja kaum zu halten!«, sagten sie. Auch im Namen meiner Eltern! Bewahrt vor ihr! Ich war ihnen überhaupt nicht dankbar. Im Gegenteil: Einen Augenblick überkam mich eine fast heillose Wut! Mussten die sich meinem Leben in den Weg stellen?, dachte ich. Und: Was geht die das an? Dieses Gefühl Menschen gegenüber, die sich wissentlich und unwissentlich meinem Trieb in den Weg stellten, sollte sich in meiner Jugend noch mehrfach wiederholen. Es war immer ein ohnmächtiger Zorn. Oder eher Wut!

Ich fuhr also mit dem Fahrrad von Würzburg nach Stuttgart, mutterseelenallein, was vor allem heißt: Es gab niemanden, mit dem ich meine Eindrücke hätte teilen und austauschen können. Eine Fahrt ins Unbekannte, eine Entdeckungsreise. Die 180 Kilometer über Bad Mergentheim und Schwäbisch Hall, durch das Hohenlohesche, entlang und vorbei an Jagst und Kocher, fuhr ich an einem Tag von morgens bis abends, bergauf, bergab über kurvige Landstraßen, die leer waren, nur ab und zu ein Auto, ein Jeep, ein bäuerliches Pferdefuhrwerk, hinein in dunkle Wälder, die sich mit gezackten Schatten ankündigten, vorbei an satten Wiesen, im bald frühen, bald trägen Sonnenlicht, die Bäume breit ausladend, voll schwerer Früchte, Kühe, die wiederkäuend im Gras lagen, bucklig gegen den Horizont, wie schwere Steine in der Landschaft. Die Dörfer sauber, schmuck, glänzten vor hochanständiger Zufriedenheit, Burgen auf den Höhen, Fachwerk in den aufgeräumten Städten, Marktplätze mit Ständen voller Gemüse, Obst und Blumen, die Marktleute wuschen ihr Gerät an plätschernden Brunnen.

Ich erlebte, ich erfuhr zum ersten Mal die süddeutsche Landschaft und gleich dort, wo sie am schönsten und am geschichtsträchtigsten ist. Ich erlebte sie sozusagen mit vor bewunderndem Staunen offenem Mund. Hatte es hier keinen Krieg gegeben? Nur Geschichte und Vergangenheit, die sich wie selbstverständlich ins Heute zog? Blauer Himmel, insektenübersummte Wiesen, der dunkle, feucht nach Pilzen und Tannen riechende Wald mit Spinnweben im Gegenlicht – es war Liebe auf den ersten Blick. Und wie es so oft mit der ersten Liebe geht: Man spürt sie, aber man schätzt sie erst ganz, wenn man sich – man hat sie längst verloren! – an das wehe Wohlgefühl zurückerinnert, Jahre danach, wenn die Landschaft sich längst zu festen Szenen kristallisiert hat mit Stallgeruch und Waldgeruch, mit der leicht durchrauschten Stille, durch die ein Auto surrt, da naht es mit hellem Gebrumm, da fährt es vorbei, man riecht die Schärfe des Benzins, da verschwindet es um die Biegung, und der Wald verschluckt ziemlich rasch das Motorengeräusch.

Was war das aber auch für eine Landschaft, wenn man die Hügel hinanstieg, schwer im Pedal, und auf einmal, an sanfter Biegung, Gehöfte sah, einen Gasthof mit einer kleinen Tankstelle nebendran, mit lackierter Pumpstation und dem Schild einer Petroleumgesellschaft. Vor der Wirtschaft Tische, Bänke; in den Fenstern Blumen, die Türen ins Dunkle offen, als würden sie jeden Fremden einladen. Ich hatte dergleichen nie gesehen, ich war wie Eichendorffs »Taugenichts« (einem unverstandenen, aber geliebten Buch meiner frühen Jahre) auf der Fahrt durch ein Märchenland.

Die Ortseinfahrten mit Schildern, deren Namen ich ehrfürchtig buchstabierte, und am Rand der Orte immer wieder in frischem Lack glänzende Reklameschilder: Grün warben sie für »Vivil«, mit einer weißen Rolle für »Dr. Hillers«, mit einer gelben Flasche, in der schwarze kleine Kreise als Kohlensäure perlten, für »Sinalco«. Statt der schmutzig rot ausgebleichten Transparente an tristen, planen, freudlosen Ortseinfahrten in Sachsen-Anhalt, die »Heraus zum 1. Mai« forderten und die »Deutsch-Sowjetische Freundschaft« hochleben ließen und die dem amerikanischen Imperialismus den Kampf ansagten, jetzt die Schilder von »Dr. Hillers« und »Vivil«, die auf glänzend lackiertem Blech Atemfrische, ja sogar promovierte Atemfrische versprachen, und die kreisrunden roten Schilder von Coca-Cola mit der wunderbar geschnörkelten, verschlungenen weißen Schrift – hatte ich nicht zuletzt, als ich noch nicht wusste, dass der Friede zu Ende war, in Lundenburg in Mähren, auf einem Bahnhof in einem beim Halten ungeduldig fauchenden Zug, Coca-Cola-Reklame gesehen? Und war jetzt der Friede endlich wieder da, wo ich das rote Blech am sauberen Straßenrand sah, dort wo die dunklen Asphaltstraßen ohne Begrenzung in grüne Gräben mit hohem Gras übergingen?

Ich bin nie wieder mit einem Fahrrad durch diese wie vom Glück verwunschene Landschaft gefahren, obwohl ich es hätte tun können, viele Jahre lang. Ich habe es versäumt. Aber wenn ich später mit dem Auto auf solche Straßen einbog, bevor sie der Verkehr restlos verschlungen hatte, funktionalisiert zu einem Betonnetz von Ein- und Zufahrten, Straßen, Brücken, Über- und Unterführungen, habe ich immer diese Unschuld des Aufbruchs vor Augen gehabt; nein, nicht vor Augen, sondern im Innern als ein leicht ziehendes Sehnsuchtsgefühl.

Wenn ich später von Metzingen nach Urach fuhr (wo ich in den Semesterferien beim Finanzamt oder als Deutschhilfslehrer am Progymnasium arbeitete) oder nach Tübingen, vorbei an den Obstbäumen am Straßenrand, die Achalm oder den Metzinger Weinberg im Hintergrund, vorbei an den schweren düsteren Keltern – immer war mir der erste süddeutsche Eindruck in der Wiederholung lebendig: an der Quelle der Donau mit ihren Kalkfelsen, am Blautopf auf der Alb, auf Burg Lichtenstein, bei Freunden in Schwäbisch Hall vor der gewaltigen Kirchentreppe, der geschäftigen Ruhe des Markts. Bei Ausflügen zum Hohenstaufen, auf Marktplätzen mit ihren schiefen, sich nach vorne neigenden Fachwerkhäusern, in denen es Apotheken gab, vor denen schmiedeeiserne Schilder herabhingen, als wäre man in kitschigen Postkarten-Heimatfilmen. Auf der Alb und am Bodensee und im kargen Oberland und in Tübingen-Lustnau, vor allem aber im Kloster Bebenhausen, wo der württembergisch-hohenzollersche Landtag damals zu Hause war und das Hölderlin-Archiv. Und immer wieder Wälder, die das herrliche Land umfassen, Kirchen, Klöster, Burgen, Marktflecken.

Hätte ich irgendwo zu Hause sein können, hier wäre ich es gewesen. Und als ich zwei Jahre später an der Tübinger Uni zum ersten Mal Hölderlins Gedicht vom »Winkel von Hardt« hörte und las, wusste ich auch warum. Weil ich wusste, was zu Hause sein hätte bedeuten können, eventuell. Es war ein Land, das mir meine abhanden gekommene, meine gestohlene Geschichte hätte wiedergeben können. Wiedergeben, obwohl ich sie nie besessen hatte.

Der Winkel von Hardt

Hinunter sinket der Wald,
Und Knospen ähnlich, hängen
Einwärts die Blätter, denen
Blüht unten auf ein Grund,
Nicht gar unmündig.
Da nämlich ist Ulrich
Gegangen; oft sinnt, über den Fußtritt,
Ein groß Schicksal
Bereit, an übrigem Orte.

In Stuttgart kam ich spät an, aber es war noch hell. Die Schwester meines Vaters und ihre Familie wohnten in der Rosenbergstraße, einer aufsteigenden Straße im Stuttgarter Kessel, die ich im Abendlicht als seltsam leer in Erinnerung habe, was auch daran lag, dass in den bräunlichen Mietshäusern wenig Läden waren, also auch wenige Schaufenster und Ladenschilder, und dass auf der breiten Straße nur wenige Fahrzeuge parkten. Stattdessen spielten Kinder auf den Gehsteigen Himmel und Hölle, ich hörte ihre spitzen Schreie, wenn sie sich beim Fangenspielen jagten. Dass sie schwäbisch sprachen, bemerkte ich noch nicht.

Es war noch sehr schwül (wie oft im Stuttgarter Kessel), die Familie meiner Tante Lotte wohnte unter dem Dach, im fünften oder sechsten Stock, und da war es noch schwüler, ähnlich wie bei den Schramms. Mein Onkel Seppl war Maschinenbauingenieur und hatte im Krieg als Vertreter einer Stuttgarter Maschinenbaufirma in Bukarest gearbeitet. Jetzt war er wieder dort angestellt, wieder als Vertreter im Außendienst, und sollte bald die für uns unvorstellbar große Summe von 1000 D-Mark im Monat verdienen. Er war ein korpulenter Mann, an den Schultern, den Armen, dem Rücken, der Brust schwarz behaart wie ein Südländer, so dass ihm die Haare aus dem Kragen und den Hemdsärmeln über die Hände und die dicken

Finger krochen. Er redete viel und war eisern auf seine Gesundheit bedacht. Er nahm mich mit in die Sauna, wir fuhren mit der Straßenbahn und ich schämte mich, weil er die Fahrgäste in Gespräche verwickelte und sie über ihre Gesundheit belehrte. Die Sauna, es war das erste Mal, dass ich eine besuchte, kam mir ziemlich schmuddelig vor, fast wie Bukarest, Balkan, Orient. Mein Onkel mit seinem weißen, fetten, behaarten Körper schwitzte und redete viel, während wir unter lauter alten Männern saßen, die sich wie mein Onkel mit Bürsten am Körper kratzten. Ich fühlte mich bald selbst irgendwie schmuddelig, und es kam mir auch seltsam vor, mich unter lauter alten Männern, teils klappernden Gerippen, teils feisten Glatzköpfen mit gewaltigen Schmerbäuchen, nackt aufzuhalten.

Zu Hause setzte mein Onkel seine Gesundheitstheorien wortstark und tatkräftig durch. So standen in der Küche, die eine abgeschrägte Wand hatte, drei Schüsseln auf drei Hockern, mit denen er mir und wahrscheinlich zum ungezählten Male meiner Tante Abwaschhygiene demonstrierte. Vorwaschen in der ersten Schüssel. Dann Waschen mit Geschirrspülmittel in der zweiten. Dann aber vor allem, wichtig! wichtig!, nachspülen in der dritten – damit die Gifte des Spülmittels entfernt werden. Das Wasser aus allen drei Schüsseln schwappte auf den Holzfußboden, der aus dunkel verfärbten Dielen bestand. Ich weiß nicht mehr, ob die Geschirrspülschüsseln auf den Hockern schon Plastik waren (ich glaube, mich an eine rote Schüssel zu erinnern) oder noch Emailleschüsseln, die es damals noch überall gab, auch als Waschschüsseln, bei denen sich meist der Rost in hässlichen Flecken über das aufgeschlagene schwarze Blech in die glänzende Glasur fraß wie ein Krebs – als Zeichen jeglichen Zerfalls. Mein Onkel warnte pausenlos vor Giften und war einer der ersten Kunden in Reformhäusern, die sich gerade wieder etablierten: Sauerkrautsaft, Joghurt, Sanddornsäfte. Meine Tante, eine zierliche, äußerst ängstliche Frau, deren ganzer Kummer es war, dass sie so hoch wohnte – es könnte ja jemand aus dem Fenster fallen –, hörte ihm halb belustigt zu und kommentierte teils leise und schnell klagend, teils verzweifelt lachend seinen ununterbrochenen Redeschwall. Mein Onkel rauchte nicht und trank nicht und aß im Prinzip nur gesunde Sachen. Dennoch ist er, obwohl kerngesund, mit sechzig Jahren ein Jahr später gestorben. Genau einen Monat bevor er das phantastische Gehalt von 1000 Mark zum ersten Mal ausgezahlt bekommen sollte.

Ob er wirklich so gesund gelebt hat? Oder ob er nur mir zuliebe mit seiner Familie (Tante Lotte, der Tochter Edith, die einundzwanzig, und dem Sohn Heinz, der, ein Nachzügler, erst zwölf Jahre alt war) eines Nachmittags hinauf zum Killesberg wollte, hinaus aus dem Kessel? Er ist mit uns allen mit der Straßenbahn in ein Ausflugscafé gefahren, wie sie damals überall auf den Anhöhen, etwa am Bopser unter der Weinsteige, die Stadt umzingelten und am Wochenende zu Ausflügen animierten. Das Riesencafé war bis auf den letzten Platz besetzt: drinnen wie draußen, lärmende Familien, die erst bei Tisch andächtig still wurden. Wir mussten in einer Schlange warten, bis wir einen Platz bekamen, nachdem unsere Nummer aufgerufen worden war. Unser Blick über die Stadt wurde bald auf unsere Kuchenteller gelenkt, auf denen fette Torten mit Sahne drapiert waren. Mein Onkel blickte mich stolz an, während ich den cremig-schweren Kuchen mit der Sahne, erst mit Glücksgefühl und dann mit der Bedrückung des Überdrusses – die ich mir nicht eingestehen wollte – aß. Das war sein unausgesprochener Triumph, die Überlegenheit des Westdeutschen über den armen Schlucker aus der Ostzone. Schokolade, Kakao, Sahne, Buttercreme, das waren 1950 die überzeugendsten Trumpfkarten der Westzonen, als welche sich die junge Bundesrepublik immer noch empfand.

»Das gibt es bei uns alles«, sagte mein Onkel, während eine Bedienung an uns vorbei Teller mit dunkelbraunen und hellgelben Cremetorten jonglierte. »Den Engländern geht es lange nicht so gut«, sagte er und lächelte breit. »Obwohl sie doch angeblich auch den Krieg gewonnen haben.« Und dann fragte er mich, ob ich noch eine Torte wolle oder noch einen Kakao. Ich aber konnte nicht mehr. Ich war zum ersten Mal in meinem Leben übersatt von Süßigkeiten.

Ich schlief im Zimmer meiner Cousine Edith, einem engen Schlauch mit Klappfenster in der abgeschrägten Dachwand. Sie war mit ihrem »Verlobten« – oder nannten ihre Eltern ihren Freund nur so – für ein paar Tage verreist. In ihrem Zimmer fand ich dicke Stapel abgelegter Zeitschriften, in denen ich auf Geschichten stieß, von deren Existenz ich nie vorher auch nur vom Hörensagen gewusst hatte. Es ging da um Fürsten, Prinzessinnen, Könige, Filmstars, Filmregisseure, um Filme wie »Schwarzwaldmädel«, um Orson Welles und um den »Dritten Mann«, um Hildegard Knef oder um Sonja Ziemann und um Königshäuser in Griechenland oder Ägypten. Und es ging um Filmstars aus der Nazizeit, um Zarah Leander, Marika Rökk, Willy Birgel oder Hans Söhnker. Es ging um Paula Wessely und Attila Hörbiger. Ich sah die Bilder, las die Geschichten und geriet in eine Welt, die mir schal und lächerlich vorkam. Das sind Sorgen!, dachte mein sozialistisch geprägtes Bewusstsein verächtlich.

Ich war bereit, ohne die »Kritische Theorie« oder die »Dialektik der Aufklärung« zu kennen, ja ohne die Namen Th. W. Adorno und Max Horkheimer je gehört zu haben, mit marxistisch geprägter Verachtung auf diese Playboy-Kultur und deren Regenbogenpresse-Klatsch zu reagieren, denn schon der Vulgär-Marxismus, dem ich in der Zone ausgesetzt gewesen war, hatte mir beigebracht, dass diese Art von Bewusstseinsindustrie vom »falschen Leben« kündete, von der Tatsache, dass die verelendeten Massen durch Nachrichten aus einem derartigen Scheinleben von ihren eigentlichen Problemen, ihrem eigentlichen Leben abgelenkt werden sollten. Ich fühlte mich aber auch überlegen, begriff den Unterschied zwischen

E- und U-Kultur, Hochkultur und flacher Unterhaltung, und wenn mir die deutsche Oberschule (auch in ihrer scheinbar marxistischen Ausprägung) etwas beigebracht hatte, dann war es der berechtigte oder auch unberechtigte Hochmut desjenigen, der Thomas Mann und Brecht liest und Goethe, Schiller und Shakespeare auf dem Theater sehen will.

Als meine Cousine dann kam, entsprach sie so gar nicht dem Bild, das ich mir nach Einblicken in ihre Lektüre von ihr gemacht hatte. Sie war eine ungeheuer »praktische« und »nüchterne« Frau, die eisern Schwäbisch gelernt hatte, um den nötigen Lebenskampf nicht als »Reingeschmeckte«, sondern als Beteiligte aufzunehmen.

Sie lebte mit ihrem Freund (oder Verlobten), der Franzl hieß, ein Jahr jünger als sie war und beim Daimler in Sindelfingen als Automechaniker am Fließband arbeitete, damals in so etwas wie vorehelichen Flitterwochen: Das heißt, ich habe sie die paar Tage, die ich mit ihnen in Stuttgart verbrachte, nur in einer Art zärtlichem Dauerclinch erlebt, sie küssten und herzten sich ohne Unterlass, schoben sich pausenlos wechselseitig ihre Zungen in den Hals, meiner Cousine verrutschte dauernd die Brille und schon hatte Franzl wieder seinen Mund an ihrem Mund. Aber auf mich, der mich sonst Zärtlichkeiten, an denen ich nicht beteiligt war, höllisch nervös machten, wirkten diese Versicherungen von Gemeinsamkeit irgendwie unendlich nüchtern, kalt und sachlich, so als würden sie nur ausgetauscht, weil es sich so gehört.

Tatsächlich sprachen sie, wenn sie im Zärtlichzueinandersein innehielten, mit harter Sachlichkeit über Kosten und Zahlen: Sie mussten sich ihren Hausstand selber kaufen, Franzl war elternlos, Edith Flüchtlingskind; es gab weder Mitgift noch Aussteuer und der Flüchtlingsstatus meiner Cousine überspielte auch die Tatsache, dass sie, das Bürgermädchen (die fürchtete, bald ein spätes Mädchen zu werden, »keinen abzukriegen«) »hinunter« ins Proletariat heiratete. Meine Tante und mein Onkel mögen geschluckt haben, dass ihre einzige

Tochter sich anschickte, einen Arbeiter zu heiraten, was ich an dem Überschwang merkte, mit dem sie seine Tüchtigkeit, seinen Charakter, seinen Fleiß rühmten: Er sei ja sooo ein fleißiger Kerl. Ihr Hochmut (der falsche Hochmut unserer Familie) hatte einen Knacks bekommen. Die Nachkriegsgesellschaft, jedenfalls in der Schicht der Vertriebenen, Ausgebombten, um ihre Ernährer gebrachten, war eben egalitär. Wenn sich meine Cousine auch mit Zeitschriften vergnügte, in denen sie durchs Schlüsselloch auf Hochgeborene und Filmstars in Luxus und Scheinwerferglanz blickte – die Renaissance einer Klassen- und Adelsgesellschaft fand erst sehr allmählich statt – das nötige Kapital für den Luxus musste erst im Wirtschaftswunder akkumuliert werden.

Franzl erwies sich in der Tat als sooo fleißig. Und seine Frau Edith tat es ihm gleich. Sie bildeten eine Zweckgemeinschaft – so als wäre das Leben eine hochalpine Bergtour von äußerster Anstrengung und einer wäre auf den anderen, mit dem er durch ein Seil (die Ehe und Familie) verbunden ist, auf Leben und Tod angewiesen: Keiner von beiden hat je das Seil losgelassen, beide konnten sich aufeinander verlassen. Ihre Härte und Ausdauer im Lebenskampf wurde anfangs durch ihre Zärtlichkeit gemildert. Als ich ein paar Jahre später als Student in den Semesterferien bei ihnen in ihrer damals kleinen Wohnung in Sindelfingen wohnte (Kost und Logis angemessen bescheiden bezahlend, versteht sich), habe ich beobachtet, wie sie ihm jeden Morgen drei selbst gedrehte Zigaretten für sein Etui vorbereitete, bevor er zur Schicht ging. Und am Samstagabend gab es eine Flasche Bier. Nur für ihn. Sie trank nur »ein Gläschen« zu hohen Feiertagen.

So lebten sie streng gegen den Partner und noch strenger gegen sich selbst durch die Jahre, brachten zwei Töchter durch Schule und Universität, von denen die eine noch dazu leicht behindert war, erwarben ein Haus, hatten ein Auto (nicht den Deputats-Mercedes, den er lieber verkaufte) und führten ein grundsolides Leben. Viel lachen habe ich die beiden nicht sehen, aber sie waren in ihrer Härte glücklich und wohl auch zufrieden.

War das nun ein falsches Leben im richtigen? Oder ein richtiges im falschen? Oder galten für die beiden solche Kategorien nicht. Ich weiß jedenfalls noch, wie empört der Proletarier Franzl während der Studentenrevolte und der Baader-Meinhof-Zeit war – es war die kalte, nüchterne Empörung desjenigen, der zwar sein Leben lang den Rücken krumm gemacht, aber dennoch das Gefühl hatte, dass »sich Leistung lohnt«. Ein richtiges Gefühl? Ein falsches? Für ihn gewiss das einzig richtige.

Von Stuttgart fuhr ich nach Metzingen, wo der jüngste Bruder meines Vaters, Kurt Karasek, nach dem Krieg gelandet war. Über Esslingen, Plochingen, Nürtingen fuhr ich mit dem Zug nach Metzingen. Die Bahnhöfe sahen wie graue, mit Blumenkästen gesprenkelte Idyllen aus, Häuser mit Türen zum Wartesaal, Überwege, auf denen man die Geleise überquerte, der Weg ins Freie, durch die Sperre, führte rechts oder links am Bahnhofsgebäude vorbei, Bäume säumten den Bahnhofsvorplatz, Sträucher, ein Zeitschriftenkiosk, Zigarettenreklamen, Werbung für die »Revue«, für »Hörzu« mit dem Mecki-Igel. In den Fenstern Geranien, an einem Ende das Bahnhofsrestaurant, am anderen die Wohnung des Bahnhofsvorstehers, der Züge von Esslingen, Plochingen, Nürtingen über Metzingen noch weiter leitete nach Reutlingen, Pfullingen, Derendingen und Tübingen. Und wenn man gar noch weiter wollte, nach Hechingen und Balingen.

Später, zur Jahrtausendwende, fuhr hier die erste Bahn mit Neigetechnik. Schwaben, siehe Daimler, siehe Benz, war schon immer das Pionierland des technischen Fortschritts – auch wenn sich die Neigetechnik inzwischen als »Schuss in den Ofen« herausgestellt haben sollte. Über die Bahnhofsvorplätze, auf die ich sehnsüchtig schaute (Verweile doch, du bist so schön!), sah man auf Gasthäuser, mit Wirtshausschildern: »Zur Traube«, »Zur Eiche«, »Zum Roß«, »Zum Goldenen

Rad«, dahinter Städte, die konzentriert und zersiedelt zugleich aussahen. Die Häuser, Einfamilienhäuser zumeist, zogen sich an der Bahnstrecke entlang, gaben den Blick auf sanfte Hügel frei, in denen sich die Straßen verliefen, alles gepflegt, friedlich, unangreifbar – als hätte es den Krieg nie gegeben, der doch keine fünf Jahre zurücklag, der aber hier in der gesegneten Landschaft, deren Kargheit und Enge ich erst viel, viel später verstanden habe, nicht eine Spur hinterlassen hatte – keine Trümmer, keine Bombentrichter, kein himmelschreiendes Elend, nur Bahnhofsvorsteher mit roten Mützen und rotgrünen Kellen, die »Nürtingen, Plochingen, Metzingen, Reutlingen« riefen und »Bitte Türen schließen!« und »Vorsicht bei der Abfahrt des Zuges!« und »Von der Bahnsteigkante zurücktreten!« Und während ihre herzzerreißenden Pfiffe die Abfahrt durchgellten und die Lokomotiven fauchten und rauchten und dampften und ihre Kraft durch Ventile ausstießen, winkten Menschen aus geöffneten Abteilfenstern den Zurückbleibenden zu: Und ich wollte, ohne es so konkret zu wissen, dazugehören zu dieser Welt, in der man auch blieb, wenn man sich verabschiedete, weil man ja wiederkommen würde.

Ich wusste nicht, wie es hier früher gewesen war, aber ich ahnte, dass es eigentlich war wie immer und dass ich zurückkommen wollte, obwohl ich noch nie hier gewesen war. Später habe ich Hölderlins Elegie »Heimkunft« nachbuchstabiert, ihre Verse waren dunkel und hellsichtig zugleich, so als ließe sich Klarheit raunen, und ich habe mir wenigstens lesend und rezitierend Heimatgefühl anzueignen versucht, Uhland und Hauff und Gustav Schwab, die Wurmlinger Kapelle (»Droben stehet die Kapelle / schauet still ins Tal hinab«), den Blautopf, den Schneider von Ulm, das Stuttgarter Hutzelmännchen und »Jedem sein Ei und dem Waiblinger zwei« und die Schlacht bei Reutlingen, bei der ein Hügel »Achalm« heißt, weil am Schlachtabend der Sieger sterbend »Ach allmächtiger Gott!« seufzen will und es nur bis zum »Achalm ...« schafft.

Was ich damals nicht wusste, aber erlebte, war: Das Leben

in Deutschland hatte sich aus den großen, verwüsteten Städten aufs Land, in die Kleinstädte, in die festen Burgen der Provinz zurückgezogen. Und es hatte sich aus Norddeutschland nach Süddeutschland verlagert. Jedenfalls in meiner Sicht, in meiner Erfahrung. Der Osten verloren, Berlin, Hannover, Hamburg, das Ruhrgebiet zerschlagen und zertrümmert. Hier, in Württemberg, in der verwinkelten Regression aus Württemberg-Hohenzollern, in der sich katholische Diaspora mit protestantischem Gemeindeleben unter der Obhut der französischen Besatzungsmacht zu einem neuen Gemeinwesen aufrichtete, ohne von der Besatzungstruppe weiter gestört zu werden, hier sah es so aus, als hätte es das Nazi-Deutschland nie gegeben.

Von gestern sprach man achselzuckend, auch wohl verächtlich von der nazistischen Großmäuligkeit, die – angeblich – hier nie eine Heimstatt gefunden hatte: Pathos schien dem Württembergischen in der Tat fremd, das wäre ja auch lächerlich erschienen, in diesem Land, in dem man die Römer noch sehen konnte in den dunklen Augen und Haaren vieler junger Mädchen (oder es jedenfalls behauptete). Und die benachbarten Franzosen (Baden war nahe und also auch das Elsaß. Oder Oberschwaben und also auch die Schweiz. Der Bodensee und also auch Österreich) hatten ihre Spuren in Sprache und Rechtsempfinden hinterlassen – Carlo Schmid, SPD-Politiker und Minister in Württemberg-Hohenzollern, war ein hoch gebildeter Weltbürger, der französisch wie deutsch schreiben und sprechen konnte –, nirgends waren die Deutschen in der Verkörperung als »Preußen« (was damals ungerechterweise mit Nazis gleichgesetzt wurde) weiter weg als hier. Auch wusste man damals noch nichts von Dr. Mengele.

Das Haus, in das ich 1950 kam, lag breit und wuchtig zwischen einer großen und einer kleinen Ausfallstraße, ein verputzter, mir gewaltig erscheinender Fachwerkbau. In der einen Hälfte wohnte die Bierbrauerfamilie Bräuchle, in der anderen die Familien der Brüder Binder, beides Gerbermeister. Das zweistöckige Haus, dessen obere Räume sich teilweise schon unter das tief gezogene Dach duckten, war geteilt in den größeren Bräuchle-Teil mit einer Reihe von acht Fenstern mit ausgebreiteten dunkelgrünen Fensterläden und den schmaleren Binderteil mit vier Frontfenstern. Das Binderhaus war nach hinten an der schmalen Straße verwinkelt, Holzwände mit Luken schirmten die Lohgerberei ab, deren scharf ätzender, leicht fauliger Geruch nach außen drang. In gewaltigen, in den Boden eingelassenen Zementwannen mit jauchig brauner Brühe schwammen Rinderfelle von Bottich zu Bottich und wurden so immer stärker gegerbt. Die beiden Brüder Binder, beide über sechzig, betrieben ein aussterbendes Handwerk, der eine, der jüngere, schon eher ein Schreibtischmensch, immer korrekt angezogen, den großknotigen Binder um den Hals, hatte schon einen grauen Scheitel und einen grauen Schnurrbart, und seine Söhne hatten mit der Gerberei nichts mehr im Sinn. Der andere, der kleinere, ein gichtgebeugter und gekrümmter Mann mit einem weißen, kurz geschorenen Stiftekopf und einem wunderbaren Bauernmund mit kurzgemümmelten Zähnen, trug einen ledernen Gerberschurz, seine Hände waren braun gebeizt. Er stocherte mit langen Stangen in der Gerberlohe zwischen den Fellen herum, schöpfte mit Netzen Pelze aus der Brühe, war verwachsen mit seinem schweren, sehr alten Handwerk und ich erinnere mich nicht an technische Neuerungen und Maschinen, die ihm hätten helfen können.

Nach der Arbeit humpelte er im Wohnzimmer im ersten Stock auf und ab, las in einem Armsessel sitzend die Lokalzeitung (den »Sannental-Boten«, wenn ich mich recht erinnere), sonntags rauchte er einen Stumpen oder auch eine Pfeife. Er war der Vater meiner (angeheirateten) Tante.

»Opa Binder«, von seiner Tochter »Vatter« gerufen, war ein wortkarger, schüchterner, freundlicher Mann. Trat ich ins Zimmer, in dem er schon war, oder kam er ins Wohnzimmer, wo ich schon saß und las, dann sagte er kurz: »So« oder »Jetzet«, und dann lächelte er mich freundlich an, die braun gebeizten Zahnstummel zeigend, während sein Gesicht eben noch Schmerz gepeinigt gewesen war wegen des gichtigen Hinkens, aber nur solange er sich unbeobachtet glaubte. Dann, nach einer Pause, fragte er mich: »Bue, wit n Moscht?« (Bub, willst du einen Most), und noch ehe ich »ja« sagte, wusste er schon, dass ich ja sagen würde, und lachte noch breiter, drückte mir einen taubengrauen Steinkrug mit blauen Glasierungen in die Hand und schickte mich in den Keller, wo zwischen allerlei Gerät in Holzfässern der Apfelwein lagerte, kellerkühl, ein herrlich herbes Getränk. Und wenn ich mit ihm das erste kleine Glas getrunken hatte, grinste er mir wieder wohlwollend ins Gesicht. »Gell, des tut gut!« Und meine Tante, seine Tochter, sagte jedes Mal, wenn mir ihr unvergleichlicher schwäbischer Kartoffelsalat, goldgelb, saftig glänzend, offensichtlich schmeckte: »Salat, mein Läben!«, und lachte freundlich wie ihr Vater und wurde durch ihr Lachen schön.

Onkel Kurt, Jahrgang 1910, war im Krieg rasch Leutnant geworden, hatte lange vor Leningrad gelegen, das der deutschen Belagerung und Umklammerung unter vielen Entbehrungen und unendlichen Leiden (von denen ich damals nicht das Geringste wusste) standgehalten hatte. Zu seinem Glück war er von Hitler mit vielen seiner Kameraden von der Ostfront abgezogen und nach Belgien in die letzte verzweifelte Offensive, die Ardennen-Offensive, geworfen worden. Zu seinem Glück, denn so kam er nicht in russische, sondern in amerikanische Kriegsgefangenschaft. Statt viele Jahre, ständig mit dem Erschöpfungstod bedroht, in russischen Lagern zu verbringen, wurde er von den Amerikanern mehrere Monate, hauptsächlich im Freien, festgehalten, wo auch fürchterlicher Hunger herrschte, und dann entlassen.

Wohin? In seine tschechische Heimatstadt Brünn konnte und wollte er nicht mehr, und so nahm ihn ein anderer entlassener Leutnant, sein Kriegskamerad Bräuchle, mit ins württembergische Metzingen. Bräuchle war der Erbe einer Brauerei, auf einmal also dem im Kriege gleichgestellten Kameraden haushoch überlegen, der nur noch Flüchtling war, ein heimatloser Habenichts.

Der Zufall wollte es, dass im Nachbarteil des Hauses der Bräuchles Irmgard Adam, geborene Binder, lebte, Tochter des Gerbermeisters Binder. Ihr Mann war im Krieg gefallen, ihr Sohn noch klein, ihr Vater Witwer, sie besorgte das Haus, eine gute und gut gelaunte Köchin und eine Hausfrau, die über ihre unendliche Knochenarbeit in dem großen Haus kein Gewese machte. Nur die dicken, ständig angeschwollenen Beine und die rot aufgeweichten Hände – damals hätte man ungläubig gelacht, wenn jemand etwas von Waschmaschinen oder gar Geschirrspülmaschinen fabuliert hätte – machten ihr Schwierigkeiten.

Als ich nach Metzingen kam, waren meine Tante und mein Onkel schon ein Paar – im Umzug. Mein Onkel zog von den Bräuchles zu den Binders, eine Tür im gleichen Haus weiter, die beiden hatten selbstverständlich vorher geheiratet.

Onkel Kurt, ein sentimentaler, gutmütiger, aber auch jähzorniger und rechthaberischer Mensch, hatte eine irrsinnig hohe Meinung von sich, seinem Vater, seiner Familie und seinem Vatersnamen. Für diese hohe Meinung gab die Realität in den folgenden Jahren immer weniger her. Sein Ansehen schwand im württembergischen Aufstieg, im Wirtschaftswunder. Obwohl er im Metzinger »Liederkranz« sang, ein heller, etwas gequälter Tenor, fiel er allmählich, aber unaufhaltsam aus der Metzinger Gesellschaft. Er arbeitete als Buchhalter bei einer Textilfirma und war so etwas wie Prokurist, wurde aber rigoros ausgemustert, als die Söhne als künftige Eigentümer seine Arbeit im väterlichen Betrieb übernehmen konnten. Er war auf einmal nur noch ein Flüchtling und fuhr als Angestellter (nicht als Beamter) zu einer Tübinger Finanzbehörde.

Ich habe ihn noch als zugehörig zur Metzinger Gesellschaft erlebt. Wenn alle am Boden sind und alle unten, sind eben auch alle gleich. Er trug sogar die Nase höher als die anderen. Ich

erinnere mich, wie er an heißen Tagen mit einem kleinen Leiterwagen Wasser zu einem nahe gelegenen Grundstück fuhr,
das seiner Frau gehörte, er sprengte dort – und es war sein ganzer Stolz – die nur spärlich gedeihenden Tomaten und Bohnen.
Später hat er auf diesem Grundstück sein kleines Einfamilien-
haus gebaut, in dem heute noch sein Sohn Kurt wohnt.

Damals stand er am Abend aufrecht neben dem Klavier, an
dem Tante Irmgard saß. Und während sie, mit ihren von der
Arbeit aufgeweichten und schweren Fingern, die Tasten traf,
räusperte er sich – er war ein starker Raucher –, und dann sang
er. Lehár. Das »Land des Lächelns«. »Immer nur lächeln und
immer vergnügt, immer zufrieden, wie's immer sich fügt«, sang
er. Und: »Lächeln trotz Weh und tausend Schmerzen. Doch
wie's da drin aussieht, geht niemand was an.« Dann machte er
eine Pause, sah mich mit einem leichten Lächeln in den Augenwinkeln an und sagte: »Tiefste Weisheit des Ostens!« Er selber
aber war nicht so weise und konnte fürchterlich herumschreien,
vor allem, wenn sein Stiefsohn (»Oh Adam«, stöhnte die Mutter, die ihren Erstgeborenen schützte und verteidigte, so weit
sie nur konnte) schlechte Noten aus der Schule brachte.

Meine Tante hatte ein Abonnement in der Stuttgarter Oper,
wohin sie, ohne meinen Onkel, mit ihren Freundinnen fuhr,
ich glaube im Bus. Von den Stuttgarter Sängerinnen und Sän-
gern schwärmte sie auf das Höchste – und mir tut es leid (für
sie und für mich), dass sie nicht mehr erlebte, wie ich Chefdramaturg ihrer so geliebten Sängerinnen und Sänger wurde – wir
teilten ja die Liebe zu einem der größten Mozart-Tenöre jener
Jahre, zu Fritz Wunderlich, den ich später Abend für Abend,
so ich nur wollte, in Mozart-Aufführungen hören konnte, als
Tamino und als Belmonte, schöner, strahlender, unschuldiger habe ich deren Arien nie gehört. Er hat sich dann später in
einem Jagdhaus zu Tode gestürzt, ein Unfall. Aber da war
meine Tante längst tot und ich auch nicht mehr Dramaturg.

Gegen Ende meines Besuchs in Metzingen führte mich mein
Onkel, er hatte dazu eine bedeutsame und ernste Miene auf-

gesetzt, ein bisschen Stolz war auch dabei, in den Keller im Haus seines Schwiegervaters und dort zu einem Holzregal. Dort hatte er etwa zehn Sardinenbüchsen aufgestapelt, mehrere Pakete mit Zwieback (Marke Brandt), eine Dauerwurst, Dosen mit Kondensmilch, Tüten mit Mehl, mit Erbsen, Linsen und Bohnen, mit Zucker und mit Haferflocken. »Für den Fall, dass der Krieg wieder zu uns kommt«, sagte er. Der Krieg! Fünf Jahre nach Kriegsende ging in Westdeutschland die Kriegsfurcht wieder um.

In Korea, am 38. Breitengrad, kämpften Amerikaner und Australier im Namen der Uno gegen die nordkoreanischen Eindringlinge. Die Uno hatte dieses Vorgehen sanktioniert, weil die Sowjetunion das Instrument des Vetos im Weltsicherheitsrat offenbar noch nicht beherrschte. Anstatt den Kalten-Kriegs-Gegner durch das Veto zu stoppen, hatte die Sowjetunion die Sitzung des Weltsicherheitsrats aus Protest boykottiert und so die Legitimierung des amerikanischen Eingreifens durch die UN ermöglicht – ein Fehler, der der russischen Diplomatie kein zweites Mal unterlaufen sollte.

Der Koreakrieg, dessen Nachwirkungen bis heute bedrohlich zu spüren sind, brachte die Welt zum ersten Mal an den Rand eines Atomkriegs. General MacArthur, der frühere Hochkommissar und Statthalter der USA in Japan, hatte erwogen, China, das Nordkorea unterstützte, notfalls durch den Einsatz der Atombombe, mindestens durch die Androhung des Einsatzes, in seine Schranken zu weisen. Ein Spiel mit dem Feuer, denn auch die Sowjetunion war eine Atommacht. Die Truman-Administration versuchte, das Feuer sofort auszutreten, indem sie MacArthur augenblicklich abberief. Doch die verheerende moralische Wirkung war nicht mehr aufzuhalten.

In Deutschland, wo gerade die Debatte über die Einführung der Bundeswehr und die »Wiederaufrüstung« entbrannte, begann sich die Friedensbewegung zu formieren. Im Kalten Krieg wurden aus besiegten Gegnern künftige Verbündete, Schlagworte wie »Revanchisten«, »Kalte Krieger« kamen auf, die evangelische Kirche und deutsche Wissenschaftler um Carl Friedrich von Weizsäcker meldeten Opposition und Widerstand an, eine mächtige, anschwellende Protestbewegung entstand, und die kommunistische Propaganda schürte eine »Ami go home«-Stimmung. Noch heute habe ich den großen Sänger und Schauspieler Ernst Busch im Ohr, wie er sang:

Go home, Ami, Ami go home!
Spalt für den Frieden dein Atom!
Sag good bye dem Vater Rhein,
Rühr nicht an sein Töchterlein,
Loreley, solang du siegst, wird Deutschland sein!

Das hörte sich zwar nicht schön, eher ein bisschen lächerlich für mich an, war aber von da an die politisch korrekte Gesinnung, obwohl der Begriff der political correctness längst noch nicht existierte.

Natürlich wollte auch ich keinen Krieg, die Folgen des schrecklichst Denkbaren saßen uns noch in den Knochen, über die Straßen humpelte das Heer der Kriegskrüppel, die Trümmerlandschaft der Großstädte schwärte als Wunde, noch längst nicht vernarbt, im beginnenden Wirtschaftswunder: Immer wieder rissen Blindgänger Kinder, die in den Trümmern als verbotenem Abenteuerspielplatz spielten, in den Tod, immer noch waren Millionen Deutsche in russischer Kriegsgefangenschaft – nur ein gefühlloser, schwachsinniger Mensch wollte sich in Deutschland auch nur die Möglichkeit einer kriegerischen Auseinandersetzung vor Augen halten.

Die Vorräte auf dem großen Kellerregal meines Onkels sahen kläglich und verloren aus, lange hätten sie den Hunger in einem Krieg, der inzwischen »Ernstfall« hieß, nicht überbrückt. Aber sie waren für mich das erste Zeichen einer Angst, die noch aus der Erschöpfung des Krieges kroch, den wir gerade überlebt hatten. Diese Angst sollte uns begleiten, sie erzeugte ein apokalyptisches Grundgefühl, das zunächst durch die Energie eines unbändigen Aufbauwillens verdrängt wurde, dann durch die Lebenslust und Lebensgier, die in Fresswellen, Bekleidungswellen, Reisewellen über die Deutschen kam. Eine Angst, die verharmlost wurde, wenn man den Bürgern empfahl, im Falle eines Ernstfalles sich die Aktentasche über den Kopf zu halten, um sich vor Strahlungen zu schützen.

Manche Menschen aber untertunnelten ihre teuren Villen mit Kellergewölben und Atombunkern. Sie hofften, mit allerdings größeren Vorräten, als mein Onkel sie gestapelt hatte, den Ernstfall überleben zu können – in der wahnwitzigen Vorstellung, man würde es Monate, ja Jahre in diesen Maulwurfslöchern aushalten, wenn man nur Schokolade, einen Plattenspieler, einen Teddybären und Rotwein bei sich hätte. Als der Kalte Krieg zu Ende gegangen war und der Terroristenkrieg erst vor der Schwelle stand, wurde die unterirdische Regierungszentrale der deutschen Regierung in der Rhön dem öffentlichen Blick freigegeben. Da blickten wir in ein ziemlich schreckliches Museum einer ins Unterirdische verlegten Wohnkultur der fünfziger Jahre, in eine grauenvoll sinnlose Einrichtung, eine Mischung aus überlebtem spießigem Geschmack, aus Gemütlichkeit und Endzeitstimmung, eine Plüsch- und Nierentischapokalypse mit gelblich schimmernden Schirmlampen. So hätte im »Ernstfall« aus der Tiefe eines Bergwerks das verstrahlte Land weiter regiert werden können. Das war nicht weniger abstrus lächerlich als die Sardinenbüchsen meines Onkels.

Damals, nach dem kurzen Abstieg in den Metzinger Keller, fuhr ich mit dem Fahrrad zurück nach Würzburg und dann per Autostopp, auf der Autobahn bis Helmstedt, zur Grenze. Die Rückkehr in die DDR war unkompliziert. Noch gab es keine Minenfelder, keine Selbstschussanlagen, keine Wachtürme, und da ich zurückwollte, hatte ich auch keine Angst, erwischt zu werden.

In der Nähe des Harzes betrat ich wieder den Boden der jungen »Deutschen Demokratischen Republik«, die bald darauf einen Dekaden währenden Kampf um die Staatsbenennung gegen die »Bundesrepublik Deutschland« führte, die dazu neigte, sich vereinfacht »Deutschland« zu nennen – die Politikrhetorik machte daraus die verschliffene »Bunsreplik Doitschland«. Darin sah die »DDR« einen Alleinvertretungsanspruch und führte den Kampf, der gleichzeitig einer um Gleichberechtigung und Anerkennung war, schließlich erfolgreich, jedenfalls was den Namen ihres Landesteiles betraf.

So wurde aus Westdeutschland die »BRD«, eine Analogie zur »DDR«. Der Westen schlug zurück, indem er die DDR in Anführungszeichen setzte, zur »so genannten« DDR machte – und »demokratisch« war sie ja nun wahrlich nicht, und zu dem »Neusprech«-Euphemismus »volksdemokratisch«, wozu die Satellitenländer der »Sowjetunion« (auch sie in Wahrheit ein verschleiernder Euphemismus für das nach wie vor imperiale Russland), die so genannten doppelt gemoppelten »Volksrepubliken« offiziell wurden, wagte sich die DDR, die dann DVDR hätte heißen müssen, nicht vor. Das wäre in der deutschen Sprache zu viel des Guten gewesen.

Jetzt aber, im Spätsommer 1950, lag das Niemandsland an der Grenze, eine fast schon biotopische Wildnis, da in der Hitze, als könnte nichts geschehen. Irgendwo erreichte ich einen Zug, der in der Wärme nach Rost und Eisen roch, obwohl ich eigentlich nicht weiß, wie Rost und Eisen, sondern nur wie die träg idyllischen Eisenbahnen der Fünfziger riechen. Sie hatten Waggons, von denen jeder eine schwer zu schließende Tür über hoher Treppe hatte, Fenster, die sich mit einem breiten Gurt, an dem man ziehen musste, schließen ließen, Abteile, in denen die Sommerhitze stand und die Bänke aus ehemals hellen Holzleisten waren.

Der Zug fuhr an, fauchend quietschend und knarrend, gewann Fahrt, ich steckte den Kopf aus dem Fenster, musste mit den Augen kneistern, weil ich in Richtung Fahrtwind schauen wollte und mir Russteilchen der fauchenden Dampflock in die Augen kamen. Aber ich sah nach vorne, weil dort ein Mädchen mit offenem Mund zu mir zurück lachte; ihre blonde Mähne verfilzte sich im Wind.

Der Zug war nur schwach besetzt, das Mädchen und ich trafen uns auf dem Bahnsteig des kleinen Umsteigebahnhofs, während die Lokomotive ausschnaufte. Während der Fahrt konnte man die Abteile nicht verlassen, der Zug hatte keine Gänge. Wir hatten beide stundenlang Aufenthalt, sie etwas weniger als ich. Der Bahnhof war so gut wie menschenleer, auf dem Vorplatz fanden wir eine Bank und begannen gierig in der Nachmittagshitze aneinander herumzuschlecken, uns zu drücken und zu küssen. In meiner aufgestauten Begierde störte es mich wenig, dass sie einen schweren Sprachfehler hatte. Anfangs erschrak ich, als das einladend begehrenswerte Geschöpf beim Sprechen ein wenig röchelte, dann aber, als sie das Küssen stumm machte, vergaß ich das. Und erst als sie nach Stunden weitergefahren war und ich allein durch den heißen Wartesaal, die Toilette, die Halle und über den unkrautüberwucherten Bahnsteig ging, kehrte das Erschrecken wieder. Zum ersten Mal hatte ich, von Begierde angetrieben, etwas getan, was ich nachträglich bereute – vielmehr ich schämte mich, weil ich jemanden geküsst hatte, mit dem ich nicht gerne dabei erwischt worden wäre.

Es war das erste Mal, dass ich mich so schämte. Es sollte nicht das letzte Mal sein. Später, in Schnitzlers »Reigen«, sollte ich diesem Wechsel des »Davor-Danach«-Gefühls wieder begegnen. Das Stück war bei der Lektüre und nachdem ich den großartigen Max-Ophüls-Film gesehen hatte, sofort ein Stück nach meinem Herzen.

Davor, danach. Auf dem leeren Bahnhof hatte ich, allein zurückgeblieben und darüber sehr erleichtert, noch die Erinnerung an den schal süßlichen Speichel des Mädchens auf der Zunge und eigentlich war es ja auch kein Danach. Ich langweilte mich auf dem Bahnhof, auf dem es nichts gab, nicht einmal eine Brause oder Limonade. Aber einen Präservativ-Automaten auf der Toilette, der mich neugierig machte. Noch nie hatte ich ein Päckchen Präservative gesehen, in der Hand gehabt. Ich warf DDR-Leichtmetallmünzen ein, beäugte die Pariser, öffnete das Paket, zog ein Gummi heraus, blies hinein wie in einen Luftballon. Das also war es. Ich füllte das Gummi mit Wasser aus der Leitung, warf es dann weg. Die angerissene Packung (»Fromms Act« wahrscheinlich) behielt ich in der Hosentasche. Und als der Zug endlich in Richtung Bernburg fuhr, hatte ich die Präservative längst vergessen, so unwichtig war mir das damals.

Vor der fünften Flucht

Ich war wieder zu Hause, in Bernburg. Und während ich in den kahlen Hinterhof voller Gerümpel hinabstarrte, es war ein Sonntag, ein leerer Tag, wusste ich, dass ich hier nicht bleiben würde, dass ich nach dem Abitur sofort »nach dem Westen machen« würde, das hatte ich längst auch mit meinen engsten Schulfreunden verabredet.

Meine Mutter hatte meine Sachen ausgepackt, meine Hemden, Hosen und Socken in die Schmutzwäsche getan. Dabei muss sie wohl auch das angebrochene viereckige Päckchen Präservative gefunden haben. Jedenfalls trat mein Vater mit verlegener Feierlichkeit auf mich zu und sagte, er müsse mit mir sprechen. Derartiges war in meinem Leben, soweit ich mich erinnerte, noch nie passiert: mein Vater, der eine Aussprache mit mir suchte. Ich ahnte nicht, worum es gehen sollte, merkte aber schnell, als er »zur Sache« kam, dass es sich um die »Pariser« handeln musste. Ich habe mir nach dem Gespräch mit ihm (er war damals vierundvierzig Jahre alt) vorgestellt, wie er mit meiner Mutter (damals vierzig Jahre alt und mit fünf

Kindern gesegnet und gestraft, dessen Ältestes ich war) darüber diskutiert hat, habe mir die Situation ausgemalt, rekonstruiert.

Sie findet die Präservative, ist überrascht, geschockt, bestürzt. Sie zeigt ihren Fund meinem Vater. Hellmuth ist gerade siebzehn, sagt sie. Und dass er mit mir sprechen müsse. Von Mann zu Mann, von Vater zu Sohn. Mein Vater sieht das ein, ja, er werde mit mir sprechen. Dann nimmt er all seinen Mut und seine Autorität zusammen und spricht mit mir.

Was er mir im Einzelnen gesagt hat, weiß ich heute nicht mehr. Ich weiß nur noch, dass seine Ermahnungen – um solche muss es sich gehandelt haben, obwohl mein Vater zu Ermahnungen nicht besonders fähig war – in einem Zitat von Walter Flex mündeten: »Rein bleiben und reif werden«, sagte mein Vater und ich weiß nicht (mehr) ob er mich dabei ansah oder dabei mit seinen Augen, die den meinen glichen (vielmehr meine den seinen in dem Graugrün, das bei ihm damals schon leicht wässrig geworden war, wie inzwischen längst das Graugrün meiner Augen), an mir vorbeischaute. »Rein bleiben und reif werden«, das sei »die höchste und schwerste Lebenskunst«.

Mein Vater sagte das mit dem Glauben und der Überzeugungskraft, die ihm, dem ehemals »Jugendbewegten«, dem »Wandervogel«, zu Gebote standen. Er hatte, als er jung war, gesungen, wenn auch falsch, denn er war herrlich unmusikalisch: »Aus grauer Städte Mauern / ziehn wir durch Wald und Feld / Wer bleibt, der mag versauern / Wir fahren in die Welt.« Und er hatte mitzusingen versucht: »Im Frühtau zu Berge wir ziehn, falera. Es grünen die Wälder und Höhn, falera! Und die zweite Strophe: »Ihr alten und hochweisen Leut', falera! / Ihr denkt wohl, wir wären nicht gescheit, falera! / Wer wollte aber singen, wenn wir schon Grillen fingen / In dieser so herrlichen Frühlingszeit.«

Jetzt war der Frühling, der Wandervogelfrühling, längst vorbei, der Krieg verloren, in den die Wandervögel gezogen waren, obwohl sie doch vielleicht ahnten, dass das nicht ihr

Krieg war. Und er, mein Vater, gehörte längst zu den »alten«, wenn auch nicht zu den »hochweisen Leut«, falera!, und er musste mir beibringen, dass es nicht gut wäre, wenn man mit siebzehn »Pariser« in der Tasche hätte.

Ich weiß noch, dass ich mich bei dieser Ermahnung, in der es um Präservative ging, die mein Vater, glaube ich, nicht einmal erwähnte, nicht besonders unglücklich fühlte. Und ich war auch gar nicht beschämt. Und ich versuchte mich auch nicht zu rechtfertigen. Wofür auch? Und mein Vater hat es auch gar nicht erwartet. Und ich habe die Situation auch nicht als grotesk empfunden, dass nämlich Väter, die in Russland waren und Mord und Totschlag kannten und wahrscheinlich Wehrmachtspuffs vor der Schlacht, von »rein« und »reif« sprachen, von »bleiben« und »werden«. Erst viel, viel später habe ich verstanden, warum die Menschen in den fünfziger Jahren Recht hatten, wenn sie sich was vorlogen von »rein« und »reif« und »reiner Menschwerdung«.

Das war zwar das, was wir später »spießig« nannten und »verlogen«, und wir rechneten es dieser Generation vor, dass sie KZs geduldet hat und Kriegsverbrechen und den Hitler'schen Darwinismus vom Recht des Herrenmenschen und gleichzeitig von Jugendlichen geträumt, die auf Wiesen tanzen und singen, Blumen im Haar haben und Trachten tragen. Die rein bleiben, bis sie reif sind. Vielleicht war dies – so absurd es war – das Letzte, das weiter funktionierte, während die Welt in Scherben gegangen war. Es war eine spießige Idylle, mit der sich Deutschland über den »Zusammenbruch« hinwegrettete.

Ich wusste auch, als mein Vater mir auf Geheiß meiner Mutter meine reine Reifwerdung zu erklären versuchte, dass er zwar glaubte, was er mir sagte, aber gleichzeitig verdrängt hatte, dass er sich selbst nicht (jedenfalls nachdem er sich verheiratet hatte) an ihre Regeln hielt. Aber das war in seiner Überzeugung, so glaube ich ihn zu hören, »etwas anderes!«. Ach, mein Vater war ein wunderbarer Pädagoge mit seinem »Etwas-anderes-Sein«! Er wollte beispielsweise nicht, dass ich rauchte. Er kannte wohl kaum die Gründe dafür, die heute als Todesdrohungen auf den Packungen stehen. Zigaretten waren damals teuer, schwer zu bekommen, vor allem Westzigaretten. In den HO-Läden gab es aber westähnliche Zigaretten, die ich rauchte, wenn ich sie bekommen konnte, vier bis sechs am Tag. Mein Vater hat mir das kopfschüttelnd untersagt. Ungesund sei es. Und zu teuer auch. Und meine Mutter unterstützte ihn dabei. Sie war sein Echo. Ungesund, jawohl, sei es, zu rauchen. Vor allem in meinem Alter. Ich solle mir ein Beispiel an meinem Vater nehmen. Der habe nie geraucht.

Ich war also der Einzige, der in meiner Familie rauchte. Und immer wieder wurde es mir untersagt und verboten. Und immer wieder wurde mir gesagt, wie schädlich rauchen sei, wie ungesund. Vor allem für einen Heranwachsenden. Wandern sollte ich, schwimmen, Rad fahren!

In unserem Wohnzimmer stand ein schweres schwarzes Möbelstück, das eine Wand füllte, die volle Höhe des hohen Altbauzimmers. Oben lagen hinter einer Glastür Zigaretten. Neben einem Aschenbecher. Täglich lagen da vier bis sechs Zigaretten. Täglich habe ich sie weggenommen und außerhalb unserer Wohnung, versteht sich, geraucht. Täglich waren sie wieder da. Mein Vater hat den Vorrat aufgefüllt. Wir haben nie ein Wort darüber gesprochen.

Nein, wegen meiner Eltern hätte ich nicht nach dem Westen abhauen müssen.

Mit meinem Abitur 1952 habe ich meinem Vater (und damit auch meiner Mutter, sie teilte diese Art seiner Wünsche vollkommen, instinktiv und ohne darüber zu rechten) einen seiner zwei Wünsche erfüllt. Er habe sich, so sagte er, gewünscht, dass alle seine Kinder »Abitur und Führerschein« machen. Wunsch eins war also erfüllt, Wunsch zwei – der Führerschein – musste noch bis Anfang der sechziger Jahre warten.

Als ich mit einer British-Airways-Maschine von Berlin-Tempelhof nach Hamburg-Fuhlsbüttel, mit nur einem mittelgroßen Koffer Reisegepäck, ausgeflogen wurde, dachte ich, dass ich meine Eltern und meine Geschwister für eine lange Zeit – und »lange« war damals ein verschwommener Euphemismus, der die seelische Angst vor einem »nie mehr« wattieren sollte – nicht wieder sehen sollte. Wie auch? Ich hatte mitten in der Hoch-Zeit des Kalten Krieges durch das winzige Schlupfloch Westberlin den »Ostblock« verlassen (ein flüchtender Verräter, wie damals tausend andere jeden Tag für die DDR-Verantwortlichen). Ich erinnere mich, wie meine Eltern mich kurz vor dem Abflugtag in Tempelhof bei ihren Freunden trafen, wie sie mich zum S-Bahnhof brachten, dann eine lange Straße entlang weggingen, wie meine Mutter, die ohnehin klein war, immer winziger wurde, sich beide, Vater und Mutter, er mit einem Hut auf dem Kopf, noch einmal umdrehten, mir schwach zuwinkten und wie ich, tränenlos vor Ohnmacht und Schmerz, so etwas wie »Ende«, »nie mehr« dachte – es war wie im Krieg und es herrschte ja auch ein Krieg, der Kalte Krieg.

Die Bundesregierung charterte für die »Republikflüchtlinge« (Jargon Ost), für die, die aus »politischer Verfolgung« die »Freiheit« wählten (Jargon West, den ich trotz seiner Pathetik nahe an der Wahrheit, ja als Wahrheit, zumindest auch meine Wahrheit empfand), Flüge der PanAm und der British Airways, weil es undenkbar gewesen wäre, die Flüchtlinge, die im Notaufnahmeverfahren den Status »politische Flüchtlinge« erhalten hatten, über Schiene und Straße von der »Insel« Westberlin nach Westdeutschland zu schaffen. Wir wären unweigerlich von der Volkspolizei, den Grenztruppen der DDR, schon bei der Ausfahrt aus Westberlin aus Zügen und Bussen gezerrt und den Strafbehörden zugeführt worden.

Zum ersten Mal in meinem Leben, saß ich in einem Flugzeug und es sollte für über eine Dekade das letzte Mal sein, das war ein Luxus, in dessen Genuss damals wohl kaum jemand, außer den Flüchtlingen, kam.

Da ich den Abschied, die Trennung von meinen Eltern im geheimsten Winkel meines Bewusstseins für endgültig hielt, hat mein Unterbewusstes auch im Laufe der nächsten Monate eine scharfe Trennung vollzogen, wohl um der Trauer, die sicher auch Trauer um familiäre Geborgenheit und Bequemlichkeit war, mit diesem Schritt Einhalt zu gebieten. War das gut, hat mich das kälter als nötig gemacht? Hat es mir mehr Selbständigkeit um den Preis einer gewissen Bindungsunfähigkeit gebracht? Ich habe das nie einer tieferen Selbstbefragung ausgesetzt, weil ich »gut« oder »schlecht« als Kategorien für persönliche Prädispositionen lieber der fatalistischen Einsicht unterworfen habe: Es ist so, wie es ist. Oder noch banaler (aber deshalb nicht weniger richtig) der Operetten-Einsicht der »Fledermaus«: »Glücklich ist/wer vergisst/Was doch nicht zu ändern ist.«

Vergessen. Verdrängen. Beiseite schieben. Ich weiß mit meinen Zeitgenossen, dass der weggeschobene Schmerz zu Verpanzerungen führt. Eines der Märchen der Brüder Grimm, nämlich das vom »Froschkönig oder der eiserne Heinrich« hat das herrliche Aufsprengen und Aufspringen dieser Verpanzerung festgehalten – im Bild vom treuen Diener Heinrich, der, als sein Herr zum Forsch geworden, eiserne Bänder um sein Herz geschmiedet hat, auf dass es nicht breche. Nun, da der Frosch wieder Prinz geworden und sein treuer Heinrich ihn wieder in sein Königreich fährt, hört er dreimal etwas krachen, so als wäre etwas durchbrochen.

> »Heinrich, der Wagen bricht!« –
> »Nein, Herr, der Wagen nicht,
> es ist ein Band von meinem Herzen,
> das da lag in großen Schmerzen,
> als ihr in dem Brunnen saßt,
> als ihr eine Fretsche (Frosch) was't.«

Und wenn ich es recht bedenke, war, vom Tod und von den bleibenden körperlichen Verletzungen, Verwundungen abgesehen – die Straßen waren viele Jahre voll von Kriegsversehrten, Kriegskrüppeln, lauter lebende Mahnmale, lauter Antikriegsdemonstranten –, vieles nicht so endgültig, wie es uns im ersten schrecklichen Moment vorkam. Auch das Endgültige der Trennung wurde dann doch nicht so endgültig, denn schon ein Jahr später starb Stalin, für kurze Zeit schwankte und verweichlichte die vorübergehend verunsicherte DDR-Diktatur und so kam es, dass ich schon zwei Jahre später mit meinem ebenfalls in Tübingen studierenden Freund Oswald (wir stehen bis heute in lockerem Kontakt und teilen seit unserer gemeinsamen Flucht die meisten Ansichten und Einsichten) zu einem Klassentreffen nach Bernburg fuhr, um dort natürlich auch meine Eltern zu sehen. Doch trotz des »Bandes von meinem Herzen« hatte ich wenig Zeit für sie, aber viel für meine Schulfreunde.

In Erinnerung geblieben ist mir hauptsächlich, dass ich ein Versäumnis nachholte: Ich schlief mit meiner ehemaligen Russischlehrerin, sicher auch, weil ihr Favorit während der Schulzeit, der in der Klasse unmittelbar vor mir sitzende Karlheinz, sich nicht getraut hatte, auch in die DDR zurückzufahren.

Vor allem aber erinnere ich mich an unsere Bahnfahrt nach Bernburg. In Köthen mussten wir zum letzten Mal umsteigen. Das war damals (und ist heute noch) ein Bahnhof am Ende der Welt, von dem eine Nebenstrecke nach Bernburg führt – alles dort erinnert an eine verlassene Bahnstation in einem russischen Roman des 19. Jahrhunderts. Oswald und ich sitzen also in einem Abteil und warten auf die Abfahrt des Zuges. Auf den beiden Fensterplätzen sitzt eine Mutter und ihr gegenüber ihr vielleicht vierjähriger Sohn. Ich biete ihm aus meinem »Vivil«-Spender ein winziges Pfefferminz-Brikett an (das inzwischen längst das runde diskusförmige »Dr. Hillers«-Pfefferminz auf den zweiten Platz der Gunst verwiesen hatte), das Kind greift freudig danach, schiebt das Mini-Ding in den Mund und fängt auf einmal wie am Spieß an zu schreien, spuckt das für ihn unerwartet scharfe Bonbon aus und die Mutter blickt mich an, als ob ich ihr Kind habe vergiften wollen. Oswald zerrt mich in den Gang hinaus und macht mir die heftigsten Vorwürfe. Wir sind dann trotzdem weder verhaftet noch gar nach Bautzen oder Sibirien verbracht worden, aber seit der Zeit habe ich bei Besuchen »in der Zone« nie mehr mit meinen westlichen Konsumgütern angegeben.

Ich bin danach aber auch nur noch selten in die DDR gefahren. Während meiner zweiundzwanzig Jahre beim »Spiegel« ging es nicht, weil »Spiegel«-Redakteuren lange Zeit die Einreise in die DDR verboten war – umso stürmischer waren die »Feste«, mit denen später die Wiedereröffnungen des Ostberliner Büros mit fraternisierenden Besäufnissen gefeiert wurden. Diese jahrelangen Einreiseverbote für »Spiegel«-Redakteure resultierten aus Artikeln über die DDR. Im ersten hatte der »Spiegel« gemeldet, was Chruschtschows Schwiegersohn Alexej Adschubej bei einem Tauwetterbesuch in Bonn nach regem Wodka-Genuss ausgeplaudert hatte, dass nämlich Walter Ulbricht an Kehlkopfkrebs erkrankt sei. Der zweite Artikel war ein Bericht über Zwangsadoptionen in der DDR.

Im Frühling nach dem Mauerbau, also Anfang März 1962, ich war Chefdramaturg an den Württembergischen Staatstheatern, folgte ich aber einer Einladung der Ostberliner Theaterzeitschrift »Theater der Zeit« (dem DDR-Pendant zu »Theater heute«), die alle westdeutschen Dramaturgen zu einer Reise durch die Theaterlandschaft DDR einlud, von Berlin über Weimar und Leipzig nach Dresden, Halle und Magdeburg.

Ich kam am Abend vor Reisebeginn in Ostberlin an und wurde im Hotel »Adlon« nahe am Brandenburger Tor einlogiert; das »Adlon« bestand damals nur aus dem ehemaligen Kutschertrakt des ehemals vornehmsten Berliner Hotels, ein düsterer Bau, die Außenfront nur funzelig beleuchtet und voller Kriegsnarben, innen von einer verschlissenen dunkelroten Samtpracht mit abgewetzten Läufern und altmodischen Deckenlampen. Es lag in unmittelbarer Nähe der grell beleuchteten Mauer, die ich in der Nacht aus meinem Hotelzimmerfenster sehen konnte. Mit wohligem Schauder dachte ich, während ich fast die ganze Nacht hinausstarrte, dass ich wohl jetzt, hätte ich so lange gewartet, nicht mehr hätte flüchten können – und ich war froh, dass meine Familie inzwischen längst auch im Westen war, jedenfalls freute ich mich mehr als meine jüngeren Geschwister, die im Westen alsbald ihrer behüteten Kindheit in der DDR nachtrauerten – wohl auch, weil sie die scharfen, schneidenden Kanten des Kapitalismus als Zuspätkommer schmerzhaft zu spüren bekamen.

Am nächsten Morgen holte mich ein sympathischer junger Redakteur ab und führte mich in die »Theater der Zeit«-Redaktion. Dort stellte sich heraus, dass außer mir nur noch ein Dramaturg der Einladung gefolgt war, und zufällig war auch er aus Stuttgart, von der »Komödie im Marquardt«, also einem völlig unpolitischen privaten Boulevard-Theater. Er war mit seinem »Opel Kapitän« gekommen und so fragte der Redakteur, ob es ihm und mir Recht wäre, mit diesem Auto auf unsere Rundreise zu gehen, und als es ihm und mir Recht war, fragte er, ob es uns etwas ausmachen würde, wenn seine Frau mitkäme. Nicht im Geringsten, sagten wir und holten sie ab.

Ich habe diese Reise, die als einer der Ansätze zu einer neuen kulturellen Koexistenz zwischen »den beiden deutschen Staaten« von der DDR geplant war – es ging also um die gleichberechtigte Anerkennung –, vor allem dadurch in Erinnerung, dass wir über unvorstellbar verrottete Straßen holperten, manchmal metertiefen Wasserlöchern ausweichen mussten – und das bei Fahrten zwischen Städten wie Jena und Erfurt. Und dass aus den Hotelwasserleitungen, zum Beispiel in der Messestadt Leipzig, rostbraunes Wasser floss. Im Auto, während der Fahrt, bemühte sich der Redakteur tapfer, für die Friedensliebe der DDR-Kulturschaffenden zu werben, und versuchte uns nahe zu bringen, dass wir den Friedenskampf gegen die Revanchisten in unserem Land, der »BRD«, unterstützen sollten. War er aber, zum Beispiel, um auf die Toilette zu gehen, kurz weg, sagte seine Frau, wir sollten nicht glauben, was ihr Mann offiziell sagen müsse, er glaube das auch nicht. Und wie gerne sie beide am westlichen Konsum teilhaben würden, wenn es ginge.

Ähnlich war es in den Theatern; das »bürgerlichste« mit dem bürgerlichsten Publikum erlebten wir im erschreckend zerstörten Dresden, dessen Ruinen sich wie düstere Zeichen von den scheußlichen Neubauten abhoben. Zuerst sahen wir eine Vorstellung, dann gab es einen Empfang, bei dem viele offizielle Worte an uns zwei Dramaturgen verschwendet wurden, von SED-Funktionären, vom Intendanten. Dann wurde getrunken, die Stimmung lockerte sich und mit den jungen Dresdner Theaterleuten fand eine seltsame Verwandlung statt – wie in Wilhelm Hauffs Märchen mit dem jungen Engländer, dem man die Krawatte lockert und er verwandelt sich zum ungebärdigen Affen, der er ist. Hier war es der politische Druck, der sich ein Ventil suchte. Die eben noch den Friedenskampf gepriesen hatten, waren nach ein bis zwei Bieren wie verwandelt und versicherten uns immer wieder, wir sollten ihrem offiziellen Gerede nicht glauben, sie wollten alle im Grunde wie wir leben – ha, ha, ha, sagten sie mit komischer Verzweiflung, »wir wollen lieber zum ausbeuterischen, kapitalistischen Westen gehören«. Für uns waren sie aufgeschlossene, heitere, ja übermütige junge Menschen, aber ihre Heiterkeit hatte etwas Verzweifeltes. Sie wussten, morgen würden sie wieder nüchtern hinter ihren »Friedenskampf«-Gittern aufwachen.

Ich habe das Dresdner Schauspiel dann für ein Gastspiel in Stuttgart gewinnen können – das heißt, ich habe die ersten Fäden für einen Gastspiel-Austausch geknüpft.

Auch an dieses Gastspiel erinnere ich mich noch – auch an die fröhliche Feier danach. Man hätte die hübschen jungen Schauspielerinnen und Schauspieler aus Ost und West nicht auseinander halten können – mal abgesehen von den unverkennbaren Sprachmelodien, die das Sächsische wie das Schwäbische selbst noch in der Hoch- und Bühnensprache offenbaren. Und sah man beim fröhlichen Gespräch näher hin, gab es noch einen Unterschied: Bei den westdeutschen Schauspielern hatte das Zeitalter der Jackett-Kronen und der in der Schulzeit durch Zahnspangen korrigierten weißen regelmä-

ßigen Zahnreihen begonnen und schon zu dem blendax-wei-
ßen Keepsmiling geführt. Die Dresdner Schauspielerinnen und
Schauspieler fielen allesamt durch viel schlechtere Zähne auf.

Als ich mich im Wintersemester 1952/1953 an der Universität
Tübingen für ein Studium der Germanistik und Anglistik im-
matrikulierte – unter dem Vorbehalt, nach Abschluss des ersten Semesters mit einer Ergänzungsprüfung mein DDR-Abitur
als Zulassung zum Universitätsstudium gültig zu machen –,
war meine Flucht zu Ende. Zuerst war ich als Vierjähriger geflohen, 1938 mit meiner Mutter aus der Tschechoslowakei,
von der wir damals nicht wussten, wie bald Hitler ihrer staatlichen Selbständigkeit ein Ende setzen würde. Dann, die zweite
Flucht, vor der anrückenden Roten Armee, Ende 1944, als
Elfjähriger, der natürlich noch nicht wusste, dass er dorthin
floh, wo die Sowjetunion näher war als in dem Ort, den er
verlassen hatte. Und auch nicht, dass der zweite Teil dieser
Flucht in das Ende des Großdeutschen Reichs fallen würde –
mit der totalen Kapitulation, dem blanken Elend und nackten
Überlebenskampf auf der Landstraße in einem Flüchtlings-
treck.

Dass die dritte Flucht uns nach Niederschlesien führte, wohin wir hinter den siegreichen russischen Truppen und den nationalen tschechischen Befreiungsverbänden sozusagen zu-
rückgeflohen waren, zurück in ein scheinbares Niemandsland,
machte mich 1946 zum Teilchen eines riesigen, Europa umwälzenden Ereignisses: der Vertreibung von 15 Millionen Deutschen aus ihren Siedlungsgebieten in Mittel- und Osteuropa –
aus Schlesien, Pommern, Ostpreußen, aus Polen, der Tschechoslowakei, aus Ungarn wie aus den Balkanstaaten. Diese
Vertreibung wurde neben der Flucht ohne Rückkehr das zweite
große traumatische Erlebnis der Deutschen. Lange verdrängt
und später offiziell wie halboffiziell tabuisiert, drängt es sich
gerade jetzt, nach der Wiedervereinigung und der Osterwei-
terung der EU, ans Licht. Auch diese Verpanzerung bricht, und

das, was hinter ihr zum Vorschein kommt, will und muss verarbeitet, aufgearbeitet werden.

Man hat das 20. Jahrhundert nicht zu Unrecht als das Jahrhundert der Fluchten und Vertreibungen bezeichnet, die in schrecklichen Massakern, geplanten und ausgeführten Völkermorden gipfelten und von ethnischen Säuberungen bis zu denen im Kosovo begleitet waren. Eine der Völkerwanderung vergleichbare Verschiebung ganzer Völker fand da statt, die bald hilflose Opfer, bald willige Handlanger der Vollstrecker waren. Sie vertrieben und wurden vertrieben, sie flüchteten und nötigten andere zur Flucht, sie mordeten und wurden gemordet, beides geplant und spontan, mit bestialischer Wut und mit bürokratischem Kalkül. Millionen waren ebenso oft Opfer von Rache, Gier und Wut wie von ideologischer Planung durch Klassenkampf oder Rassenwahn, Opfer des grausigen Zufalls solcher Massenfluchten und Massenvertreibungen, Tausende, die in Schnee und Kälte verreckten, in Lagern verhungerten, ausgemergelt der Apathie zum Opfer fielen oder von den Händen einer plündernden, vergewaltigenden Soldateska zu Tode gewürgt, erschossen, erstochen wurden.

Man kann, glaube ich, sagen – und die Erkenntnisse der Historiker belegen dies –, dass die Katastrophen dieses Jahrhunderts der Fluchten und Vertreibungen, der geplanten ethnischen und rassischen Vernichtungen und der daraus resultierenden Kriege und Bürgerkriege von einer Art Urknall ausgelöst wurden – der Auflösung der Vielvölkerstaaten und imperialen Reiche, vor allem der Türkei, Österreich-Ungarns und Deutschlands und dessen Gebieten im Osten sowie des zaristischen Russland. Zum Ende des Ersten Weltkriegs brachen die längst morschen Vielvölkerstaaten auseinander oder wurden durch die Friedensverträge von Versailles, von St. Germain und anderen Folgeverträgen getrennt, wobei vergeblich versucht wurde, das auf dem Verhandlungstisch zu teilen, was vorher gewaltsam zusammengefügt worden war und seit langem in nationalen und sozialen Erhebungen auseinander strebte.

Was am Verhandlungstisch in Frankreich nach Ende des Ersten Weltkrieges nicht zu lösen war, was sich aus der Auflösung des russischen und türkischen Reichs an ethnischen Säuberungen mit ihren Massenmorden, Zwangsdeportationen, Konzentrationslagern vollzogen hat, hat seinen Anfang 1915 mit dem Genozid an den Armeniern genommen, der Vertreibung der Griechen aus Anatolien – zu Ende ist es, wenn wir auf Zypern blicken, im Bewusstsein der betroffenen Völker bis heute nicht. Auch die im Februar 1944 erfolgten Zwangsdeportationen der Tschetschenien-Inguschen und der Krim-Tataren im Mai 1944 haben bis heute, wie man in Tschetschenien sehen kann, kein wirkliches Ende gefunden. Und so, wie der Erste Weltkrieg in Sarajewo seinen Anfang genommen hat, so ist er um die Jahrtausendwende in den ethnischen Säuberungsverbrechen noch einmal auf das Schrecklichste entbrannt.

In diesen Zusammenhängen hätte ich meine Fluchten und ihre Konditionierung durch das Leben meiner Eltern und ihrer Eltern sehen können, hätte ich damals schon über den heutigen Abstand verfügt, die historische Aufarbeitung gekannt.

Die fünfte Flucht, eine selbst gewählte, scheinbar individuelle, die aus der DDR, war dennoch eine Massenflucht und kam einer Vertreibung gleich, nämlich der Vertreibung durch die Unerträglichkeiten einer herrschenden Ideologie. Damals, wie gesagt, waren es tausend Menschen täglich, die dem real existierenden Sozialismus (oder das, was sich dafür ausgab) den Rücken kehrten. Tausend pro Tag.

Wenn ich, Jahre später, die Begeisterung meiner linken Freunde – und fast alle meine Freunde waren »links« – und meiner Brüder für Fidel Castros Kuba nicht zu teilen vermochte – mein kleiner Bruder fuhr 1969 voll froher Erwartung hin und kehrte kleinlaut und stumm bald darauf zurück –, dann lag das daran, dass ich in Miami Kubaner getroffen habe, die dort lieber als Taxifahrer oder Kellnerinnen arbeiteten, als in Castros Kuba zu leben. Und die erinnerten mich an mich selbst, 1952 nach

Verlassen der DDR. »Warum sind sie geflohen?« »Porque Castro está loco!« (Weil Castro verrückt ist), war die etwas einfache, aber zutreffende Antwort eines Kellners in Miami.

Heute halten viele dieser Exilkubaner ihre Landsleute auf der Castro-Insel am Leben, indem sie ihnen Geld schicken, die von den Kommunisten gehassten und begehrten »Dólares«. Es ist wie mit den Westdevisen in den letzten Jahren der DDR, die einen zweiten Geldkreislauf in Gang hielten, den Schwarzmarkt der Privilegierten – etwas, das in allen kommunistischen Ländern funktionierte, die meist nicht durch ihren ideologischen Optimismus, sondern durch (zaristische, balkanische, lateinamerikanische) Korruption, Vetternwirtschaft, ihr Mafia-Wesen am Leben blieben: Genau wie auf Kuba, als Havanna noch das Bordell der Dollarmillionäre war. Und das gilt bis jetzt.

Es gab die Flüchtlingsströme von Maos China nach Taiwan, von Vietnam auf die Schiffe in die Nachbarländer. Es gab sie und es gibt sie. Sie scheinen ideologie-resistent und ideologie-unabhängig zu sein. Es ist eine globale Fluchtkrankheit, von den Dörfern in die Städte, nach Mexiko City, nach Shanghai, nach Moskau. Oder von Afrika nach Europa, illegal, auf Schiffen, zusammengepfercht in Containern. Ich weiß auch, dass es die DDR-Flüchtlinge waren, die, auf zum Teil gefährlichen Wegen, nach Ungarn, nach Prag gingen und dann der Honecker-DDR das Ende bereiteten. Und was ich auch weiß, ist, dass mit der Wiedervereinigung die Landflucht nicht zu Ende ist, aus Mecklenburg, aus Brandenburg, aus den inzwischen verwaisenden Städtchen und Dörfern an der Oder.

Meine fünfte Flucht 1952 war meine letzte. Sie vollzog sich mit bürokratischer Akkuratesse, ordnungsgemäß, nach deutschen Gesetzen. Unter dem Schutz und der Billigung der westlichen Alliierten. Zuerst, nachdem ich mich in West-Berlin mit zwei meiner Schulkameraden (»Hier sind wir. Wir kommen aus der DDR. Wir wollen in den Westen.«) bei der nächstbesten Polizei gemeldet hatte. Dann wurden wir den »Amerikanern« übergeben, von denen den »Franzosen«, die ein Durchgangslager in ihrem Sektor, in Frohnau, im Grünen, »Jotwede« wie der Berliner sagt, janz weit draußen, hatten.

An diese Zeit in einer Halle mit übereinander gestapelten Betten mit grauen Decken – so sehen alle Lager aus – erinnere ich mich aus zwei Gründen. Einmal, weil wir in den vier Wochen – der ersten Station des »Notaufnahmeverfahrens« – von irgendwelchen amerikanischen Zivilbeamten stundenlang einzeln sehr freundlich und sehr intensiv verhört wurden, ohne dass ich mich darin erinnern könnte, dass das, was sie von mir hören wollten, irgendwelchen Sinn und Verstand – etwa im Sinne geheimdienstlicher Aufklärung – machte.

Der zweite Grund: Ich fing an, auch aus Langeweile, mit einem sechzehnjährigen Mädchen zu flirten, das da mit seinen Eltern im Lager war, aus Ostpreußen stammte und ein wunderschönes breites, freundliches Gesicht, umrahmt von dicken weißblonden Zöpfen, hatte. Wir saßen am Nachmittag am Rande des Lagers auf einer Bank, hielten Händchen, rückten Wange an Wange dicht aneinander, küssten uns. Dabei hat mich wohl mein Klassenkamerad Karlheinz gesehen denn er sagte mir am Abend – es war gegen Ende unseres Aufenthaltes –, dass er mich mit dem Mädchen habe knutschend sitzen sehen. Und dann: Man nenne sie im Lager »Matratze«, weil sie mit jedem …

Ich habe ihm diese Bemerkung eigentlich nie vergeben. Unsere Freundschaft hatte von da an einen Riss. Ich denke, dass ich mir aus diesem Grund von ihr keine Adresse geben ließ oder ihr, falls sie keine hatte, nicht die meines Metzinger Onkels gab. Ich habe das lange bedauert, weil das eine unerfüllte Geschichte war und sie ein sehr zärtliches Mädchen.

In Hamburg fuhr unser Bus dann an den Grindel-Hochhäusern vorbei, die mir damals, 1952, ungeheuer imponierten. Heute ist dort mein Einwohnermeldeamt, das Standesamt, in dem ich 1982 heiratete, und, immer wieder, das Wahllokal.

Wir wurden in das Notaufnahmelager Fallingbostel gebracht, ich erinnere mich an die groben Ärzte, die uns Flüchtlinge untersuchten und fragten, ob wir »Käse an der Nille« hätten. Aber dies war sozusagen die gröbste, die einzige Entwürdigung. Und wahrscheinlich stanken wir wirklich.

Weil ich einen Brief von meinem Onkel Kurt vorweisen konnte, in dem der sich bereit erklärte, mich in Metzingen aufzunehmen, wurde ich mit dem Zug nach Balingen in Württemberg-Hohenzollern verfrachtet, das dritte Notaufnahmelager, das besonders trostlos, weil weitgehend leer war. Eine bräunliche Baracke, ziemlich heruntergekommen. Auch hier musste ich stumpfsinnig ein paar Wochen warten, und dann erreichte ich meinen offiziellen Flüchtlingsstatus, den Flüchtlingsausweis, der mir mein Leben als Bürger der Bundesrepublik garantierte. Ich bekam den »Ausweis A« (Heimatvertriebener). Als DDR-Flüchtling wegen »Gefahr für Leib und Leben« hätte ich nur den Ausweis »C« bekommen, während mir der Ausweis A (verlorenes »Hab und Gut« und Lastenausgleich) ein Stipendium und ein Studiendarlehen sichern sollte.

Jetzt war ich angekommen.

Übrigens gab es damals die Flüchtlingszeitung »Ost-West Kurier«, die mich (der Verleger war ein Jugendfreund meines Vaters) um einen Artikel über das Lager Balingen bat. Ich schrieb, unter anderem, dass die Baracken in der Nazizeit politische Häftlinge beherbergt hätten und in der Zeit der französischen Besatzung Deutsche, die entnazifiziert werden sollten. Dann beschrieb ich den ziemlich tristen Zustand der Baracken, ihrer Waschräume, ihrer Toiletten.

Der Artikel erschien. Die Redaktion hatte den Satz gestrichen, dass hier politische Gefangene der Nazis interniert waren. Die Gefangenen der Franzosen wurden dagegen nicht gestrichen. Es war mein erster und letzter Artikel für den »Ost-West Kurier«. Dass Flüchtlingsverbände »revanchistisch« seien, schien mir von da an nicht nur ein Schlagwort kommunistischer Propaganda.

Im Westen nichts Neues?

Frontwechsel im Kalten Krieg

Kraut und Ruben werfeten s' untereinand'
als wie Kraut und Ruben!

Nestroy, »Der Zerrissene«

Hamburg 2003

An einem glühend heißen Augusttag im Jahr 2003 saß ich mittags an einem der vier langen Tische mit langen Bänken, die auf dem Pflaster vor dem Eckrestaurant »Brücke« standen. Die unerwartete, lang andauernde Hitze hatte alles verändert. Zwar fuhr die Hochbahn wie immer mit einem von Rattern unterbrochenen dunklen Grollen hoch oben über die von Eisenträgern gehaltenen Schienen, aber in den endlos heißen Tagen schien die Bezeichnung Hamburger Brooklyn (»Brück-lyn«) für diesen Teil der Isestraße nicht mehr übertrieben. Ein leicht stechender Geruch nach Rost und Staub hing in der schweren Luft, die Züge schienen sich durch die Hitze zu kämpfen wie durch eine schwere Wand.

Wie immer bei extremen Wettersituationen (»der heißeste Hamburger Augusttag seit Beginn der Wettermessung«), ob es sich um Hitze, Kälte, Regenfluten (»Jahrhundertflut«) oder Schneekatastrophen handelte, unkten und orakelten die Zeitungen von Klimakatastrophen, die die Menschen als Zivilisationsopfer bald dem Wärmetod des Treibhauseffekts, bald dem Kältetod durch Vernichtung der Ozonschicht aussetzen und dahinraffen würden – die Welt ein toter Planet: bald, vielleicht schon übermorgen oder erst in fünfzig Millionen Jahren.

»Bild«, das noch mit schlimmsten Katastrophenmeldungen für eine absurd heitere Stimmung zu sorgen versuchte, hatte tagelang irgendwelche Klima-Experten darüber berichten lassen, dass der Erde wahrscheinlich der Äquator verrutscht sei – wie der Gürtel einer Hose über einem zu dicken Bauch; je nachdem, nach oben zur Brust oder nach unten unter die Hängewampe. Diesmal nach oben, daher die Hamburg-unübliche Hitze, aber niemand machte sich auch nur einen Gedanken darüber, dass es keine Schreckensmeldungen über eine neue Eiszeit auf der Südhalbkugel gab, die dem verrutschten Gürtel entsprochen hätte; aber die »Bild«-Berichte waren nicht logisch, sondern lustig gemeint.

Niemand machte sich auch ernsthaft Gedanken darüber, dass in dieser brüllend lastenden Hitze überall im Land auf den Beton-Spargelfeldern die Windräder stillstanden, ihre Flügel schlaff und starr zugleich in der Luft hingen. Waren sie die richtige ökologische Antwort? Auch zu dieser Überlegung, die die Klima-Debatte seit Jahren, ja Jahrzehnten mit dem Begriff »Nachhaltigkeit« befrachtete (was machen unsere Kinder und Enkel, wenn wir ihnen eine versaute, überschuldete Welt hinterlassen, zumal dann, wenn drei aus der Großeltern-Generation auf den Schultern eines noch dazu arbeitslosen Enkels hocken), war es zu heiß.

Es war Freitag, kurz vor zwei, die Stände am Ise-Markt wurden langsam abgebaut und Branco, der Brückenwirt, mein langjähriger Tennisfreund, berühmt für seine Schnitzel (die besten nördlich des Äquators, nein, nicht des Äquators, die besten nördlich Wiens, jedenfalls die besten in Hamburg), tigerte mit Einkaufstaschen über den Markt, um noch kurz vor Torschluss ein paar Schnäppchen (Blumen, Obst, Gemüse) für sein Restaurant zu machen.

An den langen Tischen saßen eng nebeneinander mehrere Pulks, Kinder krabbelten über die Bänke und ihre Mütter oder rasten mit Fahrrädern in halsbrecherischer Eile um den Block. Die Frauen trugen Cargo-Hosen mit vielen Taschen, nur wenige hatten bauchfreie Tank-Tops. Bei denen sah man, wenn sie sich zu ihren Kindern beugten oder zu den Hunden, die plötzlich unter dem Tisch hervorbellten, wenn sich ein anderer Hund blicken oder riechen ließ, tätowierte Drachen, die aus ihren Hosen über dem Steißbein in den Rücken unter ihre Tops krochen.

Doch die meisten zeigten weder Tätowierungen noch Piercings in Lippen und Nasen, sie gehörten den gesetzelten Dreißig- bis Fünfzigjährigen an, waren Werbefrauen, Anwältinnen, Assistentinnen von Werbeleuten und Anwälten, sie kamen vom Einkaufen auf dem Markt und übten sich, Abschied nehmend von den Kollegen, auf das familiäre Wochenende ein. Die meisten sahen gut aus, durchtrainiert, Vertreter der Wellness-Fitness und Spa-Generation, trugen Designer-Klamotten, tranken zu entcoffeiniertem Cappuccino oder Latte macchiato Mineralwasser, natürlich ohne Kohlensäure, aßen nur Salat – schon wegen der Hitze, aber auch überhaupt. Einige rauchten, wobei sie davon sprachen, dass sie im Urlaub nicht geraucht hätten. Die Urlaubsinseln, wo manche noch hinwollten, andere schon waren, hießen Ibiza, Sylt oder Mallorca (hier meist Mallorca). Die Autos, die sie am Rand geparkt hatten, waren schwere Geländewagen oder kleine Stadtflitzer, die überall parken konnten. Sie sagten sich »Hallo!« und »Tschüss« und dass man sich im Urlaub sehen würde und ob man auch das wunderbare Lokal (»das war neu, dieses Jahr«) auf der Insel besucht habe (»da müsst ihr hin!«). Und alle wirkten entspannt und nicht mal sehr träge. Und wenn sie kamen und gingen, sagten sie: »Uff! Ist das heiß!« Und rollten komisch mit den Augen.

Nur wenn sie von ihren Kindern sprachen, kam man, als unfreiwilliger Zuhörer, manchmal ins Schleudern: »Die Kinder von meinem Ralf haben sich mit denen von Olaf gut vertragen.« Oder: »Der Peter hat die Kinder von Svenja dieses Jahr mitgenommen«, oder man erfuhr, dass Jens (der gerade mit dem Fahrrad wieder vorbeibrauste, »nicht so wild, Jens!«, rief die Mutter) sich mit Tina, der neuen Frau seines Vaters, erstaunlich gut vertragen habe. Und seine neuen Geschwister seien ja noch zu klein …

Immerhin gab es in diesen Patchwork-Familien noch Kinder, und ebenso reichlich Hunde. Hunde, mit denen fremde Kinder unter dem Tisch spielen durften. Oder solche, bei denen es besser war, das zu lassen. »Du, Tim, das mag der gar nicht!« Ab und zu gaben Handys stumme Lichtsignale, mit manchen wurde gesimst oder kurz versichert: »Du, ich ruf dich später an.« Mit den meisten Handys hätten sich die Gäste wechselseitig fotografieren können.

Wieder donnerte ein Zug durch die Hitze vorbei, ich bemerkte auf einmal, dass die Fenster in den Häusern ringsherum trotz der hohen Temperaturen geschlossen waren, bis auf die Klappen. Das bedeutete: Klimaanlagen wie in New York haben die nicht. Aber so heiß wird es in dem Isestraßen-Brooklyn ja auch nur selten, es sei denn, der Äquator verrutscht auf Dauer.

Mir fiel ein, dass ich, rund fünfzehn, zwanzig Jahre früher, eine Ecke weiter, zur »Glocke« gegangen bin, einer stets rauchverhangenen Kneipe, in der vor ihrem Bier oder vor Riesenportionen von Salaten inzwischen die gestrandeten Veteranen der 68er sitzen; immer noch haben sie das Ideal des Irish Pub vor ihren glasigen Augen. Und an den Wänden hängen die Spielautomaten, die blinken und rotieren und von den Spielern nicht beachtet werden, während sie klingelnd und mit hektischen Lichtsignalen auf ihren psychedelischen Penny-Lane-Design-Teilen Freispiele oder Gewinne anzeigen.

Der kalte Rauch scheint hier seit Jahrzehnten zu stehen, die Bedienungen sind üppig und freundlich wie eh und je; vielleicht ein bisschen fülliger, die Haare kräftiger gefärbt. Hier stehen sie am Tresen, die versoffenen, frühpensionierten Lehrer, die pensionierten Kameraleute vom NDR, die Geschiedenen aus längst vergessenen Ehen, die sich mit einer zärtlichderben Zote an ihre Zeiten sexueller Freiheit erinnern, sonst aber lieber Fußball sehen, Champions League, Bundesliga, Länderspiele.

Ich kann mich erinnern, dass dieser Teil der Ise-Straße, die

Stockwerke zu beiden Seiten in Höhe der Hochbahn, damals den WGs, den Wohngemeinschaften, gehörte, dem zum Bürgertum strebenden Teil der Hausbesetzer, all den linken Lehrern, Sozialarbeitern, Stadtangestellten, freien Journalisten, die hier ihre Familienenge zu überwinden suchten. Inzwischen hat der Lauf der Dinge, haben die Mietpreise, hat die mürbe Zerbrechlichkeit der Beziehungen die meisten dieser Wohnungen von den Experimenten des Zusammenlebens wieder freigespült; hier leben jetzt Arrivierte, die mit den Karriere-Angeboten der Gesellschaft zurechtgekommen sind. Sie sind die Gäste der »Brücke«, sie wissen, was gut ist und wo es den richtigen Wein gibt. Und wo es nicht »übertrieben« zugeht, was Preise und Schnick-Schnack angeht: »Wenn ich nur das Wort ›amuse geule‹ höre oder ›vorweg ein kleiner Gruß aus der Küche‹, dann krieg ich schon die Krise.« Noch Jüngere sind in den Kaffeestuben zu finden, wo es Kuchen vom Blech (»heute Apfelstrudel mit Vanillesauce«) gibt und die Gäste über Bücher, Konzerte, Filme diskutieren; hier treffen sich die Kinder und Enkel der Achtundsechziger.

Ich sitze also vor der »Brücke«, unter einem großen Schirm, und esse, der Temperatur gemäß, Tomaten mit Mozzarella, Büffel-Mozzarella, versteht sich, und Basilikum. Seit den Blütejahren der längst alt gewordenen Toskana-Fraktion ein Klassiker bei uns weltläufigen Deutschen. Auch dieses Essen hat seinen langen Marsch durch die Institutionen hinter sich, wie das Vitello Tonnato, wie der Rucola-Salat mit Parmesan und, versteht sich, mit Balsamico.

Gut vierzig Jahre ist es her, da war ich erst Volontär und dann Redakteur bei der »Stuttgarter Zeitung«, die damals noch im Tagblatt-Turm arbeitete, die Kultur im zwölften Stock. Und gegenüber – die erste Aufbauphase war zu Beginn der 60er Jahre zu Ende – wurde ein zu Karstadt gehörendes Kaufhaus, ein wunderbar leichter, runder, schier schwebender Mendelsohn-Bau, platt gemacht. Er wich der damals üblichen Eiermann-Kaufhaus-Einheitsarchitektur: Das Gebäude verschwand hinter aluminiumfarbenen Pailletten und Scheiben und wurde so allen Kaufhäusern von Flensburg bis München angeglichen. Noch heute habe ich den monatelangen Lärm in den Ohren, der erst vom Abriss kam und dann von den gewaltigen Rammen, die die riesigen Eisenpfeiler in den Boden stießen.

Vorbei an dieser Baustelle, Richtung Altstadt (die es, de facto, damals nicht mehr gab) lag in einem Eckhaus der Lieblings-Italiener meiner beiden Feuilleton-Chefs Siegfried Melchinger und Richard Biedrzynski. »Vesuvio« hieß das Lokal, hatte wenige Tische und die beiden gestandenen Herren, Melchinger war Mitte fünfzig damals, »Bie«, wie sich Biedrzynski gerne nannte und nennen ließ, Anfang sechzig, hatten einen Stammplatz. Jeden Mittag. Sie aßen auch jeden Mittag zusammen, am liebsten, wenn sie sich vertrugen. Und wenn sie sich nicht vertrugen, dann diente das Essen im »Vesuvio« der sich bei Salat und Vino bianco oder rosso anbahnenden Versöhnung. Wir jungen Redakteure wurden ab und zu von den beiden zum Essen mitgenommen; teils aus Wohltätigkeit, um uns an die italienische Küche heranzuführen, und das auf Spesen, das heißt auf Kosten unseres Chefs; teils weil wir als Puffer in den als lustig getarnten ernsten Kriegen der beiden dienten.

Siegfried Melchinger, graue, streng gescheitelte Haare über einem immer stärker sich hochrot verfärbenden Gesicht, trug meist graue Anzüge, Pfeffer und Salz, ein schwarzes Hemd ohne Krawatte und war damals Deutschlands Theaterpapst, wenn es den Begriff Theaterpapst schon gegeben hätte. Als profunder Kenner des antiken griechischen Theaters, als begeisterter Anhänger des Welttheaters hatte er die Gleichzeitigkeit und Gegenwärtigkeit aller großen Zeiten und Epochen (Sophokles, Commedia dell'Arte, Calderón, Shakespeare, Ibsen, Hauptmann) auf dem Gegenwartstheater statuiert und dazu den Begriff des Malraux'schen »musée imaginaire« bemüht: Wie in einem Museum die großen Bilder aller Epochen vor dem Betrachter Gegenwart ausdrücken, so ist es Aufgabe des Theaters, die wichtigen Dramen aller Epochen gegenwärtig zu machen. »sm«, wie sein Kürzel hieß, das er in stolzer Bescheidenheit auch unter längere Artikel setzte, wurde so zum Begründer des Repertoires (»musée imaginaire«), des modernen Subventionstheaters: Alles was das Theater heute verwirklichen kann, ist von heute.

Ein überragendes Beispiel war für ihn Giorgio Strehlers Inszenierung von Goldonis »Diener zweier Herren«. Uns junge Redakteure, Oliver Storz, Rolf Michaelis und mich, rekrutierte er für sich, auch im Kampf gegen Richard Biedrzynski, indem er uns auf Brecht, auf Frisch und auf Dürrenmatt einschwor (er hatte dabei leichtes Spiel bei uns, rannte sozusagen offene Türen ein). Vor allem auf Brecht, den er gegen die westdeutschen Boykott-Bemühungen verteidigte: Brecht sei kein Kommunist, sondern allenfalls ein großer Dramatiker, der das Zeigen an die Stelle des Seins setze, wie die Antike, wie Calderón. Das war klug und zum guten Teil auch richtig. Den Brecht-Gegnern nahm er, mit Hilfe großer Brechtaufführungen in Mailand, am Berliner Ensemble, in Frankreich, den Wind aus den Segeln.

Einmal, 1961, organisierte er mit uns eine Autoreise nach Mailand; Helmut M. Braem, der große Faulkner-Übersetzer, Literatur-Mitarbeiter der »Stuttgarter Zeitung«, war unser »Chauffeur«. Melchinger, Michaelis und ich (alle drei damals ohne Auto und ohne Führerschein) fuhren mit ihm über den alten verschneiten St.-Gotthard-Pass, froren in ungeheizten und damals unheizbaren Hotels in Mailand, das einen plötzlichen Kälte-Einbruch erlebte (was man damals noch nicht auf eine Klimakatastrophe schob), und durften den Proben Strehlers (und seines Bühnenbildners Damiano Damiani) zusehen, der am Piccolo Teatro Brechts »Schweyk im Zweiten Weltkrieg« inszenierte. Er machte aus dem Un-Stück eine schmissige und wirksame Polit-Operette, ein hinreißendes Musical des epischen Theaters.

Mich, dessen Italienisch sich aus dem mühsam erworbenen

Großen Latinum speiste, trieb es aus Kälte in die Bekanntschaft einer Amerikanerin, mit der ich allein essen ging: Sie hatte nicht einmal das Latinum. Und als ich später den Kollegen beichtete, ich hätte »Spaghetti Vongole« bestellt, obwohl ich welche mit Fleischsauce hätte haben wollen, und seit dem Abendessen mit der ein wenig älteren, leicht üppigen Amerikanerin wüsste ich, dass Zuppa Cozze nicht nur wie »Kotze« heiße, sondern auch so schmecke (ich war damals für den Verzehr von Meeresfrüchten noch nicht reif), hatte ich den Spitznahmen »Baloun« weg. Es ist dies der Name des böhmischen Vielfraßes, für dessen Heißhunger Brechts Schweyk (ein ideologisches Gerippe im Vergleich zu Hašeks Ur-Schweijk) nach Stalingrad zieht.

Eine Woche lang waren wir Nacht für Nacht bei den Endproben im Theater, die Premiere haben wir nicht mehr erlebt, da Strehler sie souverän verschob. Der ganz im Stile eines Maestro auftretende Regisseur (dem Brecht bescheinigte, nachdem er die Inszenierung der »Dreigroschenoper« gesehen hatte, er habe das Werk heiter, leicht und mit mediterranem Charme »neu geschaffen«) konnte sich das leisten, er hatte mit Paolo Grassi einen kongenialen kaufmännischen Partner, der ihm alle Schwierigkeiten, die von dieser Welt (jenseits der Theaterwelt des schönen Scheins) waren, beiseite räumte.

Nacht für Nacht: Strehler, der die große Bühne des Theaters technisch einrichten und ausleuchten ließ, lange bevor die Proben begannen, fing mit den Schauspielern erst gegen Mitternacht an zu arbeiten – keine Gewerkschaftsregeln hinderten ihn und seine begeisterte Truppe, die ihn vergötterte, daran, bis gegen vier oder fünf zu proben. Strehler war ein schöner Mann, der seine intelligente Männlichkeit mit der Attitüde und Kraft eines Dirigenten einsetzte: Noch heute sehe ich die Bewegungen, mit denen seine Hände die Akteure dirigierten, höre den Belcanto-Wohlklang seiner Stimme, stelle ihn mir als grau gelockten Macho vor, dem alle auf der Bühne zu Füßen liegen und aufs Wort gehorchen. Er genoss es, dass wir, gewissermaßen Jünger aus Brechts plumperem Norden, ihn bei der Arbeit spürbar anhimmelten – es war Siegfried Melchinger, der Theater-Intellektuelle von scharfem Verstand mit gleichzeitig fast schwärmerischer Rührseligkeit, der Strehler in Deutschland als Herold diente; einerseits, weil er von dessen »Italianità« schwärmte, andererseits, weil er durch Strehlers Theaterarbeit auch in Deutschland Brecht vom ideologischen Joch befreien konnte – der erneute Boykott Brechts durch den Mauerbau war nahe.

In der Tat war dieses Stück, das den tschechischen Kauz im passiven Widerstand bis vor Stalingrad führte – wo der Hundefänger Schwejk nichts zu suchen hatte – bei Strehler ein schöner Appell im Kalten Krieg gegen den Krieg. Gegen Ende fuhr ein deutscher Panzer frontal auf den Zuschauerraum zu, weiße Vorhänge und ein Konfetti-Regen im Scheinwerferlicht symbolisierten den russischen Kriegswinter; die Niederlage in Stalingrad war ein poetisches Bühnenereignis und im schönsten Italienisch, wie in einer Verdi-Oper, sangen die auf dem Panzer sitzenden Statisten in deutscher Infanterie-Uniform das schöne Gedicht von den Steinen am Grunde der Moldau:

Am Grunde der Moldau wandern die Steine
Es liegen drei Kaiser begraben in Prag.
Das Große bleibt Groß nicht
Und klein nicht das Kleine.
Die Nacht hat zwölf Stunden, dann kommt schon der Tag.

Die Melodie orientierte sich auch hier an Hanns Eislers Adaption des Moldau-Motivs von Smetana. Der greise Eisler saß übrigens im Zuschauerraum neben Strehlers Bühnenbildner und Assistenten und wehrte sich – so schien es uns in unserer Strehler-Begeisterung – griesgrämig gegen die »Veroperung« seiner Musik.

Jahre später inszenierte Strehler in Hamburg am Schauspielhaus Brechts »Der gute Mensch von Sezuan«. Sehr poetisch hüpften die Schauspieler über die Pfützen und den Morast der bösen Welt von Sezuan, »Italientá« in Hamburg – Strehler brachte die wunderschöne Andrea Jonasson für die Titelrolle (Shen Te und Shui Te) mit, die er 1973 in Salzburg kennen gelernt hatte.

Ich sah Strehler, immer noch eine strahlende, tenorale Erscheinung mit bläulich schimmerndem Silberhaar, bei einem Interview im Atlantik-Hotel und erinnere mich noch heute, wie ihm die Jonasson in bewundernder Unterwürfigkeit die Aktentasche hinterhertrug.

Strehlers »Guter Mensch« war eine Enttäuschung. Inzwischen regierten »Schmuddelkinder« wie der Strehler-Schüler Klaus Michael Grüber oder Peter Zadek die Bühnen, die nicht mehr hell ausgeleuchtet und poetisch aufgeräumt waren – es war die Stunde von Schauspielern wie Ulrich Wildgruber oder Eva Mattes. Sie sudelten im Matsch, zu dem sie Brechts Theaterarbeit zerstampft hatten, und sprangen nicht mehr in zierlichen, tänzerischen Sprüngen über die Pfützen auf der Bühne. Strehler entdeckte Milva als seinen neuen Star.

Ich war damals »Spiegel«-Redakteur und schrieb einen Essay mit dem Titel: »Brecht ist tot«. Schon vorher hatte ich mich an Max Frisch orientiert, über den ich noch in Stuttgart Ende der sechziger Jahre eine Monographie verfasst hatte. Der sprach von der »durchschlagenden Wirkungslosigkeit eines Klassikers« – Brecht war in die opernhafte oder operettenhafte Wirkungslosigkeit entrückt; sein Theater war nicht mehr Kampf oder gar Klassenkampf. Den Mackie-Messer-Song hatte längst auch Louis Armstrong gesungen. Bald darauf sollte ich eine üppig mit Bildern ausgestattete Monographie über Brecht für Helmut Kindler schreiben. Während der Arbeit entwickelte sich mein Text zum, so der Untertitel, »jüngsten Fall eines Klassikers« – das Wort »Fall« war durchaus doppeldeutig gemeint. Siegfried Unseld sperrte daraufhin alle Fotorechte für das Buch und es musste ohne Bilder erscheinen. Der Verleger Kindler war nicht sehr glücklich, dass ich aus einem Monument einen Fall gemacht hatte. Natürlich habe ich nicht etwa Brecht »gestürzt« oder das auch nur versucht; ich habe eine Zeitstimmung aufgespürt und festgehalten, die auch vor Brecht nicht Halt machte: »Das Große bleibt groß nicht und klein nicht das Kleine«.

Damals, als Strehler den »Guten Menschen von Sezuan« in Hamburg inszenierte, war Armgard Seegers Dramaturgie-Assistentin am Schauspielhaus und arbeitete an ihrer Dissertation über die Komik bei Karl Valentin. Armgard, mit der ich kurz darauf zusammenzog, die ich heiratete und mit der ich zwei inzwischen erwachsene Kinder habe, erzählte mir später von den Proben bei Strehler und wie er immer wieder zu den Schauspielern gesagt habe: »Nicht zynisch – menschlich!« Übrigens habe ich meine Frau nicht im Schauspielhaus, sondern bei einer James-Bond-Premiere im Kino kennen gelernt. Es war der Film »Der Spion, der mich liebte« mit Roger Moore als Bond, James Bond. Das Menschlichste an den Bond-Filmen war für mich ihr populistischer Zynismus.

Die Hamburger Italiener, bei denen meine künftige Frau und ich uns damals trafen, hießen »Monsignore« hinter dem Schauspielhaus, »Paolino« beim Hansa-Theater und »Cuneo« unmittelbar neben den Fenster-Puffs der Herbertstraße in St. Pauli. In all diesen Lokalen tranken und diskutierten Schauspieler und Theaterleute in langen Nächten bis zum frühen Morgen. Einmal lud mich Peter Zadek zu einem Gespräch ins »Cuneo« ein und erläuterte mir seine Idee zu seiner Othello-Inszenierung am Schauspielhaus, die zum triumphalen Skandal werden sollte und zum (unangesagten) Ende der Brecht-Ära führte.

Doch zurück zum »Italiener« in Stuttgart, zurück zum Restaurant »Vesuvio«. Der rauchende Vulkan in blühender Folklore war als Wandgemälde zu besichtigen – weit entfernt von der Vorstellung, die »Neapel sehen und sterben« heißt. Neapel habe ich erst rund fünfzig Jahre später gesehen, vor allem

Goethes »Land, wo die Zitronen blühen«, die Amalfi-Küste, die mich verspätet in den Glücksrausch versetzte, den ich mir damals, vor der naiven Wandmalerei in einem scheußlichen Neubau-Restaurant, nur unvollkommen erträumen konnte. Ich war Baloun, der böhmische verfressene Tölpel, der zwischen Spaghetti vongole und Spaghetti bolognese nicht unterscheiden konnte. Was mir damals, mitten in den Feuilleton-Kriegen zwischen Melchingers Plädoyer für das Regie-Theater (er schwärmte für Gründgens' »Faust«, für die Anfänge Peter Brooks, setzte sich für Kurt Hübners Theater in Ulm, die Anfänge von Peter Zadek und Peter Palitzsch ein) und dem Kampf mit »Bie«, der auch als Theaterkritiker ein schlürfender Gargantua der Berliner zwanziger Jahre war, imponierte: wie die beiden mit dem Strehler-Double – wie der Wirt hieß, weiß ich nicht mehr – über »Insalata mista« diskutierten und sich von ihm, dem Padrone, wie von einem wohlwollenden Diktator beraten ließen.

Er wischte ihre Wünsche mit einem gestikulierendem »Äh«, zu dem er beide Arme spreizte und die Hände beschwörend in der Luft schwenkte, weg. Wie alle italienischen Wirte damals, die sich die Deutschen wünschten, wenn sie »zum Italiener« gingen, war er ein unterwürfiger Despot, der am Ende mit Grappa diejenigen belohnte, denen er den Fisch und den Wein aufgezwungen hatte. Er rollte die Augen wie ein Schmierenkomödiant, und die Theaterkritiker, die die höchsten Finessen tschechowscher Psychologie im Theater abwägen konnten, fielen auf diese Nummer in masochistischer Verzückung herein: Sie wollten sich »beim Italiener« wie Kinder im Kasperletheater fühlen, und ein wortgewaltiger dicker Berliner wie Richard Biedrzynski, der sich die Hose über dem Bauch beim Essen öffnen musste, flötete etwas von »Vino rosso« und »Va bene« und stopfte sich die Serviette in den Hemdkragen – ein Vesuv mitten in Stuttgarts neuer Betonwüste. Noch eine Grappa? Naturalmente. »Bie« blühte auf.

In der Redaktion war der rührend kindliche Riese eher ängstlich und nur selten aufbrausend. Er hatte Angst, dass seine Nazi-Artikel aus dem »Völkischen Beobachter« auffliegen könnten. Jetzt schwärmte er für die als »entartet« verschriene Moderne. Picasso, das war's!

Aus Rache nannte »Bie« Josef Eberle, der Latein aktiv beherrschte und in der Samstagsbeilage der »Stuttgarter Zeitung« lateinische Gedichte veröffentlichte, nach dem dritten Viertel im Stuttgarter Restaurant »Bubenbad«, wo wir am Abend in Wohnnähe der beiden Chefs saßen, einen »hoch gebildeten Pachulke«. Eberle, der in den dreißiger Jahren als Literat reüssiert hatte (unter dem Pseudonym Sebastian Blau veröffentlichte er witzige Mundartgedichte), war mit einer jüdischen Frau verheiratet; während »Bie« in Berlin beim »Völkischen Beobachter« Karriere machte (er war kein Nazi, aber »was blieb ihm anderes übrig«), verzichtete Eberle auf seine Karriere, stand zu seiner Frau und rettete ihr das Leben. Die Amerikaner hatten ihn dann zum »Lizenzträger« der »Stuttgarter Zeitung« gemacht, die Lizenz war eine Goldgrube, denn Zeitungen, deren Abonnements anfangs zugeteilt wurden, waren schon allein als Papierlieferanten für Einwickel- wie Klopapier ihren Kunden wertvoll.

Dass damit, en passant, eine »reeducation« der Deutschen glücken sollte, war das schönste Nebenergebnis. Allerdings ging die Umerziehung der Deutschen mit dem, was man »Wirtschaftswunder« nannte, Hand in Hand. Es war leicht, an eine Staatsform zu glauben, die den meisten Wohlstand versprach und das Versprechen jahrzehntelang hielt. Deutschland, Westdeutschland entwickelte sich zur Schönwetterdemokratie, an deren Ostgrenze allerdings die Kaltfront des Kalten Krieges für Turbulenzen sorgte. Die Lizenz-Zeitungen haben Deutschland in der Tat umerzogen; sie waren eine der wichtigsten Säulen für eine neue, eine bürgerlich demokratische Gesinnung, neben den Verfassungsgerichten etablierten sie in der jungen Demokratie der Bundesrepublik die »Vierte Macht«, was spätestens in der »Spiegel«-Krise (auch das Nachrichtenmagazin war eine britische Lizenzzeitung, die wir als Studenten wie eine Offenbarung verschlangen), deutlich wurde, noch nicht als »Sturmgeschütz der Demokratie«, wie Augstein seinen »Spiegel« später charakterisierte, aber als eine Art Katechismus der neuen Gesellschaft, der er kritisch das neue Staatsverständnis mitsamt einer skeptischen Staatsverdrossenheit vorbuchstabierte.

Das Anzeigengeschäft blühte, Emigranten kehrten zurück und schrieben in den Zeitungen und selbst die entnazifizierten Redakteure, die mit gewendeter oder verschwiegener Biographie Unterschlupf in den Zeitungen gefunden hatten, beförderten, manchmal noch in alter Diktion, den Geist der neuen Zeit.

Für uns Junge war damals Platz, unendlich viel Platz in den Zeitungen. Die Generation vor uns war beschädigt, viele waren im Krieg gefallen oder in der Gefangenschaft zerbrochen worden, schier unendlich schienen die Freiheiten, die uns beim Schreiben zustanden. Frauen waren noch in der Minderzahl, obwohl Jahr für Jahr mehr Kolleginnen den Journalistenberuf wählten. Erst in der »Zeit« hatte ich eine Chefredakteurin. Und ich glaube heute, dass sie das wegen ihrer gräflichen Herkunft und ihrer Nähe zum Widerstand des 20. Juli war. Es gab eine offene, eine neue Welt, von der wir wussten, dass sie eines nicht werden sollte – nie wieder faschistisch. Wir waren gewarnt; wir wussten: Wenn je wieder ein »böhmischer Gefreiter« mit Schnurrbart aus Braunau am Inn kommen würde, um uns Krieg und Rassenhass zu predigen, ihm würden wir nicht folgen.

Daneben galt es, die Werte, die die Nazis unterdrückt hatten, zum Beispiel die »entartete Kunst«, wieder zu rehabilitieren. Picasso, Max Ernst, der Blaue Reiter, Dalí, Kandinsky und Paul Klee, vor allem aber der wieder entdeckte mystische jüdisch-russische Surrealismus eines Marc Chagall gehörten dazu. Buchheim und Ketterer, das waren Namen, die diese Werke auch auf Auktionen aufwerteten. Richard Biedrzynski hatte in Hans Kinkel einen äußerst fähigen Berichterstatter über die großen Kunstauktionen, die die längst fällige Neubewertung der Moderne auf dem Kunstmarkt vollzogen.

Einmal, ich hatte Sonntagsdienst, berichtete Kinkel vom Verkauf von Picasso-Grafiken und suchte als Abbildung ein hoch versteigertes Picasso-Blatt aus. »Homme dévoilant une femme« (Mann, eine Frau enthüllend) hieß das Blatt und in Picassos noch kubistischer Darstellung war der sexuelle Akt, der da in kühner Reduktion gezeichnet war, nur schwer zu erkennen. Auch hatten wir den französischen Titel der Grafik keineswegs übersetzt. Trotzdem brach am nächsten Tag ein Sturm der Entrüstung los, der sich in entsetzten Leserbriefen entlud: Eine solche Zeichnung in der Zeitung könne man doch nicht vor Kindern liegen lassen und diese so einer ungeahnten Gefahr aussetzen! Hans Kinkel hat dieser Bericht, wegen der Abbildung, seinen Job gekostet – die neu erworbene Pressefreiheit hatte ihre Grenzen in der Moral der fünfziger Jahre erreicht, die noch Mitte der Sechziger in den Redaktionsräumen einer äußerst liberalen schwäbischen Großstadtzeitung herrschte.

Die Unfreiheiten, die in der neuen Freiheit aufbrachen, mussten wir erst kennen lernen. Als ich bei der Stuttgarter Zeitung als Redakteur anfing, erschien gerade Vladimir Nabokovs Meisterwerk »Lolita«, die Geschichte der verhängnisvollen Leidenschaft eines Gelehrten zu einem »Nymphchen«, eine verbotene Liebe zu einer Kindfrau. Als wir darüber schrieben, hatten wir einen neuen Kodex verinnerlicht, ein Doublespeak, wie wir es politisch für Brecht erlernt hatten.

Eines der wichtigsten Bücher meiner ersten Redakteursjahre wurde für mich Ludwig Marcuses Buch »Obszön. Die Geschichte einer Entrüstung«, in der Marcuse anhand der Skandale, wie sie sich um Schnitzlers »Reigen« oder Flauberts »Madame Bovary« abgespielt hatten, zeigte, wie der Vorhang der Doppelmoral ab und zu zerreißt und die Widersprüche einer Zeit sich im Skandal, der so etwas wie eine Explosion ist, wie in greller Beleuchtung in schärfsten Umrissen zeigen. »Der Skandal fängt dann an, wenn die Polizei ihm ein Ende macht«, heißt es bei Karl Kraus.

Die fünfziger Jahre waren eine seltsame Wiederholung des Fin de Siècle in Paris, Wien und Berlin. Billy Wilder, der einen wunderbar ungelenken lasziven Kinderakt von Balthus in seinem Schlafzimmer hängen hatte, ein Bild verhexter Unschuld, wie sie uns in Träumen und in großen Kunstwerken heimsucht – ihre spröde Nacktheit ist wie ein Panzer –, hat mir bei einem Besuch erzählt, wie Nabokov in seinem Haus fasziniert vor diesem Bild gestanden habe. Er erzählte mir dann in diesem Zusammenhang, wie er 1957 aus Europa, wo er auch so eine verhexte Kindfrau-Geschichte, »Liebe am Nachmittag« mit Audrey Hepburn, gedreht habe, nach Amerika zurückflog und »Lolita« im Handgepäck hatte. Nabokovs Roman, als Pornographie verschrien, durfte damals in den USA nicht verkauft werden, er war in dem Exil-Verlag der Olympia-Press in Paris erschienen, in der grünen Reihe, in der auch der »Ulysses« von James Joyce –, der nicht zuletzt wegen Mollys Traum-Phantasien ebenfalls als pornographisch galt – eine Art Underground-Verlag gefunden hatte. Wilder also kaufte sich die »Lolita« bei Olympia-Press, der Zöllner in New York beschlagnahmte das Buch sofort. Wilder meinte spöttisch, der Beamte sei hoffentlich in seinen pornographischen Erwartungen nicht allzu sehr enttäuscht worden, als er das grüne Taschenbuch dann gelesen habe.

Zensur findet immer statt, so lernte ich als junger Journalist. Und in Zeiten, in denen sie nicht stattfindet, findet die Diktatur der absoluten Nichtzensur statt – vorübergehend, bis die Zensur wieder stattfindet. Eigentlich galt immer noch das Karl-Kraus-Wort: »Satiren, die der Zensor versteht, werden mit Recht verboten.« Natürlich gilt dies ebenso für die Zensur von Werken über Sexualität. Andererseits gilt auch hierfür cum grano salis, dass Not erfinderisch macht. Wilder pries das Hays-Office (die »freiwillige« Zensur der Film-Industrie), weil sie die Phantasie der Filmemacher anregte, sie zu Leistungen trieb, die Zensur zu umgehen.

1987 hatte ich als Redakteur beim »Spiegel« das Glück, vor der Deutschland-Premiere seines Vietnam-Films »Full Metal Jacket« in den Warner-Bros.-Studios Stanley Kubrick für Stunden interviewen zu dürfen. Sein Antikriegsfilm »Wege zum Ruhm«, einer der kompromisslosesten, war im Nachkriegs-Frankreich de Gaulles noch verboten gewesen. Im Laufe des Gesprächs erzählte Kubrick, ein freundlicher dunkelhaariger Mann mit vor Gescheitheit und Feuer blitzenden Augen, dass er immer wieder nach literarischen Vorlagen suche, die zeitgenössische Literatur durchforste und dann eine filmgerechte Adaption suche. Am schwierigsten sei das bei »Lolita« gewesen.

»Wegen der Zensur«, sagte ich. Es sei sicher schwierig gewesen, einen so radikalen Stoff in der Atmosphäre der Prüderie, die damals in Amerika herrschte, zu verfilmen. Kubrick sah mich an, so als sei meine Frage unangemessen, nicht zutreffend. Nein, nicht so sehr deswegen komme ihm sein Film nicht ganz gelungen vor. Sondern weil Nabokov ein so vollkommenes Buch geschrieben habe, der Stoff gehe so sehr in der einzig gemäßen Sprache auf, dass da für die filmische Umsetzung kaum Raum bleibe. »Es ist ein perfekter Roman. Er sperrt sich wegen seiner Vollkommenheit gegen eine Verfilmung.«

Mir ist dieses Gespräch wieder eingefallen, als ich Kubricks Film »Eyes Wide Shut« sah, den er nach Schnitzlers »Traumnovelle« gedreht hatte und der nach Kubricks Tod posthum in die Kinos kam. War auch diese sexuelle Traum-Obsession zu perfekt, um filmisch umgesetzt werden zu können?

In den Jahren, da ich den Kampf um »Lolita« als Kulturredakteur erlebt hatte, war ich in Marcuses Buch auf Schnitzlers »Reigen« aufmerksam geworden, den der Autor, gekränkt durch die öffentliche Skandalisierung seines Stücks, dem der Sittlichkeitsprozess gemacht worden war, für künftige Aufführungen verboten hatte. Nur für Frankreich, für die französische Übersetzung hatte der alte Herr, ein großer Seelenarzt, ein getriebener Liebender, ein Verwandter Freuds und ein großer schreibender Maler unserer Seelenlandschaften und Analytiker psychischer Abgründe, eine Ausnahme erlaubt: um die Übersetzerin, eine seiner späten Lieben, zu versorgen. Diesem Umstand verdanken wir Max Ophüls' Meisterverfilmung des »Reigens«, den ich im Programmkino mit großer bewundernder Begeisterung gesehen hatte.

1963 als Chefdramaturg am Württembergischen Staatstheater besuchte ich Arthur Schnitzlers Sohn Heinrich in Wien, um ihn zu einer Freigabe des Stücks zu bewegen, das so sehr in die tektonischen Verwerfungen zu passen schien, die Sexualität und Veröffentlichung zu diesem Thema damals durchlebte: »Lolita« war erschienen.

Dann erschien Edward Albees Skandalstück »Wer hat Angst vor Virginia Woolfe«. Ich »reinigte« für die Stuttgarter Aufführung, die ich durchsetzen konnte, den Text von allzu groben Deutlichkeiten, eine absurde Dramaturgen-Aufgabe, die nach dem Motto verlief: »Wasch mir den Pelz, aber mach mich nicht nass!« Im Kino lief Ingmar Bergmans »Schweigen«, die filmische Beichte eines protestantischen Pfarrerssohns mit der albtraumartigen Inbrunst sexueller Verdrängungen und Enthemmungen, wie sie sich im Traum – und die Kunst ist immer eine Art Traum – entladen. Ich hatte am Vormittag am Text von »Wer hat Angst vor Virginia Woolfe« purgatorisch gearbeitet, denn dies war der Preis, den mir mein Intendant, Walter Erich Schäfer, abverlangte, damit ich das Stück nicht in das Kammertheater abdrängen müsste, sondern auf der »großen« Bühne des »Kleinen Hauses«, also des Schauspielhauses, aufführen lassen durfte. Nachmittags wollte ich ins Kino. Ins »Schweigen«. Der Film war nicht jugendfrei.

Ich hatte keinen Ausweis bei mir und wurde, weil ich offenbar noch nicht erwachsen aussah, abgewiesen.

Ich besuchte also Heinrich Schnitzler in Wien, einen sehr

würdigen, sehr zurückhaltenden, sehr feinen älteren Herrn, der mir eher wie ein Sektionschef aus einem kakanischen Kabinett, etwa aus Musils »Mann ohne Eigenschaften«, als der Sohn des von mir geliebten Dramatikers der Wiener Décadence vorkam. Ich war damals noch zu jung, um im Anschein das Sein zu erblicken, Bilder waren noch Klischees. Wie auch die Frau an der Kasse in mir nicht den zwar kindsköpfig aussehenden, aber früh gereiften Mann erkannt hatte, dem man durchaus das »Schweigen« hätte zumuten dürfen. Egal. Es gelang mir zwar, Heinrich Schnitzler nach Stuttgart einzuladen, um ihm die hervorragenden Stuttgarter Schauspieler in mehreren Vorstellungen zeigen zu können. Und er inszenierte dann auch in Stuttgart, aber nicht den »Reigen«. Der korrekte Sohn wollte sich nicht über die testamentarischen Verfügungen seines Vaters hinwegsetzen. Er inszenierte »Professor Bernhardi«, ein Stück über den latenten Antisemitismus in Wien. Es wurde eine eindringliche, eine notwendige Aufführung, obwohl (scheinbar absurd) Günter Lüders, ein Hanseat aus dem Lübecker Bilderbuch, ein Norddeutscher wie mit Kümmel und Korn großgezogen, den Wiener Professor spielte, Bernhardi, ein weiteres alter Ego des Autors der »Traumnovelle« und des »Reigens«, der hier einen politischen Albtraum vorweg träumt, scheinbar als salonfähiges Problemstück.

Als der »Reigen« endlich die urheberrechtliche Sperrfrist hinter sich gelassen hatte, war er längst durch viel radikalere Tabubrüche auf der Bühne und im Film überholt – scheinbar überholt. Er ist bis heute ein Meisterstück über menschliche Entfremdung im scheinbar Intimsten.

Ich bin 1969 nach Hamburg zur »Zeit« gekommen. Mein Kollege, mit dem ich auch noch besonders freundschaftlich zusammenarbeiten sollte, war Dieter E. Zimmer, mit dem mich bis heute ein – wenn auch manchmal jahrelang schlummerndes – enges Einverständnis verbindet. Wir tauschten damals unsere Träume und Albträume aus – vor allem als wir uns bei der »Ermittlung« von Peter Weiss in Ostberlin trafen. Zimmers Akribie, die seine Emotionen nie abstumpfte, verdanken wir eine deutsche Nabokov-Ausgabe, die ein Wunderwerk zäher, liebender, philologischer Genauigkeit ist.

Tübingen

Wenn ich im heißen Sommer 2003 unter einer schier afrikanischen Glut im Schatten eines Sonnenschirmes in einem Restaurant in Eppendorf sitze, dann habe ich für eine kurze Zeit die Illusion, dass sich in den gut fünfzig Jahren, die ich in Westdeutschland lebe, so gut wie nichts geändert hat. Dieses Gefühl ist falsch und richtig zugleich: richtig, weil jede Gesellschaft auf ihren Trägheitsmomenten beruht, auf ihren Beharrungskräften besteht, die sich gegen jede Veränderung wehren. Sie setzen dem Neuen Tradition, der Veränderung Herkommen entgegen. Man spürt, während man die Zeiten durchlebt, stärker ihre Fliehkräfte; erst mit Abstand erkennt man, wie stark die Beharrungen waren, stoisch wie Steine. Gut, ich bin gut fünfzig Jahre älter als der Achtzehnjährige, der nach Tübingen kam, ich habe eine Enkelin, die in Hamburg auf die Internationale Schule geht und so gut Englisch wie Deutsch spricht, meine Tochter studiert für ein Gastsemester an der Sorbonne in Paris, mein jüngster Sohn – gerade hat er Abitur gemacht – ist in Quito in Ecuador, lernt Spanisch, verliebt sich in hübsche dunkelhaarige kleine Südamerikanerinnen, die zu ihm, einem über einsachtzig großen blonden Riesen, hochschauen. Er hat sich dazu entschieden, Waisenkinder zu betreuen, für ein Jahr. Zum »Bund« musste er nicht, weil seine größeren Brüder zwar beide den Wehrdienst verweigert hatten, aber Zivildienst ableisteten, den er nun, freiwillig, als dritter Sohn, in Quito als eine Art Bildungsurlaub absolviert, als einen (vorübergehenden?) Abschied von einem kulturell anstrengenden Elternhaus, in dem der Vater sich (auch noch prominent) mit Literatur beschäftigt und die Mutter Theaterkritikerin ist – Kultur und ihre Society-Verpflichtungen hängen ihm zu den Ohren heraus; so sagt er das nicht, so denkt er vermutlich nur.

Sein großer Bruder, über zwanzig Jahre älter als er, hat eine südamerikanische Mutter wie sein zweiter großer Bruder, der in Berlin lebt und schreibt, für den Vater und vor allem gegen ihn. Der älteste Sohn ist Intendant in Kiel, die beiden mögen sich, trotz des Altersunterschieds. Niko, der jüngste, versteht sich mit seinen großen Brüdern und liebt seine drei Jahre ältere Schwester, obwohl er eine völlig andere Gesellschaft sucht als sie.

Als ich mit meinem großen Sohn Daniel allein lebte (seine Mutter war mit seinem Bruder Manuel nach Südamerika zurückgekehrt), ist er mir einmal – da war er vierzehn Jahre alt – wie in Panik davongelaufen, als ich ihn am Abend in eine Theaterpremiere mitnehmen wollte. Jahre später, nach Lehrjahren in Köln, bei Jürgen Flimm, und als Assistent von Luc Bondy, hat ihn Ivan Nagel, damals Intendant in Stuttgart, ans Schauspielhaus geholt. Dort inszenierte er sehr erfolgreich, als seine Feuertaufe, Goethes »Clavigo«. Und ich habe ihm, mit sich gebboten ironisch gerierender Eitelkeit, nach der Premiere gesagt, bis jetzt sei er der Sohn eines erfolgreichen Vaters gewesen, jetzt sei ich der Vater eines erfolgreichen Sohnes. Das war eine Replik auf meine Frage, wie er sich denn in Stuttgart fühle, aus der Zeit, als er dort zu leben begonnen hatte. Daniel hatte mir als Antwort seine Arme entgegengestreckt, die Hände gespreizt, mit den Handtellern Maß genommen und eine Distanz von etwas über einen Meter gezeigt. »So«, sagte er, »mit dem Wort ›so‹ treten mir die Leute entgegen und nehmen einen Meter Maß zwischen ihren Händen, ›so groß haben wir Sie gekannt, als Ihr Vater noch in Stuttgart war‹.« Mein Sohn, damals Anfang dreißig, hatte gegrinst dazu, spöttisch gequält.

Inzwischen hat mein Alter alles versöhnt, mit Siebzigjährigen hat man diesen Kummer nicht mehr.

Meine Tochter Laura hatte mit mir kaum Probleme; sie genoss es und genießt es, von ihrem Vater ausgeführt zu werden und ich genieße es, mich in ihren jungen, schönen Gedanken zu sonnen. Väter und Töchter sind wie Spiegel, in die wechselseitig ein wohliger Glanz fällt. Einmal, bei einem Filmball, bin ich dann, meiner Altersklasse entsprechend, früher gegangen; auch das ist wichtig, dass man sich rechtzeitig aus dem Staube macht, wenn die Tochter eine gleichaltrige Gesellschaft gefunden hat. Und so hat sie mir am nächsten Tag voller Hohn und Stolz erzählt, ein junger Mann, der mich nicht kannte und erkannte, habe sie gefragt, warum sie sich mit einem so alten Kerl einlasse, der müsse sicher sehr viel Geld haben, um sich eine so junge, hübsche Freundin halten zu können. »Und dann«, sagte meine Tochter, »war er sehr erleichtert, als ich ihm sagte, du seist mein Vater.« »Und«, fragte ich, »war er reich?« Sie zuckte die Achseln, »keine Ahnung!«. Dann lachten wir beide. Nein, Töchter und Väter haben kein Problem. Meist nicht.

Gegen Ende meines Studiums besuchte mich einmal meine Mutter in Tübingen. Sie muss damals Ende vierzig, Anfang fünfzig gewesen sein. Ich weiß noch, wie ich mich entsetzte, als sie mir erzählte, ein Mann im Zug habe mit ihr zu flirten versucht und ihr gesagt, sie habe schöne Beine. »Und!«, sagte ich empört, »und das hast du dir angehört?«

Als ich mit achtzehn Jahren in Tübingen anfing zu studieren, war ich sozusagen ohne Eltern. Ich musste mich nicht, wie meine jüngeren Geschwister, an ihnen abarbeiten. Als ich nach und nach mit immer wachsenderem Schrecken und Entsetzen erkannte, was die Nazis in Deutschland, in Russland und in Polen angerichtet hatten, konnte ich meine Eltern weder fragen noch anklagen.

Ich habe mich vor schuldig gewordenen Menschen aus ihrer Generation gegruselt, als ich das Ausmaß der Verbrechen erkannte und kennen lernte, die sie in der Nazizeit begangen hatten, Verbrechen, die sich mit Namen wie Stalingrad, Leningrad, Treblinka, Auschwitz, Lidice, Oradour verbinden lassen. Ich hatte damals alle aus der Generation meiner Eltern vor Augen, nur meine Eltern nicht, die von mir durch einen Eisernen Vorhang getrennt waren. Und später war es zu spät für eine Auseinandersetzung.

Als meine Eltern nach Würzburg kamen, führten sie einen so verzweifelten Kampf, um sich und meine jüngeren Geschwister durchzubringen, dass ich ihnen nur mit schuldhafter Verlegenheit – ich war ja als Student und junger Journalist »fein raus« – gegenübertreten konnte. Als mein Vater dann alt war (so alt wie ich heute langsam und immer schneller werde), fielen ein paar verlegene Sätze: »Wir haben doch nichts gewusst.« Ich aber wusste, dass sich meine Eltern auf den Heimattreffen mit alten »Bielitzern« und alten »Brünnern« eher als Opfer, weniger als Täter fühlten. Und ich war ihnen ein allzu parteiischer, liebender Anwalt: Ich ließ ihnen kleinlaut ihre Ausflüchte. Sosehr ich mich schämte, Deutscher zu sein, sosehr für unsere Geschichte – meine Eltern habe ich dabei stets ausgeblendet. Ihr Leben wurde für mich erst zeitversetzt wieder lebendig. Ich ging allein durch das Studium, das auch und vor allem ein Geschichtsstudium war, das der jüngsten Vergangenheit.

Das Hitler-Regime war für mich zunächst ein barbarisches Regime, das alles an Kultur und an Literatur zerstört hatte, was mir nahe ging, was ich liebte und liebend kennen lernte. Eines der schlimmsten Bilder war für mich das von Ossietzky im Konzentrationslager: der kleine große Mann, der zivile Geist neben einem stiernackigen SA-Wärter mit brutalem Gesicht, dem er recht- und gesetzlos ausgeliefert ist, auf Gedeih und Verderb. Nein, nur auf Verderb.

Mit meinen Eltern konnte ich nie über Ossietzky oder Kafka oder Karl Kraus sprechen. Sie hätten das Entsetzen nicht verstanden, das mich erfasste, als ich von den Bücherverbrennungen erfuhr. Sie hätten meine Sympathie für Reich-Ranicki, Billy Wilder, für Kertész nicht verstanden, schon allein deshalb nicht, weil sie weder Kertész noch Tisma, weder Tucholsky noch Karl Kraus gelesen hatten noch je lesen würden. Meine Eltern waren »einfache« Leute und ich hoffe inständig, dass sie kaum mitgewürfelt haben, sondern mitgewürfelt wurden. Ich möchte sie schon allein, weil sie mich nie geschlagen haben, liebend der Seite der Geschlagenen zurechnen.

Jetzt, da meine Mutter über neunzig Jahre alt ist, hadert sie mehr und mehr über die heutige Schlechtigkeit der Welt – wie sollte es anders sein?

Meinem Vater begegne ich jetzt mehr und mehr in meinen Träumen, in Situationen, wo wir uns helfen müssten, wenn wir könnten. Und ich bin dann erschrocken, weil ich ihm im Traum von Gleich zu Gleich lebendig begegne: Das bedeutet ja, dass ich mit ihm tot sein müsste, um mich »so« mit ihm unterhalten zu können. Als ich jung war, ein junger Familienvater, habe ich, so erinnere ich mich jetzt oft, einen schweren Traum gehabt, in dem ich wusste, ich hätte jemanden ermordet, erschlagen, umgebracht. Und nicht so sehr das Verbrechen entsetzte mich, das auch, sondern vor allem, dass ich diese Tat für immer verbergen müsste und fortan in ständiger, ja ewiger Angst leben würde, meine Tat könnte auffliegen, meine Existenz vernichten, mit einem Schlag. Wenn ich diese Träume rückschauend analysiere, weiß ich, dass sie in die Zeit fielen, als die Verjährungsdebatte über die Kriegsverbrechen und Völkermordverbrechen der Hitler-Jahre geführt wurde.

Für meine Kinder ist Hitler eher eine Art Comic-Figur; sie kennen ihn natürlich aus der Geschichte, aber sie sehen ihn mit den Augen von Kinogängern, die Mel Brooks »Frühling für Hitler« gesehen haben oder Chaplins »Großen Diktator« oder Lubitschs »Sein oder Nichtsein«. Er ist ein Popanz und sie schütteln den Kopf, so meine ich, darüber, dass »so etwas« noch zu Lebzeiten ihres Vaters und ihrer Großmutter die Welt regiert hat. Zwischen mir und meinen Kindern ist Hitler kaum noch ein Thema. Ich glaube auch, dass er zwischen ihnen und ihren Altersgefährten kaum ein Thema ist.

Und dann denke ich, wie wenig gleich die Welt von 1952 und die von heute ist (auch wenn meine Erinnerung sie manchmal egalisiert), vor allem weil damals fast alle, die lebten, noch Hitler erlebt hatten. Ich meine nicht die vielen, die als Krüppel, als Invaliden das Inferno überlebt hatten und mit angehefteten Hosenbeinen und Holzkrücken über die Straßen humpelten. Ich meine auch nicht die gezackten Schatten der Kriegstrümmer, sondern einfach eine Welt, die noch die Zeit Hitlers erlebt hatte, egal ob als Opfer, Mitläufer, Bewunderer, Feind, Gegner, als Sieger über Hitler oder Verlierer mit und durch Hitler. Einfach eine Zeit, in der er mehr war als ein Name, in der sein Reich über die Menschheit gekommen war.

Das Tübingen, in das ich im November 1952, also vor reichlich fünfzig Jahren, kam, wirkte damals auf mich wie aus der Zeit gefallen, vom Kriege unversehrt, vom Nachkrieg äußerlich seltsam unberührt. Die Studenten, hager, im Winter in Windjacken gekleidet, im Sommer viele in kurzen Hosen, kamen aus der »Nie wieder Krieg«-Generation, aber der Geist der Rebellion, der die pietistische Universitätsstadt mit ihrer buckeligen Burg, den sie gegen den Neckar hin schützenden Fachwerkfronten, dem Hölderlin-Turm, den Platanen und den in ihren Fugen und Balken gichtig verschobenen Stifts- und Universitätsbauten der Altstadt, später erschüttern sollte, der schlummerte noch. Man schien danach zu trachten, in der alten Stadt nach Jahren der Wirren und der Schrecken die alte Ordnung zu suchen.

Gewiss, als junger Geschichtsstudent konnte ich die Seminare von Hans Rothfels besuchen, die der Rehabilitierung des deutschen Widerstandes galten, dem »besseren Deutschland«. Theodor Eschenburg, den ich sehr schätzte, informierte uns über die demokratischen Ansätze der kurzen Weimarer Zeit. In Vorlesungen über deutsche Barock-Dichtung war damals präsent, was sich heute zur Erkenntnis verdichtet: Deutschland hatte zum zweiten Mal in einem dreißigjährigen Krieg gerade noch seine totale Vernichtung überstanden.

Zum ersten Mal hörte ich bei Friedrich Beißner, wie er in seinen Vorlesungen über das »deutsche Gedicht in drei Jahrhunderten« Gryphius' Alexandriner so vorlas, dass man die Zerissenheit der Barockwelt, ihre Todes- und Zerstörungserfahrungen allein in den Zäsuren jeder Zeile zu spüren schien. Beißner sollte mein Lehrer werden, mein Doktorvater, und ich erinnere mich ganz genau, wie ich ihn im Wintersemester 52/53 in seiner ersten Vorlesung Matthias Claudius vortragen hörte, das schönste deutsche Abendlied, das, ähnlich wie Schillers Ode an die Freude (die später zur Hymne der Wiedervereinigung wurde), die Brüderlichkeit, die Solidarität beschwört – allerdings im Kleinsten der heimeligen Welt, wo Schiller pathetisch ins Größte ausschreitet: ins All. Darunter tat er's nicht! Dagegen holt Claudius das All in die nächste Nähe.

> So legt euch denn, ihr Brüder,
> In Gottes Namen nieder;
> Kalt ist der Abendhauch.
> Verschon uns, Gott! mit Strafen,
> Und lass uns ruhig schlafen
> Und unsern kranken Nachbarn auch.

Beißner war ein unpathetischer, sehr genauer Leser, der keineswegs wie ein Schauspieler rezitierte; er hatte »nur« verstanden, was er vorlas in Form und Struktur, in dem, was ihr Geist war, ob es sich um ein scheinbar so schlichtes Gedicht wie das »Abendlied« von Matthias Claudius oder um so komplizierte tektonische Gebilde wie Hölderlins »Vaterländische Gesänge« oder Rilkes »Duineser Elegien« handelte. Nie hat ihn Ideologisches bewegt, und so war er gewiss ein »Formalist«; sein Lieblingszitat lautete: »Das Was bedenke, doch mehr bedenk das Wie.« Damals war das reine »Sprachkunstwerk« als Programm angesagt, er war der erste Lehrer, der mir die

Schönheit und Sprachkraft Brechts, Musils und Kafkas nahe brachte.

Vielleicht habe ich, etwas pathetisch ausgedrückt, bei Beißner gelernt, dass es ein schönes Zuhause gibt: das der Sprache. Es reicht von Gryphius bis Brecht und Celan, Kafka und Thomas Mann. Beißner war von seiner Herkunft her ein akribischer Philologe, Graecist und Latinist, der bis zur Pedanterie genau war, als »Erbsenzähler« wurden solche Wissenschaftler später gern geschmäht, als es bei den Achtundsechzigern um das große Ganze ging, das man dialektisch anpeilte und Details als läppisch galten. Beißner verstand es, die Welt der deutschen Literatur geradezu philologisch naturwissenschaftlich aufzuschlüsseln, aber der Preis dafür war die schulmeisterliche Enge des Gelehrten, dessen leicht zu verletzendes Selbstgefühl sich auf starre Regularien und Formalien versteifte. Ich sehe ihn noch, leicht gebeugt, stets Schweiß auf der hohen Stirn, mit leicht vorquellenden Augen über die Wilhelmstraße gehen, wohin ich ihm einmal folgte und die Aktenmappe trug. Er ging schwer und konnte den Kopf mit dem steifen Hals nur wenden, wenn er den Oberkörper mitdrehte, und dabei sah er einen mit prüfender Verwirrung an.

Bei ihm habe ich gelernt, was ein Anapäst ist, ein Daktylus, ein Hendekasyllabus, was die Falkentheorie, die erlebte Rede, die Mauerschau, der Botenbericht bedeutet, der innere Monolog, der allwissende Erzähler.

Manches konnte ich ich später als Firlefanz parodistisch darstellen, indem ich etwa die erste Hexameter-Zeile aus Goethes »Reineke Fuchs«, »Pfingsten, das liebliche Fest, war gekommen: es grünten und blühten/Feld und Wald«, zitierte und dann dozierte: »Wenn man beim Hexameter die Cäsur post quartum trocheum setzt, wie es Goethe hier tut, dann zerfällt der Vers, weil er sich von hinten aufschlüsselt, zur Amphibrachien-Schaukel.«

Wer liest heute noch Versepen? Wer will heute noch wissen, was Jamben, Trochäen, Amphibrachien sind, Enjambements in Gedichten, warum sich ein Sonett zwischen den zwei Viererstrophen und den zwei Dreierstrophen dialektisch wendet, wen interessiert noch die »harte Fügung« Hölderlins, seine an der Dialektik seines Stiftsfreundes Hegel geschulte Theorie von dramatischer Lyrik, lyrischer Epik, epischer Dramatik? Und wen noch die Novellen-Theorie? Als die »Süddeutsche« kürzlich mit ihrer Reihe »Fünfzig große Romane des zwanzigsten Jahrhunderts« eine Werbekampagne für die Literatur begann und zu den Romanen auch »Katz und Maus« von Grass und die »Traumnovelle« von Schnitzler in ihren Kanon fügte, rief ich die Redaktion, halb im Scherz, an, und merkte an, dass »Katz und Maus« kein Roman sei. »Ja, aber, wer im Ernst unterscheidet das heute noch?«, fragte mich am Telefon amüsiert ein Redakteur. Ja wer? Die Poetik, die Beißner lehrte und die er nicht über die Werke verhängte, sondern aus ihnen herauslas wie ihren Bauplan, um sie transparent zu machen, die Poetik existiert nicht mehr. Und dennoch war sie es, wenn ich es recht bedenke, die mich für einen Patriotismus gewann, der einer der Sprache war und mich gegen einen Patriotismus der Ideologien immun machte. Man kann es auch so sagen: Bei Friedrich Beißner habe ich lesen gelernt. Und das ist schon ziemlich viel.

Eines Tages hat mir Beißner, nach einem Seminar, in dem ich Rilkes Gedicht »Der Panther« interpretiert hatte, angeboten, bei ihm eine Doktorarbeit zu schreiben. Es sollte, grob gesagt, um das »so genannte schmückende Beiwort« gehen, das epitheton ornans. Beißner war dabei, eine neue Poetik zu entwickeln, und ich sollte ein Lego-Steinchen dazu liefern. Ich schrieb eineinhalb Jahre an meiner Arbeit, ließ sie abschreiben und übergab sie artig meinem Doktorvater. Dann hörte ich einige Monate nichts von Beißner, bis er mich schließlich nach einer Doktoranden-Seminarsitzung zu einer Aussprache in sein Sprechzimmer lud. Das Sprechzimmer lag in der »alten Aula« der Universität im ersten Stock, in einem Bau mit einer ehrwürdigen Handbibliothek mit Lederbänden, die meisten

aus dem Anfang des 19. Jahrhunderts. Im Flur vor dem Sprechzimmer prangte eine Wandmalerei, auf der Zeus in seiner Me-
tamorphose als Schwan in Leda eindringt, die sich ihm wollüstig entgegenstreckt und öffnet, den schönen Kopf lustvoll
zurückgeworfen. Für das pietistische Tübingen war das ein
ungewöhnlich freudvolles Fresko.

Als ich die Sprechstunde verließ, war ich so verstört, dass
ich keinen Blick für die beglückte Leda und den beglückenden
Schwan hatte – nur im Hinterkopf wusste ich, dass diesem Akt
Herakles entsprungen wäre, ein Halbgott, den Hölderlin in
seinen späten Hymnen in einen pantheistischen Himmel neben Christus und Napoleon, jawohl: Napoleon, gestellt hatte.
Hölderlin hatte nur ein paar Häuser weiter, im Stift, gelebt.

Ich stolperte die ausgetretenen Holztreppen hinunter, hinaus ins Freie, in den gewaltigen Schatten der Stiftskirche. Meine
Arbeit war verworfen worden, Beißner hatte sich »enttäuscht«
gezeigt von mir, ich müsse »noch viel« Arbeit an meine Dissertation verwenden. Seine Einwände hatte er, abgesehen von
ein paar Tippfehlern in zitierten Gedichtzeilen (für ihn natürlich eine Todsünde, verständlicherweise), nicht näher spezifi-
ziert, auch auf Fragen nicht – er hatte nicht viel Zeit.

Am gleichen Abend war ich in einem Studentenlokal, der
»Tante Emilie«, eine Wendeltreppe führte von der Milchbar
an der Neckarbrücke hinunter zu dem kellerartigen Verlies am
Neckarufer, nahe dem Hölderlin-Turm. Ich trank, wie üblich,
ein Bier aus der Flasche, dann noch eines. Zu meinem Glück
saß in einer Runde an einem anderen Tisch eine Assistentin
Beißners, die ihm bei seiner Arbeit im Hölderlin-Archiv in Bebenhausen (wo die Große Stuttgarter Ausgabe entstand) zur
Hand ging. Sie sah mich, setzte sich zu mir und sagte, sie wisse,
warum ich verzweifelt sei, meine Arbeit sei abgelehnt worden.

Aber, fuhr sie fort, sie könne mich trösten. Abgesehen von
einigen Tippfehlern, kranke die Arbeit nur an einem wesentlichen Punkt. Es fehle ihr eine erste Seite, eine Vorbemerkung

des Inhalts, dass ich die Anregung zu meiner Arbeit »meinem verehrten Lehrer« verdanke, der mir jederzeit, wie ich noch am gleichen Abend stolz formulierte, jederzeit »mit förderndem Rat und helfender Unterstützung« zur Seite gestanden habe. »Fördernder Rat und helfende Unterstützung«, diese schmückenden Beiwörter haben mich dann doch promoviert und zum Doktor gemacht, und meine Freunde, die nach mir ihre Arbeiten ablieferten, zum Beispiel Rolf Michaelis, haben ähnliche oder gleiche Formulierungen benutzt – vielleicht zur Abwechslung »helfender Rat und fördernde Unterstützung«, oder: »Unterstützender Rat und fördernde Hilfe«.

Wie mir Beißners Assistentin geraten hatte, ließ ich die Arbeit danach, damit es nicht so auffiele, zwei Monate ruhen, dann gab ich sie »meinem verehrten Lehrer«, der mich bald darauf zum Rigorosum laden ließ. Selbst in dem schönen Reich der Poesie läuft die Welt, wie sie läuft. Das Bild von Leda und dem Schwan hat mir nach geglückter Promotion wieder gefallen, obwohl ich bis heute nicht weiß, wer das Fresko gemalt hat.

Josef Eberle, dem ich als Herausgeber der »Stuttgarter Zeitung« erst Anfang der sechziger Jahre begegnete, als ich, zuerst als Volontär und einige Monate später als Redakteur, in das Feuilleton seiner Zeitung aufgenommen wurde, hatte sich schon in den Fünfzigern eifrig als Mäzen der Altphilologischen Fakultät der Tübinger Universität hervorgetan, weshalb ihm damals auch die Ehrendoktorwürde verliehen worden war. Seine lateinischen Gedichte erschienen fortan als die Werke eines Dr. h. c., seine Frau wurde Frau Doktor genannt und freute sich darüber; immerhin war sie in der Nazizeit mit Schmach und Schande gekränkt worden und hatte in ständiger Angst leben müssen.

Mitte der sechziger Jahre, ich war damals bereits Chef des Feuilletons der »StZ«, Dr. Eberle hatte weiter fleißig lateinisch gedichtet und weiter tüchtig die Altphilologie in Tübingen gefördert, wurde er zum Professor h. c. ernannt. Da viele seiner Freunde, der liberale Ministerpräsident Reinhold Maier, der Stuttgarter Kultusminister Gerhard Storz, Vater meines Kollegen Oliver, der als Sohn »des Störzle« genannt wurde, der erste Bundespräsident Theodor Heuss, Professoren waren, war er natürlich mächtig stolz auf den Titel. Sie alle waren erdverbundene Demokraten, schwätzten breit Schwäbisch und trafen sich gern in Stuttgarts »Alter Post« oder im »Hotel Zeppelin«, wo sie »Vierteles schlotzten«, also Rotwein aus den bauchigen schwäbischen Viertelliter-Henkelgläsern tranken – Heilbronner Trollinger oder Lemberger, eine Versammlung älterer Honorationen, die die Anerkennung ihres Lebens erst spät, erst nach dem Ende der Nazizeit erfahren hatten. Sie waren weißhaarige Herren, die das Leben genossen und über Pressefreiheit und Demokratie wachten.

Manchmal, vor allem nach dem Genuss einiger Viertele, waren sie etwas zittrig und tatterich. Dann nahmen sie die großen weißen Servietten, die vor ihnen auf dem schwäbisch gutbürgerlich gedeckten Tischen lagen, falteten sie zu einem Dreieck, nahmen einen Zipfel in die Linke, legten die Servietten über den Nacken und zogen den anderen Zipfel mit der Rechten bis zum Rotwein-Glas hinunter, das sie dann an diesem Flaschenzug aus gefalteter Serviette hochzogen und runterließen. Die Hand, die das Glas hielt, bekam Halt und zitterte nicht, wenn sie das Glas zum Munde hochzog. Man vermied so das Beschlabbern von Hemd, Krawatte, Anzug und Tischtuch.

Als Josef Eberle Professor wurde, feierten die Freunde und Weggefährten dieses Ereignis im ersten Stock des Tagblatt-Turms, der Chefetage, mit Rotwein und Sekt, und einer Mischung aus beidem, die damals in Schwaben Ochsenblut genannt wurde. Bevor ich zu dieser Feier aus dem zwölften Stock, dem Feuilleton-Stockwerk, heruntergerufen wurde, gab mir die Sekretärin des neu gebackenen Professors telefonisch eine Instruktion in Sachen Etikette. »Grüß Gott, Herr Doktor Karasek«, sagte sie, lud mich zum Ehren-Umtrunk ein, und ehe sie auflegte, fügte sie hinzu: »Übrigens – die Frau Professor Eberle möchte nach wie vor Frau Doktor Eberle genannt werden.« Das war eine feine Bescheidenheit und der Versuch, in der Adenauer-Ära die im Nazi- und Nachkriegs-Deutschland zerstörte Welt bürgerlicher Hierarchien wieder zu restaurieren.

Mir hat mein Doktortitel manchmal mehr geschadet als genutzt. Zum Beispiel, als ich in München beim Werner-Friedmann-Institut, dem Vorläufer der Münchner Journalistenschule, mein Ausbildungsjahr zu absolvieren begann. Ich hatte kein Geld, und an dem Institut gab es keine Stipendien. Also versuchte ich, mir nebenher auf alle erdenkliche Art Geld zu verdienen. Einmal hatte ich in der »Süddeutschen Zeitung« eine Annonce entdeckt, in der eine Putzkraft gesucht wurde, die eine Rechtsanwaltskanzlei am Marienplatz am frühen Morgen mittels Staubsauger, Staubwedel und Wischlappen säubern sollte. Ich bewarb mich telefonisch, wurde als Student akzeptiert und gebeten, schriftliche Unterlagen einzureichen. Das tat ich und erwähnte in der Bewerbung auch meinen »Dr. phil.«. Daraufhin rief mich der Anwalt an, stotterte am Telefon herum, nannte mich dauernd »Herr Doktor« und sagte, es tue ihm leid, er könne mir den Putz-Job nicht geben. Wie denn das aussehen würde, wenn er seine Kanzlei von einem Akademiker säubern lassen würde, unmöglich würde er sich machen.

Noch viel, viel später in den siebziger Jahren beim »Spiegel« war es so, dass die Chefredakteure den Titel in Konferenzen nur dann bei der Anrede gebrauchten, wenn sie mir sagen wollten, dass sie mich für ein ziemlich weltfernes, also unjournalistisches Arschloch hielten. Auch Rudolf Augstein sprach in der gefürchteten »Spiegel«-Montagskonferenz nur dann, sozusagen über meinen Kopf hinweg, in der dritten Person von dem »Doktor Karasek«, wenn er sich spöttisch von meinen

(Un-)Leistungen zu distanzieren versuchte. Er gebrauchte (er selber hatte kriegsbedingt das Notabitur) Titel sozusagen mit spitzer Zunge, fasste sie nur mit spitzen Fingern an. Umso aufgeregter war er, obwohl er darüber nur mit Hohn und Spott zu reden schien, als er in London einen Ehrendoktor entgegennehmen sollte – er bereitete sich auf die Feier vor wie auf eine schwere Prüfung.

Als ich, noch während meiner »Spiegel«-Zeit, den Professorentitel bekam, herrschte eine gewisse Unruhe wegen des Impressums. Ich wolle doch nicht etwa als »Professor« im Impressum stehen. Große Erleichterung, als ich verneinte. Großer Spott bei Augstein aus schrägem Mundwinkel, als er mir eher höhnisch gratulierte und mir sagte, dass Joachim Kaiser (»unser Freund Kaiser«, sagte er), sich doch tatsächlich als »Professor« im Impressum der SZ führen lasse.

1986 besuchte ich Billy Wilder in seinem »United Artists«-Büro in Beverly Hills. Blank geputzt und stolz aufgereiht standen seine sechs Oscars auf einer gut sichtbaren Konsole, daneben der Löwe von Venedig und der Thalberg-Award als Auszeichnung für sein Lebenswerk. Der damals Achtzigjährige spöttelte über diese Staubfänger, die seine Putzfrau nicht mehr bereit sei, bei ihm zu Hause abzustauben, deshalb stünden sie hier. Wilder zitierte sich selbst: »Auszeichnungen und Ehrungen sind wie Hämorrhoiden – früher oder später bekommt sie jedes Arschloch« – und doch hatte er mich ziemlich zum Anfang meines ersten Besuchs auf die Reihe der goldglänzenden Oscar-Statuen aufmerksam gemacht. Ich will nicht missverstanden werden: Niemand, aber auch wirklich niemand hat jede Form von Ehrung mehr verdient als Billy Wilder, dessen selbstbewusste Bescheidenheit noch weit (im Unterschied zu vielen anderen Menschen) in sein hohes Alter reichte. Auch da noch verschonte er mit seinem sardonischen Spott am wenigsten sich selbst.

Kurz nach meinem sechzigsten Geburtstag wurde ich vom damaligen Bundespräsidenten Roman Herzog nach Berlin eingeladen, wo er mir im Schloss Bellevue, zusammen mit anderen, das Bundesverdienstkreuz überreichte. Als ich, aufgerufen, zu ihm nach vorne kam, nahm er mich einen Augenblick beiseite und sagte, er wisse es zu schätzen, dass ich die Auszeichnung annehme, denn – und hier wurde er für einen Moment herzlich – wir beide, er und ich, das wüsste er, machten uns doch nichts aus solchen Ehrungen.

Das war, soweit es mich betrifft, die ganze Wahrheit und die halbe Wahrheit zugleich. Im Alter, so viel wusste ich damals bereits, dienen Auszeichnungen der nötigsten Kompensation von Erfolgen, die Jüngeren ganz selbstverständlich zufallen: Mir hat in diesem Zusammenhang immer das Selbstlob des bösen buckligen Richard III. gefallen, der bei Shakespeare, nachdem er die Witwe Anna am Sarg ihres von ihm ermordeten Mannes umbuhlt, mit Stolz und böser Eitelkeit sagt: »Ward je in dieser Laun' ein Weib gefreit?«

Auch damals war ich noch beim »Spiegel«. Und wieder erhob sich die Frage, wo man das wohl melden müsse. Doch um Gottes Willen nicht in der »Hausmitteilung« auf Seite 3. Gewiss nicht. Rudolf Augstein sagte mir, betont beiläufig, Hamburger würden ohnehin normalerweise keine fremden Auszeichnungen entgegennehmen.

Als Augstein später das Bundesverdienstkreuz erhielt, habe ich, alt und eitel, wie ich war, registriert, dass sein Bundesverdienstkreuz eine ganze Hausmitteilung im »Spiegel« füllte. Mir ist das »Quod licet iovi, non licet bovi!« in dem Moment nicht eingefallen. Je mehr mit zunehmendem Alter die Einsicht wächst, dass man wenig Grund zum Stolz hat, umso eitler wird man. Andererseits gilt Goethes Satz: »Nur die Lumpe sind bescheiden.« Aber wie alt war er da?

Josef Eberle pflegte eine charmante Form eitlen Understatements, wenn er mir – er war damals sechzig und ich keine dreißig – seine lateinischen Verse vor Drucklegung vorlas, um mein »Placet« für den Abdruck in seiner Zeitung zu erwerben. Da er mir die Gedichte sozusagen von Gleich zu Gleich vorlas (ich saß wie auf Kohlen, denn der Alltag der Zeitung interessierte ihn so wenig, dass er für diese Vorlesungen immer die Stunde wählte, in der ich eigentlich dringend beim aktuellen Umbruch gebraucht wurde), war er dennoch so freundlich, mir sie auch Zeile für Zeile, von iovi zu bovi gewissermaßen, zu übersetzen.

Rudolf Augstein, eine Zeit lang mein klügster Freund, ein Meister der macchiavellistischen Selbstironie, schickte mir seine Artikel mit dem Bemerken, ich könne sie wegwerfen, falls sie mir nicht gefielen. Aber da war ich längst ein begeisterter Bewunderer von Mozarts »Figaros Hochzeit« und dem »Don Giovanni«, die beide zeigen, dass Herr und Knecht nur auf sehr verzwickte Weise Freunde sein können. Ich wusste also, mit dem Wegwerfen der Artikel wäre das so eine Sache wie mit dem Nichtdrucken lateinischer Gedichte, die – an sich, an sich! – in einer Tageszeitung wenig zu suchen hatten. Und im Übrigen waren Augsteins Artikel so gut wie nie so wenig gut, dass man sie hätte wegwerfen müssen.

Das Herr-Knecht-Verhältnis hatte ich schon in Tübingen studiert, nein, nicht bei der Widmung meiner Promotion, sondern bei der Lektüre des Brecht-Stücks »Herr Puntila und sein Knecht Matti«. Ich hätte es auch in Chaplins genialem Film »Lichter der Großstadt« lernen können – schlüssiger noch als in Brechts dialektischer Verfremdung. Bei Mozarts »Don Giovanni« und »Figaros Hochzeit« kann man lernen, wo die Freundschaft zwischen Herrn und Diener endet – bei beiden, Leporello wie Figaro, schon mit der ersten Arie. Aber die Faust wirkt sozusagen heimlich geballt. Hinter dem Rücken.

In den fünfziger Jahren kamen die italienischen Cafés auf, Espressos genannt, die ihre Existenz den italienischen Kaffeemaschinen dankten, und die Milchbars, in denen im Star-Mix Milchmischgetränke vor den staunenden jungen Kunden fabriziert wurden, rosafarbene Himbeer- oder Erdbeerdrinks, sand-dorngelbe Getränke, zu denen junge Männer in Röhrenhosen und Kreppsohlen-Schuhen junge Mädchen in Petticoats einluden. Diese Mixer gehörten zu den Küchengeräten, die den Haushalt bald revolutionieren sollten: Kühlschränke, Waschmaschinen, Trockner, Geschirrspülmaschinen und eben Mixer sollten in den nächsten zwanzig Jahren die Hausarbeit verändern. Schwäbische Firmen wie Bosch, Linde, Bauknecht, süddeutsche wie Siemens erleichterten nach und nach das Leben der Hausfrauen und trugen bei zum Wirtschaftsboom, der Deutschland zu einem blühenden Industriestaat machte.

Ende der fünfziger Jahre kam der Werbeslogan »Bauknecht weiß, was Frauen wünschen« auf, und er hatte in Schwaben eine ironische Doppelbedeutung: Um nämlich die Küchengeräte in Deutschland erfolgreich vom Band laufen zu lassen, brauchte man Gastarbeiter und die ersten Gastarbeiter, die in der schwäbischen Industrie ihr Geld verdienten, waren Italiener, man nannte sie »Spaghettis«, »Katzelmacher«, »Itaker« und vermutete, dass sie, was »amore« betraf, eher wussten, »was Frauen wünschen«, als ihre nüchternen deutschen Kollegen. Viele Geschichten und Witze haben dieses Verhältnis zwischen den dunkellockigen, glutäugigen Pizzabäckern und Eisdielenkellnern und den frustrierten deutschen Hausfrauen festgehalten, Filme von Fassbinder und Schroeter von dieser Phase deutsch-italienischer Beziehungen erzählt.

Noch aber galten die drei Ks: »Küche, Kinder, Kirche«. Doch die sich allmählich technisierende Küche war eine Begleiterscheinung der emanzipatorischen Evolution: »Bauknecht weiß, was Frauen wünschen.« Die Frauenbewegung wandte sich zwar gegen diesen Slogan, er würde das häusliche Gefängnis der Frau nur komfortabler machen, aber immerhin war es der technische Fortschritt, der den Frauen mehr Zeit schenkte.

Von all dem wusste ich wenig, wenn ich, selten, weil ich es mir nur selten leisten konnte, mit einem Mädchen, einer Kommilitonin, die ich damals »Fräulein« nannte, bevor wir uns, nach dem ersten Kuss, duzten, in einer Milchbar vor einem aufgeschäumten Milchgetränk saß. Tübingen hatte damals etwas über zweitausend Studenten, in erdrückender (vor allem sich selbst erdrückender) Mehrheit waren das männliche Studenten, die selbst dann wenig von ihrer »Studentenbude« hatten, wenn sie »sturmfrei« war. Die »Wirtinnen«, die übrigens ungern an Studentinnen vermieteten – »die hängen ihre Nylons immer zum Trocknen ins Bad« –, wussten alle, dass es den »Kuppelei-Paragraphen« gab. Der verbot Gelderwerb durch das Ermöglichen der »Unzucht unter Unverheirateten«, und die Vermieter von Hotels und Wohnungen befürchteten, dass ihnen wegen der Begünstigung des Beischlafs ihrer Untermieter und Untermieterinnen mit dem Kuppelei-Paragraphen ein Strick gedreht werden« könnte.

Kinder, Küche, Kirche – die Macht der Kirche bekam selbst der zu spüren, der sich unabhängig von religiösen Bindungen wähnte.

Die freien, ungezwungenen Gewohnheiten einer mobilen Gesellschaft, einer städtischen Jugend, die keineswegs mehr unter Kuratel gehalten werden konnte, stießen mit einer überholten Gesetzgebung zusammen. Der Ehebruch war noch ein Paragraph im Strafgesetzbuch, Homosexualität wurde noch strafrechtlich verfolgt, die Kinderverhütung fand noch ohne Antibabypille statt – die Hälfte der Kinder bringt der Storch, die andere Hälfte stammen von Knaus-Ogino, lautete ein Spruch, der sich auf die damals gängige Verhütungsmethode mittels der Temperaturmessung bezog.

Im Rückblick finde ich es schon komisch, dass ich damals bei Professor Kluckhohn das Drama des »Sturm und Drang« vom Ende des 18. Jahrhunderts studierte, den »Urfaust«, die »Kindsmörderin«, »Evchen Humbrecht oder ihr Mütter merkt's euch«, den »Hofmeister« vom Goethe-Freund Lenz mit seiner grässlichen Selbstkastrationspointe, und heute weiß, dass ich in meinem kopfschüttelnden Staunen über die sexuell so wenig gute alte Zeit nicht wusste, wie sehr ich noch in ihr lebte. »Abtreibung«, das war damals ein Verbrechen, das der Kindstötung des »Urfaust« noch ziemlich nahe stand. Ärzte, die sie vornahmen, lernte man, nach der Aburteilung, als Pharmavertreter kennen; Geschichten von »Engelmacherinnen« hörte man mit Schrecken und Schaudern; ebenso Geschichten von verzweifelten Mädchen, die zu heiße Bäder nahmen, sich mit Stricknadeln furchtbar traktieren ließen oder auf die abortierende Kraft von Kräutern, Glühwein und den Sprüngen von hohen Leitern hofften.

Ich hatte einen Freund, der zusammen mit seiner Freundin Medizin studierte, ich traf sie manchmal zum Mittagessen in der Mensa oder abends in einer Kneipe. Eines Abends kam er ohne sie, saß da, dumpf vor sich hinstarrend, vor seinem Wein-Viertele und gab mir auf die Frage, was denn passiert sei, die knappe Antwort: »'s isch ausbliebe.« Mit diesem Seufzer wurde damals der Keim für Ehen und Familien gelegt – in sämtlichen deutschen Mundarten.

Wenn ich an Lenzens »Hofmeister« denke, aus dem Brecht, wohl auch in Anlehnung an die Nöte seiner Augsburger Jugend, eine klassenkämpferische Version an seinem Berliner Ensemble am Schiffbauerdamm formte, so erinnere ich mich an die sechzehnjährige Schwester meines Nachhilfeschülers. Ich kam am Nachmittag zu dem Beamtensohn, um mit ihm Latein und Mathe zu pauken, wir saßen im Wohnzimmer, er mit dicker Brille vor seinen Heften, und dann kam wie zufällig seine Schwester herein, bückte sich mit ihrer hinreißenden Figur vor irgendeiner Kommode und mir Zwanzigjährigem brach der Schweiß aus. Natürlich war ich in Wahrheit weit von den Nöten des Hofmeisters entfernt – weit, aber nicht weit genug.

Tübingen war, wie gesagt, eine pietistische Alma Mater, die Mädchen waren für die Horden lediger junger Männer in schrecklicher Minderzahl, und in die Bänke der Hörsäle war, in tadellos fehlerfreiem Latein, in dem auf »ut« der richtige

Konjuktiv folgte, der Seufzer eingeschnitzt: »Raro modo accidit, ut studiosa pulchra sit«, was, einfach übersetzt, heißt, dass Studentinnen selten auch noch hübsch sind. In diesem Spruch, sicher von picklig hässlich linkischen Studenten in die Bank geschnitzt, spiegelte sich nicht nur die klassische Bildung damaliger Erstsemester (man musste das Große Latinum als Voraussetzung für die Zulassung zum Philologiestudium bestanden haben), sondern auch die noch in die fünfziger Jahre nachhallende Idee vom »Blaustrumpf« – eine Frau, die studiert, muss es »nötig haben«. Nötig haben hieß, weil man keinen Mann abbekommen hat, auf eigenen Beinen stehen zu müssen. Klar: Studieren machte damals noch kurzsichtig (wie Onanieren das Rückenmark beschädigte), und studierende Mädchen trugen also Brillen, hießen also »Brillenschlangen«, und es gab den Spruch: »Mein letzter Wille, eine Frau mit Brille.« Höhnisch wurde das Telegramm zitiert, das die Studentin am Ende ihres Studiums nach Hause schickt: »Studienziel erreicht, habe mich verlobt.« Allerdings hing, gewissermaßen als Pendant, ein Titelblatt (ich glaube von Th. Th. Heine) des »Simplicissimus« in einer Studentenkneipe. Darauf zwei Korpsstudenten mit Band, Mütze und zerhacktem Gesicht. Dazu die Überschrift »Studienziel erreicht«. Und der Text, den der eine zum anderen sagt: »Ich glaube, ich muss mein Studium beenden! Ich werde von nix mehr betrunken.«

Es waren andere Zeiten, wirklich! Mir fällt dazu eine Szene ein, die sich vor der neuen Aula in der marmornen Vorhalle des Auditorium Maximum abspielte – ungern erinnere ich mich, dass ich da, wenn die Suchtnot am größten war, heimlich eine Zigarettenkippe aufgehoben habe. Ich warte also frühmorgens vor dem Audimax, in dem der damals berühmte Erziehungswissenschaftler und Philosoph Eduard Spranger seine Vorlesung zum »Studium generale« hielt und Gott mit Kreisen und Pfeilen entweder als geometrisches Gebilde des Pantheismus oder als »Uhrmacher« des Deismus mit Kreide an die Tafel malte. Die Pfeile symbolisierten Gottes Macht, die

Kreise unsere Welt und, kleiner, uns Menschlein. Ich warte, es ist 8 Uhr, noch nicht 8'c. t., da höre ich zwei Studenten zu, die sich in aller Herrgottsfrühe darüber unterhalten, ob sie bereit wären, eines Tages eine Frau zu ehelichen, die nicht mehr »virgo intacta« wäre. Ich hörte dem zu, als ginge es in dem Gespräch nicht um Absurditäten, sondern um das Selbstverständlichste der Welt – dabei lag Tübingen nicht in Sizilien, wo nach der Brautnacht das blutende Bettlaken öffentlich als Beweis gezeigt wurde, dass die Frau erst in der Hochzeitsnacht ihre Unschuld verloren hat. Und das, obwohl ich längst nicht mehr nur »Evchen Humbrecht oder ihr Mütter merkt's euch« las oder Hebbels dumpfes »Maria Magdalene«-Drama (wo der edle Friedrich sagt, nachdem ihm Klara ihre »Schande« gestanden hat, mit einem anderen geschlafen zu haben: »Darüber kommt kein Mann hinweg«), sondern durchaus die Autoren des 20. Jahrhunderts.

Wie ich rückblickend weiß, bahnte sich damals unter der scheinbar starren Kruste der Tradition, die versuchte, wieder Ordnung in das gerade erlebte Chaos zu bringen, das Grauen der Gesetzlosigkeit zu bannen, die große Veränderung an, die sexuelle Revolution begann. 1959 wurde die Antibabypille erfunden und begann ihren Siegeszug um die Welt; das Scheidungsrecht wurde nach und nach entkriminalisiert, der Kampf gegen den Paragraphen 218 begann. Bald darauf erschien auch in Deutschland der Kinsey-Report – über den sich die öffentliche Moral und veröffentlichte Meinung zur Abwehr lustig machte –, dessen emanzipatorische Folgen für die Sexualaufklärung aber nicht hoch genug einzuschätzen sind. Waren es bisher nur die Kunst und Literatur, die Psychoanalyse und Tiefenpsychologie, Karl Kraus und Schnitzler, Proust und Oscar Wilde, die dem Einzelnen in seiner Entwicklung halfen, indem sie ihn nicht allein ließen, also Solidarität in den Erfahrungen der Triebunterdrückung stifteten, so gab es jetzt den sozusagen statistischen Beweis für Triebunterdrückung und Doppelmoral. Und mindestens so wichtig in dem Zusammenhang wurde die Verfügbarkeit des Penicillins. Sexualität stand auf einmal nicht mehr unter dem Strafgericht der angedrohten Geschlechtskrankheiten.

Überhaupt schien die Menschheit einer gesunden, von allen Krankheiten nach und nach befreiten Zukunft entgegenzugehen. Diesen Optimismus hat, was die Sexualität betrifft, erst das Aids-Virus wieder vernichtet. Vorher wähnte man sich vor derartigen Gefahren sicher – weder unerwünschte Kinder noch tödliche Geschlechtskrankheiten bedrohten die Liebe. Das Glück freier, gleichberechtigter Menschen war nahe, Lust nicht mehr unmoralisch. Hygiene und Medizin schienen eine neue hedonistische Gesellschaft zu garantieren. Deren neue Schrecken, Schmerzen und Abgründe hatte sie noch nicht erfahren, noch nicht durchlebt, sie waren unentdeckt, unbekannt. In den nächsten Jahren schien es, als bräche die Stimmung eines ewigen Karnevals aus.

In Tübingen war von diesem mählichen Umschwung von der Nachkriegsgesellschaft zur Lust- und Spaßgesellschaft allerdings weniger zu merken als in norddeutschen Großstädten, zu sehr beugte sich die pietistische Kleinstadt in die verbuckelte Enge ihrer steilen Gassen wie in das Korsett einer Tradition zurück.

Für Techniken der Sexualität gab es kein Vokabular unter Liebespaaren, es herrschte Sprach- und Ratlosigkeit, die sich in Witzen über die Hochzeitsnächte junger Theologen niederschlug. So erzählt die Braut eines Vikars nach der Hochzeitsnacht auf die Frage ihrer Mutter, ob denn nichts »passiert« sei und ob ihre Tochter »glücklich« sei: doch, doch, glücklich sei sie. Und ob etwas passiert sei? In der einen Version des Witzes habe der Vikar sie mitten in der Nacht unterm Kinn gekrault und dann stolz zu ihr gemeint: »Gell i bin ein Wilder!« Nach der anderen Version habe er wie wild ihren Körper untersucht, um dabei zu stammeln, dass sich doch nach Aussagen eines Freundes »hier irgendwo ein Loch befinden müsse«. Großes Gelächter beim Erzählen dieser Witze in Jungmännerrunden, bei denen alle so taten, als seien sie erfahrene Lebemänner, während ich im Rückblick annehme, dass die meisten einsame Onanisten waren. Unter Studenten kursierte der Spruch: »So leb denn wohl, mein einzig Lieb/Ich kehr zurück zum Handbetrieb.«

Ich kann mich im Übrigen nicht an ein einziges Gespräch auch mit meinen besten und engsten Freunden über die Selbstbefriedigung erinnern. Das hatte sicher keineswegs einen moralischen Grund, aber kein junger Mann, der auf sich hielt, hätte damals die Schwäche zugegeben, sich ohne Selbstbefriedigung nicht helfen zu können. Man musste ein Kerl sein, ein ganzer Kerl; und erst Jahre später hörte man im Kino Woody Allen sagen, Onanie sei Liebe mit einem Menschen, den man besonders gern habe. In der zotigen Version des Wilhelm-Busch-Alphabets hieß es: »Die Orgel durch die Kirche braust. Der Onanist tut's durch die Faust.« Und »Wichser« ist ja in der Tat bis heute noch nichts anderes als ein verächtliches Schimpfwort.

Aber wenn sich Studenten noch allen Ernstes darüber unterhielten, dass man nur ein »unbescholtenes Mädchen« heiraten könne – hieß das in sprachlicher Logik, dass der Beischlaf vor der Ehe Unehre bringen würde. Da herrschte in den Köpfen noch als wirres Konglomerat die Vorstellung, dass es anständige Frauen gäbe, die es vor der Ehe nicht täten, und die anderen waren die Huren, mochte sie Goethe im »Faust« noch so sehr verklären.

Wie die meisten Menschen (übrigens: aller Zeiten!) bin ich ins Leben getreten, soll ich sagen: gestolpert, ohne allzu viel von ihm zu wissen. Jedenfalls nicht genug. Ich hätte beispielsweise nie gewagt, mich einem Mädchen, das ich liebte (»Liebe« war eine Mischung aus meinem lyrischen Repertoire und dem Missverhältnis zwischen erotischer Phantasie und sexueller Praxis), mit einem Präservativ zu nähern, solch technisch prosaische Vorgehensweise schien mir unmöglich, der Angebeteten nicht zumutbar; hatte sie dagegen ganz »prosaisch« Vorsorge getroffen und zog mir das Präservativ über, dann bewunderte ich sie grenzen- und vorbehaltslos für ihre »Weltläufigkeit«, »Aufgeschlossenheit«, »Moderne«. Ich war ein spießiger Kleinstädter mit weltstädtischen Wünschen und Phantasien.

Mädchen, die sich schminkten oder die gar in der Öffentlichkeit rauchten und die noch dazu außerhalb der Öffentlichkeit ohne weiteres mit mir ins Bett gingen, das waren meist Ausländerinnen. Um in Tübingen die große weite Welt (der Stuyvesant) kennen zu lernen, ging ich in den Club, den der Asta für ausländische Studenten eingerichtet hatte. Hier rauchten die Studentinnen und schminkten sich und wenn ich Glück hatte, schliefen sie sogar mit mir. Sie waren aus der französischen Schweiz oder aus Schweden oder aus Amerika oder aus England – jedenfalls nicht aus Deutschland. Weltläufig waren Tübinger Studentinnen nur, wenn sie ein Semester im Ausland, gar in Lausanne oder Paris studiert hatten. »Nachher« waren sie nicht wieder zu erkennen, sogar gefärbte Haare hatten sie, wenn sie aus der weiten Welt (und das war das Ausland) zurückkamen. So habe ich Dorothea »vorher« und »nachher« erlebt und Susanne, die eine heiratete meinen Studienfreund Rolf Michaelis, die andere den zu meiner Bewunderung vorausstürmenden Kollegen Joachim Kaiser. Beide gingen als brave schwäbische Mädchen ins Ausland und kamen als brave schwäbische Mädchen zurück – nur dass sie inzwischen aufzutreten wussten, wie es die meisten Studentinnen erst später lernten. Mondän, weltläufig. Wenigstens a bissle.

Eine typische Tübinger Studentin trug damals ihr Haar weder blond gebleicht noch, wie später unter Studentinnen üblich, hennarot gefärbt, sondern als Knoten, »Glaubensfrucht« hieß dieser Haarkreisel im Nacken. Einer dieser »Kommilitoninnen« verdanke ich die etwas verstörende Einsicht, dass Partnerinnen für mich nicht nur Objekte der »reinen Liebe« waren und noch weniger Spekulationsobjekte der »wirtschaftlichen Überlegungen« (das hätte ja meiner kitschigen Idee der »Liebe um ihrer selbst willen« widersprochen), sondern dass ich Frauen auch dazu benutzte, natürlich ohne mir dessen bewusst zu sein, um mein durch den Flüchtlingsstatus und die wirtschaftlich schwache Situation angeknacktes Ego aufzupolieren. Um das zu erfahren, bedurfte ich einer Lektion, die mir ein Studienfreund aus Heilbronn erteilte, älter als ich, er hatte noch die letzten Kriegstage als Flakhelfer erlebt. Er ging mit einer Studentin, die klein war, mir nicht gefiel, schon wegen ihres pickligen Gesichts, und ihre Frisur hinten zu einem Glaubensknoten gebunden hatte. Nicht einmal Schwäbin war das Mädchen, sie sprach mit jenem norddeutschen Hohlklang, der hier in Tübingen heimatlos und hochgestochen klang – dass ihr Freund das nicht merkt, dachte ich, denn er sprach breitestes Schwäbisch und ich war päpstlicher als der Papst, in meinen Hör-Ansprüchen, schwäbischer als der schwäbischste Schwabe.

Der alljährliche Germanistenball stand bevor. Er sollte wieder im »Museum« stattfinden, das unten ein Kino, gelegentlich ein Gastspieltheater war und oben ein Restaurant, in dem ich mir bei besonderen Anlässen (wenn ich als Werkstudent in den Semesterferien im Bergbau in Gelsenkirchen, auf Dahlbusch, oder beim Daimler in Sindelfingen mit einigem Ersparten nach Tübingen zurückkam) »Russische Eier mit italienischem Salat« gönnte – der Inbegriff einer Köstlichkeit. – Neben dem Restaurant lagen noch Ballsäle.

Mein Freund Gerd aus Heilbronn also fragte mich, ob ich denn zum Germanistenball gehe. Ich bejahte. Allein?, fragte Gerd. Wieder sagte ich »Ja«. Ob ich denn dann seine Freundin mitnehmen könne, denn er sei leider verhindert, weil sein Vater in Heilbronn genau an dem Tag seinen Geburtstag feiere. Ich würde ihm einen großen Freundesdienst erweisen, denn seine Freundin habe sich den Ball so sehr gewünscht. Für mich gab es kein Entrinnen. Und noch heute erinnere ich mich mit aller schmerzenden Deutlichkeit, wie ich gelitten habe, als ich mit einer Partnerin und Tischdame auftreten musste, für die ich mich schämte, weil sie nicht meinen Geschmacks- und Imponiervorstellungen entsprach. Wie sehr hätte ich mir gewünscht, ihr ein Schild um den Hals hängen zu dürfen, auf dem zu lesen gewesen wäre, dass sie nicht zu mir gehörte, dass ich vielmehr als ihr Begleiter nur einen Freund verträte, der merkwürdigerweise und ausgerechnet – Geschmäcker sind verschieden – in diese Frau verliebt wäre. Schillers Ballade von der »Bürgschaft« kam mir in den Sinn: »Ich lasse den Freund dir als Bürgen/Ihn magst du, entrinn ich, erwürgen.«

Dies war ein – wie ich nachträglich weiß – dekuvrierendes Schlüsselerlebnis, ein Beweis für die Tatsache, dass ich immer noch ein äußerst fragiles Selbstwertgefühl hatte: Immer fürchtete ich, durch andere blamiert, bloßgestellt werden zu können. Siedend heiß fällt mir dazu meine Mutter ein. Wie sie vor fremden Leuten dem kleinen Jungen, der ich war, mit dem Taschentuch, das sie zu diesem Zweck bespuckt hatte, über den Mund fährt, um mich zu säubern. Ich wäre am liebsten im Boden versunken. Genauso wie auf dem Germanistenball, auf dem die Freundin meines Freundes nicht müde wurde, fröhlich und bestgelaunt mit mir zu tanzen. Ohne dabei ein Schild am Halsband zu tragen, auf dem zu lesen steht, dass sie nicht meine, sondern die Freundin eines Freundes ist. Damals las ich David Riesmans »Die Einsame Masse«. Dass ich ein »außengeleiteter Mensch« wäre, auch als Ballpartner, kam mir aber nicht in den Sinn.

Kannte ich damals schon die Heine-Zeilen:

> Blamier mich nicht, mein schönes Kind,
> Und grüß mich nicht Unter den Linden;
> Wenn wir nachher zu Hause sind
> Wird sich schon alles finden

Ich glaube nicht, dass ich sie schon kannte. Auch passt es weniger zu der eingebildeten Blamage des Tübinger Germanistenballs als zu vielen späteren, wenn ich die Lust der Nacht am helllichten Tag nicht mehr wahrhaben wollte. »Die trink ich mir schön!«, hieß eine sarkastische Redensart in Tübingen, wenn es in der Nacht immer enger wurde. In Tübingen? In den fünfziger Jahren?

Im Tübinger »Museum« habe ich damals übrigens Theatergastspiele gesehen, den »Hamlet« mit Oscar Werner werde ich nie vergessen, und Helmut Lohner, den ich nach der Vorstellung um ein Autogramm bat. Oder Werner Krauss in Priestleys »Schafft den Narren fort«, wo er, wenn ich mich recht erinnere, einen Bischof im lila Ornat spielte. Noch heute habe ich alle drei bildhaft bewegt vor Augen.

Die intakte deutsche Provinz, ob Göttingen, ob Tübingen, ob Celle, in ihr überlebte in diesen Jahren auch das deutsche Theater. Dann, in Stuttgart, in der »kleinen Königstraße« (das »richtige« Theater war zerbombt) sah ich Noeltes Inszenierung der »Kassette« von Sternheim. Eine grandiose Abrechnung Sternheims mit dem wilhelminischen Spießer – und zwar mit dem, der noch in den fünfziger Jahren fortzuleben schien. Ich beschaffte mir alle Stücke von Sternheim (der damals noch nicht in einer Stück-Ausgabe verlegt war) und schrieb eine Monographie über ihn – mein erstes Buch.

Ich habe einige Zeit später Rudolf Noelte als Regisseur ans Stuttgarter Staatsschauspiel geholt, 1963. Er inszenierte den »Snob«. Um ihn für eine Inszenierung zu gewinnen, musste man seine Arbeit lieben – denn er forderte von seinen Dramaturgen ein gehöriges Maß an Geduld und Verständnis. Ich liebte und bewunderte seine Arbeit, die sperrig und fremd in ihrer Menschenkenntnis und poetischen Akkuratesse im herrschenden Trend wirkte, aber gleichzeitig wie ein seltener, schön leuchtender Edelstein. Dabei war, seltsam genug, die Genialität dieser Theaterarbeit aus ihrer Ängstlichkeit geboren. Noelte war den Stücken gegenüber von einer schier wortklauberischen Treue. Ich bin stolz darauf, dass ich ein Jahr später die Widerstandskraft und Geduld aufbrachte, ihn bis zum Probenende und zur Premiere von Tschechows »Drei Schwestern« in Stuttgart zu halten. Mehrmals während der Proben drohte er abzureisen, einmal tat er es wirklich. Wegen eines in seinen Augen schlampig gefertigten Bühnenbildes. Ich bat den Intendanten Schäfer, ihm nachreisen, ihn zurückholen zu dürfen. Das Ergebnis war sicher eine Epoche machende Tschechow-Inszenierung, der Beginn einer Renaissance.

Frauen

Kurt, einen meiner besten Freunde während der Studienjahre, habe ich im Flüchtlingslager in Berlin-Frohnau kennen gelernt und dann in Tübingen wieder getroffen. Er studierte Jura, war ein höflicher Mann mit betont bürgerlichen Manieren, geborener Ostpreuße, klein, freundlich, spießig aussehend, immer mit Krawatte und wesentlich älter als ich, nämlich damals bereits Mitte dreißig. Bevor er in den Westen flüchtete, war er Volksrichter in Mecklenburg gewesen und wollte sich als Jurist jetzt im Westen »ehrlich machen«, das heißt, die Willkür volksdemokratischer Klassenjustiz durch die Finten und Finessen eines rechtsstaatlichen Systems ersetzen. In den ersten Semestern wusste er unendlich viel mehr als seine viel jüngeren Kommilitonen, was ihm später zum Verhängnis wurde, denn wegen seines Wissensvorsprungs begann er sein Studium zu vertrödeln, vor allem mit stundenlangem Schachspiel in den Studenten-Cafés, und irgendwann kriegte er die Kurve nicht mehr, das heißt, er schaffte es nicht auf den zum sturen Pauken nötigen Fleiß umzuschalten, er war in Bequemlichkeit erstarrt, so dass es nichts mit einer großen Karriere als Richter, Staatsanwalt oder Rechtsanwalt wurde. Vielleicht stand ihm letzten Endes doch seine DDR-Vergangenheit im Wege, jedenfalls übernahm er später irgendeinen Verwaltungsposten bei einer Wohnungsbaugesellschaft.

In Tübingen, in den Jahren, in denen er noch auf eine juristische Zukunft hoffte, richtete er sich eine Mansardenwohnung ein mit der erbarmungslos überkommenen Gemütlichkeit aus schwellenden Kissen, Südweinkaraffen, Kaffeetassen und Kuchengabeln, kerzenübertropften Chiantiflaschen und Salzstangenhaltern aus Messing. Sein Geschmack war eben noch der Nischengeschmack der DDR, der sich wiederum an dem Nischengeschmack mit Spitzendeckchen und Tropfenfängern, Zierpflanzen und geblümten Kissen des Kleinbürgers aus der Nazizeit orientierte, der sich wiederum … und so weiter bis zur Plüsch- und Steinzeit. Obwohl wir gut befreundet waren, hätten wir verschiedener nicht sein können: Er hatte »Hörzu« abonniert (die heile Mecki-Welt mit Ratschlägen für den Blumenfreund, Tipps gegen hartnäckige Flecken und Reproduktionen klassischer Bilder mit zehn Fehlern, durch die man das Original von der Fälschung unterscheiden sollte), ich las den »Spiegel« und begeisterte mich für Peter Rühmkorf; er konnte Kafka nicht lesen (ein »schreckliches Juristen-Deutsch«, wie er fand), hatte stattdessen Rabindranath Tagores blumige Lebensweisheiten in eine Art Poesiealbum exzerpiert. Von Tucholsky liebte er ausgerechnet das Liebeskauderwelsch von »Rheinsberg« und, natürlich, Saint-Exupérys »Kleinen Prinzen«, der mir eher ein Graus war und den ich Mädchen nur aus »niederen Beweggründen«, um sie weich, schmiegsam und gefügig zu machen, vorlas. Mit tiefem Blick in die Augen. »Man denkt nur mit dem Herzen« – oder so ähnlich. Was Hesse anbetraf, war er für »Narziss und Goldmund«, ein Buch, das ich süßlichkitschig fand – später lieferte mir Karlheinz Deschner in »Kitsch, Konvention und Kunst« die Argumente, polemische: Benn, Peng!, Gottfried Benn, das war's! Mit Wonne zitierte ich: »Es hat sich allmählich herumgesprochen, dass das Gegenteil von Kunst nicht Natur ist, sondern gut gemeint.« Peng! Das saß, Nix Tagore, nix »Narziß und Goldmund«. Von Hesse liebten wir Beißner-Schüler bestenfalls den »Steppenwolf«, obwohl ich zugeben muss, dass ich für das »Glasperlenspiel« damals auch vorübergehend schwärmte.

Der tiefere Sinn unserer Freundschaft, die für mich als Acht-

zehnjährigen begann und bis 1958 dauerte und auf den achtzehn Jahren Altersunterschied, besser gesagt: Lebenserfahrung
beruhte, waren die Mädchen, die Frauen. Kurt erlaubte mir,
meine jeweilige Angeschwärmte mit zu ihm zu bringen, denn
ich hatte keine »sturmfreie Bude«, und bei ihm war es gemüt-
lich, wir konnten Tee mit abgespreiztem Finger trinken und
uns in einer Stimmung wie in übersüßem Likör wohl fühlen.
Leider war er den meisten Mädchen, die ich mitbrachte, zu alt
und zu altmodisch: Elfie von K. zum Beispiel, die ich auf dem
Tübinger Bahnhof kennen gelernt hatte, als sie Becketts »Warten auf Godot« erwartungsfroh und aufreizend in der Hand
hielt, um dann auch gleich mit mir darüber zu sprechen. Godot, damals 1953 der letzte Schrei, in aller Munde, auch bei
jenen, die nur den Titel kannten und sich ihren fröhlich-nihilis-
tischen Reim darauf machten – später auch gegen Brecht. Sie
war mit Tagore nicht zu beeindrucken, fand Kurt aber »nett«,
wenn auch »viel zu alt« mit seiner seltsamen Höflichkeit aus
abgespreiztem Finger und tiefer Verbeugung, manchmal auch
mit Handkuss bei Willkommen und Abschied. Trotzdem ist
sie, die ich später als ZDF-Ansagerin wieder sah, mit mir und
Kurt bei Mondschein zur Wurmlinger Kapelle marschiert, in
einer lauen Sommernacht, wo Tübinger Studenten wegen des
Uhland-Gedichts (»Droben stehet die Kapelle«) romantische
Nachtausflüge unternahmen, als lebten wir im 19. Jahrhundert. Und später hat sie mir gestanden, wie schön dieser Spaziergang hätte gewesen sein können, wenn, ja wenn der alte
Kurt nicht dabei gewesen wäre. Und ich hatte auf ihn so große
Stücke gesetzt.

Kurt mit seinem Kavaliersgehabe hätte am liebsten Pfänder-
spiele mit den jungen Mädchen gespielt – andererseits kannte
er das Leben als Volksrichter, wo es um Betrug und Ehebruch,
kurz um all das gegangen war, was damals »Unzucht« hieß.

Eines Tages zeigte er mir leicht weichgezeichnete schwarz-
weiße Aktaufnahmen von der Frau eines Staatsanwalts, die
ihn ab und zu als heimliche Geliebte besuchte. Sie, die Frau,

kam mir damals mit ihrem weiß schimmernden Körper auf den matten Bildern sehr begehrenswert vor, schon allein wegen der »verbotenen Situation«, an der ich als Voyeur teilhatte. Einmal hatte ich sie von weitem mit ihrem Mann gesehen – Kurt hatte sie mir, indem er mich in die Seite stupste, gezeigt. Und ich verstand nicht, dass eine Frau, die des Nachts mit ihrem schönen Körper auf Kurts Sofa lag, mit einem so hässlichen Mann verheiratet sein konnte. Andererseits war Kurt, der mit seinen siebenunddreißig oder achtunddreißig Jahren damals für mich schon ziemlich verbraucht und abgenützt aussah, auch nicht das, wonach ein weißer Leib einer voll erblühten Frau sich unbedingt sehnt und verzehrt, nach meiner Vorstellung. Und das um den Preis höchster Gefahr!

Nein, damals »verstand« ich wirklich nichts von Frauen, von Beziehungen, obwohl ich doch so viel gelesen hatte. Das war ja auch mehr als zehn Jahre vor der Zeit, da Luis Buñuel mit der makellos schönen Cathérine Deneuve sein Meisterwerk »Belle de jour« drehte, einen meiner liebsten Filme. Buñuel zeigte eine Moral, die noch intakt ist, gerade weil sie schon so brüchig ist und nur existiert, weil es Tag und Nacht gibt. Die weißen und die schwarzen Schwäne, Odile und Odette. Und dass sie in Wahrheit ein und dieselbe sind. Im übrigen sah die Frau Staatsanwalt bei helltrübem Tageslicht – es war wohl ein matschiger Novembertag – nicht so aus, dass ich unbedingt hingesehen hätte zu ihr, hätte mich mein Freund nicht mit einem stolzen »Psst-Psst« angestoßen: »Die da, die da, die ist es!« Auch Hebbels »Gyges und sein Ring« kannte ich damals noch nicht.

Für mich und meine gleichaltrigen Freunde waren Frauen damals das Unbekannteste, was es auf der Welt gibt, und wir machten uns nur durch unsere Projektionen mit ihnen vertraut. »Die wollen doch immer nur das eine«, dachten wir manchmal, und dann nannten wir sie, zumindest in Gedanken, mit wegwerfendem Neid und verachtungsvoller Bewunderung »Weiber«. Der Singular »Weib« war aus der Mode, existierte aber noch als Fin-de-Siècle-Traum, die »Psychologie des Weibes« hieß. Deren Erklärungsmodell, dieses »Weib« räkelte sich wollüstig auf einer ägyptischen Chaiselongue, stammte aus der ägyptologischen Ableitung des Jugendstils und war von viel Gold, viel Ornamenten, viel Hieroglyphen umrahmt.

Wir unterschieden zwischen der weißen Muttergestalt, der gütigen Krankenschwester, die sich zu uns herabbeugt und die kühlende Hand auf unsere glühende Stirne legt, und der unersättlichen Hure, deren feuchter Schoß uns verschlingt wie ein Höllenschlund. »Frauen brauchen das nicht, sie sind anders«, seufzten wir und stilisierten Mädchen zu Madonnen. »Frauen können immer, die sind unersättlich, nicht zu stillen«, phantasierten wir auf der anderen Seite. Das Banale konnten und wollten wir uns nicht vorstellen – Frauen taugten nicht für das Mittelmaß, zu dem wir gehörten. Erst bei der Lektüre von Wedekinds »Lulu«, die die »Büchse der Pandora« öffnet, bin ich diesen unseren jugendlichen Phantasien wieder begegnet.

Hätte ich, beim gemeinsamen Essen mit einem dieser schönen, zarten, unendlich begehrenswerten Geschöpfe, je daran gedacht, wärend sie ins blutige Rindersteak schnitten, dass sie es waren, die uns zu Jägern und Schlächtern machten, nur um sie zu ernähren? Oder hätte ich mir vorgestellt, dass die Schöne, von mir Geliebte, die mir gegenübersitzt, mit der Gabel ihr Essen in zierlichen Happen in den rosigen Mund und Schlund schiebt, dieses Essen genauso verdauen und in der peristalischen Bewegung verarbeiten wird wie ich, nämlich zu Scheiße? Nie, nie und nimmer!

Milan Kundera hat in seinem Meisterwerk aus Leichtigkeit und Tiefsinn, Zartheit und Zynismus, dem Roman über die Tschechen nach dem Prager Frühling »Die unerträgliche Leichtigkeit des Seins«, einen sehr gescheiten Essay über die Scheiße eingefügt, dessen These darin gipfelt, dass Kitsch immer das Verdrängen, das Verschweigen, das Ausblenden des Teils unserer Natur ist, die unentwegt Exkremente produziert. Kundera hat den politischen Kitsch im Auge, der alles Hässliche, Niedrige, Schmutzige zugunsten des Heilen ausblendet. Man kann das aber auch ohne weiteres auf die Liebe beziehen, auf die Sexualität und die Erotik. Auch sie braucht den Kitsch, der alles Niedrige, Übelriechende, Verdaute, Ausgeschiedene tabuisiert, ins Dunkle wegdrängt.

Nun waren die fünfziger Jahre eine Zeit, die versuchte, alles Schmutzige zu verdrängen – bösartig könnte man sagen: Der Schmutz wurde unter den Teppich gekehrt, gutwillig: Der Siegeszug der Hygiene nahm seinen Anfang.

Meine Begegnung mit Ann, einer amerikanischen Studentin aus einem katholischen College, die Mitte der fünfziger Jahre nach Tübingen kam, hat auf kuriose Art mit diesem Thema zu tun. Sie war Fulbright-Stipendiatin, ich hatte sie als Tutor in einem Vorbereitungskurs in Bad Godesberg betreut. In Tübingen wohnte sie in einer Villa bei einer Professorenfamilie, deren Sohn zum Austausch bei Anns Familie in Ohio lebte und dort studierte. Ann war kein schönes, aber ein hübsches, lebenslustiges Mädchen, platinblond gefärbte Haare, hinten so locker zusammengebunden, dass ihr einzelne Strähnen ins Gesicht hingen und ihr etwas Draufgängerisches gaben. Sie hatte mich, nach einem Abend mit der Gruppe ihrer amerikanischen Freunde, verschwörerisch für den Sonntag zum Tee in die Villa eingeladen, sie sei an diesem Wochenende allein. Ich begegnete damals erstmals der outrierten Fröhlichkeit von amerikanischen Mädchen. Dass sie ständig flirtete, war ihr zur zweiten Natur geworden.

Nach Ihrer geraunten Einladung kam ich entsprechend aufgeregt bei ihr an, klingelte, sie ließ mich ein, lächelte verführerisch, wie sie es im Kino gelernt hatte, führte mich in ihr Zimmer, der Tee war schon vorbereitet, da meldete sich meine aufgeregte Blase. »Wo kann ich …«, stotterte ich, »Hände waschen?« Ann wies mir den Weg zum Bad. Es war ein freundliches helles Bad an einem hellen freundlichen Nachmittag. Ich pinkelte, im Stehen, etwas anderes war noch nicht gefordert, damals, auch nicht von einer jungen Amerikanerin, dann spülte ich. Zu meinem Entsetzen war die Toilette verstopft, ich spülte noch einmal. Doch statt abzufließen, kamen Exkremente, Papier hoch, füllten die Kloschüssel bis zum Rand. Ich starrte verzweifelt auf diese Kloake in dem hellen freundlichen Raum – aus einer sturmfreien Bude war eine scheußliche Falle geworden. Schließlich habe ich in meiner Verzweiflung Jacke und Hemd ausgezogen und mit dem nackten Arm die Verstopfung beseitigt. Es war ekelerregend, aber ich habe es geschafft. Danach habe ich mich gewaschen, immer und immer wieder.

Das war mein Eintritt ins und mein erster, erfolgreicher, Kampf mit dem hygienischen Zeitalter, ein Pyrrhus-Sieg. Ich habe Ann meinen heimlichen Kampf gegen ihre Scheiße nie verziehen. Als wir Wochen später Thanksgiving mit der Fulbright-Gruppe feierten, mit Kastenbier im Garten des Amerika-Hauses, hatte Ann andere junge Männer im Auge, die sie mit ihrer Gunst überschüttete; mich vernachlässigte sie. Nach jedem gescheiterten Versuch, ihre Aufmerksamkeit zurückzuerobern, griff ich zu einer neuen Bierflasche. Schließlich war ich so verzweifelt betrunken, dass mich zwei hilfreiche Studenten aus New York, mit denen ich das Kafka-Seminar bei Beißner teilte, vorsichtig beruhigten und wegbrachten. Ich könne Frauen nicht verstehen, ich könne Ann nicht verstehen, lallte ich. Mein kluger New Yorker Freund Isaac sagte, er könne verstehen, dass ich Ann nicht verstehe. Und dann versuchte er sie mir zu erklären. Leider habe ich die Erklärung mit meinem berauschten Kopf nicht verstanden.

Später, viel später habe ich den Nestroy-Satz (oder ist er von Gide) liebgewonnen, den von den Frauen.

> Die Frauen haben's gut
> Sie rauchen nicht.
> Sie trinken nicht.
> Und Frauen sind sie selber

Theoretisch wusste ich schon vorher alles, sogar auf Mittel-
hochdeutsch. Von hoher Minne, von niedriger Minne. Nur
Kunderas Versuch über die Scheiße, den kannte ich noch nicht.

Fotos

Erinnerungen, Fotografien – ich helfe mir mit einer Analogie.
Es gibt Menschen, die ihre Fotos von Kindstaufen, Kommunio-
nen, Konfirmationen (Jugendweihen kommen in meinem Er-
innerungsrepertoire nicht vor), von Hochzeiten, Ferienreisen,
Betriebsfeiern, von Weihnachten und Ostern in Schuhkartons
werfen – in der Hoffnung, eines Tages würde Zeit sein, sie zu
ordnen. Die Zeit kommt nie und so liegen die Fotos, abgelich-
tete Erinnerungen, um mit einer Redensart aus der Bauernwelt
zu sprechen, durcheinander »wie Kraut und Rüben«. Manchen Schnappschüssen des Gedächtnisses geht es ebenso.

Andere ordnen die Fotos sofort, wie eine erjagte Beute, die
als Fell vors Bett gelegt oder als Geweih an die Wand genagelt
wird, kleben sie nach der Taufe, der Geburtstagsfeier in Alben
ein, schreiben sinnige und unsinnige Bemerkungen dazu. Sie
gleichen Schmetterlingssammlern, die sorgfältig darauf achten,
dass der feine Staub auf den Flügeln konserviert wird. In Menschen, die Fotoalben füllen (meine Frau tut dies), mischt sich Fa-
miliensinn, die Sucht und Sehnsucht, in einer Welt zentrifugaler
Flüchtigkeit Tradition zu stiften, mit einer gewissen Nekrophi-
lie. Niemand wirft hier etwas durcheinander wie »Kraut und
Rüben«. Natürlich, und das ist das Nekrophile an gesammelten Bildern wie an Erinnerungen, sie lassen nicht nur Totes und
Tote vor unserem Gedächtnis auferstehen, sondern auch die
eigenen abgestorbenen Teile, die sich im Lauf der Jahre abge-
schorft und abgerieben haben; so betrachtet man auch die eigenen Fotos wie die eines Toten, fast Unbekannten. Dafür kann
ich einen geradezu »naturwissenschaftlichen Beweis« liefern:

Marcel Prousts »Auf der Suche nach der verlorenen Zeit« habe ich in der von 1961 an erscheinenden Werkausgabe zum ersten Mal gelesen – ich begann damit in einem Sommer, in dem mich meine erste Frau, direkt nach der Scheidung, zusammen mit meinem Sohn Daniel nach Cáracas verlassen hatte. Ich war Dramaturg in Stuttgart, und ich bilde mir ein, mich an meine Stimmungs- und Gemütslage noch genau zu erinnern: Vor mir grell orangefarbene Vorhänge in einem leeren Kinderzimmer, in mir eine Mischung aus Verzweiflung, Erleichterung und Trauer. Die wieder gewonnene Freiheit – und Freiheit war für mich im Westen zumeist sexuelle Freiheit – war erkauft mit Verlustängsten und Verlassenheitsgefühlen, erotischen Wilderergefühlen und narzisstischen Kränkungen. Vor allem mein Sohn fehlte mir, klein und in meinen Augen »entführt« nach Venezuela, er würde in einer anderen Sprache, in einer anderen Welt, auf einem anderen Kontinent, der für meine Verhältnisse unerreichbar war, leben.

Ich las »In Swanns Welt«, »Im Schatten junger Mädchenblüte«, »Die Welt der Guermantes« und unterstrich wie trunken von den schön verschachtelten Gedanken Prousts, der in die Hirnschalen der Betrogenen, der Verlassenen, der Eifersüchtigen, der Liebenden eingedrungen war, mit dem Bleistift Sätze. Doch wenn ich die inzwischen zerfledderten Bände Jahre, ja Jahrzehnte später wieder zur Hand nahm, konnte ich nicht verstehen, warum ich gerade diesen Satz, diesen Gedanken unterstrichen hatte. Es war, als hätte sich die Emphase eines anderen in diesen Unterstreichungen manifestiert.

So ist das mit dem Erinnern, wenn man es überprüft, überprüfen kann. Während ich das schreibe, schon vier Jahre in einem neuen Jahrtausend lebend, wird der Fahrstuhl in dem Haus, in dem ich wohne, erneuert. Und die Arbeiter schleppen auf einmal Kisten mit Eisengewichten ins Haus, die man offenbar dazu braucht. Gewichte aus schwarzem Eisen! Wie lange waren die aus meinem Gedächtnis gelöscht. Mit großen Gewichten waren Kohlen, waren Kartoffeln ausgewogen worden, mit kleinen Messinggewichten, Zucker und Mehl, Salz und Zwiebeln und Tee. Und während die Arbeiter die Riesengewichte zum Fahrstuhlschacht tragen, fällt mir Joseph Roths »Falsches Gewicht« ein, und der Fernsehfilm mit Helmut Qualtinger, der einen Eichmeister im fernen Galizien spielte, und dass die Waage, die bei uns im Bad steht, ohne weiteres und ohne Eichmeister bei dem »falschen Gewicht«, das nach Diät schreit, Fettgewicht vom Knochengewicht trennen kann, dank digitaler Technik. Wie gesagt, Kraut und Rüben ...

Fotos, die wir heute machen, brauchen auch, dank digitaler Technik, keine Filme mehr, Kodak, ein versinkendes Wirtschaftsimperium aus dem letzten Jahrtausend, das noch keine Pixel kannte. Aber alte Fotos habe ich mitgenommen, als ich 1969 von Stuttgart nach Hamburg zog, von Süddeutschland nach Norddeutschland, weg aus der Bleyle-Welt und weg aus der Salamander-Welt, hinein in die Welt der Nivea-Creme und der blauen Marine-Blazer mit den Goldknöpfen. Da überließ ich Theater-Programmhefte im Zentnergewicht dem Müll, alle von Vorstellungen, die ich gesehen hatte; manche hatte ich »gemacht« (gestaltet, wie man sagte), das war damals meine Hauptarbeit, die Hauptarbeit eines Dramaturgen. Die anderen hatte ich sozusagen benutzt, das war eine wichtige Informationsquelle für mich als Kritiker. Die beiden Berufe hielten sich in meinen Stuttgarter Jahren die Waage.

Auf dem Müll landeten auch, leider, alle Briefe mit rosa und schwarzen Schleifchen und, glücklicherweise, alle Gedichte, die ich, wie jeder Pubertierende, geschrieben hatte. Manche Zeilen kann ich noch: Ich bin bei Nacht / wenn ferne Züge Abschied singen / Wenn schwarze Schleier über allen Dingen / um dich erwacht« ... Und in umarmendem Reim auf die zweite Strophe, die beginnt »Gib acht! Ob du mich hörst ...« Genug! Wohltätig hat der Müll die Zeilen verschluckt.

Der Müll der sechziger Jahre, auf dem damals nicht nur die Nierentische, Tütenlampen, »Schneewittchen-Särge« (Braun-

Radio plus Plattenspieler), die spitzen Vasen und die Schuhe mit den spitzen Pfennig-Absätzen landeten, zeigte, dass wir uns radikal erneuern wollten, weg mit dem Alten. Ich war von der mobilen Gesellschaft begeistert, der ich den bitteren Spruch des Rittmeisters aus Strindbergs Ehe-Hölle anfügen konnte, »Durchstreichen und Weitergehen.«

Das Gedicht, das damals auch auf dem Müll landete und in dem »bei Nacht, wo ich erwacht« »ferne Züge Abschied singen«, galt Hanne, einer Medizinstudentin aus Tübingen. Jahrzehnte später, also vor rund fünfundzwanzig Jahren, rief sie mich in Hamburg an. Sie führte eine Geburtsklinik, war Anästhesistin, war verwitwet, hatte zwei Kinder und erzählte mir, dass sie ab und zu nach Hamburg in die Oper fahre und ob wir uns nicht sehen könnten. Und dann sagte sie, eher en passant, sie habe noch alle meine Briefe. Als ich das hörte (»wenn ferne Züge Abschied singen«), wurde es mir eng um den Hals, ich musste beim Telefonieren den Hemdkragen öffnen, ich schwitzte. Und während Hanne weitersprach, malte ich mir aus, wie ihre damals noch kleinen Kinder meine Briefe von ihrem Dachboden (von dem hatte sie gesprochen) klauten, um Postbote bei ihren Nachbarn zu spielen (»... bei Nacht/um dich erwacht«). Postbotenspiele konnte ich damals nur leiden, wenn sie von Charles Bukowski waren.

1995 habe ich in »Go West« die Tübinger Zeit mit Hanne, die wie alle jungen Lieben schmerzlich, also glücklich endete – die Trennung, so lernt man später, ist die wahrhaft glückliche Lösung einer Beziehung, bis man, noch später, auch das mit Fug wieder verlernt –, als einen Erinnerungsfilm beschrieben, auch das ist schon wieder fast zehn Jahre her und selbst längst ins Erinnerungsalbum abgelegt. Es ist eine Erinnerung in Fotos, aber schon damals liefen Erinnerungen »wie im Film« ab. Wie hat man sich eigentlich erinnert, bevor es Fotoapparate, geschweige denn Filmkameras gab?

Hanne war damals schon auf dem Wege, sich von mir zu lösen, da ihre Eltern, beides Ärzte, sie lieber auf den Bällen der

Studenten schlagender Verbindungen tanzen sahen, wo ihr Vater »alter Herr« war. Und für ihre Trennung lieferte ich ihr, neben miserablen Box-Fotos, die ich von ihr gemacht hatte (sie sah auf ihnen wie ein Gespenst ihrer selbst aus), den Vorwand, den »Grund«: Ich hatte einen Freund, der in Anglistik promovierte, über den »Stream of consciousness« bei Henry James. Er hatte ein Jahr (als Fulbright-Stipendiat) in den USA studiert, und der Bewusstseinsstrom bei Henry James war das Tollste, was man aus Amerika mitbringen konnte. Er hatte eine Freundin, die auch Medizin studierte, Inge. Inge war eine mondäne Frau, keines dieser kleinen Mädchen. Sie kam aus Hannover, hatte kurzes, welliges Haar, schminkte sich und lackierte sich die Fingernägel. In diskretem hellem Lack. Sie sprach auch noch Hochdeutsch.

Zu Christi Himmelfahrt, bei strahlendem Wetter, kam ihre jüngere Schwester zu Besuch. Inge stand mitten im Examen, paukte Tag und Nacht, ihr Freund, mein Freund, saß mit breiten Beinen und hochgeschobenen Knien (er war sehr groß) an der Schreibmaschine, paffte kleine, energische Tabakswolken aus einer kurzen Pfeife und hämmerte in Intervallen den Bewusstseinsstrom des Henry James in die flache Schreibmaschine: Er dissertierte, während fast alle anderen in die kurzen Ferien desertiert waren. Tübingen war leer von jungen Menschen, Tübingen war glühend heiß.

Ich hatte nicht so viel zu tun, und so baten mich die beiden, vielleicht auch, weil sie mir eine kleine Freude machen wollten, mich um ihre Schwester zu kümmern. Vielleicht könne ich sie ins Schwimmbad führen. Sie wussten, dass Hanne über die Feiertage bei ihren Eltern in Bad Rappenau war, sie wussten, dass ich nicht zu meinen Eltern in die Zone konnte, und sie wussten auch, dass ich kein Geld für eine Ausflugsreise hätte. Also sagte ich froh und unschuldig zu.

Dann kam die »kleine« Schwester. Sie war einen Kopf größer als ihre größere Schwester und trug Schuhe mit so hohen Pfennigabsätzen, dass sie zwei Köpfe größer war. In der Hand hielt sie einen weißlackierten oder rotlackierten Kosmetik-koffer, ihr Haar war hellrot gefärbt und toupiert, so dass man Angst hatte, hineinzufassen, nicht nur wegen des Unmuts, den das bei der Trägerin hervorgerufen hätte, sondern auch, weil das Haar den Eindruck von Stahlwolle machte. Sie hatte lange, ochsenblutrot lackierte Fingernägel.

Als wir ins Tübinger Freibad kamen und uns nach dem Umziehen wieder trafen, sah ich, dass sie auch ochsenblutrote Zehennägel hatte. Und einen Bikini! – noch dazu einen geti-gerten oder leopardisierten. Als sie mit trägen Schritten über die Wiese ging, durchschritt sie ein Spalier von Menschen, die sie ungläubig ansahen. Die verderbte Welt schien ins pietisti-sche Tübingen eingebrochen.

Das Wasser war nichts für sie, dafür badete sie mit bleicher Haut auf einem schmalen Handtuch in der Sonne, und ich zeigte ihr ein paar Kopfsprünge, Imponiergehabe. Wir unter-hielten uns. Sie war eine unschuldige, unbedarfte Seele, ein kleines, artikulationsschwaches Mädchen, das für die Tübinger Provinz aussah wie ein Vamp. Ich brachte sie zu ihrer Schwes-ter, sie fuhr wieder in den Norden.

Als Hanne wieder kam, sagte sie mir, es sei aus. Eine ihrer Studienfreundinnen hatte mich mit dem Bikini-Tiger im Bad gesehen. Ob ich mich nicht schäme, mit einem solchen Mäd-chen herumzulaufen. Ich hatte Hanne in Gedanken, in Wor-ten und in Taten »mein Reh« genannt oder »mein Rehlein«. Nicht sehr geistreich, aber ganz im Geiste der Zeit. Oder auch »mein Fohlen«. Weil sie ein wenig staksig ging und ein biss-chen auch »über den Onkel«, wenn sie vom Fahrrad stieg.

Sie nannte mich …, nein, wie sie mich genannt hat, das habe ich wirklich vergessen. Ach, wir liebten damals die Rehe und Fohlen und nur ganz heimlich in den schwülen Träumen be-gehrten wir die Tiger, Leoparden und Panther im Bikini.

Die Nächte nach solchen Trennungen! Man liegt wach im Bett, draußen wird es langsam hell, die Gedanken kreisen, da springt man auf, will hinaus, will weg. Ich habe mich hastig angezogen, bin losmarschiert. Ich wollte weg, ganz weit weg, hinaus in die weite Welt. Nach Stuttgart! Mindestens! Ich stürzte durch das morgenfahle Tübingen, keine Seele auf der Straße, kam durch Bebenhausen, hatte keinen Blick für das Kloster, für die tauglänzenden Wiesen, die in der Morgensonne aufblitzten. Ich lief die Bundesstraße in den Schönbuch entlang, die Kühle des Waldes ließ mich Übermüdeten fröstaln. Plötzlich hörte ich ein Auto. Wie ein akustischer Schwertstreich durchschnitt es die Stille, das Vogelgezwitscher. Ich hob den Arm, den Daumen, um mitgenommen zu werden. Das Auto fuhr vorbei. Meine Flucht war zu Ende. Ich kehrte zerschlagen in mein Zimmer zurück und verschlief den Vormittag. »Literatur des Sturms und Drangs«, Professor Kluckhohn. »Schick mir dafür den Doktor Faust, sobald dein Kopf ihn ausgebraust!«

Um 14 Uhr ging ich ins Kino. Studenten zahlten da fünfzig Pfennig. Vielleicht sah ich an diesem Nachmittag »Sabrina« – denn das war 1954. Mit Humphrey Bogart, William Holden und Audrey Hepburn. Audrey Hepburn, ein Reh? Ein Fohlen? Und die Männer reißende Löwen, die sich vor ihrer Unschuld in sanfte Lämmer verwandeln. Gütig-selbstlos geben sie Pfötchen und lassen sich den Kopf kraulen.

Es war mein erster Billy-Wilder-Film, und für mich war es damals ein Audrey-Hepburn-Film. Oder ein Humphrey-Bogart-Film, Bogart, der sich wegen Audrey Hepburn – die damals auch »Ein Herz und eine Krone« spielte, mit Gregory Peck, »Ein Herz und eine Krone«, was für ein zeit-gemäßer Titel! – erst aus kapitalistischer List und dann aus Liebe von einem harten Knochen in einen Süßholzraspler verwandelt. Der Film rührte mich, aber damals schämte ich mich auch, dass ich im Kino meine Zeit vertrödelte, statt in der Bibliothek zu sitzen. Später wusste ich, dass ich meine Zeit im Kino besser verbracht hatte.

In der Kulturrevolution

Das Jahr '68 und die vorauseilenden Folgen

»Der Zufall muss ein b'soffener
Kutscher sein – wie der die Leut'
z'samm'führt, 's is stark«

Nestroy

Zufälle

Es ist gewiss kein Zufall, dass Nestroy der große Stückeschreiber des Zufalls ist. In seiner Zeit, der des Wiener Vormärz und der ersten industriellen Revolution, tanzten die politischen Verhältnisse in den Nachwirkungen der Französischen Revolution und der nationalen Aufstände (Ungarn), um danach wieder in den Zeiten der Restauration zu erstarren. So hat er Volksstücke und Komödien geschrieben, die »Frühere Verhältnisse«, »Zu ebener Erde und erster Stock« oder im Untertitel »Die Launen des Glücks« heißen: Aus ehemaligen Hausknechten werden Herren, aus Herren durch unglückliche Zufälle Hausknechte, Kometen am Himmel sagen das Unglück voraus. In Zeiten, wo man ganz schnell oben, aber auch ganz schnell wieder unten sein kann, geht es um mehr als um die standesgemäße Liebe, um die wahre Liebe (die verschleiern muss, dass es um die Ware Liebe geht). Nestroy hat im »Zerrissenen«, wo ein Herr von Lips (für diesen Reichen findet Nestroy das herrliche Wort »millionärrisch«) von der großen Leiter durch Gedächtnisverlust ins Knecht-Leben stürzt, daraus den Trick der wahren Liebe gemacht, wie auf seinen Spuren Chaplin in dem wunderbaren Happyend von »Gold Rush« – wobei der »Gold Rush« selbst schon ein wütender, weil geplanter Ansturm auf den Zufall ist, das Goldgräberfieber. Also: Am Schluss ist Charlie durch Zufall (sein Kumpel, der ihn eben noch im hungernden Wahn auffressen wollte, hat die große Goldmine auf seinem Claim gefunden) steinreich. Und für die Fotografen auf dem Überseedampfer posiert er noch einmal als Clochard, als Habenichts, und bei dem Foto – bitte noch einen Schritt zurück!, ja, bitte noch einen! – kippt er (wie Herr von Lipps) als Armer verkleidet, der er einmal war, über die Reeling zu den wirklich Armen, und seine Angebetete sieht ihn und hat Erbarmen mit ihm, das sich in Liebe verwandelt. So erlebt der Zuschauer, dass der Zufall den Anschein der wahren Liebe im Happyend erzeugt. Sie liebt ihn, der sie bisher vergeblich liebte, um seiner selbst willen, während er es doch längst schaffen würde, als Millionär auch nicht nur um seiner selbst willen geliebt zu werden.

Es ist gewiss kein Zufall, dass Nestroy keine Tragödien, sondern Komödien geschrieben hat. In Tragödien arbeitet das Schicksal mit Schuld und Sühne, mit Charakteren, mit tragischer Bewährung, in der Volkskomödie aber mit dem Zufall – ein besoffener Kutscher, der die Leute zusammenführt (was auch so viel heißt wie zusammenfahren, über den Haufen fahren).

Der verrückteste Ausdruck des Zufalls ist die Lotterie. Und in Nestroys vielleicht populärstem Stück, dem »Lumpazivagabundus«, lässt er das »liederliche Kleeblatt« der drei Handwerksburschen, Schuster, Schneider und Tischler, durch eine Glücksfee das große Los ziehen.

Es ist gewiss kein Zufall, dass Nestroy wie auch die Autoren und Komiker seiner Schule, also Horváth oder auch Karl Valentin oder der junge Brecht, mich ein Leben lang beschäftigt haben. Ich habe Nestroy geliebt, gelesen, über ihn geschrieben, Aufführungen seiner Stücke, wo ich konnte, gesehen, angeregt, über sie berichtet. Ich habe Schauspieler und Schauspielerinnen, die in seinen Stücken spielten, bewundert, verehrt, geliebt: Helmut Qualtinger und Helmut Lohner, Gertraud Jesserer und Josef Meinrad. Und als ich zum ersten Mal in New York war, weil ich später als Professor in Neuengland unterrichten sollte, da habe ich im Hotel »Algonquin«, in dem ich nicht zufällig, sondern mit voller Absicht abgestiegen war, zufällig einen älteren Herrn kennen gelernt; wir haben uns in der Bar unterhalten, und als er mich fragte, was ich unterrichten würde, sagte ich, Volksstücke, zum Beispiel Nestroy, den würde er sicher nicht kennen, der habe in österreichischer Mundart, wenn auch in einer Art barocker Kunst-Mundart, einer theatralisch entlarvenden Mundart geschrieben. Der Mann erwiderte, dass er Nestroy sehr wohl kenne, und ich antwortete (mit Karl Valentin), das sei aber ein seltener Zufall. Am Ende unserer Unterhaltung stellte sich dann aber heraus, dass es bei allem Zufall kein Zufall war, dass er Nestroy kannte, denn er hatte das Stück »Einen Jux will er sich machen« (in dem Angestellte einmal in der Großstadt richtige Kerle spielen wollen und ihnen vom Zufall übel mitgespielt wird; übel und heilsam, wie es sich für eine Komödie gehört) von Nestroy übersetzt. »The Matchmaker« hieß es auf Amerikanisch, und daraus wurde, welch glücklicher, welch schöner Zufall, nichts weniger als das Erfolgsmusical »Hello, Dolly« von Jerry Herman, was wie ein Lotteriegewinn für den Autor war. Und der stellte sich zum Abschied im »Algonquin« vor, schrieb mir eine Widmung in ein Taschenbuch (»Our Little Town«), das ich mehr oder weniger zufällig bei mir hatte, um meinen Sohn Daniel, den ich nicht zufällig, sondern wegen meiner Scheidung bei mir hatte, in Englisch zu unterrichten. Der Autor war Thornton Wilder (der nur zufällig wie Billy Wilder hieß, den ich damals noch nicht kannte und der Nestroy natürlich auch liebte, wie sich herausstellte).

Es war also kein Zufall, dass ich Nestroy liebte, gewiss nicht. Denn zum einen stammte ich wie er aus Mähren, sein Name ist so böhmisch, oder besser: so mährisch wie meiner, zum zweiten hatte ich eine angeborene Affinität zu seiner Sprache, aber zum dritten (und das vor allem) war ich fasziniert von seiner besessenen Beherrschung der Dramaturgie des Zufalls. Ich war ja wie meine Generation und die Generation meiner Eltern vom Zufall durcheinander gewürfelt worden (Zufall ist

Kohls »Gnade der späten Geburt«, Zufall ist die Ungnade der frühen Geburt meiner Eltern). Zufall, ob man in Österreich oder in Preußen geboren war; Zufall, ob man in russische oder amerikanische Gefangenschaft kam, Zufall, ob man als Heimatvertriebener nach Sachsen oder nach Hessen oder Niedersachsen »ausgesiedelt« wurde, Zufall war es, ob man vor dem Bau der Mauer oder nach dem Bau der Mauer die Nase voll von der DDR hatte; Zufall, ob man wie Walter Kempowski wegen seiner Ablehnung der sowjetischen Besatzungstruppen für acht Jahre ins »gelbe Elend« von Bautzen kam und schon vorher in Untersuchungshaft buchstäblich in der Scheiße stehen musste, oder ob man zufällig, wie ich, weglaufen konnte und in eine Welt der Hygiene, der Düfte, der Deodorantien kam.

Über den Zufall darf man gar nicht nachdenken. Der Zufall macht einem Angst und Bange, und wenn man mich fragt, warum ich nicht Lotterie spiele, sage ich, dass statistisch gesehen – die Statistik ist das Gesetzbuch des Zufalls – mehr Menschen die Chance haben, ermordet zu werden, als die Chance, einen Hauptgewinn in der Lotterie zu ziehen. Deshalb liebe ich Nestroy so.

In seinem »Lumpazivagabundus« tritt der Zufall als eine Art Lotto-Fee auf, die den schlafenden »vacierenden Handwerksburschen« (sie waren, wie damals üblich, auf der Walz: »jetzt kommen die lustigen Tage, Schätzle ade!«) im Traum die Glücksnummer der Lotterie, den Hauptgewinn, verrät. Die Ziehung der Lotto-Zahlen, Fernsehlotterien, das waren im Fernsehen der fünfziger und sechziger Jahre die großen Feierstunden, kurz vor der Tagesschau, in denen das Glück ausgespielt wurde, ihre Ansagerinnen waren und sind die guten Feen des TV-Zeitalters.

In Tübingen sah ich einen Film von Hitchcock. Es war mein erster Hitchcock-Film, der Schwarzweißfilm mit dem Traumpaar Ingrid Bergman und Cary Grant, das in einen Albtraum gerät, und es sollte mein liebster Film von Hitchcock bleiben.

Es ist ein Film über ein kühles kriminalistisches Kalkül, das vom Zufall der Liebe gefährlich durcheinander gebracht wird. Damals hieß er in der deutschen Synchronfassung »Weißes Gift«. Ingrid Bergman ist da die Tochter eines zu lebenslanger Haft verurteilten Rauschgiftgangsters in Florida, die der US-Agent Grant überredet und als Komplizin der CIA dafür gewinnt, einer Rauschgiftbande in Brasilien das Handwerk zu legen. Sie heiratet einen Freund ihres Vaters, um die Bande zu überführen, den Claude Rains (in »Casablanca« spielte er den französischen Capitaine Renaud mit den unsterblichen Schluss-sätzen von der wunderbaren Freundschaft) als Schurken und Opfer spielte. Natürlich erliegt er der vorgespielten Liebe der Bergman, die wiederum von Grant auf ihn angesetzt wird. Am Ende ist der Rauschgiftring aufgeflogen, Ingrid Bergman wird von Grant mit geradezu masochistisch-sadistischer Lei-denschaft in die Arme des Feindes getrieben und erst buch-stäblich im letzten Moment aus den Fängen des Todes geret-tet.

Als ich mich an dem grauen Nachmittag blinzelnd wieder aus dem Kinodunkel ins schräge Tageslicht zurücktastete, hatte ich einen Film gesehen, der mich mit seinen Bildern, seiner ver-queren Leidenschaft nie wieder loslassen sollte. Und doch hatte ich, was ich damals noch nicht wusste, einen gefälschten Film gesehen. Denn »Notorious«, wie der Film im amerika-nischen Orginal hieß (weil Ingrid Bergman als Trinkerin und leichtsinnige Frau einen schlechten Ruf hatte, so dass Grant in seiner rechtschaffenen Spießigkeit, aber auch seinem abgrün-digen Sadismus, die Größe und Unbedingtheit ihrer Liebe zu ihm nicht erkennen kann), handelte gar nicht von Rauschgift und Rauschgiftschmugglern, sondern von Nazis, die aus dem besiegten Deutschland geflohen und in Südamerika unterge-taucht waren (was nach 1945 der traurigen Realität entsprach), um aus Uran eine Atombombe zu entwickeln. Das Drehbuch des Films stammte von Ben Hecht (der bald darauf ins Visier McCarthys geriet), und die amerikanischen Geheimdienste hatten die Dreharbeiten Hitchcocks argwöhnisch beäugt: Was wusste der britische Hollywood-Regisseur von Uran, von deutschen Wissenschaftlern, von der Atombombe? Dieser Film war von hochpolitischer Brisanz.

Für die deutsche Fassung aber hatte das amerikanische Studio, einfach durch Synchronisation, aus Nazis Rauschgiftschmuggler, aus Uran Rauschgift gemacht. Der Film hatte nichts mehr mit dem Kriegsende und Nazis, die sich nach Südamerika retten (wie etwa Eichmann), zu tun. Das amerikanische Studio wollte sich durch Politik nicht das Geschäft in Deutschland verderben und, unmittelbar nach dem Krieg, nicht die Gefühle deutscher Zuschauer verletzen. Im Übrigen schadete diese ganze Manipulation, so empörend sich das heute anhört und so empört ich war, als ich davon erfuhr, dem Film nicht im Geringsten. Denn ob Atombombe und Uran oder Rauschgiftdealer und »Weißes Gift«, in Wahrheit war dies nur der »McGuffin«, also der äußerliche, austauschbare Vorwand des Films, in dem es Hitchcock um eine verquere Dreiecksgeschichte à la Mata Hari ging – eine Liebesgeschichte mit drei Opfern.

Anders war das mit »Casablanca«, wo die deutsche Synchronisation die deutschen Zuschauer vor dem rivalisierenden Wettgesang zwischen »Marseillaise« und »Wacht am Rhein« schützte, indem sie diese kriegspatriotische Sequenz – Reeducation hin oder her – einfach rausschnitt.

Was das alles mit Zufall, außer dem Zufall, von dem der Film handelt, zu tun hat? So viel, dass ich diesen Film, der für mich zu der Hand voll Filme gehört, die mich prägen sollten, zusammen mit Baumgärtel, meinem Freund, auch einem Studenten, gesehen habe. Wir haben uns oft im Amerika-Haus und dessen Bibliothek getroffen, wo wir uns über Hemingway und Chandler und Dashiell Hammett unterhielten und auch über Ben Hecht – und damit auch zwangsläufig über McCarthy und den Kongress-Ausschuss über »unamerikanische Umtriebe«. Es war die Hoch-Zeit des Kalten Krieges mit ihrer fast schizophrenen Furcht vor fünften Kolonnen, Atomspionage, der Unterwanderung Amerikas durch fellow-travellers des Kommunismus.

Ein paar Tage nach dem Kinobesuch traf ich Baumgärtel, der vor kurzem von einem Fulbright-Stipendium aus den USA zurückgekehrt war, auf der Tübinger Neckarbrücke. Er und ein anderer Student, der einige Zeit bei seiner (von seinem Vater geschiedenen) Mutter in Südafrika verbracht hatte, unterhielten sich über die Zweideutigkeit englisch-amerikanischer Verkehrsbezeichnungen, und ich, ein absolut provinzielles Greenhorn, hörte mit aufgerissenem Mund zu, während wir gemeinsam zur Mensa gingen. Von »dangerous curves«, ha, ha, ha, gefährlichen Kurven, erzählten sich die beiden Globetrotter. Oder von »soft shoulders« (weichen Schultern) – was unbefestigte Bankette hieß.

Von da an traf ich den Studenten aus Südafrika, der mir, wie Baumgärtel, um einige Semester voraus war, oft abends in Kneipen, wo wir mit seinen Schwäbisch-Haller Freunden tranken, uns Witze erzählten und ich mein erstes Walfischsteak aß. Es war Oliver Storz. Sein Vater, hochgebildeter Rektor des humanistischen Gymnasiums in Schwäbisch Hall, war um 1960 Kultusminister von Baden-Württemberg.

Oliver Storz war in den späten fünfziger Jahren Kulturredakteur bei der »Stuttgarter Zeitung«, ein begnadet süffiger Schreiber. Wir haben zur gleichen Zeit die Schiller-Rede von Thomas Mann gehört, er als Redakteur im Theater, ich als Student im Radio, in der der kühl-ironische Thomas Mann fast mit Wärme von Schillers Dramen als einer Art »höheren Indianerspielens« sprach und mit großer Bewegtheit das Vermächtnis des Marquis Posa im »Don Carlos« an seinen Freund, den Infanten Carlos, zitierte: »Sagen Sie ihm, dass er für die Träume seiner Jugend/Soll Achtung tragen, wenn er ein Mann sein wird.« Ich habe diese Sätze und die Rührung, mit der sie der alte Thomas Mann zitierte, nie wieder vergessen – und sie manchmal auch zu leben versucht, manchmal. Und manchmal als Entschuldigung benutzt für Kindsköpfigkeit, um nicht zu sagen: Infantilität.

Als Oliver, Jahre später, von der »Stuttgarter Zeitung« nach München zur »Bavaria« ging (die damals progressivste TV-Produktionsanstalt), da hat er mich als Redakteur und Nachfolger empfohlen, nachdem ich ihm und seiner Zeitung vorher einen Essay über eine Studie des amerikanischen Gangsters für die Wochenendbeilage geschrieben hatte. Und ich kann den schönen Zufall nicht vergessen, der mich über Hitchcocks »Notorious«, die »soft shoulders« auf südafrikanischen Verkehrsschildern, die Schiller-Rede Thomas Manns zur »Stuttgarter Zeitung« geführt hat. Und zu wichtigen Freunden der Stuttgarter Jahre. Ohne Oliver Storz hätte ich weder den Fotografen Wolf Strache oder Karo Schumacher getroffen, noch den genialen Design-Lehrer Kurt Weidemann.

Exil im Sauerland

1959 kam ich nach Brilon, ins »gebürgichte Westphalen«, wie es in Annette von Droste-Hülshoffs Novelle »Die Judenbuche« heißt, ins Sauerland. Warum? Zufall? Schicksal? Kismet? Gut gelaufen, dumm gelaufen? Die »Vorsehung«, in deren Namen Hitler den ganzen Kontinent in Schutt und Asche gelegt hatte, gab es ja nicht mehr.

Nach meiner Promotion hatte ich mich – der Wunsch, mich weiter für das »höhere Lehramt« ausbilden zu lassen, war, mit Blick auf eine mir grau erscheinende Beamtenlaufbahn, gering entwickelt – unter anderem in München, beim Verlag der »Süddeutschen Zeitung« und der »Abendzeitung«, um ein Volontariat oder eine Redakteursstelle beworben. Ich wusste nicht viel von den Wegen, die in den »Journalismus« führen; was ich wusste, war: Ich wollte Journalist werden, warum auch immer und was auch immer das für ein Beruf war.

Viele Jahre später (es muss 1987 oder 1988 gewesen sein) hat mir Billy Wilder erzählt, warum er Journalist werden wollte; ich glaube, unsere Motive waren sich ziemlich gleich. Er hatte in Wochenschauen und Filmen Journalisten gesehen, wie sie, mit Hüten, hinter deren Band ihr Presseausweis steckte, an der Reling von Welthäfen wie Hamburg, London oder Amsterdam standen, den Notizblock gezückt, und Schauspieler erwarteten. Weltstars, die von Hollywood ins gute, alte Europa kamen oder vom guten alten Europa nach Hollywood aufbrachen. Und der junge Billy Wilder sah sich mittendrin. Er, der Journalist, der alle diese Stars interviewen durfte – gnadenlos! – und sich dabei in ihrem Glanz sonnen konnte.

In der Tat hat Wilder damals, 1926, Glück gehabt: Paul Whiteman kam nach Wien, Wilder interviewte ihn und folgte ihm nach Berlin, zu dem berühmten Paul-Whiteman-Konzert im Großen Schauspielhaus, bei dem Wilder Gershwins »Rhapsody in Blue« hörte. Ich hörte das Stück 1952, als Flüchtling in West-Berlin unter dem Funkturm, und entschied mich noch spontan, während des Konzerts, für die westliche Lebensform, natürlich ohne mir dessen bewusst zu sein.

Was für Folgen so eine Veranstaltung haben kann, wird deutlich, wenn man sich die folgende Geschichte vor Augen hält: Der junge Journalist Wilder lernt während des Berliner Konzerts den Jazzgeiger Matty Malneck kennen; die beiden werden schnell Freunde und sitzen oft zusammen im legendären Aschinger, wo sie während der paar Tage des Whiteman-Gastspiels manches Schultheiss-Bier miteinander trinken. Zweiunddreißig Jahre später verwendet Wilder für seinen Film »Some like it hot« zwei Titel von Matty Malneck: »Let's build a stairway to the stars« in der Szene, in der Marilyn Monroe Tony Curtis als falschen Millionär verführt, und das untrennbar mit Marilyn Monroe verbundene Lied »I'm thru' with love«.

Für Wilder, Sohn eines jüdischen Vaters, der mal als Bahnhofsgastwirt an der Strecke Wien–Krakau Karriere machte, mal als Forellenzüchter (sein Sohn: »er verstand nichts von Fischen«), mal als Uhren-Vertreter (sein Sohn: »er verstand noch weniger von Schweizer Uhren«) eine Pleite nach der anderen hinlegte und vom vornehmen 1. Bezirk in Wien mit seiner Familie in weniger vornehme Wohnungen und Viertel ziehen musste, für Wilder also bedeutete der Beruf des Journalisten den Ausstieg aus der kleinbürgerlichen Katastrophe – eine Chance, die er mit seinem Witz und Grips nutzen konnte und auch nutzte.

Für mich, Flüchtling und Habenichts in der langsam und immer schneller prosperierenden Bundesrepublik nach 1952, gab es eine ähnliche Chance, die ich ähnlich instinktiv wahrnahm. Ich stammte wie Wilder – und dies ist die einzige Parallele – aus Kleinbürgerverhältnissen. Oder besser: Meine Familie war, nach der deutschen Katastrophe zwischen 1933 und 1945, ins kleinbürgerliche Leben gewürfelt worden. Wie er, wie Billy Wilder, nach der Katastrophe von 1918.

Hitler war für ihn wie für mich Schicksal und Chance – oder, zutreffender und weniger pathetisch gesagt: der bedrohliche und glückliche Zufall. Ihn, den galizischen Juden, vertrieb Hitler aus Deutschland – aber dorthin, wo er wegen seiner Wünsche, seiner Begabungen ohnehin wollte: nach Hollywood. Mich, das Nazi-Kind, der ich mich nach 1945 immer nach Amerika, nach dem Westen gesehnt hatte, trieb der Zufall, dass der Sowjetunion nach dem Krieg Sachsen und Sachsen-Anhalt zufielen, in den Osten. Auch ich ahnte als in die Mittellosigkeit geschleuderter Kleinbürger, dass die Heimat der Heimatlosen die Zeitung war. Eine kosmopolitische Institution, in der man nach oben konnte – und dabei auch noch etwas bewirken wollte; Journalisten sind Idealisten und Karrieristen zugleich. Sie wollen an der »großen Welt« (oder das, was sie dafür halten) teilhaben. Aber möglichst dabei noch »Gutes« tun. Von dem »Guten« hatte ich vage Begriffe. Gut war es, gegen den schlechten Geschmack zu schreiben, für die Zivilisation, gegen die Barbarei. Umschließt das das nüchterne Motto der »New York Times«, das »all news fit to print« verspricht?

Ich wollte also Journalist werden, natürlich auch, um die Großen dieser Welt zu interviewen, sprechen, kritisieren und bewundern zu können, als Teilhaber ihrer Welt; nicht als stiller Teilhaber, sondern als lärmender.

Ich hatte mich also bei der »Süddeutschen Zeitung« beworben und erhielt eine Einladung für einen Wettbewerb zur Aufnahme beim »Werner-Friedmann-Institut«. Das Werner-Friedmann-Institut, eine Stiftung des Süddeutschen Verlags, war eine Münchener Journalistenschule, damals die erste und einzige ihrer Art, in die man per Auslesewettstreit aufgenommen werden konnte. Die Sieger dieses Wettbewerbs – zwölf von rund tausend – sollten ein Jahr lang in München in Theorie und Praxis ausgebildet werden.

Ich war einer der zwölf Sieger, ein »Auserwählter«, über den die Würzburger »Main-Post« unter der Überschrift »Ein Würzburger schafft es« einen Zehn-Zeilen-Artikel veröffentlichte. »Ein Würzburger«, das war schon ein Sieg, denn obwohl ich nicht in Würzburg lebte, wo meine Eltern als Flüchtlinge mit vier Kindern eher geduldet als akzeptiert wurden, war ich, nach Ende meines Studiums, bei ihnen polizeilich gemeldet. »Ein Würzburger schafft es«, meine Eltern waren stolz auf mich und ich war stolz, dass sie Grund hatten, auf mich stolz zu sein. Aber kein Loch in den Strümpfen meiner Schwestern (die sich zu zweit ein Paar Schuhe zum Ausgehen, ja zum Schulgang teilen mussten), keine schlaflose Nacht meines Vaters wegen der ausstehenden Ratenzahlungen, keine gesellschaftliche Demütigung wegen des Flüchtlingsstatus, der meine Familie in Würzburg niederdrückte, wurde durch diesen »Stolz« (»Ein Würzburger schafft es!«) als weniger schmerzlich und schamvoll empfunden.

Erst später, viel später fiel mir, konfrontiert mit stolzem Trotz, einer durch Stolz begründeten Eitelkeit, der hölzerne Lehrsatz meines Lehrers Cibulka in Bernburg am Gymnasium ein: »Dummheit und Stolz«, hatte er immer wieder mit seinem harten wasserpolackischen Akzent gesagt: »Dummheit und

Stolz wachsen auf einem Holz.« Mit zunehmendem Alter liebe ich Sprichwörter, selbst wenn ich an ihre Einsichten nicht glaube.

»Ein Würzburger schafft es.« Ich hatte für meine Bewerbung einen Leitartikel über die damals schmerzlich ins westliche Selbstbewusstsein schneidende Erfahrung, dass der sowjetische »Sputnik« der erste Satellit im Weltraum war, zu verfassen. Die westliche Welt, auf dem Gebiet geistiger und technologischer Entwicklungen überflügelt von der östlichen Diktatur – das war für mich so, als wäre Gott, hätte es ihn gegeben, zum Kommunismus desertiert.

Später wusste ich, dass alles ganz einfach und eigentlich noch schrecklicher war. Zufall. Die Amerikaner hatten beim Einmarsch in das besiegte Deutschland 1945 die Wissenschaftler der V-2 um Peenemünde eingesammelt und für die USA verpflichtet. Die Sowjet-Armee hatte die Raketenforscher in Halle, Leipzig, Dresden in ihre Gewalt bekommen. Die der Sowjetunion in die Hände gefallenen Forscher und Wissenschaftler der Nazis waren mit der Entwicklung von trocken angetriebenen Raketen befasst; die nach Amerika verpflichteten Raketentechniker um Wernher von Braun mit den von Flüssigstoff angetriebenen Raketen. Es war ganz natürlich, so weiß ich heute, dass die Raketen mit Trockenantrieb einfacher waren – also schneller zu entwickeln. Für die anderen (also das Apollo-Programm) mussten erst Kunststoffe entwickelt werden, die die extrem niedrigen Temperaturen des notwendigerweise gefrorenen Flüssigbrennstoffs meistern konnten. Dafür aber wurden es »raffiniertere« Raketen. Die es bemannt zum Mond schafften.

Ich aber schrieb in meinem Bewerbungsleitartikel etwas von der westlichen Überlegenheit, die den Sputnik nur verschlafen hätte und deshalb erweckt werden müsse. Es war ein schöner, klarer, antikommunistischer Leitartikel, von der Furcht geprägt, die Sowjetunion könnte tatsächlich im Wettlauf der Systeme, im Wettstreit des Schreckens, den Kampf gegen die USA gewinnen.

Später, als die Amerikaner, unter Nixon, auf dem Mond landeten und dort, vor den Sowjet-Russen, ihre Fahne auf den Erdsatelliten pflanzten, war ich bei der »Zeit«. Und mein Kommentar war zwar noch begeistert – im Gefühl, aber nicht mehr im Ausdruck. Amerika-Begeisterung pur war 1969 nicht mehr angesagt.

Ich kam also nach München. In der schönen Sendlinger Straße, nahe beim Sendlinger Tor, lag im obersten Stock, mit Dachterrasse, bei der AZ und SZ die Lehrredaktion. Ein Zimmer fand ich im Herzen Schwabings, das damals das künstlerische, bohemehafte Vergnügungszentrum der sonst eher spießigen Bundesrepublik war – von Hamburg, der Reeperbahn, St. Pauli hatte ich damals, vom Hans-Albers-Film »Große Freiheit Nr. 7« abgesehen, keine Ahnung. Ich war wieder am Ziel meiner Wünsche. Dort musste ich, so glaubte ich, nur noch durchstarten. Ich wurde bei Deutschlands bester Zeitung ausgebildet, in Deutschlands liberalster konservativer Stadt, die als einzige eine elegant-deftige Lebenskunst pflegte, ich war jung, unternehmungslustig – nur Geld hatte ich nicht.

Zwar konnte ich ab und zu kleinere Artikel im Lokalteil loswerden, über ein Blaskonzert der Post oder einen Ball in einem feinen Hotel, zwanzig Zeilen für zwanzig Mark, zwar schrieb ich für eine literarische Monatszeitschrift Artikel, aber all das reichte nicht einmal dafür, mir die Wäsche waschen zu lassen. Mein Leben in München war eigentlich so, als hätte man mich mit zugenähtem Mund und gefesselten Händen in einer Konditorei eingesperrt. Dabei schien München vor lauter Lebenslust aus allen Nähten zu platzen. Gegenüber dem Haus, in dem ich wohnte, war das berühmte Lokal »Gisela«, in dem die Wirtin das Lied vom Novak jeden Tag neu sang: »… ich hätt' am liebsten Rattengift genommen/aber der Novak lässt mich nicht verkommen«. Mich aber ließ München sehr wohl verkommen, ich war wie der hungrige Clochard in einem Chaplin-Film, der sich die Nase an Schaufenstern platt drückt, hinter denen unvorstellbare Luxusgüter ausgebreitet sind. Einer meiner Lieblingsmusiker war damals der Jazz-Trompeter Chet Baker und sein mit rostig gebrochener Stimme vorgetragenes »But not for me« (»They're writing songs of love, but not for me!«) war meine private melancholische Nationalhymne.

Irgendjemand hatte mir erzählt, das Goethe-Institut, das damals in dem schönen, wenn auch noch nicht renovierten Bernheim-Palais am Lenbachplatz residierte, suche »Dozenten«, das heißt Sprachlehrer für seine Kurse, wo den nach Deutschland strömenden Ausländern, Gastarbeitern und Gaststudenten, künftigen Ingenieuren und Ärzten in mehrmonatigen Crash-Kursen ein elementares Deutsch beigebracht wurde. Die Kurse waren überlaufen, der Dozenten-Job hatte Konjunktur. Da die meisten Studenten damals Araber, Kurden, Südamerikaner oder Japaner waren, wurde Deutsch auf Deutsch unterrichtet. Ich bewarb mich also im Bernheim-Palais, wurde prompt angenommen und innerhalb eines Monats bereits nach Brilon im Sauerland geschickt (dort, wo Friedrich Merz nach eigener Auskunft seine wilden Jugendjahre verlebte und auf den Putz gehauen haben will, dass es nur so krachte).

Wir Lehrer waren große Pantomimen im Kopfschütteln und Die-Arme-Ausbreiten, wie in ratloser Verzweiflung: »Ich habe Hunger – ich habe *kein* Brot!« – die Arme öffneten sich in gespielter Verzweiflung, nachdem eine Hand vorher über den leeren Bauch gekreist war. »Zahlen! Herr Ober, bitte zahlen!«, brachten wir den Studenten bei, indem wir zwischen Daumen und Zeigefinger imaginäre Münzen zählten, imaginäre Scheine hinblätterten. Ich war, so stellte sich schnell heraus, ein Meister und Clown dieser lehrreichen Sprachvermittlungs-Szenen und daher ziemlich beliebt bei meinen Studenten.

Bevor ich aber München verließ, rief mich noch Hans Joachim Sperr, der Feuilleton-Chef der »Süddeutschen«, bei der damals schon das Wunderkind Joachim Kaiser große Rezensionen über die Salzburger Festspiele schreiben durfte, zu sich.

Wochen vorher war ich in einem Anflug von Größenwahn in sein Büro vorgedrungen und hatte ihn gebeten, mich ein Buch rezensieren zu lassen. Er hatte die Augenbrauen hochgezogen: »Sie? Für die Süddeutsche?« Ich wies auf meinen Dr. phil. hin, und schließlich gab er mir, indem er willkürlich in das Bücherregal hinter sich griff, einen irischen Roman. »Hier. Probieren Sie's!«

Jetzt, wo es zu spät war, ich meine Papiere und meinen Fahrschein ins Sauerland schon in der Tasche hatte, jetzt eröffnete er mir, dass meine Rezension »gar nicht so übel« sei. Und er würde sie veröffentlichen. Ich hätte also doch in München bleiben können, zumal ich meinem Vetter Rudi am Wochenende zuvor seine Angebetete ausgespannt hatte, die er mir auf einem Abendfest in der »Reitschule« stolz vorgestellt hatte. Sie machte sich einfach nichts aus ihm und so konnte ich schon nach dem ersten Abend bei der geschiedenen Frau frühstücken, die in einer großen Wohnung in der Elisabethstraße lebte. Ihr Mann hatte ihr die mitsamt seinen vielen Büchern überlassen müssen. »Schwoastelst du a so wie i?«, hatte sie mich in breitestem Bayerisch beim ersten Tanz in der »Reitschule« gefragt. Es war wirklich sehr heiß, trotzdem war ich erschrocken, weil ich es so deftig nicht gewöhnt war.

Jetzt also war ich in Brilon, unterrichtete, indem ich mir mit der Hand über den Bauch rieb, Sätze wie »Herr Ober, ich habe Hunger!« und, indem ich einen Zettel hob, Aufforderungen wie »Bringen Sie mir die Speisekarte!«. Ich schlief in einem Bauernhaus in einem düsteren Zimmer, das unmittelbar neben dem Pferdestall lag: In der Nacht hörte ich von Zeit zu Zeit das dumpfe Stampfen der Tiere.

Ich hatte angenehme Kollegen, Friedrich Schmöe etwa, der in Göttingen studiert hatte. Wir saßen manchen Abend bei einem Bier und einem westfälischen Schweinepotast, dem noch mehrere Biere und Körner folgten, und unterhielten uns wie Landsknechte in einer fremden Garnison. Wir konnten uns das Essen und das Trinken leisten, erstmals in unserem Leben, und so leisteten wir es uns, bestellten im reinsten Hochdeutsch und ohne pantomimische Untermalung bei der hübschen Kellnerin, was wir wollten, und blickten ihr, wenn sie zum Tresen und in die Küche entschwand, sehnsuchtsvoll zerstreut nach.

Unsere Hoffnung war, eines Tages aus Brilon in ein Auslandsinstitut in irgendeinem exotischen Land geschickt zu werden: nach Kabul, nach Ankara, nach Mexiko oder nach Cáracas. Im kleinen Brilon öffnete sich ein enger Spalt zur »großen weiten Welt«, von der die Zigarettenreklame der »Peter Stuyvesant« auch in Nordrhein-Westfalen, nahe der Grenze zu Niedersachsen, kündete. Andererseits fühlte ich mich, nach dem abrupt abgebrochenen Aufenthalt in München, meiner unerfüllten Lebensliebe, im Sauerland wie im Exil. Ich war ein süddeutscher Emigrant in Norddeutschland.

Manchmal spielten wir, mit anderen Kollegen, die sich von ihren Ehefrauen frei nahmen, was diese naturgemäß nicht gern hatten, auch Skat. Was auch sonst sollte man in Brilon machen, das zwar ein Kino hatte, aber keine Bibliothek und eine Buchhandlung, die in ein Schreibwarengeschäft integriert war. Auch die Bibliothek des Goethe-Instituts war überschaubar.

Ich hatte damals viele Studenten aus arabischen Ländern, besonders aus den Emiraten, in meinen Kursen, sie waren äußerst lebhaft, manchmal auch kindlich freundlich, und waren mir, da ich versuchte, ihnen Deutsch möglichst vergnüglich beizubringen, offensichtlich sehr dankbar. Allerdings gab es merkwürdige Zwischenfälle. Zum Beispiel einen mit zwei kurdischen Studenten.

Ich hatte in der Unterrichtsstunde Bejahen und Verneinen geübt, Haben und Nichthaben, Sein und Nichtsein, das Ganze als Dialogspiel, wie es das Unterrichtsbuch »Der Schultz« vorsah (das die Leiterin des Goethe-Instituts in München, Frau Dr. Schultz, verfasst hatte und das für das Institut sozusagen monopolisiert war). Also sagte ich zu dem Schüler Ali: »Ich habe eine neue Tasche!« Und Ali musste antworten: »Aber ich habe keine neue Tasche!« Dann durften sich die Schüler selbst Beispiele aussuchen und im Verlauf dieses Spiels sagte der eine kurdische Student zu dem anderen: »Ich habe keinen dicken Kopf!« Und der andere, durch die Regeln genötigt, musste antworten: »Aber ich habe einen dicken Kopf!« Er tat dies brav und das Spiel ging weiter. Dann war Frühstückspause, die Studenten vergnügten sich auf dem Hof, tranken Kaffee, Tee, Coca-Cola, ich rauchte im Lehrerzimmer. Plötzlich große Unruhe, große Aufregung, ein Unfall, ein Zwischenfall.

Ein Student wankte mit einer tiefen Stichwunde ins Lehrerzimmer, wir orderten einen Notarztwagen. Es stellte sich heraus, dass der kurdische Student, der von seinem Landsmann genötigt worden war, zu sagen: »Aber ich habe einen dicken Kopf«, den Beleidiger niedergestochen hatte. Vor mir, dem Lehrer, hatte er zwar in der Stunde brav den eigenen Schimpf laut gesagt, danach aber hatte er sich gerächt. Mit einem Messerstich. Es war Gott sei Dank keine gefährliche Wunde, aber beide Schüler mussten wegen ihres »Haben oder Nichthaben«-Duells des Instituts verwiesen werden, weil sonst die Rache auf die Rache erfolgt wäre.

Am Ende eines Kurses, an dem zwei besonders nette und freundliche kuweitische Studenten teilgenommen hatten, fand eine Abschiedsfeier statt, auf der die Studenten vor der Abreise, mir zu Ehren und zum Anstoßen (sie hatten das als deutsche Sitte gelernt), sogar ein Glas Wein tranken. »Prost!«, sagten sie und »Prost!«, sagte ich. »Und vielen Dank!«, sagten sie und dann stießen wir die Gläser zusammen. »Und dass alle Juden ins Meer gestoßen werden!« Und als ich ihnen den Trinkspruch verweigerte und abrupt mein Glas niedersetzte und sagte, darauf könne und möchte ich nicht trinken und für solche Sprüche hätte ich ihnen Deutsch nicht beigebracht, sahen sie mich entgeistert an. Entgeistert und verständnislos! Doch nicht hasserfüllt, denn ich war ja ihr Lehrer.

Aber von da an war mir klar, dass ein Teil der Sympathie, die diese Schüler einem deutschen Lehrer entgegenbrachten, auf einem grausigen Missverständnis beruhte; sie wollten eine Kumpanei mit jenen unverbesserlichen Deutschen, zu denen ich auf keinen Fall gehörte und gehören wollte. Sie suchten das Einverständnis, das ihnen die RAF gewährte, als sich deren Mitglieder in palästinensischen Terorristenlagern ausbilden und zu antisemitischen Anschlägen anstiften ließen.

Brilon, das aus der Bahnstation Brilon-Wald und dem in die Berge gebauten Brilon-Stadt bestand, dazwischen verkehrte ein Bus, war damals noch, bevor die Klimaerwärmung diesem Mittelgebirgsort wie vielen anderen den Winterschnee weggefressen hatte, ein Wintersportort und für Wochenendausflüge aus dem Ruhrgebiet wie geschaffen. Klein und idyllisch, ruhig und abgelegen, war es von den Ballungszentren aus leicht zu erreichen. So hatte auch der Besitzer eines mittleren Betriebs in Wuppertal hier ein bescheidenes Wochenendhaus, das seine achtzehnjährige Tochter und deren gleichaltrige Freundin, zwei hübsche junge, unbekümmerte und lebenslustige Mädchen auf der Suche nach kleinen Abenteuern, für das eine oder andere Herbstwochenende besuchten, wohl auch, weil es in Brilon die exotischen Ausländer des Goethe-Instituts gab, für die Mädchen eine angenehme Abwechslung und gleichzeitig auf kleinstem, unauffälligstem Weg eine Reise in die große Welt.

Am Nachmittag im Café hatten sie in milder Herbstsonne einen kolumbianischen Studenten kennen gelernt und sich mit ihm und einem Freund, den er besorgen und mitbringen sollte, für Samstag Nachmittag in dem Wochenendhäuschen verabredet. Der Student, der mich, seinen gleichaltrigen Lehrer, mochte, auch weil er annahm, dass ich, ähnlich unkompliziert wie er, für ein solches Treffen Lust und Liebe hätte, nahm mich mit.

Wir tranken mit den beiden Mädchen Kaffee, eine Flasche Wein und kamen in getrennten kleinen Zimmerchen schnell zur Sache. In dem ungeheizten Häuschen war es so kalt, dass unser Atem in der kalten Luft stand – wie Rauchfähnchen. Ich hatte die Tochter des Hausbesitzers gewonnen und weiß noch, dass ich das erste Mal mit einem Interruptus beendete (wie Onan im Alten Testament, nur ohne Wüstensand) und mir das Mädchen als zweites Mal eine Fellatio anbot, absolut verhütungssicher.

Dann gingen wir wieder hinunter, wo auch der kolumbianische Student und die Freundin meiner Freundin schon saßen, wir tranken gemeinsam noch einen Kaffee und froren ein bisschen, so dass wir in unsere Hände hauchten, dann verabschiedeten wir uns und die beiden Mädchen fuhren wieder nach Wuppertal nach Hause. Die ungemütliche Kälte in dem seltsam kahl eingerichteten Ferienhaus, die Angst vor einer Schwangerschaft ließ unsere Leidenschaften schnell erkalten – es war wie eine Szene aus dem »Reigen« – nur mit Dialogen, an die ich keinerlei Erinnerung mehr habe.

Während die Studenten kamen und gingen, gehörte ich in Brilon inzwischen zum fest stationierten Bodenpersonal und also schrieb mir mein Mädchen eine Karte: Sie wolle zum Schützenfest kommen und freue sich, mich wieder zu sehen. Ich war damals (damals?) ein ziemlich feiger Kerl und außerdem nicht in sie verliebt, also stellte ich mich tot, das heißt: Ich antwortete ihr einfach nicht. Ein Lehrer im katholischen, ja erzkatholischen Brilon, der mit einem Mädchen aus Wuppertal schläft, ja sich sogar dafür brieflich mit ihr verabredet, das geht doch nicht! Also Vogel Strauß, Kopf in den Sand, tot stellen. Das war die erste Feigheit.

Das Schützenfest kam und das Mädchen aus Wuppertal kam und wir vom Goethe-Institut waren auch alle da, Lehrer und Schüler. Im Schützenfest-Haus wurde getrunken, gegessen, getanzt und wieder getrunken, und diejenige, deren Brief ich schnöde unbeantwortet gelassen hatte, tanzte mir mit einem Bekannten aus dem Dorf oder einer neuen Eroberung etwas vor und schien vor Glück ganz rotwangig selig. Und tat dabei so, als sehe sie mich nicht, aber ich meinte doch aus ihren Augenwinkeln triumphierende Blicke auf mich wahrzunehmen, verstohlen, versteht sich, so wie ich sie auch nur verstohlen anzusehen wagte.

Ich stand geschützt, inmitten einer Gruppe südamerikanischer Studenten. Ich mochte ihren romanischen Witz, ihre an den USA geschulte Eleganz, ihre indianische Stoik, ihr kosmopolitisches Wesen (sie verstanden sich als Latinos, die alle Spanisch sprachen), es gab keine Unterschiede, ob es sich um Mexikaner, Kolumbianer, Kubaner oder Venezolaner handelte. Sie waren uns Deutschen – jedenfalls in der Oberschicht, der die meisten als Studenten angehörten – in ihrer ironischen Lebensklugheit, ihrer Welterfahrung haushoch überlegen, jedenfalls empfand ich das so. Vor allem: Ich lernte zum ersten Mal junge Menschen kennen, die keine, aber auch wirklich keine Rassenprobleme und Rassenschranken kannten; das war damals, zumal im »gebürgichten Westphalen«, schon ungewöhnlich. Sie waren sechs, sieben Studenten. Und mitten unter ihnen ein bildschönes junges Mädchen, das vor Übermut, Witz und guter Laune nur so zu sprühen schien; sie flirtete mit allen, kameradschaftlich, wie das Studenten tun; unverbindlich, weil sie nur für kurze Zeit gemeinsam hier waren und dann bald wieder über ganz Deutschland verstreut. Sie war Venezolanerin, noch keine achtzehn, hatte blauschwarze glänzende Haare, einen bräunlichen Teint, der makellos strahlte, wunderschöne Beine, die sie wirksam übereinander schlug, sinnlich volle Lippen, schneeweiße Zähne – kurz, sie war für mich deutschen Provinzler und Hinterwäldler das Ideal einer Frau aus der Welt des Amazonas – sie war wirklich kurz vorher zur »Miss Amazonas« gewählt worden, einer jener albernen Prozeduren jener Jahre. Es gab einen Kalender, in dem ihre Bilder alle zwölf Monate illustrierten. Auf einem saß sie im Ranchero-Rock mit Gitarre im Gras – heute wirken die Bilder rührend steif. Und der Kalender wirkt wie der einer Sparkasse.

Ich hätte nie gewagt, mit ihr zu flirten, denn erstens war ich ja Lehrer und sie Schülerin, die mich mit ironischer Herausforderung trotz meines jugendlichen Aussehens und meiner abgewetzten Cordsamthose »Professor« nannte. Und zweitens war sie aus einer anderen, einer großen Welt. Aber jetzt, um es dem Mädchen aus Wuppertal zu zeigen, traute ich mich, forderte die kleine Señorita aus Venezuela zum Tanzen auf und hielt sie dann, immer enger tanzend, einen ganzen Abend, eine ganze Nacht lang im Arm, anfangs, um die Wuppertalerin eifersüchtig zu machen, dann, weil ich sie viel sinnlicher, reizvoller fand als sämtliche Wuppertalerinnen. Und schließlich, weil ich mich in sie verliebte und stolz war, dass sie mich in meiner Verliebtheit nicht zurückstieß, sondern mich, im Gegenteil, annahm, ermunterte, ermutigte, anheizte.

Wir wachten am nächsten Morgen in meinem Zimmer neben dem Stall mit den stampfenden Pferden auf, Gott sei Dank so früh, dass sich Marbella, so hieß die noch nicht einmal achtzehnjährige Venezolanerin, zurück in ihr Zimmer, das ebenfalls in einem Bauernhaus war, schleichen konnte.

Marbella Mejía Pérez, von der ich nicht einmal sicher war, dass sie Marbella hieß, denn in einigen Papieren hieß sie auch Marvela, wie ich später herausfand: Als wir heirateten, unseren Sohn taufen ließen, die Scheidungspapiere mit Anwälten bearbeiteten, umzogen, uns an- und abmeldeten, wieder heirateten, wieder geschieden wurden, sie nach Venezuela flog oder mit dem zweiten Sohn per Schiff nach Südamerika fuhr, wieder zurückkehrte – und das ein paar Jahre lang zwischen Ebersberg und Caracas, zwischen Stuttgart und Caracas, zwischen Caracas und Hamburg.

Marvela mit v oder Marbella mit b, wie sie überhaupt zwischen B und V schwankte, wenn sie neue deutsche Wörter versuchte, »Wadebanne« statt »Badewanne«, »Gewehrmutter« statt »Gebärmutter«, und ich erinnere mich an die ersten Briloner Tage, an denen wir mittags mit ihren südamerikanischen Freunden lustig und nachts heimlich zusammen waren, ich erinnere mich, wie mich ein Mexikaner »Bas ist das?« fragte oder ein Kolumbianer von »Vrilon« sprach.

Wir waren ein seltsames Paar, das tagsüber gar keines war, sondern Lehrer und Schüler – aber sie war nicht in meinem Kurs, weil ihr Deutsch schon besser war als das meiner Araber – und wir verständigten uns mit einem winzigen deutsch-spanischen Taschenwörterbuch, das für unsere Bedürfnisse ausreichte. Einmal habe ich sie, am Freitagabend, ins Programmkino mitgelotst, es lief »Der dritte Mann«, und in der deutschen Synchronfassung sprachen Paul Hörbiger und Ernst Deutsch Wienerisch, Orson Welles, Alida Valli und Joseph Cotten waren synchronisiert. In dem Film gibt es eine Szene, in der der verliebte Joseph Cotten (er ist ein amerikanischer Schriftsteller, der zu seinem Freund nach Wien kommt und feststellen muss, dass der Freund – Orson Welles – tot ist, scheinbar) Alida Valli einen Text abfragt. Sie spielt nämlich in einer billigen Wiener Operette irgendein »süßes Mädel« mit weiß gepuderter Perücke aus der Mozartzeit, hübsch und süß wie eine personifizierte Mozartkugel, und er versucht, sie über den Tod ihres Freundes zu trösten. Also fragt er sie den Text ab. Und im Text kommt das Wort »Heurigen« vor und er weiß nicht, was das ist und betont »Heurígen«, auf der zweiten Silbe und sie nimmt ihm das Textbuch mit einem verzweifelten Grinsen ab. Das hat keinen Zweck, sagt sie. Heurígen!

Und neben mir im Kino, bei einem meiner liebsten Filme, saß eine Südamerikanerin, die B und W durcheinander brachte, und wenn ich ihr gesagt hätte: »Ich glaube, du verstehst nur Bahnhof!«, hätte sie auch das nicht verstanden. Jedenfalls nicht richtig. Aber ich war glücklich, dass sie im kalten Herbst mit mir meinen Lieblingsfilm ansah, damals, als sie weder was von Wien noch von einem unter vier Besatzungsmächten aufgeteilten Wien verstand und die Kriegstrümmer ihr eher exotisch vorkamen; aber selbst darüber haben wir uns keine Gedanken gemacht.

Damals wurde Venezuela von dem Diktator Pérez Jiménez regiert, das Land boomte im Erdöl-Reichtum, es eiferte, was Luxus und Architektur betraf, den Amerikanern nach, die man bewunderte, was ihre Straßenkreuzer anlangte, ihre Art, in Miami Wasserski zu fahren und Miss-Wahlen zu veranstalten; und die man als »Gringos« verachtete. Caracas gehörte zu den Glitzerstädten, wie Rio mit der Copa Cabana oder Miami oder in Europa Rom, Nizza oder Monte Carlo.

Marbellas Vater, ein Schneider aus Kolumbien, war gestorben, sie war die jüngste Tochter von sieben Kindern, mehr Schwestern als Brüder. Eine ihrer älteren Schwestern hatte einen Deutschen geheiratet, den einzigen Sohn eines Düsseldorfer Kaufhausbesitzers, Koch am Wehrhahn hieß das Unternehmen damals. Und da Marbella sich von ihrer Mutter in ihrer Lebenslust nur schwer bändigen und gar zu Miss-Wahlen verführen ließ, hatte die ältere Schwester vorgeschlagen, sie zu ihrer Schwiegermutter nach Düsseldorf Meerbusch zu schicken. Dort ging es streng katholisch zu, und »Mutti Koch«, wie Marbella ihre Ziehmutter nannte, meldete sie, die einigermaßen Klavier spielen konnte, am Robert-Schumann-Konservatorium an und schickte sie vorher für einige Monate ans Goethe-Institut, eben nach Brilon, zu ihrem und meinem Glück und Unglück; der Zufall, ein b'soffener Kutscher.

Marbella Mejía Pérez fiel durch ihre Lebenslust auf, »temperamentvoll« nannten das damals die meisten Deutschen mit einer Mischung aus Bewunderung und Vorbehalt. Und »temperamentvoll« war Marbella in der Tat. Später, als wir unsere Zimmerschlachten in Stuttgart führten, ich ein junger Redakteur, sie eine junge Mutter, fragte mein Feuilletonchef Richard Biedrzynski gelegentlich spöttisch, ob ich des Nachts zuvor wieder in die Ligusterhecke gefallen sei. Meine »temperamentvolle« Frau konnte mir nämlich schon nach Auseinandersetzungen mit ihren Fingernägeln durchs Gesicht fahren, so dass ich aus Scham eigentlich für Tage hätte zu Hause bleiben müssen, was ich mir aber aus Furcht, entlassen zu werden, die Probezeit als Volontär nicht zu überstehen, nicht leisten konnte. So überschminkte ich mit ihrem Make-up notdürftig die Wunden. Das war die Zeit, in der wir Hitchcocks »Psycho« zum ersten Mal sahen und uns unter der Dusche gruselten, also 1960 oder 1961.

Aber so weit war es in Brilon im Herbst 1958 noch nicht. Wir dachten nicht weiter als vom Tag in die Nacht, lebten sozusagen von der Hand in den Mund, mit einfachen Hauptsätzen und einem kleinen gemeinsamen Wortschatz, aber vielen gemeinsamen Gesten und Berührungen. Einmal, im Café, sagte ich zu einem Mexikaner, der in unserer Gruppe saß und sich kratzte: »Chinches?«, was »Flöhe« heißt. Und er lachte über meine Frage, sah Marbella spöttisch an und antwortete mir mit einem spanischen Sprichwort, das übersetzt etwa so lautete: »Man erschlägt den Fisch, der spricht.« Marbella übersetzte es mir, etwas holpriger, aber dafür lustiger. Überhaupt ergeben sich für junge Paare aus Sprachmissverständnissen noch eher Späße und Witze als Tragödien. Noch spielten wir »Pygmalion« von Shaw und nicht Strindberg oder Albee. Jedenfalls war der Rückschluss, dass ich ein Wort wie »Floh« auf Spanisch konnte, so etwas wie ein Hinweis auf die nächtliche Nähe unserer Beziehung.

Manchmal fuhren wir zu zweit über das Wochenende aus Brilon hinaus in die große Welt, also beispielsweise nach Münster oder Osnabrück. Ich weiß überhaupt nicht mehr, wie es mir mitten in den fünfziger Jahren und mitten im tiefschwarzen Münster gelang, für uns ein gemeinsames Hotelzimmer zu finden. Marbella sah in den Augen der deutschen Hotelangestellten an den Rezeptionen sicher »temperamentvoll« und »exotisch« aus, und dass wir hier waren, um gemeinsam die Wurzeln des Westfälischen Friedens zu erforschen, hat sicher niemand angenommen. Ich glaube, man sah uns die Sünde an, derentwegen wir hier waren. Aufgeflogen sind wir dennoch nicht; vielleicht wirkten wir derart rührend jung, dass man, wenn man schon an Liebe dachte, uns für Pfadfinder der Liebe hielt.

Doch ein Sprichwort, das ich meiner jungen Freundin damals bestimmt noch nicht hätte übersetzen können, bewahrheitete sich dann doch, nämlich dass der Krug so lange zum Brunnen geht, bis er bricht. Es kam die Stunde der Wahrheit, und sie kam deshalb, weil ich mich um die Wahrheit herumdrücken wollte.

Das Goethe-Institut machte von Zeit zu Zeit Exkursionen und Ausflüge, zum Beispiel nach Münster, das wir schon heimlich erkundet hatten, wenn auch zu anderen Zwecken. Diesmal ging es wirklich um sakrale Bauten und historische Stätten. Irgendwann in der Stadt merkte ich, dass sich die Gruppe der Südamerikaner separiert hatte, wahrscheinlich waren sie mehr am Besuch eines Cafés als an der weiteren Besichtigung eines Klosters interessiert. Ich, der Aufsichtslehrer einer anderen Klasse (und in einem anderen Bus platziert), konnte mich natürlich nicht separieren.

Als sich am Abend alle zur vorgegebenen Zeit wieder an den drei Bussen versammelt hatten, fehlten die Südamerikaner. Dr. Erk, der Direktor des Instituts, war ein strenger Mann von Prinzipien: Er gab den Abwesenden noch eine halbe Stunde und als diese verstrichen war, fuhren wir los. – Vielleicht hilft an dieser Stelle der Hinweis, dass es noch keine Handys gab und das Telefonieren von Postämtern einem Staatsakt gleichkam. – Er, Erk, und also auch wir ließen die Südamerikaner schutzlos im kalten Münster zurück. Sie müssen sich gefühlt haben, als hätten wir sie in der Wüste oder an einer Strombiegung am Amazonas, nein am Ganges ausgesetzt. Und ich hatte nicht einmal versucht, den Bus für meine heimliche Gefährtin aufzuhalten, ja nicht die geringste Anstrengung unternommen, alleine auf die Versprengten zu warten. Damals hatte ich natürlich noch keinen Führerschein, und dass ein Dozent am Goethe-Institut ein eigenes Auto gehabt hätte, war eher unwahrscheinlich. Später, in Ebersberg, gab es einen Kollegen, der schon ein Motorrad besaß.

Marbella jedenfalls fühlte sich verraten, schmählich von mir im Stich gelassen. Sie schaffte es aber, mit ihrer deutschen Ziehmutter, mit »Mutti Koch« in Düsseldorf, zu telefonieren, die sie sofort durch Fritz, den Chauffeur der Familie, abholen ließ. Niemals wieder würde man sie dem Goethe-Institut überantworten, das eine kleine, arme Fremde schutzlos auf der Straße hatte stehen lassen. Das alles erfuhr ich von den anderen lateinamerikanischen Studenten, die mit dem Taxi zurückgekommen waren. Dass Marbella ihren vorübergehenden Pflegeeltern natürlich auch ihre Beziehung zu mir gestanden hatte, erfuhr ich von Dr. Erk, der mir mit entsetztem Wohlwollen davon Mitteilung machte und mich bat, dafür Verständnis zu haben, dass er mich von meinen Lehrverpflichtungen entbinden müsse – jedenfalls bis »München« entschieden habe.

»München«, das heißt die Zentrale im Bernheim-Bau am Lenbachplatz, entschied, dass es besser wäre, wenn ich aus Brilon nach Ebersberg in Bayern versetzt würde, und so kam ich aus dem katholisch-sittenstrengen Brilon ins katholisch-lebensfrohe Ebersberg, das an einem See lag, auf dem im Winter Eisstockschießen veranstaltet wurde. Ich erlebte den rauschenden, ländlich rustikalen Fasching, und unsere Ausflüge führten uns nicht mehr nach Münster und Osnabrück, sondern zu den Schlössern Ludwigs II., Neuschwanstein und Herrenchiemsee. Ich war wieder da, wo ich sein wollte. Zurück aus der norddeutschen Verbannung.

Ich heiratete Marbella in der Kirche in Ebersberg, für den Anzug hatte ich ein Darlehen aufnehmen müssen, auf Ringe verzichteten wir und als wir – sie in roter Seide mit roter Stola, ich in einem glänzend anthrazitfarbenen Anzug mit nagelneuen spitzen Schuhen – im Auto des Institutsleiters, der liebenswürdige Münchener Bonhomie ausstrahlte, zum Standesamt fuhren, musste sich meine künftige Frau unterwegs übergeben, sie war schwanger.

Als wir uns nämlich so »temperamentvoll« getrennt hatten – es sollte nicht die letzte und nicht die heftigste Trennung werden –, fingen wir an, uns heftig nacheinander zu sehen (das hatten wir im Gefühlskino und Texten der Rancheros gelernt).

Sie saß weinend in ihrem Zimmer in dem Haus nahe der Flick-Villa in Düsseldorf-Meerbusch, in dessen Wohnzimmer ein echter Breughel hing, ein Gemälde von Winterfreuden, ich im Zimmer neben dem Stall mit den stampfenden Pferden. Ich lebte ganz ohne Winterfreuden, ich hatte keine Gefährtin mehr. Doch dann durfte sie mich, vom Chauffeur Fritz gebracht, besuchen. Und ich durfte mit Bus, Zug, Taxi von Brilon an Wochenenden nach Düsseldorf fahren, wo man mir freundlich Tee anbot, mich aber mit Marbella keinen Augenblick alleine ließ – am Abend musste ich mir in einer Pension ein Zimmer nehmen. Ich war der einzige Fussgänger in dieser Nobelsiedlung.

Und dann erhielt ich einen Brief von Marbella, auf Spanisch, den ich mir mühsam mit meinem Taschenwörterbuch übersetzte. An einer Stelle stieß ich auf das Wort »vino« und dachte an Wein, dann aber stellte sich heraus, dass es die Vergangenheitsform von kommen war. Etwas war »gekommen« beziehungsweise »nicht gekommen«. Und was »nicht gekommen« war, das war die Regel.

Daniel, er hieß nach seinem verstorbenen kolumbianisch-venezolanischen Großvater, kam in München »Rechts der Isar« zur Welt. Jetzt ist er Intendant in Kiel, seine Tochter, meine Enkelin, hat Züge aus dem schönen, dunkeläugigen Gesicht ihrer Stuttgarter Mutter und dem ihrer Großmutter, meiner ehemaligen Frau. Über den Großvater, nach dem Daniel heißt, erfuhr ich später, dass er sich jahrelang in seinem Zimmer vergraben und von der vielköpfigen Familie abgeschottet hatte, bevor er starb, ein Kolumbianer in Venezuela.

Als Daniel zwei Monate alt war, musste ich ihn und seine Mutter für einige Zeit im eingeschneiten Ebersberg allein lassen, in einer kleinen Wohnung zur Untermiete bei einer ledigen Frau, die voll boshafter Hilfsbereitschaft war und Marbella mit gesundem und krankem Misstrauen beäugte und umsorgte. Wieder hatte ich sie im Stich gelassen, wenn auch nur vorübergehend, als Vorhut der Familie auf dem Weg nach Stuttgart, wo ich beim Feuilleton angestellt worden war. Zunächst als Volontär – weil ein dreimonatiges Volontariat vorgeschrieben war – mit 700 Mark im Monat.

Ich wohnte wieder als »möblierter Herr« zur Untermiete und suchte eine Wohnung. Zunächst hatte mein Chef, Siegfried Melchinger, für mich ausgehandelt, dass ich als getrennt lebender Familienvater zusätzlich zu meinem Volontärsgehalt Zeilenhonorar für meine Artikel bekommen sollte. Doch diese Regelung bewährte sich nicht, denn es gab, wie es die Dame in der Buchhaltung ausdrückte, »böses Blut« bei den Kollegen, die, obwohl schon Redakteure, ja sogar Kulturredakteure, auf diese Weise weniger verdienten als ich. Wie in solchen Fällen üblich, wurden nicht deren Bezüge erhöht, sondern meine wieder auf das Volontärsgehalt zurückgestutzt.

Die Wochenenden verbrachte ich im verschneiten Ebersberg, der Neubau, in dem wir wohnten, lag über dem See und direkt gegenüber einer der scheußlichen Neubaukirchen der fünfziger Jahre. In der Nacht schrie mein Sohn und ruckelte mit dem Bett, indem er seinen Kopf gegen die Stirnwand stieß, immer wieder. Ich hätte aber auch sonst in der in wattigem Weiß versunkenen Stille nicht schlafen können, weil sich meine Kreditprobleme nachts ins schier Unendliche vergrößerten. Und am Sonntagmorgen, wenn wir endlich alle drei schliefen, zerschlugen die Glocken der Kirche den Schlummer. Ich habe, während ich mir die Decke über den Kopf zog, nicht einmal in Gedanken gewagt, das für ruhestörenden Lärm zu halten; schließlich war ich christlicher Abendländer und katholischer Familienvater.

Psycho

In Stuttgart wohnte ich in den ersten Jahren im Stadtteil Rohr, man fuhr mit der Straßenbahn hoch und noch über Stuttgart-Vaihingen hinaus, an der riesigen Leicht-Brauerei vorbei, deren Fabrikbrücke sich über die Straße spannte. Kurz vor der Endstation lag eine Neubausiedlung, zweistöckige Gebäude, ich bekam in der Haeckerstraße in einem Neubau eine Eineinhalb-Zimmer-Souterrainwohnung, die als Büro geplant war und die mir der Besitzer vermietete und für meine Bedürfnisse herrichtete; durch den großen Büroraum zog er eine Art Pappwand, um auf diese Weise ein kleines Schlafzimmer abzutrennen, das an die Nachbarwohnung grenzte. Die Fenster waren halb unter die Erde versenkt, die Wohnung war düster und wir hatten mit den Nachbarn, die mit ihrem Schlafzimmer an unseres stießen, dauernd Ärger, weil mein Sohn schlecht schlief oder ich und meine Frau sich lautstark stritten. Oder weil die Nachbarskinder schlecht schliefen und die Nachbarn sich lärmend auseinander setzten, bevor der Mann die Frau und die Familie verließ. Vorher hatte er mir einige Male aufgelauert und mir Prügel angedroht. Wir fühlten uns terrorisiert, und nachdem wir in Hitchcocks Film »Psycho« waren, bekamen wir in unserem Bad mit dem winzigen Klappfenster zwischen Zimmer und kleiner als Büro gedachter Küche klaustrophobische Anwandlungen.

Wenn wir ins Kino gingen, kamen wir mit der letzten Straßenbahn zurück und gingen durch das schwach erleuchtete Dunkel zu unserem Haus, das wie tot in der Siedlung lag. Meine Frau hatte in dem kleinen Wohnzimmer ein Klavier stehen, das sie aber kaum benützte. Und ein Radio, ein Braunradio mit Plattenspieler, den »Schneewittchensarg«. Daraus hörten wir Charles Aznavours »Du lässt dich geh'n« (»Tu t' laisses aller«), ein melancholisches Chanson, das der armenisch-französische Sänger auch auf Deutsch sang, um das Scheitern einer Ehe im

Gewöhnlichen zu beschreiben. »Du bist so komisch anzusehn/ denkst du vielleicht, das find ich schön?« Und: »Du läufst im Morgenrock herum/ziehst dich zum Essen nicht mal um, dein Haar/da baumeln kreuz und quer/die Lockenwickler hin und her«. Oder: »Mit deinen unbedeckten Knien/wenn deine Strümpfe Wasser zieh'n.« Oder gar: »Nur dein Geschwätz so leer und dumm/ich habe Angst, das bringt mich um.« Und immer der Refrain: »Du lässt dich geh'n, du lässt dich geh'n.« Während sich mir die traurige Wahrheit des Liedes sofort erschloss, obwohl sich Marbella keineswegs, was ihr Äußeres betraf, gehen ließ, rätselte ich über den Sinn der Zeile »Wenn deine Strümpfe Wasser ziehn« nach.

Ich spielte das Lied unserem Musikkritiker Carl Dahlhaus (der später, als Professor in Berlin, die Richard-Wagner-Gesamtausgabe betreute) vor, als er uns mit seiner Frau besuchte. Auch die Dahlhausens waren Außenseiter in Stuttgart, das verband, so dass wir uns gelegentlich zu einer Flasche Wein, Salzbrezeln, Käsewürfeln auf Zahnstochern und Erdnüssen besuchten. Und ich sagte ihm, dass ein solcher Schlager auch den Geist der Zeit enthülle. Er kicherte zustimmend, wir sahen uns kurz an, unsere Frauen, dann aber war er wieder schnell bei Adorno oder bei Heinz Hilpert, bei dem er in Göttingen als Dramaturg gearbeitet hatte. Er war ein Freund von Joachim Kaiser aus dessen Göttinger Studientagen, Kaiser hatte ihn Melchinger empfohlen. Da er aber ein strikter Musikkritiker mit einem blau rasierten Asketengesicht war, der sich, wie fast alle Musikkritiker, mit dem Publikum über die Opernpraxis oder den Bach-Stil des Kammerorchesters von Münchinger überwarf, überlebte er Melchingers Weggang nicht lange und wurde in Berlin Professor für Musikwissenschaften an der TU.

Ich erinnere mich noch ganz genau, wie ich eines Tages in die Redaktion kam und ihm, der wie wir alle Brechtianer war, nach einer Aufführung des »Guten Menschen von Sezuan« in Ulm sagte, es sei für mich schwierig, gerade diese Aufführung zu besprechen. Und noch ehe ich Gründe für meine Schwierigkeiten angeführt hatte, unterbrach er mich und sagte zu mir: »Wissen Sie, was mein Freund Jochen Kaiser mir einmal in einem ähnlichen Fall geraten hat? Er hat mir gesagt: ›Dann machen Sie doch die Schwierigkeiten, die sie damit haben, zu Ihrem Thema!‹« Diesen Rat habe ich im Laufe vieler Jahre oft weitergegeben. Auch weil er mir geholfen hat.

Damals, in Rohr, musste er sich nach Aznavour lateinamerikanische Schnulzen anhören, »Luchas Gáticas« oder »Malagueña« von dem Trio Los Paraguayos, die meine Frau ihm vorspielte. Das Ehepaar Dahlhaus duldete und genoss es heiter, und wir unterhielten uns wieder über Hilpert, über Gründgens, über das deutsche Theater und deutsche Musiker während der Nazizeit. Furtwängler zum Beispiel wurde von Dahlhaus heftig verteidigt. Und auf dem Plattenspieler des Schneewittchensargs lagen nach den Rumbas von Pérez Prado Beethoven-Symphonien, dirigiert von Furtwängler. Wir hörten das laut. Bis mein kleiner Sohn wach wurde. Oder die Nachbarn böse mit dem Besen gegen die Wand klopften. Carl Dahlhaus und ich rauchten an solchen Abenden Kette. Unsere Frauen auch. Und wenn wir uns trennten, war der Aschenbecher gehäuft voll mit Kippen, obwohl ich ihn manchmal zwischendurch in den Mülleimer ausgeleert hatte. Es entwickelte sich eine regelrechte Aschenbecherkultur; durch Druck und Drehen wurden Kippen und Asche unter eine Metallklappe befördert – bis sie klemmte.

Außer Zigaretten leisteten wir uns fast nichts im Überfluss. Am Wochenende hatten wir oft nur das Geld, das wir vom Supermarkt in Rohr für die zurückgebrachten Pfandflaschen bekamen. Aber wir hatten einen Babysitter. Sie hieß Hanni, hatte blond gefärbte, stahlartig toupierte Haare und trug einen atemberaubend kurzen Rock, noch keinen Mini-Rock. Wenn meine Frau sah, wie ich (ich dachte: unauffällig) die Beine von Hanni anstarrte und mit Blicken abtastete, bekam sie schlechte Laune. Mit seinem »Psycho«-Film hatte es Hitchcock irgendwie geschafft, dass dem katholisch schlechten Gewissen einer verdruckten Zeit der hygienische Mord unter der Dusche, der das Blut gleich gurgelnd wegspült, wie eine Strafe für eine Sünde erschien. Ich ging zum ersten Mal mit meinem Sohn ins Vaihinger Schwimmbad und weiß noch heute, wie ich über die vielen Fettbäuche der Männer erschrak. Zu Hause spielte ich meiner oft depressiv schlecht gelaunten Frau und mir in weinseliger Melancholie Aznavours »Du lässt dich geh'n« vor. Dass sie mich, die ich sie damals oft allein ließ, oft betrog und dass ich sie, oft unterwegs, hinterging, wussten wir erst später und haben es uns zu Recht und zu Unrecht übel genommen und achselzuckend oder liebend, auch lautstark und nach handfesten Auseinandersetzungen, verziehen.

Ehen in Philippsburg

Am 22. November 1963, am späten Abend, saßen wir zu dritt im Landtagsrestaurant schräg gegenüber der Stuttgarter Oper am Ende des Schlossgartens, der kurz vor dem wieder aufgebauten Stuttgarter Schloss in einem Kunstteich endete, in dessen flachem Wasser tagsüber stolze Väter die ferngesteuerten Boote ihrer Söhne bedienten. Im Schlossgarten vor dem Opernhaus ruhte damals noch ein Stuttgarter Kulturereignis: die »Liegende« von Henry Moore, eine der plumpen, schweren Frauenskulpturen des Künstlers, die mit ihrem massigen Körper und kleinen Kopf ein Frauenbild aus der Zeit der Echsen und Saurier zu transportieren schien; mit klassizistischer Schönheit jedenfalls hatte sie nichts gemein, weshalb sie bald darauf in einen weniger öffentlichen Innenhof verbannt wurde. Damals regte sich der schwäbische Bürgersinn vor allem wegen der staatlichen Kulturförderung für dieses kolossale weibliche Urgetüm auf (»Was des koschtet!«, hieß ein Stoßseufzer der stets kostenbewussten schwäbischen Volksseele). Oder, ironisch: »Wannscht die siescht, woischt du erscht, was mir für ein Glump daheim hent.« Es war keine frauenfreundliche Zeit.

Wir, zu dritt, das hieß Peter Palitzsch, der Regisseur und Brecht-Schüler, der nach dem Mauerbau im Westen geblieben war, so tat, als wäre das wider seinen Willen geschehen, und wohl auch daran glaubte, er erzählte uns Westlern, Martin Walser und mir, mit wohligem Schauder (auch über seine welthistorische Bedeutung), dass Manfred Wekwerth, Gralshüter am Theater am Schiffbauerdamm, ihm angekündigt habe, er, Peter Palitzsch, würde, falls in Bälde der Sozialismus in Deutschland gesiegt haben werde, im BE von einer spontanen Volksjustiz und einem sozialistischen Volksgerichtshof zum Tode verurteilt und entweder öffentlich füsiliert oder guillotiniert werden. Palitzsch malte sich das stolz-tragisch aus – er hatte wohl Büchners »Dantons Tod« im Hinterkopf.

Er gehörte zu jener bewunderten Theater-Spezies der »Brecht-Schüler« – zu der auch Egon Monk zählte –, die, obwohl abtrünnig vom DDR-Glauben, wie versprengte Reste eines ästhetisch-politischen Mönchsordens im kapitalistisch hedonistischen Westen wirkten und Theaterbekehrungen missionierend betrieben. Sie blickten wie strenge Asketen, meist schwarz gewandet mit schwarzem Rollkragenpulli oder schwarzer Brecht-Bluse mit Mao-Stehkragen auf uns schwatzsüchtige, genussfreudig unruhige Westler herab – wir waren für sie von der Fraktion »buy now – pay later«. Alle diese Brecht-Fratres im Westen hatten einen Pony-Haarschnitt, der ihr fransiges Haar glatt in die Stirn hängen ließ, und sie lächelten meist ostasiatisch. In Wahrheit waren es Brechts Bettelmönche wie Palitzsch, die schneller als wir einen Porsche fuhren. Und – in aller asketischen Strenge – mit ihren Schauspielerinnen nach streng sozialistischen Gesichtspunkten schliefen: erst mit den strengen Muttertieren à la Mutter Courage oder Gorkis Mutter, dann mit immer jüngeren Modellen, die die Shen Te, die

Grusche aus dem »Kaukasischen Kreidekreis« oder die heilige Johanna der Schlachthöfe spielten.

Palitzsch, ein schlanker, ja dünner Asket mit scharfer Brille und sächsischem Akzent, arbeitete als Regisseur, als Dramaturg à la Brecht, der jede Szene nach »Dialektik« oder V-Effekt aufschlüsselte (Liebe kam auf der Bühne nur als Widerspiegelung der kapitalistischen Warenwelt vor), und als Choreograf, der mit seiner schwarzen Silhouette und den strengen Bewegungen seiner langen Arme seine Schauspieler wie Linien durch das karge Bühnenbild Gerd Richters zog. Da er sozusagen auf dem dritten Bildungsweg (von Bitterfeld zu Brecht) zum Theater gekommen war, hatte er ungeheures Pech im Gebrauch von Fremdwörtern, die er liebte, aber entweder falsch gebrauchte oder falsch aussprach: Er sagte, »intrigieren«, wenn er »integrieren« meinte, »Kotau« und »Kothurn« verwechselte er ständig, indem er sagte, er wolle die griechischen Stücke nicht auf hohem Kotau inszenieren; auch zwischen »skeptisch« und »septisch« kannte er keinen Unterschied. Statt von »Rezensionen« sprach er von »Rezessionen«. Mir fiel im Zusammenhang mit Palitzsch immer Lichtenberg ein, der in den Sudelbüchern geschrieben hatte, jemand sei so hoch gebildet, dass er immer »Agamemnon« statt »angenommen« las, Palitzsch las immer »angenommen« statt »Agamemnon«. Mein Stellvertreter, Dr. Rückle, ein sechzigjähriger lebensfroher Schwabe, verachtete den Brecht-Schüler dafür. Und wenn ich Palitzsch bewundernd verteidigte, sagte er zu mir, das rühre von meiner unterwürfigen Flüchtlingsmentalität her: »Den stecken Sie in die Tasche, wenn Sie nur wollen«, sagte er. Palitzsch hätte gesagt: Der ist für Sie kein Konkurs! Und gemeint: keine Konkurrenz.

Dr. Rückle versuchte mich von den ideologischen Debatten höchst solide und gebildet abzubringen, indem er mir die erotischen Vorzüge der Ballett-Mädchen anpries. Ich war damals schon geschieden. Er lebte mit einer sympathischen fünfzigjährigen Verlagsleiterin zusammen. Die Beziehung ging auseinander, als seine Lebensgefährtin ihn, der immer dämonisch freundlich mit den dritten Zähnen grinste, auf dem Sonnendach ihrer Ferienbaracke mit unserer Dramaturgie-Assistentin erwischte, wie sie es nackt in der Sonne trieben. Die Assistentin war einundzwanzig, hatte einen Schnurrbart, war liebenswürdig und mollig und hatte sich gerade mit einem anderen gleichaltrigen blassen Dramaturgen verlobt – ja das tat man damals noch. Jetzt heiratete sie Dr. Rückle. Die beiden wurden sehr glücklich.

Am Abend des 22. November 1963 aber saßen Peter Palitzsch, Martin Walser und ich im Restaurant des Württembergischen Landtags bei herrlich goldgelb und fettig glänzendem Kartoffelsalat und einem schwäbischen Zwiebelrostbraten mit Ackersalat, als plötzlich der Lautsprecher zu rauschen begann. Wir hatten einen langen Probentag hinter uns. In Walsers Stück »Überlebensgroß Herr Krott« spielte Hans Mahnke die urzeitliche Figur des müden, aber unsterblichen Kapitalisten, der bewegungslos in den Bergen dem Untergang entgegendämmert, neben ihm seine Frau (Mila Kopp) und seine Schwägerin Edith Herdegen. Für die Rolle des Kellners hatten wir Hanns Ernst Jäger als Gast gewonnen. Das gewichtige Parabelstück war also so gut besetzt, wie es in der damaligen deutschen Theaterszene nicht besser ging. Selbst die kabarettistischen Dialoge (»die sexuelle Not der Tiere in der Großstadt schreit zum Himmel«) sprachen diese Schauspieler, in einer fahlen Endspiel-Landschaft liegend, mit einer Kraft, die auch für Shakespeares Königsdramen gereicht hätte. Wir waren in den Endproben. Und jetzt dieser Lautsprecher.

Nie zuvor hatten wir abends in dem Restaurant eine Ansage gehört. Lautsprecher waren im Landtag, einem nach außen bräunlich spiegelnden kubischen Glasbau, wohl dazu gedacht, während der Pausen von Landtagssitzungen die Abgeordneten von Kaffee und Kuchen wieder in den Plenarsaal zu rufen. Jetzt, spät am Abend, verkündete der Lautsprecher, der amerikanische Präsident sei bei einem Attentat in Dallas/Texas im offenen Wagen angeschossen worden und kurz darauf im Krankenhaus seinen Verletzungen erlegen.

Wenn ich mich recht erinnere, hat es eine Weile gedauert, bis sich die Meldung in ihrer ganzen Schwere in unseren Köpfen durchsetzte. Wir saßen wie gelähmt. Weil Kennedy bei einem Wiener Gipfel von dem ungeschlachten Kreml-Boss Chruschtschow das Fürchten gelernt, dann in der Frage des Raketentransports nach Kuba die Welt in Atem gehalten hatte, die nie so nah vor einem dritten Weltkrieg, der atomaren Katastrophe stand, weil Kennedy in Berlin seinen berühmten Satz, Balsam auf die Seele der in geteilten Staaten und der in der geteilten Stadt lebenden Deutschen, »Ich bin ein Berliner« gesagt hatte, war die Bestürzung hier besonders groß. Kennedy verkörperte auch die deutschen Hoffnungen und so fing Deutschland spontan zu trauern an. Und während wir noch wie paralysiert dasaßen, verließen Zuschauer das Opernhaus, ein stummer Menschenstrom: Der künstlerische Betriebsdirektor schickte die Opernbesucher nach Hause, die Vorstellung war abgebrochen worden

Wir sahen Menschen durch die Nacht durch den dunklen Park nach Hause, zu den Bahnen und Parkplätzen streben, mit eingezogenen Schultern, und Walser sagte, während aus dem Lautsprecher Einzelheiten des Attentats in Dallas sickerten, stumpf: »In unserem Stück wird eine Wäscherin von Herrn Krott erschossen.« »Ja«, sagte ich, »und das soll auch noch komisch wirken.« Herr Krott, der in den Bergen brachliegende Kapitalist, erschießt, weil er auf dem Liegestuhl plaidbedeckt auf sein Lieblingsvergnügen, die Jagd, nicht verzichten will, eine Wäscherin, die der Alte, fast blind geworden, für einen Vogel hält. Und Walsers Text spottet in einer »Romeo und Julia«-Persiflage: »Es war die Wäscherin und nicht die Nachtigall!«

Wir drei blickten uns in düsterer Erkenntnis an. Das Weltereignis hatte sich auf einmal, wie uns dumpf klar wurde, in eine Theaterkatastrophe für uns verwandelt. Wir können jetzt nicht eine Wäscherin abknallen lassen, dachten wir. Das geht nach Dallas nicht. Niemand will im Augenblick darüber lachen, dass auf der Bühne jemand erschossen wird, und sei es auch nur zum Spaß. Wir waren entsetzt. Ausgerechnet unsere Premiere hatte der Attentäter von Dallas hingerichtet, hingemeuchelt.

Wir haben die Premiere von »Überlebensgroß Herr Krott« dann um vierzehn Tage verschoben: für die Menschheit ein winziger Schritt, für das Theater damals eine kleine Katastrophe, für die Geschichte nicht einmal die Fußnote zu einer Fußnote.

Vergessen, dass die Wäscherin vierzehn Tage später den Theatertod durch Hans Mahnkes Flinte starb. Im Sommer zuvor hatte uns – Peter Palitzsch und mir – Martin Walser ein anderes Stück vorgelesen – die »Zimmerschlacht«, keine Parabel über einen Kapitalisten, sondern eine Ehekomödie, die ein trauriges Paar lustig entlarvt.

Wir waren zu Martin Walser gefahren, der am Bodensee, damals noch in Friedrichshafen, lebte – in einem alten, schönen, eher düsteren Haus mit einem großen Garten, den ich als leicht verwildert in Erinnerung habe.

Walser verfügte über einen Charme, den er laut und offensiv zu gewaltigen Umarmungen einsetzte – nicht taktisch, er verfügte von Natur aus über eine erotische Lebensstrategie, die aus dem ursprünglich wohl eher verklemmten, verschüchterten Gastwirtjungen herausgebrochen war und ihn so zwanghaft alles, was ihm in die Quere kam, erobern ließ. Männer als Freunde, Diener seines Werks als Vermehrer seines Ruhms, Frauen, nun ja, als Objekte einer übersteigerten Libido, wie wir sie alle hatten, die aus dem Korsett der fünfziger Jahre auszubrechen suchten.

Walsers Ausbruchsdrang muss besonders groß gewesen sein; er war im Krieg als Halbwaise bei einer gewiss strengen Mutter aufgewachsen – vom Kohletragen für ihre Kohlenhandlung hatte er gewaltige Pranken und zog Bauarbeiter beim Fingerhakeln über den Tisch –, und er hatte seine erste Jugendliebe geheiratet. Sie führten eine katholische Ehe am Bodensee, hatten bald mehrere Töchter, und seine Romane (»Ehen in Philippsburg«, »Halbzeit«) handeln davon, wie er immer wieder von zu Haus ausbricht, wie das schlechte Gewissen ihm die Treppen als kaputtes, zerschepperndes Kinderspielzeug hinterherläuft. Sein Alter Ego ist in »Halbzeit« ein Vertreter, was denn sonst in den fünfziger Jahren?, und Martin Walser war bei Lesungen, bei Diskussionen, bei Theaterproben der Vertreter eines neuen Lebensgefühls, über das er schrieb, um es ausleben zu können, und auslebte, um sein schlechtes Gewissen durch literarische Beichten zu besänftigen.

War er nicht unterwegs, so holte er sich seine libidinöse Welt an den Bodensee, wo Bewunderinnen in Gestalt von Studentinnen, Rundfunkredakteurinnen, Literatur-Groupies (das Wort gab es damals noch nicht), kurzum: potentielle Anbeterinnen in sein Haus kamen, aufgenommen wurden und – wenn man auch nur seinen Halm- oder Zürn-Romanen glauben darf, und ich glaube, man darf – sich in aufregende, weil verquer heimliche Beziehungen mit ihm einließen. Kleine Tragödien ohne Verbindlichkeit, denn da er schreiben konnte, war er so geschickt feige, dass so gut wie nichts passierte. So geschickt feige wollten wir damals alle sein, wir hofften, dass die Liebe keine Wunden hinterlässt, und sorgten dafür, so gut wir konnten. Walser hat seine Frau nie wirklich verlassen, so deutet es sein soeben erschienener letzter Roman, der »Augenblick der Liebe«, an, vielleicht weil er diese Spiele aus Schuldgefühlen, unterdrückter Geilheit im Kreise der Lieben, Ausbruchsversuchen, die kläglich und ermüdet enden, zum Leben braucht wie der Teufel das Weihwasser – sonst wäre er ja kein Gottseibeiuns.

Er hatte Freunde, immer wieder hat er welche dazugewonnen. Siegfried Unseld, den er vom Studium her kannte, in dem er sich einen Verleger nach seinem Wunschbild malte, während Unseld auf Walsers literarisches Talent angewiesen blieb und seinerseits (schlecht bezahlte) Lektoren, die ihm die Suhrkamp-Kultur aufbauten (Walter Boehlich, Günther Busch, Karlheinz Braun, Karl Markus Michel und viele mehr), verschliss und überrumpelte; sie waren zwei lebensfrohe Kumpane, die gemeinsam Ski fuhren und die literarischen Partys beherrschten.

Walsers Freunde waren immer auch seine Rivalen, er liebte sie und war eifersüchtig, sobald sie ihn in seiner Primus-Rolle bedrohten; so war er zwar nicht von intellektueller Brillanz wie sein Freund Enzensberger, aber dem überließ er leicht das Feld des Essays und der Lyrik. Uwe Johnson, den düsteren Chronisten der deutschen Teilung aus Mecklenburg, wie Walser vom Lande, aber von ernsthafteren Skrupeln geplagt und mit mehr Bodenhaftung als der zum Wegfliegen neigende Walser, der eben auch ein Luftikus war, Uwe Johnson hat er beneidet und gefürchtet, als der ihn auch bei Unseld in der literarischen Gunst zu verdrängen schien. Und er hat nicht ohne Bosheit beschrieben – in seinem Roman »Die Brandung« lässt sich das nachlesen –, wie Johnson im alkoholischen Unglück zu versinken drohte. Und versank.

Ich hatte ihn als junger Kritiker bei der Premierenfeier für »Eiche und Angora« am Schillertheater kennen gelernt, und als er in früher Morgenstunde in Dieners »Tattersall« merkte, wie eine mir gegenübersitzende Schauspielerin unter dem Tisch aus ihrem einen Schuh schlüpfte und, obwohl sie neben ihrem Mann saß, mir irgendwann mit dem nackten Fuß zwischen die Oberschenkel fuhr, war er wach und eifersüchtig, weil er mit ihr, wie Uwe Johnson auch, an anderen Abenden die gleiche Anmache erlebt hatte. Nachdem meine Kritik über seine Nazi-Farce und Heimat-Satire erschienen war – sie war positiv –, bekam ich von ihm einen freundlichen Brief und wir sahen uns ziemlich oft.

Zum Beispiel bei den legendären Suhrkamp-Abenden während der Buchmesse, wo er mich beobachtete, wie ich mit einer jungen Frau am Boden saß und mich lange und ziemlich ernsthaft unterhielt. Schon hielt er es für nötig, mich zu warnen:

Dieses Mädchen, das wisse ich vielleicht nicht, gehöre zu Max Frisch, und da sei es unanständig … Aber ich habe mich doch nur mit ihr unterhalten, warf ich mit nicht einmal gespieltem gutem Gewissen ein. Eben, sagte Martin Walser, schon das allein sei unanständig. Seine Eifersucht bezog sich auch darauf, dass ich wegen dieser Unterhaltung die lautstark geführten Schaukämpfe zwischen ihm und Wolf Jobst Siedler nicht mit der nötigen Aufmerksamkeit in der Reihe seiner Claqueure verfolgt hatte.

Einmal, die Gruppe 47 tagte in Saulgau – es war die berühmte Tagung, bei der Peter Weiss seinen »Marat/de Sade« vorlas und vortrommelte –, hat er mich aus Stuttgart von den Proben mitgenommen. Aber er vergaß, mich dem Chef der Gruppe 47, dem allmächtigen Hans Werner Richter, vorzustellen (den er später, als die Berliner Walter Höllerer und Günter Grass zu Zentralfiguren der Gruppe avancierten, den »Feldwebel der deutschen Literatur« nannte), und als mich Hans Werner Richter erblickte und streng fragte, ob ich eine Einladung habe, und ich herumstotterte »Nein!«, war Walser natürlich irgendwo anders – jedenfalls spurlos verschwunden. Auf Jagd nach Wäscherinnen. Ohne Flinte. Oder er war auch nur mit Uwe Johnson in einer Kneipe. Jedenfalls flog ich an diesem Abend hochkant aus der Lesung – und fuhr betrübt und gedemütigt zurück nach Stuttgart, mitten in der Nacht, mit irgendeinem blöden Bummelzug, der auf irgendeinem Bahnhof endete, ehe ich in aller grauen Herrgottsfrühe weiter- und zurückkonnte.

Später hat Uwe Johnson Walser große Vorwürfe gemacht, weil er mich im Stich gelassen habe im Saulgau. Aber auch das war ein Stellvertreterkrieg, der nur die beiden betraf.

War ich mit Walser befreundet? Wenn zwei gleich gesinnte Egomanen das sein können, sicher. Er wurde der Taufpate meines zweiten Sohnes Manuel und meine Frau ist in einem seiner Romane bis zur Kenntlichkeit ihrer exotischen Ausstrahlung vertreten. Die schönste gemeinsame Zeit erlebten wir in Middlebury in Vermont, als wir gleichzeitig im Sommer 1973 am College unterrichteten. Wir genossen den unwahrscheinlich schönen Ostküstensommer in dem grünen Land mit seinen weißen Kirchen und weißen Bauernhöfen, den roten Scheunen, in denen Studentenkneipen eingerichtet waren, die Freiheit jener Jahre, die von braun gebrannten Hippies und jungen Motorradfahrern und ihren Motorradbräuten (»Easy Rider«) umlagerten Drugstores. Tagtäglich spielten wir Tennis gegeneinander und natürlich hat es Walser fertig gebracht, mich am letzten Tag beim letzten Match zu besiegen, so dass ich als Geschlagener wieder heimfuhr nach Europa.

Einmal, bei einem Sommerfest in der Mensa, tanzte er so wild mit einer aus Lettland stammenden amerikanischen Studentin – sie hatte ein breites, slawisches Bauerngesicht mit knubbeliger Nase –, dass die beiden stürzten und gegen 2 Uhr nachts in ein Krankenhaus gebracht werden mussten. Ich wartete mit ein paar anderen auf sie bis zum Morgengrauen in einem living room der schönen alten college dorms und als sie kamen, beide mit eingegipsten Gliedmaßen, er den Arm, sie ein Bein, sahen wir sie durch den Morgennebel den Hügel emporsteigen; Renate, so hieß sie, humpelte an einer Krücke, Walser hatte auch einen Verband um die Stirn. Es sah aus wie eine Szene aus einem Katastrophenfilm – Apocalypse now –, während sie, ein einsames geschlagenes Paar, im Nebel den Hügel hochgehinkt kamen.

Später, mit dem »Literarischen Quartett«, kühlte sich die Beziehung zwischen Walser und mir ab, obwohl er mir am Anfang noch in ein Buch schrieb, dass er mir danke, wie ich ihn »gegen den Schwall« (gemeint war Reich-Ranicki) in einer Sendung verteidigt hätte. Einmal im »Quartett« entlud sich diese Dauerfehde zwischen Reich-Ranicki und Walser mit einem Donnergrollen. Die Sendung wurde in einer gewittrig schwülen Augustnacht vom ORF-Studio Salzburg »live« übertragen.

Wir besprachen Walsers neues Buch, ich glaube, es war die »Verteidigung der Kindheit«, und saßen unter der hohen Kuppel, die wegen der feuchtschwülen, drückenden Hitze leicht geöffnet war.

Reich-Ranicki legte, nachdem ich das Buch vorgestellt hatte, heftig los. Er argumentierte, wie immer, wenn ihm etwas nicht gefiel, mit leidenschaftlicher Lautstärke, wobei er seine Rede mit wegwerfenden Armbewegungen begleitete. Plötzlich, mitten in einen langen Satz hinein, entlud sich über der Kuppel ein Gewitter; ein gewaltiges Donnern und drohendes Nachgrollen war zu hören. Reich blickte auf, drehte die Augen hinter seinen dicken Gläsern nach oben, unterbrach sich und sagte in den Donner hinein, die Arme zum Himmel erhoben: »Man wird doch noch was gegen Walser sagen dürfen!«

Jahre zuvor, im Sommer 1963 also, fuhren Peter Palitzsch und ich von Stuttgart nach Friedrichshafen zu Walser; in Palitzschs Auto, damals noch ein Karmann-Ghia. Ich hatte noch kein Auto und noch nicht mal einen Führerschein, wohl aber einen Parkplatz mit dem Schild »Chefdramaturg«, von meinem Vorgänger, Jörg Wehmeyer, übernommen.

Als Wehmeyer ging und mir sein Büro und seinen Parkplatz und seine Sekretärin, die großartige Frau Pfeifer mit dem zum strengen Knoten zusammengefassten Haar, ihrer schwäbischen Akkuratesse und nüchternen Gescheitheit, hinterlassen hatte, die erste der vielen tüchtigen und mich mit erstaunlichem Verständnis ertragenden Sekretärinnen, die mir mein Leben erleichtert, ja mein Berufsleben erst ermöglicht haben – von Frau Kaeser bei der »Stuttgarter Zeitung« über Frau Stegmann bei der »Zeit«, Renate Freisler-Böhm beim »Spiegel« und Mine Bertrand beim »Tagesspiegel« –, als also Jörg Wehmeyer Stuttgart verließ, hatte ihn Arno Assmann als neu gewählter Kölner Intendant nach Köln geholt, zurück in die Heimat. Er war damals der höchstbezahlte Dramaturg Deutschlands, mit 2000 Mark Monatsgehalt.

Doch das Glück währte nicht lange: Arno Assmann, der nicht nur Intendant, sondern auch Regisseur und Schauspieler war, probte auf der Bühne, Jörg Wehmeyer hatte in seinem Büro den Lautsprecher an, als jemand klopfte, die Tür öffnete und wieder wegwollte, weil er sah, dass Wehmeyer, die Füße auf dem Schreibtisch, zurückgelehnt in seinem Sessel der Lautsprecher-Übertragung von der Bühne lauschte. Doch Wehmeyer sagte: »Kommen Sie ruhig herein. Sie stören nicht. Ich höre mir gerade die falschen Töne unseres Chefs an!«

Das Pech für Wehmeyer war, dass er das laut und dröhnend sagte und dass in diesem Moment Frau Assmann an seinem Büro vorbeiging. Assmann hat sich dann schnell von Wehmeyer getrennt, das »Vertrauensverhältnis« sei »zerstört«.

Jetzt also fuhren wir mit Palitzschs Karmann-Ghia zum Bodensee und ich dachte (oder glaube ich das heute nur, dass ich das dachte), dass Palitzsch zu dem Motor seines Autos ein ähnlich unglückliches Verhältnis hätte wie zu den Fremdwörtern.

Walser war ein großartiger Gastgeber, der uns zusammen mit seiner Frau Käthe erst mit Kaffee und Kuchen, dann mit schwäbischen Weinen traktierte, ein zufriedener, breit in seinem Zuhause lebender Hausvater. Die familiäre Geborgenheit, ja die häusliche Behäbigkeit waren ihm ebenso auf den Leib geschnitten wie die Auswärts-Spiele, die er bei den Theaterproben, auf der Buchmesse oder bei Lesungen absolvierte, windhundartig mit angespannter Schnelle, ein Jäger auf der Ausschau nach Beute. Hier war er ganz zu Hause. Und wenn er nicht zu Hause war, wirkte er, als wollte er nie zu Hause sein. Ich erzähle das auch, weil ich ihn für eine paradigmatische Figur unserer Generation halte.

Bei Kaffee und Kuchen eröffnete uns Walser, er wolle uns sein neues Stück vorlesen, ob er das dürfe. Es sei ein Einakter, den er gerade geschrieben habe: »Die Zimmerschlacht«.

Walsers Stück (das sein größter Bühnenerfolg werden sollte) handelt von einem Ehepaar, das auf die Hochzeit ihres besten Freundes eingeladen ist und sich dafür gerade fein macht. Ihr Freund heiratet zum zweiten Mal, er hat sich von seiner Frau, mit der das Ehepaar ebenfalls befreundet ist, getrennt, hat sie für eine viel Jüngere eingetauscht. Bei der Vorbereitung auf den Hochzeitsabend redet sich das Freundespaar immer mehr ein, dass sie nicht auf diese Hochzeit gehen werden; sie werden absagen. Vorgeblich aus Rücksicht auf ihre arme verlassene, sitzen gelassene Freundin. In Wahrheit jedoch, so stellt sich heraus, weil der Mann es nicht ertragen kann, dem Freund bei seinem Triumph zuschauen zu müssen. Der hat sich getraut, eine jüngere, blendend schöne Frau zu wählen und dafür seine erste, mit ihm gealterte Frau im Stich zu lassen!

Walser las uns also sein Stück vor. Und sagte zu seiner Frau mit einem halb maliziösen, halb verlegenen Lachen, dass dieses Stück von einem Ehepaar handele. Und es sei völlig klar, dass das mit ihrer eigenen Ehe nicht das Geringste zu tun habe.

Sein Blick wechselte von uns zu seiner Frau und wieder zurück. Blinzelte er uns zu, in männlichem Einverständnis? Lieferte er seiner Frau diese Erklärung als Schutzbehauptung, weil er wusste, dass Autoren da alles ausplappern, wo Kavaliere, laut Redensart, schweigen und genießen? Jedem von uns war klar, dass dies eine Trickserei, eine Ausrede war. Denn Walser, der seine Texte mit der Hand schrieb, mit schöner, schwungvoller Schrift, ließ alle Manuskripte von seiner Frau mit der Schreibmaschine abschreiben. Und aus einem solchen Typoskript las er uns vor und tat so, als würde sie den Text jetzt zum ersten Mal hören und dabei missverstehen können.

Es mag sein, dass Walser uns als erstes öffentliches Auditorium ausprobierte, Palitzsch und mich, um seine Frau auf die späteren Reaktionen eines größeren Publikums schonend vorzubereiten. Es mag aber ebenso gut sein, dass diese Vorlesung vor Vertrauten durchaus zur Inszenierung seiner Ehe gehörte, als Mischung aus Maskierung und Demaskierung.

Mir war sofort klar, welches private Erlebnis sich durch diese traurige Farce literarisch Bahn brach. Walser war mit dem Feuilleton-Redakteur der »Süddeutschen Zeitung«, Hans

Joachim Sperr, eng befreundet, auch weil beide gemeinsam beim Süddeutschen Rundfunk gearbeitet hatten. Sperr hatte sich von seiner Frau getrennt und die junge, ungewöhnlich attraktive und gescheite Maria Carlson geheiratet. Walser war Trauzeuge – und nicht der Ehemann. Er hat sie seinem Freund Sperr überlassen – wohl auch weil er zu feige war (oder zu vernünftig oder zu moralisch, was alles auf eines hinausläuft), Sperrs Konsequenzen zu ziehen.

Maria Carlsson, die kongeniale Updike-Übersetzerin, heiratete später Rudolf Augstein, dem sie zwei schöne und gescheite Kinder gebar. Walser hat mir erzählt, dass Sperr an dieser Frau gestorben sei. Wie das?, fragte ich. Ja, er habe über seine Verhältnisse leben müssen, finanziell. Von Bauernmöbeln erzählte er mir; ich verstand sofort, auch aus eigenem Wissens- und Kontostand, dass ein Feuilletonist finanziell überschätzt wird. Und dann erzählte mir Walser, dass Sperr nach der Trennung rasch gestorben sei, er erzählte es wie mit trauriger Genugtuung. Gestorben?, fragte ich. Selbstmord? Nein, sagte Walser, Sperr sei im Keller auf einen rostigen Nagel getreten, barfuß, und an der Blutvergiftung gestorben. Aber das war doch ein Unfall?, warf ich ein. Walser sah mich mitleidig an. »Zufall, Unfall?«, sagte er, »wenn du meinst!«

Die »Zimmerschlacht« wurde 1967 an den Münchner Kammerspielen uraufgeführt, inszeniert hatte sie damals der eigensinnige, großartige Fritz Kortner. Auch er, mit Johanna Hofer verheiratet und in lebenslanger Zimmerschlacht mit ihr verbunden, nahm das Stück persönlich. Dem Ehepaar in Walsers Alter war er längst entwachsen, also schrieb er mit Walser zusammen einen zweiten Akt – nach dem Motto: Die Liebe währet ewiglich, oder auch: Hört denn das nie auf!? Dieser zweite Akt bewährte sich nicht. Spätere Aufführungen strichen ihn wieder ersatzlos. In der Fernsehversion spielen Martin Benrath und Gisela Uhlen das Paar.

Mit Martin Benrath hatte ich später einen winzigen Gast-

auftritt in Peter Beauvais' TV-Film von den »Glücksuchern«
von Dieter Wellershoff. Es ging um Untreue und Verlassen-
werden. Ich spielte einen Kritiker, was sonst?, zu dem Benrath,
als er ihn in der Maske beim Schminken trifft, ironisch sagt:
»Schön wie ein Skilehrer!« Eine winzige Rache Beauvais' an
einem Kritiker.

In Stuttgart, 1963 im Winter, saß Martin Walser einmal des
Morgens in meiner Wohnung, wir arbeiteten an einem Text.
Walser, trotz seiner geballten Lebenskraft ein verfrorener Hy-
pochonder, hatte einen langen Schal um sich geschlungen und
kroch förmlich in sich zusammen. Ich, dem es ein Leben lang
zu heiß ist, hatte die Fenster offen, Walser fand, dass es zog.
Meine erste Frau lebte damals wieder in Südamerika. Die Wohnung war verwaist. Walser fröstelte, er stand auf und schloss
das Fenster. »Ich kann versteh'n, dass deine arme Frau dich
verlassen hat. Als Venezolanerin in diesem Zug und in dieser
Kälte!« Wie wahr! Aber ganz so einfach war es nicht.

Es gibt viel zu tun ...

Eigentlich müssten meine Jahre in Stuttgart von 1960 bis 1969
eine glückliche Zeit gewesen sein, wenn man unter glücklich
versteht, dass man ein Ziel vor Augen hat, dass man voran-
kommt in einer Zeit, deren Perspektive das Vorankommen ist.
Man blickt erwartungsfroh und optimistisch in die Zukunft.
Vorankommen, das war Deutschlands damalige Bewegungs-
richtung: Schneller, weiter, höher! Mehr, mehr, mehr!
  Wir, meine Generationsgenossen, meine Stuttgarter Freunde
und ich, hatten Raum, uns auszubreiten, wir füllten das Va-
kuum, das die Kriegs- und Nachkriegsvergangenheit hinterlassen hatte – zumindest bildeten wir uns das ein. Wir waren

Aufsteiger in einem Aufsteigerland, Karrieristen in einem neuen Spiel, das Karriere noch als Fortschritt ansah, als eine Leiter, die hinaufführte zum Besseren. Selbst der Kalte Krieg schien, trotz Mauerbau (oder gerade deswegen?), seine Schrecken zu verlieren wie die Ideologien, die ihn bestimmten. Die Ideologie, nach der wir lebten – ohne es dauernd zu artikulieren und ohne es uns auch nur bewusst machen zu müssen, war, dass wir ohne Ideologie lebten, einfach lebten, tolerant, nach dem simplen Prinzip »Was du nicht willst, dass man dir tu, das füg auch keinem andern zu!« Das glaubten wir wirklich, wenn wir uns krachend kumpelhaft auf die Schulter schlugen, den andern anerkennend, um sich selber anzuerkennen.

Wir arbeiteten viel, und es gab viel zu arbeiten (Es gibt viel zu tun, packen wir's an!, hieß später ein Esso-Slogan). Und man ließ uns arbeiten. Wir, das waren meine Freunde und ich, Journalisten, Rundfunkjournalisten, Fernsehjournalisten, Werbeleute, Fotografen, Schriftsteller, Schauspieler, Verlagsleute, Graphiker, junge Professoren, Architekten, Maler, Bildhauer. In Stuttgart wuselte es von Menschen wie uns, die alle etwas Neues machten und dabei auch noch Karriere. Hier drehte Hans Magnus Enzensberger mit dem Psychiater und Filmer Ottomar Domnick seinen Film »Jonas« – Jonas, das war der Name der Stunde; Jonas, der im Bauche des Walfischs überlebt. Stuttgart war der Bauch des Wals, eine neue coole Metropole, voll von neuer moderner (Jazz-)Musik, voll von modernster Architektur im stolzen Schatten der Weißenhofsiedlung und der modernen Kunstakademie.

Hier entwickelte der SDR das Fernsehspiel, für das er eben mal Samuel Beckett als Regisseur seiner eigenen Werke nach Stuttgart einlud. Eine optimistisch gestimmte Zeit lechzte nach Becketts Nihilismus. Jedenfalls leistete man ihn sich. Von Stuttgartern wurde die Bavaria gegründet, die erste moderne TV-Produktionsstätte, für die Peter Zadek am Anfang Fernsehspiele im Stile der Littlewood und des englischen Küchenrealismus entwickelte; auf den Bühnen herrschte irisches Chaos.

Fernsehautoren wie Roman Brodmann und Wilhelm Bittorf entwickelten neue Formen der gesellschaftskritischen Fernsehreportage, des Fernseh-Essays, die – beim Schah-Besuch beispielsweise – eine neue, nicht mehr nur staatstragende Öffentlichkeit schufen, zum ersten Mal durch das Fernsehen. Hier drehte Loriot seine ersten Sketche, fast beiläufig begann die Karriere des größten Humoristen und Satirikers der Bundesrepublik. Kameraleute wie Willy Pankau schufen eine fernsehgerechte Sehweise, Schauspieler und Regisseure, Drehbuchautoren und Dramaturgen stürzten sich erfolgreich wie erfolglos in das neue Medium, tollkühn, mit Kopfsprung wie in ein neues Gewässer, dessen Temperaturen, Strömungen, Tiefen und Untiefen man noch nicht kannte.

Wir alle meinten, an einem Strick, an einem Strang zu ziehen; dass dabei einige, um im Bild zu bleiben, wenn sie strauchelten, stranguliert wurden, merkten wir kaum, wir bemerkten es mit einem bedauernden Achselzucken.

Ich schrieb damals meine ersten Bücher, Monografien über Max Frisch und Carl Sternheim, Beiträge für ein Lexikon des Welttheaters, das Henning Rischbieter und Siegfried Melchinger im Verlag »Theater heute« herausgaben – der Zeitschrift des Jahrzehnts für das sich erneuernde und prosperierende Subventionstheater –, auch das Theater war eine Institution, mit der die Gesellschaft sich kritisch beäugte und spiegelte, während sie sich in lauten und leiseren Skandalen aus dem Korsett der fünfziger Jahre befreite. Ich war Redakteur, Dramaturg, entwickelte eine Fernsehreihe für Jugendliche, die ihre Kreativität für das Theater fördern sollte – »Schreib ein Stück!« hieß sie, alles an ihr war jung, die Redakteurin, die Autoren, die Schauspielerinnen, die Schauspieler, die Regisseure, die Kameraleute. Ich schrieb für das Feuilleton der »Welt«, der »Süddeutschen«, für die »Zeit«, ich schrieb Rundfunkkommentare und machte für das Kulturprogramm »Titel, Thesen, Temperamente« des Hessischen Rundfunks Sendungen über die Buchmesse, führte vor der Kamera Streitgespräche mit Robert Neumann und Josef von Sternberg, drehte ein langes Porträt über Max Horkheimer.

Merkwürdigerweise hatte ich, je mehr ich mich in meine Arbeit stürzte, umso mehr Zeit zum Leben. Bei Berlin-Besuchen saß ich in Dieners »Tattersall«, trank bis zum Morgengrauen – die Stadt hatte keine Polizeistunde – mit Günter Grass Bommerlunder und hörte den alten Biberti von den Comedian-Harmonists-Zeiten erzählen, während er in sein Glas stierte. Uwe Johnson saß hier oder Schauspieler vom Schillertheater, die Nächte während der Theatertreffen, zu deren Jury ich für ein paar Jahre gehörte, waren lang, im »Zwiebelfisch« oder in der Bar des Hotels »Am Steinplatz«, wo fast alle Theaterleute wohnten, wie alle Filmkritiker während der Berlinale im »Schweizer Hof« in der Budapester Straße. Man verließ die Lokale ins Tageslicht, es waren Feiern ohne Ende.

Damals entwickelte sich eine Diskussions- und Debattierwut, der die Theater am Vormittag oder nach den Vorstellungen ihre Bühnen zur Verfügung stellten. Hier wurde über Hochhuths »Stellvertreter« geredet, über die »Ermittlung« von Peter Weiss, später über Stücke zum Vietnam-Krieg – die Bühnen waren die Ventile, durch die eine sich allmählich formierende außerparlamentarische Opposition Dampf abließ. Es waren Solidarisierungsveranstaltungen und man suchte den Beifall, die Zustimmung der Studenten, die die Säle füllten. Hier wurde die stillschweigende öffentlich-rechtliche Übereinkunft von Autoren, Regisseuren, Dramaturgen und Schauspielern durchbrochen, die alle eine Weile gemeinsam aus der als lammfromm und langweilig empfundenen, sich endlos hinschleppenden Adenauer-Ära und der nachfolgenden Zeit der Großen Koalition auszubrechen suchten.

Ich weiß noch, wie ich in Stuttgart von jungen Unternehmern zu Gesprächen in ihre Häuser eingeladen wurde, wie sich um Künstler wie Hajek oder Industrielle wie Dürr Diskussionsgruppen bildeten, wie man sich für lange Nächte im »Club Voltaire« traf, in Kneipen, in denen die Besäufnisse einen

Anstrich von politischem Fortschritt und gesellschaftlichem Rebellentum bekamen. Es war eine Boheme-Revolte gegen die als spießig empfundene Enge der Wiederaufbaujahre.

Nicht dass wir gleich gemerkt hätten, dass sich die politische Stimmung mit der wachsenden gesellschaftlichen Ungezwungenheit veränderte. Zunächst einmal genossen wir es, dass wir auf Vernissagen und Lesungen unsere neuen provozierenden Ausdrucksmöglichkeiten feiern und begießen konnten. Dass man bei den solidarischen Umarmungen auch fremde Frauen in den Armen hielt, war nicht das beabsichtigte Ziel, aber ein nicht unerwünschtes Nebenergebnis.

So löste sich in dem Rausch der Feste und dem Schwall der permanenten Feiern und Diskussionen die Arbeit der Theaterleute, Journalisten, Galeristen, Künstler auf; Buchhandlungen (wie die von Wendelin Niedlich in Stuttgart) wurden zu Treffpunkten – erst stritt man heftig, dann feierte man bis zur Besinnungslosigkeit – und immer bis in den grauen frühen Morgen: »Gegen Morgen, in der grauen Frühe pissen die Tannen. Und ihr Ungeziefer, die Vögel, fängt an zu schrein.« Diese Brecht-Verse beschrieben unsere Morgenstimmung.

Trotzdem waren wir, noch, gemeinsam mit der etablierten Gesellschaft, auf dem Weg nach oben, auf dem Weg nach vorne. Die jungen Rebellen rissen die Gesellschaft noch mit, sie wurden als chic, avantgardistisch, modern empfunden, als die nötige Unruhe in der Saturiertheit, die sich breit machte.

Damals schrieb ich das Kapitel über das spanische Barocktheater, über Calderón, Lope de Vega, Tirso de Molina. Im Zusammenhang mit Tirso de Molinas »Don Juan« stieß ich auf den barocken Begriff – Ausdruck einer damaligen Seelenlage – des »desengaño«, des Ekels, des Überdrusses, der Nichtigkeit, ein Gefühl, wie es Goethe im »Faust« mit dem Stoßseufzer »Und so taumle ich von der Begierde zu Genuss / Und im Genuss verschmacht ich nach Begierde« ausgedrückt hat. Ich will hier keine neue deutende Übersetzung dieses Begriffs versuchen, ich weiß nur, dass Mozarts »Don Giovanni« diese verzweifelte Genusssuche aus Überdruss mit schönster düsterer Lust und Verve, mit Gier und Todesgier vollkommen ausdrückt. Und mit der musikalisch wie szenisch vermittelten Ahnung, dass es sich um eine abschüssige Bahn handelt. Ich weiß auch, dass Brecht, der dieses Gefühl nur zu genau kannte – das »Baal«-Gefühl –, später mit pädagogischem Schraubgriff versucht hat, es dem Klassenkampf einzuordnen.

Ich mache einen Zeitsprung nach vorne. 1968, ich war gerade als Theaterkritiker bei der »Zeit« engagiert, fuhr ich zu meiner ersten Premiere, dem »Don Juan« von Molière in der Brecht-Bearbeitung, die ich für meine neue Zeitung besprechen sollte, nach Berlin. Benno Besson, neben Brecht Mitbearbeiter bei dem Molière-Stück, war bereits für die Uraufführung 1952 am Volkstheater Rostock verantwortlich, eine Meisterinszenierung des »epischen Theaters«. Jetzt, über 15 Jahre später, gab es eine Neuinszenierung am Deutschen Theater. Ich besuchte die Premiere in Ost-Berlin, fuhr mit der letzten S-Bahn vor Mitternacht in den Westen, wo ich leider mit ein paar Schauspielern bei »Diener« gründlich versackte, feierte meine Premiere bei der »Zeit« als private Premierenfeier – viel zu lang, viel zu gründlich, bis in den Morgen. Um Punkt 10 Uhr sollte mich die Sekretärin aus dem Feuilleton der »Zeit« im »Hotel am Steinplatz« anrufen. Ich wollte ihr die Kritik dann telefonisch durchgeben. Als mich das Klingeln dann aus einem schweren Schlaf riss, hatte ich gerade wie bewusstlos geschlafen. Ich hatte die erste Kritik für die »Zeit« glatt verschlafen, weil ich meinen Glücksrausch, nun bei dieser wunderbaren, einflussreichen, überregionalen Zeitung Theaterkritiker zu sein, ausschlief. Ein kurzer Stich im Kopf, ein Moment der Verzweiflung, dann sagte ich der anrufenden Sekretärin, sie solle mich doch bitte in genau 10 Minuten noch einmal anrufen, ich schriebe gerade die letzten Sätze. Ich sprang aus dem Bett (der heftige Sprung ging als schmerzhafter Riss durch meinen schweren Schädel), legte das Programmheft neben das Telefon (natürlich noch ein Telefon mit Schnur) und ließ mir dann unter der Dusche minutenlang abwechselnd glühend heißes und eiskaltes Wasser über Kopf und Körper rauschen.

Mit einer Flasche Mineralwasser bewaffnet, wartete ich auf den Anruf und diktierte anschließend meinen Text, den ich mit Hilfe der Besetzungsliste aus dem Programmheft mit den passenden Schauspielernamen auffüllte, aus dem Stegreif – so als hätte ich ihn auf dem Papier formuliert. Als ich fertig war, wurde mir so sterbenselend, dass ich mich zitternd nach der überstandenen Anstrengung übergeben musste. Ich schwor »Nie wieder!«, und diesen Schwur habe ich, was meine Arbeit betrifft, gehalten. Rückblickend aber weiß ich, dass das, was mich zu dieser Verzweiflungstat der Kritik trieb, genau dieses »desengaño« ist – eine Art nihilistischer Leichtsinn, der vieles, ja alles für einen Moment aufs Spiel setzt.

Übrigens ist diese Kritik, die ich, aus dem Schlaf gerissen, geschrieben habe, in einem Band über Brechts episches Theater nachgedruckt worden – sie liest sich, als hätte ich sie mit aller Sorgfalt durchformuliert. Ich war halt noch sehr jung.

Einer meiner Stuttgarter Freunde war der aus Schwäbisch Hall stammende Fotograf Karo. Er hatte rotes Kräuselhaar, trug eine Nickelbrille, meist schwarze Hosen und schwarze Hemden und war in Stuttgart mit einem Schlag ein gefragter Werbefotograf. Ich erinnere mich noch plastisch, wie er eines Tages den Werbeauftrag einer großen Bierbrauerei bekam und wie im Garten der von ihm gemieteten Villa nahe der Weinsteige ein Fass angestochen wurde und Biergläser mit den hellsten Scheinwerfern angestrahlt wurden, nachdem man sie in Eis abgekühlt hatte, bis sie beschlugen. Der gewünschte Effekt wurde aber erst erzielt, nachdem man eine Lampe im Bierglas versenkt hatte, die das gelbgoldene Nass wie eine Fata Morgana aufleuchten ließ: »Durst wird durch Bier erst schön«, hieß damals ein Slogan der Bierwerbungen. Und: »Zwei Worte – ein Bier!«

Nach geglücktem Ende der Fotostrecke tranken wir, Karos Freunde, das Fass leer und aßen dazu Brezeln, Rote Würste und Leberkäs. Es war einer der vielen Abende, an denen in Karos Haus ausgiebig gefeiert wurde. Er hatte mit seiner Frau Lore Zwillingssöhne, fuhr mit wachsendem Erfolg immer schnellere Autos, nahm Flugstunden und amüsierte seine Gäste, von denen sich immer irgendwelche in seinem Haus aufhielten, auch wenn er und seine Frau nicht da waren, mit dem Alphabet, das er beim Piloten-Unterricht lernen musste.

An dem Abend nach dem fotografierten Bier hingen wir alle zuerst in den Gartenstühlen herum, dann, als es kühler wurde, in den Sitzmöbeln im Wohnzimmer. Wir, das waren Schauspieler, ein Psychiater, der sehr erfolgreich Freud auf schwäbisch buchstabierte, seine schöne Frau, mit der alle flirteten, ein junger Wiener Schauspieler, ein Freund von Helmut Qualtinger, ein Maler, andere Fotografen und Oliver Storz, inzwischen bei der Bavaria in München. Damals war gerade ein neues Wort aufgetaucht, das Wort »Frust« – eine Art Wiederauferstehung des barocken Begriffs »desengaño«. Wir hingen also gelangweilt, ermüdet, aber zum Gehen unentschlossen in den Sitzmöbeln herum: Wir waren wie in die Stimmung von Antonionis Film »La notte« getaucht. Oder noch eher: in die des Buñuel-Films »The Exterminating Angel« (»Der Würgeengel«) von 1962, in dem Gäste nach einem Highsociety-Essen unfähig sind, die Räume zu verlassen, so als hielte sie ein unsichtbarer Engel zurück.

Da also saßen wir und machten, mit immer dünner werdenden Lachern, die Gläser mit dem schal gewordenen Bier in der Hand, Wortspiele um die Wette – alle mit Frust: »Waldes Frust«, rief einer, eine andere nannte den »Frusteinbruch des Winters«, die »Früste des Zorns«, »Frust ist in der kleinsten Hütte«. Es war ein Spiel von Gelangweilten, die wieder nüchtern werden und sich ihre »Frustspiele« (für Lustspiele) plappernd von der frustrierten Seele reden wollten. Wie ein nebliger Morgenhauch hatte uns die neue Stimmung erfasst. Wir konnten nicht weggehen, weil wir auf etwas warteten, von dem wir wussten, dass es nicht kommen würde.

Bald darauf feierte Karo mit fast panischem Lebenshunger und einer fiebrigen Angst davor, dass ihm das Leben davonlaufen könnte, seinen vierzigsten Geburtstag, Unruhe erfasste ihn, wenn der Frust ihn übermannte. Im Winter und Frühjahr saß er am Freitagabend vor dem Fernseher und sah sich den Wetterbericht für die Alpen an. Gab es Schnee, schnallte er die Skier aufs Dach seines Mercedes und bretterte los.

Und dann, kurz vor München, hatte er einen schweren Autounfall, bei dem er verbrannte. »So klein war er zusammengeschnurrt«, erzählte mir eine gemeinsame Freundin und markierte zwischen wenig ausgebreiteten Händen die Körpergröße eines Zwerges. »Was jetzt so pocht und trotzt«, dichtete der Barockdichter Gryphius, »ist morgen Asch und Bein.« Karos Witwe, die mit den Zwillingen zurückblieb, hatte viel zu tun, bis sie die Schulden abgezahlt hatte, die er im Hinblick auf seine glänzende Karriere gemacht hatte.

1968, ich war kurz vor dem Umzug von Stuttgart nach Hamburg, schenkte mir meine Sekretärin zum Abschied Bert Kaempferts Version von »Strangers in the Night«. Ich war bis dahin auf den Frank Sinatra der Swing-Ära kapriziert, auf »South of the Border« oder »The Lady is a Tramp« oder »Night and Day«. »Strangers in the Night«, das schien mir mit dem Kurkonzert-Rhythmus, tschingderassabum, ich war vierunddreißig Jahre, Altherrenmusik, »schubi dubi du!«. Das letzte Silvester in Stuttgart 68/69 verbrachte ich im ausgebauten Dachgeschoss der Villa von Karo. Ich kann heute nicht mehr sagen, ob er da schon tot war. Aber wenn, warum hätten wir dann dort feiern sollen? Aus Trotz? Dennoch? Zu seiner Erinnerung? Die ganze Nacht spielten, tanzten und sangen wir »Strangers in the Night«, als Nationalhymne einer Generation. Inzwischen liebe ich das Lied. Ich bin ja auch schon älter. Es gab damals ein Graffito, das hieß:

To do is to be
Sokrates

To be or not to be
Shakespeare

Du be du be bee du
Sinatra

Ein anderer Stuttgarter Freund war Kurt W., Professor der Kunstakademie am Weißenhof, die damals ein Zentrum modernen Designs war. So wie sich das moderne Theater damals zwischen Ulm und Stuttgart entwickelt hatte – in Ulm war Kurt Hübner Intendant, bevor er nach Bremen ging und Regisseure wie Peter Zadek, Peter Palitzsch, Wilfried Minks, Schauspieler wie Norbert Kappen, Hannelore Hoger, Friedhelm Plok hatten in Ulm wie in Stuttgart gearbeitet –, so gab es zwischen der HfG Ulm, der Hochschule für Gestaltung, anfangs von Max Bill und ab 1962 von Otl Aicher geprägt, und der Stuttgarter Akademie eine rege, fruchtbare Verbindung, deren Kreativität aus den fünfziger Jahren herausführte.

Kurt W. der aus Hamburg stammte, hatte mich zu Vorträgen vor seinen Studenten eingeladen. Er war gerade von einem Besuch in New York wieder gekommen und hatte ganz neues Werbe- und Anschauungsmaterial mitgebracht – zum Beispiel das handgefertigte Poster eines Restaurantbesitzers aus Brooklyn, der für sein Etablissement mit dem entwaffnenden Spruch geworben hatte: »Kommen Sie zu mir herein – sonst müssen wir beide verhungern.« Kurt W. hatte kreative Gesamtkonzepte für die Deutsche Post (das gelbe Posthorn als Zentralsymbol gehörte dazu) oder für etliche Pharmakonzerne entworfen. Der Vortrag, den ich bei seinen Studenten hielt, betraf ein SDS-Plakat, das sich der Sozialistische Deutsche Studentenbund als politisch aktiviertes Plagiat einer Bundesbahn-Werbung ausgedacht hatte. Die Bundesbahn warb damals gegen die übermächtige Konkurrenz des individuellen Autoverkehrs mit dem einzigen ihr verbliebenen Trumpf, ihrer Robustheit gegenüber dem Wetter: »Alle reden vom Wetter, wir nicht«, hieß der Slogan.

Der SDS hatte ihn enteignet und verfremdet, ihn auf ein knallrotes Plakat gesetzt, auf dem die berühmte Ahnenreihe der drei sozialistischen Klassiker prangte, die Köpfe von Marx, Engels, Lenin, eine Kopfgalerie mit abnehmendem Bartschmuck: vom wallenden Rauschebart des Karl Marx über den herabhängenden Vollbart mit gewaltigem Schnauzer Friedrich Engels' bis zum Spitzbart von Wladimir Iljitsch Lenin. Josef Wissarionowitsch Stalin mit seinem Schnurrbart war schon seit Mitte der sechziger Jahre nach der Entstalinisierung aus dem Tempel der Klassiker entfernt worden. Und weder Ho Chi-minh noch Mao, Che Guevara oder Fidel Castro, die Nachfolger in der Stalin-Ikonografie, wurden – obwohl von der internationalen antikolonialistischen Revolutionsbewegung, also auch vom SDS hoch idolatriert – in die Ahnenreihe aufgenommen. Ihre Leistungen für eine bessere, gerechtere Menschheit, die damals unter dem Rubrum »Kulturrevolution« firmierten, waren zwar noch nicht als die grauenhaften Massenmorde und Lynchaktionen durchschaut, deren extremste Ausprägung der kambodschanische Genozid war, aber die deutschen Linken demonstrierten zwar gerne mit Mao-Bildern und -Bibeln, mit Ho-Chi-minh-Spruchbändern oder Che-Guevara-Postern: Die Aufnahme eines dieser Idole in die Klassikerreihe wollten sie nicht. In diesem Zusammenhang scheint es mir nicht unwichtig, darauf hinzuweisen, dass die Kulturrevolutionäre der Dritten Welt ihre Bildung auf den neomarxistischen Schulen etwa von Paris bezogen haben: Hier wurde die Theorie für die Genozide der Kulturrevolution gelegt. Und der deutsche Baader-Meinhof-Terrorismus war zwar die vergleichsweise sanfteste Welle der Kulturrevolution, aber wenn die Gruppenmitglieder bei der Entführung Schleyers beispielsweise begleitende Polizisten, die en passant dabei umgebracht wurden, als »pigs« (Schweine) bezeichneten, dann war das die Haltung aller Kulturrevolutionäre – auch die abgeschlachteten Bullen waren ja

Soldaten des Feindes im weltweiten Befreiungskampf der ehemals durch den Imperialismus Geknechteten der Dritten Welt.

Damals, als es das schöne witzige Plakat mit Marx, Engels und Lenin gab, war die Kulturrevolution in Deutschland an den Hochschulen wie in den USA oder in Frankreich wirklich noch eine Kultur-Revolution, das heißt, es ging um Design, um besseren Geschmack, um eine Aufmöbelung und Mobilisierung der Warenästhetik, die Zufuhr frischer Luft in eine undurchlüftete Welt, ja manchmal um die Mund-zu-Mund-Beatmung einer in Agonie röchelnden Kulturwelt. Das Rot des Plakats war eine Werbefarbe, stark. Sie war nur rot wie Blut, sie forderte kein Blut. Noch nicht. »Alle reden vom Wetter, wir nicht!« Das heißt, der umfunktionierte Slogan des Bundesbahnplakats polemisierte spielerisch gegen eine verspielte Welt: Lass uns nicht mehr vom Wetter reden, sondern von den wesentlichen Dingen. »Mensch, werde wesentlich!« Ich fürchte, ich habe damals noch nicht für das Unwesentliche, das Spielerische plädiert – dafür, wie human es ist, über das Wetter zu sprechen, wie es die englische Demokratie so erfolgreich getan hat – gewiss auch zur Tarnung finsterer kolonialistischer Ziele, aber vielleicht doch mit weniger Unerbittlichkeit.

Vielleicht hatten wir in den sechziger Jahren die frisch gewonnene Banalität eines Lebens, in dem jeder nur nach seinem privaten Glück, seinem egoistischen Vorteil strebt, schon wieder satt. Ich erinnere mich an ein unsägliches Buch von Hans-Jürgen Syberberg, der sich über die feisten, spießigen deutschen Touristen in Paris lustig machte und zu der Feststellung fand, wie viel heroischer, existenzieller die deutschen Besatzer von 1941 bis 1944 in Paris aufgetreten seien in ihren Kommissstiefeln. Ein Hauch von Ernst Jünger wehte damals durch Deutschland – und er bewegte die Extremen rechts wie links.

Dabei hätten wir alle besser auf das Wetter achten sollen (nicht nur auf die sich anbahnende Klimakatastrophe), auf die Witterung, auf das verstörte Klima der Gesellschaft.

Ich hatte Kurt W., einen Mann von feinster Ironie und höchstem Geschmack, der in seiner ästhetischen Radikalität auch sein Stottern besiegte, bei einem Stuttgarter Unternehmer näher kennen gelernt, der so etwas wie ein Monopol für Klimaanlagen hatte, für die er (oder Kurt W. für ihn, wer weiß?) mit dem Goethe-Satz »Luft, Clavigo!« warb. Der Unternehmer Hannes K. hatte ein offenes Haus, das er gerne mit Künstlern und Kultur-Journalisten bevölkerte. Er war reich, offen, gleichzeitig lebenslustig und schwer verstört, und in seinem Haus wurde ebenso gescheit gestritten wie wüst gefeiert. Er hatte, wenn ich mich richtig erinnere, in seiner Villa am Killesberg damals schon ein ziemlich großes Hallenbad und nach einer Feier schwammen bei Tagesanbruch im Becken mehrere große Geldscheine herum. Warum? Bloß so. Andererseits genoss er es und wusste es sehr zu schätzen, dass ich, im Vergleich armer Schlucker, das Taxi bezahlte, wenn wir von Zeit zu Zeit zu seiner Villa fuhren.

Der »Luft, Clavigo«-Unternehmer, der auf rührende Weise aufgrund einer Augenschwäche schielte, war mit einer Deutsch-Argentinierin verheiratet. Die Ehe muss nicht sehr gut gewesen sein und nicht immer funktioniert haben, jedenfalls ist er seiner Frau einmal nach Buenos Aires nachgereist und hat sich dort in einem Hotelzimmer (ich nehme an, es war ein Luxushotel) erhängt. Einfach so. Darauf kehrte seine Frau Mimi nach Deutschland zurück und führte das Leben in der Villa weiter. Und mit eigener Hand seine Firma.

Kurt W., der Grafiker und Designer, war mit einer schönen jungen Frau verheiratet, die so russisch aussah, wie sie hieß, Olga. Beide, er und sie, ähnelten einander durch ihre Zähne, die zurückstanden, als würden sie in den Mund zurückgedrängt, und während er Hamburgisch sprach, sprach sie Schwäbisch. Sie war elegant, dunkles, locker hochgestecktes Haar, wunderschön unauffällig angezogen. Ich hatte immer den Eindruck, dass sie sich zu dem Klimaanlagen-Unternehmer hingezogen fühlte, nicht nur wegen des gemeinsamen Dialekts, sondern auch wegen der gemeinsamen Schüchternheit. Während er, wenn er sich erregte oder exponierte, immer stärker schielte, wurde sie rot, wenn sie sich erkühnte, witzig oder entschieden in die Debatten einzugreifen. So schön sie war, sie hatte keine schöne Stimme. Und während sie krächzte, meist sehr lustig entschiedene, kluge Sachen herauskrächzte, lief eine Röte von ihrem Gesicht über ihren Hals in ihren Ausschnitt.

Kein halbes Jahr nachdem sich Hannes K. in Buenos Aires aufgehängt hatte, kam Kurt W. nach Hause in sein schönes Haus am Killesberg mit den vielen Trouvaillen: Pfeifen, Kunstgegenständen, Bestecken – er sammelte einfach alles. Alles, was schön war. Alles, was durch seine Sammlung schön wurde. Als er die Haustür öffnete, sah er seine Frau, zuerst ihre Beine, dann ihren Körper. Sie hatte sich erhängt. Niemand konnte und wollte mir erklären, warum. Irgendwann hat mir eine Freundin erzählt, dass Olga den Tod von Hannes K. nicht überwunden habe. Sie habe ihn sehr gemocht.

Ehen in Philippsburg: Stuttgart war ein Kessel, der manchmal einen übergroßen Druck auf alle Beteiligten ausübte – obwohl die Vertreter der Kulturszene sich inzwischen auf die Höhenlagen zurückgezogen hatten; von dort aus blickten sie – Hanglage – in die Stadt, Weinberge ringsum, Wälder um den Fernsehturm, der architektonisch schöner war als alle die plumpen Nachfolge-Türme in anderen Großstädten. Ein Kessel mit Überdruck, doch vielleicht ist das Bild vom Fass angemessener, das überläuft, irgendwann, wenn sich die Beteiligten Tropfen auf Tropfen zugemutet, sich bis aufs Blut gequält hatten.

So war es auch mit dem Schauspieler T. B., der einen festen fleischigen Körper hatte, ein festes fleischiges Gesicht mit einer gewaltigen Nase, einen knautschigen Mund, Lippen, zwischen denen er gewaltige Orgeltöne hervorstieß. Er hätte also zur klassischen Röhre werden können, zum Deklamationskünstler, wäre er nicht ein hochmoderner Schauspieler gewesen, der mit sich selber so umging, dass sich neben seiner Redlichkeit und Bodenschwere (er schien immer ein Lederwams zu tragen) auch eine verschlagene Brutalität und ein sich in der Stimme überschlagender Mutterwitz bemerkbar machte. In der Tat konnte er auch eitle Standbilder von Knattermimen auf die Szene stellen, man merkte, dass er psychische Abgründe in sich verdeckte, obwohl er aussah wie ein Götz von Berlichingen, ein Meister Anton aus dem Katalog.

Er war mit einer zarten Schauspielerin verheiratet, mit der er drei Töchter hatte; sie hatte ihren Beruf für die Familie aufgegeben und sie wohnten halbhoch über der Stadt, in deren Kesselmitte das Theater lag. Da fand er oft nicht den Weg nach den Proben und Vorstellungen zu seinem Zuhause, eigentlich das Übliche. Aber über das Übliche hinaus ging sein Verhältnis mit einer Kollegin. Jedenfalls wurde die schwanger. Was sich nach der Geburt des Kindes der Geliebten in seiner Familie abgespielt hatte, kann man nur ahnen; nichts drang nach außen. Ein Jahr später wurde seine Freundin zum zweiten Mal schwanger und er gestand das seiner Frau und seinen drei Töchtern. Dann fuhr er hinunter ins Theater, in die Vorstellung.

Am Ende der Vorstellung erreichte ihn eine furchtbare Nachricht, es war, als hätte Medea sie ihm gesandt, aber es war eben kein Theater, wo es ja laut Hamlet heißt, es werde nur »zum Spaß« gemordet. Seine Frau hatte, kaum war er aus dem Haus, versucht, sich und ihren kleinen Töchtern die Kehle durchzuschneiden. Damals wurde gerade ein Stück von Dürrenmatt gespielt, die »Physiker«, zu dem Dürrenmatt angemerkt hatte: »Eine Geschichte ist dann zu Ende erzählt, wenn sie ihre schlimmstmögliche Wendung genommen hat.« Die »schlimmstmögliche Wendung«: Die Frau und eine kleine Tochter überlebten schwer verletzt, die anderen beiden Mädchen starben mit durchschnittener Kehle.

Der Koloss von einem Mann hat das, über die Jahre gesehen, eigentlich gut verarbeitet, er hat Karriere gemacht, wurde zum typischen Thomas-Bernhard-Schauspieler und hat sich nach Ende der Vorstellung und nach dem Applaus, wie man mir erzählte, immer in seine Kellerräume zurückgezogen, wo er eine Werkstatt hatte, in der er verbissen zimmerte und tischlerte.

Als ich in Sonnenberg wohnte, einem Traumviertel Stuttgarts noch über und hinter dem Stadtteil Degerloch, wo die verschlungene Weinsteige aus dem Tal kam, war mein Nachbar F., ein Rennfahrer und Werkfahrer von Porsche. Wir fuhren oft gemeinsam in den Möhringer »Hirschen«, er »privat« in einem Bentley, wo es die besten Maultaschen (zum Beispiel in der Ochsenschwanzsuppe) gab und herrliche schwäbische Weine, noch aus dem Fass. F. war zum zweiten Mal (vielleicht auch zum dritten Mal) verheiratet. Seine frühere Frau war während einer Fahrt über die italienische Mille Miglia buchstäblich bei einem Unfall geköpft worden. Sein Wagen hatte sich überschlagen, als er versuchte, einem anderen, der ihm die Vorfahrt raubte, mit überhöhter Geschwindigkeit auszuweichen. Zum Gedenken veranstaltete er in seinem Swimmingpool in Sonnenberg mit seiner neuen Frau und Gästen (zu denen er mich gerne zählte) Jahre später ein Gedächtnistauchen. Seine in Italien tödlich verunglückte Frau war nämlich eine glänzende Dauertaucherin gewesen, die immer neue Zeitrekorde aufgestellt hatte. Also musste seine sehr dralle jetzige Frau, die sich einen gewaltigen Busen hochzubinden hatte, vor Gästen und vor ihm an lauen Abenden im Pool den Rekord seiner Verflossenen einzustellen versuchen. Sie tauchte und tauchte, geschafft hat sie es wohl nicht. Dafür schenkte sie ihm einen Sohn.

In seinem Büro bei Porsche hatte er hinter seinem Schreibtisch einen gewaltigen Wandschmuck, das als Kunstwerk an der Wand befestigte Wrack eines Porsche, mit dem er einmal einen Unfall mit Totalschaden hatte, sich aber aus den Trümmern fast unversehrt hatte retten können.

Kurz darauf wurde er beim Überholen eines Lasters so bedrängt, dass er im schweren Regen mit seinem Porsche unter die Räder des LKWs kam. Er war wohl sofort tot. Seine Frau musste nicht mehr tauchen und magerte schnell wieder auf ein ihr angemessenes Normalmaß ab. Ich war ein Nachbar, der sich ab und zu abends um sie kümmerte, ich konnte zu ihrer Villa und ihrem Pool zu Fuß hinüberstiefeln.

Als ich schon in Hamburg wohnte, habe ich sie besucht und dabei Claus Croissant näher und besser kennen gelernt, den Baader-Meinhof-Anwalt, der schließlich in den Untergrund abwanderte. Croissant und ich saßen bei der Witwe (er hatte ihren Mann sehr gut gekannt, auch Croissant war ein Porsche-Fahrer), sie bewirtete uns mit Wein, und Croissant ließ sich ihre Fotoalben zeigen. »Schau, schau, schau!«, rief er dann erregt und zeigte auf die Bilder einer junonischen Frau, »so hat das Schwein sie gemästet.« Daneben machte er sich Sorgen, ob er Frau F.s Telefon benutzen könnte (für seine Gespräche mit seinen Mandanten im Untergrund) – ohne abgehört zu werden. Frau F. winkte verächtlich mit der Hand. Ihr war das alles völlig egal.

Croissant, aus einer hugenottisch pietistischen Familie, war ein Theaternarr und mochte das Theater, das ich damals vertrat. Er war ein eher hässlicher junger Mann, mit rotem Gesicht und einer Haarkranzglatze, aber sein ungestümes Naturell, gepaart mit einer gewissen Rücksichtslosigkeit, verlieh ihm eine dynamische Ungezwungenheit. Als junger Anwalt in einer angesehenen Stuttgarter Kanzlei galt er als Glückspilz, gerne gesehen, gerne überall eingeladen. Er glänzte durch Charme und war ein waghalsiger Autofahrer. Büro und Junggesellenwohnung hatte er erlesen ausgestattet, er sammelte zum Beispiel Uecker, wenn ich mich recht erinnere.

Als ich ihn schon etwas länger kannte, erzählte er mir von seinem Leid, seinen Schmerzen. Er hatte sich in die Frau des Architekten verliebt, der das Stuttgarter »Kleine Haus« gebaut hatte – und viele andere Repräsentativbauten. Und es stimmte, die Frau des Architekten, viel spontaner, herzlicher, einfacher als ihr Mann, der ein saturierter, steifer Baumeister war, noch dazu von großer, zur Schau gestellter katholischer Frömmigkeit, passte auf den ersten und auch zweiten Blick besser zu Croissant, der zwar auch längst etabliert war, aber gerne noch das Enfant terrible spielte.

Immer wieder erklärte er mir, dass sie ihn so liebe wie er sie.

Aber zu feige sei – die »verlogene Ziege« –, ihren bigotten Ehemann zu verlassen. »Du kannscht dir nicht vorstellen, was für ein Spießer und Heuchler er ist! Du glaubscht es nicht.« Und er benutzte seinen Glatzkopf förmlich als Rammbock, um mich von der Verlogenheit dieser Ehe zu überzeugen, aus der er die Frau befreien wollte, die dies aber offenbar keineswegs wollte.

Ich bin mir ziemlich sicher, dass es auch diese verspannte Liebesgeschichte war, die den selbst in seinen sexuellen Leidenschaften schwäbisch-puritanischen Croissant in seine Verstrickungen mit dem Terrorismus gejagt hat.

Wie ich mir später auch sicher war, dass es die gescheiterten Beziehungen zwischen Ulrike Meinhof und Klaus Rainer Röhl, zwischen Vesper und Ensslin waren, ihre Enttäuschungen und Verzweiflungen, die sie in den Terrorismus getrieben haben. Ihre moralische Enttäuschung versuchten sie »politisch« zu verkraften. Ensslin entstammte einem schwäbisch-pietistischen Pfarrhaus.

Die Apo rührt sich

Die ersten großen innenpolitischen wie außenpolitischen Krisen, die wir, meine Zeitgenossen und ich, durch das Fernsehen miterlebt haben, hatten ihren Anfang in der Kuba-Krise, die mit der Ankündigung einer Blockade Kubas durch Präsident John F. Kennedy begann, während sowjetische Schiffe mit Raketenbauteilen auf die Insel Fidel Castros zufuhren. Der große Krieg zwischen den beiden Großmächten schien kaum noch vermeidbar, bevor buchstäblich in letzter Minute die sowjetische Flotte abdrehte. Wir, meine Frau und ich, saßen damals im Souterrain-Wohnzimmer vor dem kleinen Schwarzweißschirm, andere Mieter des Hauses in der Haeckestraße waren dazugekommen, denn Fernseher waren damals noch relativ rar. Ich hatte als Redakteur der »Stuttgarter Zeitung« ein »Gerät zum dienstlichen Gebrauch«. Ich kann mich nicht erinnern, dass die Kuba-Krise die deutsche Linke zu antiamerikanischen Demonstrationen auf die Straße getrieben hätte. Die Kuba-Begeisterung der Linken und auch die spektakuläre Wende, die Hans Magnus Enzensberger nach seinem Kuba-Besuch im Kursbuch vollzog, lag noch in ferner Zukunft.

Die »Spiegel«-Affäre, wenige Tage später, Ende Oktober 1962, hat mir damals fast eine ebenso große Angst wie die Kuba-Krise bereitet. Dass der Staat, dass die Polizei die »Spiegel«-Büros im Pressehaus am Speersort in einer Nacht-und-Nebel-Aktion überfiel, wirkte wie ein Zeichen, ein böses Zeichen: Der Polizeistaat unseligen Angedenkens schien doch noch nicht endgültig dem Rechtsstaat gewichen zu sein. Augsteins Verhaftung, die illegale Verhaftung von Conny Ahlers in Spanien, das alles wirkte wie eine Affäre aus rechtlosen Zeiten, bei der der Staat brutal und scheinbar ohne gesetzliche Handhabe zuschlug. Der zarte Augstein von schweren Sicherheitsbeamten abgeführt, das waren Bilder, die in uns die Angst vor der Wiederkehr des Alten weckten – der Rechtsstaat schien in Gefahr und meine Kollegen und ich spürten das alle.

Gleich sahen wir aber auch im Fernsehen, wie sich Studenten und Intellektuelle zum Protest formierten, mit Schildern vor dem Pressehaus aufmarschierten, Freiheit für den »Spiegel«-Herausgeber forderten. Es war eine der Geburtsstunden der Apo, der Außerparlamentarischen Opposition, die gegen das scheinbar wieder so schnell verkrustete und scheinbar unangreifbare politische Establishment auf die Straße ging: Die eben erst als Auflage für die junge Demokratie von den westlichen Alliierten geschaffene Pressefreiheit schien von der eigenen Regierung bedroht. Die saß wie autokratisch im Sattel – der inzwischen greise Adenauer war zum vierten Mal Bundeskanzler, Poppers Axiom, dass Demokratie Wechsel der Macht durch Wahlen bedeutet, schien abstrus außer Kraft gesetzt.

Solange das Wirtschaftswunder lief, bis zur ersten Erhardschen Rezession – galt vor allem wirtschaftlich: »Keine Experimente!« Die Angst der Deutschen vor der Veränderung des Status quo begann.

An der »Spiegel«-Affäre nahm ich regen Anteil, auch parteiisch als Journalist, was bei der liberalen »Stuttgarter Zeitung« alles andere als ein Kunststück war. Die erste Auseinandersetzung zwischen dem politischen Establishment war die Hochhuth-Affäre gewesen (den Erhard später als »Pinscher« bezeichnete); hier waren die Intellektuellen, die Künstler und Schriftsteller zum ersten Mal gegen den Staat aufgetreten. In unzähligen Podiumsdiskussionen hatten wir Theaterleute und Journalisten uns mit hitzigen Diskussionsbeiträgen dafür eingesetzt, das Stück, das eine Mitschuld des Papstes am Genozid an den Juden – zumindest für Italien und für Rom – durch Duldung und Schweigen konstatierte, aufzuführen. Uns beherrschte ein Schwung, der uns von den eigenen Worten hingerissen, ja trunken sein ließ.

Ich saß in meinem Theaterbüro, als mir im Sommer 1962, kurz vor den Theaterferien, der Rowohlt Theaterverlag mit einem bedeutungsvollen Revers, den ich zu unterschreiben hatte – »Geheim! Geheim!«, »Wichtig! Wichtig!« – das Typoskript eines Theaterstücks schickte. Ich war Chefdramaturg der Württembergischen Staatstheater in Stuttgart, wobei die Vorsilbe »Chef« bedeutete, dass ich für die drei Sparten des Theaters (Schauspiel, Oper, Ballett) arbeitete. Im Fall der Oper kümmerte sich der Generalintendant Walter Erich Schäfer selber um den Laden. Ich suchte Programmheftbeiträge aus und saß in den Generalproben, machte nach den Proben in Gesprächen mit John Cranko oder den Opernregisseuren ein paar kritische Anregungen, das war's!

Im Schauspiel aber machte ich zusammen mit dem Schauspieldirektor Karl Viebach den Spielplan, die Stückauswahl, ich suchte nach den Regisseuren, der Besetzung, ich machte mit bei der dramaturgischen Aufbereitung von Stücken.

Da also lag dieses Stück auf meinem Tisch, das »Der Stellvertreter« hieß und von Rolf Hochhuth war. Den Namen hatte ich nie gehört, und als ich mich kundig machte, erfuhr ich, dass Hochhuth, der aus Kassel stammte, Lektor beim Bertelsmann-Lesering in Gütersloh war und dort eine schöne Wilhelm-Busch-Ausgabe betreut und herausgebracht hatte. Sein Stück war über zweihundert Seiten dick, hatte Bühnenanweisungen, die unausführbar waren (es sei denn, wir hätten den Vatikan auf unserer Bühne nachgebaut wie in Hollywood und die Figuren innere Monologe über die Zeitgeschichte und ihren Charakter sprechen lassen), und Szenenanweisungen, die langatmige Essays voller Bosheit und Pathos über die historischen Figuren waren. Der Text selbst holperte in einer Art Blankvers daher – es war, als hätte sich der Autor an zu viel Schiller (und zwar dem Dichter, nicht dem württembergischen Rosé-Wein) besoffen. Der Text strotzte vor Bildungshuberei, kam vom Hundertsten ins Tausendste, vom Hölzchen aufs Stöckchen.

Ich hätte, ein ungeduldiger junger Mensch (und, wie ich jetzt zugeben muss, ziemlich theaterblind), das Stück, wäre es nicht mit dem Etikett der subversiven Wichtigkeit versehen gewesen, dem Autor sofort zurückgeschickt, vielleicht sogar mit einem Vordruckbrief, in dem sicheren Gefühl, dass hier ein begabter, aber eifernder Dilettant am Werk wäre. Wie recht man haben kann und wie schrecklich unrecht zur gleichen Zeit. Denn natürlich weiß ich inzwischen, dass Hochhuth der wichtigste und gleichzeitig auch der fürchterlichste Autor seiner Zeit war. Nun versendeten damals, während der »Stellvertreter« auf meinem Schreibtisch lag, die Buschtrommeln in der Theaterszene laute Signale: Das deutsche Theater spürte eine Sensation, erhoffte und befürchtete einen Skandal. Der große Erwin Piscator werde die Uraufführung an der Freien Volksbühne in Berlin inszenieren, und Dieter Borsche (damals ein Leinwandheld) würde den Papst spielen, und so reihte ich mich bei Rowohlt auf Verdacht in die Liste der Bewerber ein und las und las. Den »Stellvertreter«. Von Rolf Hochhuth.

Die deutschen Theater waren damals auf Kunst und Politik aus. Die Kunst bestand vorwiegend in der Aneignung der brechtschen Theaterarbeit, des expressiven Theaterstils Kortners und des psychologischen Realismus der Genauigkeitsfanatiker wie Rudolf Noelte. Die Politik bestand darin, sich mit der Nazizeit auseinander zu setzen und den als DDR-Parteigänger verpönten Brecht auf westdeutschen Bühnen zu etablieren. Das war auch eine oppositionell trotzige Haltung, an der wir im liberalen Stuttgart insofern einen Anteil hatten, als wir den Brecht-Schüler Peter Palitzsch, den wir ja erst als Hausregisseur gewonnen hatten, dann zum Schauspieldirektor machten. Palitzsch übrigens schüttelte sich, als ich ihn fragte, ob er den »Stellvertreter« inszenieren wolle. Das war ihm denn doch zu weit von Brecht weg.

Bei der gründlichen Hochhuth-Lektüre waren zwar meine Zweifel an der Macht der Sprache und der Zeichnung der Figuren nicht geringer geworden, aber ich spürte die Kraft und den moralischen Eifer, die gerechte Wut, die Hochhuth beflügelt hatten. Ich ging zu Schäfer und erzählte ihm von meinem Hinundhergerissensein. Dann führte ich das übliche weiche Dramaturgen-Argument an: Da kommen wir, fürchte ich, nicht drum herum!

Schäfer (er hatte selbst ein Stück über den deutschen Widerstand geschrieben), ein Mann mit einem hoch empfindlichen Sprachgefühl, war stark kurzsichtig, fast blind. Er hatte sich das Stück schon vorlesen lassen und jammerte laut über die Sprache: »Ja, wenn Martin Walser sich des Themas angenommen hätte, der verfügt über Sprache, aber so ...« Ich gab nach, auch weil ich im Grunde Schäfers Meinung war. Auch ich war auf Kunst und auf Brecht aus, und außerdem war Hochhuth weder ein Schiller noch ein Tschechow: Das schon gar nicht.

Inzwischen rückte die Berliner Premiere des »Stellvertreters« (der 20. Februar 1963) näher, viele Bühnen hatten sich in die Aufführungsrechteschlange eingereiht, manche mussten auf Druck ihrer Stadtväter bereits wieder zurücktreten.

Es wurde immer deutlicher, dass das Theater dabei war, einen politischen Stellvertreterkrieg zu führen, indem es den stillschweigenden Konsens der Adenauer-Restauration aufkündigte: Die katholische Kirche stand auf einmal im Rampenlicht, das Theater klagte an. Der Papst war kein Gegner Hitlers gewesen, sondern, schlimmstenfalls, sein Handlanger und Komplize, bestenfalls ein durch Schweigen und Sichabwenden Schuldiger. Neueste Dokumente ergeben ein differenzierteres Bild, als es der große Vereinfachungskünstler Hochhuth seinen Zuschauern mit dem Holzhammer beizubringen suchte.

Den politischen Sprengsatz, der in diesem Stück steckte, bemerkte natürlich auch mein Intendant, und so bat er mich, noch am Abend nach der Berliner Uraufführung ein Gespräch mit Hochhuth und dem Rowohlt-Verlag zu suchen, um noch einen günstigen Platz in der Schlange zu bekommen.

Ich lernte Hochhuth kennen, der im Siegestaumel der Premierennacht (ein einmaliger Welterfolg kündigte sich an, eine Wende in der Theater-Szene) angenehm und bescheiden blieb: ein Eiferer in der Sache, ein Mann von angenehmen Umgangsformen dazu, geschäftstüchtig und bestimmt, gleichzeitig immer in leidenschaftlicher Erregung. Bei der ersten Begegnung war ich erschrocken: Ich wusste nicht, dass Hochhuth unter einer halbseitigen Gesichtslähmung litt, und hatte nur den Eindruck, in ein hochmütig preußisches Antlitz zu blicken, wie es Monokelträgern eigen ist. Und wie ich es auf Karikaturen von George Grosz unzählige Male gesehen hatte. Das Gesicht der arroganten Macht! Hochhuth aber war alles andere als arrogant; er war kooperativ. Natürlich bekamen wir als große Bühne eine zeitlich günstige Aufführungsoption.

Als ich spät in der Nacht in mein Berliner Hotel zurückkam, lag da eine Nachricht von Walter Erich Schäfer. Ich hätte doch hoffentlich noch nicht abgeschlossen, es gäbe einige Probleme, ich solle am nächsten Morgen zurückrufen. Als ich Schäfer dann um acht Uhr morgens (er war ein Frühaufsteher, der oft mit der Straßenbahn ins Theater fuhr) anrief, sagte er mir, der Beirat habe Einwände erhoben. Es sei doch nicht wünschenswert, wenn sich das Theater derart mit der Kirche anlege, Ministerpräsident Kiesinger habe natürlich gesagt, dass das Theater allein zu entscheiden habe, das sei selbstverständlich, aber …

Schäfer hat mir das »Aber« später erläutert: Er, der seiner Oper und seinem Ballett gerne Glanzlichter aufsteckte, war oft auf die mäzenatische Gunst der Freunde der Oper angewiesen. Am Telefon sagte er mir, dass es nicht dafür stehe, wo wir doch beide, er und ich, die sprachliche Dürftigkeit des Stückes beklagt hätten …

Ich erinnere mich nicht, ob ich damals gleich gemerkt hatte, dass ich Zeuge eines beginnenden Erosionsprozesses der etablierten Bundesrepublik war, dass ich gerade einen signifikanten Moment erlebt hatte. Ich fühlte mich wahrscheinlich zunächst desavouiert, weil ich Rolf Hochhuth und dem Rowohlt Verlag wieder absagen musste, also wegen der Blamage, die mir bevorstand: Wenn man schon feige sein muss, demonstriert man es nicht auch noch gern. Dass ich am Ende der Spielzeit beim Theater kündigte, hatte andere Gründe, jedenfalls vorwiegend.

Aber so viel muss ich Hochhuth im Rückblick zugestehen: Er hat damals das Theater in Deutschland auch als eine journalistische und politische Bühne etabliert, Debatten in Gang gesetzt, die sonst in der Öffentlichkeit als Tabu galten und deshalb nie öffentlich geführt wurden.

Rolf Hochhuths »Stellvertreter« war wohl das erste Kulturereignis, das im Fernsehen politische Wirkung zeitigte. In Kultursendungen war auf einmal das scheinbar stabilste Gefüge der Bundesrepublik, der Mythos von der christlichen Tradition, die den barbarisch atheistischen Systemen wie Nationalsozialismus und Kommunismus widerstanden hatte, in Zweifel gezogen: die katholische Kirche, die den Völkermord an den Juden toleriert, ja den Nazis Handlangerdienste leistete.

Das löste ein gewaltiges Beben aus, und das Fernsehen registrierte diese Erschütterungen seismographisch getreu. Dass dies geschehen konnte, lag daran, dass die Kultur eine Seitenpforte bildete, durch die sich nicht vom politischen Konsens abgesegnete Meinungen (die der außerparlamentarischen Opposition, der Studentenbewegung, der Gruppe 47, der Anti-Atom-, der Anti-Schah- bis zu der Anti-Vietnam-Bewegung) in das öffentlich-rechtliche System einschleichen konnten, wie die Guerilla in scheinbar gesicherte Festungsstädte.

In den entscheidenden Jahren um 1968 herum, als sich, zumindest in den Köpfen der »aufmüpfigen Studenten«, die Erde auftat, um das bundesrepublikanische Establishment zu verschlingen, war ich für den Hessischen Rundfunk von Kurt Zimmermann, dem Chef der ARD-Kultursendung »Titel, Thesen, Temperamente«, zur regelmäßigen Mitarbeit an dieser Sendung engagiert worden. Zimmermann, der um sich Redakteure wie Wolf Donner, Jürgen Kritz, Hans-Jürgen Rosenbauer versammelt hatte, ließ der Neugier und Unbekümmertheit seines jungen Teams viel Spielraum; einmal, weil er ein liberaler Mann war, dann aber auch aus einem gleichsam sportiven Interesse.

Schließlich wurde ich Jahr für Jahr als Autor und Koordinator der aktuellen Buchmessensendung für den späten Sonntagabend engagiert. Nicht, weil ich als Literaturkritiker ein besonders herausragender Fachmann gewesen wäre, sondern weil ich als kommunikativer Mensch über gute Kontakte verfügte und als Mitglied der »Gruppe 47« und Redakteur erst der »Stuttgarter Zeitung« und später der »Zeit« in vielen Gesprächen und Interviews vorab eruieren konnte, was den Bücherherbst interessant zu machen versprach, wen man über Trends und Tendenzen befragen sollte. Vor allem aber, weil ich für die harte Knochenarbeit geeignet war, drei Tage und drei Nächte mit Kamerateams über das Messegelände von Buchstand zu Buchstand zu stiefeln, geduldig Interviews anzuzetteln und zu führen und auf Partys halb angetrunkene Autoren und ihre kameragierigen Verleger und Lektoren in Gespräche vor laufender Kamera zu verwickeln. Ich hatte auch noch Spaß dabei, weil sich zwischen die Arbeit das Vergnügen drängte, ich konnte mit Kollegen, Kolleginnen, Schriftstellern und Buchhändlerinnen flapsig schnell Scherze austauschen und freute mich an Klatsch und Tratsch.

Die eigentliche Arbeit ging die Nächte durch, wenn ich im Schneideraum hinter einer Cutterin saß, der ich die ganze Zeit über die Schulter blickte, während sie Filme schnitt und Sequenzen zusammenklebte, kurz in O-Töne hineinhörte oder wenn beim Rücklauf oder Schnellgang Buchmessen-Dialoge und Kommentare als quakendes, quietschendes Geschnatter aus den Lautsprechern kamen. Dazu tranken wir heißen Kaffe aus Thermoskannen, stopften belegte Brote oder Schokolade in uns hinein und texteten am letzten Tag für den Endschnitt bildgenau und sekundenknapp die Messe zu kurzen Sentenzen: »Der neue Roman von Martin Walser spielt – wie könnte es anders sein – am Bodensee.« Bla bla bla! Es war eine Filmtechnik, die dem Leerlauf der Messe auf das Schönste entsprach – das heißt: auf das Schönste entsprochen hätte, wenn, ja wenn die Zeiten nicht anders gewesen wären.

Auf einmal lag eine veränderte Stimmung in der Luft, auf der Messe fanden Demonstrationen statt, Autoren solidarisierten sich mit Protestbewegungen, und abends, wenn wir für die Tagesschau – nach Inlandsmeldungen und Auslandsmeldungen, aber immerhin – einen aktuellen Bericht von der Buchmesse einzuklinken hatten, stand plötzlich und unerwartet der Fernsehdirektor des Hessischen Rundfunks neben uns und sah sich, vor der Ausstrahlung, den Buchmessenbeitrag an. Er wollte wohl verhindern, dass sich in den Bildern von Demos und Sprechchören von Demonstranten und der Ordnung, die in Form von martialisch verlegen dreinblickenden Polizisten auftrat, zeigte, dass die Staatsautorität an Macht verlor. Er war Repräsentant eines Systems, dessen Haupttugend und Hauptschwäche, »Gratismut« und »Gratisangst«, Enzensberger gerade polemisch analysiert hatte.

Von der »Pinscher«-Schelte, die Ludwig Erhard, der Wirtschaftswunder-Vater, der nur ein schwacher Interimskanzler werden sollte, gegen Hochhuth und die Autoren der »Gruppe 47« richtete, bis zu den Terror-Akten aus dem Untergrund, den erpresserischen Entführungen, der Ermordung Schleyers (als die Forderungen nicht eingelöst wurden), den als »Exekutionen« deklarierten Mordanschlägen gegen Buback oder Ponto war ein langer, weiter Weg. Erst nach 1968 haben sich die Wege geschieden zwischen demonstrierender Apo (»Gewalt gegen Sachen«) und kriminellen Bandenanschlägen mit Toten auch unter Polizisten (»Gewalt gegen Menschen«).

Ich beobachtete, mit einem Unbehagen, das wohl auch darin seinen Grund hatte, dass ich als etablierter Journalist eine bürgerliche Existenz zu verlieren hatte, wie dieser Schritt gemacht wurde. Um ein Terrorist oder auch nur ein Sympathisant der Terroristen zu sein, stand für mich einfach schon zu viel auf dem Spiel. Um ihn zu gehen, musste sich die RAF als Teil eines weltweiten kolonialen Aufstands in Drittweltländern gegen den Kolonialismus und US-Imperialismus deklarieren. Dabei ging sie ein Bündnis mit Guerillagruppen von Irland übers Baskenland bis nach Lateinamerika ein, vor allem aber mit den Palästinensern, deren Kopftuch (»Palästinenser-Feudel«) man als Markenzeichen trug, ähnlich wie den Roten Stern der kommunistischen Parteien. So wurde die deutsche Stadt-Guerilla zwangsläufig zum Verbündeten der palästinensischen Terroristen, auch wenn die Schiffe kaperten, Bombenanschläge verübten, Flugzeuge entführten und in die Luft sprengten. Verhängnisvoll war diese Allianz auch deshalb, weil die terroristischen RAF-Mitglieder, die aus Apo und Studentenprotest, aus Aufrüstungsgegnern und Straßenkämpfern hervorgegangen waren, ursprünglich auch eine ganz andere Wurzel hatten: die des Antifaschismus. Es waren die Söhne der Nazis und der Mitläufer, die Söhne der KZ-Schergen und vorübergehenden Eroberer Polens und Russlands, die gegen das Verschweigen der Verbrechen der Väter ihre Revolte angezettelt hatten – auch im Schatten des Frankfurter Auschwitz-Prozesses, der die Verbrechen des Völkermords Fall für Fall benannte und die Verbrecher anklagte, Sadisten, Schergen, Handlanger einer mörderischen Rassenideologie. Und ihre Verbindungen zu einer das Unrecht ausbeutenden Industrie. Die Öffentlichkeit erfuhr zum ersten Mal von der Versklavung der Zwangsarbeiter – zum Beispiel in der »Ermittlung« von Peter Weiss.

Die Empörung der Jungen richtete sich gegen die Kontinuität (die wirkliche wie die scheinbare) vom »Dritten Reich« zur Adenauer-Republik. War nicht Globke, der Kommentator der Nürnberger Rassengesetze, Adenauers Staatssekretär im Kanzleramt, der Mann am Schalthebel der Macht? War nicht Heinrich Lübke, der Bundespräsident, angeblich als Baumeister an Konzentrationslagern beteiligt? Und Filbinger Kriegsrichter der Marine?

Manches, was uns damals empörte, hat sich inzwischen als die Fakten verschärfende Inszenierung der DDR-Propaganda herausgestellt, die nicht zögerte, auch mit Fälschungen zu arbeiten, um beispielsweise Lübke mit den KZ-Bauten in Verbindung zu bringen. Die Verantwortlichen in der DDR waren mit allen Mitteln darum bemüht, die Bundesrepublik als Nachfolgestaat des Dritten Reichs darzustellen, dessen Repräsentanten ehemalige Nazis waren. Die Motive sind klar. Die DDR wollte als das bessere Deutschland angesehen werden. Es ging um den Ruf in der Welt.

Dennoch, der Abscheu und der Zorn der jungen Revolte gegen diese zumindest laxe Haltung des neuen Staates gegen die Handlanger des alten hätte damals, Ende der sechziger Jahre, alle guten Gründe und vor allem die Moral auf ihrer Seite gehabt. Hätte! Wäre nicht im »Kampf« gegen das Bestehende auf einmal der alte Antisemitismus als neue Fratze aufgetaucht. Weil die Palästinenser sich bei ihren neuen deutschen Terrorfreunden schulterklopfend an den alten Rassismus erinnerten, beteiligte sich die radikale Linke (Schulter an Schulter mit der radikalen Rechten) an einem neuen Antisemitismus, dem sie einen neuen Namen gab – Antizionismus. Man war nicht gegen Juden, beileibe nicht, aber gegen den Judenstaat, gegen Israel. Man war gegen den Einfluss der Juden von der Ost-küste der USA (das war schon für Hitler Teil der jüdischen Weltverschwörung), man war für den »Freiheitskampf« der Pa-lästinenser, und im Namen dieses Freiheitskampfes »selektierte« man bei gekaperten Flugzeugen Juden, Bürger Israels, man nahm Juden ins Visier von Attentaten – eine gruselige Konse-quenz, die bis heute das Bewusstsein linker Radikaler prägt.

All diese Kämpfe, notwendige wie eingebildete, Bürgerkriege unterdrückter Minderheiten oder staatsstreichähnliche All-machtsphantasien verstörter Bürgerkinder, alle diese Kämpfe sind Teil eines asymmetrisch geführten Dauerkriegs, der im-mer wieder an Brennpunkten aufflammt – die 1968er Kultur-revolution war ein globaler Ausbruch an den verschiedensten Schauplätzen mit sehr verschiedener Heftigkeit und sehr wech-selnder Motivation. Aber Deutschlands Apo-Anhänger, die doch lauthals alles bekämpften, was ihnen »faschistisch« oder »faschistoid« vorkam (die Begriffe erlebten eine schwindelerre-gende Inflation), hatten keine Skrupel, den Antisemitismus muslimischer und palästinensischer Terroristen zu tolerieren, ja zu unterstützen.

Diese Kämpfe waren (und sind) auch mittels des Fernsehens geführt worden. Es vergrößert noch den kleinsten Anschlag, die abgelegenste Demonstration zu einem weltweiten Ereignis im Mediendorf. Ein Korrektiv allerdings gibt es dabei: In der Öffentlichkeit muss die Bereitschaft existieren, diese Botschaft anzunehmen.

Ich kann dafür das größte, das spektakulärste Beispiel anfüh-ren: den 11. September 2001, als Milliarden Zuschauer sozu-sagen als direkte Teilnehmer an einer asymmetrischen Schlacht zwischen Al Quaida und den aus dem Kalten Krieg als einzige Weltmacht hervorgegangenen USA teilnahmen, zuschauend, teilhabend, triumphierend, mit niedergeschlagener, hilfloser Trauer. Und ich kann ebenso ein nebensächliches, fast absurd winziges Beispiel anführen, das damals ein gewaltiges Echo fand.

Im August 1995 erschien der »Spiegel« mit einem Titel, auf dem Marcel Reich-Ranicki ein Buch sozusagen in der Luft zerreißt. Es war der neue, groß angekündigte Roman von Günter Grass, »Ein weites Feld«. Ich war eigentlich schuld am Titelbild, weil ich bei einer Geburtstagsfeier für Reich-Ranicki auf einem Ü-Wagen des ZDF in Frankfurt eine riesengroße Fotocollage gesehen hatte, auf der Reich-Ranicki überlebensgroß ein Buch wie eine Ziehharmonika auseinander zieht, also in der Luft zerreißt: ein witzig polemisches Bild, ohne ein konkretes Buch als »Opfer«. Das wählte nun der »Spiegel« zum Titelbild, nachdem ich ihnen die Vorlage besorgt hatte.

Als die ersten Exemplare druckfrisch am Samstag Nachmittag beim Pförtner im Spiegelhaus an der Brandstwiete angekommen waren – Redakteure können sie sich vorzeitig abholen –, hatten wohl auch Grass-Freunde Wind von der Sache bekommen. Drei ältere freundliche Herren, offenbar linke Sozialdemokraten oder Gewerkschafter, standen vor dem zugigen Eingang des dreizehnstöckigen Hochhauses. Und: Fernsehkameras des NDR und ZDF, die die Auslieferung der ersten Exemplare festhalten sollten – das »Literarische Quartett« war damals auf dem Höhepunkt seiner öffentlichen Wirkung, und seine Sendungen waren vor allem im Zusammenhang mit Grass für Empörung gut. Am Donnerstag dieser Woche sollte das Quartett den neuen Grass besprechen: einen Roman zur deutschen Wiedervereinigung, zu Fontane und zur Treuhand, inklusive Aufarbeitung des Rohwedder-Mordes – das übrigens in einer recht infamen Weise. Die drei freundlichen älteren Herren hielten ein Protestplakat hoch – etwas gegen das Bücherzerreißen, das in Deutschland hässliche Assoziationen an Bücherverbrennungen wachrief (wieder lauerte das Schlag- und Totschlagwort »faschistoid« hinter der zugigen Ecke an der

Ostweststraße). Ich unterhielt mich freundlich mit den freundlichen Demonstranten, fragte freundlich, ob das nicht etwas (etwas!) übertrieben sei. Die Kameras filmten, weil sie schon mal da waren. Das Ganze war eine klitzekleine, leise Angelegenheit, die vielleicht fünf Minuten dauerte; dann trollten sich alle, den neuen »Spiegel« unterm Arm.

Am Abend liefen die Bilder der Demonstranten, die mutig, wenn auch windschief vor der Glasfront des »Spiegel« standen, als eine wichtige Meldung über die TV-Nachrichtensendungen im Ersten, im Zweiten, in den Dritten, bei den Privaten. Aus einer Protest-Mücke wurde ein Medien-Elefant. Und in den Köpfen der Leute prägte sich ein: Der »Spiegel« hat den größten deutschen Schriftsteller (der damals noch kein Nobelpreisträger war) unfair attackiert, verfolgt, sein Buch zu vernichten versucht, noch ehe es richtig erschienen ist. Fest steht, dass das Buch durch den »Spiegel«-Titel, die sich daraus ergebende »Spiegel«-Schelte (allmächtiges Presse-Organ gegen Einzelkämpfer Grass), die »Quartett«-Sendung in der gleichen Woche, die erneute Empörung über den »Quartett«-Verriss des Buchs einen riesigen Verkaufserfolg erzielte. Ob der »Nobelpreis« diesem TV-Spektakel zu verdanken ist? Ganz gewiss nicht! Die Begründung hebt ausdrücklich die »Blechtrommel« von 1959 hervor. Aber ob die Komitee-Mitglieder nicht auch das Bild im Hinterkopf hatten, der große Roman (oder besser gesagt: dicke Roman) über die Wiedervereinigung habe eine Presse- und TV-Kampagne gegen sich erlebt? Das könnte ein Spurenelement in der Masse der Gründe für den Preis sein, höchstens. Aber immerhin. Wo viel Rauch ist, vermutet der Volksmund, ist auch viel Feuer. Das Fernsehen ist ein Medium für viel Rauch und zündet dadurch viele Feuer an.

1967, als die Fernsehchefredakteure, Programmdirektoren, Hauptabteilungsleiter sich in die Schneideräume begaben, um sich vorbeugend (vorauseilender Gehorsam der öffentlich-rechtlichen Sender gegenüber allen Staatstragenden) über die Schulter der Cutterinnen und der neben ihnen sitzenden Beitragsautoren zu beugen, erlebten wir zum ersten Mal, dass wir mit unseren kleinen Filmbeiträgen oder großen Messefilmen im Fernsehen nicht nur die Realität (in diesem Falle die politische) abbildeten, sondern auch am Entstehen der politischen Wirklichkeit mitwirkten. McLuhans Slogan »The medium is the message«, den ich damals irrtümlich für schick formulierten Stuss hielt, hatte plötzlich eine reale, politische Dimension. Wir alle waren jung, wir gehörten zu der jüngsten jungen Generation, die Deutschland nach dem Krieg hatte – sie reichte von Achtzehnjährigen bis zu den Vierzigjährigen, obwohl der Slogan hieß: »Trau keinem über Dreißig!« Und auch Ältere machten sich mit energisch bewegten Schritten auf, zurück in die Jugend, sie wollten dabei sein; noch einmal. Sie drückten die Knie durch beim Gehen, ließen sich lange Haare wachsen und taten, als hätten sie nie etwas anderes gehört als die Beatles und die Rolling Stones und nie etwas anderes geraucht als Joints und nie etwas anderes geblödelt als »Haschu Haschisch in den Taschen, haschu immer wasch zu naschen«.

Die »ttt«-Redaktion arbeitete damals noch im Hauptgebäude des Hessischen Rundfunks in der Frankfurter Bertramstraße, der Sender schien uns riesengroß; manchmal scherzten wir darüber, dass sich in den labyrinthischen unterirdischen Gängen schon Mitarbeiter verlaufen hätten, die nie wieder aufgefunden worden wären; vergeblich hätten sie sich mit Klopfzeichen gegen die Wasser- und Heizungsrohre gemeldet; jetzt wären sie Skelette qualvoll Verhungerter. Eigentlich, so erzählte man, hätte der große Komplex mit dem Kuppelbau das Zentrum der neuen Republik nach 1949 werden sollen; der Bundestag. Aber dann habe Adenauer die Republik vom Main an den Rhein verlegt, nach Bonn, weil er in Rhöndorf lebte, in einer Rosenidylle. In Frankfurt waren nur die Banken geblieben, noch ohne Mainhattan-Skyline, die Verlage, die Buchmesse, die Zeitungen waren hier. Und eigentlich habe Adenauer, so meinten wir grinsend, Recht daran getan. Hier regierte auf einmal die Straße, die Demos, die Apo-Proteste, was im sauber

ausgefegten Bonn der Vorstädte, Rheinburgen und Beamten-
villen nicht hätte passieren können. Niemals!

Wir »ttt«-Nachtarbeiter tranken aus Bechern Kaffee und
holten uns Süßigkeiten aus Automaten, vor allem aber rauchten wir nachts die Aschenbecher voll und sahen die Filme in
graue Rauchschleier gehüllt, ehe das Morgengrauen den Rauch
aus den geöffneten Kippfenstern trieb und wir zum Frühstück
in die Kaiserstraße fuhren, wo wir zwischen Huren, ihren
Freiern, ihren Zuhältern und anderen Nachtarbeitern früh-
stückten. War ich mit dem Drehen fertig, setzte ich mich in den
Zug nach Stuttgart und später nach Hamburg.

Ein- oder zweimal blieb ich auch bei der jungen, schönen,
dunkelhaarigen Cutterin, mit der ich zusammenarbeitete –
auch bei meinem Film über Horkheimer und auch bei dem
Film von der bewegten Buchmesse 1967. Statt im Zug oder in
der nahe gelegenen Hotelpension oder in den Frühstückslo-
kalen des Rotlichtviertels um den Hauptbahnhof blieb ich in
ihrer Wohnung. Sie lebte getrennt oder geschieden von ihrem
Mann, der HR-Redakteur war; damals hat man darüber nicht
so viel Gewese gemacht, es war die Zeit, in der man dem Slogan »Make love, not war!« zu gehorchen hatte. Diese ebenso
schöne wie diszipliniert arbeitende Cutter-Kollegin hatte eine
ziemlich chaotische kleine Wohung, chaotisch wie damals
Wohnungen waren. Am Boden ein größeres Matratzenlager,
an der Wand Lautsprecher, vor allem ein riesiges Tonbandge-
rät (meist von Uher). Und durch die Lautsprecher dröhnte die
Musik erstmals Stereo. Es war eine junge Welt voller junger
Leute, ich, mit meinen dreiunddreißig Jahren und gleichzeitig
als Redakteur fest in Brot und Karriere, war so etwas wie ein
Fremder in dieser Welt aus Studenten, Assistenten, jungen Angestellten in Verlagen und Rundfunkanstalten. Geduldet, obwohl älter. Ein nützlicher Idiot aus dem Establishment.

Im April 1968 wurden von vier jungen Leuten Brandsätze in
zwei Frankfurter Kaufhäusern gelegt. Die deutsche Apo hat da-

mals wohl die bürgerkriegsähnlichen Auseinandersetzungen in den Ghettos der amerikanischen Großstädte zu kopieren versucht – in der verzweifelten Absicht, mit Molotow-Cocktails Straßenschlachten mit der Polizei auch in Deutschland zu initiieren, ausgerechnet in Deutschland, wo in der Nacht die Bürgersteige hochgeklappt wurden und zur mittelalterlichen Nachtruhe nur Stadttore und Nachtwächter fehlten – vielleicht mit Ausnahme von Frankfurt. Hier hatte es Straßenschlachten um die Bauspekulanten im Westend gegeben, hatten sich erste antisemitische Ausschreitungen der Linken abgespielt, wie sie Fassbinders Stück »Der Müll, die Stadt und der Tod« beifällig beschrieb. Ich hatte übrigens kurz zuvor für den Hessischen Rundfunk das erste Fernsehfeature über Fassbinder und seine Münchener Theatergruppe gedreht.

Zum ersten Mal also brannte nach dem Krieg in einer deutschen Großstadt ein Kaufhaus. Getreu dem Slogan »Macht kaputt, was euch kaputt macht«. Dabei war die Tatsache, dass die vier jugendlichen Brandstifter (es sollte sich herausstellen, dass es sich um den »fünfundzwanzig Jahre alten Journalisten Andreas Baader«, seine Freundin, die »achtundzwanzigjährige Germanistikstudentin Gudrun Ensslin«, den »siebenundzwanzigjährigen ehemaligen Kunststudenten Thorwald Proll« sowie den »sechsundzwanzigjährigen Schauspieler Horst Söhnlein« handelte – so im Prozessbericht des »Tagesspiegel« vom November 1968) Brandsätze in zwei Kaufhäusern gelegt hatten, auf einen Übersetzungsfehler zurückzuführen. Die Ghetto-Terroristen in den USA hatten in ihrem Kampf gegen Rassismus und Vietnamkrieg »Burn warehouse, burn!« auf ihre Transparente geschrieben, die Frankfurter Brandstifter hatten »warehouse« (womit Lagerhäuser in den Docks der großen Häfen wie New York gemeint waren) mit »Kaufhaus« übersetzt – ein fataler Irrtum, da bei Kaufhausbränden Menschenleben viel stärker gefährdet sind als bei Lagerhäusern in nachts menschenleeren Hafengegenden.

Der Geist, der sich bei diesem ersten radikalen Schritt in die

Kriminalität zeigte, stammte mehr aus der Desperado-Romantik des Kinos als aus der linken Studentenbewegung. Die Gangster-Romantik von Baader und Ensslin (sie eine Ausbrecherin aus dem schwäbischen Pfarrhaus und einer unseligen Ehe mit dem Sohn des Nazi-Schriftstellers Will Vesper) stammte wohl aus dem Film »Bonnie und Clyde«, den Arthur Penn 1967 mit Warren Beatty und Faye Dunnaway drehte, einem Film, in dem das verschlafen spießige Amerika der Depressionsjahre in einer Gewaltorgie endet, in der tödlichen Feuerbahn eines Gangsterpärchens. Vielleicht aber orientierten sich Baader und mit ihm Ensslin auch an Godards grandiosem Erstlingsfilm »Außer Atem« von 1959? Sieht man Bilder von dem Beau und Desperado Baader, der die gutbürgerliche Ensslin in einen Sog von Gewalt und Verderben reißt, dann wirkt das, als hätten die beiden den Godard-Film im richtigen Leben nachgestellt, nachgedreht, nachgelebt.

Das Erste, was ich von der Brandstiftung in Frankfurt erfuhr, war, dass Baader und Ensslin vor der Brandstiftung in der Wohnung der Cutterin übernachtet hatten, mit der ich seit 1967 so viele Filme gemeinsam geschnitten hatte. Der HR hat sie damals schnell entlassen.

Auch später, als Ensslin und Baader längst untergetaucht waren, hatte ich mit ihrer Bonnie-und-Clyde-Bahn, mit ihrem »À bout de souffle«-Leben einiges zu tun. Mein Bruder Horst, der als anarchistisch motivierter Schriftsteller in Frankfurt wohnte und Bücher über die Wiedertäufer von Münster, den Bauernkrieg, den Reichstagsbrandstifter van der Lübbe schrieb und, später, ein nüchtern-bewegendes Buch über seine schreckliche Krankheit (er konnte ohne Nieren, nur mit der Dialyse nach einer misslungenen Nierentransplantation überleben, eine Zeit lang, ein paar Jahre) unter dem Titel »Blutwäsche« veröffentlichte, lebte damals mit der Schriftstellerin Helga Novak zusammen. Die beiden hatten sich mit meinen Geschwistern, der jüngsten Schwester Heidi und dem jüngsten Bruder Peter ein kleines Haus in Grenznähe zwischen Bayern und der DDR gekauft. Begeistert fuhren sie fast jedes Wochenende dorthin, machten es bewohnbar, ja wohnlich, formten aus der Wildnis um das Haus einen Garten. Meine Schwägerin Helga Novak war mit Gudrun Ensslin befreundet und hat sie wohl auch einmal oder ein paar Mal in Horsts und ihrer Wohnung beherbergt – ihr also Unterschlupf gewährt. Jedenfalls umstellte eines Sonntags in einer spektakulären Aktion die bayerische Grenzpolizei das Anwesen und rückte des Nachts schwer bewaffnet mit Scheinwerfern auf das Haus vor – um ein Terroristennest auszuheben. Es war eine Aktion, die zu nichts führte – außer dass sie bei der Dorfbevölkerung eine Art Lynch-Stimmung gegen meine Geschwister erzeugte, die ihr geliebtes Anwesen aufgeben und verlassen mussten. Zu Recht oder zu Unrecht? Das böse Sprichwort von den Spänen, die fallen, wo gehobelt wird, kommt mir in den Sinn.

Als ich von 1974 an das Kulturressort des »Spiegel« leitete, habe ich Christian Schultz-Gerstein als Redakteur eingestellt, gegen die größten Bedenken der Chefredakteure Erich Böhme und Johannes K. Engel und mit Unterstützung Rudolf Augsteins, der eine Ader für das große, von anarchischem Rebellentum gespeiste Talent von Schultz-Gerstein hatte und der dessen Selbstzerstörungsmechanismen mit einer gewissen fernen Verwandtschaft erspürte. Schultz-Gerstein hatte ein Thema, das für ihn eine große Obsession war. Es war die »Reise«, der Drogentrip in der Autobiographie von Bernward Vesper, des Mannes, den Gudrun Ensslin für Baader verlassen hatte. Schultz-Gerstein entwickelte für das Buch eine ebenso symathisierend emphatische wie erschrockene Anteilnahme: Und in der Tat, er hat das Buch für mich – wie für die Leser des »Spiegel« – aufgeschlüsselt als die Biographie der 68er, als die deutsche Biographie, gespeist aus Blut-und-Boden-Wahnideen seines übermächtigen Vaters Will, der aus dem Nazi-Expressionismus kommt, dem Kriegserlebnis, und aus dem Aufbegehren gegen den falschen Frieden der fünfziger Jahre und der geheimen Sehnsucht nach Selbstzerstörung in Rausch und Drogen und Revolution. Sie sind alle tot, Gudrun Ensslin und Baader und ihr verlassener Mann, der in der Hamburger Psychiatrie landete. Und Christian Schultz-Gerstein, dessen Vater auch ein Nazi war, dem er, ähnlich wie Vesper, sein Leben wie in einer zynisch-höhnischen Selbstzerstörung opferte.

Ich habe Vespers »Die Reise« 2003 noch einmal gelesen. Aufgrund eines sehr gründlichen Buches von Gerd Koenen, das mir nachträglich umso deutlicher erklärte, warum die Lebensgeschichte von Vesper und Ensslin die spezifisch deutsche Variante des Terrorismus in der Folge der Kulturrevolution von 1968 ist. Provinzielle Enge mischt sich mit deutscher Innerlichkeit. Man schämt sich für Eltern, deren starke Hand man bewundernd erduldet hat. Den Hass, der dabei entstand, richteten die Söhne und Töchter nicht direkt gegen die Väter, sondern noch heftiger gegen die neuen Verhältnisse, gegen den amerikanischen Kapitalismus, stärker als gegen den so genannten »Sozialismus«, dem sie sich heimlich im Innersten verwandt fühlten. Erst als ihre Beziehungen in der sexuellen Revolution, die die Welt damals mit befreiendem Terror schüttelte, scheiterten, schufen die Aufbegehrenden kleine Zellen und Gemeinschaften. Manche von ihnen schlidderten in die Kriminalität. Und es wirkte auf andere wie konsequentes Verhalten. Ihr Weg war von den Erfahrungen der Drogen-Revolte begleitet. Ihr erstes politisches Ziel war, nach dem Schah-Besuch, seine aufgeblasene, brutale Regierung, eine Marionettenregierung des US-Geheimdienstes in Persien, ihr nächstes Ziel der Krieg in Vietnam.

Im Herbst 1967 traf sich die »Gruppe 47« für drei Tage in der »Pulvermühle«, einem fränkischen Landgasthof. Ich war damals bereits regelmäßig als Kritiker dabei, inzwischen ordentlich von Hans Werner Richter eingeladen mit jenen von Hand geschriebenen Ad-hoc-Einladungen. Es war die Tagung, bei der beschlossen wurde, im nächsten Jahr, also 1968, in Prag zu ta-

gen, wo Alexander Dubček, der Generalsekretär der tschechischen KP, einen »Sozialismus mit menschlichem Antlitz«
einführen wollte – gegen die Sowjetunion und den Warschauer
Pakt. Diese Auflösungserscheinung des Blocksystems im Herzen Europas und vor allem an den Grenzen der beiden deutschen Staaten konnte die Sowjetunion nicht dulden, also marschierte sie entschlossen im Jahr darauf, zusammen mit ihren
»Verbündeten«, mit Panzermacht in Prag ein.

Diesen Einmarsch hat auch die »Gruppe 47« nicht überlebt, sie hatte ganz auf Dubčeks Reform-Kommunismus gesetzt (die tschechischen Literaten und Literaturtheoretiker um
Eduard Goldstücker hatten ihn ja besonders entschieden und
voller Begeisterung unterstützt und propagiert – übrigens mit
der Entächtung und Entbannung Kafkas), in dem sie Hoffnung für ein friedliches Nebeneinander, auf Koexistenz, auch
der zwei deutschen Staaten, geschöpft hatten. Das Ende kam
aber nicht nur von außen: Die Niederschlagung des »Prager
Frühlings« war vielmehr auch für die »Gruppe« Anlass genug,
der drohenden eigenen Agonie zu entkommen.

Schon 1966 in Princeton hatte Peter Handke nur teilgenommen, um der Gruppe spektakulär ihren Totenschein aus-
stellen zu können. Dann aber, 1967, flammte noch einmal die
Lust auf, sich dem bundesrepublikanischen Establishment zu
widersetzen, sich mit der Apo und der Studentenbewegung zu
»solidarisieren«.

Solidarisierung – das war das Schlagwort der Stunde. Um
den Tagungsort (Scheunen um einen Landgasthof) brannten
Herbstfeuer. SDS-Studenten hatten sie mit »Bild«-Zeitungen
angefacht und in der Mittagspause hörte ich Martin Walser zu
Peter Härtling spöttisch sagen: »Jetzt dein Hölderlin-Roman-
manuskript drauf«, er zeigte auf die kleinen züngelnden Schei-
terhaufen in etwa dreihundert Metern Entfernung, »und es ist,
als wäre es nie geschehen!« Da beide und auch die Umstehen-
den, zu denen auch ich gehörte, sich als »links« empfanden
und fühlten, hatten wir nicht das geringste schlechte Gewissen,

als sie über diesen Scherz grinsten. Und auch, dass die Studenten Zeitungen verbrannten, verursachte uns keine Kopfschmerzen, nichts kam uns weniger in den Sinn als die Bücherverbrennungen von 1933, wo fanatisierte Studenten besten Gewissens Bücher und Schriften dem Feuer übergeben hatten. Damals wurde laut nachgedacht über »repressive Toleranz«, mit der der Staat oder besser die »Herrschenden« die Meinungsfreiheit unterdrückten, indem sie sie scheinbar ungehemmt zuließen, auch über die »Schere im Kopf«. Dass diese »Schere« mich hinderte, die Verbrennung von Zeitungen und einen Auslieferungsboykott weder laut noch leise auch nur in die Nähe der Bücherverbrennungen und Zerstörung der jüdischen Pressekonzerne 1933 zu rücken, diese Assoziation hätte ich mir selbst empört verboten.

Ich drehte in der Zeit der Studentenrevolte, als Rektorate besetzt, Vorlesungen gesprengt, Zeitungsauslieferungen behindert wurden, als man sich bereits Straßenschlachten mit der Polizei lieferte – mit Tränengas auf der einen, Molotow-Cocktails auf der anderen Seite –, ein Porträt über einen der Väter der Frankfurter Schule, Max Horkheimer. Der extreme Flügel des SDS war noch nicht in die RAF abgetaucht, die anderen hatten sich noch nicht in den »langen Marsch durch die Institutionen« gerettet.

Der greise Philosoph (er war damals, stelle ich erschrocken beim Schreiben fest, etwa so alt, wie ich es jetzt bin) lebte in dieser Zeit mit seiner Frau im Tessin. Ich erinnere mich an die liebenswürdige Gastfreundschaft des Ehepaares Horkheimer, das, zwischen Büchern, vielen Nippes, schweren Vorhängen, den Leuchtern und großen Vasen, zwischen all dem Silber und Messing und den dicken Tapeten, in einer Welt großbürgerlicher Behaglichkeit lebte. Er war ein leicht gebeugter feiner älterer Herr, schmal gewordene Lippen, große Ohren, schüttere, nass gekämmte Haare und im zu weiten Hemdkragen hinter der Krawatte ein Truthahnhals, und hatte immer noch den unverkennbar schwäbischen Akzent seiner Jugend. In einer reichen Unternehmerfamilie groß geworden, wirkte er in seinen selbstverständlich zeitlosen Anzügen aus edlen Stoffen alles andere als revolutionär, ein bisschen ähnelte er Ernst Bloch, nur weniger feuerköpfig, ein Eindruck, den Blochs widerspenstige weiße dichte Haarmähne und sein blitzend lebhafter Blick durch die dicken Brillengläser vermittelten.

Am Abend spielte das Ehepaar Horkheimer Binocle; wir saßen beim Tee im schummrigen Licht beisammen: der späte Glanz und die abendliche Harmonie in der Welt des Tessins – absurd weit von den Straßenkämpfen und Straßenumzügen in Frankfurt entfernt. Dieser Vater der Revolte, die da tobte, schien wie in einer anderen, von den Revoluzzern zum Versinken verurteilten Welt zu leben. Es war deren bürgerlicher Widerschein, den Horkheimer in unseren langen Interviews immer wieder zu verteidigen suchte. Wenn er den Begriff der Solidarität bemühte, dann in dem Sinne, dass wir angesichts unserer Kurzzeitigkeit auf dieser Erde, »Schimmelpilze in ihrer Rinde«, Schutz und Trost der humanen Solidarität gegenüber Tod und Vergänglichkeit brauchten – wie er es formulierte.

Zum Ende unserer Gespräche wollte ich ihn dazu bewegen, etwas zu den Studenten in Paris, Berkeley, Berlin zu sagen, die sich doch auf ihn beriefen (wie auf Adorno oder Herbert Marcuse, denen er in den USA an seinem »Institut für Sozialforschung« das Weiterschreiben und Überleben ermöglicht hatte), wenn sie die spätkapitalistischen Herrschaftsstrukturen zerschlagen wollten. Ich rechnete mit Aufmunterung, Zustimmung. Aber anders als etwa Marcuse und ähnlich wie Adorno verweigerte er denen, die in seinem Geist zu handeln glaubten, seine Zustimmung. Immer wieder mündete sein Verständnis für die Motive der Studentenbewegung vor laufender Kamera in eine fast harsche Verurteilung ihrer Rechtsbrüche. Und wenn ich ihn darauf aufmerksam machte, so als hätte ich gedacht, das sei ihm, dem alten Mann, gleichsam unterlaufen, war er sofort bereit, sein Schluss-Statement, sein Resümee zur

Gegenwart noch einmal zu formulieren – stets mit dem gleichen Resultat.

Schließlich war er erschöpft, aber er sagte mir – auch er nicht ganz zufrieden mit dem Gesagten, denn es fiel ihm schwer, seine Schüler, die in die Anarchie abzudriften schienen, zu verurteilen –, dass er in einigen Tagen ohnehin nach Frankfurt komme. Dort könnten wir den Schluss noch einmal drehen. Er kam, wir drehten den Schluss noch einmal, wieder mehrere Male. Aber stets lief das Ende auf eine Verurteilung des Bruchs bürgerlicher Rechtsstaatlichkeit hin, die er als große, bleibende Errungenschaft der Französischen Revolution, der englischen Verfassungsentwicklung und der amerikanischen Unabhängigkeitserklärung pries. Toleranz und Rechtssicherheit standen in dem Denken des Philosophen nicht mehr zur Disposition. Um keinen Preis. Aufgrund seiner Lebenserfahrung wusste er, wovon er sprach. Die sich auf ihn beriefen, wollte er nicht verletzen; aber in aller Deutlichkeit warnen, das schon! Und so wurde der Film auch verstanden. Niemand von der Apo konnte fortan mit seinem Segen agitieren. Mich machte die Kritik (zum Beispiel im »Spiegel«) zum braven Abnicker der Äußerungen Horkheimers, ein Vorwurf, der mir heute eher gefällt.

Im Rückblick auf die sich ankündigende Morgenröte, die vom »Sozialismus mit menschlichem Antlitz« auf die mürbe Menschheit beiderseits des Eisernen Vorhangs fallen sollte, fällt mir ein, dass Dubček und die Seinen mit viel Mühe dem Sozialismus jene Rechtsstaatlichkeit zurückerobern wollten, die die Apo sich anschickte, als »repressive« oder »instrumentalisierte« Toleranz aus der Welt zu demonstrieren. Erst mit Parolen, dann mit Steinen. Dann mit Molotow-Cocktails. Und schließlich mit Mord und Totschlag aus dem Untergrund.

Als die Tagung zu Ende war, bot mir Augstein an, mich mit nach Hamburg zu nehmen. Ich hatte ihm erzählt, dass ich, wie er auch, nur zwei Tage später zur Hochhuth-Premiere der »Soldaten« ohnehin nach Berlin müsse, und er fand, ich könne doch, statt erst nach Stuttgart zurückzufahren, mit ihm und seiner Frau Maria nach Hamburg fliegen und mit ihnen gemeinsam am nächsten Morgen nach Berlin. Ich kannte ihn und seine Frau Maria von Abenden auf der Buchmesse im Hause Unselds, von Diskussionsforen und »Gruppe 47«-Tagungen. Mehr aber von den langen Abenden danach. Rudolf Augstein versammelte gerne privat Leute um sich, die er als unterhaltsam empfand, die ihm Spaß bereiteten, mit denen oder über die er Späße machen konnte. Wie alle Mächtigen hielt er gern Hof und war dabei angenehm, unkompliziert, selber sehr witzig, so dass mancher, der zu seiner Entourage gehörte, ihn für seinen Freund hielt und sich für seinen.

Ich sollte zu seiner engsten Hofhaltung gehören, wir verbrachten sogar gemeinsam Ferien und auch Wochenenden, an denen er für mich, seinen Spaßmacher, den Spaßmacher für meine kleinen Kinder spielte: Er liebte es, vor Kindern mit wildem Übermut zu brillieren. Und kleine Kinder liebten ihn dafür mit krähender Begeisterung. Vielleicht wusste er, dass die ihm zujubelnden Kinder ihm auch einen Platz in den Herzen ihrer Mütter sicherten. Aber das war ein schönes Nebenergebnis, das er eigentlich nicht nötig hatte, denn die Sympathie der Frauen war ihm wegen seiner unkonventionellen Art, seiner leicht derben bis subtil ironischen Scherze, seines sehr sicheren Auftretens, das die eigene Unsicherheit spielend überwand, ohnehin gewiss.

Augstein, so viel steht fest, war ein Kerl, der weit aus dem engen Kragen, den sich die gesellschaftliche Konvention der Bundesrepublik zugelegt hatte, herausragte. Auch intellektuell und, wenn man das Wort politisch versteht, auch moralisch. Korrupt und korrumpierbar war er wohl nie. Dabei war er kein Kerl, eher ein zartes Kerlchen. Und weil er ein Machtmensch wider Willen und bessere Einsicht war, machte ihm Macht so viel Spaß, und er könnte sie so glänzend handhaben.

Als er eines Tages erfuhr, dass ich nach Florenz reisen würde, legte er mir den Besuch des Grabes von Machiavelli in Santa

Croce dringlich ans Herz und empfahl mir die Lektüre von »Il principe«, deren »Vollzug« er später abfragend überprüfte. Das war lange bevor ich bei ihm beim »Spiegel« anheuerte. Waren wir Freunde? Wir taten eine lange Zeit wenigstens so als ob. Später höchstens im Sinne von Brechts »Puntila und sein Knecht Matti«. Ich war Lohnabhängiger, wenn ich auch in damals guten Zeiten jederzeit den Arbeitsplatz hätte wechseln können. Etwas, das ich jedoch von der Überzeugung und vom Gefühl her nur schwer hätte tun können.

Doch zurück zu dem ersten Abend in Hamburg. Augstein hatte mir ein Zimmer im Flughafenhotel in Fuhlsbüttel besorgt und mich zu einem merkwürdigen Abend eingeladen. Wir waren zu viert essen, Augstein, seine Frau Maria und Gisela Stelly, für die ich zum Tischherrn auserwählt worden war; wie ich schnell begriff, weil Rudolf Augstein nicht auch noch ihr Tischpartner sein konnte. Das wurde am nächsten Tag, beim gemeinsamen Flug nach Berlin-Tempelhof zur »Soldaten«-Premiere, besonders deutlich, als nämlich Augstein zu Stelly sagte, er habe auch ihr, wie sich und seiner Frau Maria, ein Zimmer im Hotel »Kempinski« besorgt. Sie sagte vorwurfsvoll, wie er sich denn das vorgestellt habe, natürlich wolle und müsse sie in Berlin bei ihren Eltern wohnen. Gut, sagte Augstein, dann nimmt der Karasek das Zimmer! Auf meinen Einwand, ich hätte schon ein Zimmer im »Hotel am Steinplatz« (heute ein Altenwohnheim, während ich immer noch im »Kempi« wohne, wenn ich in Berlin bin), erklärte er kategorisch: »Das bestellen wir ab!« »Wir«, das war sein Sekretariat. Ich hatte natürlich Schwierigkeiten, meiner sparsamen »Stuttgarter Zeitung« klarzumachen, warum ich so teuer abgestiegen war.

Hochhuths »Soldaten« übrigens sollten den »Spiegel« teuer zu stehen kommen. In einem Leserbrief hatte der Autor noch einmal seine (inzwischen durch ein Londoner Urteil verbotene) Behauptung wiederholt, Churchills Regierung habe den polnischen Exilpremier Sikorski durch einen Flugzeugabsturz mit Absicht dem verbündeten Stalin geopfert. Das führte zu einer hohen Geldstrafe in England. Hätte der »Spiegel« sie nicht bezahlt, hätte er auf der Insel nicht mehr vertrieben werden dürfen.

Mein Staunen damals konzentrierte sich, Provinzler, der ich war, auf die äußerlich perfekte lässige Eleganz, mit der Augstein 1967/68 den Übergang von seiner dritten in seine vierte Ehe in gesellschaftlicher Öffentlichkeit und gewissermaßen im Glanz einer Weltpremiere, gleichwohl fast unmerklich, vollzog. Politiker hätten sich zu dieser Zeit mit ähnlichem Verhalten noch den sicheren politischen Tod bereitet. Heute, 2004, lebt der Kanzler in der vierten, der Außenminister nach der vierten Ehe. Die Scheidungsgesetze, die damals noch auf dem Schuldprinzip beruhten, änderten sich erst allmählich unter dem Druck der Verhältnisse.

Augstein übrigens wohnte 1967 noch am Rande der Ausfallstraße zum Flughafen, in einem ebenerdigen, reetgedeckten Haus am Maienweg; neben der deutschen Boxlegende, dem Coca-Cola-Konzessionär Max Schmeling. Der Verkehr brauste vorbei, es war keine feine Wohngegend. Ober besser: So genau unterschied man das wohl noch nicht.

Von diesem Haus aus nahm mich Maria Augstein bei meinem nächsten Hamburg-Besuch – ich hatte mit der Chefredaktion der »Zeit« meinen Wechsel von Stuttgart nach Hamburg, von der »Stuttgarter Zeitung« zum Feuilleton der »Zeit« besprochen – am Abend mit zu dem Ehepaar Coulmas, das wohl außerhalb Hamburgs wohnte, jedenfalls fuhren wir mit ihrem Sportwagen über die Autobahn.

Peter Coulmas (wieder erschrecke ich, während ich das schreibe) empfand ich damals als einen feinen, alten Herrn mit einem feinen Stimmchen – in Wahrheit war er gerade mal Anfang fünfzig –, er gestaltete beim NDR das höchst einflussreiche, kultivierte Highbrow-Nachtprogramm des Hörfunks, der damals etwas viel Feineres, viel Einflussreicheres war als das Flimmerkasten-Fernsehen mit seinen Bunte-Abend-Programmen. Das Ehepaar Coulmas betrieb in diesen Jahren eine Art

Salon. Beide waren Griechen, beide sprachen perfekt Deutsch (ebenso wie Englisch und Französisch), und sie luden immer wieder Menschen aus der Politik, der Kultur, dem Journalismus zum Gedankenaustausch und zum Essen und Trinken ein. Später in Köln verkehrten Gustav Heinemann oder Willy Brandt in ihrem Hause. Die beiden bildeten eine Art inoffizielle Vernetzungsstation; ihre Küche, ihr Lammbraten, ihre Mousse au Chocolat wurden hoch gerühmt, er galt als Koch der Nachspeisen, sie war eine reizende junge Gastgeberin, Dozentin an der Uni und im diplomatischen Dienst. Ein exotisches Flair umgab die junge Frau, die Danae hieß und sehr spontan und gut gelaunt wirkte, während ihr Ehemann ihren sprudelnden Ausführungen mit weisem Wohlwollen hinterherlächelte: Er war stolz auf seine aparte Frau und bedachte sie gleichzeitig mit einer gewissen Nachsicht, wie sie gereiften älteren Herren ihrer jungen Gefährtin gegenüber angemessen scheint – auch zum Selbstschutz.

Unter den Gästen war auch Klaus Rainer Röhl (K2R war sein Spitzname), ein gelackt wirkender Mann mit langen Koteletten. Er war, das wusste ich, Herausgeber der Zeitschrift »Konkret«, wirkte mit seinem glatten Lächeln, das er zu einem dämonischen Grinsen zu kultivieren suchte, und seinen pomadigen Haaren eher schmierig; eher gedrechselt als witzig, eher als Hugh-Hefner-Abklatsch, weniger als linker Journalist. Man hätte sich nie gewundert, wenn er in der nächsten Minute einen Tango aufs Parkett gelegt hätte. Dennoch artikulierte er sich ständig politisch, aber die Sätze passten nicht zu seinem etwas ironisch unverbindlichen Auftreten.

Zwischen der Gastgeberin und ihm herrschte ein tiefes Einverständnis aus Neckerei und Widerspruch, aber vielleicht bilde ich mir das nur aus dem Rückblick ein, nachdem ich weiß, dass die Affäre zwischen den beiden (vom Ehemann Coulmas gebilligt; aus Schwäche?, aus Toleranz?, aus einer Mischung aus beidem?) die Ehe Röhls mit Ulrike Meinhof gesprengt hat. Ulrike Meinhof, von der ich viel Bewunderndes gehört und deren linke Kommentare ich gelesen hatte, war an diesem Abend nicht da. Röhl war mir unsympathisch, mit Danae habe ich nicht viel gesprochen.

Später, da war ich schon Redakteur bei der »Zeit«, war ich oft bei meinem Kollegen Dieter E. Zimmer in der Rothenbaumchaussee eingeladen, der, mit einer ironisch klugen wie ungezwungenen Frau verheiratet, auch eine offene Ehe führte. Sie hatten zwei Töchter und ließen einander trotzdem, auch öffentlich, jeden Spielraum – ein Versuch, das Zusammenleben zu retten, der nicht zum Ziel führte. Auch hier traf ich Anfangs Röhl, der sein Verhältnis zu Katharina Zimmer gerade beendete; nicht wegen seiner Ehefrau Ulrike Meinhof, sondern wegen Danae Coulmas.

Es waren seltsame Abende zwischen den die Wohnung allmählich erdrückenden Bücherregalen – die liefen schließlich auf Rollen auch quer durch die Zimmer. Aus einer Art höhnisch-zynischer DDR-Nostalgie (Zimmer stammte wie ich aus der DDR beziehungsweise aus Ostberlin) spielten wir immer wieder das Pfingstlied der FDJ – »Was machen wir zu Pfingsten, wenn die Wiesenblumen blühn? / Da fahrn wir nach Karl-Marx-Stadt über Autobahn und Schien«. Immer wieder, zwischen Biermann-Liedern, sangen wir das FDJ-Lied vom Pfingsttreffen mit der ironischen Erleichterung derjenigen, die das Pathos der DDR verlassen hatten, durch Republikflucht. Dieter E. Zimmer und ich wurden auch in Zeiten der Koexistenz nie zu Freunden der DDR, deren korrupte Elite wir beide, über ihr Ende hinaus, verachteten.

Was wir nicht wussten: dass Röhl sein halbpornografisches »Konkret« aus DDR-Geldern finanzierte. Was wir noch weniger wussten: dass seine Frau ihn und ihre Zwillingstöchter verlassen sollte, um in den Untergrund zu gehen. Sie war bei der Baader-Befreiung in Berlin dabei, als die Schüsse fielen, die einen Institutsangestellten schwer verletzten.

Das war im Mai 1970.

Während wir Journalisten noch darüber diskutierten, ob man »Baader-Meinhof-Gruppe« oder »Baader-Meinhof-Bande« sagen und schreiben solle, schälte sich nach der Gefangenenbefreiung aus dem »Deutschen Zentralinstitut für Sozialfragen« in Berlin-Dahlem heraus, wie sehr die linke Literaturszene mit den Aktionen der linken Desperados verbunden war, ohne deren Ziele und Aktionen zu rechtfertigen. Baader war festgenommen worden, als er zufällig in einem Auto fuhr, das auf den Namen des Autors Peter O. Chotjewitz zugelassen war. Chotjewitz war zu der Zeit Stipendiat der »Villa Massimo« in Rom, ein Autor, dem ich mich in der »Gruppe 47« wegen seiner ruppigen Witzigkeit und seinen parodistischen Texten (im Berlin-Roman »Bärenauge«) ziemlich nahe fühlte. Der Verleger Klaus Wagenbach hatte mit Baader einen Vertrag über ein Buch gemacht, das ihm nun als Vorwand für die »Ausführung« in das Institut gedient hatte. Bei der »Zeit« fühlte sich der stellvertretende Chefredakteur Theo Sommer verpflichtet, uns Redakteuren ins Gewissen zu reden: Es sei keineswegs ein »Kavaliersdelikt«, wenn wir den in den Untergrund Abgetauchten Unterschlupf gewähren würden.

Am Tag der Geiselbefreiung von Mogadischu sah ich mit meiner damaligen Freundin und heutigen Frau die Fernsehaufzeichnung einer »Penthesilea«-Aufführung. Am späten Abend liefen Schriftzeilen über den Bildschirm. Die Geiseln an Bord der »Landshut« waren durch eine GSG-9-Truppe befreit worden.

Das war der Anfang vom Ende des deutschen Terrorismus. In Stammheim hatten Baader und Ensslin Selbstmord verübt. Schleyer war ermordet worden, ohne dass der Staat unter Kanzler Helmut Schmidt den erpresserischen Forderungen der Geiselnehmer nachgegeben hatte.

Begonnen hatte für mich alles damit, dass der Herausgeber der »Stuttgarter Zeitung« höchst eigenhändig – damals gab es noch Bleisatz – einen Artikel über die Berliner Studentenunruhen nach dem Schah-Besuch und über die sich formierende Apo aus dem Blatt gehoben hatte. Ich war an diesem Abend mit einem zeitungseigenen VW bei einer Ulmer Schauspielpremiere gewesen und erfuhr es nach meiner Rückkehr. Den Beitrag für mich hatte der junge Christoph Müller, Sohn und Erbe des »Schwäbischen Tagblatt«-Verlegers Ernst Müller, geschrieben, der damals beim Berliner »Tagesspiegel« volontierte. Er verlor seinen Job, ich kündigte wegen seines herausgeschmissenen Beitrags. Allerdings hatte ich gut kündigen. Die Kulturredaktion der »Zeit« hatte mir längst das Angebot gemacht, als Theaterkritiker nach Hamburg zu kommen.

Klaus Rainer Röhl wurde durch eine linke Palastrevolte – Mitbestimmungsdebatte hieß das damals – aus seinem Verleger-Sitz bei »Konkret« gekegelt. Er folgte Danae Coulmas nach Köln, als ihr Mann endgültig zum WDR ging. Als ein befreundeter Professor später Röhls Haus in Blankenese gemietet hatte, zeigte er mir den Keller dort. Da war ein Raum, in dem Röhl sich einen Schießstand aufgebaut hatte. Bevor Ulrike Meinhof Untergrundkämpferin der RAF wurde, haben sie und ihre Kämpfer das Haus einmal besetzt. Sie verwüsteten und verunreinigten vor allem das einst gemeinsame Schlafzimmer des Ehepaares Röhl-Meinhof.

»Eins, zwei, drei«

In den heißen ersten Augusttagen des Jahres 1961 drehte Billy Wilder in Berlin rund um das Brandenburger Tor seine als turbulenten Spaß geplante Ost-West-Komödie »Eins, zwei, drei«. Sein für ihn auch am Drehort unentbehrlicher Drehbuch-Co-Autor I. A. L. (»Iz«) Diamond war wie immer dabei. Mit steinernem Gesicht saß er am Rande der jeweiligen Szene, um jede auch nur winzigste Abweichung vom festgeschriebenen

Text (jedes »äh«, »ah« oder »und«, »also«) zu registrieren und durch Kopfschütteln in Richtung Wilder zu ahnden. Die beiden wohnten im »Kempi«, die Dreharbeiten fanden zum Teil direkt am Brandenburger Tor statt, das Horst (»Hotte«) Buchholz mit seinem Motorrad durchfuhr, wobei er Luftballons bald mit antiamerikanischen (»Ami go home!«), bald mit antisowjetischen (»Russki go home«) Parolen hinter sich im Fahrtwind flattern ließ.

Außerdem wurde bei der Coca-Cola-Abfüllstation in der Hildburghauser Straße in Berlin-Lichterfelde, vor der imposanten Ruinen-Kulisse der Gedächtniskirche sowie auf dem schönen innerstädtischen Flughafen Tempelhof gedreht. Die Schauspieler waren der von Billy Wilder für diesen Film reaktivierte »Public Enemy«-Star James Cagney, damals dreiundsechzig, die relativ unbekannte neunzehnjährige Pamela Tiffin, die quirlige Schweizerin Lilo Pulver, Jungstars wie Hanns Lothar und komödienerprobte Altstars wie Hubert von Meyerinck (als adeliger Klo-Mann, der schon bessere Zeiten erlebt hat) und der junge Deutsche Horst Buchholz (»Die Halbstarken«, 1956), der 1960 mit den »Glorreichen Sieben« zu Weltruhm gelangt war. Es waren streng geregelte (Cagney schalt Wilder bewundernd wegen seiner »preußischen Strenge«), aber auch heitere Tage, über die ich mich mit Hotte Buchholz noch wenige Wochen vor seinem Tod in der Berliner Paris-Bar unterhalten habe und von denen Lilo Pulver, die Wilder zu einer deutschen Monroe aufgemischt hätte – wäre der Film nicht für Jahre versunken gewesen –, noch heute gerne erzählt, wenn ich sie gelegentlich bei öffentlichen Veranstaltungen treffe.

Ärger gab es wohl am Brandenburger Tor mit der Volkspolizei und am Tempelhofer Flughafen, weil die Dreharbeiten damals den restlos überforderten »Luftbrücken«-Flughafen zusätzlich belasteten. So hat der Film-Architekt Alexander Trauner den Flughafen vorausschauend auf dem Bavaria-Gelände in München nachgebaut und – anders als es die Legende will und es mir Billy Wilder später erzählt hat, weil er sich anders erinnerte und es sich besser so erinnern ließ – auch das Brandenburger Tor in München als teure Filmkulisse erstehen lassen.

Am 13. August wurde die Mauer gebaut, Wilder wurde davon überrascht, als er gerade im »Kempinski« saß. Der Mauerbau, der für das geteilte Deutschland zum schrecklichsten Einschnitt in der ohnehin schrecklichen Teilungsgeschichte im Deutschland des Kalten Krieges werden sollte, führte auch zu einem schweren Knick in der Karriere des damals größten Gesellschaftssatiren- und Komödienfilmers Wilder.

Der in Wien aufgewachsene Journalist war im Berlin der zwanziger Jahre zum Filmdokumentaristen der Stadt (»Menschen am Sonntag«) geworden. Der Freund von Egon Erwin Kisch, mit ihm teilte er eine Wohnung, war Reporter und Drehbuchautor in Berlin, bevor er in die USA emigrierte. Dort lernte er Marlene Dietrich kennen, mit der er später wichtige Filme drehte. Als er 1945 als Kulturoffizier der US-Armee nach Deutschland kam, besuchte er – sobald das möglich war und von der russischen Besatzung gestattet – auch Berlin. Der Eindruck war erschütternd für ihn, prägend; und so, wie das im Krieg zerbombte und zerborstene Wien in Carol Reeds Spielfilm »Der dritte Mann« in einem bleibenden Filmdokument aufbewahrt ist, so ist Wilders (leider so gut wie vergessene) Besatzungs- und Schwarzmarktkomödie »A Foreign Affair«, die er mit Marlene Dietrich 1948 drehte, auch eine authentische Erinnerung an das kriegsverwüstete Berlin, mit seinem von unzähligen Trümmernarben zerfurchten Gesicht. Wilder durfte damals alliierte Luftaufnahmen benutzen.

Wer sehen will, was der Krieg angerichtet hat, sollte sich die Szene, in der eine US-Maschine in die Ruinenwüste Berlin einfliegt, ansehen.

Jetzt also, am 13. August 1961, erlebte Wilder, beim Drehen seiner Komödie über die zwischen Ost und West geteilte Stadt, die scheinbar endgültige brutale Teilung dieser Stadt durch eine Mauer und eine markierte Todeszone – wo er doch im

Film der satirischen Einsicht, dass Coca-Cola (als Symbol des weltumspannenden US-Kapitalismus) alle Trennungen überwinden werde, eine Burleske abgewinnen wollte. So recht Wilder auf die Dauer haben sollte – es war in der Tat der menschliche Hedonismus und Egoismus (vereinfacht: der Wunsch nach Cola und Jeans), der den finster lebensfeindlichen Pseudo-Idealismus der kommunistischen Herrschaftsideologie überwand – so sehr stand er im Moment im Unrecht. Im Schatten der Mauer.

Dabei war es nicht so schlimm, dass sich die Dreharbeiten verzögerten und verteuerten.

Schlimmer war, dass Wilder sich auf sein Gespür für Europa, für den Zeitgeist, nicht mehr verlassen konnte. Vor »Eins, zwei, drei« war er auf der Höhe seines Ruhmes. Er hatte 1959 mit »Manche mögen's heiß« seine, nein unser aller schönste Filmklamotten-Klamotte gedreht, voll von atemberaubendem komischem Tempo und gleichzeitig scharfsichtig in ihren Einsichten über Maskeraden der Geschlechter, und um 1960 seine moralische Komödie »Das Appartement« (über die sich ein wahrer Oscar-Segen ergoss, drei Oscars, drei Nominierungen), in der er die sich auflösende Ehemoral jener Jahre exakt auf den Punkt des Karrieresex im Büro brachte, ohne deshalb weniger komisch zu sein.

Jetzt, nach dem Mauerbau, schien er viele seiner Fähigkeiten total verloren zu haben. Keiner seiner nächsten Filme fand ins Herz und in die Seele der Zeit zurück. Schon 1961 wollten die Zuschauer über nichts weniger lachen als über die Mauer, dieses schreckliche Zeugnis eines ausweglosen Konflikts. Nicht nur in Deutschland wurde es Wilder als »Geschmacklosigkeit«, also mangelndes Gespür, verübelt, dass er über unsere Leiden an der Teilung scheinbar billige Scherze und alberne Späße machte.

Fünfundzwanzig Jahre später, 1986, wurde Billy Wilder achtzig Jahre alt. Und obwohl die Mauer, an der auch sein Film

»Eins, zwei, drei« aufgelaufen war, erst drei Jahre später fallen sollte, waren die letzten Jahre vor dem Zusammenbruch des Kommunismus und der Auflösung des Ostblocks von einer seltsam widersprüchlichen Stimmung getragen: Einerseits protestierten die Linken gegen den Nato-Doppelbeschluss, an dem die Regierung Helmut Schmidt 1982 gescheitert war und den Schmidts Nachfolger Helmut Kohl gegen heftige Proteste (Mutlangen, Friedensmärsche nach Bonn) unter schweren innenpolitischen Verwerfungen durchsetzen konnte. Andererseits verlor der »real existierende Sozialismus« allmählich sein ideologisch-martialisches Drohgesicht; er wurde nach und nach eher zu einer komischen Nummer – weniger für die unter seinem immer noch vorhandenen Druck Lebenden, mehr für die westlichen Beobachter – mit seinem gerontokratischen System, den vergreisten Männern aus den Politbüros, die man fast schon als das klapprige Personal einer proletarischen Operette ansah: etwa die sklerotischen Jagdherren der DDR.

In dieser Stimmung eroberte sich »Eins, zwei, drei« nach und nach als Kultfilm die Programmkinos. Ähnlich wie (und aus ganz anderen Motiven) bei der Rocky Horror Picture Show waren Vorstellungen monatelang ausverkauft, und die Besucher – meist Studenten – sprachen Zeilen mit, zum Beispiel den Befehl des amerikanischen Coca-Cola-Herrn in Berlin, der jeden Morgen seine im preußischen Drill strammstehenden Berliner Untertanen mit dem bellenden Satz: »Sitzen machen!« zu lässigerer Haltung kommandieren und umerziehen wollte.

Ein Film, der bei seiner Premiere 1961 völlig aus der Zeit gefallen zu sein schien, war auf einmal wieder voll auf der Höhe der Zeit. Zu spät für Billy Wilder, aber rechtzeitig für mich. Denn da ich seine Filme liebte, auch die, die er als Drehbuchautor für Lubitsch geschrieben hatte, schlug ich dem »Spiegel« vor, den Macher der verkannten Ost-West-Komödie für ein Interview zu besuchen. Da Rudolf Augstein sowohl meine Liebe zu Lubitschs »To Be or Not to Be« (an dem Wilder allerdings nicht mitgeschrieben hatte) wie die zu »Some

433

Like It Hot« teilte, hatten wir auch »One, Two, Three« begeistert zusammen (wieder) gesehen. So war es ein Leichtes, ihn von der Notwendigkeit dieser Interviewreise nach Hollywood zu überzeugen. Das Interview wurde ein Erfolg und meine Begegnung mit Wilder, um mit dem Ende von »Casablanca« zu sprechen, der »Beginn einer wunderbaren Freundschaft«. Weniger pathetisch: Wilder wurde kurz darauf zu einem Vortrag bei den »Berliner Begegnungen« eingeladen, und da er keine Lust zu dem Vortrag hatte, schlug er stattdessen ein öffentliches Interview mit mir vor, das wir dann auch im Berliner Renaissance-Theater als Matinee führten. Wir trafen uns also bald wieder.

Bei unserem Spaziergang über den Kudamm am folgenden Montag zeigte ich ihm in einer Buchhandlung einen Band mit Bildern meines Lieblingscartoonisten Deix. »Er ist dein Landsmann«, sagte ich, »und ich finde, seine Zeichnungen haben einen ähnlichen Geist wie deine Filme.« Ein paar Wochen später hörte ich aus Wien, dass Wilder Deix mitten in der Nacht angerufen habe: Er wolle eine Zeichnung von ihm kaufen. Später hat Wilder ein hinreißendes Vorwort zu einem Band von Deix geschrieben. Beide kannten sich aus im österreichischen Bestiarium, das sie durchschauten, wie es nur Liebende und Leidende tun können.

Ich war am 13. August 1961 bei den Salzburger Festspielen und hörte Elisabeth Schwarzkopf als Marschallin im »Rosenkavalier« auf höchst elegische Weise »Ja die Zeit!« singen. Die Nachricht vom Mauerbau war wie ein Schlag vor den Kopf. Und sie wirkte hier in Österreich wie ins Unwirkliche abgefedert.

Bei unserer ersten Begegnung 1986 war Billy Wilder voller Wut über die Waldheim-Affäre, die damals die Welt bewegte. Er redete über seine Landsleute und ich merkte mir seinen Satz, den er vielleicht zitierte: »Die Österreicher haben das Kunststück fertig gebracht, aus Beethoven einen Österreicher und aus Hitler einen Deutschen zu machen.«

Damals in Salzburg hatte ich, ohne den Satz zu kennen, ein ähnliches Gefühl. Hier schien die deutsche Misere, die jetzt in der Mauer kulminierte, seltsam fern, so als beträfe sie dieses Land nicht, das besonders in der Festspielzeit wie enthoben der Zeit und der Geschichte schien. Es war eine Region, in der zwischen Barockkirchen und Felsenkellern der ewige Mozart-Frieden herrschte – zu schön, um wahr zu sein; zu teuer, um sich als Weltglück übertragen zu lassen.

Der Dramatiker Rudolf Bayr, später Intendant beim ORF im Landesstudio Salzburg, lief damals, erfüllt von höchstem österreichischem Feingefühl, durch das von Touristen überfüllte Salzburg und sagte zu Deutschen, die ihre Beine aus kurzen Hosen streckten, sie seien hier in diesem Aufzug unerwünscht. Er sah die Deutschen so wie Deix die Österreicher. Beide hatten recht.

Inzwischen ist Salzburg im Sommer sowohl eine Münchner wie eine Wiener Residenz, internationale Gäste erwünscht.

Billy Wilder, der einmal, nach dem Krieg, in Bad Gastein mit Goldwyn zusammen Ferien machte, hat mir auch dazu eine schöne Geschichte erzählt. Wie er in Berlin am Viktoria-Luise-Platz gewohnt hatte. Damals, in den zwanziger Jahren, als er ziemlich mittellos gewesen sei und unter anderem als Eintänzer gearbeitet habe. Des Nachts konnte er nicht einschlafen, weil die Toilettenspülung kaputt war und permanent lief. Er habe sich vorgestellt, er liege an einem wundervollen Wasserfall und habe so endlich Schlaf gefunden. Jetzt, Jahrzehnte später, in Bad Gastein, habe er in einem wunderschönen Kurhotel gewohnt, nahe an einem rauschenden Wasserfall. Und in der Nacht habe er wieder nicht einschlafen können; diesmal, weil ihn das plätschernde Wassergeräusch an eine defekte Toilettenspülung erinnert habe.

Im Laufe der Jahre habe ich viele solche Geschichten von ihm gehört – Geschichten, die an Friedrich Torbergs »Tante Jolesch«-Anekdoten erinnern, aber auch an die lebensklugen Vergnüglichkeiten von Johann Peter Hebels Kalendergeschichten.

Am 30. Mai 1986 feierten wir den achtzigsten Geburtstag meines Vaters im Hause meiner Schwester in der Bourgogne in St. Vertue. Zum letzten Mal waren alle Familienmitglieder zusammen, und mein Vater, der von seiner schweren Zuckerkrankheit längst lebensmürbe und lebensmüde gemacht worden war, saß inmitten seiner Kinder und Enkel in einem neuen Wintergarten in der alten Scheune des ehemaligen Pfarrhauses; er versuchte hellwach und glücklich zu sein. Ich hatte, durch Zufall, zu dieser erstrebten Zufriedenheit einen Beitrag geleistet, mein jüngster Sohn Niko, im Jahr zuvor exakt am Geburtstag seines Großvaters zur Welt gekommen, feierte mit dem Großvater zusammen: er, unbewusst seinen ersten Geburtstag, mein Vater, der sich mit vorgeschützter Zufriedenheit gegen das eigene Verdämmern aufbäumte, seinen achtzigsten. Und: ohne es zu wissen, seinen letzten.

Meine in Frankreich zur erfolgreichen Geschäftsfrau avancierte Schwester hat unserem Vater wie unserem schwer kranken Bruder Horst das Leben so schön gemacht, wie sie nur konnte, und wenn sie neben unserem Vater saß, schien er wie ein zufriedener Kater zu schnurren – er lächelte dann für Augenblicke in sich hinein, während sich sein Blick, wähnte er sich unbeobachtet, in wässriger Leere verlor. Obwohl unendlich müde, schlich er nachts, wobei er versuchte, niemanden zu stören, durch die Räume, weil er liegend nicht in den Schlaf fand. Dann saß er im Stuhl und wenn ich, geweckt von eigener Schlaflosigkeit, an ihm vorbeiging, konnte ich ihm bestenfalls auf die Frage, wie es ihm denn gehe, ein schwaches ungeduldiges »Gut« entlocken. Und hörte von ihm die Gegenfrage: »Und? Warum schleichst du noch in der Nacht herum?«

Es war das Jahr, in dem am 22. Juni auch Billy Wilder achtzig wurde. Und als ich eineinhalb Jahre später wegen der Biographie Tag für Tag mit ihm in Beverly Hills in seinem Büro saß, nahe beim luxuriösen Rodeo Drive und ebenso nahe beim feinsten Teil des Wilshire Boulevard, war mein Vater gestorben. Wilder war von ähnlicher Statur wie er, hatte eine ähnliche Kopfform, nur war er unendlich viel agiler, lebendiger, als mein Vater es in den letzten Jahren gewesen war, und manchmal ertappte ich mich bei dem Wunsch –, ein absurder Wunsch, ich war ja schon zweiundfünfzig Jahre alt und selbst vierfacher Vater –, ich könnte in Wilder eine Art späten geistigen Vater finden.

Es gab auch eine sprachliche Nähe, die ich bei Wilder spürte. Zum Beispiel, als wir von einem Galeristen zum Mittagessen eingeladen waren und ich Wilder, der neben mir saß, im Angesicht des Kellners fragte, ob es denn unverschämt wäre, wenn ich ein Glas Champagner bestellte. Und er antwortete: »Meine Mutter hat immer gesagt, wenn man dir gibt, nimm! Wenn man dir nimmt, schrei!« Da erschrak ich vor Freude, denn genau das hatte mir auch meine Mutter beigebracht: »Wenn man dir gibt, nimm! Wenn man dir nimmt, schrei!«

Ausgerechnet in Hollywood, ausgerechnet in Beverly Hills regredierten wir sprachlich in eine gemeinsame Kindersprache. Als Wilder mir erzählte, dass ihm seine Mutter immer Buchteln, ein süßes dickes Gebäck, meist mit Powidl (Pflaumenmus) gefüllt, in die Schule mitgegeben hätte, schrieb ich das begeistert auf: Auch mir hatte meine Mutter Buchteln mit Powidl gemacht und mitgegeben. Und als ich Wilder später die Stelle zum Lesen gab, strich er das Wort Buchteln und ich war gekränkt und schrieb es wieder hinein. Und er strich es wieder und ersetzte es durch Kuchen oder Semmeln. Und als ich ihn schließlich fragte, warum er denn das schöne Wort gestrichen habe, sagte er, in seiner Jugend seien Buchteln wegen ihrer Form auch die Bezeichnung für weibliche Brüste gewesen. Und dass ihm seine Mutter ausgerechnet Buchteln mitgegeben habe, nein, diese unfreiwillige Komik wolle er nicht riskieren.

Als Steven Spielberg seinen Film »Schindlers Liste« gedreht hatte, fuhr ich für den »Spiegel« zu einem Interview mit ihm nach Hollywood. Danach besuchte ich Wilder. Wir unterhielten uns über den Film. Und Wilder sagte mir, dass es völlig verrückt gewesen sei und gegen sein besseres Wissen, aber er habe sich im Kino dauernd dabei ertappt, vor allem bei den Szenen im Konzentrationslager, wie er nach seiner Mutter, nach seiner Großmutter, nach seiner Tante Ausschau hielt. Und er hat mir den Brief gezeigt, den er an Spielberg schrieb, gleich nachdem er den Film gesehen hatte. Ich habe die beiden Briefe, Wilders bewegendes Kompliment an Spielberg und Spielbergs Antwort, die ein Dank an den großen Filmemacher und Lehrmeister Wilder ist, in die Taschenbuchausgabe meiner Wilder-Biographie aufgenommen. Übersetzt. Merkwürdig ist, dass sich ein Wort nicht richtig übersetzen ließ. Das Wort »mensch«, das im amerikanischen Jüdisch (Wilder lässt es auch den Arzt im »Appartement« so gebrauchen) einen wirklichen, einen menschlichen Menschen meint. Ausgerechnet das deutsche Wort »Mensch« ist für den Menschen vorbehalten, der sich nicht unmenschlich verhält. Meine Arbeit mit Wilder war für mich auch Übersetzungsarbeit, im Sinne von Karl Kraus: »Übersetzen? Üb' ersetzen!«

Während der Arbeit haben wir uns oft über das Wort »collaborator« unterhalten. Wilder nannte all seine Mit-Drehbuchautoren, vor allen Charles Brackett und I. A. L. Diamond, aber auch Raymond Chandler (für »Double Indemnity«) seine »collaborators«. Er selbst nannte sich, wegen »Ninotschka«, »collaborator« Lubitschs, des großen, von ihm bewunderten Vorbilds. Ich habe ihm oft erzählt, dass das Wort im Deutschen durch die Nazis einen üblen politischen Beigeschmack bekommen habe – wie das Wort »Quisling« (nach dem norwegischen Nazi-Kollaborateur). Trotzdem bin ich ziemlich stolz, dass Wilder mich 1993 in Berlin, als er das fertige erste deutsche Exemplar in den Händen hielt, in seiner Widmung in den Zirkel seiner Kollaborateure aufnahm:

»Dear Hellmuth: now that it's all over, the blood, the sweat and the tears – let me thank you for the brilliant job you did.

I am very proud of my collaborator! With respect and admiration. Billy Wilder.« (Berlin '93)

Das Wort »collaborator« ist nicht das einzige Wort, das aus dem Umfeld des Zweiten Weltkrieges stammt. »Blood, sweat und tears«, Blut, Schweiß und Tränen, die Billy Wilder als Mühen unserer Zusammenarbeit mit leiser Ironie zitiert, entstammen Churchills berühmter Rede, mit der er England auf den Krieg gegen Hitler-Deutschland einschwor.

Als Wilder 1945 nach Deutschland kam, brachte er einen Dokmentarfilm mit, den er bearbeitet hatte. Es war der Film »Todesmühlen« von Hanus Burger, der nach der Befreiung in verschiedenen Konzentrationslagern gedreht worden war.

Christie's

Für mich, wie für Millionen andere, fiel die Mauer im Fernsehen. Ich hatte schon gepackt, weil ich am nächsten Morgen nach New York fliegen sollte. Billy Wilder, inzwischen dreiundachtzig Jahre alt, wollte Ordnung in seinem Haus machen und ließ bei Christie's in der 5th Avenue seine berühmte Gemäldesammlung versteigern. Dazu hatte er auch mich eingeladen. Ich saß also am späten Abend in Hamburg vor dem Fernseher, es gab eine Podiumsdiskussion mit Walter Momper, die schließlich unterbrochen wurde, weil es das Gerücht gab, die Mauer sei offen. In eingeblendeten Szenen sah man, wie Grenzpolizisten Ostberliner durchließen, einfach so. »Wahnsinn!« war der Slogan der Stunde, Momper stand auf, sagte mitten in der Diskussion, da passiere wohl etwas an der Grenze und da müsse er hin, Fernseh-Diskussion hin oder her.

Schuld war ein etwas verwirrter Schabowski, Berliner SED-Sekretär, der im Fernsehen auf einer Pressekonferenz eine Verlautbarung über die Grenzöffnung verlesen hatte, sich im Gestrüpp der bürokratischen Sprache wie in einer sperrigen Grenzanlage verheddert und auf Nachfragen, ob das denn sofort gelte, nach einem verwirrten Blickkontakt mit vor ihm sitzenden ZK-Mitgliedern, die auch etwas blöde grinsend (wie es Staatsmänner tun, wenn sie von Ereignissen überrollt werden) herumsaßen und zu den Verwirrungen von Schabowski schwiegen, unsicher, aber positiv antwortete.

So gehen Epochen zu Ende. Eins, zwei, drei! Wahnsinn! Wieder war das Fernsehen dabei, Akteur und Berichterstatter der Aktion (»The medium is the message«) in einem. Tage zuvor hatte man Züge mit Ausreisewilligen durch die DDR fahren sehen, kurz darauf sollte das seltsame Wort »Begrüßungsgeld« aufkommen. Zum wiederholten Mal sah mich meine Frau in dieser Nacht mit Kopfschütteln an, mir liefen die Tränen aus den Augen. Obwohl das – »Wahnsinn« – gewissermaßen Tränen historischen Ausmaßes waren, wusste meine Frau, dass ich oft weine. Zum Beispiel bei jeder Mozart-Oper in Salzburg schon bei der Ouvertüre. Oder wenn Belmonte zu singen anhebt: »Hier soll ich sie nun sehen! Constanze!«

Irgendwie habe ich das Ende der DDR eher auch in komischer Erinnerung, ich sehe noch, wieder im Fernsehen, Erich Honecker vor mir, wie er, ein Greis unter Greisen und Greisinnen (die alte Antifa-Garde in einem weinrot verstaubten Ambiente in Ostberlin) mit verschmitzt optimistischem Rentner-Lächeln – verschmitzt kam es ihm wahrscheinlich vor, eigentlich wirkte es eher nach starrer Verblödung – zitierte: »Den Sozialismus in seinem Lauf, halten weder Ochs noch Esel auf!« Das war so! Wirklich! »Wahnsinn« und »Begrüßungsgeld«.

Es tat mir leid, dass ich in einem so historischen Augenblick, am historischen Morgen nach einer historischen Nacht, nach New York fliegen musste. Und dass es »historisch« war, merkte ich auch in New York. Zum Beispiel daran, dass auf einer Wetterkarte im Fernsehen auf einmal das Wetter von Leipzig eingezeichnet war. »Leibzig«, wie es sich auf der amerikanischen

Wetterkarte schrieb, mit »b« – umgekehrt wie die »Hapsburger«, die sich in den USA mit »p« schreiben. Hier also »Leibzig«, die »Heldenstadt«, und in den folgenden Tagen war auch in New York dauernd der Schlusschor der »Neunten« zu hören. Wieder weinte ich, wieder schüttelte meine Frau milde den Kopf. »Leibzig – the weather forecast, partly cloudy.«

Was mir damals nicht einfiel, war, dass meine »eigentliche Beziehung« zu Billy Wilder mit dem Mauerbau 1961 begonnen hatte, als er »Eins, zwei, drei« drehte. Und dass sich jetzt, mit dem Mauerfall 1989, ein Kreis schloss. Und dass er mehr mit »Hapsburg« als mit »Leibzig« zu tun hatte, auch jetzt, wo er seine wunderbaren Mädchen-Akte Schieles und seinen großartigen Balthus, das Bildnis der in der Welt fröstelnden Zwölfjährigen, die, fast lebensgroß, in dem Schlafzimmer der Wilders in Westwood hing, versteigern ließ. Nabokov, Kisch, Schiele, Molnar – es war das alte Österreich (»Hapsburg«), das wir beim gemeinsamen Stöbern in Wilders Vergangenheit, beim gemeinsamen Erinnern (das ich dann aufschrieb) aufspürten – so als gäbe es eine gemeinsame Rumpelkammer, einen sperrig verstellten Dachboden mit Altem in unserer Erinnerung.

Zu Beginn unserer Gespräche, 1987, war ich durch seine Filme und die eigene Suche nach den österreichischen k. u. k.-Wurzeln eigentlich gut eingestimmt gewesen. Jeden Morgen trafen wir uns Punkt zehn vor seinem Büro im Brighton Way, nahmen uns aus dem von einem Israeli betriebenen Café im Erdgeschoss jeder einen im Styropor-Becher dampfenden Kaffee mit, dessen Milchhaube sich Wilder reichlich mit Kakao bestreuen ließ, und unterhielten uns, während mein Kassettenrecorder lief, bis etwa ein Uhr über Wien, Berlin, London, New York, Paris: er leicht stockend im Deutsch seiner Kindheit, das er mit amerikanischem Akzent und mit zahllosen amerikanischen Wendungen gespickt sprach, wenn er beispielsweise erzählte, dass ein Schauspieler wie Jack Lemmon dazu neigte, mit dem Finger »on the trigger«, also am Abzug der Pistole, also mit äußerstem Einsatz zu spielen. Mittags gingen wir meist zu Jonny Rockett's, einem nostalgisch im Artdéco-Look der vierziger Jahre aufgemachten Burger-Lokal und aßen, nebeneinander sitzend, jeder einen Burger, was bei dem sperrigen Format der in eine Papierserviette geklemmten dicken Semmel mit dem dicken Hackfleisch dazwischen nicht immer leicht war. Ich habe Wilder auch noch bei späteren Besuchen – da war er fast neunzig und schließlich wirklich neunzig – zu Jonny Rockett's auf einen Burger begleitet und gerührt bewundert, wie der alte Mann unter dem jungen Personal, den jungen Kunden-Pärchen und begleitet von Frank-Sinatra-Musik aus der nostalgischen Juke-Box mit seinem bröckelnden Burger kämpfte, meist erfolgreicher als ich, der ich fast dreißig Jahre jünger war. Aber später, als seine Hände zu zittern begonnen hatten, bekleckerte er sich die Jacke; die jungen adretten Pächter, schwarzlockige junge Männer mit schrägen Käppis und New Yorker Akzent, halfen ihm dann und bemühten sich um ihn, ohne ihm das Gefühl der Hilflosigkeit zu geben, das nur in wenigen gequälten kurzen Blicken durch seine dicken Brillengläser sichtbar wurde.

Mit achtzig ging er noch leicht, locker, elegant, den Hut trug er verwegen aus der Stirn geschoben, seiner Stimme gab er einen federnd munteren Klang, er machte Witze, Späße, die sich aus der Situation entwickelten, ich habe niemanden so lange so erfolgreich gegen das Alter kämpfen sehen – am Steuer seines Autos, im Gespräch, am späten Abend am bevorzugten Tisch Nummer eins im »Spago's« am Fenster des scheußlich provisorisch wirkenden Baus, das auf den Sunset Boulevard blickt. Er war lange Sieger, holte noch länger ein Unentschieden gegen das Alter heraus und gab sich erst geschlagen, als er wirklich geschlagen war; da habe ich gemerkt, wie unentrinnbar Fluch und Segen des hohen Alters sich verbünden und wie aus dem Segen zwangsläufig ein Fluch werden muss.

Zu seiner Entourage – mittags war er nie mit seiner Frau

Audrey zusammen, abends immer – zählten oft der Fotograf Helmut Newton und dessen Frau und der englische Maler David Hockney, dessen skurrilen Witz Wilder hoch schätzte (auch in London habe ich Wilders Liebe und Bewunderung für das Britische kennen gelernt, wie dann auch seinen wundersamen Film »The Private Life of Sherlock Holmes«, ein verkanntes Meisterwerk, das nur als Ruine existiert). Eine Zeit lang gingen wir mittags regelmäßig auch mit dem »Singin' in the Rain«-Regisseur Stanley Donen essen, bis diese Freundschaft durch Donens Heirat mit einer jungen Frau aus Zeitmangel einschlief. Aus Deutschland kamen Willy Eggert und Volker Schlöndorff regelmäßig. Beide, besonders aber Willy Eggert, der treueste Kumpan aus europäischen Drehzeiten, waren bei Audrey Wilder wenig beliebt und nur mit Mühe gelitten, so als vermutete sie eine Art Männerkumpanei, wie sie Frauen in Skatrunden oder Betriebsfreundschaften misstrauisch beäugen. Hinzu kam, dass Audrey kein Wort Deutsch sprach und sich also beim Lachen über deutsche Scherze ausgeschlossen fühlte. Überhaupt Europa, Deutschland: Audreys unverhohlener Hass galt Marlene Dietrich, über die sie ständig den Satz wiederholte: »Marlene!? She was the worst!« Die war die Schlimmste! Konnte und wollte sich nicht dezent benehmen.

Was wiederum Marlene Dietrich von Audrey hielt, lässt sich in den Memoiren ihrer Tochter nachlesen; sie hielt Audrey für »spießig«, eine solche Frau habe Wilder nicht verdient. Einmal, als Marlene mir gegenüber bei unserem ersten Telefonat sehr gesprächig und munter war (wie später nie wieder), sagte sie, dass sie Wilder geliebt habe (es war jenes »geliebt«, wie es Amerikaner auch für »mögen« verwenden, auch wenn sie es mir deutsch sagte), »geliebt«, fügte sie seufzend hinzu: »… aber seine schreckliche Frau!«

Trotz alledem habe ich zwischen Wilder und seiner Frau nie den leisesten Misston, nie die leiseste Spannung gespürt; beide wussten, dass sie einander brauchten; sie waren Verbündete, die engsten Aliierten im letzten Gefecht; verständlich, dass Audrey dabei auf alles misstrauisch eifersüchtig war, was aus einer Sprache, einer Zeit, einer Welt stammte, die ihr verschlossen, wenn nicht zuwider war. Sie waren seit 1945 verheiratet, wahrscheinlich das am längsten verheiratete Paar Hollywoods, übrigens ein kinderloses Paar. Die schönste Liebeserklärung hat Wilder ihr in seinem Film »Sunset Boulevard« von 1950 gemacht.

Das heißt, einmal, ein einziges Mal, habe ich zwischen den beiden einen Missklang erlebt; da war unsere gemeinsame Arbeit schon abgeschlossen, und die beiden führten mich bei einem Besuch ins »Spago's« zu Wolfgang Puck aus. Der O.-J.-Simpson-Prozess war gerade vorbei und der des Mordes angeklagte schwarze Star (»Die nackte Kanone«) gerade freigesprochen worden. Beide Wilders waren entsetzt. Und so kamen sie auch auf den berühmten Anwalt zu sprechen, der Simpson verteidigt hatte. »Ich kann nicht verstehen, wie er diesen Fall übernehmen konnte«, sagte er. »Na das ist doch klar«, sagte Audrey, »wegen des Geldes. Weil er ein Jude ist.« Über Wilders Gesicht lief ein Schatten, einen Augenblick sah er aus, wie er immer aussah, wenn er etwas Dummes hören musste. Es war Verlegenheit, die die Züge eines Gesichts für einen Augenblick verschwimmen lässt. Dann sagte er ihr, wie »sie denn so etwas sagen könne …«. Aber da war es auch schon vorbei und wir wechselten das Thema.

Der amerikanische Hollywood-Historiker David Thomson, der das amerikanische Kino in hervorragenden Einzelporträts der Macher und Protagonisten dokumentiert hat, schrieb über Billy Wilder: Er »brachte es fertig, dass Old Hollywood wie eine Wiener Vorstadt wirkte«. Das ist wahr und doch ist auch das Gegenteil wahr, nämlich dass Wilder mit Leib und Seele Amerikaner war. Er liebte das robuste pragmatische Demokratieverständnis, das er hier vorfand, und mit großer Leidenschaft hat er immer wieder erzählt, wie ihn der Einwanderungsbeamte an der mexikanischen Grenze – er musste pro forma, um in die USA immigrieren zu können, noch einmal für ein paar Tage auswandern – gefragt habe, was er denn für einen Beruf ausübe. Filmemacher? Regisseur?, habe ihn der Grenzbeamte gefragt, ihm den Stempel in sein Papier geknallt und ihn aufgefordert: »You want to make movies? Make good ones!«

Diesem Mann hat er sich, so war zu merken, immer verpflichtet gefühlt. Und er hat in der Folgezeit gespürt, dass die USA selbst in den Restriktionen, als zu viele Flüchtlinge aus Europa in das Land wollten, immer stolz auf Menschen waren, die Amerikaner werden wollten.

Allerdings mussten sie es aus eigener Kraft schaffen. Und die schweren Jahre, in denen Wilder im Vorraum der Toilette im Hotel »Marmont« schlafen musste und wirklich Hunger litt, hat er seiner neuen Heimat, die er mit all ihren Fehlern und Schwächen als das gelobte Land, das »promised land« ansah, nie angerechnet, immer nur sich selbst.

Während der Gespräche mit ihm erschien in Amerika das Buch von Neal Gabler, »An Empire of their Own« mit dem Untertitel »How the Jews invented Hollywood«. Wilder hat mir gesagt, wie erschrocken er anfangs über den Titel und den Untertitel gewesen sei. »Ihr eigenes Reich«, »Wie die Juden Hollywood erfunden haben«. Aber dann habe er beim Lesen entdeckt, wie gescheit und richtig Neal Gablers Thesen seien.

Wilder ist einer der (späteren) Mitschöpfer dieses Empires. Mit Lubitsch hat er Europa, das alte Europa, das alte Osteuropa, das jüdische Europa Wiens, Budapests, Berlins zur Basis seiner Arbeit gemacht. Er hat mit dieser Übersee-Fracht Amerika neu definiert, etwa in »Double Indemnity« oder in »An Ace in the Hole«, oder in »The Apartment« oder in »Sunset Boulevard«. Ich habe mir seine Grunderfahrungen lesend erworben, weil ich aus dieser Welt vertrieben worden war, die die Generation meiner Eltern mit vernichtet und zerstört hat, getrieben und als Treiber.

Wenn mir Wilder vom Tod Kaiser Franz Josephs mitten im Krieg erzählte, hatte ich Joseph Roths Roman »Die Kapuzinergruft« vor Augen; wenn er von Galizien sprach, hatte ich Roths »Radetzky-Marsch« im Gepäck, ich liebte Schnitzler, Freud, das Wien Wilders kannte ich aus Musils »Mann ohne Eigenschaften«, aus den Reportagen Egon Erwin Kischs, aus Doderers »Strudelhofstiege«. Ich liebte Peter Altenberg und Alfred Polgar und noch im letzten Film des nach England emigrierten Stanley Kubrick sah ich im New York des Films das Wien Schnitzlers aufgehoben. Nestroys sardonischen Witz liebte Wilder, wie ich ihn liebte. Und seine Liebe zu Mozart speiste sich auch aus der Tatsache, dass Mozarts großer Librettist, dass da Ponte Jude war. In Wilders Büro stand eine Büste von Disraeli, dem englischen Premier jüdischer Herkunft.

Ich habe bei Wilder gelernt, dass man seine Biographie als Film in seinem Gedächtnis aufbewahren kann. Er hat mir beispielsweise erzählt, seine Großmutter habe in den Karpaten ein Hotel gehabt, das »Zentral« geheißen habe. Dann hielt er inne. Ein Buchstabe sei herausgefallen gewesen, so dass das Hotel »Zental« geheißen habe. »Z-e-n-t-a-l« statt »Zentral«. Vor seinen Augen hatte Wilder ein Filmbild, ein Hotel, ein vergammeltes Hotel, dem ein Buchstabe aus seiner Krone gefallen war. Ich habe das einfach so in die Biographie übernommen wie die Geschichte bei der Zeitung »Stunde«, wo er sich seinen ersten Job gewissermaßen »erschlich«, als er den Chefredakteur nach Büroschluss mit der Sekretärin »in flagranti« erwischte. Der minutiös die Jugend Wilders nacherzählende Andreas Wolfgang Hutter hat in seiner Doktorarbeit diese Episode ins Reich der Anekdoten verwiesen. Sicher zu Recht. Ich habe sie in Kenntnis dieser Fakten zurück in die Biographie geholt. Ebenso zu Recht. Die Geschichte erschien mir wahr, wenn auch nicht wirklich.

Wahr dagegen ist, dass Billie Wilder (so hieß er vor der Emigration noch) in einem seiner ersten Nachrufe auf einen besonders dicken Menschen – eine Art Vorläufer des Leverkusener Fußballmanagers Calmund – geschrieben hatte: »Möge er der Erde leicht werden!« Und dass der Chef der »Stunde« sein Wohlgefallen an dieser Formulierung hatte.

Dialoge

Natürlich habe ich mich mit Wilder auch über seine Zeit als Eintänzer im Berliner Hotel »Eden« unterhalten, und er hat mir brav und pflichtschuldigst alles erzählt, was ihm dazu einfiel und was sich in der Zwischenzeit in zahlreichen Anekdoten (immer und immer wieder erzählt) abgelagert hatte.

Doch dann erzählte er mir, dass die anderen Tänzer besser ausgesehen haben mögen, eleganter gekleidet gewesen wären ... Pause. Und stolze Ergänzung des zu Recht selbstbewussten Dialog-Schreibers. »Ich aber hatte den besseren Dialog!«

Ich fragte nach. Worüber man sich mit den Damen beim Tanzen wohl unterhalten hätte. Wilder sah mich an, setzte ein pfiffiges Gesicht auf, war plötzlich ganz bei der Sache, weil er nicht mit bereits mehrfach erzählten Anekdoten antworten konnte, stand von seinem Stuhl hinter dem Schreibtisch auf und sagte, während er lebhaft im Zimmer auf und ab ging: »Lass uns das erfinden! Lass uns ein paar Kabinettstückchen von solchen Dialogen ausdenken!« Und, nachdem er »Kabinettstückchen« gesagt hatte, fing er fröhlich zu kalauern an: »Kabinettstückchen«, Schnabinettstückchen«, »Knabinettschnippchen«. Und dann dachten wir uns, ich als sein Stichwortgeber und kritischer Widerpart, eine ganze Reihe von kurzen Tanzdialogen aus, wie der Eintänzer um Gunst schnorrt. Wie falsch es ist, zu sagen, dass die Schuhe durchgetanzt wären, weil man sonst nur die alten abgelegten Latschen des Herrn Gemahls bekäme, die auch noch zu eng sein würden.

Den ganzen Vormittag haben wir uns Szenen ausgedacht,

sie wieder verworfen, sie ergänzt, ins Absurde gesteigert, auf den Boden der Tanzfläche im Eden 1926/27 zurückgeholt. Wilder war ganz erhitzt und genoss es, mit mir kleine Fetzen aus seiner Biographie aus einer Zeit, die über ein halbes Jahrhundert zurücklag, zu erfinden. Zu erfinden, um sie in Dialogen aufzubewahren.

Und mir fällt auf, wenn ich mich heute an diese Szene schreibend erinnere, welche Wehmut mich nach den Vergnügungen dieses Vormittags erfasst hat, damals und noch mehr heute. Für einen Augenblick denke ich, wie es denn gewesen wäre, wenn ich Wilder ein paar Jahre, Jahrzehnte früher getroffen hätte und ich in der Sprache Hollywoods zu Hause gewesen wäre. Ich hätte mich vielleicht in die Reihe der gequälten und glücklichen Kollaborateure Wilders einreihen können: neben den verschüchtert versoffenen genialen Raymond Chandler oder den zum New Yorker »Algonquin«-Zirkel gehörenden Ostküsten-Snob Charles Brackett oder den unverwüstlichen Diamond, den ich fast (nur fast) noch kennen gelernt habe, weil Wilder den Todkranken im Spital besuchte, kurz bevor ich zum ersten Mal zu ihm kam. Mit all diesen Kollaborateuren hat Wilder seine und ihre Biographie erfunden, bearbeitet, zu Drehbüchern oder Drehbuch-Episoden umgeformt.

Am Beispiel seines großen Vorbildes Lubitsch machte er mir klar, welche kommunizierenden Röhren zwischen Leben und geschriebenem (gefilmtem) Leben bestehen, wie er seinen Studenten den Lubitsch-Touch beigebracht habe: Wie entdeckt ein König, dass ihn seine Königin mit einem Leibgardisten betrügt? Man sieht des morgens, wie der König das Schlafgemach verlässt, vorbei an dem feschen, schlanken, salutierenden Wachoffizier. Er geht die Treppe hinunter, der fesche Offizier schleicht sich, sobald der König verschwunden ist, ins eheliche Schlafgemach zur Königin. Das sehen die Zuschauer nicht, sie sehen nur die verschlossene Tür. Die Kamera verfolgt den König, der weiter die Treppen hinunterschreitet, dem Ausgang des Schlosses zu, vorbei an salutierenden Offizieren. Plötzlich hält der König inne. Er greift sich an die Uniformjacke, merkt, dass er seinen Säbel nebst Gürtel im königlichen Schlafzimmer vergessen hat. Er dreht um, geht die Treppe wieder hoch, bemerkt nicht, dass der Leiboffizier nicht vor der Türe steht. Die Zuschauer sehen den König verschwinden. Wieder bleiben sie vor der verschlossenen Tür. Als die sich öffnet, kommt der König heraus, in der Hand Säbel und Gürtel. Und während er die Treppe hinunterschreitet, versucht er den Gürtel mit dem Säbel um seinen Bauch zu schließen. Er stutzt. Der Gürtel ist ihm viel zu eng.

Ich denke, sagte Wilder, dass Lubitsch damit ein Stück eigenes Leben, eigene Erfahrung intuitiv verarbeitet habe. Er habe mit seiner ersten Frau folgendes erlebt: Lubitsch habe eines Morgens sein Haus verlassen und während er zu seinem Wagen gegangen sei, habe er bemerkt, dass es zu regnen angefangen habe – etwas, das in Hollywood sehr, sehr selten ist. Also sei er umgekehrt, zurück in sein Haus gegangen, zum Garderobenständer und habe sich seinen Hut aufgesetzt. Und beim Hinausgehen habe er gemerkt, wie ihm der Hut über die Ohren ins Gesicht vor die Augen gerutscht sei. Der Hut war zu groß. Es war der Hut seines Drehbuchautors Hanns Kräly, mit dem ihn seine Frau betrogen habe.

1930 wurde die Ehe geschieden. Wegen Kräly, wegen des Huts. In meinem Gedächtnis ist die Geschichte seit dieser Zeit lebendig. Und immer, wenn ich Studenten mit Hilfe Wilders Lubitsch zu erklären versuche, habe ich die Szene mit dem König als Musterbeispiel (das Wesentliche spielt sich hinter verschlossenen Türen, also in der Phantasie des Zuschauers ab) angeführt – samt Lubitschs Hut, der Krälys Hut war und ihm über die Ohren rutschte, um ihm die Augen zu öffnen.

Bei Woody Allen in New York

Im unendlich heißen August 1981 fuhren meine spätere Frau, Armgard, und ich nach New York, dessen Straßen nicht nur unter der Hitze schmolzen, sondern damals, während der New Yorker Finanzkrise, auch viele Schlaglöcher hatten.

Einerseits fuhren wir nach Amerika, weil ich meiner Lebensgefährtin (wir heirateten 1982, unmittelbar vor der Geburt unserer Tochter Laura) das College in Middlebury zeigen wollte, wo ich von 1970 an Sommer für Sommer eine unbeschwerte Zeit als Gastprofessor erlebt hatte. Meine Liebe zu Amerika – damals zu dem der Ostküste, noch nicht die zu Kalifornien – hatte sich in den Hippie-Jahren, der Zeit der Rock- und Gitarrenkonzerte, verfestigt, als junge, braun gebrannte Menschen, losgelöst von aller Erdenschwere, »high« von Gras, von der Freiheit und der Musik Eric Claptons, auf Motorrädern durch das unendlich weite, unendlich freie Land fuhren, die Haare lang, blond, verfilzt, aus allen Ritzen und Poren drang der Sound von Woodstock, man aß Submarines und trank Rootbeer, es gab die Beatles, die Stones, die Beach Boys, Cat Stevens und in den heißen Sommernächten sprangen wir in die Seen Vermonts, holten uns beim Schlafen im Freien Brandflecken vom Poison Ivy, Amerika erlebte seine Blumenkinder-Revolte, seine Anti-Vietnam-Befreiungsdemonstrationen. Vielleicht weil mich Amerika an dem College jünger machte, als ich war, hatte ich diese Jahre als meine schönste Zeit erlebt.

Andererseits hatte ich durch den Züricher Lektor Gerd Haffmans, der die spannendsten Reihen bei Diogenes betreute, zuerst Chandler und Hammett übersetzt und war von ihm gebeten worden, mit Armgard (die ein Jahr in Neuengland, in Rhode Island, zur Schule gegangen war) eine Reihe von Woody-Allen-Stücken ins Deutsche zu übertragen. Wir hatten »Manhattan« übersetzt – es war der gleiche Sound, den die junge

Aufbruchsgeneration der Studenten, Werbemenschen, Musiker, Galeristen und Filmemacher in New York wie in Berlin, Hamburg oder London erzeugte, ein Gemisch aus Frechheit und Altklugheit, aus Lässigkeit und Betroffenheit, die sich mit Schnoddrigkeit tarnt. Wir wollten Allen treffen, um ihn, unter anderem, zu interviewen. Ihn kennen zu lernen. Persönlich. Was natürlich nicht gelang. Persönlich lernt man Filmemacher am besten in ihren Filmen kennen.

Vorher hatte Haffmans mich zu einer Veranstaltung des Diogenes-Verlags nach Zürich gebeten, an der auch Woody Allen teilnehmen sollte. Aber der berühmteste New Yorker jüdischer Herkunft, der über Spott und Ironie verfügte und dem amerikanischen Kino-Heldenbild einen schmalbrüstigen, stotternden, verschüchterten, aber unendlich witzigen Gegenhelden erfolgreich entgegensetzte, war damals ein scheues Wild: Er kam nicht und so stand ich, auch in seinem Namen, auf einmal allein auf der Bühne. Dass ich einige Lacher hatte, die das dankbare Publikum mir auch spendete, weil ich mich schüchtern auf Allens Spuren verhedderte, habe ich dankbar wie eine Wohltat genossen. »Du kannst Menschen, du kannst ein Publikum spontan zum Lachen bringen – und zwar durch freiwillige, nicht durch unfreiwillige Komik, und wenn durch unfreiwillige, dann indem du so tust, als wäre sie freiwillig.« Das war für mich eine Erfahrung, die ich von nun an als Wiederholungstäter provozieren wollte. Egal: Künftig wollte ich beides sein: »seriöser« Kritiker und Spaßmacher, und bin dafür, nicht nur gelegentlich, böse auf die Schnauze gefallen.

Ich habe aus der Not eine Tugend gemacht. Und um zu erklären, was ich meine, fällt mir mein Sohn Niko ein, der oft mit mir beim Mittagstisch um die Wette blödelte. Manchmal sind ihm, dem Vierjährigen, wahrhaft geniale Scherze gelungen, manchmal stöhnten seine drei Jahre ältere Schwester Laura und seine Mutter, wenn seine Witzversuche furchtbar danebengingen. Aber ich ermunterte ihn, indem ich ihm sagte: Wer treffen will, muss auch viele Versuche riskieren, die danebengehen. Es ist wie beim Fußball – um ins Tor zu treffen, muss man den Mut und das Herz haben, auch danebenzuschießen.

Meine Frau gab sich nur scheinbar strenger mit den Späßen ihres Sohnes; sie hatte über Karl Valentin promoviert (was allein genommen noch kein Ausweis für Komik wäre), aber uns verband zuerst auch die Liebe zu Karl Valentin, und sie ließ Tochter und Sohn schon im frühen Alter die gleichen Filmkassetten ansehen, die auch wir für uns immer wieder abspielten, jetzt gemeinsam mit den spontan auf Chaplins »Großen Diktator«, Wilders »Sabrina« oder Lubitschs »Sein oder Nichtsein« reagierenden Kindern. Ich habe Laura für ihre Tränen bei »Sabrina« besonders gern in die Arme genommen, weil sie mir nachträglich ein Tauglichkeitszeugnis für meine mit schlechtem Gewissen vergossenen Tränen während meines Studiums ausstellte.

Im Herbst 1981, als wir Woody Allen besuchten, kamen wir aus dem herrlichen Indian Summer in Vermont, bei dem die weißen Häuser im flammenden Rot, Gelb und Braun der glutvoll verwelkenden Ahornblätter als Inseln menschlichen Wohlseins aufleuchteten, nach New York, stellten uns in Kino-Schlangen und trafen im »Russian Tearoom« Woody Allens Produzenten Rollins, der für uns als ausgewiesene »Manhattan«-Übersetzer einen Interviewtermin vereinbart hatte. Allen drehte außerhalb der City in Flushing Meadows in einer wunderschönen Neuengland-Atmosphäre seine Version des »Sommernachtstraums« von Shakespeare. Ich erinnere mich, wie er im kurzen Hemd neben meiner Frau stand, die wegen der Hitze eine kurzärmelige Bluse trug, und ich höre ihn mit seiner froschigen Stimme sagen, während er seinen Arm neben den ihren hielt: sie habe ja fast noch mehr Sommersprossen als er. Sie brachten sich, der gleichen Minderheit der Rothaarigen angehörig, sofort Sympathien beim Anblick ihrer »freckles« entgegen.

Damals hat er uns schon gesagt, wie viel lieber er Filme wie Ingmar Bergman oder Dramen wie Tschechow schreiben würde und dass er es nicht lustig finde, lustig zu sein und als lustig zu gelten.

In der Tat war der schüchterne zierliche Mann bei Gesprächen immer vom Ernst eines beflissenen Musterschülers, gescheit, bemüht und überhaupt nicht auf Pointen aus. Auf die Idee, ihm private Fragen zu stellen, kam man überhaupt nicht – selbst dann nicht, wenn einen seine Assistentin nicht in einem Vorgespräch ausdrücklich darauf hingewiesen hätte, dass Mr. Allen nur über seinen neuen Film und seine Arbeit zu reden wünsche.

Waren seine Filme verschlüsselte Privatgeschichten, rutschte ihm in seinen Filmen auch Lubitschs zu großer Hut über die Ohren? Es war wie mit Händen zu greifen: sein jüdisches Elternhaus, seine dominante Mutter, seine gescheiterten Beziehungen, seine Freunde aus der Künstlerszene, seine Tätigkeit als Gag-Schreiber, seine Konfessionen auf der Psychiater-Couch.

Später habe ich mit Woody Allen für Katharina Trebitsch einen Interview-Film gedreht, der damals unter dem Titel »Mr. Manhattan« der einzige weltweit verbreitete Woody-Allen-Film war – Jahre bevor Godard seinen Allen-Film drehte.

Vor der Wiedervereinigung

Daniel Doppler in »Zeit« und »Spiegel«

Die edelste aller Nationen
ist die Resignation

Nestroy

Daniel Doppler

Am 10. 11. 85, es war ein Sonntag, fuhr ich mit meiner Frau in unserem VW Passat nach Osnabrück, durch scheußlichstes deutsches Novemberwetter, der Scheibenwischer war ständig bemüht, eine braungraue Schmiere von der Frontscheibe zu kratzen. Im Radio war die Boy-Group »Frankie goes to Hollywood« zu hören, eine britische Gruppe, die sich nach einem berühmten Frank-Sinatra-Foto benannt hatte und die in Brian de Palmas brillantem Film »Body Double« die Musik für das Höllenspektakel einer Hollywood-Walpurgisnacht geliefert hatte. Auf dem Pressefoto war der junge Sinatra zu sehen, wie er hager, am Ende seiner ersten Karriere, zur zweiten nach Hollywood aufbrach.

Auch ich fuhr zu einer Premiere, der meines ersten Theaterstücks, wenn auch nicht nach Hollywood, so doch zumindest nach Osnabrück. Ich hatte für dieses Stück, die Komödie »Die Wachtel« wie für die folgenden, das Pseudonym Daniel Doppler erfunden – ein Pseudonym, das ich schon, während ich noch bei der »Stuttgarter Zeitung« war, für meine »Zeit«-Artikel benutzt hatte. Der Name Doppler war mir im Zusammenhang mit dem Physiker Doppler (Doppler-Effekt, eine nahende Sirene klingt höher als eine sich entfernende) und dem Vornamen meines Sohnes eingefallen. Dass man bei Pseudonymen zu Stabreimen neigt, Daniel Doppler, liegt sicher daran, dass man der unsicheren Erfindung eines anderen Namens einen Halt geben möchte, und sei es den der Alliteration, damit er nicht, da er ja keine Biographie und also kein Knochengerüst hat, schlaff in sich zusammenbricht. Ein Pseudonym hatte ich genommen, um den Theaterkritiker von dem Theaterautor zu unterscheiden. Vorher bei »Zeit«, »Stern« und »Spiegel«, um mir eine komische Maske aufzusetzen. Auch als Versteck, obwohl ich mir damals notierte: »Ein Pseudonym ist wie ein Versteck, wenn man nicht gefunden wird, muss man, ›Hallo, hier bin ich‹ rufen.«

Im Übrigen hat es mein Pseudonym zu einem seltsam eigenständigen »Ruhm« gebracht. Es war ein Ruhm à la »Wie kommt Pontius Pilatus ins Credo«. Denn der wahrhaft geniale Theaterplakat-Künstler Holger Matthies hatte einen Narren an meiner »Wachtel« gefressen und für die Uraufführung ein Plakat entworfen: einen Federhalter, über den wie auf einen Spieß eine gegrillte Wachtel gezogen war. Matthies hatte mit seinen Theaterplakat-Collagen, unter anderem für Berlins Schillertheater und das Hamburger Thalia, international Beachtung gewonnen, mit Ausstellungen und Preisen in Kanada, in China, in Japan. Und so war das Plakat für das Stück (später noch eins für meine Komödie »Innere Sicherheit«) eines Daniel Doppler neben dem für Schillers »Räuber« oder Goethes »Faust« und Zuckmayers »Hauptmann von Köpenick«in internationalen Katalogen des preisgekrönten Plakatemachers zu sehen.

Ich hatte die Komödie im Winter auf Sylt geschrieben, wo wir mit meiner kleinen Tochter in Augsteins Haus Ferien machten. Ich schrieb, wenn ich Laura nicht durch den steifen Wind auf den Schultern trug, wir drei hatten rote Backen und lebten in Räumen, wo noch das Kinderspielzeug und die Kinderhochbetten standen, die aus einer früheren Ehe Augsteins stammten; Teddybären, die übrig geblieben waren, Bauklötze, mit denen niemand mehr spielte, so etwas wie eine kindliche Glasmenagerie – und etwas von dem elegischen Geist, wie ihn alte Dachböden oder Keller mit abgelebten Schaukelpferden verströmen, sollte sich auch in meiner Komödie niederschlagen.

Ich war so aufgeregt, als ginge es an diesem düsteren Sonntag wirklich nach Hollywood, und mir fiel ein, wie ich zum ersten Mal 1950 aus Westdeutschland zurück in die DDR nach Bernburg gekommen und an der Saale-Brücke die Ernst-Thälmann-Straße hochgelaufen war. Ich hatte eine Art Anzug an, eine Jacke, die sich, obwohl ich dünn war, zu eng um meine Brust spannte, die Ärmel zu kurz, dazu eine Hose, die zu weit war, mit einer Sicherheitsnadel enger gesteckt, abgelegte Sachen meiner westdeutschen Verwandten. Aber zum ersten Mal hatte ich richtige, nagelneue Lederschuhe an. Und so kam ich mir auf der leeren Straße vor, als stünde ich im Zentrum der Welt.

Nach der Wiedervereinigung habe ich in Bernburg im Theater vorgelesen, aus meinem »Go West«-Buch, und die Straße, die zur Post hochführt und nicht mehr Thälmann-Straße hieß, sondern Wilhelmstraße, wieder gesehen, schäbige Läden, die nicht spürbar von der Wiedervereinigung profitiert hatten, abbröckelnde Fassaden; das, was mir Jahre vorher wie eine wichtige Hauptstraße vorgekommen war, hatte ich mit meinen neuen blitzenden Schuhen erobern wollen.

Osnabrück kam mir auch vor wie Hollywood, obwohl die Stadt nach ihrem Wiederaufbau eher an Faller-Häuser neben Märklin-Eisenbahnen erinnerte – sauber, adrett, voller Grünanlagen und Fußgängerzonen, am Sonntag leer, noch dazu im November, obwohl sich am Abend der Regen verzogen hatte und es nur noch diesig kalt war. Vor zwei, drei Jahren habe ich gelesen, dass in Osnabrück laut einer repräsentativen Umfrage die zufriedensten Deutschen leben. Das hängt mit meinen dortigen Theateraufführungen, den Lesungen, den freundlichen Rezensionen, die ich dort bekam, sicherlich nicht ursächlich zusammen, aber immerhin hat mir die Stadt des Westfälischen Friedens das Gefühl gegeben, zum ersten Mal von einem Publikum beklatscht und also geliebt zu werden. Und die Liebe des Publikums (bei Lesungen oder TV-Sendungen) ist das, was mir, wie ich gern gestehe, außerordentlich wohl tut. Nach langen Bahnfahrten im nassen November – in Deutschland ist eigentlich fast immer November –, nach Nächten in Hotels, die meist scheußlich fremd modern sind, nach Wartereien auf zugigen Bahnsteigen, nach Nachmittagen in Cafés, wo die Garderobenständer mit klammen Wintersachen überbehängt sind; nach all dem – und bevor man rotweinschwer in ächzende Betten fällt, auf denen ein Stück Konfekt oder ein Tütchen Haribo wartet – sind die Lesungen vor Publikum das Schönste, was einem widerfahren kann. Fast das Schönste. Es ist Zuwendung, die man erlebt. Und dass Zuwendung nur der gewinnt, der sich seinem Publikum zuwendet, versuchte ich in vielen Jahren an der Hamburger Akademie für Publizistik jungen Volontären beizubringen:

Stellen Sie sich vor, eine Freundin oder ein Freund von Ihnen war verreist, als Sie den Film gesehen, das Konzert besucht, die Theaterpremiere erlebt haben. Und er fragt Sie jetzt, wie es denn war. Und Sie erzählen es ihm. Aus dem Impuls heraus, ihm Lust zu machen, das auch zu erleben. Oder aber, um ihm die Enttäuschung zu ersparen. Ob bei Kritiken, bei Lesungen, beim Bücherschreiben, bei Dialogen auf der Bühne – stets muss man sich denjenigen zuwenden, die man von einer Sache überzeugen, für eine Sache gewinnen will.

Als in Osnabrück nach einer Szene (der Monolog einer leibhaftigen Heiratsannonce in der »Zeit«) die Zuschauer lachten, dem Schauspieler Szenenapplaus schenkten, fühlte auch ich mich wie beschenkt, und zwar nicht nur von einem, sondern von vielen. Vom Publikum. Später hat mir Wilder erzählt, dass der Einzelne, mag er noch so sehr – mit seinen privaten Obsessionen, seinem Kummer, seiner momentanen Situation – isoliert ins Kino oder ins Theater kommen, dort zum Publikum wird, das in einem Augenblick als Ganzes des Gleiche fühlt, mit anderen zusammen lacht oder weint oder den Atem anhält. Dabei war Wilder schon durch seine Erfahrungen alles andere als ein Schwärmer, dem Tränen der Rührung über sein Publikum den Blick verschleiern.

Er hatte zum Beispiel am Anfang von »Sunset Boulevard«

(der Film beginnt in der Endfassung mit der umwerfenden Situation, dass eine Leiche im Swimmingpool zu reden anfängt) eine Szene in einer Morgue, dem Leichenschauhaus von L. A., gedreht. Und die Leichen waren in Schließfächern, wurden herausgezogen und hatten das Namensschild am großen Zeh zur Identifikation. Bei der Preview hatten die Leute gelacht, so dass Wilder die Szene weggeschnitten, weggeworfen hatte. »Ich hatte vergessen, wie kitzlig Menschen gerade am großen Zeh sind! Also musste ich die Szene in der Unterwelt streichen.«

Ich hatte im »Spiegel«, wo ich bereits seit elf Jahren das Kulturressort leitete, natürlich von der Osnabrücker Premiere nichts gesagt. Nicht so sehr, weil ich gehofft hatte, das Ereignis auf diese Weise zu verheimlichen. Eher, weil ich mich als Daniel Doppler nicht so wichtig machen wollte. Was war dem »Spiegel« schon eine Uraufführung in Osnabrück! Und so war natürlich niemand von den Kollegen in der Premiere. Dachte ich. Bis ich beim Schlussbeifall in der Arena des »Jugendtheaters« Rudolf Augstein entdeckte. Er war beim Beifall von seinem Platz hinuntergestiegen, und ich sah, wie er heftig übertrieben klatschte, und hörte, wie er den Beifall sogar durch seine Bravo-Rufe anheizte. Das ist ein Freund, dachte ich stolz und gerührt. Eben ein ironischer Freund. Und da ich während der Premiere natürlich nicht im Publikum gesessen hatte, sondern mit blanken Nerven und wie betäubt hinter der Bühne, hörte ich anschließend von meiner Frau, dass Augstein mit einer Reihe von Freunden da gewesen sei und sich von ihr fröhlich und mit Grüßen an mich verabschiedet und auf die Heimfahrt nach Hamburg begeben habe.

Wir übernachteten von Sonntag auf Montag in Osnabrück. Am Montag zur großen »Spiegel«-Konferenz hatte ich vorsorglich frei genommen. Am Dienstag fand, wie an jedem »Spiegel«-Dienstag, die Verlagskonferenz statt, auf der sich nur die Chefredakteure, der Herausgeber, die Verlagsleiter trafen. Nach dieser Konferenz rief mich Augsteins Sekretärin an: Ob ich

Zeit hätte, mit dem Herausgeber im Nürnberger Bratwurst-
glöckl zu essen. Natürlich hatte ich Zeit, natürlich hatte ich
Zeit zu haben, denn in diesen Jahren ging Augstein mit mir oft
zum Essen und Biertrinken und wir sprachen über Politik,
noch mehr aber viele Monate lang über seine Scheidung, die
ihn sichtlich mitnahm, auch weil er, der gerne die Regie über
die Wirklichkeit führte, hier nur der Akteur in einem Stück
war, über dem ein Richter thronte und Anwälte das Sagen hatten. »Damit kommen sie nicht durch!« Tag für Tag beharrte
er auf seinem Optimismus und wurde Tag für Tag eines anderen belehrt. Er war nicht der Herr der Dinge.

Kaum hatte mich Augstein zum Mittagessen eingeladen, da
meldete sich die Sekretärin des Chefredakteurs Erich Böhme
und bat mich, doch unbedingt nach dem Essen mit Augstein
bei Böhme anzurufen. Dieser Anruf wiederholte sich noch
zweimal. Unbedingt melden sollte ich mich, sagte mir meine
Sekretärin. Unbedingt! Sofort, nachdem ich vom Essen mit
Augstein zurückgekehrt wäre.

Das Essen verlief entspannt, locker, wir waren zu zweit.
Augstein sagte, dass ihm das Stück gut gefallen habe. Auch die
Schauspieler seien erstaunlich gut gewesen. Seinem Auge war
natürlich Barbara Auer aufgefallen, die eine junge WG-Leh-
rerin spielte, die den vollen Jargon und das verklemmt freie
Lebensgefühl einer jungen Grünen hinreißend spielte, wenn
auch mein Text ihr nicht erlaubte, alles, was sie sagte, so ernst
zu nehmen, wie sie es gewollt hatte. Ich parodierte die political correctness, die sie (vielleicht?) vertrat. Ich hatte sie oft bei
den Proben gesehen; ein paar Mal war ich mit dem Thalia-
Theater-Dramaturgen Horst Laube zu den Endproben nach
Osnabrück gefahren. Er wollte das Stück in Hamburg nach-
spielen. – Das kann ich gut behaupten, denn er ist kurz darauf
schwer verunglückt, vor seiner Haustür gestürzt, hat sich von
dem Sturz nie mehr erholt. – Sein Nachfolger Wolfgang Wiens,
den ich ohnehin für einen Türsteher des klassenkämpferischen
Ernstes hielt, hat das Stück dann auch abgelehnt. Eine ganz

falsche Sicht auf die Dinge konnte er aber nicht haben, denn er hat dem Thalia immerhin mit »Black Rider« von Bob Wilson einen triumphalen Erfolg bereitet. Meine beiden Kinder Laura und Niko haben des Stück ein Dutzend Mal gesehen und können es noch heute, fünfzehn Jahre danach, mitsprechen und mitsingen.

»Die Wachtel« von Daniel Doppler dagegen haben sie nie zu Gesicht bekommen. Doch die Ironie des Schicksals will, dass Ulrich Khuon sie zum Bodensee-Festival in Konstanz und Meersburg aufführte und dass er, seit Flimms Intendanten-Ende am Thalia, dieses Theater erfolgreich fortführt.

Während des Mittagessens sagte Augstein, nachdem er mein Stück noch einmal als »amüsant« und »unterhaltsam« belobigt hatte, nach einer Pause, wobei er mich prüfend ansah: »Aber dass du ein zweiter Shakespeare bist, glaubst du jetzt nicht?« »Nein, Rudolf«, erwiderte ich. »Das glaube ich nicht!«

Zurück im Büro, wiederholte meine Sekretärin, ich solle sofort Böhme anrufen. Ich tat es und der Chefredakteur schien auf meinen Anruf schon gewartet zu haben. »Nun?«, fragte er. »Wie war das Essen?« »Schön«, sagte ich, »angenehm.« »Und habt ihr auch über Ihr Stück gesprochen?« »Ja«, sagte ich, »wir haben auch über mein Stück gesprochen. Und ich habe Augstein gesagt, wie sehr ich mich gefreut habe, dass er bei der Premiere dabei gewesen ist.« »Und sonst hat er nichts gesagt?«, fragte mich Böhme. »Nein, sonst nichts!« Und dann sagte ich: »Warten Sie! Doch! Er hat noch etwas gesagt! Er hat mich gefragt: ›Aber du denkst jetzt nicht, dass du ein zweiter Shakespeare bist‹. Und ich habe ihm geantwortet, wahrheitsgemäß: ›Nein, ich denke jetzt nicht, dass ich ein zweiter Shakespeare bin.‹«

»Der Feigling!«, entfuhr es Böhme am Telefon. Und als ich ihn fragte, wieso er denn unseren Herausgeber als Feigling bezeichne, erzählte er mir, dass Augstein in der Verlagskonferenz von der Uraufführung in Osnabrück berichtet habe. Und dann habe er, ziemlich ungnädig, mit gnatziger Stimme gesagt, das gehe doch nicht, dass ein Leiter des Kulturressorts des »Spiegel« auch noch Theaterstücke schreibe. Böhme habe ihm daraufhin gesagt: »Dann sag's ihm doch selbst! Er ist doch dein Freund!« Und daraufhin habe sich Augstein mit mir zum Essen verabredet.

Von da an wusste ich, dass ich ein Problem beim »Spiegel« haben würde. Aber das Problem entzündete sich dann nicht an meinen Theaterstücken, sondern am Fernsehen.

Übrigens hatte die Gruppe »Frankie goes to Hollywood« mit ihrem kleinen bisexuellen Lead-Sänger Holly Johnson – sein Song »Relax« war damals ein großer Hit – trotz des Briande-Palma-Films »Body Double« (der auch nicht an dessen große Erfolge wie etwa »Dressed to Kill« anknüpfen konnte) in den USA keinen Erfolg. Auch sie ist nicht nach Hollywood gekommen. Wenn auch viel weiter als ich.

Helmut Dietls »Kir Royal«

Ende September 1986 lief in der ARD Helmut Dietls Serie »Kir Royal« an, aus Deutschlands »heimlicher Hauptstadt« – so nannte der »Spiegel« München wegen der Lebensart der »Bussi«-Gesellschaft, die sich unter der CSU-Monarchie von Franz Josef Strauß entwickelt hatte. Die Deutschen hatten eine neue Lebensart – und Lebensfreude – entwickelt, für die der Champagner-Cocktail Kir Royal stand (ein Schuss Cassis, also schwarzer Johannisbeerlikör, mit Champagner, damals vorzugsweise Veuve Cliquot, aufgegossen). Der Cocktail galt als Zugehörigkeitsnachweis zur besseren Gesellschaft, die auf das »savoir vivre« der nouvelle cuisine aus war. Meine Komödie »Die Wachtel« handelte von einem Esskritiker, einem Fresspapst – Wolfram Siebeck war sein Modell –, und kürzlich stand in einer Würdigung der Lebensleistung Siebecks, er habe den

Deutschen die fettigen Bratkartoffeln und die Tütensuppen abgewöhnt. Gut.

Auch ich war stolz, dass ich fettige Bratkartoffeln von einer Quiche, eine im Sommer gekühlte Vichyssoise von einer Tütensuppe und Champagner von einem Rüttgers Club unterscheiden konnte. Ich aß im Urlaub im Elsass oder in der Bourgogne und in München, wenn irgend möglich und ich es mir leisten konnte oder einen beruflichen Grund fand, in Witzigmanns »Aubergine« zum Beispiel und sah mit einer Mischung aus Zustimmung und Verachtung, wie meine Landsleute an den Flughafenbars die Piccolo-Fläschchen der »Witwe« bestellten. Wilhelm Busch fiel mir ein, die »Fromme Helene«, ihre Hochzeitsreise, die mit dem Sauf- und Fresstod des eben gewonnenen Gatten bitter endet:

> Wie lieb und luftig perlt die Blase
> Der Witwe Klicko in dem Glase.

»Kir Royal« nahm diese Spießersatire wieder auf – Busch, Wedekind, Sternheim hatten sie Dietl vorgezeichnet. Neuer Wertmesser einer hochfidelen Society war das »in« und »out« ihrer Mitglieder, ihr Erscheinen in den Klatsch- und Gesellschaftsspalten der Zeitungen und Zeitschriften. Ihr Sitten- und Kursrichter war der Klatschreporter Baby Schimmerlos. Er war die Schlüsselfigur der Dietl-Serie. Franz Xaver Kroetz, als Autor schrieb er »Volksstücke« in der Horváth-Tradition, spielte mit blond onduliertem Haar den Klatschreporter.

Mir gefiel, ja ich liebte diese Serie einer verschwenderisch gelebten Nutzlosigkeit, zumal ich wusste, dass nur jemand sie so glänzend bloßstellen konnte, der sich gleichzeitig nach ihren Vergnügungen verzehren konnte.

Helmut Dietl, den ich in Klatschspalten an der Seite Barbara Valentins gesehen hatte und mit dem ich später an der Seite von Vroni Ferres im, fast hätte ich gesagt: »Rossini«, es war aber das »Romagna Antiqua«, manchen Abend verbracht habe, hatte als Teilhaber und kritischer Beobachter dieser Welt die unbarmherzig misanthropischen Qualitäten, vor allem den bösen Blick, den Charme und die Unterhaltsamkeit, mit denen man München, »sein« München, als »heimliche Hauptstadt«, also als Paradigma der bundesrepublikanischen Gesellschaft sehen und erkennen, ja, wenn man so will, durchschauen konnte.

Ich bewunderte an Dietls »Münchner Geschichten«, am »Ganz normalen Wahnsinn« und am »Monaco Franze«, dass er die Politik nicht in der Gesellschaft, sondern die Gesellschaft als die Politik darstellte. Er ist einer der wenigen und war einer der ersten Künstler in Deutschland, dem es gelang, zum Vergnügen seiner Zuschauer die Trennung zwischen E-Kultur und U-Kultur aufzuheben – und das, ohne dabei seicht zu werden; er gehört zu denjenigen, die Tiefe in polierter Oberfläche erreichen. Und was das Politische betraf, so reagierte Dietls komödiantische Satire nicht auf die CSU als bayerische Regierungspartei, weil es die CSU war, sondern weil sie an der Regierung war. Dietl ist kein Parteigänger, wie das viele von ihm erwarteten, sondern ein Gesellschaftskritiker, ganz und gar parteiisch nur in der Fähigkeit seiner Witterung, gesellschaftliche Strömungen aufzunehmen. Ich mag ihn, weil ich ähnlich angezogen-abgestoßen in der Gesellschaft lebe – wenigstens glaube ich das.

Die ersten beiden Folgen von »Kir Royal« liefen Ende September 1986. In der ersten spielt Mario Adorf ein armes Würstchen, einen reichen Unternehmer aus der Provinz, der sich Zugang zu einem In-Lokal der Münchener Snobiety erkauft und dabei gehörig über den Löffel balbiert wird. Recht geschieht es ihm, denkt der Zuschauer und ertappt sich doch dabei, wie das Mitleid mit einem Mann wächst, der das große, das wahre Leben dort vermutet, wo es ihm die In-Spalten der Zeitungen suggerieren. Man denkt auch: Mehr hat er nicht! Mehr verdient er nicht! Wirklich nicht?

Und so ging es weiter, banales Leben wurde gezeigt, das sich falschen Glanz zu borgen sucht – alles das also, was jeder aus seiner eigenen Biographie kennen müsste, würde sein Stolz es nicht verdrängen. Die Reaktionen auf die Dietl-Serie waren gemischt. »So toll ist das ja nun doch nicht«, war die snobistische Variante in der »Spiegel«-Chefredaktions-Etage.

Es war aber nicht mehr die Zeit der Skandale, wie etwa zu Zeiten von Schnitzlers »Reigen« – also versuchte man »Kir Royal« auf die Banalität runterzureden, die Dietls Serie anprangerte. Ich verteidigte sie in der »Spiegel«-Konferenz mit einer fast wütenden Heftigkeit – natürlich, wie man das als Kritiker tut, auch mit dem hochfahrenden Hochmut desjenigen, der meint, als Einziger (und damit »Auserwählter«) alles zu verstehen.

Ich habe bei der »Zeit« und beim »Spiegel« oft mit aller erborgten und erworbenen Macht Parteinahme betrieben, für das, was ich für gut, nötig und richtig erachtete. Als ich mich für die Intendanz Peter Zadeks am Deutschen Schauspielhaus Hamburg einsetzte, habe ich die amüsierte Unterstützung Rudolf Augsteins gefunden – er war gerne ein Unruhestifter, wenn die Unruhe nur kreativ war. Als ich dann die Eröffnungspremiere des neuen Intendanten, die »Herzogin von Malfi« von John Webster, eher misslungen fand und das auch schrieb, reagierte der gekränkte Zadek mit einem bitterbösen Brief. Subjektiv völlig zu Recht, wie ich rückblickend finde: »Warum hast Du mich als Intendanten gewollt, wenn Du mich jetzt abschießt?«

Seine »Othello«-Premiere war dann einer der großen – und befreienden – Theaterskandale jener Jahre. Ein mit Schuhwichse schwarz gemalter Othello, der als schnaubend dicker Ulrich Wildgruber auf seine Desdemona (Eva Mattes) abfärbt, sie, die dabei quieckt, über die Bühne jagt und schließlich nackt über eine Wäscheleine hängt – es war ein Mord wie auf dem Campingplatz im Urlaub –, das war dem Premierenpublikum zu viel. Die Zuschauer tobten, soweit sie nicht Türen schlagend schon vorher gegangen waren. Auch mein Chefredakteur Böhme verließ mit seiner Frau ostentativ unter schnaubendem Protest die Vorstellung. Ich schrieb aus tiefer Begeisterung für diese notwendige Unruhestiftung ein glühendes Plädoyer. Für Zadek und das von ihm radikal erneuerte Theater. Am nächsten Morgen hatte Böhme in der Konferenz mit ätzendem Abscheu die Vorstellung karikierend vorgeführt – wovon ich nichts wusste. Augstein hat dann zu mir gesagt, ich hätte die Lobeshymne auf Zadek doch nur geschrieben, um Böhme zu ärgern; so etwas sagte Augstein als machiavellistischer Unruhestifter im eigenen Hause, nicht ohne diabolische Freude. Ich wies das empört zurück. Nachträglich bin ich immer noch sicher, dass mir der »Othello« gefiel, weil er mir gefiel. Aber dass er mir (auch) gefiel, weil Zuschauer wie Erich Böhme wütend die Vorstellung verlassen hatten, das weiß ich inzwischen auch.

Jetzt also fiel mein Plädoyer für »Kir Royal« vielleicht auch deshalb so heftig aus, weil der Chefredakteur Werner Funk sich so besonders blasiert von Dietls Serie distanzierte, nicht einmal wütend, sondern in der Art: »Ich hab schon größere Zwerge gesehen.«

Am Nachmittag klingelte dann mein Telefon. Helmut Dietl war dran; sicher hatte ihn der Redakteur, der die Serie vorher wohlwollend angekündigt hatte, informiert. Er habe gehört, sagte Dietl, dass mir seine Kir-Royal-Filme gut gefallen hätten. Ob ich das nicht schreiben könne, in der ARD gebe es wegen der Ausstrahlung der weiteren Folgen Ärger, da würde eine Verteidigung durch mich im »Spiegel« doch einiges helfen.

Ich bin diesem Wunsch gerne nachgekommen – auch weil ich, mit Hilfe seiner Serie, recht haben, recht behalten wollte. Kritiker sind keine Richter, sie sind Parteigänger. Wenn sie Glück haben, die einer guten Sache. Sie dürfen ihren Gefühlen freien Lauf lassen. Sie haben keinen Eid auf ein über allem schwebendes abstraktes Gesetz abgelegt. Sie dürfen auch über eine Schauspielerin gut schreiben, wenn sie sie lieben – solange sie nur überzeugt sind, dass sie wirklich gut spielt. Kritiker sind »käuflich« – durch Gefühle.

Marcel Reich-Ranickis vielleicht schönstes Buch über Kritik heißt: »Die Anwälte der Literatur«. Ich hatte mich aus Überzeugung zum Anwalt von Helmut Dietl gemacht, zwangsläufig, so möchte ich rückblickend sagen, wurde daraus eine Kollaboration. Das, was ich hier meine, lässt sich auch – ex negativo – mit einem Bonmot von Karl Kraus sagen: »Obwohl dieses Gedicht«, hat er einmal geschrieben, »offensichtlich gegen mich gerichtet ist, besitze ich die Objektivität, es einen Dreck zu nennen.«

Ich glaube, dass Autoren, Künstler, Filmemacher Unruhestifter sind, weil sie die Unruhe (die Spannungen), die sie in sich tragen, nicht unterdrücken, sondern loslassen. Auch dafür sind Schnitzler und Wedekind beredte Zeugen. Und Zadeks »Lulu« in Hamburg war der schönste Beleg dafür. Schon allein wegen dieser Aufführung hätte es sich gelohnt, für ihn zu streiten.

Als Theaterkritiker bei der »Zeit« hatte ich das, was man Einfluss nennt. Ich schrieb auch für »Theater heute« und war Juror in der Jury des Berliner Theatertreffens. Ich habe diesen Einfluss für die Gründung der Schaubühne eingesetzt, für Peymanns Theater in Stuttgart und Bochum, für Hübners Ulmer und Bremer Theater, aus dessen Zerschlagung die Truppe um Peter Stein hervorging, die über Frankfurt und Zürich nach Berlin kam und dort zur wichtigsten deutschen Bühne wurde. Zur »Schaubühne«.

Später, als die Stücke der Jelinek, die Inszenierungen von Marthaler, Castorf und Einar Schleef kamen, hatte ich mich längst von der Theaterkritik abgekoppelt. Das hatte banale, praktische Gründe. Zunächst den, dass beim »Spiegel« Theaterkritik nur als Ausnahme möglich war; wir mussten Theaterabende zu richtungsweisenden oder abschreckenden Beispielen hochstilisieren, um darüber berichten zu können. Ein anderer Grund war mein Sohn Daniel, der in Stuttgart, Hamburg, Nürnberg, Darmstadt als Regisseur arbeitete – und daraus ergab sich ein Interessenkonflikt. Dazu kam, dass ich Stücke schrieb, die auch aufgeführt wurden. Das alles führte dazu, dass ich, von Ausnahmen abgesehen, keine Theater-Rezensionen mehr schrieb.

Inzwischen aber war meine Frau, zwanzig Jahre jünger als ich, Hamburger Theaterkritikerin und ihre Generation war jetzt am Theater »dran« – vor allem Marthaler und Jelinek gehörte ihre Begeisterung, die wir anfangs noch über Uli Wildgruber oder Herman Lause oder, vor allem, über Susanne Lothar teilten. Wie es sich aus Notwendigkeit oft ergibt, wuchsen andere Lieben: die zum Kino, die zur Literatur. Wie sagte mein Vater, wenn er ausdrücken wollte, ein Mädchen in seiner Jugend habe seine Liebe nicht erwidert: Eine andere Mutter hat auch ein schönes Kind.

Das Kino hatte damals besonders schöne andere Kinder. Es gab Schlöndorff, Fassbinder, Herzog, Dominik Graf, es gab Chabrol und Bertolucci, Visconti, Godard und Melville, es gab Bogdanovich, Woody Allen und Spielberg, es gab die James Bond-Filme wie »Goldfinger«, den einzigartigen Kubrick und den ebenso einmaligen Buñuel, die Klüfte und Abgründe unserer Welt und unserer Innenwelt grell ausleuchteten – und der »Spiegel« bot mir die großartige Möglichkeit, lange Gespräche mit Romy Schneider oder Woody Allen, Kubrick, Spielberg oder Fassbinder, Herzog oder Wenders zu führen. Es war ein unvergessliches Erlebnis, in New York Polanskis »Chinatown« zu sehen, mit dem Regisseur über Filme wie »Tanz der Vampire« oder »Rosemary's Baby« zu sprechen. Ich durfte bei Dreharbeiten auf dem Set sein und darüber berichten – es war eine Zeit, die die Grenzen zwischen E-Kultur und U-Kultur für mich endgültig aufhob.

Nach »Kir Royal« pausierte Dietl, er hatte das Glück, sich durch Werbefilme gut im Geschäft zu wissen – es war übrigens

Kubrick, der mir erzählte, er lasse sich amerikanische TV-Werbungen nach England kommen, bei der Werbung sei nämlich genügend Geld vorhanden, und so könnten die Werbefilme wirklich schöpferisch und verschwenderisch alle neuen Möglichkeiten von Kamera, Schnitt und Trick ausschöpfen.

In der Zeit gab ich Dietl meine beiden Komödien zu lesen und er fand, ich könne Dialoge schreiben. Allerdings hapere es mit dem Plot. Ich schickte ihm nach den beiden Texten der schon aufgeführten Stücke mein neuestes, das ich als eine Art komische Glosse zur Barschel-Affäre zu schreiben begonnen hatte. Es ging um eine moderne »Reigen«-Version, um einen Politiker in Hamburg (die Stadt wählte ich, weil ich sie kannte, zu kennen meinte), der seiner Frau gegenüber vorgibt, er müsse für seine Partei zu einem Europa-Kongress nach Rom, über das Wochenende. Um glaubwürdig zu sein, schmückt er die Fakten der Reise realistisch aus, Flugzeit und Flugnummer. In Wahrheit lässt er das Taxi im gleichen Viertel abbiegen und besucht eine junge Lyrikerin in ihrer Wohnung, um ein erstes Wochenende mit ihr zu verbringen. Beide sind eher arme Kreaturen, die sich eine Liebe vorgaukeln, die – siehe Schnitzler – nicht einmal für das »Danach« reicht, wenn die Enttäuschung sich breit macht. Beide zelebrieren voreinander Eitelkeit als Bewunderung; er gibt vor, die Rezitation ihrer Gedichte zu genießen; sie schmeichelt ihm, indem sie sagt, wie sehr sie es schätze, dass er ihretwegen einen so wichtigen Kongress in Rom habe sausen lassen.

Pech für die beiden: Das Flugzeug, das er angeblich nach Rom genommen hat, wird entführt. Von nun an ist er der Gehetzte. Ich hatte übrigens aus dem Politiker, um nicht die üblichen politischen Klappen fallen zu lassen, einen SPD-Politiker gemacht.

Dietl mochte den Grundeinfall, die Ausgangssituation, den ersten Akt. Allerdings, sagte er, sei die weitere Entwicklung des Stücks schlampig, da müsse ich noch dran arbeiten, vielleicht könnten wir das auch zusammen machen. Er habe seit seiner

Regieassistentenzeit an den Münchner Kammerspielen noch ein Angebot des Intendanten August Everding gut, er könne dort ein Stück inszenieren.

Ich war wie elektrisiert und bearbeitete den zweiten und dritten Akt; brachte die überarbeitete Fassung nach München mit, überließ ihm das Stück und sah ihn am nächsten Tag erwartungsfroh an. Er sagte nur, so habe ich es mir wortwörtlich gemerkt: »Also, das Gelbe vom Ei ist das immer noch nicht«, aber wir sollten uns für zwei Wochen zusammensetzen, um weiter an dem Stück zu arbeiten. Immerhin, dachte ich. Dann musste ich nach Klagenfurt, als Juror des Ingeborg-Bachmann-Preises.

Während des Lesemarathons rief mich Dietl an. Ich solle die Bearbeitung meiner Komödie »vergessen«, »Verzeihung!«, sagte er, »zurückstellen«, denn die Bavaria habe ihn gefragt, ob er Lust hätte, einen Film über die Hitler-Tagebücher zu drehen. Günter Rohrbach, der Bavaria-Chef, habe zusammen mit seinem Dramaturgen Ulrich Limmer alle Rechte an der Hitlertagebuch-Stern-Affäre von Konrad Kujau, dem Fälscher, erworben. »Hättest du Lust, das Drehbuch mit mir zusammen zu schreiben?«, fragte er und schlug einen Termin in München bei der Bavaria vor. Gleich in der nächsten Woche!

Natürlich war ich, ohne an die Konsequenzen zu denken, sofort hellauf begeistert, geschmeichelt, Feuer und Flamme für diesen Plan. Ich sollte, sozusagen aus dem Stand, an einem Drehbuch für einen wichtigen deutschen Film mitarbeiten, und das mit meinem Lieblingsregisseur; und auch noch bei dessen erstem Spielfilm! Mir fielen gleich bedeutende Sätze ein, während ich noch am Telefon stand (in der Hotelhalle beim »Sandwirt« im unter der Augustsonne wie in einer wohligen Lähmung glühenden Klagenfurt): Drehbuch-Autor bei einem Film, der das deutsche Thema bearbeitet; Hitler und das Verhältnis der Deutschen zu ihm; als Gauner-Komödie, als Gesellschafts- und Presse-Satire, als historische Hochstapelei, als Felix-Krull-Geschichte.

Kujaus Fälschung, so war mir damals schnell klar geworden, war eine geniale Eulenspiegelei, ein höchst satirischer Akt, eine Köpenickiade. Ich merkte schon am Telefon, dass ich das Thema aus den gleichen Motiven wie Helmut Dietl liebte – und mir gefiel natürlich, dass die traurigen Helden dieser Polit-Farce aus dem Journalismus stammten, wie Wilders »Reporter des Satans« oder »Frontpage«; wie Dietls »Baby Schimmerlos« von der Münchner »Abendzeitung«. Hals über Kopf sagte ich zu. Ich sah mich schon in Hollywood, ach was, Hollywood! Im Zentrum des deutschen Films! Der komisch aufräumen würde mit unserem komischen Verhältnis zur deutschen Vergangenheit.

Die heißen Kärntner Sommer, wohlig träge und aufregend angespannt, endeten damals seltsam stumpf für mich. Auch am letzten Abend, als wir auf einem Dampfer einen Ausflug auf dem Wörthersee machten, blieb ich allein.

Drei Tage lang waren wir von morgens bis abends damit beschäftigt gewesen, in politischer Korrektheit zu überlegen, was wir tun würden, wenn der neu gewählte Landeshauptmann Jörg Haider bei der Preisverleihung auftauchen würde – würden wir ihm die Hand geben? Wir kamen nicht in die Verlegenheit. Er war so taktvoll, seinen Stellvertreter, einen SPÖ-Mann zu schicken.

Von Klagenfurt blieb, dass ich während der Schifffahrt in lauschiger Sommernacht über die Reling blickte und plötzlich aus der schönen Sommernacht Mariawörth auftauchen sah. Das Kirchlein hell beleuchtet, der Badestrand am Hotel eine nächtlich kühlende Verheißung in warmer Nacht. Dann ging ein Gewitter nieder und aus »heißer Nacht« fielen Hölderlins »kühlende Blitze«. Wir waren an Gustav Mahlers Haus vorbeigefahren. Ich war mir auf einmal sicher: Hier, nur hier in Mariawörth wollte ich mit meiner Familie fortan die Sommerferien feiern. Es war der Entschluss eines Einsamen für seine Familie, dem sentimental das Benn-Gedicht eingefallen war:

Einsamer nie als im August:/Erfüllungsstunde im Gelände/...
Wo alles sich durch Glück beweist/und tauscht den Blick
und tauscht die Ringe/im Weingeruch im Rausch der
Dinge –:/dienst du dem Gegenglück, dem Geist.

Fünf Jahre lang haben wir mit den immer größer werdenden
Kindern wunderbare Sommer verbracht. Sie lernten Wasser-
skifahren und Tennis spielen und feierten die Nächte mit
Gleichaltrigen durch. Und im Hotel haben wir Prospekte des
Skihotels »Astoria« gesehen, wo wir anschließend auch Jahr
für Jahr hinfuhren, Weihnachten und Sylvester.

Meine Tochter Laura und mein Sohn Niko werden diese
Sommer und Winter bestimmt nie vergessen, sie waren jung,
sie fuhren Ski, gewannen Preise, tanzten, mein kleiner Sohn
hatte den ersten Rausch. Aber dass sie das alles einem Zufall
namens Bachmann-Preis zu verdanken haben, und dem Zufall, dass ihr Vater am letzten Abend die Zeit hatte, über Bord
auf ein Gewitter zu schauen, das Mariawörth malerisch illumi-
nierte, eine dramatische Sommerkulisse, wird ihnen egal sein.

An einem sonnigen Spätherbsttag holte mich Helmut Dietl am
Flughafen in Nizza ab. Unter blauem Himmel wartete er in einem offenen weißen VW-Käfer auf mich, er trug einen weißen
Anzug, hatte einen leicht angegrauten dunklen Bart, und man
hätte die Szene gleich in einem Film von Visconti oder Bertolucci oder von Dietl verarbeiten können – der Regisseur sah
aus wie seine melancholisch-verspielten, traurig verschmitz-
ten Münchner Helden –, als hätte er sich selbst mit Helmut Fischer besetzt. Die Lebensart, die er an München beschrieb,
verkörperte er auch: Nur ab und zu ging durch sein mildes Lächeln ein schmerzliches, nervöses Zucken.

Wir fuhren ins Hinterland der Côte d'Azur, wo Dietl ein
kleines Haus hatte, dem man noch die Anstrengungen des
Selbsterarbeiteten ansah. Neu hinzugekommen war in diesem
Jahr ein Swimmingpool, aus dem der Hausherr jeden Morgen

mit einem Sieb und ernster Gelassenheit Blätter und ertrunkene Insekten fischte. Ich sah ihm dabei zu. In dem Pool geschwommen sind wir nicht einmal, dazu war der Herbst wohl schon zu kühl. Und der Pool hatte noch keine Heizung.

Einmal, an einem lauen Abend, fuhren wir nach St.-Paul-de-Vence in das Künstlerlokal. An der Boule-Bahn sahen wir den uralten Yves Montand, immer noch in jeder Geste, jeder Körperdrehung, jeder Bewegung der perfekte Latin Lover, der weiß, dass die Blicke der Frauen seinen Körper bewundernd verfolgen, die der Männer neidisch. Wie er sich zur Boule-Kugel bückte, mit Blicken die Entfernung abmaß, mit der Hand die Kugel schwingend aus der Hüfte nach vorne und nach hinten pendeln ließ – ich habe eine so elegante und aggressive Verkörperung des blanken Machismo selten zuvor und selten danach wieder gesehen. Während ich dem damals gewiss schon Siebzigjährigen minutenlang zusah, fiel mir die alberne Lässigkeit ein, die er in »Let's Make Love« Marilyn Monroe gegenüber gespielt hatte – sein französischer Akzent, der auf der englischen Sprache wie ein verwegen schiefer Hut saß. Vor allem aber sah ich ihn in einem der eindrucksvollen Filme meiner Jugend, in Clouzots existenzialistischer Parabel »Lohn der Angst«. Nein, den hat das Alter nicht bezwungen, dachte ich – neidisch. Bewundernd.

Ich weiß nicht, ob es Dietl an diesem Abend einfiel – wir haben während der gemeinsamen Arbeit immer auch in Gedanken »besetzt« –, dass Götz George den Heidemann im Film spielen müsste, jedenfalls haben wir, während wir Yves Montand beim Boule zusahen, irgendwas davon geseufzt, dass Montand leider zu alt und leider zu romanisch für die Besetzung eines deutschen Felix Krull sei, auf den die Göring-Tochter fliegt wie die Gruner-und-Jahr-Verleger auf ihn hereinfallen. George hat den Hitler-Hallodri dann ideal verkörpert, schmierig, unwiderstehlich, leicht in die Jahre gekommen, da Männer zwangsläufig zu Verführern werden, weil ihnen die Zeit auf einmal davonläuft.

Am ersten Abend in Dietls Haus haben wir uns zwei Filme auf Videokassetten angeschaut, die für uns beide, unabhängig voneinander, die stilistische Voraussetzung waren, ohne die man sich dem Thema Hitler nicht nähern konnte: Es waren Chaplins »Großer Diktator« und Lubitschs »Sein oder Nichtsein«. Schauspieler-Eitelkeit als Existenzgrundlage (man spielt um sein Leben), Politik als Schmierentheater (man spielt um seine Wirkung) – wir sahen uns die Filme, zumindest Teile davon, eine Woche lang Abend für Abend an, und ich erinnere mich an den Augenblick, als Dietl – an diesem Abend hatte ich zur Entspannung als Koch angegeben und einen Tafelspitz verfertigt – plötzlich zu seiner Frau und mir sagte, nun wisse er, wie der Film heißen müsse: »Schtonk«. Ein Wort, das Chaplin in seiner lautmalerischen Parodie auf eine »Führer-Rede« gebraucht hat, es klingt jüdisch und wie »Schtunk« – »Stunk« machen –, wie ja Hitler immer auf »Stunk« aus war und auch der Skandal seiner gefälschten Tagebücher für »Stunk« in der westdeutschen Öffentlichkeit sorgte. Ich erinnere mich, wie Dietls Frau und ich bedenklich mit dem Kopf wackelten – »also verstehen wird das auf Anhieb keiner«, und: »Ob das Zuschauer ins Kino lockt?«, aber da war seine Entscheidung schon gefallen. Und obwohl noch keine Szene auf dem Papier stand, blieb es beim Titel »Schtonk«. Und mit diesem Titel war der Film dann auch in Hollywood für den Oscar als bester ausländischer Film nominiert.

Chaplin lieferte uns die artistische Vorlage, das stilistische Grundmuster. Und Lubitsch? »Sein oder Nichtsein« war der Film, der uns daran erinnerte, uns immer wieder bis zu der Stelle vorarbeiten zu müssen, wo es heißt: »Wenn ihr uns stecht, bluten wir nicht …«

Ich wohnte oben in einem Zimmer, von dem mir Denise Dietl sagte, dass es normalerweise das Gastzimmer von Patrick Süskind sei, den sie während seiner Frankreich-Aufenthalte »bemutterte« oder besser »beschwesterte«; Helmut und mich hat Denise immer am Morgen mit einem charmant hingewinkten »Au revoir!« verlassen, und während sie ihm noch einen Kuss auf die Wange drückte, wirkte er schon so zerstreut, das heißt, auf die Arbeit konzentriert, dass er ihren Kuss nur noch wahrnahm, um sie zu bitten, ein paar Packungen Gauloises mitzubringen, seine nötige Grundration für das Schreiben.

Es waren wunderbare, asketisch entbehrungsreiche Tage, in denen wir nur lebten, solange wir schrieben, um den Rest der Zeit entweder erschöpft vor dem Fernseher zu sitzen oder zerstreut in einem Restaurant im Essen herumzustochern, das eigentlich viel zu aufwändig war für unsere Zerstreutheit, so dass wir diese Art der Restaurantbesuche nach wenigen Tagen einstellten.

Die Zusammenarbeit zwischen Autor und Co-Autor, zwischen zwei Kollaborateuren, kann durchaus Glücksgefühle auslösen: wenn einer den anderen abwechselnd dazu bringt, wie bei einem Tennisspiel, den anderen zu bedienen und herauszufordern.

Und Wilder hatte mir eine Geschichte erzählt, die zeigt, wie die Kollaboration funktioniert – auch wenn sie nicht funktioniert.

Bei »Some Like It Hot« schrieben Wilder und Diamond im Wettlauf mit dem nächsten Drehtag. Sie nähten zwangsläufig mit heißer Nadel.

An einem Freitag war es so weit. Sie waren beim (später berühmten) Schluss. Als Lemmon sich schließlich die Perücke vom Kopf reißt, um dem Millionär im Fluchtboot klarzumachen, dass er ihn nicht heiraten kann – »aber ich bin ein Mann«.

So weit war Wilder kurz vor Feierabend gekommen. Nun sollte ein letzter Satz gefunden werden. »Big deal!« oder »So what!« oder »No problem!« und Ähnliches war ihnen als Schlusspointe eingefallen. Und wieder verworfen worden. Schließlich sagte Diamond: »Nobody is perfect.« Wilder habe ihn fragend, zweifelnd angesehen. Ja, habe Diamond erklärt, das sei die Pointe eines Witzes, bei dem die Ehefrau im Streit ihren Mann anbrüllt: »You're a perfect idiot!« Und er zur Abschwächung ihres Fluchs sagt: »Nobody ist perfect.« Wilder war nicht überzeugt, he was not amused. Aber da er müde und es spät war, ließ er den Satz stehen. »Vielleicht fällt uns ja Montag beim Drehen noch ein besserer ein.« Das war glücklicherweise nicht der Fall. Und so blieb der zu Recht berühmteste Filmschluss stehen: Weil niemand vollkommen ist, glückte dieser vollkommene Schluss.

Ich habe das kollektive, das gemeinsame Schreiben, das Formulieren im Team geliebt. Und als ich von der »Zeit« zum »Spiegel« kam – aus der hehren Klause der edlen Einzelfedern zur Schmiede der gemeinsamen Story –, habe ich, wie mir Kollegen später in wohliger Erinnerung erzählten, das gemeinsame Formulieren eingeführt. Wir standen, aus unseren Einzelwaben befreit, im Flur und haben gemeinsam formuliert, geblödelt, Kalauer ausprobiert. Die Zusammenarbeit mit Peter Stolle oder Wolfgang Limmer basierte auf einer solch kumpelhaften Zusammenarbeit: Wir waren »sprachverbuhlt«, in Kalauer verliebt. Wie glücklich waren Stolle und ich, als uns, beim Schreiben des Titels über die Soap »Schwarzwaldklinik«, die Zeile »Romanze in Mull« einfiel. Oder als Limmer und mir bei Elstners »Wetten dass?«-Schwindeleien etwas von einer »Reise in die innere Mogelei« einfiel. Beim Nachruf auf Klaus Kinski habe ich zusammen mit den Kollegen den schweinischen Kalauer gefunden, dass Kinski mancher Frau die »Höhle heiß gemacht habe«. Fritz Rumler, ein Virtuose des gedrechselten Kalauers, fiel die Überschrift zu einem Kloster-Porno bei gemeinsamem Nachdenken ein: »Mönche mögen's heiß.« Das war – unter Gleichgestimmten, Gleichgesinnten – Teamwork »at its best«.

Helmut Dietl und ich schrieben gemeinsam auf der großen Triumph-Schreibmaschine, die noch dem Vater von Patrick Süskind gehört hatte. Einer lief im Zimmer auf und ab und rauchte (wenn es Helmut Dietl war), der andere tippte mit zwei Fingern in die monströse Maschine. Schreiben war noch Handarbeit, Handwerk! Wir schrieben mit Kohlepapier, zwei Durchschläge. Die Tasten klapperten. Klappern gehört zum Handwerk. Da wir mit unseren Zeigefingern gewaltig auf das große Instrument einhackten, fielen die Punkte als Löcher aus dem Papier und dem Kohlepapier. Handwerk hat goldenen Boden.

Später dann, wir konnten ja nicht für immer in Frankreich bleiben, wurde zur Schwierigkeit, dass wir zusammen schreiben mussten und wollten, aber nicht am gleichen Ort wohnten. So war der eine oder der andere immer im Exil, in babylonischer Gefangenschaft. Ich erinnere mich noch an Spaziergänge durch den eigentlich trostlosen Einfamilienvillen-Vorort, in dem Dietl wohnte. Ich lief durch die Mittagshitze, allein, Dietl war kein Spaziergänger. Und aus allen Gärten schlugen Hunde an, wütend, ich kam mir vor wie ein aufgebrachter, gestellter Vagabund.

Als wir in Hamburg schrieben, das Wetter war besonders schleußlich, wohnte Dietl im »Interconti«, einem modernen Betonbau. Zu allem Unglück war damals in Hamburg auch noch eine Nato-Tagung und das Hotel von Militärfahrzeugen, Panzern umstellt. Dietl zeigte auf die grüngrauen Panzer im Nebel. »Hier kann ich nicht bleiben! Es geht nicht!«, sagte er. Später sollte er Hamburg lieben, auch als Drehort, hier war das »Paolino«, seine zweite Heimat – die erste war das Münchener »Romagna Antiqua«. Später habe ich den Film »Barton Fink« gesehen, den Film der Brüder Coen. Sie zeigen Drehbuchschreiber, die sich in Hollywood verlieren, Albträume von Produzenten, Stars, die den Autoren in die Drehbücher pfuschen. Am Schluss brennt das Hotel, in dem die Schreiber schreiben. Leben. Vegetieren. Erwachen aus einem Schreckenstraum. Schreiben war meine schönste Zeit. Mein Lieblings-Albtraum.

Das Problem war, dass das Schreiben länger dauerte, als ich vom »Spiegel« Urlaub bekam, auch unbezahlten. Sie sagten mir, ich solle zurückkommen oder kündigen. Eine Kündigung glaubte ich mir damals nicht leisten zu können.

Später, als Dieter Wedel zusammen mit mir einen Film machen wollte, erzählte er mir, er habe sich bei Dietl erkundigt. »Er ist gut für die Zusammenarbeit, wenn er Zeit hat. Sehr gut!« Dietl habe eine Pause gemacht und weiter gesagt: »Aber du musst sicher sein, dass er Zeit hat! Genügend! Sonst lass die Finger davon!«

»Im Quartett«

1998, das »Literarische Quartett« war zehn Jahre alt. Ich besuchte Jochen Hieber in der FAZ, um ihn zu einer gemeinsamen Veranstaltung abzuholen. Hieber, lange Jahre der Adlatus von Marcel Reich-Ranicki, als dieser den Literaturteil der »Frankfurter Allgemeinen« geleitet und, in der Nachfolge von Friedrich Sieburg und Karlheinz Bohrer, zum wichtigsten Literatur-Teil der deutschsprachigen Zeitungen gemacht hatte. Hieber war auch als Gast im »Quartett« (und zwar in Augsburg) aufgetreten und hatte unter anderem deshalb Aufsehen erregt, weil seine Hose hochrutschte und, da seine Socken zu kurz waren, nacktes Beinfleisch zu sehen war, eine ästhetische Katastrophe. Aufregung für einen Tag.

Es war das erste Mal, dass ich in die Kulturredaktion der FAZ kam, und durch Zufall stieß ich auf dem Flur mit dem jungen, für die Kultur verantwortlichen Herausgeber und Nachfolger Joachim Fests, mit Frank Schirrmacher zusammen. Der fragte mich, ob ich denn noch auf eine Tasse Kaffee Zeit hätte, und winkte mich in sein Büro. Schirrmacher hatte seine FAZ-Karriere, als einer der jungen Wunderknaben Fests, bei Reich-Ranicki begonnen – wie fast alle Journalisten, die in der Folgezeit im Literaturbetrieb und Rezensionsgeschäft das Sagen hatten. Reichs Redaktion galt als Kaderschmiede, er herrschte streng wohlwollend über die Jungen, die sich ihm anvertrauten und denen vor allem sein schier unversiegbarer Elan und sein allem genialischen Improvisieren abholder Ordnungstrieb den Berufserfolg und die Berufsrichtung bestimmten.

Merkwürdigerweise hatte ich Schirrmacher vorher noch nie getroffen, und so waren wir beide wohl auch neugierig, herauszufinden, wer denn der andere »eigentlich« wäre.

Ich war beim Fernsehen. Jetzt, neuerdings. Und so fragte mich Schirrmacher mitten in unserem kurzen Gespräch abrupt, hinter einem fragenden Grinsen: »Sagen Sie, Herr Karasek, bedrückt es Sie nicht, dass Sie mit der Teilnahme an ein paar Sendungen des ›Literarischen Quartetts‹ auf einmal einen höheren Bekanntheits- und Aufmerksamkeitsgrad haben als mit jahrzehntelangen Arbeiten als Theater- und Literaturkritiker bei der ›Stuttgarter Zeitung‹, bei der ›Zeit‹ und beim ›Spiegel‹?«

Schirrmachers Frage war gewiss nicht von Neid oder gar Missgunst diktiert, denn er hatte als jüngster Herausgeber in der Geschichte der FAZ eine so steile Karriere gemacht, dass er eher beneidet wurde, als andere beneiden musste. Und vielleicht sagte er auch nicht, ob es mich »nicht bedrücke«, sondern ob es mir nicht »Grund zum Nachdenken« gebe. Ich habe ihm diese Frage nicht verübelt, ich nahm sie als Rollenprosa, ich hätte sie ihm, wäre er beim »Quartett« gewesen und ich weiterhin Rezensent eines edlen Feuilletons, genauso gestellt. Es war eine Frage nach der Gerechtigkeit der Welt, eine Frage nach der Gerechtigkeit der Welt der Kultur, die unsereiner immer wieder stellt: Es ist wohl der uns innewohnende Gerechtigkeitssinn, der eine Art déformation professionnelle darstellt; Futterneid, Hackordnungen bestimmen unser Leben, weil wir wollen, dass es in der Welt gerecht zugehe. Wie sagt Hamlet auf die Behauptung von Polonius, er würde die Schauspieler nach ihren Verdiensten behandeln? Er sagt: Behandle sie besser! Denn »wenn ihr einem jeden begegnen wolltet, wie er's verdient, wer würde dem Staup-Besen entgehen?«.

Ich weiß daher auch nicht mehr, was ich geantwortet habe. Wahrscheinlich habe ich mit einem Achselzucken gelächelt, was so viel ausdrücken sollte wie: »So ist die Welt!« Oder mit einem noch größeren Achselzucken: »Die Welt will betrogen sein!« Ich musste auch nicht wirklich antworten, weil Frank Schirrmacher mir eine rhetorische Frage gestellt hatte, die in Wahrheit seinem Mentor und Vorgänger Marcel Reich-Ranicki galt, der, obwohl im Ruhestand, einen gewaltigen Schatten über alle in seiner Nähe warf.

»Stellen Sie sich vor!«, fragte mich Schirrmacher eigentlich (so vermute ich jedenfalls), »da macht einer über ein Jahrzehnt den besten, ausführlichsten, gründlichsten, aufregendsten Literaturteil in der deutschsprachigen Zeitungslandschaft – eindeutiger kann man nicht opinion leader auf diesem Felde sein, da gewinnt und entwickelt einer einen Stab ausgezeichneter, qualifizierter Rezensenten, pflegt und kultiviert die Zusammenarbeit mit ihnen zu einem die zeitgenössische Literatur überspannenden Netz aus Information und Qualität; da schafft einer Woche für Woche in der Frankfurter Anthologie einen Born deutscher Lyrik, setzt sie zeitgenössischen Deutungen aus. Und was passiert? Berühmt mit einem Schlage wird er erst, wenn er sich mit Ihnen oder Jürgen Busche oder Sigrid Löffler im Fernsehen über Bücher rauft. Ist das gerecht und in Ordnung? Und wie sollen wir, die wir seine eigentliche Arbeit fortsetzen, hier und jetzt und in der FAZ, uns dazu verhalten!«

Ich bin kein allwissender Erzähler und daher weiß ich nicht, was Schirrmacher sich wirklich dachte. Übrigens schrieb die erste Rezension der ersten »Quartett«-Sendung, als Gast aus der SZ, Joachim Kaiser. Er gab der Sendeform (man nannte sie damals noch nicht »das Format«) keine Zukunft. Fernsehen, das ist nun wirklich nicht das Niveau, auf dem man Literatur diskutieren sollte!

Marcel Reich-Ranicki kannte diese Haltung der Kollegen schon aus Zeiten der »Gruppe 47«, aus Zeiten, als er berühmter Radio- und Fernseh-Diskutant war, und natürlich aus Klagenfurt, vom Bachmann-Preis. Wer das große Sagen hat, hat viele Neider, die eigentlich nie das große Sagen haben wollen, um Gottes willen! Die aber, wenn sie es dann doch haben, vergessen, dass sie ganze Pamphlete gegen »Großschriftsteller«, gegen »Großkritiker«, überhaupt gegen Marktschreier verfasst haben – als sie nämlich noch im stillen Kämmerlein saßen. Notgedrungen. Es hat sich darauf keiner einen besseren Reim gemacht als F. W. Bernstein: »Die schärfsten Kritiker der Elche/ waren früher selber welche!«

Natürlich haben solche Gefühle auch Auswirkungen auf Freunde und Kollegen. Sicher ist die Freundschaft zwischen Walter Jens und Reich-Ranicki daran für lange zerbrochen. Neid zerstört jede Beziehung. Deshalb versichern sich die Politiker neuerdings gerne mit einer ziemlich idiotischen Redensart, dass sie einander auf »gleicher Augenhöhe« begegnen (wollen). Jedenfalls haben Reich und Jens vor dem »Quartett« Wochenende für Wochenende stundenlang miteinander telefoniert, zwei Herzen, eine Seele und eine Meinung über den Literaturbetrieb. Ihr Klatsch und Tratsch ergoss sich über andere.

Erst als Reich-Ranicki »Fernseh-Papst«, Literatur-Papst wurde, ging die Freundschaft rapide den Bach hinunter. Reich-Ranicki hatte im Fernsehen einen Riesenerfolg; Jens liebte das Fernsehen – sogar als Fußball-Experte war er sich nicht zu schade. Aber das Fernsehen erwiderte seine sehnsüchtige Liebe nicht. Was blieb ihm anderes übrig, als das Fernsehen zu verachten, ja zu hassen! Und den TV-Liebling Reich-Ranicki gleich dazu. Es gab viele solche bitteren Erfahrungen für Reich, die ich als Beobachter registrierte. Zum Beispiel das jähe Ende der Freundschaft mit dem Frankfurter Freund Horst Krüger, der wenigstens so offen war, einzugestehen, er könne den plötzlichen Ruhm seines Freundes nicht ertragen.

Natürlich war ich nicht nur Beobachter. So fragte mich die »Bunte« – und hatte damit sicher gewisse Rang- und Hackordnungen vor Augen, vor gut zehn Jahren –, ob ich nicht neidisch auf den Ruhm von Marcel Reich-Ranicki sei, es sei doch bei uns ähnlich wie bei »Derrick«, wo Fritz Wepper, »hol schon mal den Wagen!«, den Assistenten neben Horst Tappert spielte. Ich also Wepper, Reich-Ranicki Tappert. Und ich erklärte damals in voller Überzeugung, ich sei noch nie auf jemanden neidisch gewesen, der dreizehn Jahre älter sei als ich.

Damals war das für mich die reine biographische, oder soll man sagen: demographische Wahrheit. Ich war sechzig, Reich dreiundsiebzig, vor mir lag noch das Leben – dachte ich. Inzwischen bin ich siebzig, Reich ist dreiundachtzig und ich weiß zweierlei. Erstens: Der Unterschied von einem Jahr zum anderen wiegt für jeden, der betroffen ist, schwerer. Aber zweitens, und das ist wichtiger: Von einem bestimmten Alter an – und das habe ich jetzt erreicht, so dass wir es beide erreicht haben – spielt man in der gleichen Liga. Vor allem was Wünsche, Erwartungen, Hoffnungen und Verzweiflungen anbelangt.

1988 aber, als Reich-Ranicki das »Quartett« für das ZDF ins TV-Leben rufen durfte und mich in die Runde holte, wurde für mich in der Tat alles anders. Ich bekam Fanpost, in guten Restaurants immer einen Platz, bei guten Ärzten immer einen Termin, von Kollegen gehässige Verrisse oder hämische Bemerkungen – kurz: Ich bekam Aufmerksamkeit – mit all ihren Segnungen und Flüchen. So passe ich in öffentlichen Waschräumen höllisch auf, sie möglichst in einem besseren Zustand zurückzulassen, als ich sie vorgefunden habe. Es könnte mich sonst jemand, der mich erkennt, öffentlich anschwärzen.

Lassen wir das abgehakt. In jedem von uns steckt ein Elch! Jeder Mensch möchte um seiner selbst geliebt werden. Obwohl? Wirklich? Und niemand möchte gehasst werden. Nicht einmal aus Neid!

Walser hat in seinem »Tod eines Kritikers« das »Quartett« voller Hass und Hohn geschildert – es sind die besten Stellen eines an besten Stellen leider armen Buches. Da zelebriert der Literaturpapst eine Hohe Messe der Eitelkeiten, alle anderen im Staube vor ihm. Aus dem Blickwinkel des »Opfers« – Walser lechzte zwölf Jahre lang nach der ihm gebührenden Anerkennung aus dem Mund Reich-Ranickis, das erkennt man noch in der popanzhaften Verzerrung – mag das so gewesen sein. Aber wir in der Sendung, in jeder Sendung, hatten wahr-

scheinlich ebenso große Angst wie unsere potentiellen Opfer.
Das Fernsehen ist ein Moloch. Und deshalb war da nichts von
Selbstherrlichkeit – so absurd es klingen mag: fast am wenigs-
ten bei Reich-Ranicki.

Er war vor jeder Sendung vor Nervosität wie aufgefressen
und gestand mir, dass er vor Sendungen, wo es um folgen-
schwere Urteile ging – wie beim Buch von Ulla Hahn – Nächte
vorher nicht schlafen konnte und unter Bluthochdruck litt. Es
waren für ihn keine zelebrierten Messen mit Weihrauch für
das Ego, sondern strenge Prüfungen – immer mehr auch Prüfungen, ob er den Kampf gegen das Alter, den man nicht gewinnen kann, noch weiter führen könnte.

Als Walser seinen »Tod eines Kritikers« als Gedankenmord-
phantasie feierte, gab es das »Quartett« nicht mehr, Reich
hatte aufgehört. In der FAZ, der Walser seinen Anti-Reich-Ro-
man zum Vorabdruck offeriert hatte, begründete Frank Schirrmacher in einem offenen Brief, warum er das Buch ablehnen
musste. Es war der letzte Skandal, den das »Quartett« bewirkte.
Schirrmacher nannte beim Namen, was das Buch zum Skandal machte: Antisemitismus auf Richard Wagners unseligen
Spuren, der das »Schöpferische« dem »Bodenständigen« zu-
ordnet und die unschöpferische Kritik, also das »Zersetzende«,
dem Heimatlosen. Viel schlimmer könne, so Schirrmacher, man
sich nicht im Ton und im Thema vergreifen.

Ich verstehe, dass Walser, der ein Leben lang die Tatsache,
dass Böll und Grass und nicht er den Nobelpreis bekommen
haben, auf die widrigen Umstände, das heißt, auf die Kritik
schob, sich von einem übermächtigen Kritiker wie M. R. R.
mit einer Orgie von Wut und unterstellendem Hass befreien
wollte – aber was ich nicht verstand, ein für alle Mal, dass er
sich für seinen Hass das schäbigste vorhandene Ventil wählte –
den kaum noch unterschwellig zu nennenden Antisemitismus.

Walsers »Tod eines Kritikers« war das Buch, das das Maß
voll machte. Ich las es, fassungslos vor Enttäuschung.

Auch dazu muss ich ausholen, mich zurückversetzen in den

Spätsommer 1967, als ich eines Tages in München mit Hans Werner Richter über die verwinkelten, nasskalt zugigen Höfe des Bayerischen Rundfunks ging, um irgendein Zwiegespräch über die »Gruppe 47« vor angeschaltetem Mikrofon zu führen, das kaum jemand hören würde. Kultur im Radio und Fernsehen war damals noch Selbstzweck; das Wort »Quote« ein Fremdwort, das sich Intellektuelle nicht in ihre Wahrnehmung der Realität übersetzen wollten. Richter war dabei, die Tagung in der Fränkischen »Pulvermühle« auszurichten, und sein Jagdinstinkt auf neue attraktive Autoren, mit denen er die Tagung auffrischen, aktuell aufmöbeln könnte, war hellwach. Zufällig trafen wir auf dem Hof oder den zugigen Gängen des BR zwei Schriftsteller, die nicht mehr der Generation der »Gruppe 47« angehörten. Den ersten kannte nur ich, weil ich es damals mit dem zeitgenössischen Theater zu tun hatte. Und so stellte ich, während wir vom Taxi kamen und er zum Taxi ging, Franz Xaver Kroetz dem inoffiziellen Gruppenboss Richter vor. »Ah!«, sagte er und ich sagte, Kroetz sei der wichtigste zeitgenössische Dramatiker und was man so sagt als »Zirkulationsagent«. Und Richter sagte wieder »Ah«, fixierte Kroetz und sagte hastig, ob er denn nicht Lust habe, am nächsten Wochenende zur Tagung der Gruppe zur »Pulvermühle« zu kommen. Ich glaube, Richter war es damals gewöhnt, dass ein Autor, derart spontan eingeladen, sich vor unfassbarem Glück kaum zu halten weiß, wie heute jemand, dem man sagt, er dürfe in »Deutschland sucht den Superstar« oder bei Sabine Christiansen auftreten. Aber Kroetz reagierte keineswegs begeistert, eher reserviert. »Ja, schau mer mal«, sagte er, »wenn's geht, komm ich gern, vielleicht.« »Awa«, fügte er nach einer Pause hinzu, »aber«, er fürchte, dass er keine Zeit habe.

Richter ließ sich, so gut es ging, nichts anmerken. Und als wir kurz darauf, inzwischen auf dem Flur des Senders, Peter Handke trafen, den Richter sehr wohl von seinem spektakulären Auftritt in Princeton noch in Erinnerung hatte, fragte er ihn, warum er, Handke, auf seine, Richters, Einladung in die

Pulvermühle nicht reagiert habe. Handke machte ihm schnell unmissverständlich klar, warum er nicht geantwortet habe und warum er keinesfalls kommen wolle. Wenn er sich vorstelle, dass vor ihm, in der Reihe der Kritiker, wie in Princeton Marcel Reich-Ranicki sitze, dem er in den Nacken schauen müsse, während der laut rede, mündliche Kritik, dann sei ihm jetzt schon schlecht. Nein, danke, vielen Dank!, sagte Handke. Und dass er nicht kommen wolle. Keineswegs.

Ich hatte das damals eher als Zeichen der Götterdämmerung der »Gruppe 47« gedeutet, und ich dachte bei der angeekelten Haltung von Handke, als er sich ausmalte, was ihn auf der Tagung und bei den Lesungen erwartete, eher an den armen Hans Werner Richter, dessen bräsige Selbstzufriedenheit unter den schnöden Absagen von Kroetz und Handke zu bröseln schien.

Aber ich sollte eines Schlimmeren belehrt werden. Ich las 1980 Peter Handkes »Lehre der Sainte-Victoire«, ein, wie ich heute meine, etwas verschwärmtes Porträt des Schriftstellers, der sich mit Bescheidenheit tarnt auf der Suche nach seinem »Sanften Gesetz« (Adalbert Stifter), während er in der Provence zu dem Berg wandert, den Cézanne so eindringlich gemalt hat. Den Frieden, die Ruhe des in innerer Einkehr wandernden Dichters auf seinem Marsch zu Cézanne stört ein Hund, in dem Handke sehr wohl seinen schärfsten Kritiker, also Marcel Reich-Ranicki erblickt, frei nach Goethes Fluch, der allerdings einem Spießer in den Mund gelegt ist: Schlagt ihn tot, den Hund, er ist ein Rezensent! Weiter las ich, mitten in der sich selbst feiernden Prosa, zu meinem Entsetzen, mit welch Ekel und Abscheu Handke diesen geifernden, ihn ankläffenden Hund beschreibt (»In einer Brüllpause, während er um Atem rang, geschah nur das lautlose Tropfen von Geifer« – die Stelle sollte mir später wieder bei Walsers »Tod eines Kritikers« einfallen, wo ähnlich formuliert wird), und dann kam der Halbsatz: »... wie er in seiner von dem Getto vielleicht noch verstärkten Mordlust jedes Rassenmerkmal verlor und nur noch im Volk der Henker das Prachtexemplar war.« Die Stelle war deutlich, überdeutlich, und Handke, der damals noch weit entfernt von seiner Begeisterung für das Serbien Miloševićs war, hat mich, als ich ihn bei einem Interview erschrocken nach seinem antisemitischen Ausfall gegen Reich-Ranicki fragte, achselzuckend, kaltschnäuzig abblitzen lassen: »Na und!«, sagte er und wechselte das Thema.

»Die durch das Ghetto verstärkte Mordlust«, und: »Er, der Wachhund im Gelände; und ich im Gefilde (für das er naturgemäß keine Augen hatte, weil das Wirkliche für ihn einzig sein Sperrgebiet war)«: Der Kritiker wird hier zu einem Hetzplakat vertiert. Und nachträglich verstehe ich, wie und warum Reich-Ranicki sich gegen den »Spiegel«-Titel vehement wehrte, auf dem er als Papier zerfetzende Dogge abgebildet war. Das war keine »Stürmer«-Karikatur, aber für ihn beschwor es eine.

Natürlich spielte das alles im »Quartett« nur unterschwellig eine Rolle; nur manchmal war mir klar, warum mich jemand dafür kritisierte, dass ich ihm – Reich-Ranicki – nicht genug und nicht heftig genug widersprochen hätte. Und wenn ich dann sagte, warum hätte ich widersprechen sollen, das wäre doch künstlich gewesen, ich sei ja mit ihm, in diesem Falle, wirklich und ausdrücklich einer Meinung gewesen, dann erntete ich ungläubige, befremdliche Blicke.

Am 1. März 1994 fand in Frankfurt im Schauspielhaus die deutsche Erstaufführung von Steven Spielbergs Film »Schindlers Liste« statt. Ich hatte den Film schon in der deutschen Pressevorführung und in Hollywood, als Vorbereitung auf mein Spielberg-Interview, gesehen. Schon in den USA gab es nicht wenige, die mir, zum Beispiel in der Bar des Beverly-Wilshere-Hotels bei einem Empfang, sagten, na ja, das sei vielleicht ein ganz guter Film, aber Politik habe im Kino nix verloren. Die das sagten, waren alte Hollywood-Konservative, und ihre Kritik hatte nichts Aggressives und nichts mühsam Unterdrücktes. In Amerika diskutiert man das ohne die Hypothek der Geschichte.

Jetzt also erlebte ich Spielbergs Film zum ersten Mal vor Publikum, noch dazu vor deutschem Publikum, zusammen mit Marcel Reich-Ranicki und seiner und meiner Frau. Danach war er spürbar von seinen Gefühlen und Erinnerungen bewegt.

Marcel Reich-Ranicki ist alles andere als ein rührseliger Mensch. Und seine wunderbare Frau, Toscha, die er seit den Jahren im Ghetto kennt, aus der Zeit, in der beide sich gefunden haben, aus Liebe und Notwehr und mit dem starken Willen zu überleben, hat zwar ein lebhaft schönes Gesicht, in dem sich ihre Empfindungen noch dann ablesen lassen, wenn sie in ihrem Handtäschchen geschäftig nach Zigaretten oder einem Feuerzeug kramt, aber auch sie ist eine Frau, die niemanden mit ihren Gefühlen behelligt, die sie nur zeigt, wenn jemand sie verdient. Ich habe es als großen Gewinn empfunden, dass sie mir nach vielen Jahren, da ich die beiden kenne – ihn, der den Bärbeißigen vorschützt, und sie, die still in sich versunken und doch aufmerksam dasitzt und nur das Nötige sagt –, eine herzliche Zuneigung gezeigt hat, nicht am Anfang, sondern nach mehreren Jahren. Wenn es wirklich Wert hat, weil an Erfahrungen überprüft.

Wir gingen also nach dem Film zu viert, meine Frau, Frau Reich, er und ich, in den »Frankfurter Hof«, wo wir einen Tisch für uns fanden. Der Film hatte eine Art Schleuse in ihm geöffnet; zum ersten Mal, seit wir uns kannten, seit 1968, als wir beide für die »Zeit« arbeiteten, erzählte er ausführlich von seinen Erlebnissen im Warschauer Ghetto, wie er sich mit Toscha im Untergrund versteckt habe, wie sie von der Roten Armee befreit worden seien. Er erzählte ohne Rührseligkeit und ohne Pathos, aber bedrängt von der Erfahrung und Erinnerung. Über seine Berliner Gymnasialzeit hatte er mir schon einmal früher erzählt, über seine Liebe zum deutschen Theater im Berlin der dreißiger Jahre. Und auch über das Musikleben im Ghetto hatte er sich schon geäußert. Alles andere aber war neu, und ich weiß nicht, ob wir zwei Stunden oder länger in die

Nacht hinein saßen, jedenfalls sagte ich ihm am Schluss des Abends: »Das musst du aufschreiben!«, weil er über das Beobachtungs- und Erinnerungspotential verfüge und weil er, als Erzähler, so auswählen könne, wie nur Erzähler auswählen können. »Du musst es aufschreiben!«, sagte ich. Und seine Frau sagte: »Das sage ich ihm schon lange!«

Ich will damit keinesfalls sagen, dass es mein Verdienst ist, dass er sich hinsetzte und sein Leben niederschrieb. Was ich sagen will, ist, dass ich glaube, Spielbergs Film hat eine verschüttete Quelle in Reichs Erinnern zum Fließen gebracht.

Damals waren wir, jedenfalls was die ständigen Mitglieder des »Quartetts« betrifft, schon zu dritt. Reich-Ranicki, Sigrid Löffler und ich. Zwischen uns gab es, wie in jedem Trio (ich vermeide das Wort Triumvirat), Spannungen, Reibungen, ärgerlich, anregend, hemmend. Jede Dreierbeziehung ist darauf angelegt, dass zwei sich gegen einen verbünden. Auch darauf, dass diese Koalitionen wechseln. Dass sie, wie in der Politik – siehe das Trio Lafontaine, Scharping, Schröder –, zu Mord und Totschlag führen, ist in der Kulturszene nur nicht vorgesehen, aber vorgegeben. Mehrere Dolchstoß-Szenarios haben wir drei überlebt, wir waren alle durch Redaktionsarbeiten erfahrene Mobbiisten und Bürgerkrieger, aufs Überleben trainiert.

Am 24. 2. 1994 erschien in der »Berliner Wochenpost« eine Rezension von Sigrid Löffler über »Schindlers Liste«. Überschrift: »Kino als Ablass«. Unterzeile: »Spielbergs misslungener Film«. Die Unterzeile war kein Problem für mich, auch der Tenor des Verrisses, soweit er der Unterzeile folgte, war keins. Über Filme wie über Bücher kann man geteilter Meinung sein; man muss es nur begründen können. Das war für uns alle selbstverständlich, es war die Grundlage unserer gemeinsamen Arbeit. Manchmal fanden wir – wechselseitig – die Argumente unserer Mitspieler nicht überzeugend, sogar blöd – dann haben wir mit unserer Meinung nicht hinterm Berg gehalten. Das war ein Reiz der Sendung – jedenfalls ihrer besseren Folgen.

Doch da, wo Sigrid Löffler sich auf Motivationssuche begab, da verunglückte ihr, nach meiner Meinung, die Wortwahl so, dass sie mehr über die Motive der Kritikerin verriet, als ihr und vor allem mir lieb sein konnte. Spielbergs Film sei »ein Gefühls-Quickie« (»Quickie« hieß und heißt in der Teenie-Sprache »schneller Fick«). Und die Folge davon, dass »sogar der Holocaust durch die Gefühlsstimulationsmaschinerie Hollywood gedreht werden« kann, lag für Löffler auf der Hand: »Da wird die Kinokarte zum bequemen Ablasszettel.« Wie bitte? Ablass? War das nicht das empörendste Geschäft mit Ängsten und Gefühlen, das sich die korrumpierte katholische Kirche Ende des Mittelalters hatte einfallen lassen, so empörend, dass Luther zum Reformator wurde? »Wenn das Geld im Beutel klingt, die Seele in den Himmel springt«, hieß Tetzels Ablasshandel-Devise. Und nun »Hollywood«, das perfekt auf der »Gefühlsklaviatur« spielt, das mittels eines Films »seelische Schnellreinigung« verspricht, selbst den Holocaust dazu benutzt, »Geld im Beutel« klingen zu lassen? Abgesehen davon, dass es mich enttäuschte, dass eine Kollegin, deren Grundstimmungen und Urteilsbegründungen ich bis dahin verstand, »Hollywood« als die amerikanische Filmindustrie, die für mich das wichtigste Kulturmedium des 20. Jahrhunderts war, vom hohen Lipizzaner-Ross mit blinder Verachtung strafte, abgesehen davon, hat mir diese Kritik die Augen dafür geöffnet, aus welchem Hintergrund sich die Ablehnung des Schindler-Films speiste: Es war der purgatorische Eifer, der den Tempel der Holocaust-Erinnerung von den schnöden Gefühlshändlern aus »Hollywood« reinigen will.

Ich habe im Laufe meiner journalistischen Arbeit übrigens sehr wohl lesen gelernt, dass ein bestimmter Gebrauch des Wortes »Hollywood« in einem bestimmten Kontext Ausdruck eines unterschwelligen Antisemitismus ist – genau wie der Begriff von der »amerikanischen Ostküstenpresse«. Gefühlsmanipulatoren sind die einen, die im Westen; Meinungsmanipulatoren sind die anderen, die im Osten. Und Geld wollen sie auch noch damit verdienen, viel Geld. Wenn's sein muss Ablassgeld.

André Gide hat einmal den Anfang vom Ende einer Liebe beschrieben: Da sieht ein Mann bei seiner Freundin am schönen Fuß ein Stück hässlich gelbe Hornhaut. Er erschrickt, weil ihm in dem Moment klar wird, dass diese Hornhaut in seiner Vorstellung eines Tages den ganzen Körper des geliebten Menschen überziehen würde. Sympathie für andere Menschen hängt auch damit zusammen, dass man sich mit ihnen in einem Grundeinklang darüber befindet, was man an Büchern, an Musik, an Bildern, an Filmen und Theaterstücken mag. Die Gefühlsbindung zu meiner Frau und allen meinen vier Kindern ist auch dadurch gewachsen – und ich hatte großes Glück dabei –, dass wir Filme und Opern und Theaterabende gemeinsam und mit gleicher Begeisterung gesehen haben, über Bücher, die wir lasen, gesprochen haben.

Ich erinnere mich noch an die Freude, als ich meinen damals vierzehnjährigen Sohn Daniel in Bob Wilsons »Einstein on the Beach« mitnahm. Fast sechs Stunden am Stück sollte die Vorstellung dauern und um Daniel die Panik zu nehmen, habe ich ihm erklärt, er könne jederzeit während der Vorstellung auf die Toilette oder, um etwas zu trinken, hinausgehen. Und wenn es ihm nicht gefalle, müsse er sich keineswegs zwingen, er könne einfach nach Hause gehen. Umso größer war meine Freude, dass er die ganze Zeit wie gebannt auf die Bühne schaute, es war, als entstünde zu der angeborenen Verwandtschaft eine zweite, eine neue. Das gleiche Glücksgefühl habe ich auch mit meiner Tochter Laura erlebt, als ich sie – sie war noch nicht in der Schule – mit nach Salzburg in eine Vorstellung zu Mozarts »Entführung aus dem Serail« nahm. Auch sie war den langen Abend über hellwach und folgte der Musik mit hellen Augen und wachen Ohren.

Natürlich gibt es auch den Akt jäher Entfremdung, die sich dann bis zur Trennung steigert. Die iranisch-französische Dramatikerin Reza hat das in ihrer hinreißend witzigen Boulevardkomödie »Kunst« festgehalten: Drei Freunde, die sich über den »Wert« eines Kunstwerks, das der eine stolz erworben hat, völlig zerstreiten. Bis der andere, um mit Gide zu sprechen, völlig mit Hornhaut überzogen ist.

Sigrid Löfflers Kritik über »Schindlers Liste« hat die Lunte an den Zusammenhalt des »Quartetts« gelegt. Der Eklat bei der Sendung in Hannover war nur der Augenblick, in dem der laufende Funke aus der Zündschnur das Objekt erreicht und sprengt.

In Wahrheit hat Sigrid Löfflers Ausscheiden die Existenz des »Quartetts« um ein ganzes Jahr verlängert. Als nämlich Iris Radisch sich bereit erklärte, den Platz Sigrid Löfflers einzunehmen, nachdem ein vom ZDF-Intendanten Dieter Stolte vorbereiteter Versöhnungsversuch gescheitert war, da stellte sie die Bedingung, ein weiteres Jahr müsse es schon sein, nur für die letzten zwei Sendungen stehe sie nicht zur Verfügung.

Ich gebe zu, dass seit der »Schindlers Liste«-Kritik mein Verhältnis zu Sigrid Löffler von einem Vorurteil (Vor-Urteil) geprägt war; ich war gehässig – was man eigentlich nicht sein soll. Das heißt: Ich lauerte auf die Bestätigung meiner vorurteilsgeprägten Erwartungen. Aber wenn sie das liebte, was sich mir als Handkes manieristischer Schwulst darstellte, oder wenn sie mit einer humorlosen Unbarmherzigkeit André Heller bekämpfte – und jeden, der auch nur in seine Nähe kam, also auch den bis dahin von ihr als Anti-Wiener geliebten Claus Peymann als Burgtheater-Direktor, weil er es wagte, Heller als Regisseur zu beschäftigen: hatte ich da nicht auf einmal Recht?

Die zwölf Quartett-Jahre waren eine schöne, eine aufregende Zeit. Sie gab uns eine öffentlich wichtige Rolle – und wer hat das nicht gern. Wir bekamen als Kritiker sozusagen eine zweite Luft. Nicht nur wegen der Sendungen, in denen wir zum Nachdenken, zum Diskutieren und zum Streiten in aller Öffentlichkeit viel Zeit hatten, Reichs rigorose Auffassung von Gespräch sorgte dafür. Es war auch eine nützliche Zeit, weil ich nie vorher und nie nachher so viel lesen musste – viel mehr, als ich wollte. Ich habe darunter manchmal geächzt und gestöhnt und nicht allzu oft wurde ich mit großartigen Entdeckerfreuden belohnt, aber schön war, dass ich den Büchern gegenüber zwölf Jahre in der Pflicht war. Ich hatte das Gefühl, in der Belletristik zumindest, auf der Höhe der Zeit zu leben. So wie ich es vorher zuerst dem Theater und dann auch dem Film gegenüber hatte.

Es war auch schön, weil ich mit Reich in unzähligen, langen Telefonaten Erfahrungen über meine und seine Lektüre ausgetauscht habe, über das, was wir nicht ins Quartett nehmen wollten – noch mehr als über das, was wir dann öffentlich verhandelten. Es waren stets streitbare, stets lebhafte, ja temperamentvolle Gespräche. Marcel Reich-Ranicki spielt nie, simuliert nie, ist immer mit überhitzter Anteilnahme bei der Sache, er ist ein Anwalt der Literatur, Verteidiger wie Staatsanwalt, der aber kein Kassationsgericht duldet. Ob am Telefon, privat in einer Wohnung oder einer Hotelhalle – in Wahrheit war er nie anders, als er sich in der live ausgestrahlten Sendung darstellte, auch wenn er dort (meist jedenfalls, oder manches Mal) mit seiner Redezeit disziplinierter umging.

Peter Wapnewski hat das als Gast einmal so formuliert: »Ich möchte gern auch einmal die Gelegenheit haben, mitten im Reden eines Satzes unterbrochen zu werden.« Oder wie es Billy Wilder einer Filmfigur in Rage in den Mund legt: »Reden Sie nicht, während ich Sie unterbreche!« In Wahrheit war es aber so, dass man in keiner Sendung besser zu Wort kam als in dieser, in der es nur um Worte ging. Man musste die Chance nur beim Schopfe fassen.

Natürlich bin ich oft genug nach meinem Verhältnis zu Reich-Ranicki gefragt worden, ob es eng sei, sehr persönlich. Nach einigem Nachdenken habe ich mir eine Antwort zurechtgelegt. Ich glaube, sie ist keine Ausrede: Dass man nämlich zu jemandem, mit dem man zwölf Jahre lang zur gleichen Zeit die gleichen Bücher liest und über die am Ende auch noch seine

Eindrücke austauscht, ein ähnlich enges Verhältnis hat wie zu einem Menschen, mit dem man über Jahre Monat für Monat gemeinsame Wanderungen durch immer neue Landschaften unternimmt. Man sieht die gleichen Täler, hört die gleichen Quellen rauschen, macht sich auf die Schönheit von Kirchen, Schlössern oder Kapellen aufmerksam, streitet wohl auch darüber, wo man zur Rast einkehren will und ob man das Essen gut findet. Schon deshalb war ich ihm sehr nahe, wobei er einer der Menschen ist, der einem trotz gelegentlicher Heftigkeit nie zu nahe tritt – er verlangt Respekt und er zeigt Respekt. In Wahrheit sind wir beim Lesen nicht durch romantische Täler gewandert, sondern durch Müllhalden, Trümmerfelder, wüste Träume, groteske Angstvorstellungen.

»Einig Vaterland«

Im Mai 2001 bekam ich in Hamburg völlig unerwartet einen Anruf. Am Telefon war Günter Gaus, mit dem ich bestimmt, abgesehen von einigen unverbindlichen Begegnungen bei irgendwelchen offiziellen Ereignissen, seit gut zwanzig Jahren nicht gesprochen hatte. Ich arbeitete wie er seit einigen Jahren in Berlin, er beim »Freitag« und beim Fernsehen, ich beim »Tagesspiegel«, beide waren wir Berufspendler. Es war ein merkwürdiges Gespräch, bei dem sich Gaus zunächst für seine Stimme entschuldigte. Das heißt: Er sagte, ich solle mich nicht über die Schwäche seiner Stimme wundern, er habe aber eine Kehlkopf- oder Stimmband-Operation hinter sich, Knoten seien entfernt worden, glücklicherweise hätten sich die Wucherungen als »gutartig« erwiesen. Das Wort »gutartig« gebrauchte er zu seiner wie zu meiner Erleichterung – zu meiner, weil er, solange ich ihn kannte, nicht nur ein hoch gescheiter, schneidender Formulierer mit der ihm angemessenen Eitelkeit war und jetzt ein wenig brüchig, mürbe klang, was seiner Rhetorik jedoch keinen Abbruch tat. Gaus war der Mensch gewesen, der den »s-pitzen S-tein« (er war ja in Wahrheit kein Hanseat, sondern aus Braunschweig) am schneidendsten artikulierte, so als wollte er sich durch die Kälte der Diktion auf das Schärfste von dem unterscheiden, was sich, zumindest in seinen Ohren, süddeutsch verschwiemelt, gar bayerisch oder hessisch oder pfälzisch anhörte. Er war, das Klischeebild sei gestattet, ein norddeutscher Herrenreiter, schmal, so schmal wie sein Intellekt, an dem man sich schneiden konnte. Und so war seine Sprache.

Ich erinnere mich, wie Tucholsky angeekelt in seinen Schriften den »Hosenboden« in Hitlers Stimme aus den Propaganda-Tiraden der Dreißiger beschrieben hatte. Er empfand wohl das gleiche hanseatische Erschrecken, das Thomas Mann in den »Buddenbrooks« festgehalten hat, als die Familie von Lübeck nach München zieht. Aber ich will das sprachliche Nordsüdgefälle nicht überstrapazieren, denn ich glaube, dass Gaus, der Willy Brandt liebte und verehrte (auch wegen dessen »lübschen« Tonfalls), der schnarrende hanseatisch bellende Offizierston in der Stimme des Brandt-Nachfolgers Helmut Schmidt ebenso unangenehm in den Ohren lag wie das breite, bräsige Süddeutsche bei Strauß, Kohl oder Böhme. Jedenfalls ist es nicht ganz abwegig, den Konflikt zwischen »Spiegel« und Strauß auch von den Dialekten her zu definieren. Ein Konflikt zwischen dem baritonalen bayerischen Poltern und Grummeln – und den schneidend hohen Stimmen von Gaus und Augstein; Hannover versus München.

Jetzt jedenfalls klang er heiser am Telefon, ohne sein rhetorisches Feuer, ohne seine eitle Formulierungslust eingebüßt zu haben. Was wollte er mir erzählen? Er sprach von meinem Roman, vom »Magazin« (der damals schon einige Jahre vorlag und vielen Feuilleton-Kollegen längst zum Fraß vorgeworfen und von ihnen verschlungen worden war).

Gaus holte, wie er es unnachahmlich konnte, zu einer weiten rhetorischen Figur aus. Er müsse mir gestehen, sagte er, dass er, als er gehört habe, ich hätte einen Roman über den »Spiegel« veröffentlicht, erschrocken, ja angeekelt gewesen sei. Dieses Buch, so habe er gedacht, wolle er keineswegs anfassen, niemals zur Kenntnis nehmen, nicht einmal mit »spitzen« Fingern. Später einmal, fuhr er fort, und das dürfe er mir nicht verschweigen, einmal also sei er in einer Buchhandlung gewesen, habe sich einige Bücher ausgesucht, darunter, als letztes, auch mein »Magazin«, doch als er an der Kasse gestanden habe, konnte er es nicht übers Herz bringen, das Buch auch wirklich noch zu kaufen und mitzunehmen. »Nein! Das nun doch nicht!«, habe er gedacht. »Das geht zu weit!« Und also habe er, unmittelbar bevor er zahlte, den Verkäufer an der Kasse gebeten, das Buch zurückzunehmen.

Gaus machte eine wirkungsvolle Pause. Und ich war auch auf das Nötige beeindruckt, weil ich wusste, was jetzt kommen würde. Nach einer so rhetorisch aufgebauten Einleitung müsse – ex negativo – jetzt eine überraschende (in Wahrheit nicht überraschende, weil vom Adressaten erwartete) Wendung kommen. Sie kam in der Tat. Und sie war, wie es sich bei dieser Einleitung gehörte, kurz und knapp. Jetzt habe er, sagte Gaus, wider Erwarten und mit Verspätung den »Spiegel«-Roman gelesen. Und der sei gar nicht so verkehrt. Und, was wichtiger sei, überhaupt nicht unangenehm. Vieles richtig getroffen, nicht einmal ungerecht. Klar, seinem Kollegen Johannes K. Engel hätte ich Unrecht getan, den sähe ich zu negativ.

Klar, dachte ich, wie Autoren so denken, Engel hat neben Gaus und Böhme als zweiter Chefredakteur gearbeitet. Und Böhme war es, der Gaus beerbt hat und dessen Wiederkehr Jahre später zu verhindern wusste. Aber vielleicht, dachte ich als Autor auch, hat Gaus gar nicht so Unrecht, subjektiv gesehen. Wie er auch gar nicht so Unrecht hatte, subjektiv gesehen, Brandt zu verehren, der ihn zum Sonderbotschafter in Ost-Berlin machte. Und Schmidt zu hassen, ja zu hassen, mit Verachtung zu hassen, der ihm diesen Posten schließlich ver-

leidete und ihn für das Amt des »Ständigen Vertreters« über-
flüssig machte. Und als er daraufhin zurück zum »Spiegel«
wollte, wie es ihm beim Weggang versprochen worden war, da
stellte sich ihm Böhme dann in den Weg, weil er das Ansehen
und die Kraft und die Intelligenz seines Vorgängers und jetzt
Möchtgern-Kompagnons fürchtete. Zu Recht, subjektiv gesehen. Auch objektiv gesehen.

Gaus sagte, dass er jeden Mittwoch in Berlin sei. Und dass
er dort gerne in das italienische Restaurant »Il sorriso« in der
Kurfürstenstraße, nahe dem KaDeWe, essen gehe. Und ob ich
nicht Zeit und Lust hätte, mit ihm dort Mittag zu essen und
mich mit ihm über den »Spiegel« und – fügte er pflichtschuldigst höflich hinzu – über mein Buch zu unterhalten. Das »Il
sorriso« liegt nahe dem ehemaligen »Spiegel«-Büro – dort, wo
West-Berlin besonders scheußliche Fünfziger-Sechziger-Jahre-
Architektur aufzuweisen hat; aber im Lokal wachsen Kastanienbäume durch das Glasdach des Wintergartens.

Das, so erschloss ich es mir, an den drei, vier Mittwochmit-
tagen, an denen wir anschließend nach lockeren Verabredun-
gen Essen gingen, war natürlich der eigentliche Grund, warum
er sich mit mir treffen wollte: Er wollte mir vom »Spiegel« erzählen, von seiner Trennung vom »Spiegel«. Und das hat er
dann wirklich ausgiebig getan – so ausführlich, dass es mir leid
tat, dass mein Buch schon fertig war, veröffentlicht. Und auch
leid tat, dass ich kein weiteres über den »Spiegel« schreiben
wollte. Mein »Magazin«, von dem wir bei den mittäglichen
Begegnungen nur marginal sprachen, eigentlich überhaupt
nicht, war nur der Anlass für Gaus gewesen, sich mit jemandem, der den »Spiegel« gut kannte, über seine Erfahrungen zu
unterhalten.

Er war, wie gesagt, ein glänzender, weil analytisch scharfsin-
niger Erzähler. Und er war immerhin der Mann, der die radikal
neue Ostpolitik von Brandt (und Egon Bahr) an ihrer schick-
salhaften Schnittstelle zu vertreten hatte: in der Hauptstadt der
DDR, dort, wo Ost und West durch eine Mauer getrennt wa-

ren, die den dritten Weltkrieg, die große Atombomben-Katastrophe hätte verhindern und auslösen können – beides zugleich.

Dieser Botschafter-Posten, so wusste ich und so machte mir Gaus mit wehmütigem Stolz klar, war ein absolutes Novum in der Diplomatie. Mehr als jeder Botschafterposten, ob in Rom, Paris, Washington, Peking oder Moskau. Das heißt, der Kanzler Willy Brandt hatte ihm eine ungeheure Chance eingeräumt: an der Nahtstelle der Koexistenz zu arbeiten, dort, wo die Devise »Wandel durch Annäherung« am unerbittlichsten erprobt wurde.

Nach einigen gemeinsamen Mittagessen, bei denen Gaus weiter parlierte, gern aß und auch darauf achtete, wie es mir schmeckte, endeten diese Treffen abrupt. Die Krankheit kam wieder. Sie erwies sich als nicht so »gutartig«, wie Gaus gehofft hatte. Ich traf ihn dann noch einmal, bei dem Geburtstag Frank A. Meyers in der Berliner »Bar jeder Vernunft«. Es war der Abend, an dem die Zeitschrift »Cicero« gegründet wurde und Kanzler Gerhard Schröder das Bedürfnis hatte, viele zu umarmen und von vielen umarmt zu werden. Gaus und ich hatten Blickkontakt. Ich werde seine ironisch blitzenden Blicke nicht so schnell vergessen, wenn Schröder wieder jemandem um den Hals oder in die Arme fiel.

1972, nach dem gescheiterten Misstrauensvotum gegen die erste sozialliberale Regierung unter Willy Brandt, war die Stimmung im Land spürbar umgeschlagen. Es war die Zeit der Kämpfe um die neue Ostpolitik, die journalistisch vor allem von drei großen überregionalen Hamburger Zeitungen und Zeitschriften unterstützt wurde: Gräfin Dönhoff und Theo Sommer hatten die »Zeit« auf die »Wandel durch Annäherung«-Politik Brandts eingeschworen, das war leicht, da die Redaktion, vielleicht abgesehen vom Wirtschaftsressort unter Dieter Stolze, ohnehin aus Sympathisanten Brandts bestand, der 1969 mit dem Ruf »Mehr Demokratie wagen« angetreten war – gegen die politischen, gesellschaftlichen und wirtschaftlichen Verkrustungen, die jeder spürte, und mehr als woanders in Norddeutschland, und noch mehr als in Norddeutschland in Hamburg. Henri Nannen machte den »Stern« so sehr zum publizistischen Instrument des neuen Öffnungswillens nach Osten, dass Bucerius, der Verleger von »Zeit« und »Stern«, sein CDU-Bundestagsmandat niedergelegt hatte – »offiziell« wegen eines »Stern«-Titels, der ironisch der scholastischen Frage nachging, ob in der Hölle Feuer brenne. Augstein, FDP-Mitglied, hatte mit seinen Freunden, den »Jungtürken« in Düsseldorf, also im größten Bundesland, die Bewegung der Liberalen von der CDU zur SPD mit vorangetrieben, er sah darin die Chance, seinen publizistischen Kampf gegen die nachwirkende Adenauer-Ära effektiver zu führen. Ich glaube, damals hat sich in ihm die Idee des »Spiegel« als »Sturmgeschütz der Demokratie« in journalistische und persönliche Überzeugung gewandelt; Günter Gaus war dafür genau der richtige Chefredakteur, seine Partei war die der erneuerten Sozialdemokratie unter Bahr und Brandt, die Grundzüge und Grundsätze der neuen Ostpolitik hatte er mit entwickelt und publizistisch verfochten.

Doch die Monate vor dem Misstrauensvotum hatten die erste sozialliberale Regierung arg gebeutelt und zermürbt, weil immer mehr Liberale in der Koalition, in der Zerreißprobe der FDP zwischen Sozialdemokraten und Christdemokraten, den Absprung zur Opposition vollzogen. »Gekauft«, wie man bei Hamburgs Regierungssympathisanten mit Entsetzen registrierte. Dass das Misstrauensvotum scheiterte, wirkte wie ein Befreiungsschlag in letzter Minute. Niemand hatte damals auch nur den geringsten Verdacht, dass auch das Scheitern Rainer Barzels gekauft sein könnte – noch dazu von der Stasi und ihrem für den Westen zuständigen Markus Wolf. Die Politik in Deutschland war damals bis zum Zerreißen ideologisiert und dementsprechend mit heftigen Gefühlen aufgeladen, in der Öffentlichkeit gab es nur Hass oder Liebe, Rot oder Schwarz;

der junge deutsche Staat hatte noch wenig Übung, Machtwechsel zu proben, wie es westliche Demokratien, etwa die USA oder England, seit Jahrhunderten gewohnt waren.

Man konnte das jetzt wieder mit Händen greifen, als Ex-Präsident Clinton im Juli 2004 in Deutschland seine »Memoiren« auch im Fernsehen vorstellte. Da fragte ihn Johannes B. Kerner, ob der Glückwunschbrief, den er seinem Nachfolger George W. Bush geschrieben habe, reine Routine gewesen sei. Und zur Überraschung der Zuhörer sagte Clinton, ja, zwar sei das einerseits Routine, eine alte Gewohnheit, aber dennoch habe er seine Wünsche für Bush (der doch wahrscheinlich nur durch einen Auszählungsfehler in Florida und dessen Billigung durch den Supreme Court in sein Amt gekommen sei) schon deshalb sehr persönlich gehalten, weil Vater Bush ihm, acht Jahre zuvor, einen besonders herzlichen Brief zu seiner Amtsübernahme geschrieben habe. Auch Sätze, wie der nach dem 11. September, dass George W. Bush »sein Präsident, weil der aller Amerikaner« gewesen sei, den er in der Afghanistan-Politik vorbehaltlos unterstützt habe, hat die deutschen Zuschauer, die doch alle im Auftritt Clintons ein Ventil und eine Bestätigung für ihre hasserfüllte Bush-Ablehnung suchten und zu finden hofften, irritiert. Politische Kontinuität über den demokratischen Wechsel hinaus, das ist bis heute etwas, das bei vielen Deutschen nicht die Erwartung hochexplosiver Schwarz-weiß-Zuordnungen erfüllt.

Ich gestehe, auch ich habe das Anfang der siebziger Jahre noch nicht begriffen. Doch möchte ich mich jetzt auch daran erinnern, dass es die »Lichtgestalt« John F. Kennedy war, unter der nicht nur das »Schweinebucht«-Abenteuer in Kuba stattfand, sondern die auch für die ersten tapsigen Schritte sorgte, die die USA in den Vietnam-Krieg als das blutigste Abenteuer ihrer Nachkriegsgeschichte stolpern ließen. Und dass es Nixon war, das verhasste Feindbild auch der deutschen Linken, der mit Henry Kissingers Hilfe diesen Krieg beendete. Und noch eine Merkwürdigkeit: Als Ronald Reagan in Berlin prophezeite, die Mauer werde fallen, da demonstrierten 500 000 Menschen gegen diesen »kriegstreiberischen« Präsidenten.

Und eine weitere kleine Geschichte zum Thema: Helmut Kohl hat mir erzählt, dass er den todkranken Willy Brandt in seiner Wohnung besucht habe. Und Brandt, obwohl vom Krebs schrecklich geschwächt, hat sich mit unendlicher Anstrengung aufgerafft und angezogen, um Kohl nicht als Bettlägeriger zu empfangen. Als Kohl dem Kranken sagte, dieser Mühe hätte er sich doch nicht unterziehen müssen, hat Brandt geantwortet, er werde seinen Bundeskanzler doch nicht im Bett liegend empfangen.

Bei dieser Gelegenheit fiel mir ein, mit welcher Entgeisterung ich in der Phase der Wiedervereinigung erlebt habe, dass der SPD-Vorsitzende Brandt »seinem« Kanzler Kohl damals viel näher war als seinen Enkeln, die mit der Chance der Einheit als Sternstunde deutscher Nachkriegsgeschichte so gut wie nichts anzufangen wussten. Und obwohl es gewiss nicht allen sympathisch vorkommen muss, wie Brigitte Seebacher-Brandt sich nach Brandts Tod zur einzig authentischen Witwe und Testamentswahrerin mit kämpferischem Trotz stilisiert hat – eine Jeanne d'Arc des Vermächtnisses ihres Mannes –, so sind doch viele Geschichtsklitterungen auf diese Weise verhindert worden. In ihren wütend-hochfahrenden Artikeln in der FAZ gegen die schmächtige Kleinlichkeit der Enkel in den Fragen der Einheit, lag viel Witwen-Selbstgerechtigkeit: Ich sage euch, wer Willy wirklich war! Aber ich las sie mit wachsender Zustimmung. Sie waren nicht nur selbstgerecht, sondern gerecht.

Doch zurück zur Zeit nach dem Misstrauensvotum. Damals ging ein frischer Luftzug durch die politische Landschaft Deutschlands. Man konnte es bei jedem Wahlauftritt Willy Brandts spüren: Der Sieg seiner Politik, die Bestätigung seiner sozialliberalen Koalition lag in der Luft, man musste den Finger nur hochhalten, dann spürte man, wohin und woher der

Wind wehte, wem er ins Gesicht blies, wer ihn im Rücken hatte. Es herrschte eine schier grenzenlose Aufbruchstimmung. Auch Deutschland drängte es, wie vor Jahren Kennedys Amerika, zu neuen Grenzen. Ich erinnere mich an den Tag, an dem Brandt nach Hamburg zum Wahlkampf kam, in die Mönckebergstraße am Gerhart-Hauptmann-Platz, ich in der Menge, die Kopf an Kopf dicht gedrängt stand und durch den Sprühregen zu Brandt hochblickte, der vom HEW-Gebäude herab sprach: Auf einmal wusste ich, er wird gewinnen, ich vermeinte den Sog zu verspüren, der ihn und seine neue Politik der Öffnung – anstelle der jahrelangen Konfrontation – an die Macht bringen würde. Solche Szenen haben immer etwas Suggestives, etwas von Massenpsychose, vom Rausch, vor dem einem auch angst wird, vor allem in Deutschland, wo Besoffensein durch politische Agitation zu den schrecklichsten kollektiven Erfahrungen zählt.

Ich war damals Redakteur der »Zeit«, aber da Augsteins Sekretärin die Lebensgefährtin (und spätere Frau) von Theo Sommer war und ich mit Augstein viel Zeit verbrachte, erlebte ich auch seinen Wahlkampf mit. Es hielt ihn nicht mehr beim »Spiegel«. Er zog in die politische Schlacht, für die FDP, und wir, seine Freunde, begleiteten ihn zu Veranstaltungen, zu vielen Vorbereitungsabenden in Gasthöfen und Hinterzimmern. Er stellte sich, ausgerechnet im erzkatholischen Wahlkreis Paderborn, als FDP-Kandidat dem im Misstrauensvotum gescheiterten Barzel. Natürlich konnte er hier nur symbolisch siegen, trotzdem endete der Wahlkampf Augsteins, der fast alles konnte, nur nicht in Bierzelten populistische Reden schwingen – glücklicherweise nicht – in einer der sympathischsten Niederlagen.

Und jetzt, 2001, wollte sich Gaus im »Sorriso« über diese Zeit unterhalten, das heißt, er wollte mir davon erzählen, all das, was sich mit meinen Erfahrungen und Erlebnissen von damals ergänzte.

Augstein war ein unruhiger Geist, der damals als »Spiegel«-

Gründer und Symbolfigur des Widerstandes gegen die Restaurationszeit alles erreicht hatte, was ein Publizist erreichen kann: Er hatte Macht, er hatte Ansehen, er war in der Diskussionsgesellschaft der siebziger Jahre jünger als alle seine Gegner und Partner, und er konnte sie in Streitgesprächen mit seiner Intelligenz und hochfahrenden Ironie erledigen; er war ein junger Prinz, er war der Unangepassteste der Pressezaren von Hamburg, er war reich, hatte Charme, eine unwiderstehliche Chuzpe, er war ein Draufgänger, aber auch ein Taktierer und Kalkulierer.

Bei dieser Wahl aber, die zum Triumph für Brandt und seine Koalition wurde, hatte er sich verkalkuliert. Hatte er vor der Wahl nämlich damit gerechnet und darauf gehofft, dass SPD und FDP zwar gewinnen könnten, aber knapp (die Umfragetechnik war noch nicht auf ihrem heutigen Niveau), so war der überwältigende Sieg der Sozialliberalen für Augstein auch deshalb ein Problem, weil er, der in seinem Gewerbe, in seinem allmächtigen Magazin als eine Art Alleinherrscher angesehen wurde, auf einmal in einer ziemlich großen FDP-Fraktion nur einer unter vielen war. Galt vor dem Misstrauensvotum, dass jeder FDP-Mann gehätschelt, gepflegt, mit Bedeutung versehen werden musste, damit die Koalition Bestand hätte, so war Augstein jetzt in der Abstimmungsmaschine im Bundestag einer, auf den es nicht mehr entscheidend ankam. Weder bei Abstimmungen noch sonst.

Was ihm bisher zum Vorteil gereicht hatte, schlug auf einmal zu seinem Nachteil aus. Hatte er in der Partei von der Pike auf gedient? Hatte er die geduldige Ochsentour all seiner Parteifreunde hinter sich? War er durch Ortsvereine gezogen? Hatte er Hände auf Handelstagen geschüttelt, Babys geküsst, Brücken eingeweiht? »Möge er«-Reden auf Jubilare und Parteifreunde gehalten? Nichts davon! Er hatte als mächtiger Publizist stets im Rampenlicht gestanden, geerntet, wo andere gesät hatten. Abgeräumt, wo andere geackert hatten. War reich und berühmt dabei geworden, während andere grau und geduckt unter ihren Lasten erst jetzt ans Ziel kamen. Da man ihn nicht dringend brauchte, schob man ihn als Seiteneinsteiger, als Greenhorn, zur Seite. Da wollte einer Offizier, gar General sein. Und hatte nicht einmal gedient.

Gaus erzählte mir, wie Augstein eine fürchterliche Lähmung überfallen habe in Bonn. Wie er unter der Mediokrität des Abgeordneten-Alltags gelitten habe. Wie er – das erzählte Gaus mit besonderem Genuss – im Bonner Büro des »Spiegel« (damals einer der wichtigsten Schaltstellen des deutschen Journalismus) herumgesessen, ja herumgelungert habe, weil er nichts zu tun hatte – darin, wie sich das Gaus ausmalte, lag viel Erkenntnis, wie sie nur Rachsucht zeitigt. Die Bonner Kollegen hätten ihn, Gaus, den Augstein für die Zeit seines Ausflugs in die große Politik (also für immer? Für mindestens vier, wenn nicht acht Jahre! Und dann: wer weiß?) zum Chefredakteur bestimmt hatte, gefragt, was sie tun sollten; Augstein verschrecke hier die Politiker, die zum Interview kämen: Huch! Da sitzt er ja persönlich! Und Gaus habe Augstein angerufen und ihm gesagt, er müsse sich da raushalten! »Wir sind unabhängig, aber du bist jetzt Politiker! In der Regierung!«

Aber, so Gaus, das sei nur die Hälfte der Tragödie gewesen. Und gleichzeitig die Luke zum Ausstieg, also Augsteins Fluchtchance von einem verlorenen Posten. Denn zur gleichen Zeit, als Augstein die Lektion lernen musste, dass sein Freund Genscher nicht einmal die Macht oder auch nur den Willen besäße, ihn zum außenpolitischen Sprecher der Fraktion zu machen (er blieb, wie Gaus sich ausdrückte, »Schütze Arsch« in Bonn), habe Brandt ihm, Gaus, eines der wichtigsten Ämter der Regierung angeboten, eines, das es bisher noch nicht gegeben habe. Eines, das am empfindlichsten, am neuralgischen Punkt der Weltpolitik angesiedelt gewesen sei, an dem Punkt zwischen Kaltem Krieg und Koexistenz.

Natürlich nutzte Augstein diese Gelegenheit, um auf dem radikalsten kürzesten Wege Bonn wieder zu verlassen. Er ging zurück zum »Spiegel«. Als dessen Alleinherrscher. Ein Ausflug, eine Flucht war zu Ende. Der Traum, Politiker zu werden, war ausgeträumt.

Als mir Günter Gaus das erzählte, fiel mir ein, mit welcher Lust, Akribie und Leidenschaft sich der zurückgekehrte Augstein danach mit den Großen der Politik beschäftigte: Bismarck, das war der Lieblingsstoff von nun an, und Henry Kissinger wurde zum bewunderten Freund. Wo er kein Macher der Geschichte war, wollte er Geschichtsschreiber werden.

Wenn Rudolf Augstein andere beneidete, hat er sie »Glückspilz« genannt. Als meine Tochter auf die Welt kam (und er gerade geschieden war), hat er mich aus dem zwölften Stock des »Spiegel« im siebten Stock des »Spiegel« angerufen und mir ein Gedicht rezitiert, eine Zeile habe ich noch im Gedächtnis: »Du Glückspilz hast für zwei gefunden!«

Er, der einem anderen gratuliert, weil der ein Glückspilz ist? Wenn ich darüber nachdenke, komme ich zu dem Schluss, dass Rudolf Augstein das Pech im Glück hatte, zu früh alles erreicht zu haben, was man durch Glück, Chance und Verdienst erreichen kann. Er war der verfrühte Glückspilz. Und also schien er während eines großen Teils seines Lebens nicht mehr mit sich zufrieden zu sein. Er konnte sich nicht mehr genügen. Aber warum wollte er Politiker werden, wo er doch schon Rudolf Augstein war?

Und der Tragödie zweiter Teil? Der Komödie zweiter Teil? Der ereignete sich für Günter Gaus, als ein Spion namens Guillaume seinen Kanzler stürzte. Als Brandt als Kanzler gehen musste und Helmut Schmidt kam. Danach ging, allmählich und kaum merkbar, auch die neue Ostpolitik zu Ende. Der Nato-Doppelbeschluss, die Gründung von Solidarność in Polen, Gorbatschows Glasnost-Politik veränderten die Welt. Nicht mehr Wandel durch Annäherung, sondern Wandel durch Auflösung lautete die Devise der Nach-Brandt-Zeit, für die der neue SPD-Kanzler Helmut Schmidt bestens gerüstet, bestens zeitlich vorbereitet war.

Als ich mich mit Günter Gaus im »Sorriso« traf, war die Einheit Deutschlands eine Realität, ein Fait accompli, und es war nicht entscheidend, ob sie, wie von Kanzler Kohl versprochen, im Osten »blühende Landschaften« hervorgebracht hatte, ob, wie Willy Brandt es sich gewünscht hatte, »zusammengewachsen war, was zusammengehört«, und auch die Tatsache, dass Gaus ein Gegner der Wiedervereinigung war, spielte keine Rolle. So sah ich auch keinen Grund, ihn über den Widerspruch zu befragen, der zwischen seiner bewundernden Liebe zu Willy Brandt und dessen »patriotischer« Entscheidung, die Einheit mit dem Herzen zu wollen, bestand.

Die Einheit war da, Berlin war Hauptstadt, wir beide arbeiteten hier und es war die Kraft des Faktischen, die mich wieder ruhig gemacht hatte. Jetzt versuchte ich nicht zu denen zu gehören, die »nachtarocken« wollten, obwohl ich noch wusste, wie es mich während des Wiedervereinigungsprozesses zu hyperventilierenden Reaktionen getrieben hatte, wenn sich die bedächtigen, moralische Bedenken vortragenden Gegner der Wiedervereinigung gegen den sich als unaufhaltsam erweisenden Prozess stemmten. Wie groß war meine Wut, als der Chefredakteur des »Spiegel«, Böhme, wie mir schien, bräsig in einem Leitartikel verkündete, er wolle nicht wiedervereinigt werden; er nicht, klar!, dachte ich damals und hatte einen dicken Hals; das sind diejenigen, die es sich eingerichtet haben im neuen deutschen Biedermeier, das sich, nach einer Theorie von Habermas, mit dem Begriff des »Verfassungspatriotismus« dekorierte.

Bei vielen linken Intellektuellen und dem Gros der Schriftsteller lief damals im Gefühl immer noch das »Wandel durch Annäherung«-Programm. Dass Schmidt als Kanzler auf den Nato-Doppelbeschluss setzte, hat ihm damals den Zorn der »Mutlangen«-Demonstranten eingebracht – und das Vertrauen seiner SPD gekostet. Man wollte die Koexistenz, auch die zweier deutscher Staaten, und wenn beispielsweise der Pen-Präsident Walter Jens und der seit dem Kurs der Regierung

Schmidt wieder einmal aus der SPD protestierend ausgetretene Günter Grass dies mit äußerster Verve vertraten, dann spielte das gewiss eine Rolle. Sie sahen das Gleichgewicht, das seit der »Helsinki-Konferenz« bestand, in Gefahr. Und dass sie einen Sieg des Kapitalismus über den Sozialismus wünschen konnten, war unwahrscheinlich – sosehr sie den »real existierenden Sozialismus« verachteten, und weiter von einem »Sozialismus mit menschlichem Antlitz« zu träumen schienen – die Hoffnung stirbt zuletzt, die Utopie noch später. Und in der Tat: Das Leben in den nach-utopischen Jahren war und ist von einem grauen Schleier getrübt, der weder Morgenröte noch Abendröte durchlässt.

So färbten sie sich die dahinschwindende DDR schön, in Gedanken und Reisereportagen – zum Beispiel in der »Zeit«. Und auf Tagungen und Kongressen wurden potemkinsche Dörfer gebaut. Und ihre Luftschloss-Architekten wie Jens und Grass, die auf solchen Veranstaltungen auch mit Drittweltländern und gegen die Palästinenser-Unterdrückung großes moralisches Gewicht hatten, mochten wohl auch spüren, dass ihre Vermittlerrollen nach einer Vereinigung weniger gebraucht, ja dass sie sogar weniger gehört würden.

Ich erinnere mich, wie ich in der »Spiegel«-Redaktion der einzige Ressortleiter war, der sich lauthals für die Wiedervereinigung einsetzte. Ich geriet unter den Soupçon, mich damit nur bei Augstein beliebt machen zu wollen – der die Redaktion in der Mehrheit als fast vorbehaltloser Einheitsbefürworter gegen sich hatte; aber er war der Boss. Dabei hatten Augstein und ich uns damals spontan über Fernsehereignisse wie die Montagsdemonstrationen oder den Marsch der DDR-Intellektuellen zum Brandenburger Tor verständigt: »Hast du das gesehen?« »Schalte rasch das Erste ein!« »Unglaublich! Oder?« Als er mit Günter Grass eine Fernsehdiskussion führte, hat er, Augstein der Realist, schon geschwächt durch Alter und Krankheit, Grass dann doch das einzig entscheidende Argument vorgehalten, das die Geschichte kennt: »Der Zug ist abgefahren!«

Ich selbst habe mich beim »Spiegel« einmal mit einem polemischen Essay in die Debatte eingemischt – ich wollte gegen einen griesgrämigen Otto Schily argumentieren, der, befragt, warum die Parteien, die für die Wiedervereinigung waren, die ersten freien Wahlen in der (sich danach auch deshalb auflösenden) DDR gewonnen hätten, eine Banane in die Fernseh-Kamera hielt. Wäre eine Banane damals nicht das beste Argument gewesen – frei nach dem Motto meines französischen Lieblingskönigs, Heinrichs IV., den ich vor allem durch Heinrich Mann kenne, der erklärt hatte, höchstes Ziel der Staatskunst sei es, dafür zu sorgen, dass jeder Untertan am Sonntag ein Huhn im Topf habe.

Für mich, in den Hungerjahren aufgewachsen, war dies auch in den Jahren, wo in der deutschen Gesellschaft Diät und Fettleibigkeit größere Probleme darstellten, die Quintessenz aller Argumente. Man muss das »Huhn im Topf« nur neu definieren: Es kann die Form einer Banane annehmen, es kann das Recht auf freie Wahl des Wohnortes oder: freie Fahrt überallhin, oder: Reisen nach Paris und New York sein. Auf jeden Fall definiert es materielle Bedürfnisse, die ewige Sucht und Sehnsucht der Menschen, sich wohl zu fühlen, satt zu werden, nach ihrem Glück zu streben. Mit anderen Worten: Freiheit.

Otto Schily weiß das inzwischen. Auch sein idealistischer Zynismus ist in die realistischen Jahre gekommen. Das Sprichwort ist nur so wahr: Alter schützt vor Torheit. Manchmal.

Was den eitel ehrenkäsigen Günter Grass betraf, der der Einheit einen ziemlich verunglückten Roman – das »Weite Feld« – gewidmet hatte, so äußerte der, die Wiedervereinigung für Deutschland verbiete sich schon allein wegen Auschwitz. Das war ein Argument, das Henryk M. Broder auf das Schönste ad absurdum führte, indem er sagte: das könne Grass so passen, dass jetzt auch noch die Juden Schuld seien, wenn Deutschland sich nicht wiedervereinigen dürfe. Augstein hatte Recht – der Zug war abgefahren.

Darüber also brauchten Gaus und ich beim »Italiener« in

Berlin (das wahrscheinlich zu seinem heimlichen Kummer nicht mehr Westberlin war – aber auch dieser Zug war abgefahren) nicht mehr zu sprechen. Stattdessen betrieben wir beide Aufarbeitung unserer »Spiegel«-Vergangenheit, wir leckten unsere Wunden. Gaus, indem er mir erzählte, wie ihm Helmut Schmidt und dessen Eitelkeit sein Amt verleidet hätten, bis, ja bis er, Gaus, den Dienst quittiert habe. »Sollte ich Botschafter in London oder sonst wo werden, einfach so?!« Und da habe er darauf zurückgegriffen, dass er ja beim »Spiegel« eine Rückkehr-Klausel vereinbart hatte; damals, als er für Brandts neue Ostpolitik nach Ostberlin gegangen sei und die Freuden und Mühen gemeinsamer Jagdvergnügungen mit Erich Honecker auf sich geladen habe.

Die aber ließen ihn nicht zurückkehren. Augstein und Böhme. Auch dieser Zug war abgefahren.

Gullivers Reisen

Beide Autoren waren fast sechzig, als sie ihre berühmtesten Romane schrieben, die, zu Recht und zu Unrecht, als Jugendliteratur gelten: Jonathan Swift schrieb »Gullivers Reisen« 1726, Daniel Defoe seinen »Robinson Crusoe« 1719. Beider Werke halten fest, wie England sich, in der Folge des Elisabethanischen Zeitalters, den Globus zu Eigen machte; es sind Bücher von Schiffsreisen, vom Abenteuer in fremder Welt, von Schiffbruch, vom Stranden, vom Notlanden in unbekannten Welten, die es zu entdecken, zu erforschen, zu beherrschen gilt. Jedes Kind in meiner Kindheit kannte, soweit es las, die beiden Bücher und malte sich in seiner Phantasie wie auf Swifts und Defoes Landkarten die innere wie die äußere Welt aus. Was sich mir damals einprägte, im Alter von acht bis achtzehn, waren Landkarten, von denen ich erst Jahrzehnte später wusste, dass sie eine innere wie eine äußere Welt markieren. Der schiff-brüchige Robinson Crusoe, der auf einer unbewohnten Insel landet, auf der er überleben muss, bringt den Kompass und die innere Ordnung seiner Herkunft mit; die Einöde formt und kultiviert er, als gehorche er dem Muster, mit dem das christ-liche Europa, mit dem England sich die Welt als Kolonialreich untertan machte.

Jeder Junge, der das Buch liest, macht sich im Laufe seiner Entwicklung auf eine ähnliche Reise. Was er von der Welt neu entdeckt, möchte er zu dem umformen, was er in den Formen und Skizzen seiner ihm eingeprägten Landkarte als Zivilisa-tionsplan mitbringt; aus den Menschen, die ihm begegnen, versucht er seinen »Freitag« zu machen; die fremde, ungezü-gelte Natur versucht er so zu bändigen, dass sie der gezähm-ten Natur gleicht, von der er als Kind aufgebrochen ist zur Le-bensreise.

Swifts Gulliver ist ein eher skeptischer Reisender. Wenn er zu Zwergen und Riesen kommt, sieht er sich als Kind gegen-über riesigen Erwachsenen und als Erwachsener gegenüber Winzlingen in einem Spiegelbild, einem satirischen Zerrspie-gelbild: Er ist sechsmal so groß wie die Liliputaner, die doch so tun, als wären sie die Größten und daher auch die Wichtigs-ten auf der Welt. Und die plumpen Riesen, die sich fein, zart, empfindsam, filigranhaft seelenvoll vorkommen, sind sechs-mal so groß, haben sechsmal so plumpe Glieder, sechsmal so große Poren, sechsmal so schreckliche Ausdünstungen und Ausscheidungen. Kommt Gulliver nicht zu Riesen oder Zwer-gen, so landet er in der töricht verkopften Welt entrückter Ge-lehrter oder in einer vertierten Menschheit, in der edle Pferde den Schweinekoben-Menschen auf schreckliche Weise überle-gen sind.

Die Landkarten Swifts, seine kartografischen Ausmessun-gen der inneren Welt habe ich immer bei mir gehabt – oft auch dann, wenn ich es nicht wusste.

Denn so viel ist klar, wenn ich zurückdenke: Immer war die

Wirklichkeit vor mir kartografisch ausgebreitet; sie lag als Plan, als Karte vor, als hätte sie Merian nicht nur für den neuzeitlichen Menschen (dem Defoe und Swift den ersten Kompass, der eine affirmativ, der andere satirisch und kritisch, lieferten und das erste Kartenmaterial des Unbekannten), sondern auch für jedes Kind gezeichnet, das in die Längen- und Breitengrade der Welt hineinwuchs. In ihnen zu Hause sein musste.

Die Landkarten meiner Kindheit waren die der nationalistischen Expansionen und (wie ich heute weiß) historischen Revisionen. Landkarten – was »maßstabsgerecht« wirklich bedeutet, habe ich erst viel später durch Swifts Gulliver gelernt – waren für mich Symbole, symbolische Dokumente des Patriotismus, der in meiner Kindheit chauvinistisch überschäumte, was das Kind nur auf Landkarten bemerkte.

Als ich 1942 acht Jahre alt war, wurde mir in der Schule auf riesigen Karten das Großdeutsche Reich in seiner größten Machtausdehnung vor Augen geführt. Ich sollte stolz sein, als Deutschland während des Vormarsches in Russland von Narvik über Dänemark und Großdeutschland bis nach Griechenland und Nordafrika reichte, im Westen bis zum Atlantik, im Osten bis zur Krim, bis zur Wolga.

Als danach der Krieg verloren ging, Deutschland immer »kleiner« wurde, bis sich die Rote Armee und die Alliierten bei Torgau an der Elbe begegneten, wurde uns im »Jungvolk« und auf der »Napola« das Engerwerden des »Reichs« lange als »Frontbegradigung« verschwiegen, konkrete Landkarten sahen wir nicht mehr. Und ich weiß noch, wie wir voller Spott als knapp Zehnjährige ein Lied über die Italiener sangen, als ob es uns nichts anginge: »Wir sind die tapfern Italiener/Unser Land wird immer kleener/Sizilien hat man uns genommen/Rom wird auch bald drankommen!« Solche unsinnigen Zeilen kleben bis heute in meinem Gedächtnis. Und obwohl ich sie mit meiner Vernunft wegdrücken kann – sie sind da, sosehr ich weiß, dass wir damals bereits die lächerlichsten Liliputaner waren.

Hier macht meine kartografische Erinnerung einen Sprung – in die Zeit, als es wieder deutsche Staaten gab und also auch politische Landkarten. Als ich nach 1952 in der Bundesrepublik lebte, hingen in den Zügen der Bundesbahn Landkarten, die Deutschland in den Grenzen von 1938 zeigten – also vor »München«. Das sah man immerhin damals auch in der politischen Geographie ein: Was danach kam, der »Anschluss« Österreichs, die Annektion des »Sudetenlandes«, die Schaffung des »Protektorats« und des »Generalgouvernements«, die Rückeingliederung Danzigs, des »Warthegaus«, die Wiedereroberung Elsass-Lothringens – das war, selbst für das damals nationalste Gemüt, »revanchistisch«. So weit – das wollte man zugeben – hatte man den Krieg verloren. Jetzt, da ich das schreibe, hat die deutsche Politik noch immer viel mit den Ansprüchen im Osten zu tun – trotz Europa.

Damals also, in den fünfziger Jahren, waren die Landkarten so gezeichnet, dass auf ihnen Deutschland »dreigeteilt« erschien. Es gab die »ehem. deutschen Ostgebiete«, die »unter polnischer« oder »sowjetischer Verwaltung« standen – bis zum »Friedensvertrag« – also, wie jeder sich ausrechnen konnte, bis zum St. Nimmerleinstag, oder – noch schlimmer – bis der Kalte Krieg in einen neuen heißen Krieg mündete. Es gab die SBZ, die sowjetische Besatzungszone, und eben die Bundesrepublik, zu der 1957 das »Saarland« »heim«kehrte. Überall standen trotzige, wie man offiziell fand und zu finden hatte, »revanchistische« Plakate: »Deutschland dreigeteilt? Niemals!« Darauf eine schmerzhaft in Schwarz-Rot-Gold zerrissene Landkarte. Meine Geschwister, die in Frankfurt-Niederrath als SDS-ler und Anarchisten lebten, hatten das damals auf parodistischen Plakaten mit Wonne zitiert: »Rath – dreigeteilt? Niemals!« Der Vorort teilte sich in Oberrath und Niederrath und Rath.

Patriotismus war etwas Verdrucktes, Trotziges, wie es sich bei Brecht in einer Geschichte von Herrn Keuner niederschlug, die »Vaterlandsliebe, der Hass gegen Vaterländer« heißt. Da zwingt ein Offizier in einem »besetzten Land« einen Bürger, vom Bürgersteig herunterzugehen: »Herr Keuner ging herunter und nahm an sich wahr, und zwar nicht nur gegen diesen Mann, sondern besonders gegen das Land, dem dieser Mann angehörte, also dass er wünschte, er möchte vom Erdboden vertilgt werden.«

Wenn man weiß, dass Brecht – österreichischer Staatsbürger – auf der Fahrt von Berlin nach Buckow jedes Mal seine Schreibmaschine den sowjetischen Besatzungstruppen zeigen und sie ihnen gegenüber mit einer Bescheinigung rechtfertigen musste, weiß man auch, was die Keuner-Geschichte alles enthielt.

Für Deutschland, das damals die politisch Korrekten immer öfter BRD zu nennen sich angewöhnten, galt damals die Formel vom »wirtschaftlichen Riesen« und »politischen Zwerg«, die ich als ganz beruhigend wohltuend empfand. Also waren wir »Liliput« und »Brobdingnag« in einem – schon für die Namenserfindungen konnte man als Kind Swift nur jauchzend ob der lautmalerischen Wahrheit bewundern. Wir waren Zwerge, die »groß« taten und uns unseren Stolz – ob BRD oder DDR – aus Fußballweltmeisterschaften oder Olympiaden holten, ein Sportmedaillen-Patriotismus, den wir heute, siehe das »Wunder von Bern«, nicht ohne nostalgische Rührung betrachten. Und wir waren gutmütige Wirtschaftsriesen, jedenfalls in der Bundesrepublik, die »Zahlmeister« Europas. Großspurig wurde angesichts großer Summen von »Peanuts« gesprochen, großkotzig davon, das meiste »aus der Portokasse« bezahlen zu können. – Bis, ja bis wir uns bei der Bezahlung der deutschen Einheit, beim Lösegeld für die abziehenden russischen Besatzungstruppen offenbar hoffnungslos überhoben haben. Jedenfalls, wie es sich nach und nach herausstellt.

Für mich hatte dieser Goldmedaillen- und Fußballpokal-Patriotismus, jedenfalls rückblickend, etwas Schönes. Und ich erinnere mich an den Schock, als ich nach der Wiedervereinigung, wie jedes Jahr zur Buchmesse auf dem großen Frankfurter Hauptbahnhof ankommend, auf einmal statt amerikanischer Militärpolizei deutsche Feldjäger die Bahnsteige nach überfälligen, betrunkenen Soldaten absuchen sah. Jetzt gilt's, dachte ich und hatte ein mulmiges Gefühl im Bauch. Oder, als ich in Berlin, bis dato die Zuflucht aller Wehrunwilligen Westdeutschlands, auf einmal Bundeswehrsoldaten sah. Jetzt gilt's! Ob wir diese Probe als souveräne Macht im Herzen Europas bestehen würden? Und ich war erleichtert, als ich sah, wie Kanzler Kohl das nationale Pathos, ja selbst die nationale Währung des »DM-Patriotismus« alsbald und fast kopfüber in den umfassenden Begriff »Europa« zu integrieren suchte.

Aber es war ja schon schwierig genug, die DDR einzugemeinden. Wie sollten die Osteuropäer sich in einem geeinten Europa einrichten können?

Während meiner Reisen zu Kongressen, Vorträgen und Festivals in Länder wie Polen, die Tschechoslowakei oder Ungarn zu Zeiten, als die DDR noch existierte, machte ich immer wieder die gleiche befremdliche Erfahrung. Während ich erwartete, ich würde vor allem mit dem »Revanchismus«-Vorwurf konfrontiert werden, schließlich veranstalteten Sudetendeutsche und Schlesier unter der wohlwollenden Billigung der Regierungen Heimattreffen (es ging ja auch da um Wähler), erlebte ich meist etwas ganz anderes: eine Verachtung für die Vertreter der DDR auf solchen Tagungen. Sie galten als die »Musterschüler« Moskaus. Und genau deshalb wurden sie verachtet, weil es ja die Sowjetunion war, die in all den »Ostblock«-Staaten mit eiserner Faust alle nationalen Regungen unterdrückte. Ich wunderte mich, wie viel weniger gedrückt, unterwürfig, wie viel selbstbewusster auch die Kommunisten dieser Länder auftraten. Und wenn sie von ihren deutschen Parteifreunden sprachen, war ein verächtlicher Ton nicht zu überhören. Das galt besonders nach Brandts Warschau-Besuch. Und es galt in der Tschechoslowakei, bis zum Hass verstärkt, nach der Niederschlagung des Prager Frühlings.

Es war schon merkwürdig, wie man, sobald man Grenzen

überschritt, einem Wechselbad eigener Gefühle ausgesetzt war. Ich weiß noch, wie viel leichter mir das Reisen nach Polen fiel, als Willy Brandt Kanzler war, dessen spontaner Kniefall in Warschau eine der großen historischen Gesten war, ähnlich wie Helmut Kohls Händedruck mit Mitterrand auf den Schlachtfeldern von Verdun.

Neben Landkarten braucht das vaterländische Gefühl – Hölderlins schönste, verrätselte Hymnen heißen »Vaterländische Gesänge«, obwohl sie von einer Heimat sprechen, die voll antiker Sehnsucht und napoleonischer Hoffnung ist – die Nationalhymnen, auch dann, wenn wie in der BRD die nationalen Grenzen und nationalistischen Gefühle in falschen Zeiten das Singen der ersten Strophe oder, wie bei der DDR-Hymne den Text von Johannes R. Becher eines Tages, wegen der Zweistaaten-Theorie, überhaupt verbieten. Für die meisten Deutschen aber haben diese Gesänge nur noch Platz bei WM- oder EM-Fußballspielen, wo sie die Spieler neugierig beobachten, ob sie den Text nicht mitsingen, weil sie ihn nicht beherrschen, oder weil sie sich trotzig dem Nationalpathos verweigern.

»Die Hälse werden im Gebirge frei!«, schreibt Kafka, »es ist ein Wunder, dass wir nicht singen!« Ich habe die deutsche Nationalhymne, die damals das »Deutschlandlied« hieß, zum ersten Mal mit meinem Großvater 1938 in Brünn im Keller seiner Wohnung gesungen. Nach meiner Erinnerung gab es einen Fliegeralarm, wohl wegen der Sudetenkrise, rechne ich mir heute aus. Und mein Opa, wie ich ihn nannte, sah sich verschwörerisch wohlig um und sang mit mir das Deutschlandlied, die erste Strophe, versteht sich. Ob ich schon mitgesungen oder, wie ein Fußballspieler, nur die Lippen bewegt habe, weiß ich nicht mehr. Aber in der Erinnerung bin ich auf diesen Augenblick nicht mehr so stolz, wie ich es – was mein Großvater wohl erwartete – ein Leben lang bleiben sollte. Nein, mir ist dieser Moment wegen meines Opas, den ich sehr liebte, peinlich. Und ich glaube, dass das Absingen im Brünner Keller schuld an den folgenden Gräueln und Schrecken des Krieges war. Um Brecht zu variieren: »Glücklich das Land, das keine Notwendigkeit zum Absingen von Nationalhymnen findet.«

Obwohl: Als ich in den frühen siebziger Jahren nach New York flog, um in der »Summer School« des Middlebury College in Vermont zu unterrichten, schienen die Amerikaner für mich gutmütige junge Riesen zu sein, ohne Arg, weil voller Zukunft. Ihre Herzen waren zu groß, um feinfühlig zu sein, ihre Gefühle äußerten sich wie mit Prankenschlägen. Sie hatten einen großporigen Geschmack.

Und, sie sangen am Morgen, während ihre Stars-and-Stripes-Fahne am Mast hochgezogen wurde, ihre Nationalhymne, bei der sie auch noch die Rechte an ihr links schlagendes Herz drückten und voller unschuldiger Begeisterung zur Fahne hochblickten. Es war die Zeit, als auch in den USA (und dort zuerst) US-Fahnen wegen des Vietnam-Krieges verbrannt wurden, aber nicht in der Idylle von Vermont. Mich störte diese Zeremonie nicht. Im Gegenteil; ich beneidete die Amerikaner um diesen scheinbar ungebrochenen Gesang. Für mich war das ein Signal des sendungsbewussten Patriotismus, der sie in Sizilien und an der Normandie hatte landen lassen, um Europa als Europa zu erhalten. So sentimental das klingt, so empfand ich es auch. Obgleich mir die Studenten bald darauf Witze über die Nationalhymne erzählten. Zum Beispiel den über den komplizierten Text. Also: Während des Zweiten Weltkrieges habe man, wenn man den Verdacht hatte, dass es sich bei jemandem um einen japanischen Spion handeln könnte, den Verdächtigen die Nationalhymne vorsingen lassen. Konnte er sie von Anfang bis Ende auswendig, dann war er ein Spion.

Die Summer School des College gliederte sich in mehrere, strikt getrennte Sprachschulen, eine russische, eine deutsche, eine französische, eine italienische, eine japanische, eine chinesische, eine spanische. Direktor der deutschen Schule war der Sorbonne-Professor Gerard Schneylin, dessen amerikanische Frau einen atemberaubend texanischen Akzent hatte. Sobald die Kurse eingeteilt waren, herrschte strikte Sprachentrennung zwischen den einzelnen Schulen, da alle Studenten sich ehrenwörtlich verpflichtet hatten, nur in ihrer Zielsprache (also deutsch oder russisch) miteinander zu sprechen. Dann fiel auch, schon aus Sprachgründen, die Nationalhymne weg, die ich nur erlebt hatte, weil ich verfrüht auf dem College angekommen war – noch ehe die Studenten in eine babylonische Sprachverwirrung eingeteilt und getrennt wurden.

So kam es auch, dass ich bei einem, noch Sprachkurs-ungetrennten, abendlichen Volleyball-Spiel (bei dem alle noch »Fuck you!« fluchen durften, später in der deutschen Abteilung nur noch »Scheiße!« unter professoraler Anleitung) Judie Rachelson kennen lernte. Sie spielte, robust und braun gebrannt, unter den Sportriesen des jungen Amerika, ich feuerte sie an, und obwohl sie zur russischen Schule gehörte, trafen wir uns, heimlich englisch sprechend, an den Waschmaschinen im Keller, wo alle das Schleudern ihrer Wäsche und das Brummen der Trockner gemeinsam erleben durften. Und im Kino, oder wenn ich sie sonntags zum Essen einlud und wir mit dem Auto das College-Gebiet verließen.

Sie war die Tochter eines Restaurantkettenbesitzers aus New York, der eine Reihe koscherer Steakhäuser betrieb, ihre Familie wohnte am Central Park West und stammte von russischen Anarchisten ab, die noch zur Zarenzeit emigriert waren. Judie hat mir im Verlauf unserer Freundschaft herrliche Fotos gezeigt, auf denen Picknick-Ausflüge ihrer Großeltern zu sehen waren. Sie hatten Schilder von ihren anarchistischen Vereinen bei sich, saßen aber idyllisch nach dem Motto »Hier können Familien Kaffe kochen« unter Bäumen und neben Rotkäppchen-Fresskörben.

In Middlebury gab es, abgelegen und nur auf einer schmalen Autostraße zu erreichen, in den Holzhäusern von Breadloaf ein Kino, das für alle Studenten Filme vorführte, Filme, die »in« waren, Kultstatus hatten. Der Film, der damals den wohl höchsten Kultgrad besaß, war »Casablanca«. Jeder Student konnte den Film mitsprechen, jeder das Pianobar-Stück aller Pianobar-Stücke – »As Time Goes By« – mitsingen. Das Kino, mitten in der nächtlichen Einsamkeit, voller Achtzehn- bis Zwanzigjähriger, war ein romantischer Spuk. Von Zeit zu Zeit flogen Fledermäuse durch den Kamera-Lichtstrahl, die Einrichtung stammte, verstaubt und ehrwürdig, aus der Zeit, da Robert Lee Frost hier gelebt und gedichtet hatte.

Ich sah den Michael-Curtiz-Film von 1942 nicht zum ersten Mal, aber ich sah ihn zum ersten Mal im Land der Sieger, wie ich fand, unter den Augen der Sieger, und als das Kino aus war, ging ich schnell und ohne mich von irgendjemandem zu verab- schieden, den nächtlichen Berg hinunter zu meinem »Dorm« auf dem Campus. Mir fiel ein, dass ich in Tübingen als Student ein Seminar über Casablanca gemacht hatte, über den Geist von Casablanca. Hier, vor der Maghreb-Küste Nordafrikas, hatten sich Churchill und Roosevelt auf dem Höhepunkt von Hitlers Kriegsmacht und seiner geografischen Eroberungen getroffen, um ihre Entschlossenheit zu demonstrieren, so lange zu kämpfen, bis das Regime des Nationalsozialismus besiegt wäre – ein langer, dornenreicher Weg lag zwischen 1942 und 1945, eben ein Weg von »Blut, Schweiß und Tränen«, wie es Churchill seiner englischen Nation schonungslos gesagt hatte. Hier waren alle Brücken zu Verhandlungen abgebrochen wor- den.

Der Hollywood-Film, voll von schmissigem, nachempfun- denem De-Gaulle-Patriotismus gegen das Nazi-beherrschte Vichy-Frankreich Pétains, verdankt seinen Kult natürlich dem heroisch verzichtenden Traumpaar Humphrey Bogart und In- grid Bergman, denen die Begeisterung der jungen Nachkriegs- generation für eine existenzialistische Haltung galt. Woody Allen hatte es noch in seiner bewunderten Parodie ebenfalls zu einem Kultstatus gebracht und mit »Play it again, Sam!« von 1972 die Casablanca-Begeisterung neu angefacht; es war die Begeisterung über einen Kulthelden, der ein so heroischer Lieb- haber ist, dass cr auf die große Liebe sogar verzichten kann. Der Film feiert die patriotische Entsagung, die man in den USA längst auch in den ironischen Anführungszeichen der 68er genoss.

Ich aber hatte den Film als Deutscher, unter den Siegern von Casablanca, mit einem Gefühl von Schuld und Scham gesehen. Neben der knapp zwanzigjährigen Studentin Judie K. zu sitzen und die wirkungsvollste Szene mitreißender Resistance-Propaganda zu sehen und zu hören, das war für mich, hätte ich es auf einen papierenen Begriff gebracht, ein Erlebnis jener wohl von Theodor Heuss so benannten »Kollektivscham«. Es ist die Szene, in der in »Rick's Café« die deutschen Offiziere die »Wacht am Rhein« singen und von den französischen Soldaten schließlich mit der Marseillaise an die Wand gesungen, in einem Sängerkrieg besiegt werden.

Ich wusste, dass ich den Film in meinen Studentenjahren »gekürzt« gesehen hatte. Aus Rücksicht auf die Gefühle der Besiegten hatte der Verleih ausgerechnet diese Szene drastisch geschnitten. Und mir fiel ein, dass Augstein später in einem Interview erklärt hatte, dass er bei dieser Szene jedes Mal unweigerlich weinen müsse.

Als ich Judie am nächsten Tag begegnete, in der Mensa, wo die »Hamburger« damals noch unter »Salisbury Steak« firmierten (zu Deutsch Hackbraten und »Falscher Hase«), fragte sie mich, warum ich denn nicht, wie alle anderen und wie ich sonst auch, noch auf ein Bier mit den Studenten ins »Mr. Up's« gekommen sei. Ich sagte, ich hätte mich nach dem Film ein wenig geniert, als Deutscher, du verstehst … Sie sah mich mit großen Augen an, bevor sie begriff, was ich meinte, denn dieser jungen Amerikanerin war nichts so fremd und unverständlich wie meine Skrupel.

»… die Gefühle bleiben sich gleich und werden im Alter
noch heftiger, weil sie keine rechte Erwiderung finden!
Das ist grad als wie einer, der einen Hering isst und
nix z'trinken kriegt.«

Nestroy

Lebenserwartung

Anfang der 8oer Jahre des letzten Jahrhunderts – mein Gott,
klingt das lange her! – belebte das damals noch existierende
Magazin der FAZ ein altes Gesellschaftsspiel aus den Fin-de-
Siècle-Salons des vorvorletzten Jahrhunderts: den Proust'schen
Fragebogen. Dessen Antworten, die meist eher witzig als ehrlich gemeint sind und also, ähnlich dem Witz, ihre Wahrheit
scheinbar verbergend offenbaren, sind, wenn man so will, auch
eine Form der Autobiographie, weil wir – wir wissen es nicht
erst seit Freud –, auch wenn wir lügen, die Wahrheit sagen, und
auch wenn wir uns zu verstecken meinen, uns offenbaren. Die
Verhüllung ist auch eine Enthüllung; die Maskerade auch eine
unfreiwillig-freiwillige Demaskierung.

Auch im Begriff des »Fragebogens« spiegelt sich für mich
eine ernste historische Reminiszenz. Im Zuge ihrer Entnazifi-
zierungsverfahren haben die amerikanischen Besatzungsmächte
in ihrer Zone Fragebogen verteilt, deren ehrliche überprüfbare

Beantwortung dann der Einstufung der Erwachsenen, beispielsweise als »Mitläufer«, diente. Ernst von Salomon, einem der Rathenau-Attentäter, hat die episch breite Beantwortung dieses »Fragebogens« zu seiner Autobiographie genutzt. Sie wurde durch ihre trotzige bis unbelehrbare Haltung – Mannesmut vor Besatzerthronen – ein Bestseller der Nachkriegsjahre. Ende der Abschweifung. Ich habe den Fragebogen im September 1992 beantwortet.

FRAGEBOGEN

FAZ Magazin September 1992

Hellmuth Karasek
Journalist

Der Fragebogen, den der Schrifsteller Marcel Proust in seinem Leben gleich zweimal ausfüllte, war in den Salons der Vergangenheit ein beliebtes Gesellschaftsspiel. Wir spielen es weiter: heitere und heikle Fragen als Herausforderung an Geist und Witz.

Als eine Art Lessing, der nicht nur Kritiken schreibe, sondern auch Dramen, stellte ihn Marcel Reich-Ranicki beim »Literarischen Quartett« vor. Hellmuth Karasek ist ein in vielen Medien präsenter Mann. Der wortgewandte Plauderer und Debattierer schrieb Bücher über Sternheim, Frisch und Brecht, eine Biographie über Billy Wilder, bescherte dem Theater drei Boulevardstücke und lockte den scheuen »Mister Manhattan« Woody Allen vor die Fernsehkamera. Vor allem amüsiert er

»Spiegel«-Leser mit frechen Kritiken, egal, ob er seinen Witz
am neuesten Bond, dem »sprachlosen Schwätzer« Kohl oder
dem »Gemeinplatzhirsch« Hochhuth erprobt. Karasek genießt den Ruf, in seinen Texten mehr Pointen unterbringen zu
können als jeder seiner Kollegen. Die journalistische Karriere
des am 4. Januar 1934 in Brünn geborenen Multitalents verlief geradlinig. Nach dem Studium ging der promovierte Ger-
manist zur Stuttgarter Zeitung und wurde 1966 – nach einem
Abstecher zum Theater als Dramaturg – Leiter des Feuilletons.
1968 wechselte er als Theaterkritiker zur »Zeit«, 1974 als
Kulturchef zum Nachrichtenmagazin »Der Spiegel«, wo er
seit dem vergangenen Jahr von Redaktionspflichten befreit ist.
Seine Vorlieben und Abneigungen hat der Journalist immer
flott auf den Punkt gebracht. Er polemisierte gegen das Fass-
bindersche »Fleckfieber« – »eine flache Handlung wird auch
durch den ständigen Wechsel von Hell und Dunkel nicht tiefer« –, pries aber »Kir Royal«- und »Schtonk«-Regisseur Helmut Dietl und hob Billy Wilder als »k. u. k.-King von Hollywood« in den Komödienolymp. Als der Kritiker Karasek 1985
unter die Stückeschreiber ging und sich als Daniel Doppler
einen zweiten Namen machte, tat er sich selbst einen Gefallen.
Zum Lachen taugen seine Boulevardkomödien allemal, auch
wenn die Inszenierungen den kunstvollen Konversationswitz
nicht zum Zünden brachten. Was den Autor nicht wundert:
»Natürlich tut man sich sehr schwer in allen Ländern der Erde,
wenn man etwas vermeintlich Anspruchsloses macht.«

Was ist für Sie das größte Unglück: *Hosen ohne Hosenträger.*
Wie möchten Sie leben: *In Saus und Braus.*
Was ist für Sie das vollkommene irdische Glück? *Immer der
    Augenblick davor.*
Welche Fehler entschuldigen Sie am ehesten? *Leider die eigenen.*
Ihre liebsten Romanhelden? *Alle traurig-komischen Nach-
    kommen Don Quixotes, alle pfiffig-dummen Verwandten
    Schwejks.*

Ihre Lieblingsgestalt in der Geschichte? *Ludwig II. von Bayern.*
Ihre Lieblingsheldinnen in der Wirklichkeit? *So gut wie jede Frau, die ich kenne.*
Ihre Lieblingsheldinnen in der Dichtung? *Emma Bovary, Effi Briest, Anna Karenina.*
Ihre Lieblingsmaler? *Botticelli, Klimt, Schiele*
Ihr Lieblingskomponist? *Dem Namen nach: Busoni – der Musik nach: Mozart und Cole Porter.*
Welche Eigenschaften schätzen Sie bei einem Mann am meisten? *Charme, Witz, Intelligenz.*
Welche Eigenschaften schätzen Sie bei einer Frau am meisten? *Ihre Zuneigung. Charme, Witz, Intelligenz.*
Ihre Lieblingstugend? *Geduld – die anderer mit mir.*
Ihre Lieblingsbeschäftigung? *Finden.*
Wer oder was hätten Sie sein mögen? *Vor Schaden klüger.*
Ihr Hauptcharakterzug? *Unruhe.*
Was schätzen Sie bei Ihren Freunden am meisten? *Dass ich nicht in Not bin.*
Ihr größter Fehler? *Mit neuen Schuhen verreisen.*
Ihr Traum vom Glück? *In meine Anzüge von vor zwanzig Jahren passen.*
Was wäre für Sie das größte Unglück? *Keine Hoffnung mehr zu haben.*
Was möchten Sie sein? *Jung, schlank und begehrenswert.*
Ihre Lieblingsfarbe? *Technicolor.*
Ihre Lieblingsblume? *Durch die ich sprechen kann.*
Ihr Lieblingsvogel? *Die Taube in der Hand und der Spatz auf dem Dach.*
Ihr Lieblingsschriftsteller? *Flaubert.*
Ihr Lieblingslyriker? *Der Volksmund, der Toilettenwände und Poesiealben voll schreibt.*
Ihre Helden in der Wirklichkeit? *Die Dokumentaristen des »Spiegel«-Archivs.*
Ihre Heldinnen in der Geschichte? *Die Salondamen des ausgehenden 18. und beginnenden 19. Jahrhunderts.*

Ihre Lieblingsnamen? *Schall und Rauch.*

Was verabscheuen Sie am meisten? *Deutsche Schlager, Mundgeruch und Langeweile.*

Welche geschichtlichen Gestalten verachten Sie am meisten? *Künstler und Intellektuelle um Hitler.*

Welche militärischen Leistungen bewundern Sie am meisten? *Den Krieg der Geschlechter, die Niederlagen der Tugend, die Siege der Vernunft.*

Welche Reform bewundern Sie am meisten? *Die künftigen.*

Welche natürliche Gabe möchten Sie besitzen? *Vergessen, was ich vergessen, mir merken, was ich mir merken will.*

Wie möchten Sie sterben? *Eigentlich überhaupt nicht.*

Ihre gegenwärtige Geistesverfassung? *Chaos gebändigt durch aufgeklärte Despotie.*

Ihre Motto? *Glücklich ist, wer vergisst, was doch nicht zu ändern ist.*

>»Machen Sie sich nicht so klein.
So groß sind Sie gar nicht.«

Karl Kraus

Mein Fragebogen ist also knapp zwölf Jahre alt, auch damals
war ich, wie man so unschön sagt, »nicht mehr der Jüngste«,
obwohl ich es, wie manche Antworten nahe legen, noch gerne
sein, oder sollte ich sagen: spielen wollte. Ich will darauf nur
mit einem Beispiel eingehen, nämlich mit der Frage »Was möchten Sie sein?« Und meine Antwort: »Jung, schlank und begehrenswert.« Würde ich heute noch so antworten? Mir fällt eine
Geschichte ein, die kürzlich Claus Jacobi, einer der Ex-Chef-
redakteure des »Spiegel«, erzählt hat, er allerdings in einem
politischen Kontext, nämlich dem, ob Angela Merkel denn
nicht angesichts des Machtverfalls Schröders bei jeder Land-
tagswahl und bei jeder Umfrage jetzt unmittelbar die Kanz-
lerschaft anstrebe.

Jacobis Geschichte jedoch ist gerontophobisch, weil sie dem
Alter gnadenlos seine Schwächen um die Ohren schlägt. Und
ich finde, sie korrespondiert mit meiner damaligen Antwort
aus heutiger Sicht. Sie erzählt von einer Firma, in der der alte,
längst aufs Altenteil versetzte Chef noch ab und zu im Büro ist,
wobei er einer jungen, besonders hübschen Azubi den Hof
macht – so lange, bis sie ihm sagt: »Seien Sie vorsichtig! Sonst
erhöre ich Sie!«

Eine zweite Frage, nämlich die ernsteste Frage (»Wie möchten Sie sterben?«), die wegen ihres Todernstes zu besonders unernsten Ausflüchten reizt, hatte ich damals aussichtslos ehrlich beantwortet: »Am liebsten überhaupt nicht.« Nicht, weil die Zeit inzwischen weiter an mir genagt hat, sondern wegen des gewandelten Zeitgeistes würde ich diese Antwort heute nicht mehr wagen.

»Am liebsten überhaupt nicht« – klingt das nicht auf einmal in Zeiten der auf den Kopf gestellten Alterspyramide, der Kinderlosigkeit nächster Generationen, der ins Uferlose wachsenden Kosten der Pflegeversicherung, der Aussicht, dass immer mehr Alte immer älter werden, wie der blanke Hohn, wie eine furchtbare Drohung?

Friedrich II., den ich in diesem Zusammenhang ungern »den Großen« nennen würde, soll seine Soldaten mit dem Ruf »Hunde, wollt ihr ewig leben!« in den Heldentod der Schlachten gescheucht haben. Die meisten waren dabei wohl noch jung, schlank und begehrenswert. Meine Antwort auf die Frage »Wie möchten Sie sterben?« würde ich heute so geben: »Wenn schon, denn schon!« oder »Auf der Flucht – vor dem Tod.« Aber ich merke, auch das ist nur ein Pfeifen im dunklen Wald.

Und schließlich das Motto: »Glücklich ist« usw. aus der »Fledermaus«. »Vergessen«, das ist so eine Sache. Im Alter ist das keine Tugend mehr, sondern die Krankheit zum Tode. Und so erinnere ich mich an Wilhelm Busch, an »Hans Huckebein, den Unglücksraben«, den ich mit sechs Jahren kennen lernte, sieben Jahre vor der »Fledermaus«. Und ersetze das Motto, dass »glücklich ist, wer vergisst«, durch die Verse des Unglücksraben:

Er hebt das Glas und schlürft den Rest,
Weil er nicht gern was übrig lässt.

Register

Adam, Irmgard 250 f.
Adenauer, Konrad 224, 400, 404, 409, 413
Adorf, Mario 466
Adorno, Theodor W. 242, 366, 421
Adschubej, Alexej 264
Ahlers, Conrad 499
Aicher, Otl 391
Albee, Edward 292, 360
Alexis, Willibald 96
Allen, Woody 210, 316, 450–453, 470, 519, 522
Altenberg, Peter 446
Andersen, Hans Christian 52, 130
Antonioni, Michelangelo 389
Armstrong, Louis 193 f., 284
Assmann, Arno 378 f.
Auer, Barbara 462
Augstein, Maria (s. Carlson, Maria) 423 f.
Augstein, Rudolf 72, 171, 288, 306–309, 381, 400, 417, 422–425, 433, 458, 461–464, 467 f., 496, 500, 503–506, 508 ff.

Aznavour, Charles 365, 367 f.

Baader, Andreas 415–418, 427 f.
Baarova, Lida 153
Bahr, Egon 498
Baker, Chet 350
Balthus 290, 441
Barzel, Rainer 500, 503
Baumgärtel 342 f.
Bayr, Rudolf 435
Beatty, Warren 416
Beauvais, Peter 382
Becher, Johannes R. 516
Beckett, Samuel 323, 383
Beethoven, Ludwig van 193, 367, 434
Begley, Louis 73
Beißner, Friedrich 300–304, 322, 327
Benn, Gottfried 322, 473
Benrath, Martin 381 f.
Bergman, Ingmar 292, 452
Bergman, Ingrid 340 f., 519
Bernstein, F. W. 483
Bertolucci, Bernardo 470, 474

Besson, Benno 387
Biberti, Robert 385
Biedrzynski, Richard 280 f., 286 f., 288, 359
Biermann, Wolf 427
Bill, Max 391
Binder, Brüder 247 f., 250
Birgel, Willy 242
Bismarck, Otto von 51 f., 230, 506
Bittorf, Wilhelm 384
Blatzheim, Hans Herbert 198
Blau, Sebastian siehe Eberle, Josef
Bloch, Ernst 166 f., 421
Boehlich, Walter 375
Bogart, Humphrey 334, 519
Bogdanovich, Peter 470
Böhme, Erich 417, 462 ff., 468, 496 ff., 507, 510
Bohrer, Karlheinz 480
Böll, Heinrich 485
Bolvary-Zahn, Geza von 151
Bondy, Luc 295
Borsche, Dieter 402
Brackett, Charles 438, 448
Braem, Helmut M. 281
Brahms, Johannes 193
Brand, Max 129
Brandt, Willy 426, 496–500, 502–507, 510, 515 f.
Braun, Karlheinz 375
Braun, Wernher von 346

Brecht, Bertold 100, 184, 186 f., 202 f., 209, 226, 243, 281–285, 289, 301, 309, 312, 323, 338, 369 f., 386 ff., 403, 513 f., 517, 522
Broder, Henryk M. 116, 509
Brodmann, Roman 384
Brook, Peter 286
Brooks, Mel 298
Buback, Siegfried 407
Bucerius, Gerd 500
Buchholz, Horst 430
Büchner, Georg 54, 369
Buhlan, Bully 171
Bukowski, Charles 331
Buñuel, Luis 324, 389, 470
Burger, Hanus 439
Busch, Ernst 253, 316
Busch, Günther 375
Busch, Wilhelm 188, 402, 465, 527
Busche, Jürgen 482
Bush, George H. W. 501
Bush, George W. 501

Cagney, James 430
Calderón de la Barca, Pedro 280 f., 386
Camus, Albert 184, 199
Carlson, Maria (s. Augstein, Maria) 381
Castorf, Frank 469
Castro, Fidel 167, 200, 269 f., 392, 399

Celan, Paul 301
Cézanne, Paul 487
Chabrol, Claude 470
Chagall, Marc 288
Chamberlain, Arthur 117
Chandler, Raymond 342, 438, 448, 450
Chaplin, Charlie 184, 298, 309, 337, 349, 452, 476
Chotjewitz, Peter O. 428
Chruschtschow, Nikita 264, 373
Churchill, Winston 118, 137, 222, 424, 439, 519
Claudius, Matthias 300
Clinton, Bill 501
Clouzot, Henri-Georges 475
Coen, Joël und Ethan 479
Cotten, Joseph 358
Coulmas, Danae 426 f., 429
Coulmas, Peter 425
Cranko, John 401
Croissant, Claus 398 f.
Curtiz, Michael 519
Curtis, Tony 345

Da Ponte, Lorenzo 446
Dahlhaus, Carl 366 f.
Dalí, Salvador 288
Damiani, Damiano 281
Defoe, Daniel 510, 512
Deix, Manfred 434 f.
Deneuve, Catherine 324
Deschner, Karlheinz 322
Desmond, Johnny 197

Deutsch, Ernst 358
Diamond, I. A. Z. 429, 438, 448, 477
Dietl, Denise 476
Dietl, Helmut 464–476, 478 ff., 523
Dietrich, Marlene 431, 443
Disraeli, Benjamin 446
Doderer, Heimito von 446
Domnick, Ottomar 383
Donen, Stanley 443
Dönhoff, Marion Gräfin von 499
Donner, Wolf 406
Doppler, Christian Johann 457
Doppler, Daniel 457 f., 461, 463, 523
Droste-Hülshoff, Annette von 344
Dubcek, Alexander 419, 422
Dunaway, Faye 416
Dürrenmatt, Friedrich 281, 396
Dylan, Bob 197

Eberle, Josef 287, 304 ff., 308
Edison, Thomas Alva 192
Eggert, Willy 443
Eichendorff, Joseph von 237
Eichmann, Karl Adolf 342
Eisler, Hanns 283
Elstner, Frank 478
Engel, Johannes K. 417, 497
Engels, Friedrich 392 f.

Ensslin, Gudrun 399, 415–418, 428
Enzensberger, Hans Magnus 375, 383, 400, 407
Erhard, Ludwig 400 f., 407
Ernst, Max 288
Eschenburg, Theodor 299
Everding, August 472
Ewers, Hans Heinz 96

Fassbinder, Rainer Werner 310, 415, 470
Ferres, Veronica 465
Fest, Joachim 480
Filbinger, Hans 409
Fischer, Helmut 474
Fitzgerald, Ella 194
Flaubert, Gustave 289
Flimm, Jürgen 295, 463
Fontane, Theodor 96, 411
Franklin, Benjamin 192
Franz Joseph, Kaiser 47, 446
Freud, Sigmund 22, 292, 389, 446, 521
Freytag, Gustav 96
Friedrich II. 82, 527
Frisch, Max 209, 281, 284, 376, 384, 522
Frost, Robert Lee 519
Funk, Werner 468
Furtwängler, Wilhelm 367

Gabler, Neal 445
Garbo, Greta 151

Gaulle, Charles de 291, 519
Gaus, Günter 495–500, 503, 505 ff., 509 f.
Genscher, Hans-Dietrich 505
George, Götz 475
Gershwin, George 345
Gide, André 327, 492
Gigli, Benjamino 11
Globke, Hans 409
Godard, Jean-Luc 416, 453, 470
Goebbels, Joseph 82
Goethe, Johann Wolfgang von 74, 243, 286, 295, 301, 308, 316, 394, 458, 487
Goldoni, Carlo 281
Goldstücker, Eduard 419
Goldwyn, Samuel 435
Gorbatschow, Michael 506
Göring, Hermann 25
Goya, Francisco 86, 231
Graf, Dominik 470
Grant, Cary 340 f.
Grass, Günter 157, 302, 376, 385, 411 f., 485, 508 f.
Grassi, Paolo 282
Grey, Zane 129
Grimm, Brüder 262
Grosz, Georg 404
Grotewohl, Otto 225
Grüber, Klaus Michael 284
Gründgens, Gustaf 286, 367
Gryphius, Andreas 100, 300 f., 390

Guevara, Ernesto Che 392
Guillaume, Günter 506

Habermas, Jürgen 506
Haffmanns, Gerd 450 f.
Hahn, Ulla 485
Haider, Jörg 473
Hammett, Dashiell 342, 450
Handke, Peter 419, 486 ff.,
   493
Harlan, Veit 41
Härtling, Peter 105, 419
Hartmann, Edith 241 f., 244
Hartmann, Heinz 241
Hartmann, Joseph 39,
   239 ff., 243
Hašek, Jaroslav 282
Hauff, Wilhelm 246, 266
Hauptmann, Gerhart 188,
   209, 208
Hebbels, Friedrich 145 f.,
   314, 324
Hebel, Johann Peter 435
Hecht, Ben 341 f.
Heesters, Johannes 56, 152 f.
Hegel, G. W. F. 302
Heine, Heinrich 319
Heine, Th. Th. 313
Heinemann, Gustav 426
Heinrici, General 75
Heller, André 494
Hemingway, Ernest 342
Hendrix, Jimi 197
Hepburn, Audrey 290, 334
Herdegen, Edith 371

Hermann, Jerry 339
Herzog, Roman 308
Herzog, Werner 470
Hesse, Hermann 322
Heuss, Theodor 305, 520
Hieber, Jochen 480
Hilpert, Heinz 366 f.
Himmler, Heinrich 18
Hippler, Fritz 41
Hitchcock, Alfred 340, 342,
   344, 359, 365, 367
Hitler, Adolf 17, 20, 31, 38,
   40, 70, 75 f., 79, 86, 96,
   117, 123, 137, 139, 220,
   249, 267, 297 ff., 344, 346,
   404, 410, 434, 472, 476,
   496, 519
Hlawa, Erik 50 f.
Ho Chi Minh 200, 392
Hochhuth, Rolf 385,
   401–405, 407, 422, 424,
   523
Hockney, David 443
Hofer, Johanna 381
Hoger, Hannelore 391
Holden, William 334
Hölderlin, Friedrich 72, 238,
   246, 300, 302 f., 419, 473,
   516
Höllerer, Walter 376
Holt, Hans 56
Honecker, Erich 172, 270,
   440, 510
Hörbiger, Attila 242
Hörbiger, Paul 358

Horkheimer, Max 242, 385, 414, 420 ff.
Horváth, Ödon von 56 ff., 149, 338
Hübner, Kurt 286, 391, 469

Ibsen, Henrik 280
Ionesco, Eugène 200

Jacobi, Claus 526
Jäger, Hanns Ernst 371
James, Henry 332
Jelinek, Elfriede 469 f.
Jens, Walter 493, 507 f.
Jesserer, Gertrud 338
Johnson, Uwe 375 f., 385
Jonasson, Andrea 284
Joyce, James 290
Jünger, Ernst 72, 393

Kaempfert, Bert 390
Kafka, Franz 72, 119, 199, 297 f., 301, 322, 419, 516
Kaiser, Joachim 307, 317, 350, 366 f., 482
Kandinsky, Wassily 288
Kant, Immanuel 50
Kappen, Norbert 391
Karasek, Alfred (Großvater) 15, 17, 27, 31–36, 38 ff., 42, 65, 75, 516
Karasek, Daniel (Sohn) 19, 295, 329, 339, 363, 469, 492

Karasek, Fredie (Onkel) 30, 36 ff., 66
Karasek, Heidrun (Schwester) 19, 72, 93 f., 97, 104 f., 122, 416
Karasek, Horst (Bruder) 19 f., 23 f., 26, 53, 93 f., 97, 104 f., 108 f., 179, 181 f., 416 f., 436
Karasek, Ingrid (Schwester) 19, 93 f., 97, 104, 122
Karasek, Kurt (Onkel) 10, 30, 35 f., 65, 245, 249 ff., 253, 272
Karasek, Laura (Tochter) 296, 450 ff., 458, 463, 474, 492
Karasek, Lotte (Tante) 27, 36, 39, 63, 239 ff., 243
Karasek, Manuel (Sohn) 19, 295
Karasek, Marie (Großmutter) 24, 27 f., 35 f., 65
Karasek, Nikolas (Sohn) 19, 231, 295, 436, 451, 463, 474
Karasek, Peter (Bruder) 97, 108, 117, 132, 416
Karasek, Sylvia (Mutter) 10 f., 15 f., 18 ff., 23 ff., 28 f., 30, 32, 34–40, 43, 45 ff., 49, 52–64, 67, 76 ff., 93 f., 104 f., 107 ff., 112, 114, 123, 132 f., 146, 149, 158, 186, 190, 257, 260 f., 296, 298, 319, 437

Karasek, Walter (Vater) 10,
16, 18–21, 24 f., 27 f., 30,
32–40, 43, 46, 49, 52,
56 ff., 60, 62 ff., 75 ff., 85,
92 ff., 97, 102, 105, 107,
109 f., 113–116, 122,
124 f., 127, 132–138,
158–161, 169 f., 173,
175 ff., 187, 190, 223,
257–261, 297 f., 436 f.
Kempowski, Walter 194,
340
Kennedy, John F. 198, 347,
372, 399, 501, 503
Kerner, Johannes B. 501
Kersten, Mope 178,
210–213, 216 f.
Kertész, Imre 73, 297 f.
Khuon, Ulrich 463
Kiepura, Jan 11
Kiesinger, Kurt 405
Kindler, Helmut 284
Kinkel, Hans 289
Kinski, Klaus 478
Kisch, Egon Erwin 431, 441,
446
Kissinger, Henry 501, 506
Klee, Paul 288
Knef, Hildegard 242
Koenen, Gerd 418
Koestler, Arthur 184
Kohl, Helmut 340, 433,
496, 502, 507, 515 f., 523
Kortner, Fritz 381, 403
Kowa, Victor de 56

Kraus, Karl 33, 51, 171,
290, 297 f., 314, 438, 469
Kritz, Jürgen 406
Kroetz, Franz Xaver 465,
486 f.
Krüger, Horst 483
Krylow, Iwan 214
Kubrick, Stanley 291, 446,
470 f.
Kujau, Konrad 472 f.
Kundera, Milan 325, 328

Lafontaine, Oskar 490
Leander, Richard siehe
Volkmann, Richard von
Leander, Zarah 152, 242
Lem, Stanislaw 200
Lemmon, Jack 441, 477
Lenin, W.I. 200, 392 f.
Lenz, Jacob Michael
Reinhold 311 f.
Lichtenberg, Georg Christoph
370
Limmer, Ulrich 472
Limmer, Wolfgang 478
Lindenberg, Udo 172
Löffler, Sigrid 482, 490 f.,
493
Lohner, Helmut 58, 320,
338
Löns, Hermann 175
Loos, Alfred 47
Lope de Vega, Felix 386
Loriot 384
Lothar, Hanns 430

Lothar, Susanne 470
Lubitsch, Ernst 151, 298,
    433, 438, 445, 448 f., 452,
    476
Lübke, Heinrich 409
Lüders, Günter 293
Luther, Martin 491
Lyssenko, Trofim 201 f.

MacArthur, Douglas
    (General) 252
Mahler, Gustav 473
Mahnke, Hans 371, 373
Maier, Reinhold 305
Malneck, Matty 345
Mann, Heinrich 509
Mann, Thomas 211, 243,
    301, 343 f., 496
Mao Tse-tung 167, 194,
    200, 224, 270, 392
Marcuse, Herbert 421
Marcuse, Ludwig 289, 291
Marischka, Ernst 151
Marthaler, Christoph 469 f.
Martin, Dean 197
Marx, Karl 166, 392 f.
Mattes, Eva 284, 467
Matthies, Holger 458
McCarthy, Joseph Raymond
    341 f.
McLuhan, Herbert Marshall
    413
Meinhof, Ulrike 399, 427,
    429
Meinrad, Josef 338

Mejía Pérez, Marbella 357,
    359–363, 366
Melchinger, Siegfried 280 f.,
    283, 286, 364, 367, 384
Melville, Jean-Pierre 470
Mengele, Josef 247
Merkel, Angela 526
Merz, Friedrich 350
Meyer, Frank A. 499
Meyrinck, Hubert von 430
Michaelis, Rolf 281, 304,
    317
Michel, Karl Markus 375
Miller, Glenn 193, 197
Milosevic 488
Milva 284
Minks, Wilfried 391
Mitschurin, Iwan 201 f.
Mitterrand, François 516
Molière 387
Molina, Tirso de 386
Molnar, Ferenc 441
Momper, Walter 439
Monk, Egon 369
Monroe, Marilyn 345, 475
Montand, Yves 475
Moore, Henry 368
Mozart, Wolfgang Amadeus
    251, 309, 386, 446
Mrozek, Slawomir 200
Musil, Robert 293, 301, 446

Nabokov, Vladimir 289 ff.,
    294, 441
Nagel, Ivan 295

Nannen, Henri 500
Neruda, Pablo 184
Nestroy, Johann Nepomuk 149, 327, 337–340, 446
Neumann, Günter 192
Neumann, Robert 384 f.
Newton, Helmut 443
Niedlich, Wendelin 386
Nixon, Richard 501
Noelte, Rudolf 166, 302, 403
Novak, Helga M. 416 f.

Oberländer, Theodor 38
Ophüls, Max 256, 292
Orwell, George 126, 183 f., 199
Ossietzky, Carl von 297

Pahlewi, Reza 384, 418, 429
Palitzsch, Peter 286, 369 ff., 373, 378 ff., 391, 403
Palma, Brian de 457, 464
Paul, Rita 171, 189
Paulus, General 76
Peck, Gregory 334
Penn, Arthur 416
Pérez Jiménez, Marcos 358
Pétain, Henri Philippe 519
Peymann, Claus 469, 494
Picasso, Pablo 184, 287 ff.
Pieck, Wilhelm 225
Piscator, Erwin 402
Polanski, Roman 470

Polgar, Alfred 48, 446
Ponto, Jürgen 407
Popper, Karl 400
Porter, Cole 198
Pot, Pol 200
Priestley, John Boynton 320
Proll, Thorwald 415
Proust 314, 329, 521 f.
Puck, Wolfgang 444
Pulver, Lilo 430
Puschkin, Aleksandr 214

Qualtinger, Helmut 330, 338, 389

Raabe, Wilhelm 96
Radisch, Iris 493
Rains, Claude 341
Reagan, Ronald 501
Reed, Carol 102, 431
Reemtsma, Jan Philip 146
Reich-Ranicki, Marcel 151, 297, 377 f., 411, 469, 480, 482–485, 487–490, 493 f., 522
Reich-Ranicki, Toscha 489
Reisch, Walter 151
Reza, Yasmina 492
Richter, Gerd 370
Richter, Hans Werner 376, 486 f.
Riesman, David 319
Rilke, Rainer Maria 300, 302
Rischbieter, Henning 384
Ritter, Karl 82

Röhl, Klaus Rainer 399, 426 f., 429

Rohrbach, Günter 472

Rohwedder, Detlev Karsten 411

Rökk, Marika 153, 242

Roosevelt, Franklin Delano 83, 137, 519

Rosenbauer, Hans-Jürgen 406

Roth, Joseph 42, 73, 330, 446

Rothfeld, Hans 299

Rühmkorf, Peter 322

Rumler, Fritz 478

Saint-Exupéry, Antoine de 322

Salomon, Ernst von 522

Sartre, Jean-Paul 184

Schabowski, Günter 439 f.

Schäfer, Walter Erich 292, 321, 401, 403 f.

Scharping, Rudolf 490

Scheffel, Josef Viktor von 96

Schiele, Egon 441

Schiller, Johann Christoph Friedrich 243, 300, 319, 343 f., 386, 402 f., 458

Schily, Otto 509

Schirrmacher, Frank 480 ff., 485

Schleef, Einar 469

Schleyer, Hanns-Martin 392, 407, 428

Schlöndorff, Volker 443, 470

Schmeling, Max 425

Schmid, Carlo 247

Schmidt, Helmut 428, 433, 496 f., 506 f., 510

Schneider, Romy 198, 470

Schnitzler, Arthur 149, 256, 289, 291 ff., 302, 314, 446, 467, 469, 471

Schnitzler, Heinrich 292 f.

Schramm, Bert 107, 229, 231–235

Schramm, Erika 232–235

Schröder, Gerhard 490, 499, 526

Schroeter, Werner 310

Schultz-Gerstein, Christian 417 f.

Schultz-Gerstein, Will 417

Schulz, Bruno 73

Schumacher, Karo 344, 388 ff.

Schumacher, Kurt 224

Schumacher, Lore 389

Schwab, Gustav 246

Schwarzkopf, Elisabeth 434

Seebacher-Brandt, Brigitte 502

Seegers, Armgard 285, 450

Seghers, Anna 211

Serrano, Rosita 153

Shakespeare, William 148, 243, 208, 308, 371, 452

Shaw, George Bernard 360

Sica, Vittorio de 184
Siebeck, Wolfram 464
Sieburg, Friedrich 480
Siedler, Wolf Jobst 376
Sikorski, Wladyslaw 424
Sinatra, Frank 171, 197 f.,
  390, 457
Smetana, Bedrich 283
Söderbaum, Kristina 153
Söhnker, Hans 242
Söhnlein, Horst 415
Solschenizyn, Aleksandr 199
Sommer, Theo 428, 499, 503
Sophokles 280
Sperr, Hans Joachim 350,
  381
Spielberg, Steven 437 f.,
  470, 488–491
Spranger, Eduard 313
Stalin, Josef W. 126, 137,
  196, 199 ff., 205, 209, 212,
  214, 220, 263, 424
Stein, Peter 469
Stelly, Gisela 424
Sternberg, Josef von 385
Sternheim, Carl 166, 209,
  320, 384, 465, 522
Stifter, Adalbert 487
Stolle, Peter 478
Stolte, Dieter 493
Stolze, Dieter 499
Storm, Theodor 96
Storz, Gerhard 305
Storz, Oliver 281, 305,
  343 f., 389

Strache, Wolf 344
Strauß, Franz Josef 464, 496
Strauß, Johann 151 f., 191
Strehler, Giorgio 281–285
Strempel, Gertrude 107 f.,
  119, 139
Strindberg, August 123,
  331, 360
Süskind, Patrick 476, 478
Swift, Jonathan 510 ff., 514
Syberberg, Hans-Jürgen 393

Tagore, Rabindranath 322 f.
Tappert, Horst 493
Thomson, David 444
Tiffin, Pamela 430
Tisma, Aleksandar 73, 298
Tito, Josip Broz 200
Torberg, Friedrich 435
Trauner, Alexander 430
Trebitsch, Katharina 453
Trotzki, Leo 167
Truman, Harry S. 137, 252
Tschaikowsky, Pjotr 193
Tschechow, Anton 149,
  320 f., 403, 452
Tucholsky, Kurt 220, 298,
  322, 496
Twain, Mark 171

Uecker, Günther 398
Uhland, Johann Ludwig
  246, 323
Uhlen, Gisela 381
Ulbricht, Walter 85, 264

Unseld, Siegfried 284, 374 f., 423

Valentin, Barbara 465
Valentin, Karl 285, 338 f., 452
Valli, Alida 358
Vesper, Bernward 399, 417 f.
Vesper, Will 416
Viebach, Karl 401
Visconti, Luchino 470, 474

Wagenbach, Klaus 428
Wagner, Richard 485
Walser, Käthe 379
Walser, Martin 369, 371–382, 403, 407, 419, 484 f., 487
Wapnewski, Peter 494
Webster, John 467
Weckwerth, Manfred 369
Wedekind, Frank 149, 325, 465, 469
Wedel, Dieter 480
Wehmeyer, Jörg 378 f.
Weidemann, Kurt 344
Weigel, Helene 186
Weiss, Peter 294, 376, 385, 409
Weizsäcker, Carl Friedrich von 253
Wellershoff, Dieter 382
Welles, Orson 242, 358

Wenders, Wim 470
Wepper, Fritz 483
Werner, Oscar 320
Wessel, Horst 163
Wessely, Paula 242
Whiteman, Paul 345
Wiens, Wolfgang 462
Wilde, Oscar 129, 314
Wilder, Audrey 443 f.
Wilder, Billy 41 f., 73, 101, 151, 290, 297, 307, 334, 339, 345 f., 429–439, 441–449, 452, 460 f., 473, 477 f., 494, 522 f.
Wilder, Thornton 339
Wildgruber, Ulrich 284, 467, 470
Wilhelm II. Kaiser 33
Wilson, Robert 463, 492
Wischnewski, Wsewolod 209
Witzigmann, Eckart 465
Wolf, Markus 500
Wunderlich, Fritz 251

Zadek, Peter 284 ff., 383, 391, 467 ff.
Ziemann, Sonja 242
Zimmer, Dieter E. 293 f., 427
Zimmer, Katharina 427
Zimmermann, Kurt 406
Zuckmayer, Carl 458

»Momentaufnahmen, die sich zur kulturgeschichtlichen Collage fügen«
Der Tagesspiegel

Karambolagen – so nennt Hellmuth Karasek, Journalist und Schriftsteller, seine Begegnungen mit diversen Persönlichkeiten aus Kultur und Politik. Karambolagen, die den Stoff lieferten für viele unterhaltsame und zuweilen unerwartete Geschichten. So erzählt Karasek davon, wie er mit Romy Schneider Silvester feierte, wie er mit Konrad Adenauer am Gartenzaun plauderte, wie er sich im Beisein Rudolf Augsteins das Bein brach oder wie er im Bett von Yves Montand und Marilyn Monroe nächtigte …

Karambolagen
Begegnungen
mit Zeitgenossen
ISBN-13: 978-3-548-36494-0
ISBN-10: 3-548-36494-2

»Eine Schurkengeschichte
von großem Amüsement«
Der Spiegel

Eine menschliche Komödie – mal heiter, mal melancholisch – der Beziehung zwischen den Geschlechtern: Was als Spiel mit dem Feuer begann, wird für Robert zum Desaster. Betrug an seinem besten Freund, zu dessen Frau er in leidenschaftlicher Liebe entbrennt, Verrat an seiner Ehefrau, die er keineswegs verlieren will, Lügen und feige Ausflüchte gegenüber der Geliebten bringen sein Koordinatensystem ausweglos durcheinander ...

Betrug
ISBN-13: 978-3-548-25499-9
ISBN-10: 3-548-25499-3

»Ein unterhaltsamer, aber auch nachdenklicher, bisweilen trauriger Gesellschaftsroman über die Liebe in Zeiten der Orientierungslosigkeit.«
Frankfurter Neue Presse